제2판

인사행정론

Public Personnel Administration

김 렬

박영사

제2판 머리말

본 『인사행정론』 교재가 출간된 이후 우리나라의 인사제도에 많은 변화가 있었다. 특히 중앙인사기관으로 인사혁신처가 신설되고, 공직사회의 개방성과 전문성을 강화하기 위한 제도개선이 다양하게 추진되었다. 이에 〈제2판〉은 〈초판〉의 근본적인 체제를 그대로 유지하면서, 다음과 같은 사항을 중점적으로 수정 · 보완하였다.

첫째, 새로이 변화된 인사행정제도를 충실히 담고자 하였다. 예컨대 직종구분체계의 통합에 따른 보완조치, 고위공무원단제도와 시보제도의 효용성 제고, 필수보직제 등 배치전환방식의 개선, 성과 중심의 평정 · 보수제도 강화 및 확대, 인재개발 지향적 교육훈련체제의 구축, 「공무원헌장」의 전면개정 등 공직윤리의 확립, 연금제도의 현실화 등에 관한 사항을 수정하였다.

둘째, 인사행정의 기본원리와 제반 활동에 관한 이론이나 내용을 부분적으로 보완하였다. 『인사행정론』 교재가 현실 제도의 소개 및 설명을 포함하여야 하지만, 그 제도의 근간이 되는 기본원리 혹은 이론적 설명도 그만큼 중요하게 다루어질 필요가 있었다.

셋째, 어려운 용어, 복잡한 내용, 애매한 설명 등을 재정비하였다. 특히 인사행정에 관한 이론이나 내용을 보다 쉽게 이해할 수 있도록 표현이나 전개방식을 가능한 한 단순화하고자 노력하였다.

이상과 같이 〈제2판〉을 출간하게 되었음에도 아쉬움과 미진함은 여전히 남는다. 공직사회의 변화에 대한 국민적 요구가 갈수록 거세지고 있으며, 이에 적극 부응하기 위해서는 정부뿐만 아니라 공무원, 행정학도 등 모두가 끊임없이 노력해야 한다. 이러한 책임을 함께 느끼면서 본서의 미흡한 부분을 지속적으로 수정 · 보완해나가고자 한다. 그간 〈초판〉에 많은 관심과 격려를 주신 여러분께 진심으로 감사하며, 〈제2판〉에 대해서도 변함없는 지도와 편달을 부탁드린다.

2016년 5월

압량벌 연구실에서 저자

머리말

우리는 '정부가 일을 잘한다'거나 '정부가 무능하다'라는 말을 종종 한다. 여기서 정부란 공무원을 지칭하는 경우가 대부분이다. 왜냐하면 정부의 모든 활동이 공무원에 의해 이루어지며, 공무원이 업무를 얼마나 제대로 수행하느냐에 따라 정부가 해야 할 일을 잘하거나 못하는 결과를 가져오기 때문이다. 따라서 유능한 공무원을 어떻게 확보하고 유지 · 활용 · 개발하여 정부의 복적달성에 이바지하게 할 것인가 하는 것이 정부활동의 성패를 결정짓는 관건이 된다. 이에 공무원을 효과적으로 활용하고 체계적으로 관리하는 활동이 필요하게 되며, 그러한 모든 활동이 바로 인사행정이다.

대학교에서 인사행정을 강의한 지 벌써 13년째에 접어들고 있다. 과거 공무원 신분으로 인사행정의 대상이 된 시절이 있었으며, 중앙정부와 지방자치단체에서 공무원 인사와 관련된 각종 위원회, 특강, 과제 등의 활동에 참여하기도 하였다. 이러한 강의, 실무, 자문활동을 수행하는 과정에 있어서 기존의 인사행정론 교재들이 큰 도움이 되었다. 다양한 사례를 깃들여 상세한 설명을 제시하는 교재들이 있고, 한편으론 주요 내용을 명료하게 요약 · 정리한 교재들도 적지 않다. 이러한 교재들의 장점을 조화롭게 절충하여 인사행정의 전반에 관한 이론과 실제를 체계화하고자 본 교재를 집필하게 되었다. 기존의 인사행정론 교재와 마찬가지로 본 교재도 일반직공무원을 중심으로 그 내용을 전개하고 있지만, 전체 공무원에 대한 이해를 높이려는 의도에서 다른 직종에 해당하는 사항도 다루어보고자 노력하였다.

인사행정론은 다양한 관점에서 그 내용 구성이 이루어질 수 있다. 본 교재에서는 공직사회의 바깥에 있던 사람이 공직에 들어와 공무원으로서 인사행정과 관련해서 갖게 되는 경험을 중심으로 그 내용을 구분하여 전개한다. 즉, 공직희망자가 일정한 제도 하에서 신규채용되어 공무원 신분을 취득하고, 필요한 교육훈련과정을 거쳐 특정 직위에 배치되며, 주어진 직무를 수행하면서 근무성적평정을 받고 능력개발을 위한 교육훈련에 임하기도 한다. 이들 공무원에게는 각종 의무와 책임이 부여되며, 근무에 대한 대가로서 금전적 · 비금전적 보상이 주어진다. 이와 같은 공무원의 경험은 정부의 입장에서 인적자원의 확보, 인적자원의 활용, 인적자원의 개발, 인적자원의 유지, 인적자원의 보상 등과 같은 기능적 활동으로 개념화될 수 있다.

이와 같은 인사행정의 기능 구분에 따라 본 교재는 총 7개의 편과 20개의 장으로 편제를 구성한다. 제1편에서는 인사행정의 기초영역으로서 인사행정의 의의, 목적 및 체계에 관하여 살펴본다. 제2편은 인사행정의 제도적 기반에 관한 영역으로서 인사행정의 기본제도, 공직의 분류체계, 공무원의 구분체계, 인사기관 등을 다룬다. 제3편에서 제7편까지는 인사행정의 실질적인 활동에 관한 영역인데, 그것을 기능적 관점에서 인적자원의 확보, 활용, 개발, 유지, 보상으로 구분하여 각기 살펴본다. 즉, 제3편에서는 인적자원의 확보, 제4편에서는 인적자원의 활용, 제5편에서는 인적자원의 개발, 제6편에서는 인적자원의 유지, 제7편에서는 인적자원의 보상에 관한 주요 내용을 구체적으로 다룬다.

막상 집필을 끝내고 보니, 미흡한 점이 한두 가지가 아니다. 저자의 능력부족으로 인해 기존의 교재내용이나 관련 자료를 단순히 모은 것에 불과한 듯하여 자책이 들기도 한다. 잘못 이해하거나 미진한 부분은 계속 보완할 예정이니, 독자들의 지도편달을 바라 마지않는다. 많은 저서와 자료를 직·간접으로 인용하면서 일일이 참고문헌을 열거하지 못한 점을 죄송스럽게 생각하며, 이들 인사행정 관련 연구자와 실무자의 도움에 고마움을 전한다. 특히 본 교재의 집필에 많은 조언을 주신 성홍재 교수님, 「연구조사방법론」과 더불어 본 교재의 교정에 성심성의를 다해주신 서종학 학장님, 원고정리와 교정에 수고한 조민경 박사와 오유미 양에게 감사를 드린다. 또한 본 교재의 출판을 흔쾌히 허락해주신 안종만 회장님, 본 교재의 출간을 적극 권장해주신 박세기 팀장님, 편집과 제작에 노고를 아끼지 않으신 우석진 부장님 등 박영사의 임직원 여러분께 깊은 사의를 표한다.

항상 믿음과 사랑을 주는 가족들에게 감사하며…

2014년 7월 25일

저자 씀

차 례

제1편 인사행정의 기초이해

제2편 인사행정의 제도적 기반

| 제 3 장 | 인사행정의 기본제도

제3편 인적자원의 확보

| 제 7 장 | 임용의 이해

제4편 인적자원의 활용

|제9장| 내부임용: 인사이동 등

|제10장| 혼합형 임용: 개방형 직위제

|제12장| 경력평정 및 가점평정

|제13장| 교육훈련

제6편 인적자원의 유지

|제15장| 권익보호

|제16장| 노동조합

|제17장| 의무와 책임

PUBLIC PERSONNEL ADMINISTRATION

제 1 편

인사행정의 기초이해

학습내용

인사행정은 정부조직의 구성원인 공무원을 관리하는 모든 활동을 말한다. 즉, 공무원을 선발하고, 일정한 자리에 배치하여 일을 담당하게 하며, 근무와 관련된 성적 등을 평가하고, 필요한 능력을 개발하기 위한 교육훈련을 실시하며, 각종 의무와 책임을 부여하고 근로에 대한 보상을 행하는 일체의 활동이 인사행정이다. 여기서는 인사행정의 특징, 이념 및 목표 등에 대하여 공부하고, 인사행정의 전반적인 체계를 살펴본다.

학습문제

- 인사행정이란 무엇이며, 민간부문의 인사관리와는 어떻게 다른가?
- 인사행정이 지향하는 이념과 목표는 무엇인가?
- 인사행정의 전반적인 체계는 어떻게 구성되어 있는가?
- 우리나라 인사행정의 근거가 되는 법규는?
- 인사행정의 기능적 활동이나 내용은 무엇인가?

제1장

인사행정의 의의 및 목적

제1절 인사행정의 의의

1. 인사행정의 의미와 범위

1) 인사행정의 의미

'인사(人事)가 만사(萬事)'라는 말이 있듯이, 어떤 조직에서나 사람이 가장 중요하다. 조직에서 사람이 없거나 부족하다면 그 조직의 활동은 중단되거나 성공할 수 없으며, 특히 누가 일을 맡아서 하느냐가 그 일의 성패에 결정적인 영향을 미치게 된다.

정부조직에서도 사람이 필요한데, 이들을 효과적으로 활용하고 관리하는 모든 활동을 인사행정(public personnel administration)이라 한다. 즉, 정부조직에서 '사람(人)에 관한 일(事)'을 다루는 행정이 인사행정이며, 이는 정부활동의 주체인 공무원을 선발하는 것에서부터 공무원의 활용 · 개발 · 유지 · 보상 등에 이르기까지의 모든 영역에 걸쳐 공무원을 관리하는 활동을 말한다.

최근 들어 조직에 필요한 사람을 비용이 아니라 자원 내지 자본으로 관리하여야 한다는 인식이 널리 퍼지고 있다. 조직의 목표달성을 위해 필요하거나 활용 가능한 사람을 '인적자원(human resources)' 혹은 '인적자본(human capital)'으로 개념화하고, 이를 조직의 발전 및 경쟁력 향상에 결정적 역할을 하는 전략적 자원이나 자본으로 간주한다.

이처럼 사람이 인적자원 혹은 인적자본으로 인식되면서, 사람에 대한 관리도 인적자원관리(human resource management) 혹은 인적자본관리(human capital management)로 지칭되고 있다. 이러한 점에서 보면, 인사행정은 정부의 인적자원관리 혹은 인적자본관리가 된다. 또한 인사행정이 사람에 대한 '관리' 기능을 중심으로 하기 때문에 인사관리(personnel management)라고 불리기도 하지만, 정부조직의 인사기능은 '인사행정'이라 하고 민간기업의 인사기능은 '인사관리'로 간주하는 것이 보통이다.

2) 인사행정의 범위

인사행정은 기본적으로 정부조직에 속한 사람인 공무원을 대상으로 하지만, 넓게는 정부조직뿐만 아니라 공공기관의 구성원을 그 대상으로 포함하여야 한다는 주장이 있다. 공공기관도 인사행정의 대상영역이 되어야 한다는 당위성은 공공기관이 정부의 예산 지원을 받거나 정부의 업무를 위탁받아 처리함으로써 공익의 실현에 직·간접적으로 기여한다는 점에서 찾을 수 있다. 이러한 공공기관의 역할을 중시하여 서구 국가의 인사행정 관련 연구들은 그 대상범위를 공공기관으로 확장하는 경향이 있다. 하지만 우리나라의 경우에는 법적·제도적 제약으로 인해 인사행정의 대상범위를 정부조직에 한정하는 경향이 대체로 지배적이다.

2. 인사행정의 중요성

어떤 조직에서든 사람이 중요한 역할을 하는 만큼, 정부조직에서도 사람에 관한 일을 다루는 인사행정이 가장 중요시된다. 정부의 모든 정책이나 사업은 공무원에 의해 추진되며, 정부활동의 성공 여부는 궁극적으로 그것을 계획하고 집행하는 공무원에 달려있기 때문이다. 이러한 인사행정의 중요성을 정부조직의 대내적 측면과 대외적 측면으로 나누어 살펴보면 다음과 같다.

1) 대내적 측면에서의 중요성

(1) 사람에 대한 관점 변화

최근 인적자원 관점에서는 조직의 구성원을 조직의 비용이 아니라 자산 또는 자본으로 간주한다. 지식기반 경쟁시대에는 뛰어난 자질과 역량을 지닌 인적자원이 중요한 자산 혹은 자본이며, 정부의 경쟁력 확보와 성과 향상에 핵심적인 역할을 수행한다. 더욱이 오늘날 사회의 급속한 발전과 분화에 따라 국민의 욕구는 다양하고 복합적으로 분출되고 있으며, 이에 적절히 대응하기 위한 정책의 수립 및 집행에 있어서 공무원의 역할은 더욱 중요시되고 있다. 이와 같은 역할의 수행에 필요한 공무원의 능력이나 지식, 의식, 태도 등은 인사행정을 통해 충족될 수밖에 없다. 이처럼 인적자원의 질적 향상이라는 시대적 과제에 따라 전략적 인적자원관리로서 인사행정은 더욱 중요시되고 있다.

(2) 인적자원의 효율적 관리

정부가 제공하는 공공서비스는 노동집약적인 성격을 지니고 있기 때문에 정부예산에서 인건비가 차지하는 비중은 상당이 높은 편이다. 또한 정부기능과 행정영역이 지속적으로 분화·확대되고 공공서비스가 과거의 일방적·독점적인 공급에서 경쟁적·고객지향적인 방식으로 변화되면서 공무원의 양적 증대는 불가피한 현상이 되고 있다. 이러한 현실적 상황과 시대적 요구는 공무원을 보다 체계적으로 관리할 것을 요구하며, 이에 따라 인사행정의 중요성은 더욱 부각되고 있다.

(3) 인적자원의 직업관 변화

직장과 직업에 대한 사람들의 인식이 변화하면서 이에 대한 적절한 대응이 인사행정의 중요한 과제로 떠오르고 있다. 과거에는 공무원의 욕구가 관심의 대상이 아니었으나, 오늘날 공무원의 자율성과 욕구 다양성을 인정하게 되면서 인사행정에도 변화가 나타나고 있다. 이로 인해 전통적으로 공무원에게 요구되어 오던 국민에 대한 봉사자로서의 사명감과 오늘날 중요시되는 공무원의 자기실현욕구를 어떻게 조화시켜 나갈 것인지가 중요한 과제로 등장한다(유민봉·박성민, 2014: 13). 따라서 우수인력을 확보하는 것뿐만 아니라 확보된 인재를 계속 유지·활용하기 위해서는 공무원의 의식 및 욕구를 인사행정에 반영하지 않으면 안된다. 이처럼 직업관의 변화에 대한 적절한 대응의 필요성이 제기되면서 인사행정의 중요성은 더욱 강조되고 있다.

2) 대외적 측면에서의 중요성

(1) 정부에 대한 이미지

인사행정을 어떻게 하느냐에 따라서 국민이 갖는 정부에 대한 이미지가 달라질 수 있다. 예컨대 특정 지역이나 특정 집단의 출신이 주요 공직을 독점하거나 부패하고 무책임한 공무원이 많다면, 그 정부는 국민으로부터 긍정적인 평가와 지지를 받기가 힘들 것이다. 비록 인사행정이 정부조직 내부의 공무원을 대상으로 하는 활동이지만, 그것이 단순히 정부조직 내부에 그치지 않고 대외적으로 정부에 대한 신뢰와 정책의 수용성에 영향을 미칠 수 있다는 점에서 인사행정의 중요성이 있다.

(2) 사회적 요구의 수용

최근 우리 사회에서 다양성과 형평성에 대한 요구가 강하게 제기되고 있다. 성별, 나이, 학력, 종교, 장애, 인종, 국적 등에 따른 차별을 배제하고, 이들 측면에서 존재하는 차이를 다양성 관점에서 인정하려는 시각이 확산되고 있다. 인사행정에서도 이러한 사회적 시각의 변화를 적극 수용하여 공개경쟁 채용제도의 확립, 개방형 직위제의 확대, 사회적 약자의 우대 등과 같은 조치가 이루어지고 있다. 이와 같은 다양성과 형평성 관리는 단순히 인구통계학적 특성에 따른 '균형인사'에 그치지 않고 '일과 삶의 균형'을 도모하는 방향으로 나아가야 한다(유민봉 · 박성민, 2014: 448~455). 또한 개인이 지닌 내 · 외적 다양성의 장점을 파악 · 활용하여 그 효과를 극대화하기 위한 노력이 요구된다는 점에서 인사행정의 향후 과제와 그 중요성이 제기된다.

3. 인사행정의 특징

1) 인사행정의 성격

인사행정의 성격은 그것이 행정체계 내에서 차지하는 위치, 실제 수행하는 기능이나 역할, 학문적 특성 등의 측면에서 논의될 수 있다.

(1) 개방체계적 성격

인사행정은 정부의 목표달성을 위한 행정체계의 하위체계인 동시에 외부환경과 상호작용하는 개방체계적 성격을 띠고 있다(강성철 외, 2014: 23). 이처럼 인사행정을 하나의 개방체계라고 하는 것은 외부환경으로부터 다양한 요구(input)를 받고, 이를 내부에서 전환(conversion)시켜 필요한 기능 내지 활동을 수행하며, 그것을 외부환경에 적절한 산물(output)로 내보내기 때문이다. 여기서 외부환경은 상위체계인 행정 · 정치·사회적 특성뿐만 아니라 정책·기술·정보 등과 같은 다양한 요소를 포함하며, 이러한 외부의 환경적 요소들과 인사행정체계는 직·간접적으로 상호 영향을 주고받는다.

(2) 수단적 성격

인사행정은 정부의 목표달성을 위한 수단적 성격을 가진다(강성철 외, 2014: 23). 인사행정이 정부의 정책이나 사업계획의 수립 및 집행을 직접 수행하는 활동은 아니지만, 그러한 정부활동에 필요한 공무원을 선발하여 적재적소에 배치하고, 그들의 능력을 개발하고 근무의욕을 고취시킴으로써 정부의 목표달성에 간접적으로 기여한다. 이처럼 인사행정은 정부활동을 직접 수행하지는 않지만, 정부의 목표달성에 필요한 행정을 지원하는 보좌기능을 수행한다.

(3) 종합학문적 성격

인사행정은 다양한 사회과학적 지식을 필요로 하는 종합학문적 성격을 지닌다. 오늘날 사회의 분화에 따른 정부활동의 고도화는 공무원의 직종과 직군·직렬의 분화·변화를 더욱 촉진시키고 있다. 이러한 점에서 인사행정은 전문화된 학문영역의 하나로서 과학기술뿐만 아니라 정치학, 심리학, 조직학, 노동경제학, 사회학 등 다양한 분야의 지식을 필요로 한다.

2) 인사관리와의 비교

정부나 민간기업을 불문하고 모든 조직은 생존하고 성장하기 위하여 인적자원을 활용·관리한다. 따라서 인적자원의 활용·관리라는 측면에서 정부의 인사행정과 민간기업의 인사관리는 유사하지만, 이들 간에는 상당한 차이점도 존재한다.

(1) 인사행정과 인사관리의 유사점

인사행정과 인사관리는 구성원인 인적자원을 그 대상으로 하며, 조직의 목표달성을 지원하는 수단적 성격을 지닌다는 점에서 동일하다. 인사행정은 인사관리와 마찬가지로 조직의 목표달성에 필요한 사람을 충원하고, 적재적소에 배치하며, 능력발전을 도모하고, 보상 등 제반 조치를 통해 근무의욕을 고취시키는 활동을 수행한다. 이러한 활동을 수행하는 과정에서 다양한 기법을 동원·활용한다는 점도 인사행정과 인사관리가 지닌 유사한 속성이라 할 수 있다.

(2) 인사행정과 인사관리의 차이점

인사행정은 여러 측면에서 민간기업의 인사관리와는 다른 특성을 지니고 있다. 인사행정의 특성은 정부조직 또는 행정이 민간기업과 달리 갖는 특이성에 주로 기인한다. 예컨대 정부조직 또는 행정은 공익의 실현을 목적으로 하며, 그 활동에 있어서 정치적 통제와 법적 지배를 강하게 받고 있다. 또한 정부조직은 규모가 방대하고 관료제적 특성을 지니고 있으며, 그 구성원인 공무원의 신분이나 행동규범에 있어서 민간기업의 근로자와 차이가 있고, 공무원에 의해 공급되는 재화와 서비스는 비시장성과 독점적 또는 반독점적인 것이 대부분이다.

이와 같은 정부조직 또는 행정의 특이성에서 비롯되는 인사행정의 특성을 민간기업의 인사관리와 비교하면 〈표 1-1〉과 같다. 이러한 양자 간의 차이는 절대적인 것이 아니라 어디까지나 상대적인 것에 불과하다.

표 1-1 인사행정과 인사관리의 비교

구분	인사행정(정부)	인사관리(민간기업)
대상	• 조직의 구성원: 인적자원	
활동 및 내용	• 조직의 목표달성에 필요한 인적자원관리 (인적자원의 확보, 활용, 개발, 유지, 보상 등)	
대상 규모와 범위	• 대규모, 다양성, 복잡성	• 소규모, 유사성, 단순성
정치적 영향	• 강함	• 약함
법적 제약 (규제 및 통제)	• 법규에 의한 엄격한 규율 (재량성 · 신축성 낮음)	• 사규 · 내규에 의한 자율적 규율 (재량성 · 신축성 높음)
이념(적용기준)	• 행정이념: 효율성, 민주성, 형평성, 합법성 등(정치적 · 정책적 판단)	• 경영이념: 효율성, 경제성, 수익성, 시장성 등(경제적 · 합리적 판단)
직업윤리	• 강함	• 약함

첫째, 인사행정은 그 대상의 규모와 범위에서 인사관리와 차이가 있다. 인사행정이 이루어지는 정부조직은 민간기업에 비해 그 대상이 되는 인적자원의 규모가 방대하고 종류 또한 다양하고 복잡하다. 예컨대 정부부문에서는 민간부문과 달리 국방, 치안, 외교, 소방 등과 같은 다양한 직종이 존재하며, 그 직위 및 계급(직급)의 구조가 매우 복잡하다.

둘째, 인사행정은 공적 통제와 정치적 영향의 정도에서 인사관리와 차이가 있다.

정부의 역할이나 기능이 광범위하여 정부 내의 인적자원에 관한 결정·집행과정에 정치적 요인이 작용하는 경우가 많다. 또한 인사행정은 사회로부터의 다양한 규범과 요구들을 수용하여야 하는 입장에서 인사관리와 그 정도에서 차이가 있다.

셋째, 인사행정은 법적 제약의 정도에서 인사관리와 차이가 있다. 인사행정의 주요 원칙이나 기준과 절차는 법령으로 정해지기 때문에 민간기업의 인사관리에 비해 재량과 선택의 폭이 좁고 비탄력적이다(박천오 외, 2014: 8). 민간기업도 법령의 적용을 받아야 하는 경우가 많지만 그러한 법령은 대부분 개괄적인 것이며, 인사관리의 기준과 절차 등은 대체로 내부 의사결정에 따라 자율적으로 정해진다. 이러한 법적 제약에 따른 경직성으로 말미암아 인사행정은 인사관리에 비하여 융통성과 적시성이 미흡한 편이다.

넷째, 인사행정은 그것이 추구하는 가치에서 인사관리와 차이가 있다. 공익을 추구하는 정부조직의 비시장성으로 인해 구성원의 활동도 경제적·효율적 관점에 의해서만 판단할 수 없다. 민간기업의 인사관리가 능률성과 생산성에 기초한 시장경제적 방식을 활용하는데 반해, 인사행정은 경제적 합리성이나 효율성뿐만 아니라 공공성, 사회적 형평성, 공정성 등 다양한 가치를 포괄하는 정책적 판단을 중시한다.

다섯째, 인사행정은 구성원에 대한 규율의 관점과 강도에서 인사관리와 차이가 있다. 민간기업의 인사관리가 직원의 효율적 활용에 중점을 두는 반면, 인사행정은 공무원의 행동규범에 더 큰 비중을 둔다. 공무원은 국민 전체의 봉사자로서의 신분을 지니고 그들이 수행하는 직무 자체가 공공성을 띠므로 공무원의 행동은 민간기업의 직원에 비해 사회로부터 더 높은 기대와 평가를 받는다. 이에 따라 인사행정은 공무원의 의무와 책임을 명확히 제시하고 그러한 행동규범의 준수를 엄격히 규율·관리한다.

(3) 비교 및 종합

인사행정과 인사관리의 차이점에도 불구하고, 양자를 엄격히 구분하는 경향은 점차 줄어들고 있다. 시장경제의 발달로 인해 민간기업의 공공성이 커지고 공(公)·사(私)조직의 유사성이 높아짐에 따라 정부의 인사행정과 민간기업의 인사관리는 매우 유사하게 접근해가고 있다. 특히 개방형 임용제, 성과관리제, 연봉제 등 기업식 인사관리제도가 정부의 인사행정에 도입·활용되면서 정부와 민간기업의 인적자원관리가 상호 중첩되는 영역이 점차 넓어지고 있다.

표 1-2 전통적 인사행정과 현대적 인사행정의 비교

구분	전통적 인사행정	현대적 인사행정
사람에 대한 인식	• 비용(cost)	• 자원(resources)
이론적 배경	• 과학적 관리론	• 후기 인관관계론
주된 관심	• 조직의 효율성 향상	• 조직의 성과 및 구성원의 삶 향상
관리 특징	• 하향적, 집권적, 경직적	• 상향적, 분권적, 신축적
중시하는 점	• 규칙과 절차	• 성과와 책임
인사기능	• 관리적 기능(규제와 통제 중심)	• 전략적 기능(정책과 전략 중심)
임용 및 배치	• 규격화된 임용(형식요건 중시)	• 유연한 임용(능력 · 실적 중시)
교육훈련	• 공급자 중심	• 수요자 중심
보수체계	• 획일적 연공서열 중심	• 다양하고 차별적인 실적 · 성과 강조
복무 및 규율	• 처벌 위주	• 보상과 유인 제공
가치 및 이념	• 합법성과 능률성 중심	• 다양성과 형평성 고려

3) 최근 인사행정의 변화

최근 세계화, 개방화, 분권화, 정보화, 전문화의 추세에 따라 인사행정은 다양하게 변화되고 있다. 과거 전통적 인사행정이 소극적 · 폐쇄적 · 집권적 · 획일적 성격을 띠고 있었다면, 현대적 인사행정은 적극적 · 개방적 · 분권적 · 신축적 성격으로 변화되고 있다고 할 수 있다. 최근 변화된 인사행정의 특징은 〈표 1-2〉와 같이 제시될 수 있으며, 이러한 특징을 크게 세 가지 관점으로 묶어 살펴본다.

(1) 전략적 인적자원관리의 관점

최근 인사행정에 도입된 인적자원관점은 공무원을 비용 개념으로 보는 통제 위주의 관리기능보다는 자원이나 자본으로 인식하는 성과 중심의 전략기능을 중시한다. 이에 따라 인사행정은 직무와 조직의 개선뿐만 아니라 개인의 욕구충족과 성장 · 발전을 동시에 도모하는 전략적 인적자원관리의 개념으로 변화하고 있다. 전략적 인적자원관리로서 인사행정은 인력의 획득과 배치, 규율 · 통제와 보수관리 등 소극적 · 전통적 역할에 그치지 않고, 인적자원의 효율적인 활용뿐만 아니라 능력발전과 직업생활의 질을 높이는 적극적 · 지원적 역할을 수행하고 있다(오석홍, 2013: 5).

(2) 성과관리체계의 정착

인사행정의 주된 관심이 절차와 규정의 준수·통제보다는 결과와 책임을 강조하는 성과관리체계의 확립으로 변화되고 있다. 따라서 임용조건, 평가 및 보상체계, 근무형태와 여건, 인사기관의 역할 등 각종 인사제도가 성과지향적인 방향으로 개선되고 있다. 예컨대 연공서열 중심의 폐쇄적 임용방식을 공직 내외의 개방적 경쟁방식으로 변경하고, 인사교류와 공모 직위제를 활성화하며, 연공서열식 평가와 보상에서 벗어나 성과 중심의 평가와 보상을 강화하고, 전문가의 유입을 촉진하며 탄력적 보직관리를 강조하는 방향으로 나아가고 있다. 또한 인사기관의 역할을 규제와 통제보다는 조직과 개인의 성과 향상을 위한 정책과 전략 중심으로 전환하고, 대국민 서비스의 질을 높이기 위하여 인사행정의 분권화를 추진하고 있다.

(3) 다양성과 형평성의 강조

인사행정이 성과관리체계의 확립에 그 중점을 두다보면, 공익의 대표성이나 행정서비스의 공평한 배분 등 민주적 가치를 소홀히 하게 되는 문제가 발생할 수 있다. 이러한 점을 방지하고 행정의 민주성과 대응성, 사회적 형평성을 제고하기 위하여 사회의 주요 집단이나 각 계층의 이익을 적극 반영하는 대표관료제의 확립이 강조되고 있다. 특히 여성, 장애인, 저소득층, 소외 지역민, 소수 인종 등 사회적 약자를 배려하는 인사제도의 구축 및 운영을 통해 행정의 질적 수준을 높이려는 노력이 전개되고 있다.

제2절 인사행정의 목적

인사행정의 목적이란 인사행정이 무엇을 위해 형성되고 존재하는가에 관한 것이다. 인사행정의 목적은 크게 인사행정의 이념과 인사행정의 목표로 구성된다고 볼 수 있다(최종태, 2008: 43). 인사행정의 이념은 신념, 신조, 이데올로기(ideology), 철학, 이상(理想) 등과 같은 가치로서 인사행정의 목적을 의미하며, 인사행정의 목표는 인사행정의 이념을 실현하기 위하여 존재하는 비교적 구체화된 인사행정의 목적을 말한다.

1. 인사행정의 이념

인사행정은 상위 행정체계 내에 속하는 하위체계의 하나이기 때문에 인사행정이 지향하는 가치는 행정이 추구하는 이념과 크게 다르지 않다. 즉, 행정에서 보편적으로 인식되는 이념이 인사행정에도 그대로 적용될 수 있다는 것이다. 따라서 인사행정의 이념에는 합법성, 민주성, 효율성, 형평성 등과 같은 대표적인 행정이념과 더불어 공무원의 권익보호 및 공직윤리의 확립 등이 포함된다.

1) 합법성

합법성(legality)은 법치행정, 즉 법에 의한 행정을 말한다. 이러한 법치행정의 원리는 국가권력의 자의적인 행사로부터 개인의 권리와 자유를 보호하려는 취지를 지니며, 결코 개인의 권리와 자유를 제한 · 규제하기 위해서 요구되는 것은 아니다.

인사행정에서의 합법성은 인적자원의 확보, 활용, 개발, 유지, 보상 등 인사행정의 제반 활동이 법의 테두리를 벗어나 자의적으로 이루어져서는 안된다는 것이다. 하지만 합법성을 지나치게 강조하거나 잘못 이해하면 법규만능주의로 흐를 가능성이 있으며, 이 경우 형식적인 인사행정으로 인해 오히려 국민이나 공무원의 권익을 해치는 결과가 초래될 수 있다. 따라서 단순히 법적 절차나 규정에 집착하지 말고 법의 정신을 살려 적극적으로 해석하여 그에 부합하는 인사행정이 이루어지도록 하여야 한다.

행정국가에서는 탄력적 행정의 강조와 행정 재량권의 확대로 말미암아 합법성의 이념이 도외시되는 경우가 종종 발생한다. 한편으론 행정국가로의 진전에 따라 재량권의 남용을 방지하고 행정의 민주성과 투명성을 높여야 한다는 요구도 동시에 증대되고 있다. 이러한 요구에 부응하는 수단적 가치로서 합법성은 여전히 중요한 역할을 수행하고 있다. 특히 합법성은 인사행정의 안정성, 예측가능성, 통일성, 일관성, 공평성, 절차적 정당성을 높여주고, 실적주의 인사원칙의 확립 및 국민과 공무원의 권익보호에 기여한다는 점에서 그 중요성이 더욱 부각되고 있다.

2) 민주성

민주성(democracy)은 민주주의 국가에서 보편적으로 인식되는 가치이다. 행정이념으로서의 민주성은 정부와 국민 간의 관계에 초점을 두는 대외적 민주성과 정부조직 내의 민주적 관리를 의미하는 대내적 민주성으로 나누어 볼 수 있다. 대외적 민주성은 민주행정의 원리, 즉 국민의 요구에 대한 행정의 대응성(responsiveness)을 높이고, 국민의 통제를 받으며 국민에 대한 행정의 책임성(accountability)을 확보하는 것을 의미한다. 한편 대내적 민주성은 행정조직 내부의 민주화를 말하며, 대표적으로 분권화, 권한의 위임, 조직의 평면성, 의사전달의 활성화, 탈권위주의 조직문화, 인간중심의 관리 등을 그 주요 내용으로 한다.

인사행정에서의 대외적 민주성은 인적자원의 확보, 활용, 개발, 유지, 보상 등 인사행정의 제반 활동이 국민에 대하여 대응성, 책임성, 책무성을 갖도록 이루어져야 한다는 것이다. 이는 공무원에 대한 공직윤리의 확립이나 민주적 가치관의 내면화를 통해 가능하지만, 인사행정의 기반이 되는 각종 임용제도를 적절히 구축·활용하여 국민의 다양한 욕구와 선호를 충족시키려는 노력도 필요하다.

인사행정에서의 대내적 민주성은 정부조직 내부에서 인적자원관리가 민주적 원리에 따라 이루어져야 한다는 것이다. 예컨대 인사행정과 관련된 의사결정과정에 있어서 구성원의 참여, 자율적인 업무처리, 합의 및 조정의 중시, 탈권위주의, 평등성, 자아실현을 위한 동기부여, 개인 의견의 존중, 전문적 기술과 능력에 대한 개방성, 쌍방적 의사전달, 제안제도, 노동조합 활동, 공무원의 권익보호 및 민주적인 고충처리·구제절차 확립 등이 대내적 민주성의 확립에 필요한 속성이 될 수 있다.

3) 효율성

효율성(efficiency)이란 일반적으로 비용최소화 측면에서의 경제성, 투입·산출 비율로서의 능률성, 목표달성도를 의미하는 효과성 등을 모두 함축하는 의미로 사용되며, 경우에 따라서 생산성(productivity)과 유사한 개념으로 이해되기도 한다(유민봉·박성민, 2014: 50).

인사행정에서의 효율성은 인적자원의 확보, 활용, 개발, 유지, 보상 등 인사행정의 제반 활동에 걸쳐 추구되어야 할 가치이다. 예컨대 최소의 충원비용으로 보다 우수한 인재를 선발해야 하고, 한정된 교육훈련비용으로 더 많은 공무원에게 필요한 지식과 기술을 습득시켜야 한다. 또한 공무원을 능력과 적성에 따라 적재적소 배치하고, 조직의 목표달성이 가능하도록 효율적으로 활용하는 노력이 필요하다.

효율성은 투입에 해당하는 비용이나 인력의 절감을 강조하는 입장에 있지만, 투입

요소의 절감에 의해 능률성이 높아졌다 하더라도 우수인력 확보나 교육훈련의 목표달성이 이루어지지 않았다면 효율적이라 할 수 없다(유민봉 · 박성민, 2014: 51). 따라서 효율성은 능률성뿐만 아니라 효과성이 함께 충족되었을 때 궁극적으로 달성될 수 있는 가치라고 할 수 있다.

4) 형평성

형평성(equity)은 일반적으로 공정성(fairness)이나 사회적 정의(social justice)와 유사한 의미로 사용된다(이종수 · 윤영진 외, 2012: 164). 이러한 의미에서의 형평성은 동등한 것은 동등하게 대우하는 수평적 형평성(horizontal equity), 서로 다른 것은 서로 다르게 대우하는 수직적 형평성(vertical equity), 가치의 공정한 배분을 중시하는 사회적 형평성(social equity) 등의 개념을 포함한다. 여기서 수평적 형평성과 수직적 형평성이 소극적 개념이라면, 사회적 형평성은 보다 적극적 개념으로 이해될 수 있다.

인사행정에서의 형평성은 인적자원의 확보, 활용, 개발, 유지, 보상 등 인사행정의 제반 활동이 불평등하거나 불편부당하게 이루어져서는 안된다는 것이다. 먼저 소극적 의미의 형평성 측면에서 보면, 인종 · 성별 · 연령 · 출신지역 등과 무관하게 누구에게나 공직임용, 승진, 보상 등에 있어서 기회균등이 보장되는 수평적 형평성을 확립하여야 하며, 이처럼 수평적 형평성이 이루어진 다음에 능력이나 실적의 차이에 따라 상이한 대우가 정당화되는 수직적 형평성을 보장하는 인사행정이 구현되어야 한다.

한편 적극적 의미의 형평성 추구는 과거로부터 누적되어 왔거나 과거에 겪었던 희생이나 차별을 보상하는 차원에서 사회적 가치의 공정한 재분배를 도모한다. 예컨대 시장경제하에서 채용, 승진, 보수 등에 있어서 차별받기 쉬운 여성 · 장애인 · 소수인종 등과 같은 사회적 약자에게 더 큰 혜택을 부여하는 것을 말한다. 이와 같은 적극적 형평성을 추구하는 인사제도로서 대표관료제(representative bureaucracy)가 있는데, 이는 공무원의 인적 구성에 있어서 성별 · 계층 · 지역 · 인종과 같은 사회구성원의 인구학적 특성을 고려하고, 이들로 하여금 출신 집단의 이익을 적극적으로 대표하게 하려는 취지를 지닌다.

5) 공무원의 권익보호

공무원은 인사행정의 객체이며, 그들의 권익보호는 인사행정이 추구하는 이념의 하나이다. 공무원의 권익보호는 소극적 측면과 적극적 측면으로 나누어 그 의미를 살펴볼 수 있다.

소극적 측면에서의 권익보호는 정부나 상관의 자의적 판단에 의한 불이익 처분으로부터의 보호를 뜻한다. 이러한 의미에서의 권익보호도 신분보장이나 불이익 처분에 대한 소청기회의 제공에 한정하지 않고, 공무원도 한 사람의 국민으로서 누릴 수 있는 기본권이 침해되지 않도록 하여야 한다는 의미로 이해하여야 한다는 주장이 있다(유민봉 · 박성민, 2014: 56).

한편 적극적 측면에서의 권익보호는 법적 · 경제적 · 사회적 · 심리적 측면에서 공무원에게 인간다운 삶을 향유할 수 있도록 하는 것을 의미한다(유민봉 · 박성민, 2014: 57). 정치적 압력으로부터 공무원의 권익과 신분을 보장해주는 법적 장치를 마련하고, 개인의 능력이나 적성에 맞게 적재적소 배치하여 직무만족을 높이고, 승진 등과 같은 직위 상승을 통해 성취감을 얻게 하며, 자신의 능력 · 경력 개발의 기회를 제공하여 자기실현의 욕구를 충족시키고, 보수와 근무환경 등 후생복지를 향상시킴으로써 적극적 의미에서의 권익보호가 이루어질 수 있다.

6) 공직윤리의 확립

공무원은 국민 전체의 봉사자이며 그가 수행하는 직무는 공공성을 띠고 있다. 이러한 공무원의 신분상 지위와 직무의 공공성으로 인해 공무원에게는 일반국민과 다른 내용과 성격의 직업윤리가 요구된다. 이에 따라 인사행정은 공무원의 의무를 명확히 제시하고 그러한 행동규범의 준수를 엄격히 규율 · 관리하고 있다.

공무원의 의무를 위반한 행위와 그 행위의 결과에 대해서는 책임이 따른다. 인사행정상 책임은 행정상 제재나 신분상 불이익을 의미하지만 변상책임과 형사책임의 대상이 되기도 한다. 이러한 책임의 부과는 공무원의 잘못된 행태를 교정하여 공직 내부의 질서를 유지하려는 사후적 제재수단이지만, 공무원의 의무위반을 사전에 예방하는 효과도 있다.

공무원의 의무와 책임은 부정부패, 직권남용, 무사안일 등을 방지하고 적극적으로 공익을 실현하여 국민에 대한 봉사의 질을 높이기 위한 것이다. 이러한 목적을 충실히 달성하기 위해서는 공무원의 윤리의식을 높이고 비(非)윤리적인 행동을 억제하기 위한 제도적 장치의 개선이 필요하다. 이와 더불어 그 실제 운영이 올바르게 이루어지도록 함으로써 제도의 실효성을 높이기 위한 노력도 필요하다.

7) 이념들 간의 관계

인사행정의 이념은 합법성, 민주성, 효율성, 형평성, 공무원의 권익보호 및 공직윤리의 확립 등 매우 다양하다. 이러한 이념이 각기 나름대로 중요하지만, 모두 동시에 동일한 비중을 가지고 추구되기란 거의 불가능하다. 왜냐하면 이들 간에는 동일 차원에서 동일 방향을 지향하는 것도 있고, 갈등의 가능성을 지니면서 반대 방향으로 나아가려는 것도 있기 때문이다.

(1) 동일 차원의 이념들

인사행정의 주요 이념들 가운데 상호 보완적인 관계에 있는 이념들이 있다. 예컨대 실적주의를 명시한 법규를 엄격히 적용함으로써 형평성의 제고가 가능할 수 있으며, 적극적으로 사회적 형평성을 높이려는 취지에서 능력 있는 소수집단 출신들을 발탁함으로써 인사행정의 효율성이 제고될 수 있다. 또한 공무원의 권익보호를 위하여 신분보장을 강화하거나 조직 내부에 민주적 가치를 확산시킴으로써 공무원의 사기와 근무의욕이 높아져 직무수행의 효율성을 향상시키는 효과를 거둘 수 있다.

(2) 대립 차원의 이념들

인사행정의 이념들 가운데 상호 대립적 혹은 갈등적 관계에 있는 이념들이 있는데, 이 경우 어느 하나를 극단적으로 추구하면 다른 가치를 희생시키는 결과가 초래될 수 있다. 예컨대 합법성이나 효율성을 높이기 위해 공개경쟁 채용시험을 강조하면 지역이나 학력·성별 등에 따른 차별을 유발하여 사회적 형평성이 저하될 수 있다. 반대로 신규채용이나 승진임용 등에 있어서 사회적 형평성을 중시하다 보면 역차별이 발생하여 민주성이 훼손되거나 인사행정의 비효율성이 초래될 수 있다. 또한 공무원의 권익보호나 책임확보를 강조하다 보면 대외적 민주성과 효율성이 침해될 소지가 있다.

(3) 이념들 간의 조화

동일 차원의 이념들은 서로 보완적인 관계에 있기 때문에 동시에 추구하는 것이 가능하지만, 대립 차원의 이념들은 서로 갈등적인 관계에 있기 때문에 동시에 추가하면 부작용이 발생할 수 있다. 하지만 어떠한 관계에 있더라도 하나의 이념을 우선시하면 다른 이념이 경시되거나 훼손될 수 있는 경우가 적지 않다. 또한 이념들 간에 대립이나 갈등의 소지가 있다고 하더라도, 하나를 선택하면 다른 것을 포기해도 좋다는 논리는 성립하지 않는다. 특히 시대와 국가 또는 상황에 따라 강조되는 이념이 달라질 수 있지만, 그 또한 상대적인 중요도의 차이일 뿐 상호 대체나 희생을 전제로 하지는 않는다. 어차피 다양한 이념들이 공존할 수밖에 없는 현실을 인정한다면, 시대와 국가 또는 상황에 따라 모든 이념들이 종합적인 차원에서 우선되는 이념을 중심으로 상호 조화되는 것이 요구된다.

2. 인사행정의 목표

인사행정의 목표란 인사행정의 이념을 실현하기 위하여 존재하는 비교적 구체화된 목적을 말한다. 인사행정의 이념이 인적자원관리에 있어 추상적인 방향성을 제시하는 역할을 한다면, 인사행정의 목표는 인적자원관리에 있어 그 이념을 충실히 수행하기 위한 구체적인 행동지침을 제공한다고 할 수 있다(유민봉 · 박성민, 2014: 58).

인적자원관리의 관점에서 보면 인사행정의 목표는 '인적자원의 자산화(資産化)'에 있는데, 조직 차원에서의 생산성 목표와 구성원 차원에서의 만족성 목표가 동시에 달성되도록 인사행정이 이루어져야 한다는 것이다(최종태, 2008: 53~58). 즉, 인사행정의 목표는 하위 차원에서 조직의 생산성 목표와 개인의 만족성 목표로 나타나며, 이들 두 목표를 조화롭게 통합시키는 것이 인사행정의 궁극적인 목표가 된다.

조직의 생산성 목표와 개인의 만족성 목표 간에는 상호 대립 혹은 갈등의 관계가 나타날 수 있다. 조직의 생산성을 강조하다 보면 구성원의 욕구가 충족되지 못하는 경우가 나타날 수 있고, 반대로 구성원의 욕구충족에 중심을 두다보면 조직의 생산성이 저하되는 경우가 발생할 수 있다. 그러므로 단기적인 성과나 생산성에 치우치지 말고, 장기적인 안목에서 조직 구성원 개인의 욕구 충족도 함께 추구하는 것이야말로 바람직한 인사행정이라 할 수 있다.

이처럼 인사행정의 목표를 달성하기 위해서는 조직 차원에서의 목표인 생산성과, 구성원 차원에서의 목표인 만족성을 유기적으로 통합하는 작업이 있어야 한다. 따라서 인적자원의 확보, 활용, 개발, 유지, 보상 등의 다섯 가지 기능에 있어서 조직의 목표와 공무원 개인의 목표가 조화롭게 통합 · 달성되도록 인사행정의 전체 과정과 활동이 체계적으로 이루어져야 한다.

제2장

인사행정의 체계

인사행정은 정부의 목표달성을 위한 행정체계 내에 속한 하위체계로서 외부환경과 상호작용하는 개방적 성격을 띠고 있다. 이처럼 개방체계로서의 인사행정은 외부로부터 다양한 영향을 받으면서 내부적으로 여러가지 기능을 수행한다. 이러한 점에서 인사행정의 체계는 크게 외적 체계와 내적 체계로 구분할 수 있다. 여기서 외적 체

그림 2-1 인사행정의 체계

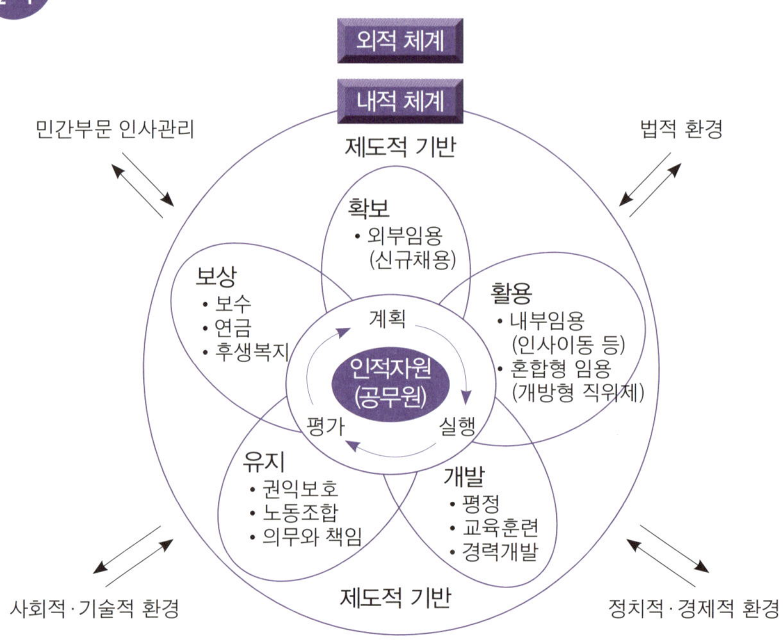

계는 인사행정에 영향을 미치는 외부환경을 말하며, 내적 체계는 인사행정의 실질적인 내용이 되는 제반 기능적 · 과정적 활동들을 포함한다. 이러한 인사행정의 전반적인 체계는 [그림 2-1]과 같이 나타낼 수 있다.

제1절 인사행정의 외적 체계

인사행정의 외적 체계는 인사행정의 내적 체계 바깥에 있으면서 인사행정에 영향을 미치는 외부환경을 말한다. 인사행정은 법, 정치, 경제, 사회, 문화, 과학, 기술, 민간부문 등 다양한 환경적 요소의 영향을 받는다. 이들 외부환경으로부터의 요구는 인사행정의 내적 체계에 투입되어 각종 제도의 개선이나 인적자원관리의 제반 활동에 변화를 도모하게 된다.

1. 법적 환경

국가의 법규는 인사행정에 직접적인 영향을 미친다. 법치행정의 원리는 모든 행정행위 및 행정과정이 법률에 근거하거나 법률에 적합해야 한다는 것이며, 그러한 행정의 법률적합성은 인사행정에서도 동일하게 적용된다. 우리나라의 경우, 인사행정에 영향을 미치는 법적 환경은 법체계에 따라 헌법, 법률, 명령, 규칙 및 자치법규로 구분할 수 있다.

1) 헌법

「대한민국헌법」은 국가의 최고 기본법으로서 기본권 보장과 통치구조에 관한 내용을 규정하고 있다. 특히 인사행정의 일반과 관련되는 주요 헌법조항을 살펴보면, 제1장 제7조(공무원 지위), 제2장 제11조(평등권), 제25조(공무담임권), 제29조(배상 및 책임), 제32조(근로의 권리), 제33조(노동기본권), 제3장(국회의원의 선출, 임기, 겸직 제한, 의무, 징계 및 제명 등), 제4장(대통령의 선출, 선서, 임기, 공무원임면권, 영전수여권, 겸직 제한, 국무총리 · 국무위원 · 행정 각 부의 장 · 감사원장 · 감사위원에 대한 임명 등), 제5장(대법원장 · 대법관 · 법관의 임명, 임기 및 신분보장 등), 제6장(헌법재판소의 장 · 재판관의 임기 및 신분보장 등), 제7장(중앙선거관리위원회 위원의 임명, 임기 및 신분보장 등)이다.

2) 법률

인사행정에 적용되는 법률은 매우 다양하다. 인사행정 전반에 대하여 가장 기본적인 사항을 규정하고 있는 일반 법률은 「국가공무원법」이다. 「국가공무원법」은 1949년 제정된 이래 수차례의 개정을 거쳐 현재에 이르고 있으며, 이는 "인사행정의 공정을 기하고 공무원으로 하여금 국민 전체의 봉사자로서 행정의 민주성과 능률성을 발휘케 함"을 목적으로 하고 있다(제1조). 이러한 목적하에 실적제와 직업공무원제를 인사행정의 기본제도로 삼고, 공직분류, 공무원구분, 인사기관, 임용과 시험, 보수, 능률, 복무, 신분보장, 징계 등에 관한 사항을 정하고 있다.

한편 「국가공무원법」의 규정을 골격으로 하면서 각 기관이나 직종의 특성에 맞게 제정된 법률이 다양하게 존재한다. 그 대표적인 예로서 「국회사무처법」, 「정부조직법」, 「법원조직법」, 「헌법재판소법」, 「선거관리위원회법」, 「지방공무원법」, 「경찰공무원법」, 「소방공무원법」, 「교육공무원법」, 「군인사법」, 「군무원인사법」, 「외무공무원법」, 「검찰청법」, 「국가정보원직원법」, 「대통령 등의 경호에 관한 법률」 등이 있다. 이들 법률은 해당 공무원에 대해서 「국가공무원법」보다 우선 적용되며, 개별 법률에서 정하지 아니한 사항은 일반 법률인 「국가공무원법」에서 정하는 바에 따른다.

또한 인사행정의 각 기능적 활동에 관한 법률로서 「공무원인재개발법」, 「공무원연금법」, 「공무원 노동조합의 설립 및 운영에 관한 법률」, 「공직자윤리법」 등이 있다. 특히 민간기업의 근로자와 동일한 지위에서 공무원에게 적용되는 법률도 있는데, 예컨대 「남녀고용평등과 일 · 가정 양립 지원에 관한 법률」, 「근로기준법」, 「장애인고용촉진 및 직업재활법」, 「노동조합 및 노동관계조정법」 등을 들 수 있다.

3) 명령, 규칙 및 자치법규

법률로써 모든 사항을 규정하지 못하는 경우에 법규명령, 고시 · 훈령 · 지시 · 예규, 자치법규 등을 통해 필요한 사항이 정해진다. 이러한 법규들은 국회의 의결을 거쳐야 하는 법률보다 인사행정의 상황 변화에 유연하고 적시에 구체적인 대응을 가능하게 한다.

행정부 소속 공무원에 대한 인사행정 관련 법률에서 위임된 사항이나 그 집행에 필요한 사항은 대통령령, 총리령 및 부령의 형식으로 정해진다. 그 대표적인 예로서 「공무원임용령」, 「공무원임용시험령」, 「공무원보수규정」, 「공무원 성과평가 등에 관한 규정」, 「공무원 징계령」, 「고위공무원단 인사규정」, 「국가공무원 복무규정」, 「소청절차규정」 등이 있다. 한편 각 직종별 관련 법령은 매우 다양한데, 「경찰공무원 임용령」, 「경찰공무원 승진임용규정」, 「경찰공무원 징계령」, 「소방공무원 임용령」, 「소방공무원 승진임용규정」, 「소방공무원 징계령」, 「교육공무원 임용령」, 「교육공무원 승진규정」, 「교육공무원 징계령」, 「외무공무원 임용령」, 「군인징계령」 등이 대표적이다.

이와 같은 법규명령에서 위임된 사항이나 그 집행에 필요한 사항은 고시, 훈령, 지시, 예규 등 행정규칙에서 구체적으로 명시되기도 한다. 예컨대 「공무원 비위사건 처리규정」, 「공무원헌장」, 「공무원헌장 실천강령」, 「공무원임용규칙」, 「균형인사지침」, 「공무원 성과평가 등에 관한 지침」, 「국가공무원 임용시험 및 실무수습 업무처리지침」, 「공무원 보수인상률고시」, 「개방형 직위 및 공모 직위 운영지침」 등과 같이 다양하다.

한편 국회, 대법원, 헌법재판소, 중앙선거관리위원회 등 헌법기관도 각기 「헌법」 제64조, 제108조, 제113조 및 제114조에 따라 법률의 범위 안에서 내부 규율에 관한 규칙을 제정할 수 있다. 각 기관의 소속 공무원의 인사행정에 관한 사항을 규정하고 있는 규칙의 예로서, 「국회사무처 직제」, 「국회인사규칙」, 「법관인사규칙」, 「법관징계규칙」, 「법원공무원규칙」, 「헌법연구관 인사규칙」, 「헌법재판소 공무원규칙」, 「선거관리위원회 공무원규칙」 등이 있다.

이와는 별개로 지방자치단체는 「지방자치법」 제22조 · 제23조에 의하여 법령의 범위 안에서 조례와 규칙을 제정할 수 있다. 각 지방자치단체마다 자치법규로 정하고 있는 인사행정 관련 사항은 약간씩 차이가 있으나, 그 근본적인 내용은 대동소이하다. 그 대표적인 예로서 정원조례, 복무조례, 수당지급조례, 여비조례, 정원규칙, 인사규칙, 인사위원회 운영규칙, 행동강령, 징계양정에 관한 규칙, 제안규칙 등이 있다.

2. 정치적 · 경제적 환경

1) 정치적 환경

인사행정을 둘러싼 정치적 환경은 행정수반, 국회(지방의회), 사법부, 정당, 대중매체, 일반국민, 시민단체 등으로 다양하게 구성된다. 이들은 인적자원의 확보, 활용, 개발, 유지, 보상 등의 측면에 직·간접적 혹은 공식적·비공식적 영향을 미친다. 예컨대 행정수반인 대통령은 공무원의 임면권을 통해 인사행정에 직접 관여하며, 정책결정의 최고책임자로서 인사조직, 공무원 정원, 보수 등 복리후생, 평정 등 모든 인사정책에 가장 결정적인 역할을 수행한다. 또한 국회는 인사행정의 기능이나 활동에 대한 제반 법률의 제·개정뿐만 아니라 국무총리 등 공무원의 임명 동의 및 국정 조사·감사 등을 통해 인사행정에 공식적인 영향을 미치며, 비공식적으로 다양한 경로를 통해 인사행정에 간접적으로 개입하기도 한다. 한편 대중매체나 일반국민, 시민단체 등과 같은 정치적 주체들은 공무원에 의해 세공되는 행정서비스의 대상이 됨과 동시에 공직사회에 대한 감시자 역할을 수행함으로써 인사행정에 영향을 미친다.

2) 경제적 환경

인사행정에 영향을 미치는 외부환경으로서 경제적 상황도 중요하다. 이는 인사행정의 기능과 활동이 국민경제 상황에 따라 변화하는 정부재정의 영향을 크게 받기 때문이다. 특히 인적자원의 확보에 있어서 경제적 환경은 유능한 공무원의 충원에 결정적인 영향을 미친다. 예컨대 경제성장이 지속되어 민간부문이 활기를 띠게 되면, 민간부문과의 인력유치 경쟁에서 정부는 보다 적극적인 인사정책을 강구하게 될 것이다(박천오 외, 2014: 18). 반대로 경제가 침체되거나 불황일 경우 신규채용의 규모를 줄이는 것을 우선적으로 고려하게 된다.

인적자원의 개발에 있어서 경제적 환경은 교육훈련프로그램의 양(量)과 질(質)에 영향을 준다. 예컨대 경제상황이 좋지 않아 재정여건이 충분하지 못하면 교육훈련의 축소를 검토하게 되며, 경기가 호전되어 재정여건이 좋아지면 교육훈련의 확대 실시가 가능하게 된다. 또한 재정상황이 충분하면 공무원의 동기부여를 위한 다양한 노력이 전개될 수 있으며, 보수 인상 및 후생복지 확대 등 인적자원의 보상 측면에서도 긍정적인 조치가 취해질 수 있다.

3. 사회적 · 기술적 환경

1) 사회 · 문화적 환경

사회 · 문화적 환경이란 사회를 구성하는 사람들의 태도와 행동에 영향을 미치는 인구구조, 문화, 가치관, 생활양식, 전통이나 관습 등을 말한다. 인사행정에 영향을 주는 사회 · 문화적 요인은 무수히 많으며, 이들은 인사행정 관련 제도뿐만 아니라 공무원의 의식이나 행동에 크게 영향을 준다.

사회 · 문화적 환경은 인적자원의 확보에 중요한 영향을 미치는데, 특히 공무원의 임용방식에 상당한 변화를 유도한다. 예컨대 여성 · 장애인 등 사회적 약자의 실질적 기회균등을 중시하는 사회분위기는 다양성과 형평성에 기반을 둔 인사정책의 추진을 불가피하게 한다. 또한 인적자원의 개발과 관련된 각종 평정제도가 합리적이고 객관적으로 수립되어 있다고 하더라도, 그것이 운영되는 사회 · 문화적 환경이 그렇지 못하다면 소기의 목적을 달성할 수 없게 된다.

전통이나 관습 등과 같은 사회 · 문화적 요인은 공무원의 동기부여와 직무수행 등 인적자원의 활용에 중요한 영향을 미칠 수 있다. 특히 유교적 신분문화의 전통은 개인의 자격이나 능력을 중시하는 실적주의의 원리와 충돌할 수 있고, 권위주의 문화는 상위직과 하위직 간의 협조적 업무수행보다는 계급제적 관리체계를 선호하며, 오랫동안 지속되어 온 농경문화의 폐쇄성은 공직의 개방화와 직위분류제 정착에 어려움을 주기도 한다. 더욱이 공직에 대한 국민의 인식과 사회의 가치관이 인적자원의 양적 · 질적 수준에 지대한 영향을 미치는데, 국민의 의식 수준이 높아질수록 공무원의 가치관과 행동에 대한 변화 요구가 높아져 공무원의 의무와 책임에 대한 규율 활동이 강화될 수 있다. 뿐만 아니라 사회 · 문화적 환경은 인적자원의 보상 측면에도 영향을 주는데, 예컨대 경쟁을 중시하는 사회분위기가 확산될수록 성과급, 실적급, 능력급, 연봉제 등의 도입이 더욱 확대될 가능성이 있다.

2) 과학 · 기술적 환경

과학기술의 발전이 인사행정에 미치는 영향도 적지 않은데, 특히 첨단기술의 도입은 직무수행에 요구되는 인적자원의 성격과 그 관리방식에 상당한 변화를 야기한다. 새로운 기술은 직무구조를 변화시키고 이것은 직무수행요건에 변화를 주며, 이에 따라 개방형 임용제의 활용을 불가피하게 하는 등 인적자원의 확보 활동에 중요한 영향을 미친다. 또한 기술변화는 공무원에게 새로운 직무수행능력을 구비하도록 지원하는 교육훈련의 필요성을 유발하며, 기존 직무에 기초한 경력개발을 새로운 차원에서 재검토하는 과제를 부여한다.

인적자원의 활용도 기술변화에 의해 영향을 받을 수 있는데, 예컨대 새로운 기술에의 부적응으로 초래될 수 있는 근무의욕의 저하를 극복하기 위해서는 동기부여 활동이 요구되며, 특히 인터넷의 발달로 시간과 공간의 제약 없이 인적자원을 효율적으로 활용·관리하는 방안이 필요하게 된다. 또한 새로운 기술의 습득·활용은 그에 따른 생산성 향상에 대한 보상체계가 어떤 형태든 마련되도록 하는 과제를 수반한다.

4. 민간부문의 인사관리

인사행정은 개방체계로서 외부의 민간부문과 상호 경쟁 및 협조의 관계에 있다. 이러한 상호 경쟁 및 협조의 관계 속에서 민간부문의 인사관리는 인적자원의 확보, 활용, 개발, 유지, 보상 등 인사행정의 전반적인 제도 및 그 운영에 영향을 미친다.

민간기업의 인사관리는 정부의 인사행정에 비해 상대적으로 탄력적이며, 특히 새로운 제도의 도입에 있어서 보다 적극적인 편이다(유민봉·박성민, 2014: 44). 이러한 점에서 민간부문의 인사제도는 정부의 입장에서 벤치마킹(benchmarking)의 대상이 되기도 하는데, 그 예로서 개방형 임용제, 성과급제 혹은 실적급제, 연봉제, 임금피크제, 다면평가제, 유연근무제, 인턴제, 경력개발제 등을 들 수 있다. 또한 민간기업의 보상체계는 공무원의 보수수준이나 후생복지프로그램에 영향을 미치며, 교육훈련 및 근무성적평정 등 다양한 분야의 인사관리방식도 정부의 인사행정과 영향을 주고받는다.

제2절 인사행정의 내적 체계

인사행정은 정부의 목표달성을 위해 필요한 인적자원을 관리하는 활동을 말한다. 이러한 의미의 인사행정은 대체로 기능적 차원과 과정적 차원에서 이루어지는 제반 활동으로 구성되며, 이들이 바로 인사행정의 내적 체계 혹은 인사행정의 실질적인 내용이 된다.

1. 인사행정의 기능적 활동

1) 인사행정의 기능 구분

인사행정의 기능에 대한 구분은 여러 시각에서 이루어질 수 있다. 여기서는 공직사회의 바깥에 있던 사람이 공직에 들어와 공무원으로서 인사행정과 관련해서 갖게 되는 경험을 중심으로 인사행정의 기능을 구분·고찰하여 본다. 즉, 공직 희망자가 신규로 채용되어 공무원의 신분을 취득하고, 신규 교육훈련의 과정을 거쳐 특정 직위에 배치되며, 공무원의 신분으로 주어진 직무를 수행하면서 근무성적평정을 받고 능력개발을 위한 교육훈련에 임하기도 한다. 이들 공무원에게는 각종 의무와 책임이 부여되며, 근무에 대한 대가로서 금전적·비금전적 보상이 이루어진다. 이와 같은 공무원의 경험은 정부의 입장에서 인적자원의 확보, 인적자원의 활용, 인적자원의 개발, 인적자원의 유지, 인적자원의 보상 등과 같은 기능적 활동으로 개념화될 수 있다.

(1) 인적자원의 확보

인적자원의 확보란 조직의 목표달성에 필요한 인적자원을 외부로부터 획득하는 활동을 말한다. 이는 외부임용 혹은 신규채용을 의미하며, 정부조직의 바깥으로부터 필요한 인적자원을 충원하는 활동이다. 공무원의 신규채용은 공개경쟁채용과 경력경쟁채용(특별채용)의 방법에 의하며, 이는 대체로 모집, 선발, 채용후보자 등록 및 명부작성, 임용 추천 및 통보, 시보임용 및 정규임용 등의 과정을 거친다.

(2) 인적자원의 활용

인적자원의 활용이란 신규 채용된 공무원을 정부조직의 내부에서 다양한 방법으로 움직여 쓰는 활동을 의미한다. 이러한 활동은 내부임용이라 불리며, 이는 수직적 인사이동(승진, 강임, 강등), 수평적 인사이동(전보, 전직, 겸임, 파견, 전입·전출, 인사교류 등) 및 휴직, 직위해제, 정직, 퇴직(면직), 해임·파면, 복직 등의 형태로 이루어진다.

(3) 인적자원의 개발

인적자원의 개발은 공무원의 능력이나 실적 등을 평가하고 이를 향상시키는 활동을 말한다. 이러한 활동은 공무원을 성장·발달시키는 노력이라 할 수 있으며, 근무실적이나 성과 평가, 교육훈련, 경력개발 등을 포함한다. 즉, 공무원의 능력이나 실적 등에 대하여 공정하고 객관적인 평정을 행하고, 지식과 기술 등의 확충을 위한 교육훈련을 실시하며, 장기적인 관점에서 공무원의 경력을 미래지향적으로 발달시키는 경력개발활동이 이루어진다.

(4) 인적자원의 유지

인적자원의 유지는 공무원으로 하여금 정부조직 내에 계속 머물게 하여 그들의 직무수행이 정부의 목표달성에 기여하도록 유도·지원하는 활동을 말한다. 여기에는 공무원의 신분보장과 노동조합 등과 같이 권익을 보호하는 활동, 공직윤리의 확립을 위한 행동규범의 제도화 및 실천화 노력, 주어진 의무위반에 대한 제재(制裁)활동 등이 포함된다.

(5) 인적자원의 보상

인적자원에 대한 보상은 공무원의 근무에 대한 직접적인 보상으로서의 보수, 간접적인 보상으로서의 연금, 기타 후생복지 등을 제공하는 활동을 말한다. 여기에는 보수수준 및 보수제도의 정립, 연금제도의 운영, 맞춤형 복지제도 등 다양한 후생복지에 관한 사항이 포함된다.

2) 인사행정기능 간의 연계

인적자원의 확보, 활용, 개발, 유지 및 보상으로 분류되는 주요 기능들은 항상 순차적으로 수행되는 것은 아니며, 톱니바퀴처럼 상호 복합적으로 밀접하게 연계되어 있다. 예컨대 신규로 채용된 공무원의 능력수준이 높으면 교육훈련수요가 줄어들 수 있으므로 인적자원의 확보와 인적자원의 개발 간에는 투입과 산출의 관계가 형성될 수 있다. 또한 교육훈련 등 인적자원의 개발활동에 따라 공무원의 능력이 향상되어 성과가 높아지면, 성과상여금 등과 같은 보상의 수준이 높아질 수 있다. 이러한 보상수준의 상승은 신규 인적자원의 확보에 유리한 조건으로 작용하며, 인적자원의 활용 및 유지에도 긍정적인 영향을 미치게 된다. 이처럼 인사행정의 기능적 차원을 구성하는 제반 활동들은 순환적으로 연관되며, 상호 유기적이고 동태적인 과정을 통하여 정부 조직 내의 인적자원을 종합적으로 관리하게 된다.

2. 인사행정의 과정적 활동

어떤 일이든 그것을 효과적으로 수행하기 위해서는 계획하고, 조직화하고, 지휘하고, 조정하고, 평가해야 한다. 인사행정에서도 인적자원의 확보, 활용, 개발, 유지 및 보상 등을 효과적으로 수행하기 위해서는 이들 제반 기능들을 계획하고, 실행하며,[1] 평가·환류하는 체계적인 접근이 필요하다.

1) 인적자원관리의 계획

인적자원관리의 계획은 인사행정의 기본방침을 결정하고 그에 따라 인사행정을 합리적으로 수행하기 위한 계획을 수립하는 활동이다. 이러한 활동은 인사행정의 각 기능, 즉 인적자원의 확보, 활용, 개발, 유지 및 보상 등에 모두 존재한다. 예컨대 인적자원의 모집 등과 같은 인적자원의 확보계획, 외부로부터 확보한 공무원을 적절히 배치·활용하기 위한 인적자원의 활용계획, 공무원에 대한 평정 및 교육훈련 등을 실시하기 위한 인적자원의 개발계획, 공무원의 신분보장 등 권익보호 및 책임 이행을 위한 방안 마련 등과 같은 인적자원의 유지계획, 공무원의 보수와 연금 등을 포함한 각종 보상체계의 구축 및 활용계획 수립 등과 같은 인적자원의 보상계획 등을 수립하는 것이다.

2) 인적자원관리의 실행

인적자원관리의 실행은 수립된 인적자원관리계획을 구체적으로 실천에 옮기는 과정, 즉 집행을 말한다. 이러한 활동도 인사행정의 각 기능, 즉 인적자원의 확보, 활용, 개발, 유지, 보상 등에 모두 존재한다. 예컨대 신규채용을 통한 인적자원 확보기능의 수행, 각종 내부임용에 의한 인적자원 활용기능의 실천, 평정 및 교육훈련 실시 등 인적자원 개발기능의 실행, 신분보장 및 의무·책임의 확보 등과 같은 인적자원 유지기능의 이행, 각종 보상제도의 운영 등 인적자원 보상기능의 수행 등이 그 내용이 된다.

---

1) 여기서 '실행(implementation)'은 관리과정에 해당되는 조직화, 지휘 그리고 조정 활동을 포함하는 것으로 사용한다(Gaugler, 1974: 16; 박경규, 2004: 51에서 재인용).

3) 인적자원관리의 평가

인적자원관리의 평가는 인적자원계획의 실행결과를 계획된 것과 비교하여 그 차이를 발견하고 이를 환류하는 것을 말한다. 이러한 평가활동은 인적자원의 확보, 활용, 개발, 유지, 보상 등 인사행정의 각 기능에서 이루어진 모든 실행활동에 대한 분석 및 그 결과의 환류까지를 포괄한다. 예컨대 외부·내부임용의 양적·질적 충족도, 각종 평정 및 교육훈련의 효과, 신분보장·노동조합 및 공무원의 의무·책임에 관한 제도 및 그 운영결과, 보수·연금 등 보상체계와 그 운영의 효과 등을 분석하고 환류하는 활동을 말한다.

제3절 | 이 책의 구성

인사행정은 개방적 성격을 지닌 하나의 체계로서 크게 외적 체계와 내적 체계로 구성된다. 외적 체계를 구성하는 다양한 요소에 의해 인사행정에 관한 제도가 형성되며, 그렇게 형성된 제도는 인사행정의 실질적 내용인 내적 체계를 구성하는 기반이 된다. 이러한 인사행정의 제도적 기반은 제2편에서 구체적으로 다루어지며, 그 내용은 인사행정의 기본제도(정실제, 엽관제, 실적제, 대표관료제, 직업공무원제), 공직의 분류체계(계급제, 직위분류제), 공무원의 구분체계(국가공무원과 지방공무원, 경력직공무원과 특수경력직공무원, 임기제공무원 및 시간선택제공무원, 고위공무원단), 인사기관(중앙인사기관, 부처인사기관, 지방자치단체 인사기관) 등을 포함한다.

제2편에서 다루어진 기본제도는 인사행정의 제반 활동에 대한 제도적 기반을 제공한다. 이 책에서는 인사행정의 제반 활동을 기능적 관점에서 구분하여 살펴본다, 즉, 인적자원의 확보, 활용, 개발, 유지 및 보상이라는 다섯 가지의 인사행정기능은 제3편부터 제7편까지의 각 편에서 구체적으로 설명된다.

제3편의 인적자원의 확보에서는 외부임용(신규채용), 제4편의 인적자원의 활용에서는 내부임용(인사이동 등)과 혼합형 임용(개방형 직위제), 제5편의 인적자원의 개발에서는 근무성적평정, 경력평정, 가점평정, 교육훈련 및 경력개발, 제6편의 인적자원의 유지에서는 공무원의 권익보호(신분보장), 노동조합 및 의무와 책임, 제7편의 인적자원

의 보상에서는 보수, 연금 및 후생복지 등이 구체적으로 다루어진다.

이와 같은 본서의 구성내용을 개관하면 〈표 2-1〉과 같다.

표 2-1 **이 책의 구성**

	편(篇)	장(章)	주요 내용
인사행정의 기초이해	제1편	제1장 인사행정의 의의 및 목적	• 인사행정의 의미, 특징, 이념 등
		제2장 인사행정의 체계	• 인사행정의 외적 체계, 내적 체계
인사행정의 제도적 기반	제2편	제3장 인사행정의 기본제도	• 정실제, 엽관제, 실적제와 적극적 인사행정, 대표관료제, 직업공무원제
		제4장 공직의 분류체계	• 계급제, 직위분류제
		제5장 공무원의 구분	• 국가공무원과 지방공무원, 경력직공무원과 특수경력직공무원, 임기제공무원 및 시간선택제공무원, 고위공무원단
		제6장 인사기관	• 중앙인사기관, 부처인사기관, 지방자치단체 인사기관
인사행정의 기능적 활동	제3편 인적자원의 확보	제7장 임용의 이해	• 임용의 의의, 유형 및 방법 등
		제8장 외부임용	• 모집, 선발, 채용후보자 등록 및 추천, 시보임용 및 정규임용 등
	제4편 인적자원의 활용	제9장 내부임용	• 승진, 강임, 배치전환, 휴직, 직위해제, 복직, 퇴직, 공모 직위제 등
		제10장 혼합형 임용	• 개방형 직위제
	제5편 인적자원의 개발	제11장 근무성적평정	• 성과계약 등 평가, 근무성적평가
		제12장 경력평정 및 가점평정	• 경력평정, 가점평정
		제13장 교육훈련	• 교육훈련의 종류, 방법 등
		제14장 경력개발	• 경력개발의 모형, 과정 등
	제6편 인적자원의 유지	제15장 권익보호	• 신분보장, 소청, 고충처리
		제16장 노동조합	• 노동조합의 기능, 가입 및 활동 등
		제17장 의무와 책임	• 행동규범, 징계 · 변상 · 형사책임
	제7편 인적자원의 보상	제18장 보수	• 보수수준, 보수체계, 보수형태 등
		제19장 연금	• 연금의 기능, 대상, 관리운영 등
		제20장 후생복지	• 맞춤형 복지제도

| 인사행정의 체계 | 인사행정의 제도적 기반

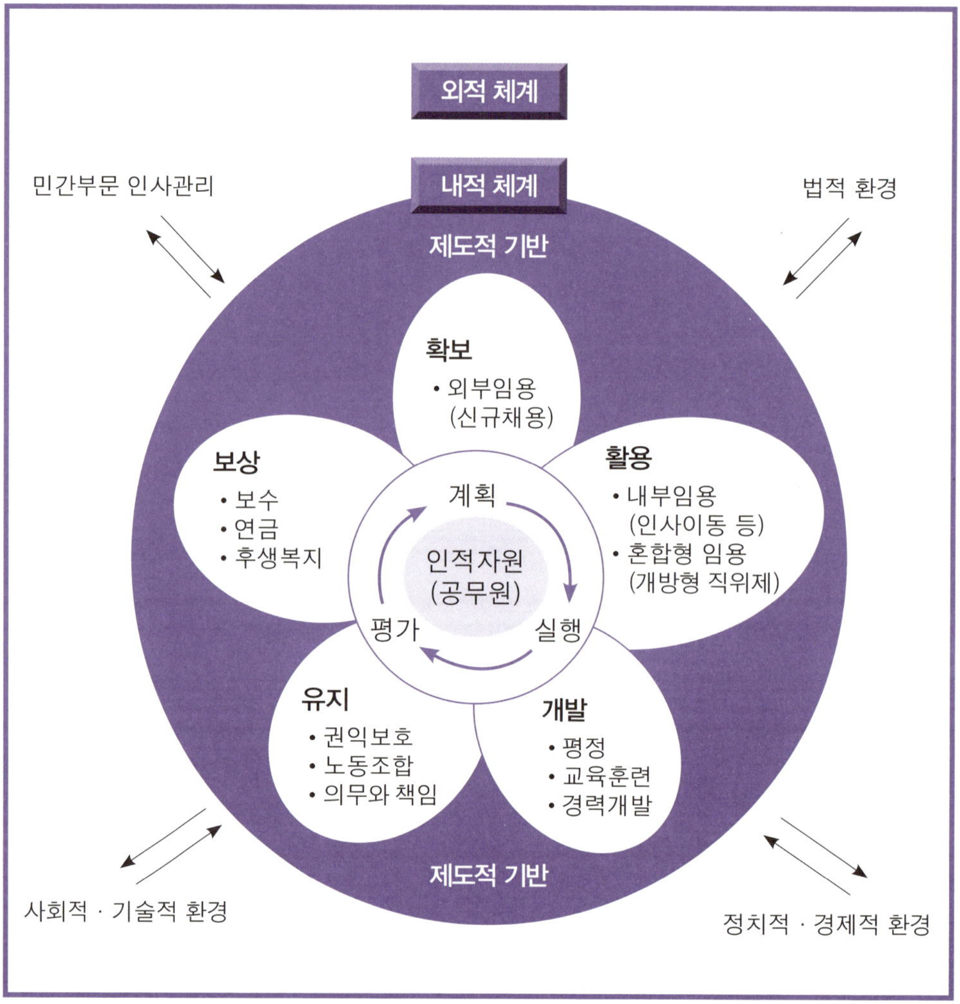

PUBLIC PERSONNEL ADMINISTRATION

제2편

인사행정의 제도적 기반

학습내용

인사행정의 기능적 활동, 즉 인적자원의 확보 · 활용 · 개발 · 유지 · 보상 등은 기본적인 제도의 토대 위에서 이루어지게 된다. 인사행정의 기본제도는 역사적으로 다양하게 변천되어 왔으며, 그 대표적인 제도로서 정실제, 엽관제, 실적제, 대표관료제, 직업공무원제 등이 있다. 이러한 기본제도와 더불어 실제 인사행정의 제반 활동에 영향을 미치는 공직분류체계, 공무원구분체계 및 인사기관에 대하여 살펴본다.

학습문제

- 인사행정의 기본제도들이 추구하는 가치와 공직임용기준은 무엇인가?
- 우리나라 인사행정의 기본제도에는 어떠한 것들 있는가?
- 계급제와 직위분류제의 특징과 장단점은 무엇인가?
- 우리나라에서 공직분류는 어떻게 이루어지고 있는가?
- 우리나라 공무원의 직종구분은 어떻게 이루어지고 있는가?
- 우리나라 공무원의 직종별 인사행정은 어떻게 이루어지고 있는가?
- 인사기관은 왜 설치하며, 그 조직형태별 특징이나 장단점은 무엇인가?

제3장

인사행정의 기본제도

제1절 정실제와 엽관제

1. 정실제

1) 정실제의 의의

정실(情實, patronage)이란 개인적인 정(情)이나 관계에 이끌리는 것을 뜻하며, 그에 따라 공직임용 등 각종 인사행정이 이루어지는 제도가 정실제(patronage system)이다. 즉, 인사권자의 혈연, 지연, 학연, 친분관계나 정치적 충성심 등 개인적 연고(緣故)를 중심으로 하는 인사행정의 원리를 정실주의라 하며, 그것이 제도화된 것이 정실제이다. 이러한 정실제는 절대군주시대에 국왕이나 귀족이 자신의 측근을 관직에 등용하던 관행을 통칭하는 용어에서 유래하였다.

2) 정실제의 등장과 발달

유럽대륙국가에서는 절대군주제의 확립에 따라 근대적인 직업공무원제가 형성되었으나, 영국에서는 조직화된 대규모의 관료조직이 양성되지 않아 체계화된 공무원제도가 발달하지 못하였다. 대신에 19세기 중엽까지 국왕이나 귀족, 의회의 지도자들이 자신의 정치 세력을 확대하기 위하여 관직을 활용하였으며, 주로 개인적 연고에 의해 직업관료를 임명하는 정실주의적 직업공무원제가 형성되었다. 이러한 영국의 정실제는 시대적 흐름에 따라 두 가지, 즉 은혜적 정실제와 정치적 정실제의 형태를 띠고 있었다(박연호, 2001: 53).

(1) 은혜적 정실제

절대군주시대의 영국에서는 관료에 대한 국왕의 지배권은 절대적이었다. 당시 국왕은 자신의 정치세력을 확대하거나 반대세력을 회유하기 위하여, 개인적으로 가까운 충신이나 영향력을 지닌 의원에게 관직과 연금을 부여하는 특권을 지녔다. 이처럼 개인적인 정실에 바탕을 두어 국왕에 의해 은혜적으로 관직임명이 이루어진 관행을 은혜적 정실주의(恩惠的 情實主義)라고 한다.

(2) 정치적 정실제

1688년 명예혁명 이후 국왕의 권위가 약해지고 의회의 우월성이 나타나면서 내각책임제의 정부형태가 출현하게 되었다. 이때부터 관직 임명권은 국왕으로부터 의회의 다수당으로 넘어가게 되었으며, 의회를 장악한 정치지도자들은 그들의 지지자에게 관직과 연금을 부여하게 되었다. 이처럼 개인의 정치적 연고에 바탕을 두어 의회의 유력한 정치가들에 의해 관직임명이 이루어진 관행을 정치적 정실주의(政治的 情實主義)라고 한다.

하지만 정치적 정실주의의 등장이 바로 은혜적 정실주의의 소멸을 의미하는 것은 아니었다. 단지 정치적 정실주의가 은혜적 정실주의를 대신하여 공직임명의 주류 원리가 되었다는 것이지 은혜적 정실주의가 완전히 배제된 것은 아니었다. 이처럼 혼합된 형태의 정실주의는 19세기 중엽에 이르기까지 계속되었다.

(3) 현대의 정실제

현대에 들어 정실주의를 인사행정의 기본제도로 채택·시행하고 있는 국가는 거의 없다. 그렇지만 혈연, 학연, 지연, 정치성 등과 같은 정실주의적 요소가 인사행정의 실제에 비공식적으로 개입되는 경우는 적지 않다. 예컨대 우리나라를 비롯한 많은 국가의 고급 관료들은 대부분 명문 대학의 졸업생이라는 점이 학연에 의한 정실주의 현상으로 간주되기도 한다(하태권, 1990: 107).

학연과 더불어 군(軍)이나 교회 등과 같은 특수집단의 구성원으로서 자격이나 지위(membership)가 정실주의적 요소로 작용하기도 한다(강성철 외, 2014: 52). 우리나라의 과거 70~80년대처럼 많은 개발도상국에서는 여전히 군 출신 엘리트들이 정치권에 깊이 관여하고 있으며, 이들은 관료제 내에서 자신의 통제력을 유지하기 위하여 군 출신을 선호하는 경향이 있다. 또한 교회와 같은 특정 종교집단의 출신이 정치적 임명직에 대거 발탁되는 현대적 정실주의가 출현되기도 한다.

3) 정실제의 주요 특징 및 장단점

정실제는 19세기 중엽까지 영국의 특수한 정치발전의 과정에서 나타난 제도이다. 관료의 임명이 국왕이나 정치지도자의 개인적 관계에 의해 이루어졌으며, 일단 임명된 관료는 평생 신분이 보장되는 종신적(終身的) 성격을 띠고 있었다. 내각책임제하에서 정권이 수시로 교체되었음에도 정실주의 인사제도를 통해 관료의 지속성을 확보함으로써 행정의 공백과 혼란을 방지할 수 있었다. 이러한 예에서 보듯이, 정실제하에서는 인사권자와의 개인적 신임이나 평소 친분관계로 인해 관료의 이직률이 낮아 행정의 안정성 · 계속성과 일관성을 어느 정도 확보할 수 있게 된다.

그러나 정실제하에서는 개인적 연고나 정치적 배경만 있으면 공직임용이 가능하기 때문에 무능한 사람의 공직진출로 말미암아 행정능률과 행정서비스의 질이 저하되는 결과가 초래될 수 있다. 또한 인사권자가 자신의 영향력을 확대하기 위하여 필요 이상으로 공직을 남발하여 정부예산이 낭비되거나, 공직임명을 둘러싸고 부정이 개입됨으로써 공직사회가 부패하고 국민들 간에 위화감이 조성될 수 있다.

4) 우리나라의 정실제

우리나라의 경우 정실주의의 대표적인 예는 과거 고려 · 조선시대의 음서(蔭敍)제도에서 찾을 수 있다. 그러나 대한민국 정부수립 이후 지금까지 정실주의에 의한 인사제도가 공식적으로 인정된 경우는 없으며, 단지 비공식적이고 음성적인 측면에서 정실주의가 존재하여 왔다고 할 수 있다. 특히 자유당 정권시절에는 공식적인 인사제도인 실적제가 무색할 정도로 정실주의가 만연하였으며, 최근에도 군(軍)이나 교회 등과 같은 특수집단, 학연, 지연, 혈연 등에 따른 정실인사가 문제시되고 있다는 점에서 영국의 은혜적 정실주의와 유사한 측면이 없지 않다.

2. 엽관제

1) 엽관제의 의의

정실제는 혈연, 학연, 지연, 충성심 등 개인적 연고를 중심으로 하는 인사제도인데, 특히 정당을 중심으로 하는 정치적 관계에 의한 인사제도가 엽관제(獵官制, spoils system)이다. 이러한 엽관제 혹은 엽관주의는 19세기 중엽 미국에서 성행하였던 '공직경질제(replacement of office holders)' 혹은 '교체임용주의(principle of rotation in office)'를 속칭하는 용어이다. 여기서 엽관(獵官, office hunting)은 '관직을 (사냥하여) 잡다'는 의미이며, spoils라는 영어 단어는 전쟁의 승리로 얻은 전리품(戰利品)을 뜻한다. 따라서 엽관제는 선거라는 전쟁에서 승리한 정당이나 정치지도자가 관직이라는 전리품을 일방적으로 처분할 수 있다는 생각에 따른 인사제도라고 할 수 있다.

2) 엽관제의 등장과 발달

(1) 엽관제의 등장배경

19세기에 들어 엽관주의가 미국에서 인사행정의 기본원리로 채택된 것은 특수한 시대적 환경에 기인한 바가 크다. 그 당시 엽관제가 등장하게 된 구체적인 배경이나 필요성을 살펴보면 다음과 같다.

민주주의의 발전 1830년대 서부개척시대가 열리면서 시민계급이 형성되고 민주주의가 발전하게 되었다. 과거 소수의 상류층에 의해 독점된 공직을 일반 대중에게 널리 개방하는 것이야말로 민주주의의 평등이념에 부합하며, 이것이 행정의 민주화를 달성하는 것이라는 인식이 보편화되기 시작하였다.

정당정치의 발달 미국 특유의 대통령중심제에서는 양대 정당이 존재하고 선거를 통한 정권교체가 이루어짐으로써 정당정치가 발달하였다. 국민의 지지를 얻은 정당이 공직을 차지하여 집권정당·관료제·국민 간의 동질성 및 일체감을 확보하여야만 정당의 책임정치가 구현될 수 있다고 믿었다. 이에 선거에서 승리한 대통령이나 정당이 선거공약을 효과적으로 실천하기 위해서는 정치이념을 같이하거나 충성심 있는 사람의 등용이 필요하였다.

행정업무의 단순성 당시 정부기능은 법질서 유지에 국한된 매우 단순한 것이었다. 따라서 행정업무도 양적·질적으로 전문성을 크게 요구하지 않았으므로 전문지식·기술을 갖춘 공무원이 필요하지 않았다. 이처럼 직업관료제의 필요성이 나타나지 않아 비전문가로 구성된 정치관료제로서 공직수행이 충분하였기 때문에 엽관제의 성립이 가능하였다.

(2) 엽관제의 발달과정

엽관제의 태동기 영국의 식민지하에서 미국의 공직임용은 정실주의에 의해 이루어졌으나, 초대 워싱턴 대통령(George Washington, 1789~1797)은 인물의 적격성과 적재적소 배치를 공직임용의 원칙으로 삼았다. 하지만 비(非)당파적으로 구성된 행정부는 연방주의자와 반(反)연방주의자 간의 갈등으로 인해 그 기능을 제대로 수행할 수 없었으며, 결국 집권 후반기에는 자신과 정치적 신념을 같이하는 연방주의자들로 행정부를 재구성하였다.

엽관제의 확립기 당파적 임용 경향은 제2대 애덤스 대통령(John Q. Adams, 1797~1801)과 제3대 제퍼슨 대통령(Thomas Jefferson: 1801~1809)에 의해 더욱 강화되었다. 이러한 민주공화당의 공직 독점에 대한 국민의 우려가 나타나면서, 이를 불식시키기 위해 제5대 먼로 대통령(James Monroe, 1817~1825)은 1820년에 「4년 임기법(Four Years Law)」으로 불리는 「관직보유법(Tenure of Office Act of 1820)」을 제정하였다. 이 법은 임명직 공무원의 임기를 4년으로 제한하여 대통령과 공무원을 함께 교체하는 엽관주의의 제도적 토대가 되었다.

엽관제의 성숙기 최초로 국민의 직접선거에 의해 구성된 선거인단에서 선출된 제7대 잭슨 대통령(Andrew Jackson, 1829~1837)은 연두교서(年頭敎書, State of Union)에서 다음과 같이 '공직의 대중화'를 표방하였다.

■ **잭슨대통령 연두교서(1829)의 일부 내용**

모든 공직의 임무는 평범하고 단순하기 때문에 어느 정도의 지적 능력을 갖춘 사람은 그 임무를 쉽게 수행할 수 있다; 사람들의 장기간 공직점유는 그들의 경험에 의해 일반적으로 얻어지는 것(순기능)보다 그것에 의해 잃게 되는 것(역기능)이 더 크다(The duties of all public officers are, or at least admit of being made, so plain and simple that men of intelligence may readily qualify themselves for their performance; and I can not but believe that more is lost by the long continuance of men in office than is generally to be gained by their experience).

제2편 인사행정의 제도적 기반

이처럼 그는 공직의 임무가 평범하고 단순한 것이어서 대학교육을 받은 귀족들만이 아니라 보통 사람들도 공무원이 될 수 있다고 생각하였다. 또한 집권정당·집권자와 정치적 신념을 같이 하는 사람으로 공직을 교체함으로써 국민에 의해 선택된 정당의 정책을 효과적으로 수행할 수 있다고 판단하여 '공직의 순환(교체)주의'를 채택하였다. 공직의 대중화를 통한 공직의 순환(교체)주의가 민주주의의 평등이념에 부합한다고 믿으며, 잭슨민주주의(Jacksonian Democracy)하에서 엽관제를 '민주주의의 실천적인 정치원리'로 간주하였다. 이후 엽관주의는 본격적으로 확대되어 1845년부터 남북전쟁이 끝나는 1865년 사이에 절정을 이루었으며, 그 당시 미국의 공직사회는 '전리품(戰利品)은 승자에게 속한다(To the victor, belong the spoils)'라는 상원의원 마시(William L. Marcy)의 표어(slogan)에 의해 지배되었다.

현대의 엽관제 19세기 중반 이후 정치적·사회경제적 환경이 변화함에 따라 정당정치의 본질이 훼손되고 국가의 기능과 역할의 강화에 대한 요구가 급증하였다. 이러한 시대적 요구에 따라 미국뿐만 아니라 많은 국가에서 엽관주의에 대한 비판이 제기되었으며, 정치적 관계 대신에 개인이 지닌 능력이나 자격을 기준으로 하는 실적주의가 인사행정의 기본원리로 채택되었다.

이에 따라 엽관주의는 과거와 같이 광범위한 적용이 더 이상 이루어지지 않게 되었으며, 다만 실적주의 인사제도하에서 주요 정책을 담당하는 고위직이나 정치적 신임을 특별히 요하는 직위에 한해서 엽관제가 허용되고 있다. 이는 선거로 국민의 선택을 받고 국민에게 책임을 지는 정치지도자들로 하여금 관료에 대한 통제를 용이하게 하고, 집권자 및 집권정당의 정책을 효과적으로 추진하는데 도움이 되기 때문이다.

3) 엽관제의 주요 특징: 정실제와의 비교

영국의 정실제와 미국의 엽관제는 동일하게 간주되기도 하고 달리 구분되기도 한다. 두 제도는 개인의 능력·자격·업적 등 실적 외의 요인에 의해 공직임용이 이루어진다는 점에서 동일하지만, 임용의 기준이나 성격 등의 측면에서 차이가 있다(〈표 3-1〉 참고).

첫째, 영국의 정실제가 학연, 혈연, 충성심 등과 같은 귀속적(歸屬的, ascriptive) 요인을 중시한 반면, 미국의 엽관제는 오직 당파성이나 정치적(political) 요인에 바탕을 둔다.

표 3-1 정실제와 엽관제의 비교

구분	정실제	엽관제
시대	• 15C~19C 영국(1688년 명예혁명 이후)	• 19C 미국(1829년 잭슨 대통령 이후)
임용시 고려요인	• 능력이나 자격 등 실적 외의 요소	
	• 정치성(당파성)뿐만 아니라 혈연 · 학연 · 지연 등 개인적 연고성	• 정치성(당파성) 등 집권정당 · 집권자에 대한 충성도 및 공헌도
임용성격	• 개인적 연고에 따라 관직과 연금을 부여	• 집권정당과 관료기구 간의 동질성 확보를 위한 관직 교체
교체정도	• 소규모 교체(공직의 소량 경질)	• 대규모 교체(공직의 대량 경질)
신분보장	• 종신적 보장 • 신분보장 강함	• 단기적 보장(예: 4년 임기법) • 신분보장 약함
활용형태	• 결원보충과 승진 · 전보에 활용	• 정권교체의 경우에 활용

둘째, 영국의 정실제가 '개인적인 배려의 차원에서 관직을 종신적으로 부여'하는 성격을 띠고 있으나, 미국의 엽관제는 '집권정당과 관료기구 간의 동질성 확보를 위한 관직의 교체'라는 성격을 지닌다.

셋째, 영국의 정실제에서는 국왕이나 정치지도자에 의하여 소수의 공직이 교체되었으며 일단 임용되면 비교적 종신적 신분보장이 주어졌다. 반면에 미국의 엽관제에서는 정권교체마다 대규모의 공직이 경질되었으며 신분보장이 거의 이루어지지 않았다.

넷째, 영국의 정실제는 결원보충과 승진 · 전보의 경우에 주로 활용되었으나, 미국의 엽관제는 정권교체시 광범위한 영역에 걸쳐 활용되었다.

4) 엽관제의 장점과 단점

엽관제가 미국의 특수한 환경에서 발달한 제도이지만, 이는 행정의 개방화와 민주화에 상당한 공헌을 한 것으로 평가되고 있다. 이에 못지않게 엽관제는 그 자체의 특성과 시대적 환경의 변화로 많은 폐해와 부작용을 야기하기도 하였다. 엽관제의 장점과 단점을 구체적으로 살펴보면 다음과 같다(〈표 3-2〉 참고).

(1) 엽관제의 장점

첫째, 엽관제는 공직의 대규모 경질을 통해 많은 사람이 공직에 참여할 수 있는

표 3-2 엽관제의 장점과 단점

구분	장점(긍정적 효과)	단점(부정적 효과)
정치적 측면	• 민주주의 평등이념 구현 • 정당정치의 발달에 기여 • 정치적 리더십 강화	• 민주주의 평등이념 저해
행정적 측면	• 행정의 민주성 · 대응성 · 책임성 제고 • 관료 특권화 및 공직 침체화 방지	• 행정의 정치적 중립성과 공익성 훼손 • 행정의 계속성 · 일관성 · 안정성 저하 • 행정의 전문성 · 능률성 저하 • 예산 낭비 및 부정부패 조장

기회를 제공하고, 과거에 공직을 독점하였던 상류층 이외 모든 사람에게 공직을 개방함으로써 민주주의의 평등이념을 실현할 수 있게 한다.

둘째, 엽관제는 정당에 대한 공헌도나 충성도를 고려하여 공직임용이 이루어지기 때문에 집권정당과 관료기구 간의 동질성을 확보할 수 있으며, 이를 통해 집권정당이 갖는 정치이념의 적극적인 실현과 공약의 강력한 추진이 가능하다.

셋째, 엽관제는 정치적으로 승리한 선출직 공무원이나 국정지도자의 정치적 리더십을 강화하는데 도움을 주며, 국민의 지지에 따라서 정부가 구성되기 때문에 정책 추진이 용이하고 의회와 행정부 간의 조정이 원활해 질 수 있다.

넷째, 엽관제는 정부관료제를 일반 대중에게 개방함으로써 민주정치의 발달과 참여기회의 확대가 가능하여 행정의 민주화에 기여한다. 또한 국민의 지지를 받은 정당에 정부관료제를 예속시킴으로써 국민의 요구에 부응하는 행정이 실현될 수 있으며, 선거를 통해 책임 추궁이 가능하므로 국민의 의사에 따른 민주통제가 이루어질 수 있다.

다섯째, 엽관제는 공직의 대거 교체를 통해 관료사회에 신진대사를 촉진하고 새로운 기풍을 불어넣어 줄 수 있다. 따라서 장기간 공직점유에 따라 야기될 수 있는 관료의 특권화 및 공직의 침체화를 방지하는데 효과가 있다.

(2) 엽관제의 단점

첫째, 엽관제는 민주주의의 평등이념을 구현하는 취지를 갖지만, 이를 저해할 가능성도 있다. 엽관제하에서 실제 공직임용은 집권정당에 충성하거나 정치적 관계가 있는 사람들로 한정되기 때문에 일반국민의 공직임용에 대한 기회균등은 오히려 상실될 가능성이 있다.

둘째, 엽관제는 정부관료제를 정당에 예속시킴으로써 정부관료제를 특정 정당이나 소수 정당지도자의 특수이익을 위한 도구로 전락시킬 수 있다. 따라서 관료를 '집권당의 사병화(私兵化)'하여 행정의 정치적 중립성과 공익성, 국민에 대한 대표성과 책임성 등을 저하시키는 결과가 초래될 수 있다.

셋째, 선거로 집권정당이 바뀔 때마다 대규모 인력교체가 일시에 발생하는 경우, 정책이나 행정의 계속성, 일관성, 안정성, 신뢰성은 유지되기가 힘들다. 이러한 교체임용제도하에서는 장기간 공직임용이 불가능하여 직업공무원제의 확립 및 발전을 기대할 수 없게 된다.

넷째, 엽관제에서는 개인의 능력이나 자격과 무관하게 집권정당에 대한 충성도·공헌도를 기준으로 정치인 혹은 비전문가 중심의 공직임용이 이루어진다. 더욱이 교체임용주의로 인해 전문지식이나 경험의 축적이 곤란하여 행정의 전문성과 능률성을 확보하기가 쉽지 않다.

다섯째, 엽관제는 정당에 충성한 자에게 위인설관(爲人設官)식의 불필요한 공직을 증설·부여함으로써 예산의 낭비를 초래할 수 있다. 또한 소수의 정당지도자에 의한 공직의 사유화·상품화 경향을 야기함으로써 매관매직 등 부정부패가 야기될 가능성이 있다.

5) 우리나라의 엽관제

대한민국 정부의 수립과 더불어 실적주의에 의한 인사원칙이 수립·시행되었으나, 인사행정의 실제에 있어서는 엽관주의가 상당히 광범위하게 존재하여 왔다. 엽관주의는 현재 공식적인 인사제도의 하나로서 인정되고 있는데, 장관·차관 등 고위 공무원이나 특별한 신임을 요하는 직위 등에 대한 엽관주의적 임용이 허용되고 있는 것이 그 예이다.

우리나라에서 과거 엽관주의가 나타난 배경이나 행태 등은 정당정치가 발달한 미국의 경우와는 상당한 차이가 있는데, 그 특징을 비교하면 다음과 같다.

첫째, 공식적인 인사제도로서 엽관주의의 채택 여부에서 차이가 있다. 미국은 그 당시 엽관주의를 공식적인 인사제도로 널리 표방하였는데 반해, 우리나라는 공식적으로 실적주의를 채택하였으나 실제로는 엽관주의적 인사를 단행하였다.

둘째, 엽관주의에 대한 국민의 지지 여부에서 차이가 있다. 엽관주의를 도입한 그 당시의 미국은 국민들 사이에 강한 지지가 있었으나, 우리나라의 국민은 엽관주의를 반대하면서도 집권세력은 당연히 엽관주의적 인사를 할 수 있다는 의식이 만연해 있었다.

셋째, 엽관주의를 활용하게 된 목적이나 동기에서 차이가 있다. 미국의 엽관주의가 국민의 지지를 얻은 정당에 의한 민주정치의 구현을 위한 것이었는데 반해, 우리나라에서는 이미 국민의 지지를 잃은 정당이 영구집권을 기도(企圖)하기 위한 것이었다.

넷째, 엽관주의가 인사행정상 나타난 형태에서 차이가 있다. 미국에서는 정권교체에 따라 공무원의 대폭적인 경질이 일시에 이루어졌으나, 우리나라에서는 주로 결원보충 및 승진·전보·전직 등에 있어서 엽관주의가 개입하였다. 따라서 우리나라의 경우 인력의 대량 교체나 정당정치 발달과 무관하다는 점에서 미국의 엽관주의보다는 영국의 정치적 정실주의와 유사한 측면이 있다.

제2절 실적제와 적극적 인사행정

1. 실적제의 의의

실적제(實績制, merit system)는 개인의 실적을 기준으로 하는 인사제도를 말하며, 이는 성적제(成績制) 혹은 실적관료제(實績官僚制, merit bureaucracy system) 등으로 불린다. 즉, 정실적·정치적 관계와 무관하게 개인이 지닌 실적을 기준으로 하는 인사행정의 원리가 실적주의이며, 그것이 제도화된 것이 실적제이다. 여기서 '실적'이란 사전적(辭典的) 의미로서는 '실제로 이룬 업적이나 공적'을 뜻하지만, 일반적으로 능력, 자격, 기술, 업적, 성적, 성과 등을 포함하는 의미로 사용된다. 이러한 의미의 실적은 실제로 측정하기가 매우 힘든 경우가 대부분인데, 일반적으로 직무수행능력, 자격, 경력, 근무기간, 교육수준, 전공분야, 경험 및 훈련, 생산성 등이 실적을 나타내는 지표로 활용된다.

2. 실적제의 등장과 발달

1) 실적제의 등장배경

19세기 중반 이후 정치적·사회적·경제적 환경이 변화함에 따라 정당정치의 본질이 훼손되고 국가의 역할 강화에 대한 요구가 급증하였다. 이러한 시대적 요구에 따라 실적주의가 인사행정의 기본원리로 발전하게 된 배경과 필요성을 살펴보면 다음과 같다.

첫째, 행정국가의 성립을 그 배경으로 들 수 있다. 자본주의와 산업화의 급속한 진전으로 사회경제적 여건이 변화되면서 정부역할의 확대에 대한 요구가 증가하였다. 이러한 요구는 행정국가의 등장을 가져왔으며, 행정기능의 양적·질적 변화와 행정업무의 전문성과 복잡성 증대는 전문 지식과 능력을 갖춘 유능한 공무원을 필요로 하였다.

둘째, 정당정치의 이념이 퇴색하고 정치행정이원론이 등장하였다. 정당이 소수 간부에 의해 지배됨으로써 정당정치의 변질·부패·타락 현상이 나타나게 되었으며, 특히 정당이 일부 특정한 국민의 특수 이익을 대변하게 되어 국민대표성이라는 정당정치의 본질적 이념이 퇴색되었다. 이와 더불어 정치와 행정의 분리를 주장하는 정치행정이원론이 강조되어, 엽관주의에 기반을 둔 정당관료제는 더 이상 존속할 수 없는 상황에 이르렀다.

셋째, 엽관주의의 폐해가 발생하면서 이를 극복하기 위한 노력이 나타났다. 무능한 사람의 임용으로 말미암아 공직의 질적 저하, 불필요한 공직 증설로 인한 예산의 낭비, 공무원의 정치개입과 부패, 공직의 상품화로 인한 질서 문란, 공직의 대량 경질로 인한 행정의 계속성·일관성·안정성 훼손 등의 병폐가 뚜렷해졌으며, 이에 따라 엽관주의적 요소를 제거하기 위한 다양한 방안이 모색되었다.

넷째, 행정의 능률성에 대한 요구가 증대하였다. 정당정치의 부패는 행정의 부패·낭비·비능률을 초래하였으며, 국민의 정치의식수준이 높아짐에 따라 효율적 예산운영 등 행정에 대한 변화의 요구가 나타났다. 이에 정부개혁 및 행정조사 운동이 활발히 전개되면서 실적주의 수립을 위한 공무원제도의 개혁 노력도 심도 있게 추진되었다.

2) 실적제의 발달과정

(1) 영국의 실적제

산업혁명 이후 사회경제적 여건이 변화되면서 정부역할의 확대가 불가피해졌지만, 정실제에 의해 임용된 관리는 무능하여 새로운 행정수요에 적극 대응할 수 없었다. 이러한 시대적 요구에 따라 정실제에 대한 비판이 제기되면서 개혁의 움직임이 나타났다.

노스코트-트레벨리안 보고서 공무원인사제도에 관한 조사를 맡은 노스코트(S.H. Northcote)와 트레벨리안(C.E. Trevelyan)은 1853년 '공무원인사제도 구축에 관한 보고서(Report on the Organisation of the Permanent Civil Service)'를 제출하였다. 이 보고서는 정실주의 폐지, 공개경쟁시험 실시, 사무의 구분 및 그에 따른 채용시험 실시, 임용절차의 간소화 및 능률화 등을 내용으로 하였다. 이를 실천하기 위하여 독립된 인사위원회의 설치, 시험의 정기적 실시, 시험성적에 따른 임용, 시보제도 등을 권고하였다.

추밀원령 노스코트-트레벨리안 보고서의 내용은 두 차례에 걸친 추밀원령(Order in Council)의 제정을 통해 상당부분 채택됨으로써 영국의 실적주의가 제도화되었다. 1855년 추밀원령에 의해 각 성(省)으로부터 독립된 인사위원회(Civil Service Commission: CSC)가 설치되었으나, 노스코트-트레벨리안 보고서의 내용을 충실히 담지 못한 미온적인 개혁이었다. 이에 1870년 다시 추밀원령을 제정하여 정실주의적 요소를 대부분 삭제하고 실적주의를 확립하게 되었는데, 그 주요 내용은 다음과 같이 요약된다.

■ 추밀원령(1870년)의 주요 내용

- 공무원의 임용은 원칙적으로 공개경쟁시험에 의한다.
- 서기직(書記職)은 제1계급(관리직 · 지도직 사무)과 제2계급(기계적 · 반복적 사무)으로 분류하고, 채용시험은 계급별로 실시한다.
- 재무성의 인사행정에 관한 통제권과 책임을 더욱 공고히 하며, 재무성은 각 성(省)에서 정한 지원자의 연령 · 건강 · 성격 · 지식 · 재능에 관한 자격과 시험에 의해 채용할 관직의 결정 등에 관한 동의권을 가진다.

풀턴위원회 보고서 실적주의가 공식적인 인사원리로 채택된 이후 공무원인사제도에 가장 획기적인 영향을 미친 것은 풀턴(Lord Fulton)을 위원장으로 한 공무원인사 개혁위원회(Committee on the Civil Service)의 보고서이다. 1968년에 발표된 보고서의 주요 권고사항은 다음과 같다.

■ 풀턴위원회보고서(1968년)의 주요 권고사항
• 재무성의 공무원제도에 대한 지배는 종식되어야 하며, 독립적인 인사위원회를 유지하면서 공무원 인사관리를 통합 수행하기 위해 인사성(Civil Service Department)을 수상 직속으로 설치한다. • 신축성이 미흡한 공직분류제도를 전면 개편한다. 즉, 계급(class)을 직업적 그룹(groups)과 카테고리(categories)로 대체한다. • 과학자와 기술자 등 전문가들의 정책결정 및 관리직 임용을 확대하고, 공무원의 교육훈련기관으로서 공무원대학(Civil Service College)을 설치한다. • 능력 · 재능 · 자격요건 등과 같은 요소의 경력관리 반영을 확대한다. • 정부의 개방화 및 공직의 유동성을 확대하고, 단기간 임용, 민간부문과의 일시 교류 근무, 탄력적인 연금제도 등을 마련 · 활용한다.

(2) 미국의 실적제

영국의 제도 개혁은 미국에 영향을 미쳐 엽관제에 대한 비판 및 개혁운동이 전개되는 촉매제 역할을 하였다. 당시 미국도 각종 산업이 급속히 발달함으로써 행정기능의 확대와 분화가 진행되고 있었으나, 엽관제에 의해 임용된 공무원은 무능하여 새로운 행정수요에 적극 대응할 수 없었다. 이에 따라 엽관제에 대한 비판이 제기되면서 개혁의 움직임이 광범위하게 나타났다.

젠크스 보고서 1868년 하원의원 젠크스(Thomas A. Jenckes)의 주도로 공무원인사제도 개혁에 관한 보고서가 의회에 제출되었다. 젠크스 보고서는 인사기관 설치 및 채용시험 실시 등 당시로서는 상당히 급진적인 내용을 포함하고 있어 곧바로 실현되지는 못하였다.

공무원제도개혁운동 및 가필드 대통령 암살 1877년 뉴욕공무원인사개혁협회(New York Civil Service Reform Association)와 1881년 전국공무원인사개혁연맹(National Civil Service Reform League) 등이 창설되면서 공무원인사제도 개혁을 위한 국민운동이 전개되었다. 한편 1881년 제20대 가필드 대통령(James A. Garfield)이 공직배분에 불만을 품은 귀토(Charles J. Guiteau) 변호사에 의해 취임 4개월 만에 피살되었다. 이 사건을 계기로 엽관제에 대한 비판이 확산되고 실적주의의 도입을 요구하는 국민적 여론이 들끓었으며, 많은 의원들도 당파를 떠나 공무원인사제도의 개혁을 요구하고 지지하게 되었다.

펜들턴법 1883년 상원의원 펜들턴(G. H. Pendleton)이 제안한 「펜들턴법(The Pendleton Civil Service Reform Act)」이 제정되었다. 이 법은 공식적으로 「미국 공무원 인사의 규율 및 개선을 위한 법률(An Act to Regulate and Improve the Civil Service of the United States)」로 불리며, 당시 개혁운동가들이 요구한 사항과 영국에서 채택된 실적제 내용을 상당히 포함하고 있었다. 그 주요 내용을 발췌하면 다음과 같다.

■ 펜들턴법(1883년)의 주요 내용

- 독립적이고 초당적인 인사위원회(Civil Service Commission: CSC)를 설치한다.
- 공무원의 채용은 공개경쟁시험(open, competitive examinations)을 원칙으로 하며, 시험성적을 기준으로 공직임명이 이루어져야 한다.
- 임명 또는 채용 이전에 시보기간(a period of probation)을 둔다.
- 이 법의 통과 후 60일 이내에 적용대상 공직의 분류 및 배열을 실시한다.
- 이 법의 통과 후 6개월이 지난 이후에는 관련 규정에 의하지 않고 공직임명을 할 수 없다. 다만 이것이 명예 제대한 군인에게 부여된 혜택 등을 배제하는 것으로 이해되어서는 안 된다.
- 공무원은 정치헌금 의무를 지지 않으며 정치활동을 할 수 없으며, 이를 거절하더라도 면직되거나 차별받지 아니한다. 또한 공무원은 타인 혹은 단체의 정치활동을 강요해서는 안 되며, 정치적 목적을 위해 직·간접적으로 금품을 요청하거나 받을 수 없다.
- 가족구성원 중 2명 또는 그 이상이 이 법의 적용대상 공직에 근무하고 있는 경우, 다른 가족구성원의 공직임용은 불가하다.

분류법 및 해치법 등 1883년 펜들턴법 제정 당시에 실적제의 적용을 받는 분류직 연방공무원은 전체의 10% 정도에 불과하였으나, 1923년과 1949년의 「분류법(Classification Act)」 및 1940년의 「램스펙법(Ramspeck Act)」에 따라 상당수의 연방공무원이 실적제의 적용을 받게 되었다. 또한 1939년과 1940년의 두 차례에 걸쳐 제정된 「해치법(Hatch Act)」은 공무원의 정치적 중립성을 더욱 명확히 규정함으로써 실적제의 확립에 크게 기여하였다.[1)]

1) 「해치법」은 공식적으로 「유해 정치활동 금지를 위한 법률(An Act to Prevent Pernicious Political

공무원인사개혁법 1978년 카터(Carter) 대통령의 주도하에 제정된 「공무원인사개혁법(Civil Service Reform Act)」은 실적제의 획기적인 변화를 가져왔다. 이는 실적주의 원칙의 제시, 인사기관의 개편, 기타 제도의 개선 등을 포함하고 있는데, 그 주요 내용은 다음과 같다.

■ **공무원인사개혁법(1978년)의 주요 내용**

- 실적주의 원칙의 제시: 공개경쟁 및 능력기준 채용, 형평성 있고 공정한 기회 제공, 직무급·성과급 중심의 보수, 공직윤리 준수, 효율적이고 효과적인 인력활용, 실적 중심의 인사관리, 교육훈련을 통한 성과 향상, 자의적 제재나 정치적 영향으로부터 보호, 내부정보공개로 인한 보복 방지 등 9개의 실적주의 원칙을 천명하였다.
- 인사기관의 개편: 인사위원회(CSC)가 폐지되고, 그 기능은 인사관리처(Office of Personnel Management)와 실적제보호위원회(Merit System Protection Board)로 분리 수행하게 되었다. 또한 연방공무원의 노동활동에 관한 감독·규제기관으로서 과거 연방노사관계위원회(Federal Labor Relations Council)를 대체하여 독립제 합의기관인 연방노사관계원(Federal Labor Relations Authority)이 설립되었다.
- 고위공무원단 신설: 일반직(General Schedule)의 최상위 등급인 GS-16~GS-18에 속하는 고위경력직과 상원의 동의를 요하지 않는 차관보급(EL-IV 및 EL-V)에 속하는 비경력직을 대상으로 고위공무원단(Senior Executive Service)을 신설하였다.
- 기타 제도 개편: 일반직의 GS-13~GS-15까지 실적급의 적용, 제대군인의 특혜 변경, 내부고발자 보호, 근무성적평정의 강화 등의 제도 개선을 이루었다.

3. 실적제의 주요 특징

국가에 따라 실적제의 내용적 특징이나 구성요소가 다를 수 있으나, 대체로 공직에의 기회균등, 성적·능력주의, 공무원의 정치적 중립성, 공무원의 신분보장 등이 실적제의 핵심으로 간주된다(유민봉·박성민, 2014: 77~82). 이러한 실적제의 주요 내용 혹은 4대 구성요소는 실적주의를 실천하기 위한 제도적 장치로서 역할을 수행한다.

Activities)」로 불린다. 1939년의 「해치법」은 연방공무원에 대해 정치활동을 제한하였고, 1940년의 「해치법」에서는 연방예산으로 공무를 수행하는 주(州)·지방정부 공무원에까지 정치활동 제한의 범위를 확대하였다.

1) 공직에의 기회균등

공직에의 기회균등이란 모든 국민에게 공직이 개방되고, 국민 누구에게나 공무원이 될 수 있는 기회가 공평하게 부여되어야 한다는 것이다. 즉, 성별·신분·종교·학벌·지역·당파성 등 정실·엽관주의적 요소에 따른 차별 없이 누구에게나 공직에 지원할 수 있는 기회가 동일하게 부여되어야 한다는 의미이다. 이는 모든 국민에게 공직 임용이 동일하게 이루어져야 한다는 것이 아니라, 동일한 능력이나 자격 등을 가진 사람들에게 동일한 기회가 주어져야 한다는 것을 의미한다.

이러한 공직에의 기회균등을 보장하기 위한 제도적 장치로서 '공개(open)와 경쟁(competition)에 의한 임용'을 실적제의 원칙으로 삼는다. 미국의 인사위원회(CSC)에서 제시한 공개경쟁의 요건을 간략히 정리하면 다음과 같다(Stahl, 1983: 36).

■ **공개경쟁의 요건(The Elements of Open Competition)**

- 적절한 공고(Adequate publicity): 채용 및 응시요건이 널리 공개되어, 관심 있는 모든 사람들이 그것에 관해 알 수 있는 타당한 기회를 갖도록 하여야 한다.
- 지원기회 제공(Opportunity to apply): 공직에 관심 있는 모든 사람들에게 지원기회가 주어져야 한다.
- 현실적 기준(Realistic standards): 자격기준은 채용예정 직위와 합리적으로 관련되고 모든 지원자에게 공평하게 적용될 수 있는 것이어야 한다.
- 차별 금지(Absence of discrimination): 직무수행에 필요한 능력과 적합성에 관계가 없는 자격기준을 사용하여 차별해서는 안 된다.
- 능력에 기초한 서열(Ranking on the basis of ability): 지원자의 능력과 적합성에 관한 상대적 평가에 따라 서열을 정하여야 하며, 그 서열을 가능하게 하는 선발절차가 만들어져야 한다.
- 결과의 공개(Knowledge of results): 선발절차는 모든 사람이 알 수 있도록 하여야 하며, 그것이 부당하다고 생각하는 당사자에게 이의제기의 기회가 주어져야 한다.

2) 성적·능력주의

실적제에서 인사행정은 정실·엽관주의적 요소가 아니라 개인의 능력·자격·성적 등 실적을 기준으로 이루어진다. 즉, 공무원의 신규채용에서부터 이후의 각종 인사관리도 개인의 실적에 의하여야 하며, 실적과 무관한 정실·엽관주의적 요소는 배제되어야 한다는 것이다. 이러한 성적·능력주의를 보장하기 위한 제도적 장치로서 공개경쟁의 원칙이 유용하다.

3) 공무원의 정치적 중립성

공무원의 정치적 중립성이란 특정 정당의 이익에 봉사하거나 선거·정치에 개입하지 않고 공정하고 객관적인 입장에서 공익을 추구하여야 한다는 것이다. 따라서 공무원의 정치활동이나 특정 정당에 대한 적극적인 충성 표시를 통한 공무원의 당파적 행동은 금지된다. 하지만 공무원의 정치적 중립성이 행정을 정치로부터 완전히 절연시키는 것을 의미하지는 않는다. 현대 행정국가에서 공무원은 정책과정에 어떠한 방식으로든 실제 관여하게 된다는 점에서 어느 정당에게나 공평하게 대하는 것이 요구된다.

4) 공무원의 신분보장

공무원의 신분보장이란 공무원은 법령이 규정하는 바에 따라 근무한다면 공무원으로서 신분관계가 위협받지 않고 보장된다는 것이다. 이러한 신분보장은 공무원의 직업적 안정성 및 행정의 계속성을 유지하는데 기여하며, 장기간 근무로 전문 경험·지식의 함양 및 활용을 가능하게 한다. 하지만 공무원의 신분보장이 무조건 강하다고 해서 바람직한 것은 아니다. 예컨대 전문직업화가 충실히 이루어지지 않은 상태에서 신분보장만 강하게 하면, 이들에 대한 통제가 어려워지고 행정능률의 향상에 지장이 초래될 수 있다.

4. 실적제의 장점과 단점

실적제는 정실·엽관제의 폐단을 극복하고 정부관료제의 공익성과 전문성을 향상시키는데 기여한다. 이러한 긍정적인 효과에도 불구하고 그 자체의 특성과 시대적 환경의 변화로 여러 가지 부작용이 나타나고 있다. 실적제의 장점과 단점을 구체적으로 살펴보면 다음과 같다(〈표 3-3〉 참고).

표 3-3 실적제의 장점과 단점

구분	장점(긍정적 효과)	단점(부정적 효과)
정치적 측면	• 민주주의 평등이념 구현	• 정치이념 구현과 정책추진의 곤란 • 사회적 형평성의 저해 가능성
행정적 측면	• 행정의 정치적 중립성과 공정성 확보 • 행정의 계속성과 안정성 제고 • 행정의 전문성과 능률성 향상 • 공직윤리 확립에 기여	• 인사행정의 집권화 · 획일화 • 인사행정의 형식화 · 소극화 • 관료제의 폐해 발생 • 직무수행능력의 실증 곤란

1) 실적제의 장점

첫째, 실적제에서는 누구나 정해진 자격이나 능력을 구비하면 채용·승진 등이 가능하다는 점에서 모든 사람에게 기회의 형평성을 제공한다. 엽관제가 과거 공직을 독점하였던 상류층 외에 정치적 관계성을 지닌 사람에게 공직을 개방하여 민주주의 평등이념의 구현을 도모하였다면, 실적제는 모든 사람에게 공직에의 기회균등을 보장함으로써 민주주의 평등이념의 실현에 기여한다.

둘째, 실적제하에서 공무원은 정치적 중립을 통하여 공익의 대변자로서 역할을 수행할 수 있으며, 이에 따라 행정의 중립성, 공익성, 공정성 및 자율성 확보가 가능하게 된다.

셋째, 실적제는 공무원의 신분을 장기적으로 보장함으로써 행정의 계속성과 일관성을 높이며, 그러한 직업적 안정성은 직업공무원제의 확립에 도움을 준다. 또한 실적제에서는 공개경쟁시험에 의해 개인의 자격이나 능력의 실증이 가능하기 때문에 유능한 인재의 등용 및 활용을 통한 행정의 전문화 및 능률화가 이루어질 수 있다.

넷째, 실적제는 공직윤리의 확립을 가능하게 한다. 즉, 실적제는 정실이나 정치적 요인에 의한 공직의 상품화를 근원적으로 봉쇄함으로써 정치적·행정적 부정부패를 감소시키고 정부조직 내에 도덕적인 분위기를 조성하는데 이바지한다(오석홍, 2013: 33).

2) 실적제의 단점

첫째, 실적제는 행정을 정치와 분리시킴으로써 국민의 선택을 받은 집권정당의 이념이나 정책 구현을 곤란하게 할 수 있다. 따라서 정당정치의 발달이 저해되고 행정의 정치성과 가치지향성이 과소평가되어 국민의 요구에 대한 행정의 대응성과 책임성이 저하될 수 있다.

둘째, 실적제는 형식적인 형평성의 추구에 그쳐 실질적인 형평성의 실현을 보장하는데 한계가 있을 수 있다. 예컨대 실적제는 학력이나 전공 등의 자격요건을 형식적으로 엄격히 적용함으로써, 그러한 요건의 충족에 있어 실질적인 기회를 얻기 어려운 사회적 약자는 공직 진입에 어려움을 겪을 수 있다.

셋째, 실적제는 정실·엽관주의를 방지하기 위하여 중앙인사기관을 설치하여 인사행정에 관한 권한과 기능을 집중시킨다. 이에 따라 인사행정의 집권화·획일화가 초래되어 각 부처·기관의 실정에 맞는 독창적·재량적 인사행정의 수행이 어렵게 될 수 있다. 또한 실적주의 확립에 필요한 절차와 기준을 엄격히 적용하다보면, 유능한 인재의 적극적인 유치·확보보다는 부적격자의 배제에 중점을 두게 되면서 인사행정은 형식화·경직화되는 경향을 띨 수 있다.

넷째, 실적제의 요건인 신분보장 등 권익보호 장치들은 공무원의 특권화·보수화를 조장할 수 있다. 국민의 요구에 적극 대응하기보다는 자신의 관료적 이익을 우선적으로 추구하며, 보신주의나 무사안일주의 등으로 말미암아 공무원의 창의성 저하, 환경변화에 대한 적응성 약화, 정책추진의 소극화, 행정의 책임성 저하, 국민이나 정치지도자에 의한 통제 곤란 등 관료제의 역기능이 나타날 수 있다.

다섯째, 실적제는 실적을 객관적으로 정확하게 측정할 수 있다는 전제하에서 그 유용성이 있다. 하지만 개인의 능력이나 업적 등을 객관적으로 정확하게 측정하기란 쉽지 않으며, 자격요건과 시험내용의 대부분이 공직임용 후의 직무수행능력과 직접적인 연계성을 지니지 못하고 있다는 비판도 있다.

5. 현대의 실적제: 적극적 인사행정

1) 적극적 인사행정의 의의

실적제는 정실·엽관주의적 요소를 제거하는데 역점을 두다보니 소극적으로 정의되고 경직적으로 운영되는 성향이 있었다. 그 결과, 실적제는 다양한 부작용이나 역기능을 수반하여 행정환경의 변화에 능동적으로 대응하고 국민의 요구를 충족하는데 불충분한 제도라는 비판을 받게 되었다.

이에 따라 실적주의의 개념을 적극적으로 해석하고, 인사행정의 신축성과 효율성을 높이기 위한 노력이 전개되었다. 이처럼 반(反)정실·엽관주의에 치중한 실적주의의 소극적 성격에서 벗어나 적극적 의미에서 실적주의를 추구하려는 것이 '적극적 인사행정' 혹은 '적극적 실적제'이다. 이러한 적극적 인사행정은 어디까지나 실적주의의 기본원리를 준수하면서, 그에 대한 보완 및 내용 확대를 통해 적극적·신축적·분권적 인사행정을 도모하려는 노력이라 할 수 있다.

2) 적극적 인사행정의 등장과 발달

적극적 인사행정이 등장·발달하게 된 시대적·이론적 배경을 구체적으로 살펴보면 다음과 같다.

첫째, 실적주의로 인한 폐해의 확산이다. 초기 실적제는 나름대로 정실·엽관주의적 요소를 배제하는데 상당한 기여를 하였지만, 그에 따른 부작용이나 역기능도 상당히 발생하였다. 이러한 실적제의 폐해를 방지하고 이를 극복하기 위한 방안으로서 적극적 인사행정의 개념이 나타나게 되었다.

둘째, 정치행정일원론의 등장이다. 정치행정일원론에 따라 실적제의 결함을 보완하는 차원에서 엽관주의에 대한 재평가가 이루어지게 되었다. 공무원의 특권화·보수화를 방지하고 국민의 요구에 대한 행정의 대응성과 책임성을 높이기 위해서 실적주의와 엽관주의를 조화시키는 새로운 인사제도의 필요성이 제기되었다.

셋째, 인간 중심의 행정에 대한 요구이다. 과학적 관리법의 기계적 능률과 비융통성에 대한 비판으로 인간 중심의 관리에 대한 관심이 고조되었다. 이에 등장한 인간관계론은 실적주의의 비(非)인간성을 지적하면서 구성원의 욕구와 인간적 가치를 고려하는 민주주의·인본주의(人本主義) 인사행정을 요청하였다.

넷째, 대표관료제적 개념의 대두이다. 대표관료제란 정부관료제의 인적 구성에 그 사회의 인적 구성을 반영하려는 제도를 말하며, 이를 통해 실적제의 적용결과로 나타나는 차별적 효과를 시정하고 공직임용에의 실질적인 형평성을 도모하려는 노력이 강구되었다.

다섯째, 신공공관리론에 기반을 둔 성과중심주의의 확산이다. 이는 형식화된 실적주의를 보다 실질화시키는 계기를 제공하였으며, 이에 따라 인사행정 전반에 실적주의를 보다 적극화하고 그 내용을 질적으로 확대하려는 요구가 나타나게 되었다.

3) 적극적 인사행정의 주요 특징 및 실현방안

적극적 인사행정은 실적주의의 단점 혹은 한계를 보완하고 개선함으로써 인사행정의 적극화를 도모한다. 인사행정의 적극화는 여러 방식과 다양한 형태로 이루어질 수 있는데, 적극적 인사행정이 등장하게 된 배경을 중심으로 그 주요 특징 및 실현방안을 살펴보면 다음과 같다.

첫째, 정치이념의 구현 및 행정의 가치지향성·대응성을 높이기 위해 실적제에 엽관주의적 요소를 수용한다. 특히 고위직 공무원의 엽관주의적 임용을 통해 국민의 선택을 받은 집권정당의 이념이나 정치지도자의 정책이 행정에 반영되도록 함으로써 국민의 요구에 대한 행정의 대응성을 높일 수 있다.

둘째, 관료제의 폐해를 방지하고 관료조직의 활성화를 도모하기 위하여 인간관계론적 관리, 조직내부의 민주화, 신분보장의 적정화, 외부통제의 강화 등의 제도 개선을 추진한다.

셋째, 인사행정의 분권화와 실질화를 도모한다. 실적주의의 확립을 위해 중앙인사기관에 집중되었던 인사기능을 각 부처·기관에 위임하여 재량권을 부여함으로써 자율성과 책임성을 높인다. 또한 인사행정에 관한 기준과 절차를 단순화하여 실질적이고 융통성 있는 인력운영이 가능하도록 보다 적극적인 조치를 강구한다.

넷째, 실적제가 오히려 불리하게 작용할 수 있는 저소득층이나 장애인, 여성, 소수인종 등 소외집단의 실질적 형평성을 실현하기 위하여 대표관료제적 요소를 가미한다. 또한 공직임용에 있어서 특정분야별·지역별 차별적 효과를 제거하기 위하여 상대적 우대조치를 취하는 것도 적극적 인사행정의 특징이라 할 수 있다.

다섯째, 성과관리체계를 인사행정에 도입하여 직무수행능력의 실증이 담보되도록 한다. 즉, 외부로부터의 개방형 임용을 확대하고 보수체계를 성과 중심으로 개편하는 등 공무원의 인사행정 전반에 경쟁원리를 도입한다. 또한 재직자의 능력향상을 위한 교육훈련을 강화하고 전문성에 기초한 경력관리체계를 확립하는 노력을 경주한다.

6. 우리나라의 실적제

1) 실적제의 실태

우리나라는 정부수립 이후 실적주의를 공식적인 인사원리로 채택하여 왔으며, 그 내용은 「헌법」과 관련 법률에 의해 명확히 제시되고 있다. 경력직공무원은 실적과 자격에 의해 임용되며(「국가공무원법」 제2조), 그 임용은 시험성적·근무성적, 그 밖의 능력의 실증에 따르도록 하는 실적주의 임용원칙이 천명되고 있다(「국가공무원법」 제26조). 이러한 실적주의 원리는 공무원의 신규채용에서부터 보직관리, 승진, 교육훈련, 근무성적평정 등 인사행정의 전반에 걸쳐 적용되고 있다.

우리나라의 실적제는 실적주의의 4대 구성요소, 즉 공직에의 기회균등, 성적·능력주의, 공무원의 정치적 중립성, 공무원의 신분보장 등을 주요 내용으로 채택하고 있다. 이러한 실적제의 핵심 내용을 명시하고 있는 주요 법규를 살펴보면 〈표 3-4〉와 같다.

표 3-4 실적제의 주요 내용별 관련 법규

주요 내용	관련 법규
1. 공직에의 기회균등	•「헌법」 제11조: 평등권 •「헌법」 제25조: 공무담임권 •「국가공무원법」 제28조①: 공개경쟁 채용시험 •「국가공무원법」 제35조: 평등의 원칙
2. 성적 · 능력주의	•「국가공무원법」 제2조②: 경력직공무원의 정의 •「국가공무원법」 제26조: 임용의 원칙 •「국가공무원법」 제32조의5: 보직관리의 원칙 •「국가공무원법」 제35조: 평등의 원칙 •「국가공무원법」 제40조: 승진 •「국가공무원법」 제50조: 인재개발 •「국가공무원법」 제51조: 근무성적의 평정
3. 공무원의 정치적 중립성	•「헌법」 제7조: 공무원의 정치적 중립성 •「국가공무원법」 제65조: 정치운동의 금지
4. 공무원의 신분보장	•「헌법」 제7조: 공무원의 신분보장 •「국가공무원법」 제68조: 의사에 반한 신분조치 금지

2) 실적제의 과제

우리나라에서 실적주의가 공식적으로 제도화되어 있음에도 불구하고, 그 기본원리가 인사행정의 실제에서 충실히 구현되어 왔는지에 대해서는 다소 의문의 여지가 있다. 실적제의 실효성을 확보하기 위해서는 관련 제도의 개선과 이를 실천에 옮기기 위한 의식전환이 필요하다.

(1) 제도적 측면

우리나라의 실적제는 실적주의의 기본원리에 부합하는 내용을 충실히 담고 있는 편이라 할 수 있다. 하지만 제도적 측면에서 보완되어야 할 사항이 적지 않은데, 이를 실적주의의 4대 구성요소별로 살펴보면 다음과 같다.

공직에의 기회균등 공직에의 기회균등을 보장하는 제도가 어느 정도 마련되어 있으나, 성별 · 연령 등에 의한 차별과 지역 간의 편중 인사가 끊임없이 논란의 대상이 되고 있다. 일부 직종을 제외하고는 학력제한을 철폐하여 외형적으로는 기회균등에 접근했으나, 학력이 낮은 사람이 채용시험에 실제 합격하기란 쉽지 않은 것이 현실이다. 최근 '균형인사'제도를 통해 실질적인 기회균등을 제고하려는 노력이 상당히 이루어지고 있으나, 근본적인 차원에서 실적제의 결과로서의 차별을 적극적으로 치유하는 조치(affirmative action)가 필요하다고 판단된다.

또한 공개경쟁 채용시험의 원칙에도 불구하고, 비(非)경쟁에 의한 채용제도가 여전히 존재하여 악용될 소지가 있다. 또한 일부 채용시험에서 학력 · 전공 · 연령 · 신체조건 등을 제한하거나 가산점 · 시험면제 · 구분모집 등의 혜택을 주고 있는 것도 문제시될 수 있다. 따라서 공개경쟁의 요건, 즉 적절한 공고, 지원 기회의 개방, 현실적인 자격기준, 차별금지, 능력기준의 선발, 결과의 공개 및 이의제기의 기회 제공 등이 보다 충실히 갖추어지도록 제도 개선이 이루어져야 한다.

성적 · 능력주의 공무원의 신규채용은 개인의 능력이나 자격에 따라 이루지는 것이 분명하지만, 채용 이후의 인사행정에 있어서는 성적 · 능력주의의 적용이 실제 이루어지고 있는지에 다소 의문이 있다. 즉, 인사이동이나 승진, 근무성적평정, 보수 등에 있어서는 여전히 연공이나 경력이 상당히 중시되거나 학력 · 지연 · 혈연 등 귀속적 요인들이 적지 않게 작용한다고 볼 수 있다(최병대 · 김상묵, 1999: 79). 따라서 인사행정의 전반에 걸쳐 제도화된 실적주의가 제대로 적용될 수 있도록 그 제도의 운영을 보다 엄격히 감시 · 통제하는 시스템이 마련될 필요가 있다.

공무원의 정치적 중립성 공무원의 정치적 중립은 관련 제도의 엄격한 시행으로 상당한 효과를 거두었다고 평가할 수 있다. 하지만 여전히 선거에 임박하여 선심용 사업이 빈번히 집행되고 있고, 공무원의 입장에서는 이를 거절할 수 없는 상황이 발생하고 있다. 이러한 현상은 특히 지방자치단체에서 더욱 심각한 편이며, 특히 공무원노동조합의 특정 후보에 대한 지지 등 정치활동은 계속 논란이 되고 있다. 따라서 공무원의 정치적 중립에 대한 개념과 범위를 명확히 정의하고, 그에 따라 제도를 보완하여 보다 엄격하고 공정하게 적용하는 것이 필요하다.

공무원의 신분보장 공무원의 신분보장이 정년보장과 같은 의미로 해석되면서 공무원의 특권화 · 보수화 등 관료제의 폐해가 초래되고 있다. 이러한 폐해를 시정하기 위하여 현재 고위공무원단제도를 운영하고, 일부 직종에 대해서는 연령정년제 외에 계급정년제 및 근속정년제를 적용하고 있다. 특히 최근 임기제 도입을 통해 신분보장의 유연화를 모색하고 있으나, 이는 과거의 계약제를 크게 벗어나지 못하고 있어 공직사회에 큰 변화를 기대하기는 힘든 실정이다. 따라서 공직사회에 활력을 불어넣기 위해서는 보다 근본적이고 포괄적인 관점에서 임기제, 재임용제, 실적에 근거한 퇴직관리제 등의 도입을 통해 최소한 신분보장을 인정해주면서 실적제의 부작용을 감소시키는 방안이 마련되어야 한다(최병대 · 김상묵, 1999: 87~88; 유민봉 · 박성민, 2014: 97).

(2) 의식적 측면

실적제의 4대 요소별 제도적 개선방안들이 실질적인 효과를 갖기 위해서는 그것이 얼마나 실천에 옮겨지는지가 중요하다.

우리나라에서 실적제가 도입된 지 이미 오래되었으나, 정치권과 공무원들이 여전히 비(非)실적주의적 인식과 행태를 보이는 등 기존의 인사관행이 불식되지 않고 있다. 실적에 대한 객관적인 평가를 기준으로 보상과 처벌이 엄격히 이루어져야 한다는 공감대가 형성되지 않는 한 실적제는 정착되기 어렵다(박천오 외, 2014: 42). 따라서 정치권과 공무원들의 의식개혁 혹은 인식전환이 이루어져야 하며, 이를 위해서는 범국민적 · 범정부적 차원에서의 노력이 강구될 필요가 있다.

제3절 대표관료제

1. 대표관료제의 의의

1) 대표관료제의 의미

대표관료제(代表官僚制, representative bureaucracy)는 정부관료제의 인적 구성에 그 사회의 인적 구성을 반영하려는 제도이다. 즉, 지역, 성별, 인종, 종교, 직업, 계층 등의 측면에서 사회의 인적 구성을 관료제 내부에 반영하여 공무원을 충원·배치·활용하는 인사제도를 말한다.

대의제 민주주의하에서 모든 정치체제는 국민 대표성을 확보해야 하며, 이를 토대로 국민의 의사를 반영하고 국민에 대해 책임을 져야 한다. 이러한 민주주의체제하에서 공무원은 국민을 위해 봉사하는 역할을 수행하고 있기 때문에 관료제도 국민의 의사를 정책에 반영하고 국민에 대해 책임을 지기 위해서는 국민 대표성을 가져야 한다. 이처럼 관료제 내부에 민주주의 원리를 도입하려는 취지에서 등장한 개념이 대표관료제이다.

2) 대표성의 유형

대표관료제의 정당성은 국민에 대한 대표성에 있다. 즉, 사회를 구성하는 국민의 다양성에 따라 관료제의 구성이 이루어지고, 그렇게 구성된 관료들은 자신의 사회적 배경이나 집단의 이익을 위하여 행동한다는 논리이다. 여기서 전자는 소극적 대표성, 후자는 적극적 대표성을 의미한다.

(1) 소극적 대표성

소극적·피동적 대표성(passive representation)이란 관료제의 구성 측면에 중점을 둔 개념인데, 관료제의 인적 구성이 각 사회 집단이나 계층의 인적 구성을 비례적으로 대표하는 것을 의미한다. 예컨대 성별, 지역, 종교, 소득 등으로 구분되는 다양한 집단들이 사회 내에 차지하는 인구비율에 따라 공무원을 충원하고, 이들을 관료제 내의 모든 직위 · 계급 · 직무분야에 비례적으로 배치함으로써 소극적 대표관료제가 확립될 수 있다.

소극적 대표성은 관료제 내에 사회의 각 출신배경을 반영한다는 점에서 배경적 대표성이라 한다. 소극적 대표관료제하에서 관료는 구성적 측면에서 대표성을 지니기 때문에 자신의 집단을 위하여 실제로 행동하지 않고 단지 상징적 · 형식적으로 대표할 뿐이다. 하지만 정책의 결정 · 집행과정에서 사회규범이나 이익체계에 관한 정보를 제공하고 이익대표를 위한 심리적 제약을 가하는 등 관료제 내부에서 견제와 내적 통제를 강화하는 장치로서의 역할을 수행한다.

(2) 적극적 대표성

적극적 · 능동적 대표성(active representation)은 관료가 자신이 소속된 사회적 집단의 이익을 적극적으로 대변하며 행동하는 것을 의미한다. 이는 관료의 역할 측면에서의 대표성을 말하며, 각 집단을 대표하여 임용된 관료가 자신의 출신 집단의 이익을 정책과정이나 행정에 적극적으로 반영시키려는 노력과 관련된다. 따라서 적극적 대표성은 정책의 대표성, 행태의 대표성 또는 실질적 · 행동적 대표성이라 불리며, 적극적 대표관료제하에서 관료는 정부의 정책이나 사업, 각종 의사결정이나 행정 등에 자신의 출신배경이나 집단의 가치를 적극 반영하는 역할을 수행할 것으로 기대된다.

(3) 비교 및 종합

소극적 대표성이든 적극적 대표성이든 그 전제는 동일한 사회적 배경을 지닌 집단의 구성원은 동일한 가치성향과 태도를 갖는다는 것이다. 그럼에도 불구하고, 소극적 대표관료제와 적극적 대표관료제는 각기 대표성을 이해하고 적용하는 방식에서 차이가 있다(〈표 3-5〉 참고).

대표관료제의 실질적인 유용성은 적극적 대표성이 제대로 작용될 때 비로소 확보될 수 있다. 다시 말해서, 인구통계적인 명목적 대표성에서 더 나아가 적극적 대표성이 실제로 얼마나 확보되는지가 대표관료제의 실효성을 평가하는 척도가 된다.

소극적 대표관료제가 관료제의 구성적 측면을 강조하는 것은 '소극적 대표성은 자동적으로 적극적 대표성을 보장한다'는 전제를 바탕에 두기 때문이다. 하지만 그간 많은 경험적 연구들은 소극적 대표성과 적극적 대표성 간의 연계성에 의문을 제기한다. 이처럼 적극적 대표성이 현실에서 실현되지 않는 이유는 관료들의 조직 내 사회

표 3-5 소극적 대표성과 적극적 대표성의 비교

소극적 · 피동적 대표성	적극적 · 능동적 대표성
• 사회의 인구구성 비율과 정부의 관료구성 비율 사이의 비례적 형평성	• 임용된 공무원이 출신 집단의 이익을 정책 · 행정에 반영시키려는 노력과 역할의 적극성
• 구성의 대표성 • 배경의 대표성 • 비례의 대표성 • 상징적 · 형식적 대표성	• 역할의 대표성 • 정책의 대표성 • 행태의 대표성 • 실질적 · 행동적 대표성

화,[2] 권한이나 실행력의 결핍, 동료집단의 압력, 출신 집단의 모호한 공동목표, 독자적인 행동과 의견표현에 대한 조직의 공식적인 제재(制裁) 등에서 찾을 수 있다(박천오 외, 2014: 66).

2. 대표관료제의 등장과 발달

1) 대표관료제의 등장배경

실적제는 정실 · 엽관주의적 요소를 배제하는 효과를 가져왔으나, 그에 의한 관료제는 대내외적으로 민주주의 가치를 구현하는데 한계가 있었다. 이에 대표관료제의 개념이 나타나게 되었는데, 그 등장배경이나 필요성을 구체적으로 살펴보면 다음과 같다.

첫째, 특정 집단 · 계층의 공직독점을 방지하기 위한 필요성이다. 실적제가 형식적인 기준과 절차에 집착하면서 학력, 성별, 지역, 인종 등의 측면에서 특정 집단이나 계층이 공직을 독과점하는 결과가 초래되었다. 따라서 공직임용의 기회가 모든 사람에게 실질적으로 균등하게 주어지기 위해서는 그 사회의 다양한 집단이나 계층에 대한 고려가 필요하다는 주장이 제기되었다.

둘째, 평등이념의 진보를 들 수 있다. 진보적 평등주의의 입장에서 보면, 개인 사이의 불평등을 정부가 나서서 시정해주어야만 진정한 평등이 가능하다(오석홍, 2013:

2) 예컨대 노동계층 출신의 사람들도 일단 공무원이라는 중류계층의 직업을 얻게 되면 그에 동질화되어 업무수행에 있어서 본래의 출신계급보다도 현재 속한 계층의 가치관을 반영하기 쉽다(Peters, 1995: 93; 박천오 외, 2014: 66에서 재인용).

36). 개인의 직업적 성공은 개인의 특성이나 노력뿐만 아니라 개인으로서는 불가항력적인 역사적·사회적 요인에 영향을 받기도 한다. 따라서 사회적 혜택에서 소외된 집단이나 계층을 적극 보호하고 배려함으로써 실질적인 평등이 실현될 수 있다는 것이다.

셋째, 관료제에 대한 내부통제의 필요성이다. 특정 집단이나 계층에 의해 독점된 관료제는 특정 이익에 치우치는 정책이나 행정을 수행하게 되는 문제가 발생할 수 있다. 따라서 사회의 주요 집단이나 계층의 입장을 대변하는 사람으로 관료제를 구성하여 국민 대표성이 높아지면, 이를 통해 다양한 이해관계에 대한 견제와 조정이 가능하고 관료제에 대한 내부통제가 강화될 수 있다.

2) 대표관료제의 발달과정

대표관료제라는 용어는 킹슬리(J. Donald Kingsley, 1944)의 「대표관료제: 영국 관료제의 해석(Representative Bureaucracy: An Interpretation of the British Civil Service)」에서 처음 등장하였다. 그는 대표관료제를 '사회 내의 주요 세력들을 그대로 반영하는 관료제'로 정의하면서, 관료를 구성함에 있어서 다양한 사회·경제·정치적 계층을 반영하는 대표성 제고의 필요성을 역설하였다.

이후 반 라이퍼(Van Riper, 1958)는 대표관료제의 개념을 확대하여 사회적 특성 외에 사회적 가치까지도 대표관료제의 요소로 포함시키고 있다(강성철 외, 2014: 65). 즉, 대표관료제는 직업, 계급, 지역 등의 관점에서 그 사회의 모든 집단과 계층을 대표할 수 있도록 구성되어야 할 뿐만 아니라, 그 사회의 사조(ethos)나 태도까지도 충분히 반영할 수 있어야 한다는 것이다.

이때까지 대표관료제 이론은 '관료들은 누구나 자신의 사회적 배경의 가치나 이익을 정책과정에 반영시키려 노력한다'는 명제하에 단일한 대표성을 강조하고 있었다. 그러나 모셔(Mosher, 1968)는 그러한 전제에 의문을 제기하면서 단일한 대표성에 대해 비판하고, 대표성을 소극적 대표성과 적극적 대표성으로 구분하였다.

그 후 크랜츠(Kranz, 1976)는 대표관료제의 개념을 '비례대표(proportional representation)'로 확대하였는데, 특정 집단 출신이 관료제 내에서 차지하는 비율이 그 집단의 구성원들이 사회의 총인구에서 차지하는 비율과 동일해야 할 뿐만 아니라, 사회 내의 모든 집단이 관료제 내의 모든 직위·계급·직무분야에서도 인구비율에 상응하게 분포되어야 한다고 주장하였다(강성철 외, 2014: 65).

3. 대표관료제의 주요 특징

국가와 시대에 따라 대표관료제의 주요 내용적 특징이나 구성요소는 다를 수 있다. 대표관료제는 다인종으로 구성되어 있는 미국에서 가장 활발하게 논의되어 왔는데, 채용과 승진 등에 있어 실질적인 기회균등을 보장하기 위한 평등고용기회, 차별철폐조치, 임용할당제 등이 대표관료제의 중심이 되고 있다. 이들은 다른 여러 국가들에 있어서도 대표관료제를 실현하기 위한 제도적 장치로 간주된다.

1) 평등고용기회 보장

1964년 「평등고용기회법(Equal Employment Opportunity Act)」의 제정으로 평등고용기회를 보장하기 위한 조치가 이루어졌다. 이는 인종, 피부색, 성별, 종교, 연령, 국적 등의 요인에 의해 어떤 개인을 불리하게 취급하거나 그의 고용기회를 박탈하는 것을 효과적으로 방지하기 위한 인사정책이나 절차 및 운영방법을 말한다(박연호, 2001: 64; 오석홍, 2013: 39).

2) 차별철폐조치

1978년 캘리포니아 주립대의 베케(Bakke) 사건을 계기로 소외집단에게 실질적인 기회균등을 보장하기 위한 차별철폐조치(affirmative action)가 합법화되었다. 차별철폐조치는 평등고용기회의 보장에서 더 나아가 과거의 차별로 인한 효과를 시정하기 위해 여성·장애인·소수민족 등의 소외집단 구성원을 인사상 우대하는 조치이다. 이러한 적극적 우대조치는 단순히 채용·승진 등에 있어 경쟁기회의 평등(원인의 기회균등)을 확보하려는 것보다는 경쟁의 결과에 있어서의 평등을 확보하려는 노력이라 할 수 있다(박연호, 2001: 64).

3) 임용할당제

임용할당제(employment quota system)는 관료제 내의 모든 계층과 직무분야에 대한 임용의 비례적 대표성을 강제하기 위해 할당제를 적용하는 제도이다(박연호, 2001:

64). 예컨대 차별철폐조치의 한 방안으로서 여성·장애인·소수민족 등의 소외집단 구성원들에게 인사상 특혜를 제공하기 위해 임용할당제를 채택하기도 한다. 이러한 임용할당제는 매우 강경하고 극단적인 성격을 가지며, 공무원의 정치적 임용을 불가피하게 하여 실적주의와 마찰을 일으킬 가능성이 있다.

4. 대표관료제의 장점과 단점

대표관료제는 실적제의 폐단을 시정하고 관료제 내외에 민주주의 가치를 구현하는데 유용한 제도이다. 이러한 긍정적인 효과에도 불구하고 그 자체의 한계와 실천적 부작용이 나타나고 있다. 대표관료제의 장점과 단점을 정부관료제의 대외적 측면과 대내적 측면으로 나누어 살펴보면 다음과 같다(〈표 3-6〉 참고).

1) 대표관료제의 장점

(1) 대외적 측면에서의 장점

첫째, 대표관료제는 공직에의 기회균등에 있어서 실질적·결과적 형평성을 보장한다. 이를 통해 대표관료제는 기회균등의 보장이라는 민주주의 이념을 실현하고, 실적제에 의해 초래된 결과적 차별을 제거함으로써 사회적 형평성의 확보에 기여할 수 있다.

둘째, 대표관료제는 정부관료제 내에 정치적 대표성의 개념을 도입하여 관료의 민주적 대표성을 높이고, 관료를 공익의 대변자로 변모시켜 대국민 서비스의 향상과 책임성 제고가 가능하다. 또한 사회의 각계각층을 대표하는 관료를 정책과정에 포함

표 3-6 대표관료제의 장점과 단점

구분	장점(긍정적 효과)	단점(부정적 효과)
대외적 측면	• 실질적 기회균등 보장 • 행정의 대응성 · 책임성 제고 • 정책순응 가능성 향상 • 국가적 인력활용 및 사회통합 유도	• 실적제와 갈등 및 역차별 문제 • 사회 분열 및 민주주의 훼손 • 대표성의 판단 및 적용상 기술적 한계
대내적 측면	• 정책결정의 민주성 · 합리성 제고 • 관료제의 민주화 및 역량 강화 • 내부통제 기능의 강화	• 공직사회의 도덕성 및 전문역량 저하 • 공직사회의 분열 및 갈등 조장 • 적극적 대표성의 작동에 대한 의문

시킴으로써 국민의 다양한 요구에 대한 정부의 대응성을 높일 수 있다.

셋째, 대표관료제는 사회의 여러 집단들에게 정부관료제 내에 자신들의 대표를 가지도록 하는 것이기 때문에 대외적으로 정부정책의 정당성과 광범위한 수용을 창출할 수 있다(박천오 외, 2014: 65). 이를 통해 정부정책에 대한 국민의 신뢰감을 높이고, 정책의 집행을 용이하게 하며, 정부활동의 능률성을 향상시킬 수 있다.

넷째, 대표관료제는 사회에서 소외된 집단을 정부관료제에 참여시켜 활용하기 때문에 국가적 차원에서 인적자원관리의 효율성이 향상될 수 있다. 또한 대표관료제를 통한 고용기회 확대는 소외집단의 사회경제적 지위를 향상시키고 반(反)사회적 성향을 완화시켜 사회통합을 유도하고 정치적 영향력을 높여주는 계기가 된다.

(2) 대내적 측면에서의 장점

첫째, 다양한 집단으로 구성된 관료제는 소수 엘리트의 권력 독점을 견제하며 정책과정에 여러 이해관계 공무원의 폭넓은 참여를 가능하게 한다. 이를 통해 조직 내부의 의사결정이 민주적으로 이루어질 수 있으며, 보다 합리적인 정책을 선택하는데 도움을 줄 수 있다.

둘째, 대표관료제는 새로운 집단이나 계층의 영입을 통하여 다양성과 평등주의, 갈등과 변화를 자극함으로써 관료제의 역량을 강화시켜 조직의 발전을 도모하는데 이바지할 수 있다.

셋째, 공무원의 신분보장으로 인해 초래되는 외부통제의 한계를 극복하는 수단으로 대표관료제가 활용될 수 있다. 공무원은 자신의 출신배경이나 집단의 가치와 이익에 대한 심리적 책임을 지려 하기 때문에 상호 견제에 의한 내부통제가 강화될 수 있다(오석홍, 2013: 39).

2) 대표관료제의 단점

(1) 대외적 측면에서의 단점

첫째, 대표관료제는 공직임용에 있어서 실적제와 갈등을 유발하고 역차별(逆差別, reverse discrimination)을 초래할 가능성이 있다. 외부 채용이나 내부 승진 등에 있어서 우수한 실적을 지닌 사람이 소외집단의 구성원이 아니라는 이유로 불이익을 받을 수 있다. 이처럼 대표관료제에 의한 차별철폐의 추구가 역설적으로 또 다른 차별을 야기함으로써 법적 다툼이 되풀이되는 현상이 발생할 수 있다(오석홍, 2013: 41).

둘째, 대표관료제는 출신배경 등에 따른 집단분리주의 입장을 견지하기 때문에 사회 내에 집단이기주의의 폐단이 나타날 수 있다. 특히 적극적 대표성이 지나치게 활성화되면 사회 분열과 갈등을 조장하여 민주주의에 대한 위협요인이 될 수도 있다(Mosher, 1982: 15).

셋째, 대표관료제의 구성, 즉 대표성의 판단 및 적용에 있어 기술적 한계가 존재한다. 사회의 주요 집단을 선정하여 그 출신을 공무원의 수적(數的) 구성에 비례적으로 균형 있게 반영하는 것은 현실적으로 쉽지 않은 일이다.

(2) 대내적 측면에서의 단점

첫째, 사회적 불평등이 심각하지 않은 상황에서 대표관료제의 원리를 적용하면 자칫 공직사회가 불합리하고 부당한 영향을 받을 수 있다. 또한 대표관료제하에서는 능력이나 자격이 미흡한 사람이 대표성에 의해 임용될 수 있으며, 이로 말미암아 공직사회의 무능력화가 초래되고 행정의 전문성과 능률성·생산성이 저하될 가능성이 있다.

둘째, 대표관료제는 출신배경 등에 따른 집단분리주의 입장을 견지하기 때문에 집단이기주의에 의한 공직사회의 분열과 갈등이 나타날 수 있다. 특히 각 집단이 승진 등의 내부임용과정에 자신의 이익을 극대화하기 위하여 치열하게 경쟁하게 된다면 상대적으로 세력이 약한 집단에게 불리한 결과가 초래되어 대표관료제가 추구하는 실질적 형평성이 상실될 수 있다.

셋째, 대표관료제는 공직임용 전에 형성된 가치관·태도 등이 공직임용 후에도 변화하지 않고 정책이나 행정에 그대로 반영됨을 전제로 한다. 하지만 이러한 전제가 현실화되는가에 대해서는 의문이 있으며, 이 경우 대표관료제가 지향하는 효과가 현실에서 제대로 나타나지 않을 수 있다.

5. 우리나라의 대표관료제

1) 대표관료제의 실태

우리나라는 '균형인사'정책을 통해 대표관료제의 구축을 도모하고 있다. 균형인사정책이란 여성, 장애인, 저소득층 등 취업지원대상자, 지방·지역인재, 이공계 전공자 및 과학기술인재 등 소외집단의 공직 대표성을 균형적으로 확보하기 위한 적극적인 노력이라 할 수 있다.[3)]

(1) 양성평등 및 여성 관련 정책

양성평등 채용목표제 양성평등 채용목표제는 여성과 남성 간에 공직임용에의 균등기회를 확대하기 위한 제도이며, 여성 또는 남성이 시험실시 단계별로 선발예정인원의 일정 비율 이상이 될 수 있도록 선발예정인원을 초과하여 여성 또는 남성을 합격시키는 것이다(「공무원임용시험령」 제20조). 이 제도는 과거의 여성공무원 채용목표제가 변경된 것이며, 당초 2007년까지의 한시적 운영으로 정해졌으나 그 기간이 5년씩 두 차례 연장되어 현재(2017년 12월 31일까지) 시행되고 있다.

양성평등 채용목표제는 5급 공무원 공개경쟁 채용시험, 5등급 외무공무원 공개경쟁 채용시험, 외교관후보자 선발시험, 7급 공무원 공개경쟁 채용시험, 8·9급 공무원 공개경쟁 채용시험, 경력경쟁 채용시험(필요시 공고 및 적용) 중 선발예정인원이 5명 이상인 시험단위(교정·보호직렬 및 성별구분모집직렬 제외)를 그 대상으로 한다. 현재 시험단위별 채용목표인원은 시험실시 단계별 합격예정인원에 30%(검찰사무직렬은 20%)를 곱한 인원수로 하고 있다.

내부임용에서의 차별 금지 및 우대 재직 여성공무원의 실질적 형평성을 제고하고, 특히 여성관리자의 임용을 확대하기 위하여 다양한 중·장기계획을 수립·추진하고 있다. 또한 보직을 부여함에 있어도 주요 부서에 각 직급의 여성비율에 상응한 수의 여성공무원이 임용되도록 하고 있으며, 승진후보자명부 서열상 승진예정 인원수의 범위 내에 여성공무원이 포함되어 있는 경우에는 최소한 그 인원비율만큼 여성공무원이 승진될 수 있도록 노력하고 있다. 특히 2008년 「남녀고용평등법」이 「남녀고용평등과 일·가정 양립 지원에 관한 법률」로 대체·확대된 이후, 공직사회 내에서도 출산휴가·육아휴직제, 대체인력제, 유연근무제, 시간선택제 등 모성보호 및 가정친화적인 근무환경을 조성하기 위한 방안이 활발히 전개되고 있다.

---

3) 균형인사정책은 「국가공무원법」 제26조의 단서, 즉 "국가기관의 장은 대통령령 등으로 정하는 바에 따라 장애인·이공계 전공자·저소득층 등에 대한 채용·승진·전보 등 인사관리상의 우대와 실질적인 양성 평등을 구현하기 위한 적극적인 정책을 실시할 수 있다"는 규정에 근거하고 있다.

(2) 장애인 관련 정책

장애인에 대한 고용차별 철폐 및 고용기회 확대를 위해「장애인차별금지 및 권리구제 등에 관한 법률」과「장애인 고용촉진 및 직업재활법」을 제정 · 시행하고 있다.

장애인 의무고용제 국가와 지방자치단체는 장애인을 전체 소속공무원의 일정 비율 이상을 고용하여야 하며, 신규채용의 경우에도 선발예정인원의 일정 비율 이상을 채용하도록 하고 있다(「장애인고용촉진 및 직업재활에 관한 법률」 제27조).

장애인 구분모집제 장애인 구분모집제는 선발예정인원의 일부분을 장애인(중증장애인 포함)만이 응시할 수 있도록 시험을 분리하여 실시하는 제도이다(「국가공무원법」 제26조 및「공무원임용시험령」 제2조). 이 제도는 6급 이하 공무원(4등급 이하 외무공무원)의 공개경쟁 채용시험(공안직렬 제외)에 적용되며, 시험을 분리하여 실시한 결과 장애인 및 저소득층 대상 분리시험 외의 일반모집 시험의 합격자가 받은 점수 이상을 받은 장애인에 대해서는 시험실시 단계별로 선발예정인원을 초과하여 합격시킬 수 있다(「공무원임용시험령」 제20조의5).

중증장애인 경력경쟁채용제 중증장애인의 경력경쟁채용제는 공직진출에 어려움이 있는 중증장애인의 공무원 임용기회를 확대하기 위하여 중증장애인만을 대상으로 경력경쟁 채용시험을 실시하는 제도이다(「공무원임용시험령」 제20조의3).

내부임용에서의 차별 금지 및 우대 장애인공무원에 대하여 차별 없이 보직을 부여하는 것을 원칙으로 하며, 보직을 부여함에 있어 사전에 희망보직을 조사하고 장애인공무원의 의사를 최대한 반영하도록 하고 있다. 또한 장애인공무원의 능력과 경력발전을 위하여 기획 · 예산 · 인사 · 감사 부서 및 실 · 국 주무과 등 주요 부서에 임용되도록 한다. 특히 승진대상자를 선정함에 있어 장애인공무원의 능력과 실적 등에 따라 공정하게 심사 · 결정되도록 하여야 하며, 장애인공무원이 승진후보자명부 서열상 승진예정인원 범위 내에 포함되어 있는 경우에는 가능한 한 장애인공무원이 승진임용될 수 있도록 노력하고 있다.

(3) 저소득층 등 취업지원대상자 관련 정책

저소득층 구분모집제 저소득층 구분모집제는 선발예정인원의 일부분을 저소득층만이 응시할 수 있도록 시험을 분리하여 실시하는 제도이다(「국가공무원법」 제26조 및「공무원임용시험령」 제2조). 이 제도의 대상은「국민기초생활보장법」상 수급자 또는

「한부모가족지원법」상 보호대상자에 해당하는 기간이 응시원서 접수일 또는 접수마감일까지 계속하여 2년 이상인 사람이다.

저소득층 구분모집제는 선발예정인원이 5명 이상인 9급 공개경쟁 채용시험 및 9급 경력경쟁 채용시험 등에 적용되며, 시험을 분리하여 실시한 결과 장애인 및 저소득층 대상 분리시험 외의 일반모집 시험의 합격자가 받은 점수 이상을 받은 저소득층에 속하는 사람에 대해서는 시험실시 단계별로 선발예정인원을 초과하여 합격시킬 수 있다(「공무원임용시험령」 제20조의4).

국가유공자 등 우선임용제 및 가산점제 국가발전에 기여한 국가유공자 등과 그 (유)가족들을 공직임용 기회에 있어서 실질적인 균등을 가질 수 없는 소외집단으로 간주하여 신규채용에 있어 우선임용 및 가산점의 특혜를 부여하고 있다(「국가공무원법」 제42조).

예컨대 「독립유공자예우에 관한 법률」, 「국가유공자 등 예우 및 지원에 관한 법률」, 「보훈보상대상자 지원에 관한 법률」, 「5 · 18민주유공자예우에 관한 법률」, 「참전유공자예우 및 단체설립에 관한 법률」, 「특수임무유공자 예우 및 단체설립에 관한 법률」, 「고엽제후유의증 환자지원 및 단체설립에 관한 등에 관한 법률」, 「의사상자 등 예우 및 지원에 관한 법률」 등에 규정된 대상자에게 우선 채용, 의무비율 채용 혹은 경력경쟁채용 등의 취업지원이나 가산점 특전이 부여될 수 있다.

제대군인의 경우 과거에는 만점의 5% 범위 내에서 대통령령으로 정한 가산점을 부여하도록 규정하였으나, 1999년 12월 23일 헌법재판소가 남성에게만 특혜를 주는 성적차별제도라는 취지에서 위헌판결을 하였다. 이에 따라 제대 군인에 대한 가산점 제도가 폐지되고, 그 대신 제대 군인의 채용시험 응시 상한연령을 3세의 범위 안에서 연장하도록 하는 보완 조치가 마련되었다.

(4) 지방 · 지역인재 관련 정책

수도권 집중에 따른 인재의 지역 간 불균형을 해소하기 위하여 「국가균형발전특별법」 및 「지방대학 및 지역균형인재 육성에 관한 법률」이 제정 · 시행되고 있다. 이에 따라 「국가공무원법」, 「공무원임용령」 및 「공무원임용시험령」 등에서도 지방 · 지역인재의 공직임용을 확대하기 위한 다양한 제도적 장치가 마련되어 있다.

지방인재 채용목표제 지방인재 채용목표제는 지방인재의 채용목표를 설정하고 목표 미달시 선발예정인원을 초과하여 합격시킬 수 있는 제도이며(「공무원임용시험령」 제20조의2), 2007년부터 5년 단위로 연장하여 한시적으로 현재(2016년까지) 시행되고 있다. 여기서 '지방인재'란 서울특별시를 제외한 지역에 있는 학교를 최종적으로 졸업(예정) · 중퇴하거나 재학 · 휴학 중인 사람을 말하며, 이 제도는 5 · 7급 공개경쟁 채용시험과 외교관후보자 선발시험 중 선발예정인원이 10명 이상인 시험단위를 대상으로 한다.

지역인재 추천채용제 지역인재 추천채용제는 우수한 지역인재를 공직에 유치하기 위하여 학업 성적 등이 뛰어난 고등학교 이상 졸업(예정)자를 추천 · 선발하여 3년의 범위에서 수습직원으로 근무하게 하고, 그 근무기간 동안 근무성적과 자질이 우수하다고 인정되는 사람을 6급 이하의 공무원으로 임용하는 제도이다(「국가공무원법」 제26의4). 이 제도에 따른 수습직원의 정규공무원 임용은 경력경쟁채용에 해당하며, 경력경쟁 채용시험과 시보임용은 면제된다. 현재 지역인재 7급 수습직원채용제와 지역인재 9급 수습직원채용제로 구분하여 시행되고 있다(「공무원임용령」 제22조의3).

지역인재 7급(혹은 9급) 수습직원채용제는 서울특별시를 제외한 지역에 있는 학사학위과정(9급은 고등학교 또는 전문학사학위과정)이 개설된 학교의 졸업자 및 졸업예정자가 그 대상이 된다. 각 학교의 장의 추천을 받아 서류전형 · 필기시험 · 면접시험으로 선발하며, 1년(9급은 6개월) 간의 수습근무(교육훈련 포함)를 거친 후 수습직원임용심사위원회의 심사에 따라 그 적격자는 일반직 7급(혹은 9급) 공무원으로 임용된다.

지역인재 채용의무제 지역인재 채용의무제는 국가공무원 및 지방공무원을 신규로 임용할 때 지역인재가 일정비율 이상 확보될 수 있도록 채용을 의무화하는 제도이다(「지방대학 및 지역균형인재 육성에 관한 법률」 제12조). 국가와 지방자치단체는 지역인재의 임용기회 확대를 위한 시행계획을 수립 · 실시하고, 인사혁신처장은 시행계획 및 그 결과를 국회에 보고하도록 하고 있다.

지역별 구분모집제 지역별 구분모집제는 지역출신 인재를 발탁 · 충원하기 위하여 거주지별로 응시자격을 제한하거나 지역별로 시험을 분리하여 실시하는 제도이다(「국가공무원법」 제37조 및「공무원임용시험령」 제19조). 이는 지방공무원뿐만 아니라 국가공무원의 경우에도 특정 지역에 근무를 희망하는 지원자의 요구를 반영하기 위한 것이다.

인사혁신처장이 실시하는 국가공무원 공개경쟁 채용시험에서 지역별 구분모집의 합격자는 국가공무원 또는 지방공무원으로 임용된다. 예컨대 9급 공개경쟁 채용시험의 지역별 구분모집 합격자는 해당 지역에 소재한 각 중앙행정기관 소속의 국가공무원으로 임용되며, 5급 공개경쟁 채용시험의 지역별 구분모집 합격자는 국가공무원에서 교육훈련이 끝나는 즉시 경력경쟁채용 등의 방식으로 해당 지방자치단체의 지방공무원으로 임용된다(「지방공무원법」 제27조).

(5) 과학기술인재 관련 정책

과학기술적 정책수요의 증대에 따라 이공계 전공자의 임용을 확대하고 재직공무원의 행정직·기술직 간의 불균형을 시정하기 위해 승진·전보 등 인사관리상의 우대정책이 실시되고 있다(「국가공무원법」 제26조).

기술인재 추천채용제 공직분류체계의 개편으로 기능직이 폐지됨에 따라, 과거 '기능인재 추천채용제'는 국가공무원의 경우 지역인재 추천채용제(지역인재 9급 수습직원채용제)에 포함되었으며, 지방공무원의 경우는 '기술분야 우수인재 추천채용 및 견습근무제'로 변경되었다.

지방공무원의 기술인재 추천채용제는 지역인재 추천채용제와 유사하게 시행되고 있는데, 고등학교 이상 졸업(예정)자를 추천·선발하여 3년의 범위에서 수습으로 근무하게 하고, 그 근무기간 동안 근무성적과 자질이 우수하다고 인정되는 사람을 기술분야의 일반직공무원으로 임용한다(「지방공무원법」 제25조의4). 이에 따라 시·도지사 또는 시·도의 교육감이 정하는 기술분야의 학과가 설치된 고등학교 및 전문대학의 우수한 졸업(예정)자 중 각 학교의 장의 추천을 받아 서류전형·필기시험·면접시험으로 수습직원을 선발하여, 6개월간 수습근무(교육훈련 포함)를 거친 후 인사위원회의 결정에 따라 그 적격자를 8급 이하의 기술분야 일반직공무원으로 임용한다(「지방공무원 임용령」 제21조의2).

내부임용에서의 차별 금지 및 우대 이공계 전공자의 신규채용 확대와 더불어 재직공무원의 행정직·기술직 간의 불균형을 해소하기 위하여 국가공무원의 '4급 이상 기술직·이공계 공무원 임용확대 5개년계획' 및 지방공무원의 '5급 이상 기술직·이공계 공무원 임용확대 5개년계획' 등을 수립·실시하고 있다. 또한 2009년부터는 '제2차 이공계 인력지원 종합계획'을 수립하여 고위공무원단 등 주요 정책결정 직위에 이공계 공무원의 비율을 높이기 위해 노력하고 있다.

(6) 외국인 · 복수 국적자 및 귀화자 · 북한이탈주민 관련 정책

우리 사회에서도 외국인, 복수 국적자, 귀화자, 북한이탈주민 등이 급격히 늘어나면서, 이러한 인종적 · 문화적 다양성을 공직에 반영하기 위한 제도가 수립 · 시행되고 있다.

외국인 결혼이주여성을 포함한 외국인은 국가안보 및 보안 · 기밀 등과 관련된 분야를 제외하고 법령으로 정하는 바에 따라 공무원이 될 수 있다(「국가공무원법」 제26조의3). 현재 외국인은 경력경쟁채용에 의해 일반직공무원(전문경력관 · 임기제공무원에 한함) 및 특수경력직공무원으로 임용될 수 있으며(「공무원임용령」 제4조), 특정직공무원으로의 임용은 개별 법령에 따른다.

복수 국적자 복수 국적자는 원칙적으로 모든 직종의 공무원에 임용될 수 있다.[4] 하지만 외국인과 마찬가지로 국가안보, 보안 · 기밀분야, 외교 및 국가 간 이해관계 관련 분야 등에 임용이 제한될 수 있다(「국가공무원법」 제26조의3 및 「공무원임용령」 제4조).

귀화자 및 북한이탈주민 귀화자 및 북한이탈주민은 원칙적으로 모든 직종의 공무원에 임용될 수 있다. 특히 경력경쟁채용 등에 의한 공직임용도 가능하며(「국가공무원법」 제28조), 이 경우 특정 요건을 갖춘 사람만으로 구분모집하거나, 특수한 직무분야나 환경 또는 특수한 지역에 근무하는 것으로 채용범위를 제한할 수 있다(「공무원임용령」 제16조).

2) 대표관료제의 과제

다양한 균형인사정책이 수립 · 시행되고 있음에도 불구하고, 인사행정의 실제가 대표관료제의 근본 취지에 부합하도록 이루어져 왔는지에 대해서는 의문의 여지가 있다. 대표관료제의 실효성을 확보하기 위해서는 제도적 보완과 함께 이를 실천에 옮기기 위한 사회적 분위기와 공직사회 내의 여건 조성 및 공무원의 의식전환 등이 요구된다.

---

4) 우리나라 국적을 지니고 있으면서 외국의 영주권을 취득한 자는 원칙적으로 내국인과 동일한 자격을 지니지만, 주민등록상 거주요건을 응시자격으로 하는 채용시험의 경우 국내 거소(居所)의 신고가 된 재외국민을 대상으로 9급 공개경쟁 채용시험에 한해 지역별 구분모집의 응시자격을 부여하기도 한다.

(1) 제도적 측면에서의 과제

각국마다 처한 상황이 다르지만, 많은 국가들이 미국의 제도를 대표관료제 추구의 내용적 특징으로 삼고 있다. 이에 우리나라의 경우에도 평등고용기회 보장 및 차별철폐조치 등을 중심으로 제도적 개선과제를 도출할 수 있다.

먼저 평등고용기회의 실질적 보장을 위한 장치를 보다 적극적으로 마련할 필요가 있다. 예컨대 미국의 평등고용기회위원회(Equal Employment Opportunity Commission)와 같은 전문기관의 설립·운영을 검토할 수 있다. 또한 농어촌과 같이 낙후된 환경이나 다문화가정 등에서 성장하거나 빈곤의 대물림 가능성이 있는 사람들에 대한 실질적 우대조치의 확립이 필요하다.

다음으로 소외집단에게 실질적인 기회균등을 보장하기 위해서는 차별철폐조치의 법제화를 검토해 볼 수 있다. 차별철폐조치는 현재의 평등고용기회를 보장하는데서 더 나아가 과거의 차별을 적극적으로 시정하기 위해 임용할당제 등을 통해 인사상 우대하는 조치이다. 또한 관료제 내부에서의 계층과 직위·직무분야에 있어서 사회적 약자를 배려하기 위한 보다 적극적인 조치가 마련될 필요가 있다.

(2) 의식적 측면에서의 과제

제도적 개선방안이 실질적인 효과를 갖기 위해서는 그것이 얼마나 실천에 옮겨지는지가 중요하다. 우리 사회의 다양성을 인정하고 소외집단을 배려하는 선진화된 의식의 함양 및 실천이 필요하며, 그에 따른 공직사회 내외의 분위기 조성도 함께 이루어져야 한다. 특히 대표관료제의 근본 취지가 소극적 대표성에 그치지 않고 적극적 대표성의 발휘에 있다면, 실질적으로 자신의 출신배경의 이익을 대변할 수 있는 공직사회의 분위기와 행정적 여건이 조성되도록 노력하여야 한다.

제4절 직업공무원제

1. 직업공무원제의 의의

직업공무원(職業公務員, career civil servant)이란 공직을 보람 있고 명예롭게 생각하고 이를 평생의 직업으로 선택·근무하는 공무원을 말한다. 이와 같은 '직업공무원'은 법적 용어는 아니며, 우리나라의 경력직공무원, 즉 '실적과 사격에 의해 임용되고 신분이 보장되어 평생토록 공무원으로 근무할 것이 예상되는 공무원'이 여기에 해당한다(「국가공무원법」 제2조).

이러한 직업공무원을 장려할 수 있도록 모든 인사행정을 제도화한 것이 직업공무원제이다(유민봉·박성민, 2014: 84). 다시 말해서, 공직이 젊고 유능한 사람에게 개방되어 매력적인 것으로 여겨지고, 실적에 따라 일정 지위로 승진할 기회가 부여되며, 공직을 생애의 보람 있고 명예로운 일로 생각하면서 평생을 근무할 수 있도록 체계적으로 마련된 인사제도이다.

2. 직업공무원제의 등장과 발달

1) 직업공무원제의 등장배경

직업공무원제는 과거 절대군주국가의 통치체제 구축을 위해 태동하였으나, 시대와 상황이 변화되면서 공직의 안정성을 유지하고 공직의 윤리성과 우수성을 확립하기 위한 제도로 발전하게 되었다. 이처럼 현대적 의미의 직업공무원제가 등장하게 된 배경이나 필요성을 살펴보면 다음과 같다(유민봉·박성민, 2014: 85~86).

첫째, 공직의 안정성·계속성에 대한 필요성이다. 유럽 국가들의 역사적 경험에서 보면, 정권의 변화에도 불구하고 국정이 단절 없이 안정적으로 지속되는데는 직업공무원의 중요한 역할이 있었다. 우리나라의 경우도 정변과 정권교체에도 불구하고 국가발전을 이룩할 수 있었던 것은 공직의 안정성과 계속성을 도모한 직업공무원제의 역할이 있었다고 할 수 있다(박천오 외, 2014: 48).

둘째, 공직의 윤리성에 대한 요청이다. 공무원의 신분이 임용권자에 의존되는 한, 공무원은 임용권자 개인에 대한 충성을 우선시 할 수밖에 없다. 공무원으로 하여금 국왕이나 대통령 또는 소수 권력이 아니라 국민 전체에 대한 봉사자로서의 역할을 수행하도록 하기 위해서는 공직의 윤리성 확보가 절실히 필요하였다. 이러한 공직의 윤리성을 담보할 수 있는 대안으로 직업공무원제가 고려되었던 것이다.

셋째, 공직의 우수성 추구를 들 수 있다. 공무원이 수행하는 업무는 민간부문의 종사자에 비해 그 영향범위가 더 넓고, 더 무거운 책임이 수반된다. 따라서 공무원은 민간부문의 종사자보다도 유능할 것이 요구되며, 많은 국가에서 젊고 유능한 인재를 공직에 유인하려는 직업공무원제가 시도된 이유도 여기에 있다.

2) 직업공무원제의 발달과정

(1) 유럽의 직업공무원제

직업공무원제는 유럽 대륙의 절대군주국가 시대에 그 기원을 두고 있다. 중앙집권적 통일국가 체제를 유지하기 위해 대규모 관료조직이 확립되면서 직업관료제가 발달하기 시작하였다. 당시의 관료는 군주의 신하로서 지위를 가졌으며, 이는 국민의 봉사자로서 지위를 지니는 현대적 의미의 직업공무원과는 근본적으로 차이가 있다(강성철 외, 2014: 40).

한편 정실주의가 지배적이었던 영국에서는 유럽 대륙과 다른 방식으로 직업공무원제가 확립되었다. 은혜적 정실주의에 의해 임명된 관료의 종신적(終身的) 신분보장은 이미 관행이었으나, 의회정치가 본격화되면서 국왕의 영향력을 차단하기 위한 방안으로 정치적 정실주의에 의한 직업공무원제가 나타나기 시작하였다. 특히 내각책임제하에서 정권의 빈번한 변동에 따른 내각의 교체에도 불구하고 국정의 안정적 수행을 도모하기 위한 필요성 때문에 영국식 직업공무원제가 발달·정착하게 되었다.

(2) 미국의 직업공무원제

미국은 유럽 대륙과 같은 관료제적 전통을 경험하지 않았으며, 관직의 장기 점유는 민주주의에 위배되는 것으로 인식해 왔다. 이에 따라 유럽식 직업공무원제를 부정하고 엽관주의를 지배적인 인사원리로 채택하였던 것이다.

엽관제의 폐해와 부작용이 나타나면서 1880년대 중반 실적제가 확립되었지만, 직업공무원제는 1930년대에 들어서 비로소 논의되기 시작하였다. 그러한 논의가 아무런 결실을 보지 못하고 있다가, 1978년 「공무원인사개혁법(Civil Service Reform Act)」에 의해 고위공무원단(Senior Executive Service)이 신설되면서 직업공무원제적 요소가 가미하게 되었다(박연호, 2001: 70). 그럼에도 불구하고 개방형 임용제를 채택하고 있는 미국 공무원제도의 특성상 직업공무원제적인 성격은 여전히 약한 편이라 할 수 있다.

(3) 현대의 직업공무원제

과거에는 정실 · 엽관제의 폐해와 부작용을 방지하고자 실적주의를 통한 직업공무원제의 확립이 주요한 과제였으나, 실적제가 정착되고 공직이 안정된 오늘날에 이르러 그 제도는 상당히 다른 모습으로 변화되고 있다.

직업공무원제가 전통적으로 발달된 국가에서는 그 성격이 점차 약화되는 경향이 나타나고 있다. 직업공무원제가 과학기술의 발달과 지식정보사회의 급격한 변화에 둔감하다는 비판에 따라, 이를 보완하는 노력이 다양하게 전개되고 있다. 특히 폐쇄적 임용제와 일반능력주의가 지닌 결함을 극복하기 위하여 직위분류제, 개방형 임용제, 전문능력주의 등과 같은 실적주의적 요소를 확대 · 도입하는 것이 그 예이다.

이와 달리 직업공무원제가 약한 국가에서는 그 성격을 강화하려는 경향이 나타나고 있다. 예컨대 실적주의에 충실하여 개방형 임용제를 채택하고 있는 미국의 경우, 행정의 안정성 · 계속성을 위해 고위공무원단을 설치 · 운영하는 등 계급제나 폐쇄형 임용제 및 일반능력주의 등과 같은 직업공무원제적 요소를 가미해가고 있다(강성철 외, 2014: 46).

3. 직업공무원제의 특징과 확립요건

1) 직업공무원제의 주요 특징

직업공무원이 자신의 뜻을 펼칠 수 있도록 인사행정이 체계화된 제도가 직업공무원제인데, 그 주요 특징은 다음과 같다.

첫째, 직업공무원제는 젊고 유능한 인재를 충원하여 장기간에 걸쳐 성실하게 근무하도록 유도하기 위하여 실적주의를 기본 전제로 한다. 따라서 실적제의 주요 내용인 공직에의 기회균등, 성적 · 능력주의, 공무원의 정치적 중립성 및 신분보장 등이 직업공무원제의 요건으로 간주된다.

둘째, 직업공무원제는 주로 최하위 계급에만 외부로부터의 신규인력을 충원하는 폐쇄형 임용제를 채택한다. 어느 계급의 직위에도 적임자가 있으면 외부로부터 신규채용하는 개방형 임용제와 달리, 폐쇄형 임용제는 공직 내의 중간 계층에 빈자리가 생겼을 때 그 자리를 내부에서 승진이나 전보 등으로 채우고 외부로부터의 신규채용을 허용하지 않는다.

셋째, 직업공무원제는 직위분류제보다 계급제에 더 적합한 특성을 지닌다. 계급제란 공무원의 인적 특성을 기준으로 공직을 분류하여 계층을 만들고 계층별로 직무를 구분·담당하도록 하는 제도이다. 이러한 계층제는 최하위 계급의 신규 채용자를 단계적으로 승진시킴으로써 장기간 근무를 유도할 수 있기 때문에 직업공무원제의 구축 및 운영에 유용한 장점이 있다.

넷째, 직업공무원제는 일반능력자(generalist) 중심의 임용을 추구한다. 일반능력주의는 공무원 임용의 기준을 현재의 직무수행능력이 아니라 장기적 발전가능성 내지 잠재력에 두는 것이며, 이는 특정한 직무수행에 요구되는 구체적 전문지식을 임용기준으로 삼는 전문능력자(specialist)의 원리와 구별된다. 직업공무원제에서는 장기간에 걸친 공직 근무가 기대되기 때문에, 다양한 직무분야의 경험을 폭넓게 쌓을 수 있는 기회가 제공되는 일방능력주의 임용방식이 선호된다.

2) 직업공무원제의 확립요건

현대적 의미의 직업공무원제가 제대로 확립되고 성공적으로 운영되려면 다음과 같은 조건들이 충족되어야 한다.

첫째, 공직에 대한 사회적 평가가 높아야 한다. 이는 공직이 특권 향유나 치부(致富)의 수단으로 매력이 높다는 것이 아니라, 공직이 국가발전에 공헌하거나 국민에게 봉사하는 평생 직업으로서의 가치가 높아야 한다는 것이다.

둘째, 인사행정의 과정적 활동으로서 인력수급계획의 수립 및 시행이 이루어져야 한다. 즉, 재직공무원의 연령구조, 이직률, 근무연수, 적성과 능력 등을 고려하여 중·장기적으로 인력수급이 원활히 이루어질 수 있도록 인적자원계획이 수립·시행되어야 한다.

셋째, 젊고 우수한 인재를 유인하고 선발할 수 있는 제도적 기반이 필요하다. 공직을 모든 사람에게 개방하여 적극적으로 우수한 인재를 유치하고, 능력이나 자격을 기준으로 필요한 인재를 선발하는 제도와 절차가 마련되어야 한다.

넷째, 신규 채용된 인재가 장기간 공직에 머물고 자신의 능력을 발전시킬 수 있는 기회가 제공되어 공직이 생애에 걸쳐 자신의 경력발전에 도움이 되는 직업으로 인식되도록 하여야 한다. 이를 위해서는 승진, 전직, 전보, 평정, 교육훈련 등의 인사행정이 실적에 바탕을 두어 공정하고 체계적으로 이루질 필요가 있다.

다섯째, 우수인재를 적극 유치하고 이들의 생활을 안정화시키고 장기근속을 유도하기 위해서는 적절한 보상체계가 수립되어야 한다. 대표적인 보상으로서 보수와 연금을 들 수 있는데, 공무원이 자신의 지위에 상응하는 생활비를 충당할 수 있는 수준의 보수가 지급되고, 퇴직 후에도 생활보장이 가능한 연금제도가 확립되어야 한다.

여섯째, 직업공무원제는 공무원을 평생의 전문직업인으로서 보장하는 것을 의미한다. 따라서 정치적 영향이나 정실 등 외부의 부당한 압력으로부터 공무원의 권익을 보호하고 공직을 평생의 본업으로 삼을 수 있도록 신분보장이 이루어져야 한다.

4. 직업공무원제의 장점과 단점

직업공무원제는 대체로 실적주의의 적용, 폐쇄형 임용제의 채택, 계급제의 적합성, 일반능력주의의 지향 등의 특성을 지닌다. 이러한 특성으로 인해 장점과 단점이 나타날 수 있는데, 구체적으로 살펴보면 다음과 같다(〈표 3-7〉 참고).

1) 직업공무원제의 장점

첫째, 직업공무원제는 공무원의 장기근속을 유도하므로 행정의 안정성과 계속성을 확보하는데 도움을 준다. 특히 공무원의 신분을 보장함으로써 정권교체에 따른 행정 공백을 방지하여 행정의 일관성과 연속성을 유지할 수 있게 한다.

둘째, 직업공무원제는 원칙적으로 젊은 인재를 외부로부터 충원하여 최하위 직급으로 임용한 후, 장기간에 걸쳐 신분을 보장하여 성실 근무를 유도하면서 단계적으로 승진시킨다. 이러한 과정에서 실적주의의 원리가 적용되기 때문에 우수인력의 확보·유지가 가능하다.

셋째, 직업공무원제에서 공무원은 장기간 근무를 통해 여러 분야의 다양한 직무

표 3-7 **직업공무원제의 장점과 단점**

장점(긍정적 효과)	단점(부정적 효과)
• 행정의 안정성 · 계속성 확보 • 유능한 공무원의 유치 및 이직 방지 • 공무원의 능력발전에 기여 • 공무원의 사명감과 윤리성 제고	• 행정의 전문성 · 대응성 저하 • 공직에의 기회균등 위배 가능성 • 공직사회의 침체화 및 보수화 • 공무원의 특권집단화로 민주통제 곤란

를 경험할 수 있어 폭넓은 능력발전을 이룰 수 있다. 이처럼 직업공무원제는 일반 소양과 지식을 두루 갖춘 일반능력자의 양성에 도움을 주기 때문에, 장기적인 관점에서 보면 정책결정이나 관리감독 직위를 담당하는 고위직 공무원의 양성에 유리하다.

넷째, 직업공무원제는 국민에 대한 봉사자로서 공무원의 사명감과 책임성을 강화하는데 기여한다. 공무원으로 하여금 공직자로서의 자긍심과 일체감을 갖게 하고, 명예로운 직업의식과 높은 수준의 공직윤리를 확보 · 유지할 수 있게 한다.

2) 직업공무원제의 단점

첫째, 직업공무원제는 대체로 폐쇄형 임용제를 채택하기 때문에 특정분야의 외부 전문가 유입이 활성화되지 못해 행정의 전문성이 저하될 수 있다. 특히 계급이나 연공서열 및 신분보장이 강조되어 공직사회가 전반적으로 무능해진다는 '피터의 원리(Peter's Principle)'가 현실화될 가능성이 있다. 또한 일반능력자 중심의 임용과 순환보직으로 인해 외부환경의 변화에 신속하고 전문적인 대응이 미흡해질 수 있다.

둘째, 직업공무원제에서는 젊고 유능한 인재의 공직 유치를 위해 연령이나 학력 등의 요건을 부여함으로써 모집대상의 범위를 제한하는 경우가 적지 않다. 이와 같은 제한은 공직임용에의 기회균등이라는 민주주의의 평등이념에 위배된다는 비판을 받기도 한다.

셋째, 직업공무원제는 대체로 폐쇄형 임용제를 채택하기 때문에, 중간 계층에 외부 인력의 흡수가 곤란하여 공직사회가 전반적으로 침체화 · 보수화될 수 있다. 따라서 외부환경의 변화에 둔감하고 오히려 그러한 변화에 저항하는 행태가 나타날 수 있으며, 이는 국민의 요구에 대한 행정의 대응성을 저하시키고 국민에 대한 봉사자로서 공무원의 사명감과 책임의식을 상실하게 한다.

넷째, 직업공무원제에서는 공무원의 강한 신분보장으로 말미암아 공무원이 특권

집단화될 가능성이 있다. 공직사회의 도덕적 해이(moral hazard)로 무사안일과 적당주의 등 관료제의 병리현상이 발생할 수 있으며, 이로 말미암아 행정의 비능률성이 초래되고 공무원집단에 대한 민주통제가 어려워진다.

5. 직업공무원제와 실적제의 관계

직업공무원제는 실적제가 성립되기 이전부터 그와 무관하게 존재하였던 전통적

표 3-8 실적제와 직업공무원제의 비교

구 분		실적제	직업공무원제
차이점	시대적 배경	• 산업사회	• 농업사회
	이론적 배경	• 과학적 관리법	• 인간관계론
	중심 가치	• 합리성, 객관성, 전문성 등	• 비합리적 인간성
	중심 원리	• 전문능력주의 (유능한 인재의 확보) • 실적 중시	• 일반능력주의 (유능한 관리자의 양성) • 경력 중시
	충원방식	• 연령 등 제한요건 없음 • 모든 계층에서 충원 가능 • 폐쇄형 또는 개방형	• 연령 등 제한요건 부여 • 최하위 계층 위주의 충원 • 폐쇄형
	정치적 중립성	• 반드시 요구됨	• 반드시 요구되지는 않음 (영국, 독일, 프랑스 등)
	신분보장	• 상대적으로 약함 • 정실 · 엽관주의적 요인을 방어하려는 소극적 의미	• 상대적으로 강함 • 공직을 본업으로 삼아 열심히 일하도록 하는 적극적 의미
	공직분류	• 직위분류제	• 계급제
	인사관리의 중점	• 직무 중심	• 사람 중심
	보수체계	• 직무급 · 실적급 중심	• 생활급 · 연공급 중심
	인사배치	• 합리성	• 융통성
	장기근무	• 반드시 요구되지는 않음 (이직률 높음)	• 요구됨(이직률 낮음)
	권한 · 책임의 한계	• 분명	• 불분명
유사점	실적주의 4대 요인	• 공직에의 기회균등 • 정치적 중립성(국가별 차이)	• 성적 · 능력주의 • 신분보장(정도와 관점에서 차이)

인 제도이며, 오늘날 실적제를 기반으로 하면서도 직업공무원제를 채택하지 않는 국가도 적지 않다. 따라서 실적제가 채택되고 있다고 해서 반드시 직업공무원제인 것은 아니며, 모든 직업공무원제가 실적제를 기반으로 하고 있는 것도 아니다. 이처럼 실적제와 직업공무원제는 별개의 제도이며, 두 제도의 차이점과 유사점을 살펴보면 〈표 3-8〉과 같다.

이처럼 실적제와 직업공무원제는 역사적 배경이나 주요 특징에서 현저한 차이가 있지만, 이들 간의 유사점으로 인해 두 제도는 실제 운영상 상호 밀접하게 관련되어 있다. 직업공무원제는 실적제의 구성요소를 전제로 하고 있으며, 실적제의 주요 내용이야말로 젊고 유능한 사람이 공직에 진출하여 일생을 공직에서 성실히 근무할 수 있도록 유도함으로써 직업공무원제 확립을 가능하게 한다. 이러한 이유로 오늘날 각국의 직업공무원제는 실적주의의 원리에 기반을 두어 구축·운영되고 있다.

한편 실적주의 인사제도에 의하면서도 직업공무원제를 채택하지 않은 미국의 경우, 각종 인사제도에 직업공무원제적 성격을 가미하는 노력이 전개되고 있다. 이러한 점에서 보면, 현대의 인사문제를 효율적으로 해결하기 위해 어느 하나의 제도에 전적으로 의존하지 않고 두 제도를 적절히 접목시키는 경향이 있다고 할 수 있다(박천오 외, 2014: 47).

6. 우리나라의 직업공무원제

1) 직업공무원제의 실태

우리나라는 전통적으로 직업공무원제를 채택하고 있다. 우리 사회에서 공무원이라 함은 직업공무원을 지칭하는 경우가 대부분이며, 이는 법적 용어인 경력직공무원을 지칭한다. 경력직공무원이란 '실적과 자격에 의해 임용되고 신분이 보장되어 평생토록 공무원으로 근무할 것이 예상되는 공무원'을 말한다(「국가공무원법」 제2조). 이들 공무원에 대해서는 실적주의, 폐쇄형 임용제, 계급제, 일반능력주의, 정치적 중립성 및 신분보장 등 직업공무원제의 핵심 요소를 충실히 반영한 제도적 장치가 마련·제공되고 있다.

2) 직업공무원제의 과제

직업공무원제는 나름대로 장점이 있지만, 그로 인해 야기되는 폐단이나 부작용도 적지 않다. 우리나라에서도 직업공무원제의 부작용을 시정하고자 직위분류제, 개방형 임용제, 전문능력주의, 신분보장 완화 등과 같은 다양한 제도 개혁을 시도하여 왔다. 이러한 개혁은 직업공무원제의 폐해로 지목되어 온 철밥통, 무사안일, 복지부동, 권위주의, 전문성 부족 등을 해소하고, 직업공무원제의 근본 취지인 공무원의 대응성, 전문성, 능률성을 높이기 위한 노력의 일환이라 할 수 있다(박천오 외, 2014: 52).

(1) 직위분류제의 확대

계급제와 일반능력주의로 인한 공무원의 비전문성을 극복하기 위해 직위분류제 도입이 시도되었다. 현재 관련 법령에 직위분류제에 관한 사항이 명시되어 있지만, 직위분류제가 실제로 충실히 적용되고 있는 경우는 외교부 등 소수에 불과하다는 점에서 이에 대한 제도 개선이 절실히 필요하다.

(2) 개방형 임용의 강화

폐쇄형 임용제의 폐해를 시정하기 위하여 개방형 직위제, 민간경력자의 공직 충원 및 파견제, 자격증·학위 소지자의 경력경쟁채용, 공무원의 민간부문 파견제 등을 도입하고 있다. 이러한 제도 개혁에도 불구하고, 그 실제 효과는 기대에 미치지 못하다고 할 수 있다. 개방형으로 선정된 직위의 대부분이 재직자에 의해 충원되며, 민간경력자의 실질적인 활용 및 장기근속에 있어서 문제점이 나타나고 있으며, 경력경쟁채용 및 공무원의 민간부문 파견제의 실효성에도 상당한 의문이 제기되고 있다.

(3) 전문능력주의의 추구

최근 과학기술의 발전과 지식정보화의 진전에 따라 공직의 전문성 향상이 필수적으로 요청되고 있다. 일반능력자 중심의 임용은 다양하게 변화된 행정수요에 대응하고 현실의 복잡한 문제 해결에 필요한 전문성을 확보하는데 한계가 있다. 따라서 공직의 전문성을 강화하기 위해 공직분류체계를 전면 개편하며, 순환보직의 분야를 한정하여 전문보직경로제도를 도입하고, 민간전문가를 일정 범위 내에서 신분을 보장해주는 등의 개선이 요구된다.

(4) 신분보장의 개선

신분보장으로 인한 공무원의 보수화·특권화 등 관료제의 폐해를 시정하고자 고위공무원단제를 도입·운영하고, 일부 직종에 대해서는 연령정년제 외에 계급정년제 및 근속정년제를 적용하고 있다. 특히 최근 임기제 도입을 통해 신분보장의 유연화를 모색하고 있으나, 이는 과거의 계약제를 크게 벗어나지 못하고 있어 공직사회에 큰 변화를 기대하기는 힘든 실정이다. 따라서 공직사회에 활력을 불어넣기 위해서는 보다 근본적이고 포괄적인 관점에서 임기제, 재임용제, 실적에 근거한 퇴직관리제 등의 도입을 통해 최소한 신분보장을 인정해주면서 실적제의 부작용을 감소시키는 방안이 마련되어야 한다(최병대·김상묵, 1999: 87~88; 유민봉·박성민, 2014: 97).

제4장

공직의 분류체계

제1절 공직분류의 이해

1. 공직분류의 의의

1) 공직분류의 의미

정부조직 내에 있는 사람(공무원)이나 직위(자리)의 수가 적을 때에는 관리하기가 쉽지만, 그것이 많으면 개별적으로 각각 관리하기란 매우 어렵고 복잡한 일이다. 따라서 수많은 공무원이나 직위를 어떠한 형식으로든 체계화시켜 관리할 필요가 있으며, 이들을 일정한 기준에 따라 체계적으로 분류하는 것을 '공직분류'라고 한다.

이처럼 공직분류는 공직을 일정한 기준에 따라 묶어 종류별 · 집합체별로 나누는 것이며, 공직의 구조화 내지 배열화라고 할 수 있다. 여기서 '공직'이란 공적인 직무(일)를 뜻하며, 넓은 범위에서 공공기관을 포함하지만 주로 정부조직 내의 직무를 지칭한다. 정부조직 내의 직무는 그것을 수행하는 공무원을 필요로 하며, 각 공무원에게는 직무상 권한과 책임, 즉 직위가 부여된다. 그러므로 공무원과 직위는 별개로 분리하여 생각할 수 없는 분류대상이 된다.

2) 공직분류의 중요성

정부조직에서 인적자원을 확보하여 활용 · 개발하고 유지 · 보상하는 일련의 인사행정은 공직이 어떻게 분류되었는가에 의해 영향을 받는다. 공직분류가 제대로 잘 이루어지면, 각 공무원이나 직위에 대한 인사행정이 효율적이며 공정하고 일관되게 수행될 수 있다. 이처럼 공직분류는 인사행정의 모든 국면에 직·간접적으로 관련되어 합리적인 인적자원관리의 근거를 제공해 주며, 이를 통해 궁극적으로 행정의 효율성과 생산성을 향상시킬 수 있게 된다.

2. 공직분류의 기준 및 형태

공직분류에 있어서 하나의 유일한 기준은 존재하지 않지만, 그 대상이 되는 사람(공무원) 혹은 직위(직무)를 기준으로 공직분류가 이루어질 수 있다. 사람(공무원)을 중심으로 하는 공직분류를 계급제(階級制)라고 하며, 사람의 특성(자격, 능력, 지위, 신분 등)에 따라 특정 계급을 부여하는 제도이다. 계급제하에서는 특정 계급에 해당하는 사람을 먼저 뽑아 놓고 그 계급에 해당하는 자리(직위)만 있으면 어떤 일(직무)이든 맡긴다.

이와 달리, 조직 내에 있는 직위를 분류하는 것을 직위분류제(職位分類制)라고 하며, 각 직위에 배정된 직무의 속성을 고려하여 전체 직위를 체계적으로 분류하게 된다. 직위분류제에서는 어떤 직위를 차지하거나 그 직위에 부여된 직무를 담당하는 사람은 전혀 고려의 대상이 아니며, 일할 자리(직위)와 할 일(직무)을 먼저 정해 놓고 그 자리에 맞는 사람을 뽑아 그 일을 맡긴다.

제2절 계급제

1. 계급제의 의의

1) 계급제의 의미

계급제(rank-in-person system, rank classification system)는 사람의 개인적 특성을 기준으로 계급을 만드는 제도이다. 즉, 공무원을 자격, 능력, 학력, 경력, 신분 등과 같은 개인적 특성에 따라 몇 개의 계급으로 나누고, 유사한 특성을 지닌 공무원을 같은 계급으로 형성·분류하는 제도이다. 이처럼 계급제는 사람이 갖는 특성에 따라 계급을 만들고 각 계급에 따라 직무(일)를 구분하여 부여하기 때문에 사람중심적 분류제도(person-oriented classification system)로 불린다.

계급제는 경찰·소방이나 군(軍)의 조직을 보면 쉽게 이해될 수 있다. 예컨대 총경의 계급을 지닌 경찰공무원이 경찰청에서 과장의 직위에 있든 지방경찰서에서 서장의 직위에 있든, 총경이라는 계급은 항상 그 사람을 따라다닌다. 이와 같이 한 사람의 계급은 그 사람이 갖는 직위나 담당하는 직무와 무관하게 항상 그 사람에게 주어져 있다. 오히려 그 계급이 어떠한 직위에서 어떠한 직무를 수행할 수 있는가를 결정지어 주게 된다. 따라서 계급제에서는 동일한 계급에 속한 사람들은 그들의 직위나 직무에 무관하게 모두 동일한 자격이나 능력 등을 갖춘 것으로 간주된다(유민봉·박성민, 2014: 108).

2) 계급제의 등장과 발달

계급제는 직업의 분화가 심하지 않았던 농경사회나 신분서열의식이 강한 국가에서 주로 발달하여 왔다. 오랜 군주국가와 관료제의 전통을 가진 유럽 국가들에서 그 역사적인 기원을 찾을 수 있으며, 오늘날에도 우리나라를 비롯한 영국, 프랑스, 독일, 일본 등에서 공직분류의 근간으로 채택되고 있다. 계급제를 채택하는 국가의 대부분은 계급을 크게 네 개의 계층(고위직, 상급직, 중급직, 하급직)으로 구분하는데, 이는 대개 교육제도와 관련되어 있다(강성철 외, 2014: 195).

2. 계급제의 주요 특징

계급제는 사람과 무관하게 직위(직무)를 기준으로 삼는 직위분류제와 여러 측면에서 대조되는 특징이 있는데, 이를 구체적으로 살펴보면 다음과 같다.

1) 분류단위 · 기준에서의 특징

(1) 계급 간의 폐쇄성과 차등성

계급제하에서 분류된 계급의 하나하나는 사람의 자격이나 능력 등의 질적 수준이 유사하다고 판단되는 군(群)이다. 이들 계급 간에는 그 경계가 엄격히 구분되어 있기 때문에 다른 계급으로 종적 이동이 원칙적으로 허용되지 않아 폐쇄적이다. 이러한 계급 간의 엄격한 구분은 각 계급에 대한 사회적 평가나 보수 등 인사행정의 거의 모든 국면에서 분명한 차등화를 가져오게 된다. 채용에서부터 각 계급은 서로 다른 경로를 갖게 되며, 어느 한 계급에서 공직을 출발하게 되면 그 계급에서부터 단계적으로 승진이 이루어진다.

(2) 계급의 신분화 및 고급공무원 엘리트화

계급제하에서 계급은 사람에게 항상 붙어 다니기 때문에, 계급은 곧 신분을 상징하는 것으로 이해된다. 특히 상위 계급으로 올라갈수록 사회적 평가와 보수 등이 높아지기 때문에 이를 신분의 상승으로 여기게 되는 경향이 강하다. 또한 고위직으로 갈수록 그 수를 적게 하면서 이들에 대해서는 높은 학력을 요구하고, 보수 등의 인사행정에서 높은 대우를 해주며, 사회적으로도 높은 평가를 받게 된다. 특히 소수의 명문대 출신이 고위직을 과점하면서 고급공무원의 신분이 특권화·엘리트화되는 현상이 발생하기도 한다.

2) 임용방식 · 요건에서의 특징

(1) 폐쇄형 임용제의 채택

계급제는 본질적으로 폐쇄적 임용제를 토대로 한다. 폐쇄적 임용제에서의 신규채용은 최하위 계급을 중심으로 이루어지며, 그 외의 계층에 결원이 발생하면 내부에서 전보·승진 등을 통해 채우고 외부로부터의 신규채용은 원칙적으로 허용되지 않는다.

(2) 일반능력주의 지향

계급제는 한정된 분야의 전문지식보다는 다방면에서 폭넓은 안목과 경험을 가진 만능선수(all-round player)와 같은 공무원을 육성하고 이를 지향한다. 신규채용시험에서 전문지식보다는 장래 발전가능성을 평가할 수 있는 일반 소양과목이 중시되며, 채용 후에도 순환보직이나 승진 등을 통해 다양한 업무수행능력과 폭넓은 이해력과 조정능력을 키우게 된다.

3) 공무원관리에서의 특징

(1) 강한 신분보장 등

계급제하에서 공무원은 직업인으로서 간주되기 때문에 그 신분이 대체로 강하게 보장되는 편이다. 이는 정치적 영향이나 정실 등 외부의 부당한 압력으로부터 공무원을 보호하고 행정의 안정성 · 계속성을 도모하기 위한 것이다. 이러한 공무원의 권익보호에 대한 반대급부로 공무원에게 높은 수준의 윤리적 책무가 부여되는 편이다.

(2) 장기적 관점의 인사행정

계급제는 신규 채용된 공무원이 단계적 승진을 통해 장기간 공직에 머무는 것을 예정한다. 따라서 장기적인 관점에서 공무원의 인력수급, 능력발전, 보직관리, 보상 등에 관한 제도를 수립 · 시행하게 된다.

3. 계급제의 장점과 단점

계급제는 그가 지니는 특징으로 인해 여러 가지 장점과 단점을 갖는데, 이러한 장단점은 대체로 직위분류제와의 상대적 관점에서 나타나는 것이라 할 수 있다(〈표 4-1〉 참고).

1) 계급제의 장점

첫째, 계급제는 일반능력주의를 지향함으로써 다양한 분야에 걸쳐 폭넓은 시각과 능력을 가진 관리자의 양성에 유리하다. 또한 순환근무 등 보직이동이 가능하여 횡적 의사전달의 활성화를 기할 수 있으며, 이를 통해 타 부서와 타 직원에 대한 이해를 증

표 4-1 계급제의 장점과 단점

장점(긍정적 효과)	단점(부정적 효과)
• 일반관리자의 육성 및 업무협조 원활화 • 조직몰입 및 사기 제고 • 신분보장 및 직업공무원제 확립 • 인력활용의 융통성 · 효율성 제고 • 인사행정의 경제성	• 전문가 양성 및 행정 전문화 곤란 • 보수와 업무부담 간 비형평성 • 권한과 책임의 불명확 • 관료제의 역기능 초래 • 인사행정의 합리성 · 공정성 저해

진시켜 부서 · 직원 간의 교류와 협력 및 조정이 용이해진다.

둘째, 계급제하에서 공무원은 다양한 보직을 담당함으로써 조직 전체에 대한 이해력이 높아지고 조직에의 소속감 · 응집력이 강화되어 조직의 목표달성에 자발적으로 헌신하는 분위기가 조성될 수 있다. 대체로 폐쇄형 임용제에 기반한 계급제의 경우, 공무원의 근무의욕과 사기는 개방형 임용제의 직위분류제에 비해 상대적으로 높은 편인데, 이는 외부 충원을 최대한 억제하고 내부 재직자 위주의 승진과 보직 이동을 촉진하기 때문이다.

셋째, 계급제에서는 공무원의 신분보장이 강한 편이며, 폐쇄적 충원방식에 의해 내부승진을 통한 장기근속이 원칙적으로 보장된다. 이로 인해 행정의 안정성 · 계속성이 도모될 수 있으며 직업공무원제의 확립이 가능하다.

넷째, 계급제에서는 계급만 동일하면 인사이동이 가능하기 때문에 인력활용의 신축성 · 융통성이 확보될 수 있으며, 한정된 인력으로 다양한 직무의 수행을 가능하게 함으로써 인력활용의 효율성이 높아 질 수 있다. 또한 임용권자에게 인사에 관한 폭넓은 재량권이 주어지기 때문에 인사운영에 있어 리더십 발휘가 용이해지며, 순환보직에 의한 인사운영은 공무원에게 다양한 경험을 갖는 기회를 제공하여 개인의 장기적인 경력개발에 도움을 준다.

다섯째, 계급제에서는 내부임용을 통하여 필요한 분야의 인력을 적시에 충원할 수 있기 때문에 인사행정이 경제적이며 효율적으로 이루어질 수 있다. 직위분류제의 경우 직무분석과 직무평가 등을 위해 많은 비용과 노력을 기울여야 하지만, 계급제의 분류구조와 보수체계 등은 비교적 단순하여 인사행정이 상대적으로 수월한 편이다.

2) 계급제의 단점

첫째, 계급제하에서 신규채용은 전문적인 지식이나 능력보다는 일반소양이나 교양능력을 중시하며, 채용 후 승진이나 보직관리도 명확한 전문분야에 대한 고려 없이 이루어진다. 또한 폐쇄적 충원방식을 주로 채택하기 때문에 중간 계층에 외부 전문가의 충원은 원칙적으로 배제된다. 이러한 일반능력주의와 폐쇄형 임용제는 특정분야의 전문지식과 능력을 갖춘 공무원을 양성 · 관리하는데 장애요인이 될 수 있다.

둘째, 계급제에서는 대체로 계급과 연공서열을 기준으로 보수가 결정되기 때문에, 담당하는 직무의 가치(곤란성과 책임도)가 다른데도 불구하고 동일한 보수를 받는 경우가 발생한다. 이처럼 직무와 상관없이 계급과 연공서열이 같으면 거의 동일한 보상이 주어지므로 공무원은 자연히 승진을 통한 신분상승에 집착하게 되는 폐해가 나타날 수 있다.

셋째, 계급제는 사람을 계급으로 구분하지만, 계급별·직위별로 직무를 명확히 구별하지 않는다. 이처럼 계급·직위 간에 직무의 경계가 불분명하기 때문에 그 권한과 책임의 한계도 명확하지 않다. 이로 말미암아 직무에 대해 부서·개인 간에 갈등이 발생할 수 있으며, 서로 간에 직무를 전가(轉嫁)할 가능성이 있어 행정의 효율적 추진이 어렵게 될 수 있다.

넷째, 계급제하에서 공무원의 신분보장은 공무원을 무사안일에 빠지게 하여 환경변화나 국민요구에 민감하게 대응하지 못하게 하는 등 관료제의 병폐를 야기할 수 있다. 또한 폐쇄적 임용방식에 의한 계급제는 공직사회의 침체화·보수화를 초래하며, 특히 고위직의 엘리트화·특권화는 의사결정의 독단성을 불러일으킬 수 있다.

다섯째, 계급제에서는 계급이라는 유일한 기준에 따라 공직이 분류·관리되며, 직무의 특성 등과 같은 객관적·과학적 기준의 활용이 이루어지지 않는다. 또한 인사권자에게 배치전환 및 승진 등에 있어서 폭넓은 재량권이 허용되기 때문에 인사권자의 자의와 편견이 개입되기 쉽다. 따라서 객관적이고 과학적인 기준보다는 연고주의나 정치적 고려에 의한 정실인사의 가능성이 있어 인사행정의 합리성과 공정성이 저해될 소지가 있다.

제3절 직위분류제

1. 직위분류제의 의의

1) 직위분류제의 의미

계급제가 사람(공무원)의 특성을 기준으로 계급을 분류한다면, 직위분류제(rank-in-position system, position classification system)는 직무(일)의 속성을 중심으로 직위를 분류하는 제도이다. 즉, 조직 내의 직위들을 각 직위에 배당된 직무의 속성(예: 내용, 성질, 종류, 중요성, 곤란성, 책임도 등)에 따라 분류 · 관리하는 제도가 직위분류제이다. 따라서 직위분류제에서는 조직 내에 일할 자리(직위)와 그에 해당되는 일(직무)을 먼저 정해 놓고, 여기에 적합한 사람을 뽑아 자리에 앉혀 일을 담당하도록 한다. 이러한 점에서 직위분류제는 직무중심적 분류제도(job-oriented classification system)라고 할 수 있다.

2) 직위분류제의 등장과 발달

직위분류제는 1900년대 초 미국 시카고(Chicago)시의 공무원제도에 처음 시도되었는데(Lee, 1993: 50), 그 당시 엽관제에 대한 반발과 보수의 과대한 격차에 대한 불만 속에서 큰 호응을 얻었다. 특히 과학적 관리론의 발달은 '잘 짜인 기계 속에 그 일을 할 수 있는 사람을 끼워 맞추는 방식'의 인사관리를 촉진하였으며, 이에 따라 '동일 직무에 대한 동일 보수'의 체계가 수립 · 활용될 수 있었다. 또한 실제 일을 할 수 있는 능력을 중시하는 실적주의의 원리도 직위분류제의 발달에 상당한 기여를 하였다.

직위분류제는 실적제와 더불어 공무원인사제도의 개혁방안으로 각광을 받으면서, 1923년 「분류법(Classification Act)」의 제정으로 연방정부에 도입되었다. 그 이후 1940년 「렘스펙법(Ramspeck Act)」 및 1949년 「분류법(Classification Act)」은 직위분류제를 정착시키는 계기가 되었다. 이러한 직위분류제는 오늘날 미국을 비롯하여 캐나다, 호주, 뉴질랜드, 브라질, 필리핀 등에서 공직분류체계의 근간으로 채택되고 있다.

2. 직위분류제의 구조

직위분류제는 각 직위의 직무가 지니는 속성을 기준으로 조직 내의 모든 직위를 종적 · 횡적으로 분류한다. 직무의 종류(내용이나 성질)를 기준으로 직위를 종적으로 분류하고, 직무의 가치(곤란성과 책임도)를 기준으로 직위를 횡적으로 분류한다. 이처럼 직위를 종적 · 횡적으로 분류하여 공직구조를 체계화하는 예는 [그림 4-1]과 같다.

1) 직위분류제의 기본개념

직위분류제에서 종적 · 횡적으로 분류된 공직구조는 여러 가지 개념들로 구성되는데, 이들은 요약 · 정리하면 〈표 4-2〉와 같다.

그림 4-1 직위분류의 기본 이해도(외무공무원의 예)

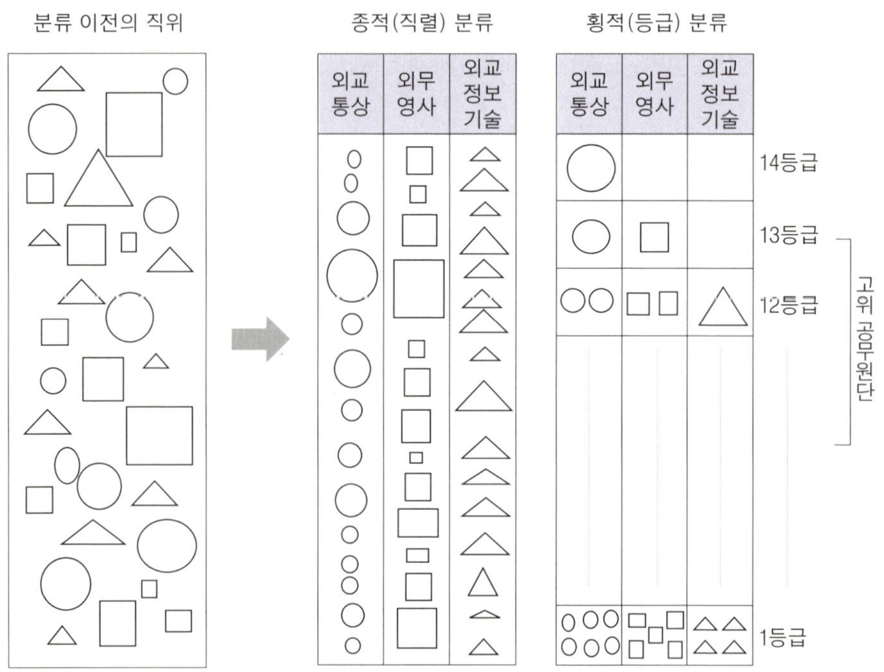

자료: 「외무공무원법」 제2조 · 제2조의2 및 「외무공무원임용령」 제32조의2

(1) 직위

직위(職位, position)는 한 사람의 공무원에게 부여할 수 있는 직무와 책임을 말한다. 여기서 직무는 각 직위에 배당된 일을 말하며, 책임은 공무원이 담당직무를 수행하거나 다른 공무원의 직무수행을 관리 · 감독할 의무를 뜻한다(오석홍, 2013: 80).

직위는 직위분류제에서 분류의 대상이 되는 최소 단위이며, 분류의 기초가 되는 직무를 지닌 단위이기도 하다. 일반적으로 직위는 한 사람의 공무원이 맡아 수행할 것을 전제로 하며, 우리가 흔히 말하는 '자리'가 여기에 해당한다(예: 민원담당, 인사과장, 파출소장 등).

이처럼 직위는 그 직위에 배당된 직무를 기준으로 한 것이므로 그 직무를 실제 담당할 사람과는 전혀 관계가 없다. 한 사람의 공무원이 두 개 이상의 직위를 수행하거

표 4-2 직위분류제의 기본 개념들

구분	내용
직위 (職位, position)	• 한 사람의 공무원에게 부여할 수 있는 직무와 책임 • 예: 민원담당, 건축과장, 부군수 등
직군 (職群, occupational group)	• 직무의 종류가 광범위하게 유사한 직위를 모아 놓은 대단위의 군(群) • 직렬의 모음 • 예: 행정직군, 기술직군 등
직렬 (職列, class series)	• 한 직군 내에서 직무의 종류가 유사하나 그 곤란성과 책임도가 상이한 직급의 군(群) • 직류의 모음 • 예: 행정직군 내의 행정직렬, 세무직렬, 교정직렬 등
직류 (職類, class sub-series)	• 한 직렬 내에서 담당분야가 동일한 직무의 군(群) • 직렬을 다시 세분한 것 • 예: 행정직군 · 행정직렬 내의 일반행정직류, 법무행정직류, 재정직류 등
등급 (等級, grade)	• 직무의 종류는 다르지만 그 곤란성과 책임도가 유사한 직위의 군(群) • 직무등급, 보수등급 등 • 예: 고위공무원단 소속 고위공무원의 직무 등급: 가등급, 나등급 외교부 외무공무원의 직무등급: 14등급~1등급
직급 (職級, class)	• 직무의 종류 및 곤란성과 책임도가 유사한 직위의 군(群) • 동일한 직급에 속하는 직위에 대해서는 채용, 전보, 교육훈련, 정원관리, 보수 등 인사행정에서 동일한 취급 가능 • 예: 행정주사, 시설사무관, 부이사관 등

나 어떤 직위는 공석(空席)으로 남아있는 경우도 있을 수 있다. 하지만 직위분류제의 수립과정에서는 하나의 직위를 한 사람의 공무원이 수행하도록 전제한다는 점에서 보면, 일반적으로 직위의 수와 공무원의 수는 일치하게 된다.

(2) 직군

직군(職群, occupational group)은 직무의 종류(내용이나 성질)가 가장 광범위하게 유사한 직위를 모아 놓은 대단위의 군(群)이다. 이는 비슷한 직렬(職列)들을 함께 묶어 놓은 직위분류의 대단위이며, 직위의 종적 분류에서 가장 큰 단위라 할 수 있다.

우리나라 일반직공무원의 공직분류체계를 예로 들면, 행정 · 세무 · 관세 · 교정 · 검찰 · 사회복지 · 감사 등의 직무를 지닌 직위들을 '행정'직군으로, 공업 · 농업 · 임업 · 수의 · 해양수산 · 보건 · 환경 · 시설 등의 직무를 지닌 직위들을 '기술'직군으로 분류하고 있다.

이처럼 직군은 직무의 종류를 기준으로 직위를 모아 놓은 것이며, 직무의 곤란성과 책임도는 전혀 고려하지 않은 직위의 대단위 집단이다. 따라서 동일한 직군에 속한 직위들은 각각에 배당된 직무의 종류에서는 크게 유사하지만, 직무의 곤란성과 책임도는 유사할 수 있고 다를 수도 있다. 또한 직군이 다른 직위들 간에는 그 직무의 종류가 서로 다르지만, 직무의 곤란성과 책임도는 유사할 수 있고 다를 수도 있다.

(3) 직렬

직렬(職列, class series)은 하나의 직군에 속한 직위를 직무의 종류(내용이나 성질)에 따라 종적으로 다시 분류한 중단위의 군(群)이다. 예컨대, 우리나라의 공직분류체계에 '행정'직군은 행정 · 세무 · 관세 · 교정 · 검찰 · 사회복지 · 감사 등의 직렬로, '기술'직군은 공업 · 농업 · 임업 · 수의 · 해양수산 · 보건 · 환경 · 시설 등의 직렬로 분류된다.

이렇듯 한 직군 내의 직위들을 각 직위에 배정된 직무의 유사성에 따라 직렬로 재분류하여 묶어 놓으면, 하나의 직렬에 속한 직위들은 서로 다른 곤란성과 책임도를 지닌 직무를 포함할 수 있다. 한편 직무의 곤란성과 책임도에 따라 횡적으로 분류한 직위의 군을 직급(職級)이라 하는데, 직무의 종류가 유사하고 그 곤란성과 책임도가 서로 다른 직급의 집단이 직렬이다. 물론 직렬이 다른 직위들 간에는 그 직무의 종류가 서로 다르지만, 직무의 곤란성과 책임도는 유사할 수 있고 다를 수도 있다.

이처럼 직렬은 직무의 종류가 유사한 직위들을 적절히 분류하여 모아 놓은 것이기 때문에, 공무원의 채용시험 및 응시자격, 전보 · 승진 등의 보직관리, 교육훈련 및 정원관리, 보수 등의 인사행정에 있어서 가장 중요한 구분기준으로 활용된다.

(4) 직류

직류(職類, class sub-series)는 하나의 직렬 내에 속한 직위를 직무의 종류(내용이나 성질)에 따라 종적으로 다시 나눈 최소 단위의 군(群)이다. 즉, 대분류 집단인 직군에 속한 중분류 집단인 직렬 내에서도 직무의 종류가 유사한 직위를 세분하여 함께 묶어 놓은 집단을 말한다. 예컨대, 우리나라의 공직분류체계에서 '행정'직군에 속한 '행정'직렬은 일반행정 · 법무행정 · 재경 · 국제통상 · 운수 · 노동 · 문화홍보 · 교육행정 · 회계와 같은 여러 개의 직류로 세분되며, 동일한 '행정'직군에 속한 '세무'직렬과 '사회복지'직렬은 각각 하나의 '세무'직류와 '사회복지'직류로 분류되기도 한다.

이렇듯 한 직렬 내의 직위들을 각 직위에 배정된 직무의 유사성에 따라 직류로 재분류하여 묶어 놓으면, 하나의 직류에 속한 직위들은 서로 다른 곤란성과 책임도를 지닌 직무를 포함할 수 있다. 물론 직류를 달리하는 직위들 간에는 그 직무의 종류가 서로 다르지만, 직무의 곤란성과 책임도는 유사할 수 있고 다를 수도 있다.

이러한 직류 구분은 직렬의 미분화로 인해 야기되는 문제를 해결하면서 동시에 인력활용의 융통성을 어느 정도 유지하기 위한 것이다(오석홍, 2013: 80). 따라서 동일한 직렬 내에서도 담당분야가 유사한 직무를 지닌 직위를 다시 직류로 세분하여, 행정의 전문화에 대응한 공무원의 채용시험 및 응시자격, 전보·승진 등의 보직관리, 교육훈련 및 정원관리 등에 활용하고 있다.

(5) 등급

등급(等級, grade)은 직무의 가치(곤란성과 책임도)를 기준으로 직위를 횡적으로 분류하여 모아 놓은 집단을 말한다. 즉, 직무의 종류는 다르지만 직무의 곤란성과 책임도가 유사하여 조직 전체에 걸쳐 동일한 취급을 할 수 있는 모든 직위의 횡적인 군(群)이 등급이다. 예컨대 인사과장의 직위와 건축과장의 직위는 각기 담당하는 직무의 종류(직군, 직렬, 직류)는 다르지만, 이들 직무의 가치(곤란성과 책임도)가 비슷하다면 같은 등급에 배정될 수 있다.

등급은 주로 보수 지급의 기준이 되는데, 동일한 등급에 속한 직위에 대해서는 동일한 보수의 지급이 가능하다. 우리나라의 경우 전문임기제공무원의 등급(가~마), 한시임기제공무원의 등급(5~9호), 고위공무원단 소속 공무원의 직무등급(가, 나), 외무공무원의 직무등급(14~1)이 그 예이다.

(6) 직급

직급(職級, class)은 직무의 종류(내용이나 성질)뿐만 아니라 직무의 가치(곤란성과 책임도)를 기준으로 분류한 직위의 군(群)이다. 즉, 각 직위를 직무의 내용이나 성질에 따라 종적으로 직렬을 분류하고 직무의 곤란성과 책임도에 따라 횡적으로 등급을 나누어, 직렬과 등급이 유사한 직위는 동일한 직급에 그리고 서로 다른 것은 다른 직급에 배정(정급, 定級)한다. 따라서 종적 분류기준인 직렬과 횡적 분류기준인 등급이 교차하는 공통부분에 속하는 직위의 군이 직급이 된다.

예컨대, 우리나라의 공직분류체계에서 행정직렬의 경우 '관리관, 이사관, 부이사관, 서기관, 행정사무관, 행정주사, 행정주사보, 행정서기, 행정서기보'로 직급이 구분되며, 시설직렬은 '관리관, 이사관, 부이사관, 서기관, 시설사무관, 시설주사, 시설주사보, 시설서기, 시설서기보'의 직급으로 나누어진다.

이처럼 직급은 직무의 종류·곤란성·책임도가 상당히 유사한 직위들을 모아 놓은 것이기 때문에, 공무원의 채용시험 및 응시자격, 전보·승진 등의 보직관리, 교육훈련 및 정원관리, 보수 등에서 같은 취급이 가능하다. 따라서 인사행정 전반에 걸쳐 동일하게 다룰 수 있는 직위의 집단이 바로 직급이라 할 수 있다. 물론, 각 직급에 포함되는 직위의 수는 획일적이지 않아 직급에 따라 서로 같을 수 있고 다를 수도 있다.

표 4-3 직위분류체계의 예(일반직 국가공무원의 직급표 일부)

<table>
<tr><th rowspan="2">직군</th><th rowspan="2">직렬</th><th rowspan="2">직류</th><th colspan="7">계급 및 직급</th></tr>
<tr><th>3급</th><th>4급</th><th>5급</th><th>6급</th><th>7급</th><th>8급</th><th>9급</th></tr>
<tr><td rowspan="5">행정</td><td>교정</td><td>교정</td><td rowspan="11">부이사관</td><td rowspan="4">서기관</td><td>교정관</td><td>교감</td><td>교위</td><td>교사</td><td>교도</td></tr>
<tr><td rowspan="2">행정</td><td>일반행정</td><td rowspan="2">행정사무관</td><td rowspan="2">행정주사</td><td rowspan="2">행정주사보</td><td rowspan="2">행정서기</td><td rowspan="2">행정서기보</td></tr>
<tr><td>재경</td></tr>
<tr><td>사회복지</td><td>사회복지</td><td>사회복지 사무관</td><td>사회복지 주사</td><td>사회복지 주사보</td><td>사회복지 서기</td><td>사회복지 서기보</td></tr>
<tr><td>감사</td><td>감사</td><td>감사관</td><td>부감사관</td><td>감사주사</td><td>감사주사보</td><td>감사서기</td><td>감사서기보</td></tr>
<tr><td rowspan="7">기술</td><td rowspan="2">공업</td><td>일반기계</td><td rowspan="6">기술 서기관</td><td rowspan="2">공업사무관</td><td rowspan="2">공업주사</td><td rowspan="2">공업주사보</td><td rowspan="2">공업서기</td><td rowspan="2">공업서기보</td></tr>
<tr><td>전기</td></tr>
<tr><td rowspan="2">농업</td><td>일반농업</td><td rowspan="2">농업사무관</td><td rowspan="2">농업주사</td><td rowspan="2">농업주사보</td><td rowspan="2">농업서기</td><td rowspan="2">농업서기보</td></tr>
<tr><td>축산</td></tr>
<tr><td rowspan="2">시설</td><td>도시계획</td><td rowspan="2">시설사무관</td><td rowspan="2">시설주사</td><td rowspan="2">시설주사보</td><td rowspan="2">시설서기</td><td rowspan="2">시설서기보</td></tr>
<tr><td>건축</td></tr>
<tr><td>운전</td><td>운전</td><td></td><td></td><td>운전사무관</td><td>운전주사</td><td>운전주사보</td><td>운전서기</td><td>운전서기보</td></tr>
<tr><td rowspan="2">관리운영</td><td>토목운영</td><td>토목운영</td><td></td><td></td><td></td><td>토목운영 주사</td><td>토목운영 주사보</td><td>토목운영 서기</td><td>토목운영 서기보</td></tr>
<tr><td>사무운영</td><td>조무운영</td><td></td><td></td><td></td><td>사무운영 주사</td><td>사무운영 주사보</td><td>사무운영 서기</td><td>사무운영 서기보</td></tr>
<tr><td>우정</td><td>우정</td><td>우정</td><td></td><td></td><td>우정사무관 (우정1 · 2급)</td><td>우정주사 (우정3~6급)</td><td>우정주사보 (우정7급)</td><td>우정서기 (우정8급)</td><td>우정서기보 (우정9급)</td></tr>
</table>

2) 직위분류체계의 예

우리나라 일반직공무원의 직위는 직군·직렬·직류 및 직급으로 구분하는 것을 원칙으로 하고 있다(「국가공무원법」 제4조 및 「공무원임용령」 제3조). 먼저 직군은 행정직군, 기술직군, 관리운영직군 및 우정직군으로 대분류하고 있다. 이들 직군은 다시 직렬·직류로 세분화되는데, 예컨대 일반직 국가공무원의 행정직군은 교정, 행정, 세무, 사회복지, 감사 등의 15개 직렬과 25개 직류, 기술직군은 공업, 농업, 임업, 해양수산, 시설, 보건, 의무 등의 24개 직렬과 84개 직류 등으로 분류된다. 또한 3~9급으로 구분한 계급을 각 직렬에 교차시켜 직급을 체계화하고 있는데, 그 예를 보면 〈표 4-3〉과 같다.

3. 직위분류제의 수립절차

직위분류제를 수립·시행하기 위한 활동은 크게 준비단계, 분류단계, 유지관리단계로 구분·설명될 수 있다([그림 4-2]).

1) 준비단계

준비단계는 직위분류작업을 실제 행하기 전에 그 기초를 마련하는 과정이다. 이 단계에서는 직위분류에 관한 기본 정책의 채택, 법적 근거의 마련, 담당조직의 정비(주관기관 결정, 분류전문가 확보 및 담당자 선정 등), 구체적인 작업계획의 입안, 분류대상 직

그림 4-2 직위분류제의 수립절차

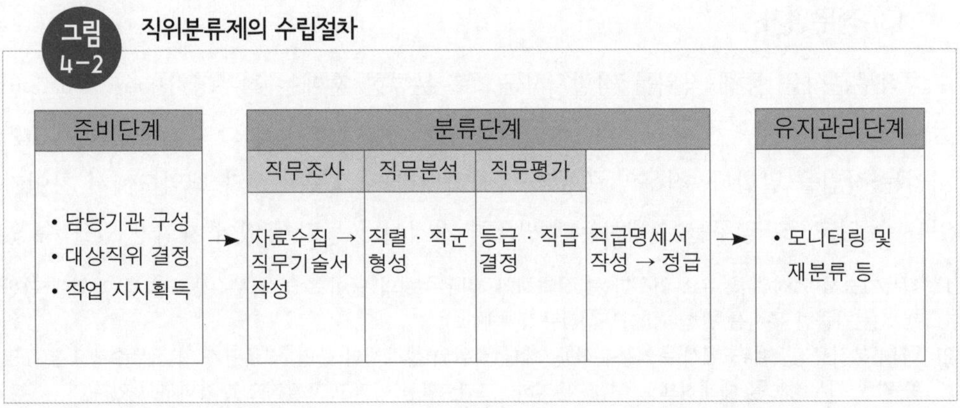

위의 범위 결정, 구성원에 대한 설득 및 홍보 등이 이루어진다. 이와 같은 준비활동은 인사담당부서가 독자적으로 혹은 외부전문기관의 협조를 얻어서 할 수 있지만, 조직 내·외의 다수인을 참여시킨 전담위원회를 구성·운영하는 것이 보다 효과적이다.

2) 분류단계

직위분류에 관한 계획이 수립되면, 직위분류작업을 실제로 수행하게 된다. 이 단계에서는 직무조사, 직무분석, 직무평가, 직급명세서 작성, 정급(定級) 등과 같은 일련의 활동이 이루어진다.

(1) 직무조사

직무조사는 분류대상이 되는 직위의 직무에 관한 자료를 수집하고 기록하는 작업을 말한다. 분류될 직위에 배정된 직무의 내용, 곤란성, 책임도, 자격요건 등에 관한 모든 자료를 확보해야 한다. 이 단계에서는 직무기술서(job description)를 작성하게 되는데,[1] 조사표 혹은 질문지(questionnaire), 면접(interview), 관찰(observation) 등의 방법이 활용될 수 있다.

(2) 직무분석

직무조사를 통해 직무기술서가 작성되면, 그것에 입각하여 각 직위의 직무를 종류(내용이나 성질 등)에 따라 종적으로 분류한다. 이러한 작업을 직무분석(job analysis)이라 하며,[2] 먼저 유사한 직무를 가진 직위를 모아 직렬을 만들고, 다시 유사한 직렬들을 모아 직군을 형성한다.

(3) 직무평가

직무분석을 통해 직위를 직렬·직군으로 분류한 후에는 직무평가(job evaluation)를 수행한다. 직무평가는 직무의 상대적 가치를 측정하여 횡적으로 그 수준을 계층화시키는 작업을 말한다. 직무의 종류가 유사하더라도 그 곤란성과 책임도에서 차이가 있을 수 있고, 그 직무를 수행하는데 필요한 자격이나 능력에 있어 차이가 있을 수 있

1) 직무기술서란 직위별 주요 업무활동, 성과책임, 직무수행의 난이도 및 직무수행요건 등 직위에 관한 정보를 기술한 문서를 말한다(「직무분석규정」 제4조).

2) 「직무분석규정」 제4조에서는 직무분석을 '해당 직위의 성과책임 규명, 직무평가 및 직무수행요건 규명 등 각종 직무정보를 체계적으로 수집·분석하는 모든 활동'이라고 포괄적으로 정의하고 있다.

표 4-4 직무분석과 직무평가의 비교

구분	직무분석	직무평가
분류기준	• 직무의 종류(내용이나 성질)	• 직무의 가치(곤란성과 책임도)
분류구조	• 종적 분류	• 횡적 분류
결정내용	• 직군 · 직렬 · 직류	• 등급
기초자료	• 직무기술서에 기초함	• 직무분석 자료에 기초함
순서	• 직무조사 이후, 직무평가 이전	• 직무분석 이후
목적 및 활용	• 직무의 객관화 · 전문화 · 합리화	• 특히 보수의 공정성 · 합리화

다. 그러한 차이를 기초로 각 직위에 등급(grade)과 직급(class)을 배정하게 된다.

직무분석과의 차이 직무분석과 직무평가는 여러 가지 점에서 차이가 있는데, 이들을 비교하면 〈표 4-4〉와 같다.

직무평가의 방법 직무평가에 활용되는 방법은 매우 다양하지만, 대표적인 예로 서열법, 분류법, 점수법, 요소비교법 등을 들 수 있다. 서열법과 분류법은 직무 전체를 종합적으로 평가하는 비계량적인 방법이며, 점수법과 요소비교법은 직무를 구성하는 요소를 하나하나 분리하여 개별적으로 평가하는 계량적 방법이다.

서열법(ranking method)은 평가대상 직무를 그 곤란성과 책임도에 따라 비교하여 순위를 매기는 방법이며, 직무를 구성하는 개별요소를 고려하지 않고 종합적인 관점에서 전체 직무들의 순위를 정한다. 분류법(classification method)은 서열법과 마찬가지로 직무의 구성요소를 고려하지 않고 직무 전체를 종합적으로 평가하는 점에서는 동일하지만, 미리 등급기준표를 만들어 놓고 그에 따라 평가대상 직무를 하나하나 평가하여 어느 등급에 속하는지를 판단하는 점에서 차이가 있다.

점수법(point method)은 공통적인 평가요소 및 요소별 배점과 등급을 정한 기준표를 만들고, 그에 따라 각 직무의 요소별 평가를 실시하고, 그 요소 점수의 집계 결과로 각 직무의 등급을 결정한다. 요소비교법(factor comparison method)도 점수법과 마찬가지로 직무를 구성요소별로 나누어 평가하지만, 대표적인 기준직무를 정해 놓고 각 요소별로 평가대상 직무와 기준직무를 비교하여 점수를 부여한 뒤 합산한다는 점에서 차이가 있다.

(4) 직급명세서 작성 및 정급

직군 · 직렬과 등급이 결정되면 직급명세서(class specification)를 작성한다. 직급명세서란 각 직급에 대한 특성을 설명해 놓은 문서이며, 여기에는 직급의 명칭, 직무의 내용, 책임의 범위, 자격요건, 채용방법, 보수액 등이 명시된다. 이러한 직급명세서는 각 직위에 적합한 공무원의 채용, 교육훈련, 근무성적평정 등 인사행정의 기초자료로 활용된다.

직급명세서가 작성되면 그에 따라 분류대상 직위를 하나하나 검토하여 각 해당 직급에 맞게 배정한다. 이처럼 직위를 직급에 배정하는 작업을 정급(allocation)이라 한다. 전체 분류대상 직위에 대해 정급이 끝나면 모든 관계자에게 검토의 기회를 주어야 한다. 다양한 의견을 수렴하여 심사 · 조정한 후, 최종적으로 정급표를 작성함으로써 모든 직위는 비로소 직위분류제하에서 운영된다.

3) 유지관리단계

직위분류제가 채택된 이후에는 이를 유지 · 관리하는 활동이 필요하다. 직위분류제를 실제 적용하는 과정에서 문제점이 발생하면 이를 개선해 나가야 하며, 새로운 상황변화에 대응하여 분류체계를 수정 · 보완하는 등 지속적인 관리가 이루어져야 한다.

4. 직위분류제의 주요 특징

직위분류제는 계급제와 여러 측면에서 대조되는 특징이 있는데, 이를 구체적으로 살펴보면 다음과 같다.

1) 분류단위 · 기준에서의 특징

(1) 직위 간의 횡적 폐쇄성

직위분류제하에서 직위는 그 직무의 종류(내용이나 성질)에 따라 직군 · 직렬 등으로 구분되기 때문에, 상이한 직무를 지닌 직위들 간의 경계가 엄격하게 구분되는 횡적 폐쇄성을 띤다. 예컨대 인사업무, 예산업무, 감사업무 등과 같이 직무의 종류가 상이한 직위들 간에 횡적 이동은 거의 불가능하다.

(2) 직무의 가치에 따른 차등화

직위분류제하에서 직위는 그 직무의 가치(곤란성과 책임도)에 따라 등급으로 구분되며, 이렇게 나누어진 등급에 따라 보수 등이 부여되기 때문에 신분과 계급에 따른 획일적인 평등보다는 직무의 가치에 따른 상대적인 평등이 강조된다(박천오 외, 2014: 104). 따라서 동일한 직렬에 속하는 직위들이라 하더라도 등급이 다르면 수직적 이동이 자유롭지 못하기 때문에 원칙적으로 신규채용과 유사한 절차를 거쳐야 승진 등이 가능하다.

2) 임용방식 · 요건에서의 특징

(1) 개방형 임용제의 채택

직위분류제는 대체로 모든 직위에서 신규채용이 허용되는 개방적 임용제를 채택한다. 개방형 임용제에서는 어느 직위에서든 결원이 발생하면, 그 자리의 직무수행에 필요한 자격이나 능력요건을 공개하여 내부뿐만 아니라 외부의 모든 사람에게 동등한 기회를 부여하고 그 중에서 적격자를 선발한다.

(2) 전문능력주의 지향

직위분류제는 특정분야의 전문행정가를 지향한다. 따라서 신규 채용시험에서 각 직위의 직무에 관한 전문능력을 평가할 수 있는 과목이 중시되며, 채용 후에도 전보 · 전직의 범위를 매우 좁게 설정하여 공무원의 전문성을 높이고자 한다.

3) 공무원관리에서의 특징

(1) 약한 신분보장 등

직위분류제하에서 공무원은 해당 직무에 정통한 전문가로 간주되기 때문에 그 신분은 대체로 약하게 보장되는 편이다. 예컨대 담당하는 직무가 없어지거나 해당분야의 전문성이 미흡한 경우, 그 직무의 담당자는 원칙적으로 퇴직의 대상이 된다. 또한 새로운 직무수요가 발생하면, 재직자에 대한 신분상 고려 없이 외부에서도 그 적임자를 찾게 된다.

(2) 단기적 관점의 인사행정

직위분류제는 장기적 관점보다는 당면한 직무를 전문적으로 수행할 수 있는 능력을 중시한다. 즉, 공무원의 인력수급, 능력발전, 보직관리, 보상 등에 있어서 현실적으로 처한 상황에 대한 전문직업적인 대응성과 적합성이 우선시된다.

5. 직위분류제의 장점과 단점

직위분류제는 그가 지니는 특성으로 인해 여러 가지 장점과 단점을 갖는데, 이러한 장단점은 대체로 계급제와의 상대적 관점에서 나타나는 것이라 할 수 있다(〈표 4-5〉 참고).

1) 직위분류제의 장점

첫째, 직위분류제하에서 신규채용은 전문적 지식이나 능력을 중시하며, 신규채용 후에도 명확한 전문분야에 따라 보직관리가 이루어진다. 이처럼 전문능력주의를 채택함으로써 행정의 분업화와 전문화가 촉진되고, 공무원으로 하여금 한 분야의 직무를 장기간에 걸쳐 수행하게 함으로써 행정의 능률성이 제고될 수 있다.

둘째, 직위분류제에서는 '동일 직무에 대한 동일 보수'의 원칙을 반영한 직무급체계가 확립될 수 있다. 이처럼 직위분류제는 직무의 가치에 기초하여 보상이 공정하게 이루어지게 함으로써 보수결정의 합리적 기준을 제공해 준다.

셋째, 직위분류제는 직위별 권한과 책임의 횡적·종적 한계를 명백히 하여 조직의 합리화에 기여한다. 또한 계급제하에서 공무원은 자신이 속한 조직의 목표나 장래에 관심을 두지만, 직위분류제하에서 공무원은 자신이 수행하는 직무에 몰입하게 되므로

표 4-5 직위분류제의 장점과 단점

장점(긍정적 효과)	단점(부정적 효과)
• 전문가 양성 및 행정 전문화 촉진	• 일반관리자 육성 및 업무협조 곤란
• 보수와 업무부담 간의 형평성 확보	• 신분보장 약화 및 직업공무원제 확립 곤란
• 조직의 합리화 및 직무몰입 촉진	• 사기 저하 및 조직소속감 결여
• 정원관리 합리화 및 민주통제 강화	• 인력활용의 비신축성 · 경직성 초래
• 인사행정의 합리성 · 공정성 제고	• 인사행정의 비경제성

조직의 목표나 장래로부터 상대적으로 자유롭다(박천오 외, 2014: 103).

넷째, 직위분류제는 직무분석·평가를 통해 각 직위에 배정되는 직무의 종류와 가치를 명확히 제시하기 때문에, 이를 바탕으로 조직 전체에 걸쳐 직무수행에 필요한 정원(定員)이 효율적으로 관리되고 구성원의 직무분담이 합리화될 수 있다. 또한 직위분류제하에서 모든 직위는 직급명세서로 제시되기 때문에 국민의 입장에서 체계적이고 정확한 정보를 얻을 수 있어 행정의 공개화·민주화가 촉진될 수 있다. 특히 직위·직무별로 공무원의 수가 명확히 밝혀지기 때문에 인건비에 관한 예산편성의 능률화를 도모하고, 국민에게 행정서비스와 인건비 간의 논리적 관계를 밝혀줌으로써 국민과 입법부에 의한 예산통제가 용이하게 된다.

다섯째, 직위분류제하에서는 직위별로 해당직무의 종류·수준에 적합한 자격요건이나 채용시험이 부과될 수 있고, 채용 이후의 승진·배치전환·교육훈련·근무성적평정·경력개발 등에서도 합리적이고 객관적인 기준의 수립이 가능하다. 따라서 인사권자의 재량적 판단이나 외부의 정치적 영향을 최소화시켜 전문능력에 따른 공정한 인사행정이 이루어질 수 있다.

2) 직위분류제의 단점

첫째, 직위분류제하에서 공무원이 담당하는 직무는 고도로 분업화·전문화되어 있기 때문에, 공무원의 장기적이고 다방면의 능력발전이 곤란하며 폭넓은 시각과 리더십을 갖춘 관리감독자의 양성이 쉽지 않다. 또한 직무의 분업화와 전문화가 강조되면서 직렬·직군의 경계를 넘는 횡적 의사전달이 잘 이루어지지 않아 타 부서와 타 직원에 대한 이해가 부족하여 부서·직원 간의 교류와 협력 및 조정이 용이하지 않다.

둘째, 직위분류제하에서 조직개편이나 직무의 불필요성 등으로 직무 자체가 없어지면, 그 담당 공무원은 신분보장의 위협에 직면하게 된다. 더욱이 개방형 임용제로 인해 직업적 안정감이 줄어들어 이직률이 계급제에 비해 높은 편이다. 또한 직위분류제는 특정한 직위의 직무수행능력을 중시하기 때문에 공무원의 장기적인 발전가능성이나 잠재력을 중시하는 직업공무원제의 확립을 어렵게 한다(강성철 외, 2014: 188).

셋째, 직위분류제하에서 공무원은 신분불안으로 사기가 저하되고 조직에 대한 긍지와 소속감이 부족해질 수 있다(박천오 외, 2014: 105). 또한 개방적 충원방식에 의해 외부 사람과의 경쟁적 과정을 거쳐야 하고 승진계통의 폭이 좁아 계급제에 비해 상대적으로 공무원의 사기가 낮은 편이다.

넷째, 직위분류제에서의 승진과 전직·전보 등 인사이동은 동일한 직렬·직군 내에서만 가능하므로 인력활용의 탄력성과 융통성이 떨어지는 문제가 있다. 예컨대 조직책임자가 특정 업무를 수행할 수 있는 사람을 정할 때 직무명세서에 의존하기보다 자신의 입장에서 그 업무를 성공적으로 수행할 수 있는 사람을 선택하는 것이 직위분류제에서는 허용되지 않는다(박천오 외, 2014: 105).

다섯째, 직위분류제는 새로 발생하는 직무의 속성을 파악하고 현재 직위의 등급을 수정하는 등 직무분석·평가 작업을 계속 필요로 한다. 이를 위해 예산과 노력의 지속적인 투여가 요구되는 등 직위분류제를 유지하는데 있어서 경제적으로 값비싼 대가가 수반된다(박천오 외, 2014: 105).

6. 계급제와 직위분류제의 관계: 비교 및 조화

1) 계급제와 직위분류제의 특징 비교

계급제와 직위분류제는 발달배경이나 중심국가, 분류단위·기준, 임용방식·요건

표 4-6 계급제와 직위분류제의 특징 비교

구분	계급제	직위분류제
분류단위	• 계급	• 직위
분류기준	• 개인의 자격 · 능력 · 신분 등	• 직무의 종류 및 가치(곤란성과 책임도)
분류방식	• 횡적 분류	• 종적 · 횡적 분류
발달배경	• 농업 · 신분사회, 관료제이론	• 산업사회, 과학적 관리론
중심국가	• 영국, 독일, 일본, 한국	• 미국, 캐나다, 필리핀
관심대상	• 사람 · 조직 중심	• 직무 중심
임용요건 고려사항	• 일반지식이나 교양 • 장기적 발전가능성과 잠재력	• 전문지식이나 기술 • 특정 직위(직무)별 전문능력
임용방식	• 폐쇄형(내부충원형), 비교류형	• 개방형(외부충원형), 교류형
보직관리	• 순환 원칙	• 비순환 원칙
경력발전	• 일반능력자 양상	• 전문능력자 양성
교육훈련	• 일반지식이나 교양 중심	• 전문지식이나 기술 중심

등의 여러 관점에서 차이가 있다(〈표 4-6〉 참고).

계급제는 사람의 특성을 기준으로 계급을 만들어 놓고, 사람이 지닌 계급에 따라 직위를 부여하여 직무를 담당하게 하는 제도이다. 반면에 직위분류제는 직무에 따라 직위를 분류해 놓고, 그에 적합한 사람에게 직위를 부여하여 직무를 담당하게 하는 제도이다. 따라서 계급제는 계급에 맞는 사람을 뽑아 해당 직위를 부여하는 '위인설관(爲人設官)'식의 공직분류제도이며, 직위분류제는 직무에 맞는 사람을 뽑아 해당 직위를 부여하는 '위관택인(爲官擇人)'식의 공직분류제도라고 할 수 있다(박천오 외, 2014: 98).

2) 계급제와 직위분류제의 장단점 비교

계급제와 직위분류제는 각기 장점과 단점을 지니며, 이들은 어디까지나 상대적인 것이라 할 수 있다. 두 제도의 장단점을 비교하면 〈표 4-7〉과 같으며, 이들을 행정·조직 차원, 인사행정 차원, 공무원 개인 차원 등으로 나누어 살펴본다.

(1) 행정·조직 차원에서의 장단점 비교

행정의 발전 계급제는 행정 내외의 여건 변화에 융통성 있게 대응하는 측면에서 행정발전에 도움을 준다. 반면에, 직위분류제는 과학기술의 발전과 분업의 심화에 따라 요구되는 전문성과 합리적 분석력 등의 측면에서 행정발전에 유리하다.

조직의 발전 계급제는 공무원의 능력이 현재의 직무특성과 부합되지 않을 수도 있기 때문에 단기적으로는 조직발전에 불리하다. 하지만 장기간에 걸쳐 직위·계급 간 이동을 통하여 폭넓은 시각과 다방면에 능력을 갖춘 인재를 양성하므로 미래 조직계획의 수립과 장기적인 조직발전에 유리하다.

반면에, 직위분류제는 현재의 조직에 존재하는 직무의 속성을 기준으로 분류체계를 형성하므로 현재의 조직구조에 적합한 제도이며, 공무원의 능력이 현재의 직무특성과 잘 부합되어 있어 단기적으로 조직발전에 유리하다. 하지만 전체적인 조직관리에 있어서 인력활용의 경직성을 초래하여 향후 변화되는 조직에 적응할 능력을 지닌 인재를 양성하는데 한계가 있어 장기적인 조직발전에 불리하다.

외부환경에의 대응성 계급제는 주로 폐쇄형 임용제를 채택하므로 외부 인력의 유입에 한계가 있어 공직사회의 외부환경에 대한 전문적 대응성은 낮은 편이다. 하지만 전보나 승진 등을 통해 조직 내 인력을 적절히 활용함으로써 외부환경의 변화에 신속

표 4-7 계급제와 직위분류제의 장단점 비교

<table>
<tr><th colspan="3">구분</th><th>계급제</th><th>직위분류제</th></tr>
<tr><td rowspan="5">행정 · 조직 차원</td><td colspan="2">행정의 발전</td><td>• 신축성 · 융통성 제고</td><td>• 전문성 · 합리성 제고</td></tr>
<tr><td colspan="2">조직의 발전</td><td>• 장기적</td><td>• 단기적</td></tr>
<tr><td colspan="2">환경대응성</td><td>• 신속한 대응</td><td>• 전문적 대응성</td></tr>
<tr><td colspan="2">의사소통</td><td>• 집단 · 조직 내 미흡
• 집단 · 조직 간 원할</td><td>• 집단 · 조직 내 원활
• 집단 · 조직 간 미흡</td></tr>
<tr><td colspan="2">역할상 갈등</td><td>• 사전 방지 곤란
• 사후 조정 용이</td><td>• 사전 방지 용이
• 사후 조정 곤란</td></tr>
<tr><td rowspan="5">인사행정 차원</td><td rowspan="2">인력 활용</td><td>인사이동</td><td>• 횡적 융통성 높음
• 종적 융통성 낮음</td><td>• 횡적 융통성 낮음
• 종적 융통성 높음</td></tr>
<tr><td>보직관리</td><td>• 비합리성</td><td>• 합리성</td></tr>
<tr><td colspan="2">보수체계</td><td>• 연공급(동일 계급, 동일 보수)
• 보수의 비공정성 · 비형평성</td><td>• 직무급(동일 직무, 동일 보수)
• 보수의 공정성 · 형평성</td></tr>
<tr><td colspan="2">인재특징 및 자격요건</td><td>• 일반능력자
• 일반지식이나 교양</td><td>• 전문능력자
• 전문지식이나 기술</td></tr>
<tr><td colspan="2">교육훈련</td><td>• 수요파악 곤란
• 일반지식이나 소양 중심</td><td>• 수요파악 용이
• 전문지식이나 기술 중심</td></tr>
<tr><td rowspan="6">공무원 개인 차원</td><td colspan="2">능력발전</td><td>• 장기적 관점 중시
• 다방면 능력 중시</td><td>• 단기적 관점 중시
• 전문적 능력</td></tr>
<tr><td colspan="2">신분보장</td><td>• 강함</td><td>• 약함</td></tr>
<tr><td colspan="2">사기</td><td>• 높은(보수 측면에서 낮음)</td><td>• 낮음(보수 측면에서 높음)</td></tr>
<tr><td rowspan="2">몰입감</td><td>직무몰입</td><td>• 낮음</td><td>• 높음</td></tr>
<tr><td>조직몰입</td><td>• 높음</td><td>• 낮음</td></tr>
<tr><td colspan="2">경력발전</td><td>• 유리</td><td>• 불리</td></tr>
</table>

히 대응할 수 있게 한다.

반면에, 직위분류제는 개방형 임용제를 채택하므로 언제 어느 직위든 외부 전문가의 충원이 가능하여 전문성 측면에서 공직사회의 외부환경에 대한 대응성이 높은 편이다. 하지만 인력활용의 신축성과 융통성이 부족하여 잠정적 · 비정형적 업무로 구성된 역동적이고 불확실한 상황에 대한 신속한 대응성은 미흡하다.

갈등의 예방 및 조정 계급제에서는 직무 구분이 분명하지 못하여 역할의 갈등이 나타나기 쉽다. 하지만 갈등이 발생하면 부서 · 직원 간 의사전달이 원활하고 일반행정가로서의 융통성과 신축성을 발휘하여 갈등이 비교적 쉽게 해결될 수 있다.

반면에, 직위분류제는 공무원의 직무한계와 책임소재를 명확히 구분하므로 역할의 갈등이 발생할 가능성이 낮다. 하지만 갈등이 발생하면, 엄격한 분업화·전문화에 따른 비융통성으로 말미암아 조정이 쉽지 않다.

의사소통의 원활화 계급제하에서 공무원은 일반행정가 집단이므로 전문성이 미흡하여 업무에 관한 의사소통은 잘 이루어지지 않지만, 조직 간의 일반적인 의사소통은 다소 원활하게 이루어질 수 있다. 반면에, 직위분류제에서 공무원은 직무분야별 전문가 집단이기 때문에 각 분야 내에서 업무상 의사소통은 잘 이루어질 수 있지만, 전문가 집단의 할거주의로 말미암아 다른 집단·기능·조직들 간의 의사소통은 원활하지 못할 수 있다.

(2) 인사행정 차원에서의 장단점 비교

인력활용(인사이동)의 융통성 계급제에서는 직군·직렬 등의 경계가 거의 없어 인력활용의 횡적 융통성이 높은 편이다. 하지만 계급 간 폐쇄성이 강하여 승진이 용이하지 않아 종적 융통성은 낮을 수 있다. 이와 달리 승진기회의 측면에서 보면, 조직 간의 횡적 이동이 자유로워 승진계통의 폭이 넓기 때문에 종적 융통성이 높을 수 있다.

반면에, 직위분류제에서는 직무의 종류·곤란성·책임도 등에 따라 직위가 분류되고 각 직위의 자격요건이 엄격히 정해져 있기 때문에 다른 직위로의 횡적 이동이 곤란하다. 또한 승진시 외부로부터의 신규채용이 가능하고 동일한 직군·직렬 등에 한하여 승진이 이루어지기 때문에 승진계통의 폭이 좁아 종적 융통성은 낮다고 볼 수 있다.

인력활용(보직관리)의 합리성 계급제에서는 직무에 관한 상세 내역이 없어 보직관리의 정확성과 합리성이 확보되기 어렵다. 반면에, 직위분류제하에서는 각 직위의 직무를 바탕으로 분류체계가 형성되고 각 자격요건에 해당하는 사람을 배치하므로 보직관리가 정확하고 합리적으로 이루어질 수 있다.

인력활용과 관련하여 적재적소의 배치는 계급제와 직위분류제 모두의 장점이라 할 수 있다. 이것이 계급제의 장점이라는 주장은 엄격한 기준에 얽매이지 않는 인사배치의 융통성에 근거를 두며, 직위분류제의 장점이라는 주장은 각 직위의 직무특성에 적합한 사람을 임용한다는 보직관리의 합리성과 외부채용의 탄력성에 근거를 둔 것이다.

보수의 공정성 · 형평성 계급제에서는 공무원의 보수가 실제 수행하는 직무의 가치가 아니라 개인의 계급에 따라 주로 생활급을 중심으로 결정되는 경향이 있다. 따라서 계급제에서의 보수는 직무에 관계없이 동일 계급에 대한 동일 보수의 원칙이 적용되어 보수의 공정성, 즉 직무와 보수 간의 형평성이 대체로 낮은 편이다.

반면에, 직위분류제에서는 직무의 곤란성과 책임도 등에 따라 합리적으로 보수가 책정된다. 따라서 '동일 직무에 대한 동일 보수'를 반영하는 직무급체계를 확립할 수 있어, 근무에 대한 반대급부인 보수의 공정성 · 형평성이 도모될 수 있다.

인재의 특징 및 자격요건 계급제는 공무원의 장기근무를 통한 능력발전을 중시하기 때문에, 일반소양을 갖추고 향후 발전가능성과 잠재력을 소유한 인재가 선호된다. 반면에, 직위분류제에서는 공무원의 전문성이 강조되므로 개별 직위에 부합하는 전문적인 지식과 능력을 구비한 사람이 선호된다.

교육훈련의 중점 계급제하에서 교육훈련은 순환보직과 재직훈련이 강조되며, 교육내용도 일반적이고 공통적인 지식과 교양이 중심이다. 특히 계급제에서는 직무가 상세하게 규정되어 있지 않기 때문에 교육훈련의 수요나 내용을 정확하게 파악하기란 쉽지 않다.

반면에, 직위분류제에서의 교육훈련은 특정분야에 정통한 지식과 기술을 지닌 전문가 양성을 목적으로 한다. 특정 직위가 요구하는 기대수준과 그 직위의 점유자가 지닌 현재수준의 파악이 가능하기 때문에, 이들 간 차이를 통해 교육훈련수요가 정확하게 인지될 수 있고 그에 따른 교육훈련프로그램의 실시가 이루어질 수 있다

(3) 공무원 개인 차원에서의 장단점 비교

공무원의 능력발전 계급제하에서 공무원은 계급 · 직위 간 이동을 통해 다양한 직무를 경험하여 장기적으로 폭넓은 시각과 관리능력을 배양할 수 있다. 하지만 계급제는 현재의 직무와 무관한 계급을 중심으로 공직분류체계를 형성하므로 공무원의 능력이 현재의 직무특성과 잘 부합되지 않을 수 있다. 또한 직무의 종류가 상이한 직위로의 승진이나 보직이동이 가능하기 때문에 특정분야에 정통한 전문능력의 축적이 어려운 단점이 있다.

반면에, 직위분류제에서는 현재의 직무를 중심으로 공직분류체계가 형성되므로

공무원의 능력이 현재의 직무특성과 잘 부합된다. 또한 유사한 직무분야에 걸쳐 승진이나 보직관리가 이루어지기 때문에 특정분야에 정통한 전문능력의 축적이 가능하다. 하지만 직무의 종류가 다른 직위로의 이동은 엄격히 제한되기 때문에 폭넓은 시각을 갖춘 다방면의 능력발전이 어려운 단점이 있다.

공무원의 조직 · 직무 몰입 계급제는 조직 중심이므로 조직몰입의 유도가 용이하지만, 자신이 속한 집단이익의 옹호에 집착할 가능성이 있다. 반면에, 직위분류제는 자신이 속한 조직보다는 직무 중심이므로 직무몰입도가 높으며, 따라서 직무와 무관한 집단이익의 옹호에 집착할 가능성은 낮은 편이다.

공무원의 신분보장 계급제에서는 조직 · 직무의 변화 혹은 직위의 폐지 등에도 불구하고 배치전환이 가능하여 신분보장이 강한 편이다. 하지만 인사권자의 자의적 판단이나 정치적 영향에 의해 신분상 불이익을 받을 가능성이 높다.

반면에, 직위분류제는 공무원의 현재 직위와 그 신분이 밀접한 관련성을 가지므로 조직개편이나 예산축소 또는 직위변경 등에 의해 신분이 영향을 받는다. 하지만 자신의 직위 혹은 직무가 유지되는 한, 그 공무원의 신분보장은 강한 편이라고 할 수 있다.

공무원의 사기 계급제와 직위분류제는 충원제도, 신분보장 정도, 보수결정방식 등을 달리 하기 때문에 공무원의 사기에서 상대적인 차이가 있을 수 있다. 폐쇄형 임용제의 계급제는 개방형 임용제를 채택하는 직위분류제에 비해 공무원에게 보다 많은 승진기회를 제공하기 때문에 공무원의 사기가 높은 편이다. 또한 계급제하에서 공무원은 강한 신분보장을 받기 때문에 직위분류제하에서의 공무원에 비해 사기가 더 높다고 할 수 있다. 하지만 보수의 공정성 측면에서 보면, 계급에 따른 보수의 차등화를 중시하는 계급제보다 '동일 직무에 대한 동일 보수'의 원칙을 준수하는 직위분류제하에서 공무원의 사기가 더 높은 편이다.

공무원의 경력발전 계급제하에서 공무원은 어느 직위에서 어떤 직무를 담당하더라도 그 경력은 근무기간으로 인정되며, 강한 신분보장을 받기 때문에 승진계통의 폭이 넓어 승진기회도 커지므로 경력발전에 유리하다. 반면에, 직위분류제에서는 특정직위의 직무와 공무원의 근무경력이 연계되기 때문에 다른 직위로의 이동을 통한 경력발전이 제약되며, 담당직위가 폐지되면 해당 공무원의 근무가 중단될 수 있다.

3) 계급제와 직위분류제의 조화

직위분류제와 계급제는 상호 대조되는 공직분류방식이지만, 두 제도는 각기 상대방의 장점을 받아들여 상호 혼합·타협된 형태로 발전하고 있다.

계급제의 전통을 지닌 국가들의 대부분은 계급제의 단점을 극복하기 위하여 직위분류제적 요소를 채택하려는 노력을 기울이고 있다. 예컨대 영국은 고위공무원단(SCS) 제도를 도입하고 개방형 임용제를 확대하였으며, 하위 계급을 제외하고는 계급의 개념을 폐지하는 등 전반적인 공직분류체계를 분권화된 직위분류제로 전환하였다(정재명, 2006: 519). 우리나라도 계급제를 근간으로 유지하면서 직군·직렬·직류의 구분, 고위공무원단제도 도입, 개방형 직위제 운영 등 직위분류제적 요소를 적극 활용하고 있다.

이와 달리 직위분류제의 대표적인 국가인 미국은 직위분류제의 한계를 극복하기 위하여 계급제적 요소를 도입하려는 노력을 기울이고 있다. 직위분류제가 고급관리직에 적합하지 않고 공무원의 적극적인 활용이나 발전에 지장을 초래한다는 비판에 따라 고위공무원단(SES)을 설치하였으며, 보수등급을 축소하고 분류를 단순화하는 등 계급제적 요소를 가미한 탄력적 직위분류제를 운영하고 있다(박천오 외, 2014: 115~117).

제4절 우리나라의 공직분류체계

1. 공직분류체계의 실태

우리나라는 역사적으로 계급제의 전통을 지니고 있다. 이러한 계급제의 전통은 일찍이 조선시대의 정1품에서 종9품 등의 계급구분에서 찾아볼 수 있다. 대한민국 건국 이후 미군정 시대에 직위분류제가 시도된 적이 있으나, 정부수립과 함께 과거의 역사적 전통에 따라 계급제로 회귀하였다. 그 후 직위분류제의 재도입에 대한 요구로 1963년에 「직위분류법」이 제정되었지만, 계급제적 전통과 관행이 뿌리 깊어 「직위분류법」은 1973년에 결국 폐지되었다. 그러다가 1981년에 이르러 「국가공무원법」의 개정을 통해 직위분류제에 대한 별도의 장(제3장)을 마련하게 되었으며, 이에 따라 우리나라 공직분류체계는 계급제를 근간으로 하면서 직위분류제가 부분적으로 가미된 형태를 띠게 되었다.

1) 계급제적 요소의 실태

계급제의 특성은 「국가공무원법」을 비롯한 개별 법령의 많은 규정에 다양하게 제시되고 있다. 경력직공무원의 대부분이 계급으로 구분되고, 공직진입이 계급별로 이루어지고 있으며, 장기 근무를 통해 순환보직 및 상위 계급으로의 승진도 계급별로 제도화되어 있다. 또한 계급별로 보수체계가 마련되어 있으며, 근무연수에 따라 자동으로 보수가 증가하는 정기승급제도가 채택·운영되고 있다. 이러한 인사행정제도들은 우리나라의 공직분류가 계급제 위주로 이루어져 있다는 것을 명확히 보여주는 사례라고 할 수 있다.

2) 직위분류제적 요소의 실태

계급제의 공직분류체계하에서도 직위분류제적 요소가 상당히 가미되어 있다. 모든 인사·조직 관련 법규에 '직위'라는 용어를 사용하고 있으며, 특히 일반직공무원 직위의 대부분이 직군, 직렬, 직류 등으로 종적 분류되고, (직무)등급과 직급으로 횡적 분류되어 있는 것이 그 예이다.

2. 공직분류체계의 과제

1) 공직분류체계의 문제점

(1) 계급제적 요소의 문제점

우리나라의 공직분류체계는 계급제의 단점으로 제기되는 부작용들을 대부분 노출시키고 있다(유민봉·박성민, 2014: 129). 예컨대 일반능력주의에 따른 전문성 저하, 보수와 업무부담 간의 비형평성, 권한과 책임의 불명확화, 공직사회의 침체화·보수화, 인사행정의 합리성·공정성 저하 등이 나타나고 있다. 이러한 계급제의 폐해들은 사회경제적 환경이 급변하고 고도의 전문지식·기술이 더욱 요구되는 오늘날 행정현실에 비추어 볼 때 인적자원의 배분·관리상 많은 문제점을 야기하고 있다.

(2) 직위분류제적 요소의 문제점

우리나라 직위분류체계의 가장 큰 문제점은 엄격한 직무분석 · 평가을 통해 형성된 것이 아니라는데 있다. 따라서 직군 · 직렬 · 직류의 분류가 자의적이며, 이들 간의 배분상 형평성도 매우 낮은 편이라고 할 수 있다. 특히 기술 · 연구분야의 직위분류에 있어서 각기 독자적인 전문성을 가진 직위들이 하나의 직렬에 통합된 경우가 있는가 하면, 반대로 직무의 종류가 상당히 유사한 직위들이 둘 이상의 직렬로 분리된 경우도 있다. 이와 같은 기술 · 연구분야의 비합리적인 분류체계는 전문기술 · 연구분야의 정부기능을 전략적으로 수행하는데 걸림돌로 작용할 수 있다(박천오 외, 2014: 128).

또한 등급 · 직급의 분류체계에서 직군 · 직렬 간의 형평성이 문제시된다. 이는 직무의 가치에 대한 직무평가가 제대로 이루어지지 못한데 그 근본 원인이 있지만, 분류체계가 행정직군을 중심으로 형성되면서 기술직군이 상대적으로 소외된 결과라고 볼 수 있다. 현재의 등급 · 직급체계에서는 상위직으로 올라갈수록 직렬 간 승진기회의 차이가 더 커지고, 심지어 승진이 가능한 상한(上限) 직급이 중간 계층에 설정된 직렬도 적지 않다. 특히 등급 · 직급을 계급과 일치시킴으로써, 보수 등을 포함한 각종 인사행정에 있어서 객관성과 공정성 · 합리성이 떨어지는 문제가 발생하고 있다.

2) 공직분류체계의 개선방안

행정환경의 변화는 전문능력을 갖춘 인적자원의 확보와 함께 인사행정의 탄력성과 유연성을 강하게 요구하고 있다. 뿐만 아니라 과학기술의 발달로 새로운 직무의 탄생과 다양한 근무형태가 현실화되고 있는 점을 감안하면, 계급제적 요소와 직위분류제적 요소를 적절히 융합하는 제도 개선이 필요하다.

(1) 계급제적 요소의 축소

계급제의 문제점을 극복하기 위해서는 계급의 구조를 개선하고 오직 계급별로 이루어지는 각종 인사행정체계를 완화시키는 것이 필요하다. 현재 일률적으로 체계화된 공무원의 계급구조에 직위분류제적 성격을 가미하여 계급을 등급으로 전환하고, 그 수를 더욱 세분화함과 동시에 이들 등급들을 몇 개의 계층으로 형성하는 방안이 그 예이다. 이처럼 계급체계를 등급체계로 전환함으로써 단기적으로 공무원의 동기부여와 승진욕구 충족이 가능하며, 장기적으로는 공무원의 인식을 계급의 승진보다는 등급의 승격으로 변화시켜 실적제와 직업공무원제의 건전한 정착을 유도하여야 한다. 이와 더불어 직군·직렬 간의 승진이나 보수 등에 있어서 형평성을 높이기 위해서 직군·직렬별로 그 등급체계를 다양화하는 방안도 검토할 필요가 있다.

(2) 직위분류제적 요소의 확대

현재 고위공무원단제, 개방형 임용제, 전문경력관제, 임기제 등이 도입되고 있지만, 이러한 제도의 시행에 따른 공직의 활성화나 환경변화에의 대응성 증대 효과는 여전히 미흡한 상태라고 할 수 있다. 고위공무원의 성과평가를 공정하고 객관적으로 엄격히 실시하고, 유능한 민간전문가의 공직임용을 활성화하기 위하여 이들의 신분상의 불안정을 해소하는 방안이 필요하다. 특히 최근 도입된 임기제는 과거의 계약제를 크게 벗어나지 못하고 있어, 보다 근본적이고 포괄적인 관점에서 임기제 혹은 재임기제의 채택이 모색되어야 한다.

하지만 무엇보다도 중요한 과제는 현재 추상적이고 형식적으로 운영되고 있는 직위분류제적 요소들을 실질화하는 것이다. 필요한 분야에 대해 전(全)정부적인 직무분석과 직무평가를 수행하여 공직분류체계를 전면적으로 개편하여야 한다. 이를 통해서 직군·직렬 간에 직무부담에서의 형평성뿐만 아니라 현재 계급과 동일시되어 있는 등급·직급 간에 승진·보수 등에서의 공정성과 합리성을 높이도록 노력하여야 한다.

제5장

공무원의 구분

제1절 공무원의 의의

1. 공무원의 의미

인사행정의 대상은 공무원이며, 공무원이란 공무를 수행하는 사람이다. 공무에는 일반 사회의 모든 직업과 관련된 직종이 있을 뿐만 아니라 일반 사회에 존재하지 않는 대통령, 국회의원, 경찰, 소방, 군인, 법관, 검찰 등과 같은 직종도 있다. 이와 같은 공무의 다양성으로 인해 그것을 수행하는 사람에 대한 개념을 명확히 정의하는 것은 쉬운 일이 아니다. 특히 공무원이라는 제도 자체가 각국의 역사적 산물이어서 그 의미는 가변적이며 실정법에 따라 그 범위 또한 동일하지 않다.[1] 이처럼 공무원의 의미가 다양하고 복잡하게 정의될 수 있지만, 그 범위에 따라 크게 네 가지의 경우로 나누어 볼 수 있다([그림 5-1] 참고).[2]

---

1) 예컨대 우리나라의 「헌법」, 「국가공무원법」, 「형법」, 「국가배상법」, 「공무원연금법」, 「공직자윤리법」,「공직선거법」, 「공직자 등의 병역사항 신고 및 공개에 관한 법률」, 「인사청문회법」, 「부패방지 및 국민권익위원회의 설치와 운영에 관한 법률」 등에서 각기 규정하고 있는 공무원의 개념은 동일하지 않다.

2) 김도창(1992: 204)은 공무원의 개념을 최광의 · 광의 · 협의의 세 가지의 경우로 나누고 있지만, 여기서는 인사행정의 실질적인 중심 대상이 되는 일반직공무원을 최협의의 공무원으로 추가하여 설명한다.

그림 5-1 공무원의 개념 범위

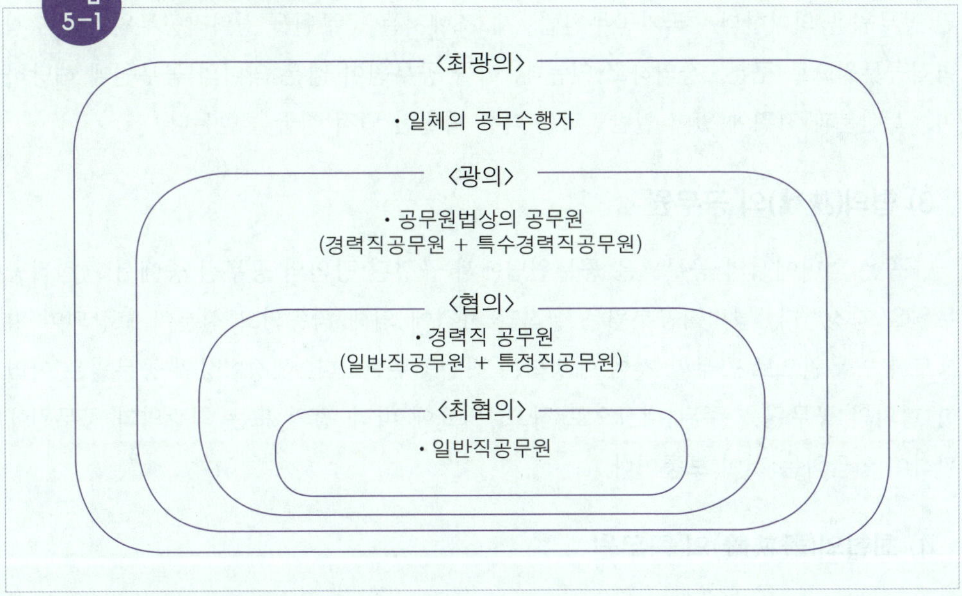

1) 최광의(最廣義)의 공무원

가장 넓은 의미에서의 공무원은 헌법이나 관련 법률과는 관계없이 실질적으로 공무를 수행하는 모든 사람, 즉 일체의 공무수행자를 말한다. 이러한 공무원의 범주는 매우 다양하여 일률적으로 그 대상을 명확히 정할 수는 없지만, 일반적으로 '공직자'로 통칭되는 국가 또는 공공단체의 모든 기관구성자(機關構成者)가 중심이 된다. 이와 같은 공직자뿐만 아니라 사법상의 계약, 특허, 사무위탁 등에 의해 직·간접적으로 공무에 종사하는 사인(私人)도 넓은 의미의 공무원에 포함시키기도 한다. 여기에 해당하는 사인은 공기업의 임직원, 국·공립학교 시간강사, 통·리·반장 등이 그 예이다.[3]

2) 광의(廣義)의 공무원

넓은 의미에서의 공무원은 국가 또는 공공단체와 특별한 공법상의 근무관계를 맺

3) 이들이 뇌물수수 등 「형법」의 적용을 받을 때는 공무원과 같은 신분으로 처벌되며, 그 직무 외의 영리를 목적으로 하는 업무에도 종사하지 못하게 하고 있다. 또한 변호사, 법무사, 집행관, 사립학교 교직원, 한국은행직원 등도 일부 공무와 관계되는 법규를 적용할 때는 공무원으로 간주한다.

고 공무를 담당하는 기관구성자를 말한다. 이러한 광의의 공무원은 공무원법에 규정된 공무원을 의미한다. 「국가공무원법」 제2조에서는 공무원을 경력직공무원과 특수경력직공무원으로 구분 · 정의하고 있는데, 이들 공무원이 넓은 의미의 공무원에 해당하며, 그 신분과 지위에 있어 일반인과는 다른 특별한 법적 취급을 받는다.

3) 협의(狹義)의 공무원

좁은 의미에서의 공무원은 공무원법에서 규정된 광의의 공무원 중에서 경력직공무원을 지칭한다. 경력직공무원은 실적과 자격에 의해 임용되고 신분이 보장되며 평생토록 공무원으로 근무할 것이 예정되는 직업공무원이다. 행정법상의 공무원은 이러한 협의의 공무원을 주된 대상으로 하고, 필요에 따라 광의 또는 최광의의 공무원에 관하여 언급하는 것이 보통이다.

4) 최협의(最狹義)의 공무원

앞에서 살펴본 협의의 공무원인 경력직공무원은 일반적인 사무를 담당하는 일반직공무원과 특정한 사무를 담당하는 특정직공무원으로 구분된다. 이들 가운데 일반직공무원은 통상적인 공무원으로 불리는 가장 좁은 의미의 공무원인데, 이들이 인사행정론의 실질적인 중심 대상이 된다. 반면에 특정직공무원은 각 직종에 따른 개별 법령에 의거하여 약간씩 차별화된 인사제도를 수립 · 운용하고 있어 대개 별도로 다루어진다.

2. 공무원의 구분

공무의 다양성만큼이나 공무원의 종류도 다양하다. 공무원의 종류를 구분하는데 있어서 유일한 기준은 없지만, 각국은 자신의 실정법에 의거하여 공무원의 종류를 제도적으로 구분하고 있다. 예컨대 임용주체나 소속정부, 직무내용 및 신분, 임용(근무)기간, 근무시간 등을 기준으로 다양한 구분이 이루어질 수 있다.

제2절 국가공무원과 지방공무원

1. 국가공무원과 지방공무원의 의의

지방자치제를 실시하는 대부분의 국가들은 국가공무원 외에 지방공무원을 두고 있다. 국가공무원과 지방공무원의 의미는 명백한 것은 아니지만, 대체로 임용주체나 소속정부, 근무기관, 담당사무의 성격, 경비부담의 주체, 적용법규 등을 기준으로 정의될 수 있다.

첫째, 공무원의 임용권자 혹은 소속정부에 따라 국가공무원과 지방공무원으로 구분·정의할 수 있다. 대통령을 포함한 헌법기관의 장(또는 임용권을 위임받은 자)에 의해 임용되어 각 기관에 소속된 공무원은 국가공무원이며, 지방정부(지방자치단체)의 장(또는 임용권을 위임받은 자)에 의해 임용되어 지방정부(지방자치단체)에 소속된 공무원은 지방공무원이다.

둘째, 공무원의 근무기관에 따라 국가공무원과 지방공무원으로 구분·정의할 수 있다. 즉, 공무원이 실제로 근무하는 기관이 중앙정부(국가)이면 국가공무원이며, 지방정부(지방자치단체)에 근무하면 지방공무원으로 간주된다.

셋째, 공무원이 실제 담당하는 사무에 따라 국가공무원과 지방공무원으로 구분·정의할 수 있다. 민주주의 정부체제를 채택하고 있는 대부분의 국가는 정도의 차이는 있지만 대개 중앙정부의 사무와 지방정부의 사무를 구분·처리하고 있다. 따라서 중앙정부의 국가사무를 수행하는 공무원은 국가공무원이며, 지방정부의 자치사무를 수행하는 공무원은 지방공무원으로 본다.

넷째, 공무원의 보수 등 인건비를 부담하는 주체에 따라 국가공무원과 지방공무원으로 구분·정의할 수 있다. 즉, 중앙정부(국가)에서 인건비를 부담하는 공무원은 국가공무원이며, 지방정부(지방자치단체)에서 인건비를 부담하는 공무원은 지방공무원이다(「지방공무원법」 제2조).

다섯째, 공무원에게 적용되는 법규에 따라 국가공무원과 지방공무원으로 구분·정의할 수 있다. 이는 개별 공무원에게 적용되는 법체계를 기준으로 하여 국가공무원과 지방공무원으로 구분하는 것을 말하며, 우리나라의 경우 「국가공무원법」의 적용을 받는 공무원은 국가공무원이며, 「지방공무원법」의 적용을 받는 공무원은 지방공무원으로 본다.

2. 국가공무원과 지방공무원의 실제

1) 구분기준의 적용상 한계

국가공무원과 지방공무원의 구분은 여러 가지 기준에 의할 수 있으며, 그에 따라 각기 의미가 다르다. 하지만 어느 구분기준이라도 그것만으로는 완전한 것이라 할 수 없으며, 구분기준의 실제 적용에 있어서 다소 혼란이 있다. 예컨대 임용주체나 소속정부가 변경될 수 있으며, 중앙정부에 지방공무원이 근무하거나 지방정부에 국가공무원이 근무하기도 한다. 또한 사무를 국가사무와 자치사무로 엄격히 구분하는 것이 현실적으로 쉽지 않고, 경우에 따라 국가공무원이 지방정부의 사무를 관장하거나 지방공무원이 국가의 사무를 담당하기도 한다. 더욱이 파견이나 겸임 등으로 인해 국가공무원이 지방정부로부터 보수를 받거나 지방공무원이 중앙정부로부터 보수를 받기도 한다.

2) 양자의 차이점과 유사점

국가공무원과 지방공무원의 구분이 명백하지 않음에도 불구하고, 우리나라에서는 「국가공무원법」과 「지방공무원법」이라는 별도의 실정법이 존재하고 있다. 이들 법률에 의거하여 국가공무원과 지방공무원은 엄연히 구분되고 있으며, 인사행정의 실제에 있어서 이들 간에 약간의 차이점이 발견되기도 한다(〈표 5-1〉 참고).

이러한 차이점에도 불구하고, 각각의 공무원에게 적용되는 「국가공무원법」과 「지방공무원법」의 기본원리는 실제로 동일하다. 즉, 공무원의 종류 구분, 계급이나 직위의 분류체계, 공무원의 임용방식 · 성과평가 · 교육훈련 · 신분보장 · 행동규범 · 보수체계 및 연금제도 등 인사행정의 전반에 걸쳐 그 원리는 근본적으로 대동소이하다. 이러한 점은 국가공무원과 지방공무원의 구분 자체가 갖는 실제 의미와 그 실익이 크지 않음을 보여준다.

표 5-1 국가공무원과 지방공무원의 비교

구분	국가공무원	지방공무원
임용주체	• 헌법기관의 장(대통령, 국회의장, 대법원장, 헌법재판소장, 중앙선거관리위원장) 및 그로부터 임용권을 위임받은 자	• 지방자치단체의 장(교육감) 및 그로부터 임용권을 위임받은 자
근무기관	• 중앙정부	• 지방자치단체
담당사무	• 국가사무	• 자치사무
경비부담	• 국비	• 지방비
적용법규	• 「국가공무원법」, 「국회사무처법」, 「정부조직법」, 헌법기관 규칙 등	• 「지방공무원법」, 「지방자치법」, 조례 등

제3절 경력직공무원과 특수경력직공무원

대부분의 국가에서는 공무원이 담당하는 직무의 내용이나 성질을 기준으로 공무원의 구분이 이루어지고 있다. 이러한 구분은 직무내용 · 성질의 정치성 · 전문성 또는 계속성 등의 정도에 따라 임용의 자격이나 방법(실적주의의 적용), 신분조건, 보수 등에 대하여 서로 다른 취급을 할 필요가 있기 때문이다(김중양 · 김명식, 1996: 36; 김중양, 2008: 75). 그 예로서 미국의 경쟁직(Competitive Service)과 예외직(Excepted Service), 일본의 일반직과 특별직, 우리나라의 경력직(經歷職)과 특수경력직(特殊經歷職)으로의 구분을 들 수 있다. 우리나라의 경력직공무원과 특수경력직공무원에 대한 세부 구분 및 그 내용을 정리하면 〈표 5-2〉와 같다.

1. 경력직공무원

경력직공무원은 실적과 자격에 따라 임용되고 그 신분이 보장되며 특별한 사유가 없는 한 정년(임기제공무원은 정해진 기간 동안)까지 근무할 것이 예정되는 공무원을 말한다. 이러한 경력직공무원은 일반직(一般職)과 특정직(特定職)으로 구분된다.

표 5-2 경력직공무원과 특수경력직공무원의 종류

경력직	일반직	[국가공무원][지방공무원] • 기술 · 연구 또는 행정일반에 대한 업무를 담당하는 공무원
	특정직	[국가공무원] • 법관, 검사, 외무공무원, 경찰공무원, 소방공무원, 교육공무원, 군인, 군무원, 헌법재판소 헌법연구관, 국가정보원의 직원과 특수분야의 업무를 담당하는 공무원으로서 다른 법률에서 특정직공무원으로 지정하는 공무원 [지방공무원] • 공립 대학 및 전문대학에 근무하는 교육공무원, 교육감 소속의 교육전문직원, 자치경찰공무원 및 지방소방공무원과 그 밖에 특수분야의 업무를 담당하는 공무원으로서 다른 법률에서 특정직공무원으로 지정하는 공무원
특수 경력직	정무직	[국가공무원] • 가: 선거로 취임하거나 임명할 때 국회의 동의가 필요한 공무원 • 나: 고도의 정책결정 업무를 담당하거나 이러한 업무를 보조하는 공무원으로서 법률이나 대통령령(대통령비서실 및 국가안보실의 조직에 관한 대통령령만 해당)에서 정무직으로 지정하는 공무원 [지방공무원] • 가: 선거로 취임하거나 임명할 때 지방의회의 동의가 필요한 공무원 • 나: 고도의 정책결정업무를 담당하거나 이러한 업무를 보조하는 공무원으로서 법령 또는 조례에서 정무직으로 지정하는 공무원
	별정직	[국가공무원][지방공무원] • 비서관 · 비서 등 보좌업무 등을 수행하거나 특정한 업무 수행을 위하여 법령에서 별정직으로 지정하는 공무원

1) 일반직공무원

일반직공무원은 기술, 연구 또는 행정 일반에 대한 업무에 종사하는 공무원을 말한다. 우리가 통상 공무원이라 하면 일반직공무원을 가리키는 경우가 많으며, 가장 좁은 의미의 공무원을 지칭한다. 이들 일반직공무원은 국민들의 일상생활에 매우 밀접하고 폭넓은 분야의 업무를 담당하며, 「국가공무원법」(또는 「지방공무원법」)의 주된 적용대상이 된다.

일반직공무원은 계급으로 구분되며, 직군과 직렬별로 분류된다. 다만 고위공무원단 소속 공무원은 계급구분이나 직군 · 직렬별 분류의 예외가 된다. 또한 특수 업무분야, 연구 · 지도 · 특수기술 직렬, 인사관리 효율성과 기관성과를 위해 계급 구분이나 직군 · 직렬 분류을 달리 적용할 필요가 있는 기관에 속한 공무원에 대해서는 관련 법령에 따라 적용의 예외를 두고 있는데, 그 예로서 연구직 · 지도직공무원, 우정직공무

표 5-3 일반직공무원의 종류

<table>
<tr><th colspan="2" rowspan="2">구분</th><th rowspan="2">직군</th><th colspan="2">직렬(개수)</th><th colspan="2">직류(개수)</th><th colspan="2">계급(직급, 직무등급)</th></tr>
<tr><th>국가직</th><th>지방직</th><th>국가직</th><th>지방직</th><th>국가직</th><th>지방직</th></tr>
<tr><td colspan="2" rowspan="3">행정직 · 기술직 · 관리운영직</td><td>행정</td><td>15</td><td>8</td><td>25</td><td>18</td><td rowspan="3">• 고위공무원단(가, 나), 3~9급</td><td rowspan="3">• 1~9급</td></tr>
<tr><td>기술</td><td>24</td><td>22</td><td>84</td><td>71</td></tr>
<tr><td>관리운영</td><td>14</td><td>16</td><td>26</td><td>23</td></tr>
<tr><td rowspan="3">연구직 · 지도직</td><td rowspan="2">연구직</td><td>학예</td><td>4</td><td>3</td><td>7</td><td>6</td><td rowspan="2">• 고위공무원단(가, 나), 연구관, 연구사</td><td rowspan="2">• 연구관, 연구사</td></tr>
<tr><td>기술</td><td>9</td><td>8</td><td>37</td><td>35</td></tr>
<tr><td>지도직</td><td>기술</td><td>2</td><td>2</td><td>12</td><td>12</td><td>• 고위공무원단(가, 나), 지도관, 지도사</td><td>• 지도관, 지도사</td></tr>
<tr><td colspan="2">우정직</td><td>우정</td><td>1</td><td>–</td><td>1</td><td>–</td><td>• 1급(우정사무관) ~9급(우정서기보)</td><td>–</td></tr>
<tr><td colspan="2">전문경력관</td><td colspan="7">• 직위군: 가, 나, 다</td></tr>
</table>

원, 전문경력관, 임기제공무원 등이 있다. 이들 일반직공무원에 대한 직위분류 및 계급구분의 현황은 〈표 5-3〉과 같다.

(1) 행정직 · 기술직 · 관리운영직 공무원

행정직군은 교정, 행정, 세무, 사회복지, 감사 등 다양한 분야에 걸친 직무를 포함하며, 기술직군은 공업, 농업, 임업, 해양수산, 시설, 보건, 의무 등과 같은 과학 · 기술 · 산업분야의 직무를 담당한다. 관리운영직군은 기능직공무원을 폐지하고 일반직공무원으로 전환하는 경과조치로 만들어졌다. 이들 행정 · 기술 · 관리운영 직군은 각기 직렬 · 직류로 다시 세분된다.

행정직 · 기술직 · 관리운영직 공무원은 1~9급의 9단계 계급체계를 지니며, 각 계급에 각 직급을 일치시키고 있다. 1급(관리관)과 2급(이사관)은 행정부의 경우 고위공무원단으로 통합되어 직무등급(가등급, 나등급)을 지니며, 그 외의 공무원은 3급(부이사관), 4급(서기관), 5급(사무관), 6급(주사), 7급(주사보), 8급(서기), 9급(서기보) 등의 계급(직급)으로 구분된다.

(2) 연구직 · 지도직 공무원

연구직공무원은 고고 · 미술 · 민속, 역사 · 편사, 농축산업, 해양수산업, 공업, 보건 환경 등의 분야에 있어서 조사 · 연구 · 평가 등의 활동을 수행하는 공무원이며, 지도직 공무원은 농축산기술, 품종보급, 산림조성, 농어촌생활, 영농기계 등의 분야에 있어서 지도 · 계몽활동을 수행한다. 이들 연구직 · 지도직 공무원은 각기 직군 · 직렬 · 직류로 분류된다.

연구직 · 지도직 공무원은 2단계의 계급(직급)체계를 지니는데, 연구직공무원은 연구관 · 연구사(행정부는 고위공무원단 가등급 · 나등급, 연구관 · 연구사), 그리고 지도직공무원은 지도관 · 지도사(행정부는 고위공무원단 가등급 · 나등급, 지도관 · 지도사)로 구분된다.

(3) 우정직공무원

우정(郵政)직군은 우정사업본부 소속 정보통신현업직군의 기능직공무원을 일반직공무원으로 전환하면서 신설되었다. 우정직공무원은 우정1급~우정9급의 9단계 계급 및 우정사무관(우정1 · 2급)~우정서기보(우정9급)의 5단계 직급으로 나누어지며, 우정직군에는 1개 우정직렬과 1개 우정직류가 있다.

(4) 전문경력관

전문경력관(專門經歷官)이란 직무분야가 특수한 직위에 임용되는 일반직공무원을 말한다. 즉, 일반직공무원의 직위 중 순환보직이 곤란하거나 장기간 재직 등이 필요한 특수 업무분야의 직위를 전문경력관직위로 지정할 수 있는데, 이러한 전문경력관직위에 전직(轉職)이나 경력경쟁채용 등으로 임용되는 일반직공무원이 전문경력관이다.

전문경력관은 계급 구분이 없으며, 그 직위도 직군 · 직렬 분류의 적용을 받지 않는다. 하지만 전문경력관직위는 직무의 특성 · 난이도 및 직무에 요구되는 숙련도 등에 따라 가 · 나 · 다의 세 개의 군(群)으로 구분하고 있다. 이들의 각 직위군에 따라 자격증, 학력이나 학위, 근무 · 연구경력기준 등의 요건이 달리 정해져 있다.

전문경력관도 직업공무원으로서 보수, 교육훈련, 능률, 신분보장, 의무와 책임 등에 있어서 다른 일반직공무원과 동일한 적용을 받는다. 다만, 특수 업무분야의 전문가로 하여금 해당 직무를 장기간 수행하도록 하려는 제도의 취지에 따라 채용, 전보 · 전직, 겸임 · 파견, 인사교류, 승진 · 강임 등에 있어서 적용의 예외 혹은 제한이 있다.

2) 특정직공무원

특정직공무원은 특정분야의 업무를 담당하며 개별 법률이 특정직공무원으로 지

표 5-4 특정직공무원의 종류

구분	적용법률	계급(직급, 직무등급 등)	
		국가공무원	지방공무원
법관	법원조직법	• 대법원장–대법관–판사	
검사	검찰청법	• 검찰총장–검사	
외무공무원	외무공무원법	• 외무공무원: 3개 직렬, 14~1등급 • 고위외무공무원(9~13등급): 가등급, 나등급	
경찰공무원	경찰공무원법	• 치안총감–치안정감–치안감–경무관–총경–경정–경감–경위–경사–경장–순경(11개)	• 자치경찰공무원: 자치경무관~자치순경(8개)
소방공무원	소방공무원법	• 소방총감–소방정감–소방감–소방준감–소방정–소방령–소방경–소방위–소방장–소방교–소방사(11개)	• 지방소방공무원: 지방소방정감~지방소방사(10개)
교육공무원	교육공무원법	• 교원 및 조교: 유치원, 초 · 중 · 고, 국립대 • 교육전문직원: 장학관 · 장학사, 교육연구관 · 교육연구사	• 교원 및 조교: 공립대 • 교육감 소속 교육전문직원: 장학관 · 장학사, 교육연구관 · 교육연구사
군인	군인사법	• 장교: 장관(원수, 대장, 중장, 소장, 준장), 영관(대령, 중령, 소령), 위관(대위, 중위, 소위) • 준사관: 준위 • 부사관: 원사, 상사, 중사, 하사	
군무원	군무원인사법	• 일반군무원: 9개 직군(47개 직렬), 1~9급 • 기능군무원: 7개 직군(17개 직렬), 기능5~9급	
헌법재판소 헌법연구관	헌법재판소법	• 헌법연구관	
국가정보원 직원	국가정보원 직원법	• 특정직직원: 2개 직군(6개 직렬), 1~9급	
경호공무원	대통령 등의 경호에 관한 법률	• 경호공무원: 1~9급	
기타	국방대학교설치법, 국군간호사관학교설치법, 사관학교설치법, 육군3사관학교설치법: 군인 · 군무원이 아닌 교수		
	경찰대학설치법: 경찰공무원이 아닌 교수		
	법원조직법: 법관 · 검사가 아닌 사법연수원 교수		

정하는 공무원을 말한다. 이들은 실적에 의해 임용되고 신분이 보장되는 직업공무원이라는 점에서 일반직공무원과 동일하다.

하지만 특정직공무원은 담당업무의 특수성으로 인해 일반직공무원에게 적용되는 규정을 적용받지 않고, 별도의 개별 법률에 의해 각 특정직공무원의 자격, 계급, 신분보장, 복무, 정년 등에 관한 사항이 정해진다. 다시 말하면, 특정직공무원의 직종에 따라 적용되는 개별 법률이 다르며, 이러한 개별 법률은 「국가공무원법」이나 「지방공무원법」보다 우선 적용된다.[4)]

이처럼 특정직공무원은 각 직종의 특성을 고려하여 개별 법률이 만들어졌기 때문에 일반직공무원과 같이 일률적인 계급구분이나 직위분류체계가 형성되지 않고 있다. 각 법률에 따른 특정직공무원의 종류 및 계급(직급)을 살펴보면 〈표 5-4〉와 같다.

2. 특수경력직공무원

특수경력직공무원은 주로 정치적 혹은 특수한 직무를 수행하기 위하여 임용되며, 원칙적으로 실적주의나 직업공무원제의 적용을 받지 않기 때문에 보수·능률·복무 등을 제외하고는 경력직공무원의 관련 법규가 대체로 적용되지 않는다. 이러한 특수경력직공무원은 정무직(政務職)과 별정직(別定職)으로 구분된다.

1) 정무직공무원

정무직공무원은 주로 정치적 판단이나 정책결정을 필요로 하는 업무를 담당한다. 「국가공무원법」 제2조는 정무직공무원을 크게 두 가지의 유형으로 구분·정의하고 있는데, ㈎ 선거로 취임하거나 임명할 때 국회의 동의가 필요한 공무원, ㈏ 고도의 정책결정업무를 담당하거나 이러한 업무를 보조하는 공무원으로서 법률이나 대통령령(대통령비서실 및 국가안보실의 조직에 관한 대통령령만 해당한다)에서 정무직으로 지정하는 공무원이다.[5)] 이들 정무직공무원의 구분 및 실태를 살펴보면 〈표 5-5〉와 같다.

---

4) 다만, 개별 법률이 존재하지 않거나 그 법률에 적용 기준이나 내용이 없을 때에는 「국가공무원법」이나 「지방공무원법」에 따른다(「국가공무원법」·「지방공무원법」 제3조제1항).

5) 「지방공무원법」 제2조제3항제1호에서도 유사하게 구분·정의하고 있는데, ㈎ 선거로 취임하거나 임명할 때 지방의회의 동의가 필요한 공무원, ㈏ 고도의 정책결정업무를 담당하거나 이러한 업무를 보조하는 공무원으로서 법령이나 조례에서 정무직으로 지정하는 공무원이다.

표 5-5 정무직공무원의 종류(예)

구분	국가공무원	지방공무원
(가) 선거에 의해 취임하는 공무원	• 대통령, 국회의원	• 지방자치단체장 • 지방의회의원 • 교육감
(가) 임명시 국회(또는 지방의회)의 동의 대상 공무원[1]	• 헌법재판소장, 국무총리, 감사원장 • 국회에서 선출하는 헌법재판관, 중앙선거관리위원회 위원	• 제주특별자치도 · 세종특별자치시 감사위원회위원장
(가) 임명시 국회의 인사청문 대상 공무원[2]	• 헌법재판관, 중앙선거관리위원회 위원, 국무위원, 방송통신위원회 위원장, 국가정보원장, 공정거래위원회 위원장, 금융위원회 위원장, 국가인권위원회 위원장, 국세청장	
(나) 고도의 정책 결정업무를 담당하거나 이러한 업무를 보조하는 공무원으로서 법령(또는 조례)에서 지정하는 공무원	• 국회 사무총장 · 입법차장 · 사무차장 · 도서관장 · 예산정책처장 · 입법조사처장, 헌법재판소 사무처장 · 사무차장, 중앙선거관리위원회 사무총장 · 사무차장, 감사원 감사위원 · 사무총장 • 국무조정실장 · 차장, 행정 각부[3]의 차관 및 처 · 청의 장, 국가정보원 차장, 공정거래위원회 · 금융위원회 부위원장, 국민권익위원회 위원장 · 부위원장, 방송통신위원회 위원, 국가인권위원회 상임위원, 중앙노동위원회 위원장, 인사혁신처 소속 소청심사위원회 위원장 · 고위공무원임용심사위원회 위원장 · 국가공무원인재개발원장 • 대통령비서실장 · 국가안보실장 · 대통령경호실장, 차관급 상당 이상의 보수를 받는 비서관(대통령비서실 수석비서관, 대통령경호실 · 국가안보실 차장, 국회의장 · 대법원장 · 국무총리 비서실장) • 서울특별시 행정1 · 2부시장[4]	• 서울특별시 정무부시장[5] • 제주특별자치도 행정시장 등[6]

1. 대법원장 및 대법관은 국회의 임명동의 대상이지만 특정직공무원
2. 검찰총장, 경찰청장 및 합동참모의장은 국회의 인사청문 대상이지만 특정직공무원
3. 국민안전처 포함
4. 광역시 · 특별자치시 · 도 · 특별자치도의 행정부시장 · 행정부지사는 고위공무원단 소속 일반직 국가공무원(「지방자치법 시행령」 제73조제2항)
5. 광역시 · 특별자치시 · 도 · 특별자치도의 정무부시장 · 정무부지사는 별정직 1급상당 지방공무원 또는 일반직 지방관리관(「지방자치법 시행령」 제73조제3항)
6. 2급 일반직 지방공무원이지만, 도지사후보 등록시 예고한 사람을 임명할 경우는 정무직(「제주특별자치도 설치 및 국제자유도시 조성을 위한 특별법」 제11조제2항)

자료: 「국가공무원법」 제2조제3항제1호의 가 · 나 및 「지방공무원법」 제2조3항제1호의 가 · 나

정무직공무원 중 선거에 의해 취임하는 경우를 제외하고는 임용방식이나 절차를 구체적으로 명시하고 있는 법규는 없다. 국회(지방의회)의 동의·인사청문 절차를 요건으로 하는 경우가 있지만, 대부분의 관련 법규에서는 정무직 국가공무원은 대통령이, 정무직 지방공무원은 지방자치단체의 장이 임명하도록 하고 있을 뿐이다. 또한 정무직공무원의 활용 및 관리 등에 대해서도 별도로 정하고 있는 법규는 없으며, 「국가공무원법」이나 「지방공무원법」에서 그 적용범위를 설정하는데 그치고 있다. 이들 법률에 따르면, 정무직공무원에게 적용되는 사항은 보수·능률·복무 등에 한하고, 공무원의 결격사유, 보직관리, 신분 및 권익 보장, 징계 등에 관한 사항은 원칙적으로 적용되지 아니한다.

2) 별정직공무원

별정직공무원은 비서·비서관 등 보좌업무 등을 수행하거나 특정한 업무 수행을 위하여 법령에서 별정직으로 지정하는 공무원을 말한다. 이처럼 별정직공무원은 크게 두 가지의 유형으로 구분되는데, 첫째는 정무직공무원을 보좌하는 업무를 수행하는 직위의 공무원, 둘째는 특정 업무 수행을 위해 법령에서 별정직으로 지정하는 직위의 공무원이다. 이들 별정직공무원의 직위는 대체로 「국가공무원법」(또는 「지방공무원법」), 「정부조직법」, 관련 기관의 설치법, 「지방자치법」, 행정기관의 직제 등에 의해 지정되며, 그 대표적인 예를 보면 〈표 5-6〉과 같다.

별정직공무원의 경우 계급 구분은 없으나, 보수지급 기준으로 '상당'이란 명칭을 사용하여 일반직공무원의 계급을 준용하고 있다. 즉, 일반직공무원의 1급~9급에 상당하는 보수를 받는 별정직공무원으로 그 구분이 체계화되어 있다. 고위공무원단제도의 적용을 받는 중앙행정기관의 경우, 가·나등급의 고위공무원단 소속 별정직공무원과 3급~9급 상당의 보수를 받는 별정직공무원으로 그 구분이 이루어진다.

별정직공무원은 보좌업무 혹은 특정한 업무를 수행하기 위한 직위에 임용되기 때문에 일반직공무원과는 다른 자격기준과 채용방법에 의해 임용된다. 비서·비서관·장관정책보좌관 등의 보좌업무 수행 직위는 공고 등의 채용절차와 채용시험을 거치지 않고 임용이 가능하지만, 특정 업무 수행 직위는 해당 직위에 상응하는 자격을 갖춘 사람을 대상으로 공고 등의 채용절차와 채용시험을 거쳐 임용하는 것이 원칙이다.

표 5-6 별정직공무원의 종류(예)

구분	국가공무원	지방공무원
보좌업무 수행 직위	• 비서 · 비서관[1] • 장관정책보좌관[2] • 국회의원 보좌직원[3]	• 비서 · 비서관[1]
특정 업무 수행 직위	• 국회의 교섭단체 정책연구위원 및 위원회 수석전문위원[4] • 국가정보원 기획조정실장 • 사법연수생 • 헌법재판소 헌법연구관보	• 광역시 · 특별자치시 정무부시장 및 도 · 제주특별자치도 정무부지사[5] • 지방의회 위원회 전문위원[6] • 국제관계대사

1. 직제에 따라 일반직과 별정직 등 복수직위로 규정된 경우에는 일반직공무원으로 임명 가능함.
2. 주로 대통령령인 '중앙행정기관과 그 소속기관 직제'에서 장관정책보좌관 중 1인에 대하여 공통적으로 별정직공무원으로 지정하여 장관이 신임하는 사람을 선임할 수 있도록 규정함(김명식, 2014: 470). 별정직공무원으로 보하되, 특별한 사유가 있는 경우에는 4급 이상 일반직공무원, 고위공무원단에 속하는 일반직공무원 또는 특정직공무원으로 대체할 수 있음(「정책보좌관의 설치 및 운영에 관한 규정」 제2조제2항).
3. 국회의원 보좌직원의 정원은 보좌관 2명(4급상당 별정직 국가공무원), 비서관 1명(5급상당 별정직 국가공무원), 비서 3명(6 · 7 · 9급상당 별정직 국가공무원 각 1명)임(「국회의원의 수당 등에 관한 법률」 제9조제2항 [별표 4]).
4. 수석전문위원 외의 전문위원은 2급인 일반직국가공무원으로 보함(「국회사무처법」 제8조제3항).
5. 광역시 · 특별자치시 · 도와 특별자치도의 정무부시장 · 부지사는 별정직 1급상당 지방공무원 또는 지방관리관으로 보함(「지방자치법 시행령」 제73조제3항).
6. 일반직 또는 그의 직급에 해당하는 상당계급의 별정직공무원으로 함(「지방자치단체의 행정기구와 정원기준 등에 관한 규정」 제15조제2항 [별표 5]).

이처럼 별정직공무원은 별도의 자격기준과 채용방법에 의해 임용되기 때문에 승진 등 보직관리, 휴직이나 소청심사 등 신분보장, 정년 등에 관해서 일반직공무원에게 적용되는 규정이 그대로 적용되지 않는다. 특히 별정직공무원은 정년 대신 근무상한연령이 60세로 정해져 있는데,[6)] 비서 · 비서관 · 장관정책보좌관에 대해서는 근무상한연령을 두지 않는다. 또한 징계 또는 징계부가금 사유에 해당하면 직권면직이나 징계 · 징계부가금처분이 가능하며, 직권면직의 경우에는 미리 면직심사위원회를 구성하여 그 의견을 들어야 하며, 징계 · 징계부가금처분에 관해서는 일반직공무원의 규정을 준용하되 그 처분에 불복하는 경우 소청심사 대신 행정심판을 청구하여야 한다. 하지

6) 「대통령 등의 경호에 관한 법률」 제6조에 따른 별정직공무원에 대해서는 임용권자나 임용제청권자가 근무상한연령을 따로 정할 수 있다(「별정직공무원 인사규정」 제6조).

만 공무원 결격사유(당연퇴직), 보수, 능률(평정), 복무 등에 관해서는 일반직공무원과 동일한 적용을 받는다.

제4절 임기제공무원 및 시간선택제공무원

1. 임기제공무원

일반직공무원은 특별한 사유에 해당되지 않는 한 공무원의 신분을 계속 유지하며 근무할 것이 예정된 직업공무원이다. 하지만 일반직공무원이면서도 임용기간이 미리 설정된 공무원이 있는데, 이러한 공무원이 임기제공무원이다. 선거 등에 의해 취임하여 임기가 정해진 공무원을 임기제공무원에 포함하는 경우가 있지만, 대체로 임기제공무원이라 함은 조직운영이나 담당업무의 특성 또는 개인적 사유로 공무원의 신분관계와 근무기간이 일정기간 동안 정해져 임용되는 공무원을 말한다.

우리나라 「국가공무원법」 제26조의5에서는 전문지식 · 기술이 요구되거나 임용관리에 특수성이 요구되는 업무를 담당하게 하기 위하여 경력직공무원을 임용할 때에 임기제공무원의 임용이 가능하도록 규정하고 있다. 이러한 임기제공무원은 일반임기제공무원, 전문임기제공무원, 시간선택제임기제공무원, 한시임기제공무원 등 네 가지의 형태로 구분된다(〈표 5-7〉 참고).

임기제공무원은 자신의 임기 동안에는 '임기제공무원이 아닌 일반직공무원'에 준하는 신분보장을 받는 등 원칙적으로 비(非)임기제 일반직공무원과 동일한 법령의 적용대상이 된다. 다만 채용, 전보, 전입 · 전직, 겸임 · 파견 · 인사교류, 승진 · 강임, 휴직 등의 측면에서 적용의 예외 혹은 제한이 있다.

2. 시간선택제공무원

공무원의 근무는 그 시간에 따라 전일제(全日制, full-time) 근무와 시간제(part-time) 근무의 형태를 띨 수 있다. 전일제 근무는 통상적인 근무시간 동안의 근무를 의

표 5-7 임기제공무원의 종류

구분	정의	계급(직급) 또는 등급	임용기간
일반 임기제 공무원	• [국가공무원] 직제 등 법령에 규정된 경력직공무원의 정원에 해당하는 직위에 임용되는 임기제공무원 • [지방공무원] 예산 및 일반직공무원의 정원 범위에서 임용되어 상근하는 임기제공무원	• 비(非)임기제 일반직 공무원의 구분 적용	• 5년의 범위에서 해당 사업을 수행하는데 필요한 기간 (5년 초과 가능)[1]
전문 임기제 공무원	• [국가공무원] 특정분야에 대한 전문적 지식이나 기술 등이 요구되는 업무를 수행하기 위하여 임용되는 임기제공무원	• 가~마급	
시간선택제 임기제 공무원	• [국가공무원] 통상적인 근무시간보다 짧은 시간(15~ 35시간)을 근무하는 공무원으로 임용되는 일반임기제공무원 또는 전문임기제공무원 • [지방공무원] 예산의 범위에서 통상적인 근무시간보다 짧은 시간(15~35시간)을 근무하는 일반임기제공무원	• 일반 · 전문 임기제의 구분 적용	
한시 임기제 공무원	• [국가공무원][지방공무원] 휴직이나 30일 이상의 병가 · 특별휴가 중인 공무원 및 시간선택제전환공무원의 업무를 대행하기 위해 임용되는 공무원으로서 통상적인 근무시간보다 짧은 시간(15~35시간)을 근무하는 임기제공무원	• 5~9호	• 1년 6개월의 범위에서 업무를 대행하는데 필요한 기간

1. 성과가 탁월한 경우에는 공고절차를 거치지 아니하고 총 근무기간 5년을 초과하여 5년의 범위에서 일정한 기간 단위로 근무기간의 연장이 가능함(「공무원임용령」 제22조의5제6항).

자료: 「공무원임용령」 제3조의2 · 제22조의5 및 「지방공무원임용령」 제3조의2 · 제21조의4

미하며, 이와 같이 근무하는 공무원을 상근(常勤)공무원 혹은 전임(專任)공무원이라 한다. 반면에 시간제 근무는 유연근무제(柔軟勤務, flexible work)의 대표적인 유형 중 하나로서 통상적인 근무시간보다 짧은 시간 동안의 근무를 말하며, 이처럼 시간제 근무를 하고 그 근무시간에 비례하여 정기적인 보수를 받는 공무원이 시간제 근무공무원이다.

우리나라의 「국가공무원법」 제26조의2(또는 「지방공무원법」 제25조의3)에서는 업무의 특성이나 기관의 사정을 고려하여 근무시간의 단축 임용이 가능하도록 규정하고 있다. 이와 같이 임용된 공무원을 시간선택제공무원으로 지칭하고 있는데, 이들은 시간선택제 채용공무원과 시간선택제 전환공무원으로 구분된다(〈표 5-8〉 참고).

표 5-8 시간선택제공무원의 종류

구분	정의 및 대상 등	근무시간 · 형태
시간선택제 채용공무원	• 통상적인 근무시간(주 40시간, 일 8시간)보다 짧은 시간을 근무하는 일반직공무원으로 신규 채용된 공무원 • 일반직공무원(임기제공무원 제외) • 7급 이하 원칙, 전문분야는 상위 직급 가능	• 주당 20시간 원칙 (5시간 범위에서 조정 가능) • 오전 · 오후 · 야간 · 격일제 가능
시간선택제 전환공무원	• 재직공무원이 원하는 경우에 통상적인 근무시간(주 40시간, 일 8시간)보다 짧은 시간을 근무하도록 지정된 공무원 • 일반직 · 별정직공무원(임기제공무원 제외) • 직위 · 직급 · 직무분야 등 제한 없음	• 1일 최소 3시간 이상, 주당 15~30시간 (별정직은 15~35시간) • 최소 1개월 이상 • 격일제 가능 (격주제 · 격월제 불가)

자료: 「공무원임용령」 제3조의3 · 제57조의3

시간선택제 채용공무원은 통상적인 근무시간(주당 40시간, 일 8시간)보다 짧은 시간(주당 20시간, 필요한 경우 5시간의 범위에서 조정 가능) 동안 근무할 것을 예정하여 신규채용된 일반직공무원(임기제공무원 제외)을 말한다. 한편 시간선택제 전환공무원은 정무직공무원을 제외한 재직공무원[7]이 본인이 원하는 경우 최소 1개월 이상 통상적인 근무시간보다 짧은 시간(주당 15~30시간)을 근무하도록 지정된 공무원이다.

제5절 고위공무원단

1. 고위공무원단제도의 의의

1) 고위공무원단의 의미

고위공무원단(senior executive service: SES)이란 전체 정부에 걸쳐 통합적으로 관리·운영되는 고위직 공무원의 '인력풀(pool)'을 말한다. 주요 정책의 결정 및 관리에 있어서 핵심적 역할을 담당하는 고위공무원을 다른 공무원과 분리하여 범(汎)정부적

7) 시간선택제 채용공무원, 시간선택제 임기제공무원 및 한시임기제공무원은 제외된다.

차원에서 하나의 통합집단을 형성하고, 이들에게 다른 공무원과 차별화된 인사원리를 적용하는 제도가 고위공무원단제도이다.

따라서 고위공무원단제도하에서 고위공무원은 기존의 계급(직급)·직위분류체계를 그대로 적용받지 않는 등 인사행정의 특별관리 대상이 된다. 계급제적 제약이나 직위분류제적 제약이 약화되고 성과관리적 요소가 강화되며, 개방형 임용이 확대되고 인사운영의 유동성·융통성이 높은 특징을 갖는다(오석홍, 2013: 99~100). 이처럼 고위공무원을 다른 공무원과 구분하여 범정부적 차원에서 효율적·체계적으로 관리·운영함으로써 고위공무원의 역량을 강화하고 궁극적으로 정부의 경쟁력을 높이려는 것이 고위공무원단제도의 취지이다.

2) 고위공무원단제도의 등장과 발달

고위공무원단제도는 미국에서 1978년 「공무원인사개혁법」의 제정으로 8,000여 명의 고위공무원을 부처 간의 이동이 가능한 집단으로 통합·관리한 것에서 비롯되었다. 그 이후 영국(Senior Civil Service), 호주(Senior Executive Service), 캐나다(Executive Group), 우리나라 등 OECD 국가들에 의해 정부혁신 방안의 하나로 고위공무원단제도가 채택·시행되고 있다.

(1) 미국의 고위공무원단제도

미국의 엄격한 직위분류제는 고위직 공무원들 간의 순환보직을 곤란하게 하였고, 특히 다양한 시각이 요구되는 정책결정업무를 수행하는데 적합하지 않다는 비판을 받았다. 이에 폭넓은 관리능력과 정책적 리더십을 갖춘 유능한 고위공무원집단의 구성 및 활용이 모색되었다.

이러한 취지에서 일반직(Generalist Schedule)의 18개 보수등급 중 상위의 GS-16·GS-17·GS-18에 해당하는 직위 및 고위직(Executive Schedule)의 5개 보수등급 중 하위의 ES-IV와 ES-V에 해당하는 직위를 고위공무원단으로 통합하였다. 이들 고위공무원단 소속 공무원은 6개의 보수등급(ES-1~ES-6)으로 분류되며, 매년 근무성적 평정 결과에 따라 보수등급이 결정되고 연봉의 일정부분이 실적급 형태로 지급된다.

(2) 영국의 고위공무원단제도

영국의 고위공무원단제도는 전통적인 계급제의 한계를 극복하기 위한 방안의 하나로 도입되었다. 엄격한 계급제하에서 형성된 일반행정가 중심의 공직사회를 타파하고, 기술직 관료들의 전문관리능력을 향상시켜 관리직으로 승진할 수 있는 길을 확대하기 위한 목적에서 고위공무원단이 만들어졌다(한인근, 2010: 76).

이러한 목적에서 1994년 5등급(Deputy Director) 이상의 모든 고위직 공무원을 고위공무원단으로 재편하였으며, 계급 없이 직무의 내용 및 책임도 등을 고려하여 각 부처별로 정한 직위명(job title)이 사용되었다(정재명, 2006: 267). 현재 고위공무원단 소속 공무원의 충원은 인사위원회가 승인한 조건하에서 각 기관별로 행해지며, 약 4,000명이 고위공무원단에 소속되어 있다(Massey, 2011: 354). 이들에게는 업무량과 연계된 직무의 평가값에 기초하여 개인적 직무계약과 보수결정이 이루어진다.

2. 고위공무원단제도의 장점과 단점

고위공무원을 범정부적 차원에서 통합적으로 관리·운영함으로써 얻어질 수 있는 긍정적 효과는 매우 다양하다. 이와 더불어 그 제도 자체가 지니는 한계뿐만 아니라 실제 운영상 여러 가지 문제점도 적지 않다. 이러한 고위공무원단제도의 장점과 단점을 구체적으로 살펴보면 다음과 같다(〈표 5-9〉 참고).

표 5-9 고위공무원단제도의 장점과 단점

장점(긍정적 효과)	단점(부정적 효과)
• 고위공무원 역량 및 공직 경쟁력 강화	• 엽관 · 정실 개입 및 신분불안 가능성
• 인력운영의 융통성 제고	• 인력운영의 융통성 저하
• 부처이기주의 및 인사침체 완화	• 성과관리의 어려움
• 정책추진의 통제력 강화	• 민간전문가의 활용상 한계
• 고위공무원의 처우 개선	• 인사행정의 경제성 문제

1) 고위공무원단제도의 장점

첫째, 개방과 상호 경쟁을 통해 높은 정치적 대응성, 폭 넓은 행정관리역량 및 탁월한 전문적 직무수행능력을 함께 구비한 고위공무원집단의 양성이 가능하다(오석홍, 2013: 96; 이종수, 2000: 31). 이와 같이 고위공무원의 전반적인 역량을 높임으로써 공직 전반에 걸쳐 경쟁력이 강화될 수 있다.

둘째, 고위공무원을 범정부적 차원에서 통합적으로 관리함으로써 인력운영의 유동성·융통성이 높아져 적재적소 배치를 통한 인력활용의 효율성 제고가 가능하다.

셋째, 고위공무원의 임용이 전체 정부에 걸쳐 개방적으로 이루어지기 때문에 부처(기관) 내 또는 부처(기관) 간의 인사교류가 촉진되어 부처이기주의와 인사침체를 극복할 수 있다.

넷째, 대통령이나 부처 장관 등 임용권자의 인사관리에 있어서 재량범위가 확대되어 정책추진에 필요한 통제력이 강화될 수 있다.

다섯째, 성과급이나 실적급 및 장려금의 도입으로 우수한 고위공무원에 대한 처우가 개선될 수 있다.

2) 고위공무원단제도의 단점

첫째, 임용권자의 인사관리에 있어서 재량범위의 확대로 정치적 영향이나 정실이 개입될 소지가 있으며, 고위공무원의 신분불안 및 사기 저하가 나타날 수 있다. 특히 정치적 영향으로 인해 직무수행의 자율성과 공정성이 손상될 가능성이 있다.

둘째, 고위공무원의 통합관리로 인력운영의 융통성과 효율성이 높아질 수 있으나, 반면에 소속기관장의 인사권이 제약되어 적재적소 배치가 곤란하게 되는 경우가 나타날 수 있다. 또한 인기 있는 부처에만 지망자가 집중되는 문제가 발생할 수 있으며, 이 경우 인력운영의 융통성은 그만큼 낮아지게 된다.

셋째, 고위공무원의 직무성과를 실제 측정하는 것은 쉽지 않으며, 성과평가의 객관성과 공정성이 확보되지 않을 경우 그 제도의 취지를 살리지 못할 수 있다.

넷째, 고위공무원의 보수수준이 민간부문에 비해 상대적으로 낮고 임용계약 기간이 짧아 우수한 민간전문가의 지원 및 영입이 어려워질 수 있다. 또한 이들 민간전문가의 경우 정부에서의 근무경험이 거의 없기 때문에 채용 후 조직 및 업무 적응에 있어서 상당한 문제가 발생할 수 있다.

다섯째, 제도를 실제 운영하는데 많은 시간과 노력이 소요되고, 부서나 기관 간의 인사관리상 협력이 적시에 이루어지지 않으면 자칫 업무공백이 초래될 수 있다.

3. 우리나라의 고위공무원단제도

1) 고위공무원단제도의 도입

우리나라 중앙행정기관의 고위직 공무원은 그동안 국가의 정책과 행정에 미치는 영향력이 지대함에도 불구하고 그들의 직무능력과 성과를 제고하기 위한 전략적이고 체계적인 인사관리가 미흡하였다. 전통적인 계급제하에서 단기적인 보직이동으로 전문성과 책임성이 부족하고 성과관리가 연공서열 중심으로 이루어져 동기유발이 낮으며, 각 부처 출신에 한정된 폐쇄형 임용제로 말미암아 부처이기주의 등 여러 가지 부작용이 발생하였다.

이러한 문제점을 극복하고자 2006년 7월 1일부터 고위공무원단제도가 도입·시행되었다. 각 부처의 고위공무원을 범정부적 차원에서 통합하여 하나의 집단으로 형성하고, 이들을 능력과 성과 중심으로 활용·관리함으로써 정부의 경쟁력을 높이는 것이 그 목적이다(「국가공무원법」 제2조의2). 여기서 고위공무원단이란 '직무의 곤란성과 책임도가 높은 특정한 직위(고위공무원단 직위)에 재직중이거나 파견·휴직 등으로 인사관리되고 있는 공무원군'을 말하며, 고위공무원단의 구성 및 운영 등에 관한 구체적인 사항은 「고위공무원단 인사규정」 등에 정해져 있다.

2) 고위공무원단제도의 핵심내용 및 주요 특징

(1) 제도의 핵심내용

우리나라 고위공무원단제도는 중앙행정기관의 실·국장급 공무원으로 고위공무원단을 구성하고, 이들을 범정부적으로 통합·관리한다. 고위공무원단에 속하는 공무원의 계급을 폐지하고, 부처의 경계를 넘어 개방형 및 직위 공모를 통해 인사배치를 하며, 성과와 책임을 강화하고, 고위공무원의 범정부적 시야 확대와 능력발전을 도모한다. 이러한 고위공무원단제도의 핵심요소와 그 세부내용을 살펴보면 〈표 5-10〉과 같다.

표 5-10 고위공무원단제도의 핵심내용

핵심요소	세부내용
• 폐쇄형 임용체제 ⇒ 개방과 경쟁	• 개방형 직위제, 부처 내외 공모 직위제 등
• 계급 · 연공 중심 ⇒ 성과와 책임	• 직무등급제, 성과계약 및 연봉제, 적격성 심사 등
• 무분별한 순환보직 ⇒ 능력발전 및 전문성	• 역량평가제, 교육훈련, 최소보임기간 설정 등
• 부처 중심의 시야 ⇒ 범정부적 통합 시야	• 부처 간 인사교류, 공모 직위제 등

자료: 중앙인사위원회(2004)의 내용을 일부 수정함.

(2) 제도의 주요 특징

고위공무원단제도의 도입으로 고위공무원에 대한 인사관리는 큰 변화를 맞게 되었다. 고위공무원단제도의 도입 전·후에 있어서 인사관리상의 여러 관점별 특징을 보면 〈표 5-11〉과 같다.

기존의 계급제에서는 계급을 기준으로 보수, 정원관리, 승진 전보 등의 인사행정이 이루어졌으나, 고위공무원단 소속 공무원에 대해서는 계급 대신 해당 직위의 직무등급이 인사운영의 기준이 된다. 충원 및 보직이동의 경우, 소속부처 내에 한정된 전보·승진 등에서 벗어나 다른 부처의 공무원뿐만 아니라 공직 외부의 민간인과의 경쟁을 통한 임용방식이 채택되고 있다. 또한 고위공무원단으로 진입하기 위해서는 후보

표 5-11 고위공무원단제도의 주요 특징

구분	도입 전	도입 후
소속	• 각 부처	• 고위공무원단
인사운영기준	• 계급	• 직무등급
충원 및 보직이동	• 부처 내 폐쇄형	• 부처 내외 + 외부 민간 개방형
자질 · 능력평가 및 검증	• 주관적 · 추상적 평가 • 인사심사	• 역량평가 • 인사심사 + 적격심사
보수	• 계급제적 연봉제	• 직무성과급적 연봉제
성과관리	• 연공서열 위주의 형식적 관리	• 엄격한 성과관리
교육훈련	• 획일적	• 개별적 · 맞춤식
신분관리	• 안정적 신분보장	• 엄격한 신분관리

자료: 중앙인사위원회(2004)의 내용을 일부 수정함.

자교육 및 역량평가 등을 반드시 거치도록 하고 있으며, 고위공무원으로서의 성과와 책임을 강화하기 위하여 적격심사제를 도입하고 있다.

고위공무원의 보수체계를 기존의 계급제적 연봉제에서 직무등급 및 성과에 따라 보수를 차등 지급하는 직무성과급적 연봉제로 변경하였으며, 성과계약을 체결하고 성과평가 결과에 따라 신분상 불이익이 주어지는 등 성과관리가 강화되었다. 또한 기존에는 근무연한에 따라 획일적인 교육기회가 부여되었지만, 각 개인이 처한 상황에 따라 부족한 역량과 자질을 파악하여 필요한 교육훈련을 받도록 하는 맞춤형 교육훈련이 제도화되었다.

3) 고위공무원단의 직위

고위공무원단 직위란 '직무의 곤란성과 책임도가 높은 특정한 직위'를 말하며, 그 구체적인 대상은 다음과 같다.

■ 고위공무원단 직위(「국가공무원법」 제2조의2)
1. 「정부조직법」 제2조에 따른 중앙행정기관의 실장 · 국장 및 이에 상당하는 보좌기관 2. 행정부 각급 기관(감사원 제외)의 직위 중 제1호의 직위에 상당하는 직위 3. 「지방자치법」 제110조제2항 · 제112조제5항 및 「지방교육자치에 관한 법률」 제33조제2항에 따라 국가공무원으로 보하는 지방자치단체 및 지방교육행정기관의 직위 중 제1호의 직위에 상당하는 직위 4. 그 밖에 다른 법령에서 고위공무원단에 속하는 공무원으로 임용할 수 있도록 정한 직위

이와 같은 고위공무원단의 대상 직위 중 ①에 해당하는 직위로는 실장, 본부장, 국장, 단장, 부장, 심의관, 팀장 등, ②에 해당하는 직위로는 각급 위원회의 위원장 · 상임위원 · 사무처장, 실장 · 국장 등, ③에 해당하는 직위로는 광역자치단체의 행정부시장 · 부지사 · 기획관리(조정)실장 및 지방교육행정기관의 부교육감 등, ④에 해당하는 직위로는 「외무공무원법」 제2조의2에 따라 대통령령으로 정하는 공사급 이상의 외무공무원 직위 등이 있다(〈표 5-12〉 참고). 이들 고위공무원단 직위에는 각 직위에 배정된 직무의 곤란성과 책임도를 바탕으로 직무값이 부여되고, 그 직무값에 따라 각 직위의 직무등급이 정해진다. 현재 고위공무원단 직위의 직무등급은 가급(실장급)과 나급(국장급)으로 구분된다.

표 5-12 고위공무원단의 직위 구성

구분	포함되는 공무원	제외되는 공무원
직종별	• 국가공무원 • 일반직(임기제공무원 포함), 별정직 • 특정직 중 외무공무원	• 지방공무원 • 정무직 • 외무공무원 외의 특정직
기관별	• 중앙행정기관(소속기관 직위 포함)[1] • 행정부 각급기관[2]	• 국회, 법원, 헌법재판소, 선거관리위원회 등 행정부가 아닌 헌법상 독립기관 • 감사원[3]
지방정부 직위별 (예)	• 광역자치단체 행정부시장 · 행정부지사[4] 및 기획관리(조정)실장 • 지방교육행정기관 부교육감	• 광역자치단체 정무부시장 · 정무부지사[5] • 기초자치단체(시 · 군 · 구)의 부단체장[6]

1. 소속기관 중 지방병무청장, 지방국세청장 등 중앙행정기관의 실 · 국장(1~3급)에 상응하는 직위 포함
2. 대통령비서실, 국무총리실, 국가정보원, 국민권익위원회 등과 같이 중앙행정기관이 아닌 기관도 중앙행정기관의 실 · 국장(1~3급)에 상응하는 직위 포함
3. 감사원은 별도의 고위감사공무원단제도 운영
4. 서울특별시 행정부시장은 정무직 국가공무원이므로 제외
5. 정무부시장 · 정무부지사는 지방공무원(서울특별시 정무부시장은 정무직 국가공무원)이므로 제외
6. 기초자치단체의 부단체장(부시장 · 부군수 · 부구청장)은 지방공무원이므로 제외

자료: 「국가공무원법」 제2조의2 및 「지방자치법시행령」 제73조

4) 고위공무원단의 충원

고위공무원의 충원은 각 직위의 형태에 따라 각기 다른 방식으로 이루어진다. 고위공무원단 직위는 민간과 공무원 간에 경쟁하는 개방형 직위, 부처 구분 없이 공무원 간에 경쟁하는 공모 직위, 부처 내의 공무원으로 충원되는 자율 직위로 구분된다. 개방형 직위는 소속장관별로 고위공무원단 직위 총수의 20% 범위에서, 그리고 공모 직위는 소속장관별로 경력직공무원으로 보할 수 있는 고위공무원단 직위 총수의 30% 범위에서 지정하도록 하고 있다(〈표 5-13〉 참고).

고위공무원단 직위에 대한 충원은 신규채용(경력경쟁채용 등), 승진 또는 전보의 방법으로 이루어진다. 어떠한 방법에 의하든 고위공무원단 후보자가 되기 위해서는 후보자교육과정을 마치고 역량평가를 통과해야 한다. 고위공무원의 충원 및 적격성에 대한 심사를 위하여 인사혁신처에 고위공무원임용심사위원회가 설치되어 있으며, 이는 5인 내지 9인의 위원으로 구성하며 위원장은 인사혁신처장이 된다.

표 5-13 고위공무원단의 충원방식

구분	성격	비중
개방형 직위	• 공직 내외의 경쟁을 통한 적임자 선발(민간인도 응모 가능)	20%
공모 직위	• 부처 구분 없이 경쟁을 통한 적임자 선발(타 부처 공무원도 응모 가능)	30%
자율 직위	• 소속장관이 재량권을 가지고 임용	–

자료: 「개방형 직위 및 공모 직위의 운영 등에 관한 규정」 제3조 · 제13조

5) 고위공무원단의 관리

(1) 근무성적평정

고위공무원의 근무성적평정은 '성과계약 등 평가'에 따른다. 개인의 성과목표 · 평가지표에 관하여 소속기관장과 성과계약을 체결하고, 개인의 성과목표달성도와 부서 단위의 운영성과, 직무수행과 관련된 자질이나 능력 등을 종합적으로 평가하게 된다. 매년 5개 등급(매우 우수, 우수, 보통, 미흡, 매우 미흡) 중 하나의 등급으로 평가하며, 최하위 등급을 총 2년 이상 받거나 최하위 등급을 1년 이상 받고 정당한 사유 없이 무(無)보직 기간이 6개월 이상인 경우에는 적격심사를 받아야 한다. 또한 정당한 사유 없이 무보직 기간이 총 1년에 이르거나 조건부 적격자가 교육훈련 · 연구과제를 이행하지 아니한 때에도 적격심사의 대상이 된다. 이처럼 적격심사를 요구받은 고위공무원에 대해서는 직위해제가 가능하다(「국가공무원법」 제73조의3).

(2) 적격심사

적격심사란 고위공무원으로서 적격한지 여부에 대한 심사를 말하며, 고위공무원으로서의 성과와 책임을 강화하는데 그 목적이 있다. 적격심사는 고위공무원임용심사위원회에서 실시하는데, 과거의 정기심사와 수시심사로 구분된 제도가 현재 통합되어 상시(常時) 심사체제로 전환되었다. 적격심사는 고위공무원의 근무성적, 능력 및 자질의 평정에 따르며, 그 의결은 적격, 조건부 적격, 부적격 중의 하나로 내려진다. 고위공무원의 직무를 계속 수행하게 하는 것이 곤란하다고 판단되는 사람은 부적격자로 결정하며, 다만 교육훈련 또는 연구과제 등을 통하여 근무성적 및 능력의 향상이 기대되는 사람은 조건부 적격자로 결정할 수 있다. 부적격 결정을 받은 고위공무원에 대해서는 직권면직이 가능하며, 이에 대해 불복하는 경우 소청심사를 청구할 수 있다.

(3) 신분보장

고위공무원단 소속 일반직공무원은 원칙적으로 다른 일반직공무원과 동일한 수준의 정년(근무상한연령) 및 신분보장제도의 적용을 받지만, 직무등급이 가장 높은 등급(가급)의 직위에 임용된 고위공무원은 그 예외가 된다. 별정직 고위공무원의 경우는 다른 별정직공무원과 마찬가지로 「별정직공무원 인사규정」에 따른다.

(4) 보수체계

고위공무원단의 보수체계는 직무성과급적 연봉제를 원칙으로 한다. 이 제도에서의 보수는 연봉과 연봉외 급여로 구성되는데, 연봉은 기본연봉과 성과연봉으로 구분되며, 연봉외 급여에는 가족수당, 자녀학비보조수당, 직급보조비, 정액급식비 등이 포함된다. 여기서 기본연봉은 기준급과 직무급을 합한 연간금액인데, 기준급은 개인의 경력 및 누적 성과를 반영하여 책정되며, 직무급은 직무등급(가, 나)에 따라 책정된다. 반면에, 성과연봉은 전년도 '성과계약 등 평가'결과에 따라 등급별로 차등 지급된다.

6) 고위공무원단제도의 과제

고위공무원단제도가 도입된 이후 공직사회 전반에 성과주의 문화가 확산되는 등 가시적인 성과가 있었다고 할 수 있다. 그럼에도 불구하고, 현행 제도는 제도운영체계, 성과관리체계 및 역량관리체계 등의 측면에서 개선되어야 할 과제를 안고 있다(박영원, 2008: 170~175).

(1) 고위공무원단제도의 문제점

제도운영체계상 문제점 민간인이나 다른 부처의 공무원 등 외부로부터 임용된 고위공무원의 경우, 해당 부처 내부의 공무원에 비해 관련 업무에 대한 이해도가 낮고 전문성이 부족한 문제가 발생하고 있다. 또한 우수인력의 부처 간 이동성 미흡을 지적할 수 있는데, 다른 부처 공무원의 지원자 대비 임용률이 부처 내의 지원자 대비 임용률에 비해 상대적으로 낮다는 점이다.

성과관리체계상 문제점 개인의 목표관리 및 부서성과관리 등 전반적인 성과관리 및 평가시스템이 제대로 연계 운영되지 않아 평가를 위한 평가로 인식되는 경향이 없지 않다. 또한 실제 성과급의 비중이 낮아 성과유인책으로서의 효과를 제대로 발휘하지 못하고 있으며, 현행 보수체계가 조직과 업무의 특성을 반영하지 못하고 일률적으로 구성되어 있는 것도 문제점이다.

역량관리체계상 문제점 고위공무원으로 임용된 후에 필요한 적응훈련시스템이 미흡하다고 할 수 있다. 특히 민간인이나 다른 부처의 공무원 등 외부로부터 임용된 고위공무원의 경우, 해당 부처의 조직관리·운영시스템과 조직문화를 이해하고 적응하는데 상당한 어려움이 있다. 또한 현재 후보자뿐만 아니라 재직자를 대상으로 하는 교육훈련프로그램이 실시되고 있으나, 그 참여율은 매우 낮은 수준에 그치고 있다.

(2) 고위공무원단제도의 발전방안

제도운영체계상 발전방안 고위공무원의 전문성을 제고하는 제도적 장치를 마련할 필요가 있다. 그 예로서 임기보장제를 들 수 있는데, 개방형 직위뿐만 아니라 고위공무원 전체의 임기를 2~3년으로 보장함으로써 업무에 대한 이해도와 전문성을 높이는 노력을 기울여야 한다. 또한 인사시스템의 공정성 및 투명성 강화를 들 수 있는데, 각 부처의 임용과정에 있어서 정실이나 엽관주의의 개입이 없도록 미연에 방지하는 제도 개선이 필요하다.

성과관리체계상 발전방안 고위공무원단제도가 우수인력의 활용 및 역량 강화를 위한 제도로 정착되기 위해서는 성과관리시스템이 전면 개선되어야 한다. 객관적이고 공정한 성과지표 및 측정방법의 발굴·활용이 요구되며, 개인 목표관리제와 부서 업무평가제 및 정부 업무평가제 등이 상호 연계될 수 있도록 성과관리체계를 개편하여야 한다.

또한 성과유인책의 실효성을 높이기 위해 보수 및 성과급의 현실화가 필요하다. 현행 연봉의 상한액과 하한액을 높이고, 기본연봉은 고위공무원의 경력 및 역량에 따라 차등 지급하되 업무의 난이도 및 중요도에 따라 직무등급을 좀 더 세분화할 필요가 있다. 특히 외부 민간인의 유입을 촉진하기 위하여 성과연봉의 지급률을 상향 조정하여 민간수준에 근접시키는 노력을 기울여야 한다.

역량관리체계상 발전방안 고위공무원으로 임용된 후에 필요한 적응훈련시스템이 확충되어야 한다. 임용된 후의 단기 교육과정의 신설뿐만 아니라 직무를 수행하는 과정에서 수시 멘토링(mentoring) 프로그램이 마련되어야 한다.

또한 자발적인 교육훈련 참여에 대한 보상체계 및 강제책의 수립·활용이 필요하다. 예컨대 매년 최소 1회의 참여를 의무화하고, 이에 대한 보상의 일환으로 1~2일 간의 유급휴가를 사용할 수 있도록 정례화하는 것이다. 이러한 교육훈련프로그램에 불참한 고위공무원은 근무성적평정시 감점을 받도록 하는 것도 하나의 방안이 될 수 있다.

의식 및 분위기의 개선 특히 민간인이나 다른 부처의 공무원 등 외부로부터 임용된 고위공무원의 경우, 해당 부처의 조직관리·운영시스템과 조직문화를 이해하고 적응하는데 상당한 어려움이 있다. 고위공무원단제도가 효과적으로 정착되기 위해서는 공직사회 전체가 외부인을 유연하게 수용할 수 있는 의식과 분위기가 형성되어야 한다.

제6장

인사기관

제1절 인사기관의 이해

모든 정부활동은 그것을 담당할 기관이나 조직을 필요로 하는데, 인사행정을 전문적으로 담당하여 수행하는 기관이나 조직을 인사기관이라 한다. 인사기관은 인사행정의 대상이 되는 공무원의 범위나 소속을 기준으로 하여 중앙인사기관, 부처인사기관 및 지방자치단체 인사기관으로 나눌 수 있다. 중앙인사기관은 한 국가의 모든 공무원에 대한 인사행정을 종합적으로 주관하는 기관으로서 범정부적인 인사정책과 인사행정을 총괄한다. 중앙인사기관의 방침이나 지도에 따라 부처인사기관은 해당 부처의 인사행정을, 그리고 지방자치단체 인사기관은 해당 지방자치단체의 인사행정을 담당·수행한다.

제2절 중앙인사기관

1. 중앙인사기관의 의의

1) 중앙인사기관의 의미

중앙인사기관이란 범정부적 차원에서 인사행정을 전문적·종합적으로 총괄하는 기관을 말한다. 즉, 중앙인사기관은 정부의 인사정책 수립, 인력의 효율적 활용, 공무원의 능력개발 및 근무규율 등 인사에 관한 일체의 정책을 수립하고 기준을 제공함과 동시에 실제 인사행정의 집행을 총괄한다.

2) 중앙인사기관의 필요성

중앙인사기관을 두는 이유나 목적은 국가에 따라 차이가 있지만, 일반적으로 다음과 같은 이유나 필요에 의해 중앙인사기관을 설치·운영한다.

첫째, 정실·엽관주의적 임용을 배제하고 실적주의를 확립하기 위한 필요성이다. 각 기관이나 부처에서 인사제도를 자의적으로 수립·운영하게 되면 정치적 영향을 받거나 정실에 의한 인사가 행해질 가능성이 있기 때문에, 이를 방지할 수 있는 강력한 인사권을 가진 중앙인사기관이 필요하게 된다.

둘째, 인사행정의 전문성 향상을 위한 필요성이다. 행정의 기능과 역할이 확대되고 복잡해짐에 따라 공무원의 수가 대폭 증대함으로써 이들을 합리적·효율적·과학적으로 관리할 수 있는 전문기관이 필요하게 되었다. 중앙인사기관의 설치·운영함으로써 인사행정에 관한 전문적인 연구가 가능하며, 이를 통해 인사행정의 전문화와 기술발전을 촉진할 수 있다.

셋째, 인사행정의 통일성과 일관성을 도모하기 위한 필요성이다. 각 부처·기관마다 제각기 독자적인 인사행정을 수행하게 되면 행정조직 전체에 걸쳐 통일되고 일관된 인사행정을 수행할 수 없게 된다. 또한 이러한 부처별·기관별 할거주의로 발생할 수 있는 자의성과 불균형을 방지하고 인사행정의 일관성과 공평성을 도모하기 위하여 중앙인사기관이 필요하다.

넷째, 행정수반에 대한 인사자문을 강화하기 위한 필요성이다. 행정수반은 행정 전반에 대해 최종적인 책임을 지므로 행정수반에게 정부 내 인적자원관리에 대한 도구가 주어져야 한다. 이에 행정수반에 대한 인사자문기능을 강화하여 행정수반으로 하여금 행정 전반에 관한 지휘·통솔을 원활하게 하는데 도움을 주기 위하여 중앙인사기관이 필요하다.

다섯째, 공무원의 권익을 보호하기 위한 필요성이다. 임용권자의 자의적인 인사권 행사 혹은 외부의 정치적 영향으로부터 공무원을 보호하기 위해서는 제3자적인 중립적 인사기관의 설치가 전제되어야 한다. 따라서 중앙인사기관의 역할을 통해 실적주의를 확립·유지할 수 있으며, 이에 따라 공무원의 신분보장과 권익보호가 이루어질 수 있다.

2. 중앙인사기관의 기능

중앙인사기관은 제도적 산물이기 때문에 국가에 따라 그 기능이 상이하다. 또한 중앙인사기관의 조직형태에 따라 그것이 수행하는 기능에서 차이가 나타날 수 있다. 이처럼 실제 제도와 조직형태에 따라 중앙인사기관의 기능은 다를 수 있지만, 일반적으로 다음과 같은 기능을 수행한다.

1) 준입법기능

중앙인사기관은 법률의 범위 내에서 인사행정에 관한 규정을 제정하는 역할을 수행하며, 이는 일종의 위임입법기능이라 할 수 있다. 각종 인사제도뿐만 아니라 공직분류, 임용, 교육훈련, 행동규범, 보수 등 인사행정 전반에 관한 명령과 규칙을 제정·개정한다.

2) 집행기능

중앙인사기관은 인사법령이나 지침에 규정된 인사행정 사무를 구체적으로 처리한다. 공직분류, 임용, 승진, 전보, 교육훈련, 근무평정, 보수와 연금, 규율 등 인사행정의 기본 업무뿐만 아니라 행정수반에 대한 자문, 조사 및 연구, 각 기관의 인사행정에 관한 지원 등을 포함한 인사행정의 전반에 관한 포괄적인 업무를 실제 수행한다.

3) 준사법기능

중앙인사기관은 공무원의 권익을 보장하기 위한 기능을 수행하는데, 이는 판결의 효력과 유사한 기능을 수행한다는 점에서 준사법기능이라 불린다. 즉, 위법 또는 부당한 처분을 받은 공무원의 소청이 있을 때, 이를 판단하는 권한을 지니며, 그 결정은 처분청을 기속(羈束)하는 효력이 있다.

4) 감사 · 자문 · 조사연구기능 등

중앙인사기관은 각 부처(기관)의 인사행정을 지도 · 통제하고, 인사업무의 위법성이나 부당성을 조사 · 감사 · 평가하는 기능을 수행한다. 위법 또는 부당한 사실이 발견되었을 때에는 이에 대한 시정과 더불어 관계 공무원에게 책임을 부여하도록 하는 등의 조치를 취한다. 또한 중앙인사기관은 인사행정에 관한 사항을 행정수반에게 보고하며 조언 · 권고하고 지원하는 기능을 수행한다. 이러한 자문 · 보좌기능은 인사행정의 참모 · 막료적 성격에서 도출되는 것으로서 대부분의 인사기관이 지니는 본질적인 기능이라 할 수 있다. 이외에도 중앙인사기관은 인사행정의 전반에 관한 조사 및 연구기능을 수행한다.

3. 중앙인사기관의 조직

1) 중앙인사기관의 조직성격

중앙인사기관의 조직상 성격은 여러 관점에서 논의될 수 있으나, 일반적으로 독립성, 합의성, 집권성 등의 세 가지 기준에 입각하여 검토해 볼 수 있다(〈표 6-1〉 참고).

(1) 독립성

중앙인사기관의 독립성이란 중앙인사기관이 인사행정에 관한 의사결정과 집행에 있어서 정치적 · 정실적 영향으로부터 얼마나 자유로운가를 의미한다. 이러한 독립성은 입법부, 사법부, 행정부 모두로부터의 독립을 의미하지만, 행정부 혹은 행정수반으로부터의 독립에 중점을 두고 있다. 왜냐하면 중앙인사기관도 당연히 입법부로부터 입법권과 예산심의권 등에 의한 제약을 받으며 사법부가 내리는 법의 해석을 적용받고 있기 때문이다.

표 6-1 중앙인사기관의 조직성격

성격	장점(순기능)	단점(역기능)
독립성	• 엽관 · 정실 방지(실적주의 확립) • 인사행정의 무질서 및 부정부패 방지 • 공무원의 전문성 · 책임성 강화	• 민주주의 책임정치원리에 어긋 • 참모 · 막료기능 수행 곤란 • 책임한계 불분명 및 인사통제 곤란
합의성	• 신중 · 공정 · 중립적 판단 가능 • 다양한 의견 · 전문지식의 균형적 반영 • 독립성 보장에 기여	• 참모 · 막료기능 수행 곤란 • 의사결정의 지연 및 타협화 • 책임소재의 불명확
집권성	• 엽관 · 정실 방지(실적주의 확립) • 인사행정의 일관성 · 능률성 확보 • 통일적 통제 · 조정 용이 및 전문회	• 인사행정의 경직화(자율성 · 신축성 저하) • 기관장의 지휘통솔력 저하 • 인시행정의 적극화 어려움

장점 중앙인사기관의 독립성이 보장되면 정치적 · 정실적 영향으로부터 해방되어, 인사행정의 자의성 · 무질서 및 부정부패가 방지될 수 있다. 또한 엽관 · 정실주의를 배제하고 실적주의를 확립 · 유지하는데 도움을 주며, 이로 인해 공무원의 전문성과 책임감이 강화되고 행정의 질적 향상이 도모될 수 있다.

단점 중앙인사기관의 독립성으로 인해 국정 전반을 책임지는 행정수반이 공무원의 인사에 대한 통제권을 갖지 못한다는 것은 민주주의의 책임정치원리에 어긋난다고 볼 수 있다(Sylvia, 1994; 유민봉 · 박성민, 2014: 144에서 재인용). 특히 인사는 참모 · 막료적 기능인데, 이를 독립시키는 것은 부당하다는 것이다. 또한 독립된 기관의 부당행위와 무능에 대해 책임을 묻기가 쉽지 않기 때문에 인사행정 전반에 대한 통제 및 책임성의 확보가 곤란해질 수 있다.

(2) 합의성

중앙인사기관의 합의성이란 중앙인사기관이 복수의 구성원으로 이루어지는 것을 말한다. 즉, 중앙인사기관이 한 사람의 책임자에 의해 의사결정이 이루어지는 단독제가 아니라, 다수의 인사위원에 의해 구성되고 합의제 형태로 운영되는 것을 의미한다.

장점 합의제는 여러 이해관계인의 의견을 고루 반영할 수 있으며, 보다 신중하며 공정하고 중립적인 판단을 가능하게 한다. 또한 위원별로 임기를 달리하여 부분 교체함으로써 인사행정의 계속성과 일관성을 확보할 수 있다. 특히 다양한 성향을 지닌 위원들로 구성된 합의형은 행정수반이나 특정 세력의 영향력에 지배될 가능성이 낮기 때문에 그 기관의 독립성을 보장하는데 도움이 될 수 있다.

단점 합의제는 다수의 참여를 통한 의사결정방식을 채택함으로써 행정수반의 인사행정에 대한 통제를 어렵게 하며, 이로 인해 인사에 관한 참모·막료적 기능을 수행하는데 한계가 있을 수 있다. 또한 판단의 시간적 지연, 타협적 결정, 책임의 분산 및 떠넘기기 등 합의제가 가지는 일반적인 폐해가 나타날 수 있다.

(3) 집권성

중앙인사기관의 집권성은 한 국가의 인사행정에 관한 모든 권한을 중앙인사기관에 집중시키는 것을 말한다. 이는 인사기능이 중앙인사기관과 각 부처(기관 혹은 지방자치단체) 사이에 어떻게 배분되는가와 관련이 있다.

장점 엽관·정실적 영향을 받기 쉬운 각 부처의 인사기능이 중앙인사기관에 집중됨으로써 실적주의의 실현이 가능하여 인사행정의 공정성과 능률성이 높아질 수 있다. 또한 인사정책 추진에 있어서 통일성과 일관성을 확보하고 각 부처의 인사행정에 대한 통제와 조정이 용이하며, 인사행정에 관한 전문적인 연구·조사를 통해 인사행정의 전문화를 이룰 수 있다.

단점 중앙인사기관의 집권화는 통일적이고 획일화된 판단이나 결정을 초래하여 각 부처의 자율성과 신축성을 저해할 수 있다. 특히 각 부처의 장이 소속공무원에 대한 직접적인 인사권을 갖지 않는 경우, 소속공무원의 지휘·통솔에 어려움이 있고 자신의 실정에 맞는 적극적 인사행정을 펼칠 수 없게 된다.

2) 중앙인사기관의 조직형태

중앙인사기관의 조직상 성격을 바탕으로 중앙인사기관의 실제 조직형태를 구조화할 수 있다. 특히 독립성과 합의성의 기준을 조합하여 조직형태를 구조화하면 〈표 6-2〉와 같다.[1)]

독립성과 합의성의 성격을 동시에 지닌 기관은 독립합의형(위원회형), 비독립성과 단독성의 성격을 동시에 지닌 기관은 비독립단독형(부처조직형)으로 분류된다. 반면에 독립단독형과 비독립합의형은 각기 별도의 독자적인 형태로 존재하는 경우가 있지만, 대체로 독립합의형이나 비독립단독형의 일부 변형된 형태에 가깝다고 볼 수 있다.

1) 집권성은 어떤 조직형태에서든 상관없이 별개로 존재할 수 있는데, 예컨대 집권형 독립합의형, 분권형 독립합의형, 집권형 비독립단독형, 분권형 비독립단독형 등 모두 가능하다.

표 6-2 중앙인사기관의 조직형태

구분	합의성	비합의성(단독성)
독립성	독립합의형 * 위원회형	(독립단독형)
비독립성	(비독립합의형)	비독립단독형 * 부처조직형

대부분의 국가들은 독립합의형과 비독립단독형 가운데 하나의 형태를 지닌 단일의 중앙인사기관을 갖거나, 이들 각 형태를 지닌 복수의 기관을 함께 설치·운영하고 있다. 이처럼 독립합의형 기관과 비독립단독형 기관을 동시에 갖거나, 독립합의형과 비독립합의형의 변형으로서 독립단독형과 비독립합의형을 채택하는 경우도 있을 수 있는데, 이들을 모두 절충형(혼합형·복수형)으로 간주한다.

(1) 독립합의형: 위원회형

독립합의형은 독립성과 합의성의 조직성격을 동시에 지닌 조직형태이며, 보통 '위원회형'으로 지칭된다. 이러한 형태의 중앙인사기관은 다수의 위원들로 구성되며 일반적으로 행정부로부터 분리·설치되어 행정수반에 대해 독립된 지위를 가진다. 위원회는 보통 3~7인의 초당파적(超黨派的) 위원들로 구성되며, 위원의 신분과 임기는 대체로 법적으로 엄격히 설정된다.

장점 독립합의형 기관은 독립성과 합의성의 조직성격이 갖는 장점을 포함한다. 정실·엽관적 영향을 방지함으로써 인사행정의 정치적 중립성과 공정성을 보장하여 실적제를 발전시키는데 기여한다. 또한 다양한 의견이나 전문지식에 바탕을 두어 신중하며 공정하고 균형 있는 의사결정이 가능하며, 위원별로 임기를 달리하여 부분 교체함으로써 인사행정의 계속성과 일관성을 확보할 수 있다. 특히 다수의 위원들로 구성되기 때문에 특정 기관과의 밀착이나 소원 관계를 방지하고, 일반국민이나 입법부 및 행정부와의 관계를 원만히 유지하는데 유리하다.

단점 독립합의형 기관의 단점은 독립성과 합의성의 조직성격이 갖는 단점을 포함한다. 독립된 기관으로서 행정수반에 대한 참모·막료적 기능에 한계가 있으며, 합의체의 특성상 의사결정의 지연, 타협적 결정, 책임소재의 불명확 등이 초래될 수 있다. 특히 엽관주의적 인사행정의 배제를 강조하다보면 인사행정의 적극화나 전문화가 소홀해지기 쉽다.

(2) 비독립단독형: 부처조직형

비독립단독형은 독립성도 합의성도 없는 조직형태를 말하며, 이는 '부처(조직)형' 또는 '집행부형'으로 지칭된다. 이러한 비독립단독형 중앙인사기관은 정부부처의 하나로 편성되어 1인의 책임자에 의해 운영되며, 행정수반의 직접적인 통제를 받는 일반 행정부처와 같은 조직형태를 띤다.

장점 행정수반은 중앙인사기관을 자신의 국정관리수단으로 삼아 주요 인사정책을 강력하게 추진할 수 있다. 또한 중앙인사기관 내에 한 사람의 의사결정자가 존재하므로 의사결정이 신속하게 이루어지고 인사행정에 대한 책임소재가 분명하며, 상황변화에 융통성 있고 신축적인 대응이 가능하다.

단점 비독립단독형 기관은 정부부처의 하나이므로 초당적(超黨的)인 문제를 적절히 반영 · 해결하는데 어려움이 있으며, 행정수반의 영향력이 작용할 수 있어 인사행정의 엽관 · 정실화가 초래될 수 있다. 특히 행정수반이 인사행정을 자신의 국정관리도구로 삼아 행정의 능률성과 신축성에 집착하게 되면 자칫 공무원의 권익이 침해될 소지가 있을 수 있다. 또한 중앙행정기관의 장에 의한 독선적 · 자의적 결정을 견제하는 것이 쉽지 않으며, 기관장이 바뀔 때마다 의사결정이 달라질 수 있어 인사행정의 일관성과 계속성이 저하될 우려가 있다.

(3) 비교 및 종합: 절충형

독립합의형(위원회형)과 비독립단독형(부처조직형)은 각기 장점과 단점을 지니고 있는데, 이를 정리하면 〈표 6-3〉과 같다.

각 조직형태의 장단점으로 인해 어느 하나를 선택하기보다는 두 형태의 장점을 적절히 절충하는 경우가 있을 수 있다. 즉, 하나의 형태를 지닌 기관에 다른 형태를 가미하는 혼합형 또는 서로 다른 형태를 지닌 둘 이상의 기관을 함께 설치 · 운영하는 복수형을 채택하는 것이 그것이다.

혼합형 혼합형의 예로서 먼저 독립합의형(위원회형) 기관에 비독립단독형(부처조직형)의 요소를 가미한 하나의 중앙인사기관을 설치 · 운영하는 경우이다. 이러한 조직형태는 독립합의형에서 위원장의 권한을 강화함으로써 독립합의형의 단점을 줄이고

표 6-3 중앙인사기관의 조직형태별 장점과 단점

구분	장점(순기능)	단점(역기능)
독립합의형 (위원회형)	• 엽관 · 정실 방지(실적주의 확립) • 신중 · 공정 · 중립적 판단 가능 • 다양한 의견 · 전문지식의 균형적 반영 • 인사행정의 계속성과 일관성 확보 • 타 기관과 밀착 방지 · 원만한 관계 설정	• 참모 · 막료기능 수행 곤란 (행정수반의 인사관리수단 미확보) • 의사결정의 지연 및 타협화 • 책임소재의 불명확 • 인사행정의 적극화 · 전문화 어려움
비독립단독형 (부처조직형)	• 참모 · 막료기능 수행 용이 (행정수반의 인사관리수단 확보) • 의사결정의 신속화 • 책임소재의 명확화 • 상황변화에의 신축적 대응	• 초당적 문제 반영에 한계 • 엽관 · 정실 방지 곤란 • 공무원의 권익 침해 가능성 • 독선적 · 자의적 결정 견제 곤란 • 인사행정의 계속성 · 일관성 저하

부처조직형의 순기능적 효과를 얻기 위한 것이다. 예컨대 위원장으로 하여금 집행기능을 단독으로 책임지고 행정수반에 대한 참모기능을 수행하도록 하고, 준입법적·준사법적 기능은 위원장과 다른 위원들로 구성되는 합의체에서 관장하도록 하는 방안이다.

혼합형의 다른 예는 비독립단독형(부처조직형) 기관에 독립합의형(위원회형)의 요소를 첨가한 하나의 중앙인사기관을 설치·운영하는 경우이다. 예컨대 비독립단독형의 기관장에게 임기를 부여함으로써 어느 정도 독립성의 효과를 기대하거나, 내부에 인사행정에 관한 자문·심의기구인 인사위원회를 부설하여 단독형의 폐해를 줄이는 방안이다. 이 경우 인사위원회는 다수의 위원으로 구성된 합의제의 형태를 띠지만, 독립합의형과 같은 최종적인 의사결정권을 갖지 않고 다양한 의견을 제시하고 심사·조정하는 역할을 수행하게 된다.

복수형 복수형은 서로 다른 형태의 둘 이상의 기관을 나란히 설치하여 인사행정의 기능을 적절히 분담시키는 경우이다. 대체로 독립합의형(위원회형) 기관과 비독립단독형(부처조직형) 기관을 동시에 가지는 경우가 일반적인데, 이 경우 독립합의형의 기관은 각종 인사제도 수립 및 공무원의 권익보호 등과 같은 준입법·준사법기능을 주로 수행하고, 비독립단독형의 기관은 행정수반에 대한 자문·보좌, 구체적인 인사집행 및 조사·연구 등의 기능을 담당한다. 이처럼 복수형을 채택하는 이유는 두 가지 조직형태의 장점을 취해 인사행정의 정치적 중립성과 공정성 확보뿐만 아니라 인사행정의 참모 · 막료적 역할을 동시에 달성하기 위해서이다.

4. 주요 국가의 중앙인사기관

1) 미국의 중앙인사기관

미국에서는 1883년 펜들턴법(Pendleton Act)이 제정됨으로써 각 성(省)에 분산되었던 연방정부의 인사기능이 인사위원회(CSC)로 통합 · 집권화되었다. 인사위원회는 엽관주의적 요소를 배제하고 실적제를 확립하는데 상당한 기여를 하였으나, 인사관리기능과 공무원의 권익보호기능을 동시에 수행하는 것은 바람직하지 않다는 비판이 있었다. 이에 1978년의 「공무원인사개혁법(CSRA)」에 따라 연방인사위원회는 폐지되고, 그 기능은 인사관리처(OPM), 실적제보호위원회(MSPB), 그리고 연방노사관계원(FLRA)으로 분리되었다.

인사관리처 인사관리처는 연방정부 공무원의 인사행정업무를 담당하는데 중추적 역할을 수행하고 있다. 연방정부의 인사에 관한 정책 및 기준의 설정, 연방공무원의 모집 · 시험 · 선발 · 교육훈련 · 보수 · 연금 등 구체적인 집행, 인사관리에 관한 감사 및 평가 등에 이르는 인사행정의 전반을 담당한다. 이러한 인사관리처는 행정부 내에 설치된 부처조직형의 조직이며, 인사관리처장은 부장관급(EL-II)으로서 임기가 4년이고, 상원의 인준을 거쳐 대통령이 임명한다. 따라서 인사관리처는 인사행정에 관해서 대통령의 보좌기능을 수행하지만 어느 정도의 독립성이 보장된 기관이라 할 수 있다.

실적제보호위원회 실적제보호위원회는 독립합의형 기관으로서 연방정부의 실적주의를 보호하고 인사권 남용으로부터 공무원의 권익을 보장하기 위한 준사법기능을 수행한다. 연방공무원의 파면 · 해임 등 불이익 처분에 대한 소청, 재임용 탈락 및 정기승급에서 제외된 공무원의 소청 등을 심사 · 처리한다. 또한 인사관리처가 제정한 각종 규칙이 실적제에 위반되는지 여부를 심사하여 무효선언을 할 수 있는 권한을 갖는다. 이러한 실적제보호위원회의 위원은 총 3명이며, 상원의 인준을 거쳐 대통령이 임명한다. 이들 중 2명을 초과하여 동일 정당에 소속될 수 없으며, 각 위원의 임기는 7년이다. 실적제보호위원회 위원장 산하에 독립된 형태의 기관으로 평등고용기회위원회(EEOC)가 설치되어 있다.

연방노사관계원 연방노사관계원은 연방정부 공무원의 단체협상 등 노사관계를 담당하는 중앙인사기관이다. 행정부 내에 설치되어 있지만 직무상 독립된 합의제 기관으로서, 불공정한 노사관계에 대한 청문 및 노사분규를 직접 재결하는 등 준사법기능을 수행한다. 이러한 연방노사관계원의 위원은 총 3명이며, 상원의 인준을 거쳐 대통령이 임명한다. 이들 중 2명을 초과하여 동일 정당에 소속될 수 없으며, 각 위원의 임기는 5년이다.

특별검사실 특별검사실(Office of Special Counsel)은 정치적 활동, 내부고발, 차별 등을 포함한 실적제에 대한 위반사항을 조사 · 기소하는 준사법적 기능을 수행한다. 이러한 위반사항에 대하여 특별검사는 실적제보호위원회에 해당 공무원을 기소하는 권한을 갖는다. 이러한 특별검사실은 과거에 실적제보호위원회 산하에 설치되어 있었으나, 1989년 별도의 독립된 기관으로 분리되었다. 특별검사는 대통령이 임명하되 상원의 승인을 얻어야 하며, 임기는 5년이다.

2) 영국의 중앙인사기관

영국의 경우 1855년 추밀원령이 제정되면서 각 성(省)으로부터 독립된 인사위원회(CSC)가 설치되어 현재까지 운영되고 있다. 또한 1968년 풀턴위원회 보고서의 권고에 따라 공무원성(Civil Service Department)이 신설되었고, 그 이후 많은 변화를 겪으면서 1998년 내각사무처(Cabinet Office)의 공무원실(Home Civil Service)로 개편되어 현재에 이르고 있다.

내각사무처 공무원실 공무원실은 공무원의 채용 및 임용의 조정, 고위공무원단 관리, 속진(速進)심사제도 운영, 복무 및 징계 관리, 파견제도 및 인사교류에 관한 지원, 각 부처의 채용 감독, 공무원통계 관리, 성과 및 보상 관리, 복지 및 보건 지원, 소청심사위원회 운영 등에 관한 업무를 수행한다(정재명, 2006: 254~255). 이러한 공무원실은 수상하에 있는 내각사무처에 소속된 비독립단독형의 기관이며, 공무원실장은 내각의 각료로서 현재 지역 · 지방정부성의 차관을 겸하고 있다.

인사위원회 인사위원회는 실적주의 원칙의 준수를 지도 · 감독하고 그에 관한 세부 규정을 입안하며, 공무원의 이의제기를 청취하고 결정하는 등 준입법 · 준사법적 기능을 수행한다. 이러한 인사위원회의 권한과 책임은 2010년 「헌법 개혁 및 통치법(The Constitutional Reform and Governance Act)」에 의해 법적 기반을 가지게 되었다. 조직편

제상 수상 산하 내각사무처에 소속되어 있지만, 그 권한과 운영에 있어 독립성이 보장된 위원회형 기관이다. 이러한 인사위원회의 위원은 총 11명으로 구성되며, 각 위원은 수상을 겸하고 있는 공무원장관(Minister for the Civil Service)의 추천에 의해 국왕이 임명한다.

소청심사위원회 소청심사위원회(Civil Service Appeal Board)는 공무원의 소청을 심사하고 의결한다. 위원은 국왕이 임명하며, 전체 위원은 사용자측과 노동조합측 인사의 각각 10명 내외로 구성된다. 구체적 사건을 심사할 경우에는 위원장, 부위원장 1명, 사용자측과 노동조합측의 위원 각 1명 등 총 4명으로 심사위원회 회의를 개최한다. 또한 독립성을 강화하기 위하여 1981년부터 위원장은 민간부문에서 임명하고, 부위원장은 사용자측에서 근무한 자와 노동조합측에서 근무한 자로서 인사경험이 많은 사람 각각 1인씩 임명하고 있다. 위원의 임기는 3년이며 1회에 한하여 연임이 가능하다.

3) 일본의 중앙인사기관

일본의 중앙인사기관은 1948년 국가공무원법에 의한 인사원과 1984년에 설치된 총무성 내 인사·은급국으로 이원화되어 있다.

총무성 인사·은급국 총무성 인사·은급국은 인사정책 수립, 각 부처 인사행정의 조정 및 인사교류, 은급(恩級, pension)에 관한 사항을 다룬다. 인사·은급국은 내각에 소속된 총무성의 하부조직이며, 그 내에 인사정책과, 공무원고령대책과, 은급기획과, 은급심사과, 은급업무과 등을 두고 있다.

인사원 인사원은 공무원의 채용, 승진, 신분보장, 인적자원개발, 급여·보상 등 근무조건 및 복지, 능률과 복무, 교육훈련, 인사행정에 관한 조사·연구, 인사법령의 제정·개폐에 관한 의견 제시 등 인사행정 전반에 관한 사항을 관장한다. 특히 인사원 내에 설치된 공평심사국은 공무원의 고충 및 불만 처리, 인사에 관한 공정성 확보 및 공무원의 권익 보호 등에 관한 업무를 담당하는 등 준사법기능을 수행한다. 이러한 인사원은 조직편제상 내각총리하에 있지만, 그 권한과 운영에 있어 독립성이 보장되는 위원회형 집행기관이다. 인사원은 총 3명의 인사관으로 구성되는데, 이들 중 1명은 내각에 의해 총재로 임명된다. 인사관은 양원의 동의를 얻어 내각이 임명하고, 국왕이 인증한다. 인사관의 임기는 4년이며, 재임이 허용되지만 12년까지로 제한된다.

공평위원회 공평위원회는 독립합의형 소청심사기관으로서 인사원 내 공평심사국에서 운영하고 있다. 위원회는 비상설기관이며, 사안이 접수될 때마다 수시로 구성하게 된다. 위원회의 구성은 인사원 규칙상으로는 3명 또는 5명(위원장 포함)이며, 인사관 및 사무총국의 직원 중 인사원이 지명하거나, 필요한 경우 학식과 경험이 있는 민간인도 위촉할 수 있도록 되어 있다. 위원의 임기는 규칙상 별도로 정해져 있지 않으며, 접수된 사안이 해결될 때까지 활동한다.

4) 우리나라의 중앙인사기관

(1) 중앙인사기관의 실태

우리나라는 '중앙인사관장기관'이라는 명칭으로 중앙인사기관을 각 헌법기관에 설치·운영하고 있다. 중앙인사관장기관의 장은 각 기관의 균형적인 인사운영을 도모하고 인력의 효율적인 활용과 능력개발을 위하여 법령이 정하는 바에 따라 인사관리에 관한 총괄적인 사항을 관장한다(「국가공무원법」 제6조).

이처럼 헌법기관별로 중앙인사기관이 설치·운영되고 있으나, 일반적으로 중앙인사기관이라 하면 행정부 소속의 중앙인사관장기관을 지칭한다. 이는 조직과 기능 및 전문성 측면에서 다른 중앙인사기관보다 더 뛰어나고 전체 공무원 중 절대 다수를 차지하고 있는 행정부 소속 공무원을 관리하고 있기 때문이다. 현재 행정부의 중앙인사기관은 인사혁신처가 맡고 있다.

인사혁신처 인사혁신처는 국무총리 소속으로 설치되어 있으며, 행정부 공무원의 인사·윤리·복무 및 연금에 관한 사무를 총괄한다(「정부조직법」 제22조의3).)[2] 인사혁신처에는 인사조직과, 인재개발국, 인사혁신국, 인사관리국, 윤리복무국이 설치되어 있으며, 처장 밑에 대변인 및 인재정보기획관, 차장 밑에 기획조정관 및 공무원노사협력관을 두고 있다.

소청심사위원회 소청심사위원회는 공무원의 소청을 심사·결정하는 등 준사법기능을 지닌 상설 위원회형 중앙인사기관이다. 미국의 실적제보호위원회, 영국의 소청심사위원회 및 일본의 공평위원회 등과 유사하며, 징계처분 및 그 밖에 본인의 의사에 반하는 불리한 처분이나 부작위에 대한 소청의 심사·결정 등 공무원의 권익보호에

---

2) 행정부 소속 공무원의 인사행정에 관한 기본정책의 수립, 인사행정분야의 개혁, 채용, 능력발전, 공직윤리, 복무, 공무원 연금, 처우개선, 인사관리 및 소청 등에 관한 사무를 관장한다(「인사혁신처와 그 소속기관 직제」 제3조).

관한 업무를 관장한다. 현재 소청심사위원회는 조직편제상 인사혁신처 등에 소속되고 위원의 위촉에 있어 인사혁신처장의 제청을 요하는 점에서 독립성이 완전하다고 볼 수 없으나, 직무상으로는 인사혁신처장의 명령을 받지 않고 법률에 의해 위원의 신분이 보장된다는 점에서 어느 정도 독립성이 있다고 할 수 있다. 소청심사위원회에 관한 구체적인 사항은 제6편 제15장 제2절을 참고하기 바란다.

(2) 중앙인사기관의 과제

최근 행정부의 중앙인사기관이 안전행정부 인사실에서 인사혁신처로 개편되었다. 이는 인사행정의 전문성을 높이고 개혁적인 인사정책의 추진을 모색하기 위한 필요성에 따른 것이며, 과거 안전행정부가 수행하는 이질적이고 복합적인 기능에서 벗어나 인사기능만을 전담하는 기구를 별도로 설립·운영하게 되었다. 이처럼 인사행정을 전담하는 정부부처를 설치·운영함으로써 인사정책의 개혁적 추진과 안정적 수행, 인사행정의 전문화 등이 보다 충실히 도모될 수 있을 것으로 기대된다.

하지만 인사혁신처는 부처조직형의 기관으로서, 비독립단독형의 조직형태에서 초래되는 문제점을 그대로 지니고 있다. 인사혁신처는 대통령 산하 중앙행정기관이므로 정치적 영향력이 작용할 수 있어 인사행정의 엽관·정실화가 초래되고 인사행정의 중립성과 공정성이 훼손될 소지가 있다. 또한 인사행정에 관한 권한이 인사혁신처에 집중되면서 인사행정의 획일성과 형식성이 초래될 수 있고 각 부처와 인사혁신처 간에 갈등이 야기될 우려도 있다.

현재 인사혁신처 중심의 인사행정이 갖는 문제점을 보완하기 위해 다음과 같이 중앙인사기관의 발전방안을 제시할 수 있다.

첫째, 인사행정의 정치적 중립성과 공정성을 높이기 위해서 독립합의형의 중앙인사기관으로의 변화를 다시 모색할 필요가 있다(강성철 외, 2014: 134). 과거 1999년에 독립합의형인 중앙인사위원회가 설립되어 행정자치부와 인사행정업무를 분담하였으나, 2004년에는 행정자치부가 가진 집행적 성격의 인사기능까지 중앙인사위원회로 통합하여 중앙인사기관을 일원화하였다. 이처럼 인사기능 중 집행적 성격을 가진 부분까지 포함하지 않더라도, 인사행정의 정책적인 업무만이라도 독립성과 합의성을 지닌 기관에서 정치중립적이며 장기적인 안목으로 담당하도록 하는 것이 필요하다.

둘째, 독립합의형의 기관으로 개편이 어렵다면, 최소한의 독립성이 담보되는 절충형의 중앙인사기관을 설치·운영하는 방안이 검토될 수 있다. 현재 중앙인사기관인 인사혁신처는 국무총리 소속 부처이기 때문에 독립성 결여로 인한 인사기능의 취약성이 문제시 될 수 있다. 따라서 정치권력의 비합리적인 인사개입을 방지하고 인사행정의 전문화 및 인사의 공정화를 도모하기 위해서는 최소한의 독립성을 확보할 필요가 있다.

셋째, 공무원의 인사행정에 관한 업무를 전담하는 부처로 인사혁신처가 신설된 현재에도 여전히 국가공무원과 지방공무원이 분리되어 관리되고 있다. 독립합의형 기관이 재탄생하거나 준(準)독립적인 부처로 변화하든 혹은 현재처럼 인사혁신처가 중앙인사기관의 역할을 담당하든 국가공무원과 지방공무원의 인사행정업무가 통합·관장된다면, 인사행정의 효율화를 기하고 국가공무원 인사행정과 지방공무원 인사행정 간의 연계성을 높이는 효과가 있을 것이다.

제3절 부처인사기관

1. 부처인사기관의 의의

부처인사기관은 각 부처의 인사행정을 담당하는 기관을 말한다. 부처인사기관은 소속기관장에 대하여 인사행정의 참모·막료적 역할을 수행하며, 중앙인사기관의 지침에 따라 해당 부처의 인사행정 전반에 관한 업무를 관장한다.

역사적으로 볼 때, 정실·엽관주의적 인사를 배제하고 실적주의를 확립하기 위해서는 중앙인사기관의 역할이 중요시되었다. 하지만 실적제가 정착되고 행정기능이 양적·질적으로 변화하면서 인사행정의 분권화·자율화에 대한 요구가 등장하였다. 이에 따라 인사기능을 부처인사기관에 적절히 분산 혹은 배분함으로써 각 부처의 실정에 맞는 인사행정을 효율적·적극적으로 추진하려는 노력이 나타나기 시작하였다. 각 부처의 장이 소관 행정에 일차적인 책임을 지는 만큼, 인사행정에 관한 보좌·자문기능을 충실히 수행하고 인사행정에 대한 책임을 부여하기 위해서 부처인사기관의 필요성이 강조되고 있다.

2. 부처인사기관의 기능

부처인사기관의 기능은 행정의 분권화 정도에 따라 그 범위와 정도에서 차이가 있다. 분권화가 상당히 진척된 국가에서는 부처인사기관이 중앙인사기관과 유사한 기능을 수행하는 경우가 있으나, 대체로 관련 법령과 중앙인사기관의 지침에 따라 해당 부처의 인사행정에 관한 업무를 실제 구체화하는 역할을 한다. 예컨대 해당 부처의 인사업무에 관하여 내부 지침을 제정하는 기능, 집행하는 기능, 위법 또는 부당성을 조사·감사·평가하는 감사기능, 소속기관장을 보좌·자문하는 기능, 조사·연구하는 기능 등을 수행한다.

3. 부처인사기관의 조직형태

부처인사기관은 크게 인사전문가(specialist)형과 일반행정가(generalist)형으로 구분할 수 있다(Stahl, 1983: 220; 강성철 외, 137; 박천오 외, 2014: 95). 인사전문가형은 인사행정을 각 전문분야에 따라 분화시킨 형태로서 '기능분립형'이며, 반면에 일반행정가형은 인사행정을 각 기능별로 분리하지 않고 통합한 형태로서 '기능통합형'이라 한다.

1) 인사전문가형: 기능분립형

인사전문가형 혹은 기능분립형은 인사행정을 각 전문분야에 따라 기능별로 분화시킨 형태를 말한다. 즉, 부처의 인사기능을 여러 활동분야로 나누고, 분화된 각 기능의 조직단위에 그 분야의 전문가를 책임자로 삼는 구조이다. 이러한 인사전문가형은 인사행정의 전문화를 촉진하여 기관장으로 하여금 조직 목표의 효율적 달성에 필요한 인력관리가 가능하도록 하는 장점이 있다. 하지만 중앙인사기관과의 갈등이 유발될 소지가 있으며, 기관장이나 감독자가 인사행정을 종합적으로 파악하는데 어려움이 있다. 또한 인사행정에 관한 포괄적인 능력을 가진 인사행정가를 양성하는 것이 곤란한 단점이 있다.

2) 일반행정가형: 기능통합형

일반행정가형 혹은 기능통합형은 단독제 비전문가형의 조직형태를 말한다. 이는 인사전문가형처럼 인사기능을 분야별로 분류하여 전문화시키지 않고 각 부처 내의 다른 부서와 동일하게 인사담당조직을 구조화하는 형태이며, 인사전문가가 아닌 일반행정가를 책임자로 임명하여 부처인사기관의 모든 업무를 주관하도록 하는 구조이다. 이러한 일반행정가형은 인사행정의 공정성과 통합성을 달성하는데 장점이 있으며, 특히 인사행정의 집권화로 부처인사기관이 중앙인사기관에서 정한 사항을 집행하는 기능만을 담당하는 경우에 매우 유용하다. 하지만 부처인사기관장의 인사 관련 전문지식의 부족으로 그 역할이 제대로 수행되지 못할 수 있으며, 이 경우 인력관리의 효율성과 합리성이 저하되고 부처인사기관이 유명무실해지는 문제가 발생한다. 또한 순환보직으로 말미암아 인사행정 전문가의 양성이 어렵다는 단점이 있다.

4. 우리나라의 부처인사기관

1) 부처인사기관의 실태

우리나라의 각 부처는 인사행정과 관련하여 부처조직형의 하부조직과 위원회형의 부처인사기관을 두고 있다.

보조기관 인사행정 담당 하부조직의 명칭이나 분장 사무는 각 부처의 직제규정에 따라 차이가 있으나, 대체로 운영지원과, 총무과, 인사과 등의 명칭으로 설치·운영되고 있다. 이러한 하부조직은 부처조직형의 보조기관으로서 소속기관장에게 해당 부처의 인사행정에 대해 자문하며, 해당 기관의 행정목적을 달성하기 위한 인사행정 기술을 개발·보급하고, 소속기관장이 부처의 인사행정을 효율적으로 집행하도록 지원한다.

위원회 각 부처 내에는 승진심사위원회, 근무성적평가위원회, 징계위원회 등 위원회형의 비상설기구가 존재하고 있다. 이들이 과연 부처인사기관인가에 의문이 있을 수 있으나, 공무원의 인사와 관련된 주요 사항을 심의 또는 의결하는 역할을 수행한다는 점에서 부처인사기관의 일종으로 간주될 수 있다. 예컨대 승진심사위원회는 각 부처의 본부장이나 실·국장급 공무원으로 구성되며, 해당 부처의 승진후보자를 심사하여 승진대상자를 선정하는 기능을 수행한다. 승진심사위원회 대신에 인사위원회를 설치하여 소속공무원의 인력계획, 보직관리 및 승진·전보, 기타 인사운영과 관련된 전반적인 사항을 심의·의결하는 경우도 있다.

2) 부처인사기관의 과제

각 부처에 설치·운영되는 부처인사기관은 부처조직형과 일반행정가형의 조직에서 초래되는 문제점을 그대로 지니고 있다. 각 부처의 장에 대한 보조기관으로서 그의 영향력하에 있기 때문에 인사행정의 엽관·정실화가 초래되어 인사행정의 정치적 중립성과 공정성이 저하될 소지가 있다. 현재 운영지원과(혹은 총무과)는 인사업무 외에도 의식·행사, 사무·문서 관리, 타 부서의 지원 등 비(非)인사업무를 포함한 종합적·복합적인 업무를 담당하기 때문에 인사업무의 전문적 수행에 어려움이 있다. 더욱이 순환보직으로 말미암아 인사행정의 일관성이 결여될 수 있으며, 각 부처의 장에 대한 일종의 추종기관으로서 역할 밖에 수행하지 못하거나 중앙인사기관의 인사정책을 부처 차원에서 단순히 수동적으로 집행하는 수준에 그치는 경향이 나타나고 있다.

이와 같은 부처인사기관의 문제점을 개선하기 위해서는 현재의 부처조직형과 일반행정가형의 기관을 실질적인 위원회형과 인사전문가형의 기관으로 변화시키는 것이 가장 바람직하다. 이러한 근본적인 변화가 현실적으로 어렵다면, 우선 운영지원과(혹은 총무과)에서 인사업무만을 분리하여 별도의 전담조직(예: 인사과)을 설치하는 방안이 검토될 수 있다. 이처럼 인사전담조직을 새롭게 만들거나 기존의 인사과가 있는 경우에 곧바로 인사전문가형으로의 구축은 쉽지 않은 만큼, 인사전담조직의 책임자를 일반행정가로 하고 그 밑에 분야별 인사전문가를 배치하는 절충형이 현실적으로 선호될 수 있다.

제4절 지방자치단체의 인사기관

1. 지방자치단체 인사기관의 의의

지방자치단체의 인사기관이란 지방자치단체에 설치되어 소속공무원에 대한 인사정책을 수립하고 그 집행을 총괄하는 기관을 말한다. 역사적으로 볼 때, 지방자치단체의 인사기관은 행정의 분권화 및 지방자치제의 실시와 관련이 있다. 행정의 양적 확대와 질적 변화에 따라 행정의 분권화가 촉진되었으며, 이는 인사행정의 분권화를 유도하여 지방자치단체의 인사기관이 발달하는 계기가 되었다. 지방자치단체마다 인사기관을 설치·운영함으로써 자신의 특성과 실정에 맞는 인사행정을 효율적·적극적으로 추진하고, 급변하는 행정환경에 신속하고 탄력적인 대응이 가능하게 되었다. 지방자치단체의 장이 소관 행정에 일차적인 책임을 지는 만큼, 인사행정에 관한 보좌·자문기능을 충실히 수행하고 인사행정에 대한 책임을 부여하기 위해서 자체 인사기관의 필요성이 강조되고 있다.

2. 지방자치단체 인사기관의 기능

지방자치단체의 인사기관은 대체로 중앙인사기관과 유사한 기능을 수행한다. 즉, 인사업무에 관하여 관련 법령에 따라 조례 등을 제정하는 준입법기능, 인사업무를 집행하는 기능, 위법 또는 부당한 처분을 받은 소속공무원이 제기하는 소청을 재결하는 준사법기능, 인사행정을 조사·감사·평가·시정 조치하는 감사기능, 지방자치단체의 장을 보좌·자문하는 기능, 인사행정을 조사·연구하는 기능 등을 수행한다.

3. 우리나라의 지방자치단체 인사기관

1) 지방자치단체 인사기관의 실태

우리나라의 지방자치단체 인사기관에는 인사행정을 담당하는 하부조직, 인사위원회 및 소청심사위원회 등이 있다.

보조기관 인사행정 담당 하부조직의 명칭이나 분장 사무는 해당 지방자치단체의 행정기구 설치조례에 따라 차이가 있으나, 대체로 인사과, 자치행정과, 총무과 등의 명칭으로 설치·운영되고 있다. 이러한 하부조직은 부처조직형의 보조기관으로서 소속기관장에게 해당 기관의 인사행정에 대해 자문하며, 해당 기관의 행정목적을 달성하기 위한 인사행정 기술을 개발하고, 소속기관장이 인사행정을 효율적으로 집행하도록 지원한다.

위원회 각 지방자치단체에 설치·운영되고 있는 위원회형 인사기관으로는 인사위원회와 소청심사위원회가 대표적이며, 이들은 모두 비상설기구이다. 인사위원회는 해당 지방자치단체 소속 공무원의 충원계획의 사전 심의, 각종 임용시험의 실시, 보직관리 기준 및 승진·전보임용 기준의 사전 의결, 승진임용의 사전 심의, 징계·징계부가금 의결, 인사 관련 조례안 및 규칙안의 사전 심의, 인사운영에 관한 개선 권고 등의 기능을 수행한다(「지방공무원법」 제8조). 인사위원회에 관한 구체적인 사항은 제6편 제17장 제2절을 참고하기 바란다.

한편 소청심사위원회는 지방공무원의 소청을 심사·결정하는 등 준사법기능을 지닌 인사기관이다. 이는 미국의 실적제보호위원회, 영국의 소청심사위원회, 일본의 공평위원회 및 인사혁신처 소속 소청심사위원회 등과 유사하며, 지방공무원의 권익보호에 관한 업무를 관장한다. 소청심사위원회에 관한 구체적인 사항은 제6편 제15장 제2절을 참고하기 바란다.

2) 지방자치단체 인사기관의 과제

각 지방자치단체에 설치·운영되는 인사행정 보조기관은 부처조직형의 조직에서 초래되는 문제점을 그대로 지니고 있다. 기관장의 보조기관으로서 그의 영향력하에 있기 때문에 인사행정의 엽관·정실화가 초래되어 인사행정의 정치적 중립성과 공정성이 저하될 소지가 있다. 특히 자치행정과(혹은 총무과)는 인사업무 외에도 의식·행사, 사무·문서·청사 관리, 타 부서의 지원 등 비(非)인사업무를 포함한 종합적·복합적인 업무를 담당하기 때문에 인사업무의 전문적 수행에 어려움이 있다. 더욱이 순환보직으로 말미암아 인사행정의 일관성이 결여될 수 있으며, 기관장에 대한 일종의 추종기관으로서 역할 밖에 수행하지 못하거나 중앙인사기관의 인사정책을 부처 차원에서 단순히 수동적으로 집행하는 수준에 그치는 경향이 나타나고 있다. 또한 인사위원회와 소청심사위원회의 경우, 위원의 위촉 및 임명이 기관장에 의해 이루어지고 있다는 점에서 독립성이 완전하다고 볼 수 없다.

이와 같은 지방자치단체 인사기관의 문제점을 개선하기 위해서는 현재의 보조기관(자치행정과 혹은 총무과)을 인사전문가형의 기관으로 변화시키는 노력이 필요하다. 특히 광역자치단체의 경우, 인사업무만을 분리하여 별도의 전담조직(예: 인사과)을 설치하여 조직의 책임자는 일반행정가로 하되 그 밑에 분야별 인사전문가를 배치하는 방안이 선호될 수 있다. 또한 인사위원회와 소청심사위원회의 독립성 · 전문성을 강화하고, 이들을 상설화하는 방안도 개선과제로 검토해 볼 필요가 있다.

| 인사행정의 체계 | 인적자원의 확보

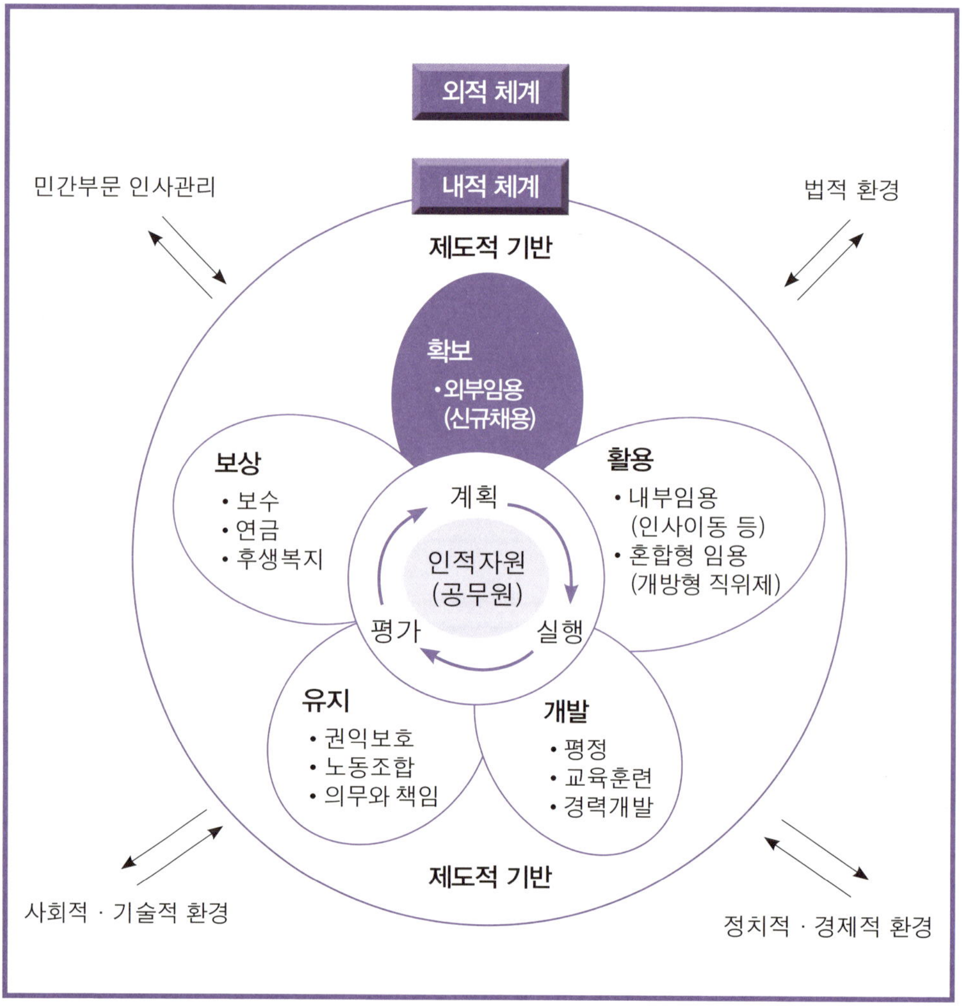

PUBLIC PERSONNEL ADMINISTRATION

제3편

인적자원의 확보

학습내용

'인적자원의 확보'란 정부조직에 필요한 공무원을 외부로부터 신규로 채용하는 활동을 말한다. 이러한 신규채용을 통해 공무원관계가 최초로 설정되며, 이후 공직을 수행하는 과정에서 그 관계가 변경 또는 소멸하게 된다. 이와 같이 공무원관계의 발생 · 변경 · 소멸을 가져오는 행위를 통틀어 임용이라 하며, 여기서는 임용의 다양한 형태 중에서 신규채용에 해당하는 외부임용의 방법 및 절차 등에 관하여 살펴본다.

학습문제

- 임용이란 무엇인가?
- 신규채용은 어떠한 방법으로 이루어지는가?
- 공개경쟁채용의 의미와 요건은 무엇이며, 그 절차는?
- 경력경쟁채용이 왜 필요하며, 어떠한 경우에 가능한가?
- 공직에의 응시요건으로 정해진 자격기준 및 결격사유 등의 구체적인 내용은?

제7장

임용의 이해

제1절 임용의 의의

어느 조직에서나 마찬가지로 정부조직에서도 우수한 인적자원을 확보하여 활용하는 일은 매우 중요하며, 이러한 인적자원의 확보 및 활용에 있어서 임용(任用)이라는 개념이 등장한다. 임용은 사전적으로 '맡겨서 쓴다'는 뜻이며, 법적으로는 '특정인에게 일정한 공무원의 직위를 부여하는 행위'를 총칭한다. 이러한 법적 의미의 임용에는 공무원의 신분관계를 설정하는 임명(任命)과, 공무원의 신분을 취득한 자에게 일정한 직위를 부여하여 해당 직무를 담당하도록 하는 보직(補職)행위가 포함된다(이종수, 2000: 242). 이와 같은 법적 의미에서의 임용과 달리, 인사행정에서의 임용은 그것이 중시하는 측면이나 범위에 따라 다음과 같이 여러 의미를 지닌다.

1. 협의(狹義)의 임용

임용은 좁게 '결원보충'으로 정의할 수 있다(오석홍, 2013: 120). 즉, 정부조직에서 결원이 발생한 경우 그 결원을 외부 혹은 내부에서 보충하는 활동이 임용이다. 이러한 의미에서의 임용은 충원(充員)과 동일한 개념으로 사용되는데, 정부조직의 바깥으로부터 사람을 채용하여 결원을 보충하는 활동은 외부충원(external recruitment), 정부조직의 안에서 사람을 움직여 결원을 보충하는 활동은 내부충원(internal recruitment or staffing)이라 한다.

2. 광의(廣義)의 임용

임용은 넓게 '사람을 선발하여 활용하거나 방출하는 일체의 활동'으로 정의할 수 있다. 이러한 의미에서의 임용은 단순히 결원보충에 그치지 않고, 다양한 형태로 사람을 움직여 쓰는 일체의 활동을 포함한다(강성철 외, 2014: 269). 여기에는 좁은 의미에서의 임용인 외부충원과 내부충원은 물론, 결원보충의 목적이 아닌 휴직 · 직위해제 · 정직 · 면직 · 파면 · 해임 등과 같은 행위도 포함된다. 따라서 광의의 임용은 신규채용을 통해 공무원의 신분관계를 최초로 설정하는 행위, 승진 · 강임 · 전직 · 전보 · 겸임 · 파견 · 전입 · 전출 · 인사교류 · 휴직 · 직위해제 · 정직 · 복직 등과 같이 공무원의 신분관계를 변경시키는 행위, 면직(퇴직) · 해임 및 파면 등과 같이 공무원의 신분관계를 소멸시키는 행위 등을 포괄한다(김중양, 2008: 117).

3. 비교 및 종합

임용의 정의에 관한 두 가지 견해는 임용의 어떠한 측면을 강조하고 어디까지를 임용의 범위로 볼 것인지의 차이에서 기인한다(박천오 외, 2014: 204). 임용을 좁게 '결원 보충'이나 '사람 선발'로 보는 것은 새로운 사람을 정부조직의 내 · 외부로부터 받아들이는 것에 중점을 두며, 임용을 넓게 '채용부터 퇴직(면직)에 이르는 신분관계의 변동'으로 파악하는 것은 신규채용을 통한 공무원관계의 발생뿐만 아니라 승진 · 전보 · 면직 등과 같은 공무원관계의 변경 및 소멸에 관한 사항을 모두 포괄한다.

우리나라의 인사행정에 있어서 임용은 '신규채용, 승진, 강임, 전보, 전직, 겸임, 파견, 휴직, 직위해제, 정직, 강등, 복직, 면직, 해임 및 파면'을 포함하는 것으로 보고 있다(「공무원임용령」 제2조).[1] 따라서 이러한 입장에서의 임용은 공무원 신분관계의 변화를 가져오는 모든 행위를 통칭하는 넓은 의미를 갖는다고 할 수 있다.

1) 「교육공무원법」 제2조에서는 승급도 임용의 한 형태로 간주한다.

제2절 임용의 유형 및 방법

임용의 의미를 넓게 보아 '공무원관계의 발생, 변경 및 소멸'이라 한다면, 그 유형은 크게 세 가지로 구분할 수 있다. 즉, 외부임용, 내부임용 및 혼합형 임용이 그것이며 〈표 7-1〉과 같이 정리될 수 있다.

표 7-1 임용의 유형 및 방법 등

유형	의미	내용		방법
외부임용	• 공무원관계의 발생	신규채용		• 공개경쟁채용
				• 경력경쟁(특별)채용 등
내부임용	• 공무원관계의 변경	인사이동	수직적 이동	• 승진, 강임, 강등
			수평적 이동 (배치전환)	• 전보, 전직, 겸임, 파견, 전입, 전출, 인사교류 등
		기타 내부임용		• 휴직, 직위해제, 정직, 복직 등
	• 공무원관계의 소멸	퇴직		• 면직, 해임, 파면
혼합형 임용	• 공무원관계의 발생, 변경 및 소멸	외부 · 내부임용		• 개방형 직위제

1. 외부임용: 신규채용

외부임용은 정부조직 바깥의 사람을 정부조직 안으로 흡수하는 활동이다. 외부임용은 곧 신규채용을 의미하며, 이를 통해 공무원의 신분관계가 최초로 설정된다.

공무원의 신규채용은 공개경쟁채용과 경력경쟁(특별)채용 등의 방법으로 이루어진다.[2] 실적제에서는 자격 있는 모든 사람에게 평등하게 지원기회가 부여되고 공개된 경쟁시험을 통해 적격자를 선발하는 것이 원칙이다. 이러한 원칙에 의한 신규채용을 공개경쟁채용이라 하며, 공개경쟁채용에 의해 필요한 사람을 확보하기 곤란한 경우에

2) '경력경쟁채용'은 「국가공무원법」(또는 「지방공무원법」)이 2011년 개정되기 이전의 '특별채용'을 대체하는 용어이다.

별도의 절차를 거쳐 적격자를 선발하는 경력경쟁(특별)채용 등의 방법이 활용된다.

2. 내부임용: 인사이동 등

내부임용이란 정부조직 내부에서 이루어지는 공무원관계의 변경·소멸행위를 말한다. 즉, 내부임용은 외부임용(신규채용)을 통해 설정된 공무원의 신분을 유지하면서 공무원관계의 내용을 변경하거나, 공무원의 신분을 해소하여 공무원관계를 소멸시키는 행위를 포함한다. 여기서 공무원관계의 변경을 가져오는 행위로는 승진, 강임, 강등, 전보, 전직, 겸임, 파견, 전입·전출, 인사교류, 휴식, 직위해제, 정직, 복직 등이 있으며, 공무원관계를 소멸시키는 행위로는 면직(퇴직), 해임, 파면 등이 있다.

이와 같은 내부임용의 형태는 크게 인사이동과 기타로 구분할 수 있다. 인사이동은 수직적 이동과 수평적 이동으로 나눌 수 있는데, 수직적 이동은 직급(계급)의 상하 이동이 있는 승진, 강임, 강등 등을 말하며, 수평적 이동은 직급(계급)의 상하 이동 없이 동일한 직급(계급)으로 전보, 전직, 겸임, 파견, 전입·전출, 인사교류 등이 이루어지는 배치전환을 의미한다. 이러한 수직적·수평적 인사이동 외에 휴직, 직위해제, 정직, 면직, 해임·파면, 복직 등도 내부임용에 해당한다.

3. 혼합형 임용: 개방형 직위제

혼합형 임용은 외부임용과 내부임용을 결합한 형태로서, 정부조직의 바깥에 있는 사람을 흡수하거나 정부조직의 내부에 있는 공무원을 움직여 쓰는 활동이 동시에 발생하는 경우이다.

우리나라에서의 혼합형 임용은 개방형 직위제가 그 예인데, 이는 특정한 직위를 정부조직의 외부와 내부에 개방하여 그 직위에 적합한 사람을 확보하려는 제도이다. 이러한 개방형 직위제의 경우 정부조직의 외부로부터 적격자를 뽑으면 외부임용(신규채용)의 형태가 되며, 정부조직의 내부 공무원 중에서 적격자를 뽑으면 내부임용(전보, 전직, 승진 등)의 형태가 된다.

제3절 임용권자 및 임용형식 등

1. 임용권자

공무원은 그 소속기관 및 직급(계급) 등에 따라 임용(제청)권자를 달리한다. 각 헌법기관의 국가공무원 및 지방자치단체의 지방공무원에 대한 임용(제청)권자를 개괄적으로 살펴보면 다음과 같다.

1) 행정부 소속 공무원

행정부의 5급 이상 공무원 및 고위공무원단에 속하는 일반직공무원은 소속장관의 제청으로 인사혁신처장과 협의를 거쳐 국무총리를 경유하여 대통령이 임용하며, 그 외의 국가공무원에 대한 임용권은 소속장관이 가진다.[3] 물론 필요시 국회의 동의 혹은 인사청문회 절차를 거쳐야 하는 경우가 있으며, 대통령은 3급부터 5급까지의 공무원에 대한 임용권을 소속장관에게 위임할 수 있으며, 소속장관도 자신의 임용권 일부와 대통령으로부터 위임받은 임용권의 일부를 그 보조기관 혹은 소속기관의 장에게 위임하거나 재위임할 수 있다.

2) 국회 · 법원 · 헌법재판소 · 선거관리위원회 소속 공무원

국회의 5급 이상 공무원은 국회의장, 그 외의 공무원은 국회 사무총장이 각각 임용한다. 사무총장은 국회의장이 각 교섭단체대표의원과의 협의를 거쳐 본회의의 승인을 얻어 임용하며, 도서관장 · 예산정책처장 · 입법조사처장은 국회의장이 국회운영위원회의 동의를 얻어 임용한다. 전문위원은 사무총장의 제청으로 국회의장이 임용하

3) '소속장관'이라 함은 중앙행정기관인 부 · 처 · 청의 장, 대통령비서실장, 대통령경호실장, 감사원장, 국가인권위원회위원장, 방송통신위원회위원장, 원자력안전위원회위원장, 국무조정실장, 공정거래위원회위원장, 금융위원회위원장, 국민권익위원회위원장 및 민주평화통일자문회의사무처장, 특별시 · 광역시 · 도 · 특별자치도 및 지방자치단체인 구 · 시 · 군에 근무하는 국가공무원에 있어서는 행정자치부장관, 시 · 도의 교육청과 그 소속기관에 근무하는 국가공무원에 있어서는 교육부장관, 시 · 도 및 자치구 · 시 · 군에서 농촌진흥사업에 종사하는 연구직 · 지도직공무원에 있어서는 농촌진흥청장을 말한다(「공무원임용령」 제2조).

며, 입법차장 · 사무차장은 사무총장의 제청으로 국회의장이 임용한다. 이러한 국회의장의 임용권은 국회규칙이 정하는 바에 따라 사무총장 혹은 소속기관장에게 그 일부가 위임되어 있다.

법원 소속 공무원의 임용권은 대법원장이 지닌다. 대법원장은 국회의 동의를 얻어 대통령이 임명하며, 대법관은 대법원장의 제청으로 국회의 동의를 얻어 대통령이 임명한다. 법관은 인사위원회의 심의를 거쳐 대법관회의의 동의를 받아 대법원장이 임명한다. 법관 이외의 법원공무원의 경우, 대법원장은 그 임용권의 일부를 소속기관장에게 위임하고 있다.

헌법재판소 소속 공무원의 임용권은 헌법재판소장이 가지며, 헌법재판소규칙에 따라 그 일부를 헌법재판소 사무처장에게 위임할 수 있다. 또한 선거관리위원회 소속 공무원의 경우, 임용권은 중앙선거관리위원회 위원장이 가지며, 중앙선거관리위원회 규칙이 정하는 바에 따라 그 일부를 중앙선거관리위원회 상임위원 · 사무총장 및 시 · 도선거관리위원회 위원장에게 위임하고 있다. 또한 중앙선거관리위원회 사무총장은 시 · 도선거관리위원회 위원장에게 그 임용권의 일부를 각각 위임하고 있다.

3) 지방공무원

지방공무원은 지방자치단체 소속 공무원과 지방교육행정기관 소속 공무원으로 크게 구분되는데, 이들에 대한 임용권은 각기 소속 지방자치단체장이나 시 · 도교육감에게 있다. 이러한 임용권은 각기 조례나 규칙이 정하는 바에 따라 소속기관장에게 그 일부가 위임되어 있다.

2. 임용의 형식 및 시기

공무원의 임용은 임명장이나 임용장 혹은 인사별령통지서를 교부하는 형식에 의하는 것이 원칙이다.[4] 이러한 교부는 임용의 유효요건이 아니며, 단지 임용을 형식적

4) 임명장이나 임용장은 정규공무원으로 신규채용되거나 승진되는 공무원에게 수여되며, 효율적인 인사운영을 위하여 필요하면 인사발령통지서로 갈음이 가능하다(「공무원 인사기록 · 통계 및 인사사무 처리 규정」 제25조제1항). 인사발령통지서는 시보로 채용되거나 전직, 전보, 강임, 면직, 징계, 직위해제, 휴직, 복직, 호봉 재산정, 승급되거나 위원으로 임명, 해임, 위촉 또는 위촉 해제된 공무원에게 준다. 다만, 전보의 경우 인사운영상 특별히 필요하면 임명장이나 임용장을 수여할 수 있다(「공무원

으로 표시 · 증명하는 선언적 · 공증적 효력만을 갖는다.

공무원의 임명장이나 임용장 혹은 인사별령통지서에 적힌 날짜가 해당 공무원의 임용일자가 된다(「공무원임용령」 제6조).[5] 다만 사망으로 인한 면직은 사망한 다음 날에 면직된 것으로 보며, 순직으로 추서하거나 직권면직 등의 경우를 제외하고는 임용일자는 원칙적으로 소급(遡及)될 수 없다(「공무원임용령」 제7조).

인사기록 · 통계 및 인사사무 처리 규정」 제26조제1항).

5) 선거로 취임하는 정무직공무원은 유효투표의 다수를 얻어 선거관리위원회로부터 당선증(「공직선거법」 제187조~제189조)을 교부받으면 임기 개시일에 공무원 신분을 갖게 된다(김명식, 2014: 479).

제8장

외부임용: 신규채용

제1절 외부임용의 이해

1. 외부임용의 의의

외부임용은 정부조직에 필요한 사람을 정부조직의 바깥으로부터 선발하는 신규채용을 의미한다. 즉, 외부임용은 정부조직 바깥의 사람을 정부조직 안으로 흡수하는 활동이며, 이를 통해 공무원의 신분관계가 최초로 설정된다.

정부조직에 결원이 발생하면, 그 결원을 외부임용과 내부임용 중 어느 방식으로 충원하는 것이 바람직한가를 검토한다. 이 경우 신규채용인 외부임용이 전보·전직·승진 등의 내부임용에 비해 상대적으로 지니는 장단점을 고려하게 된다. 외부임용은 인적 신진대사를 촉진하여 조직의 침체화·보수화·관료화를 방지하고, 새로운 지식·기술로 무장된 젊은 인재의 유입이 가능하여 행정능률과 생산성 향상을 기대할 수 있다. 반면에 내부임용은 외부임용에 비해 비용과 노력이 절약되며, 재직공무원의 사기를 높이고 조직의 안정성과 행정의 계속성을 확보하는데 도움이 된다.

이처럼 외부임용과 내부임용은 각기 상대적인 측면에서 장단점을 지니지만, 대부분의 국가에서는 실제로 두 방식을 병행하고 있다. 이 경우 외부임용과 내부임용의 비율을 어떻게 할 것인지가 논의될 수 있는데, 여기에는 인력시장과 정부의 고용정책, 재직공무원의 사기 및 능력·자질, 직업공무원제도의 발전정도 등이 주요 요인으로 작용할 수 있다(김중양, 2008: 146). 일반적으로 개방형 임용제에서는 외부임용에 의한 신규채용의 비율이 높으며, 폐쇄형 임용제에서는 승진 · 전보 등과 같은 내부임용의 비율이 높은 편이다.

2. 외부임용의 방법

신규채용은 공개경쟁채용과 경력경쟁(특별)채용 등의 방법에 의할 수 있다. 실적제에서는 자격 있는 모든 사람에게 평등하게 공직에의 지원기회가 부여되고 공개된 경쟁시험을 통해 적격자를 선발하는 것이 원칙이다. 이러한 원칙에 의한 신규채용을 공개경쟁채용이라 하며, 공개경쟁채용에 의해 필요한 사람을 확보하기 곤란한 경우에 별도의 절차를 거쳐 적격자를 선발하는 경력경쟁채용 등의 방법이 활용된다.

1) 공개경쟁채용

(1) 공개경쟁채용의 의의

의미 공개경쟁채용은 자격 있는 모든 사람에게 공직에 지원할 기회를 평등하게 부여하고 공개된(open) 경쟁시험(competitive examination)을 통하여 채용후보자를 선발하는 방법이다. 즉, 불특정 다수인을 대상으로 공개적으로 경쟁시험을 실시하여 적합한 능력을 가진 자를 공무원으로 선발하는 것이 공개경쟁채용이며, 이는 가능한 한 많은 사람에게 지원기회를 부여함으로써 보다 우수한 인력을 흡수하는데 그 목적이 있다.

요건 실적제의 주요 특징에서 살펴보았듯이, 공개경쟁의 의미에는 공직에의 기회균등이 포함되어 있다. 따라서 공개경쟁채용에서 가장 중요한 것은 '평등의 원칙'과 '실적의 원칙'이 지배하는 '공개경쟁(open competition)'을 보장하는 것이라 할 수 있다(오석홍, 2013: 121). 이러한 관점에서 미국의 인사위원회(CSC)는 공개경쟁의 요건을 명확히 밝히고 있는데, 이는 적절한 공고, 지원기회의 제공, 현실적 기준, 차별 금지, 능력에 기초한 선발, 결과의 공개 및 이의제기 기회 제공 등이다(Stahl, 1983: 36).[1)]

(2) 우리나라의 공개경쟁채용

법적 근거 우리나라의 모든 국민은 법률이 정하는 바에 의하여 공무담임권을 가

1) 구체적인 내용은 본서 제2편 제3장 제2절을 참고하기 바란다.

지며(「헌법」 제25조), 공무원의 임용은 시험성적 · 근무성적, 그 밖의 능력의 실증에 따라 행해진다(「국가공무원법」 제26조). 이러한 실적제하에서의 신규채용은 공개경쟁채용의 방법에 의하는 것을 기본원칙으로 삼고 있으며(「국가공무원법」 제28조), 공개경쟁 채용시험의 합격자는 경력경쟁채용 등의 방법에 따른 합격자에 우선하여 임용한다(「공무원임용령」 제10조).

일반적 절차 실적제하에서는 공개경쟁채용의 절차가 대체로 표준화되어 있다. 이는 일반적으로 모집, 선발, 채용후보자의 등록 및 명부 작성, 임용 추천 및 통보, 시보(試補)임용 및 수습(修習), 정규임용 및 보직(補職)부여 등으로 이루어진다([그림 8-1] 참고).

그림 8-1 공개경쟁채용의 일반적인 절차

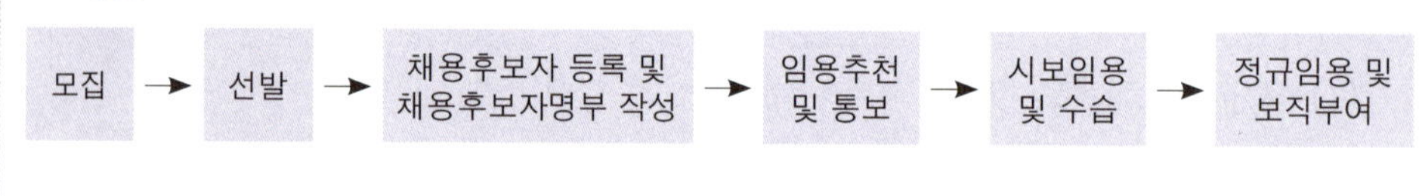

공무원의 채용은 모집에서 시작되는데, 모집이란 공직후보자로 하여금 공직에 지원하도록 유도하는 활동을 말한다. 지원자의 모집이 이루어지면, 그 중에서 적격자를 가려내는 선발활동이 있게 된다. 선발과정을 통해 합격자가 결정되면, 이들로부터 채용후보자 등록을 받아 채용후보자명부를 작성하고, 그 명부에 등재된 채용후보자를 임용(제청)권자에게 추천하게 된다. 추천을 받은 채용후보자는 일정기간의 시보임용을 거쳐 그 평가결과에 따라 정규공무원으로 임용되고 구체적인 직위에 배치된다.

(3) 공개경쟁채용의 한계

공개경쟁채용은 실적주의를 지향하고 엽관 · 정실주의를 배제한다는 점에서 바람직하지만, 대표관료제적 · 사회형평적 인재등용이라는 점에서 보면 상충되는 점이 없지 않다. 공개경쟁을 엄격히 적용하면 사회적 약자인 여성, 장애인, 저소득층, 소수인종 등이 공직 내에서 과소(寡少) 대표되는 결과가 나타날 수 있기 때문이다. 따라서 사회적 약자를 배려하고 공직의 균형적 대표성을 확립하기 위해서는 무조건적인 공개경쟁채용만이 능사가 아닐 수 있다.

또한 다양하고 복잡한 행정환경에 적절히 대응할 수 있는 인재를 확보하기 위해서는 공개경쟁채용에 대한 예외가 인정될 필요가 있다. 일률적이고 획일화된 공개경쟁채용보다는 현장에의 적응성과 융통성 및 전문성을 제고하기 위한 임용방식이 요구되며, 이에 따라 우리나라를 포함한 대부분의 국가에서 공개경쟁채용과 더불어 예외적인 채용방법이 적절히 활용되고 있다.

2) 경력경쟁채용

(1) 경력경쟁채용의 의의

의미 실적주의를 근간으로 하는 현대 인사행정에서 공무원의 신규채용은 공개경쟁채용의 방법에 의하는 것이 원칙이다. 하지만 공개경쟁채용이 부적절하거나 불필요한 경우 혹은 공개경쟁채용이 불가능한 경우도 있을 수 있다. 이처럼 공개경쟁채용이 곤란한 경우에 별도의 방법을 활용하게 되며, 이를 우리나라에서는 경력경쟁(특별)채용이라 한다.

필요성 급변하는 현대사회에서 날로 복잡해지는 인력수요에 적절히 대응하기 위해서는 획일적인 공개경쟁의 방법보다 제한된 경쟁을 통하여 필요한 인력을 채용하는 것이 효과적일 수 있다. 특히 국제화 추세에 부응하기 위한 외국어 · 국제전문가, 과학기술의 발달에 따른 첨단기술 전문가와 기능인재, 문화예술이나 역사 등과 같은 다양한 전공자 및 유경험자를 충원함에 있어서 경력경쟁채용의 효용은 더욱 커지고 있다.

이처럼 경력경쟁채용은 공개경쟁채용제도의 미비점을 보완하고 임용구조에 융통성을 부여하여 필요한 인력을 보다 신속하고 용이하며 융통성있게 확보하게 한다. 또한 공개경쟁 채용시험을 치르기 어려운 직종이나 지역에서의 신규채용을 가능하게 하고, 공개경쟁시험으로 채용하기 힘든 고급 인력을 확보할 수 있게 해준다는 점에서 경력경쟁채용은 적극적 인사행정의 하나로 간주된다.

(2) 우리나라의 경력경쟁채용

법적 근거 우리나라의 경우 공개경쟁방식에 따른 신규채용의 예외로서 경력경쟁채용 등의 방법이 허용되고 있다(「국가공무원법」 제28조). 여기서 '경력경쟁채용 등'이란 법령에 정해진 경력 등의 응시요건에 해당하는 사람들만을 대상으로 경쟁 혹은 비경쟁의 과정을 거쳐 신규채용하는 것을 말한다. 따라서 경력경쟁채용 등은 '다수인을 대상으로 하는 경쟁채용(경력경쟁채용)'과 '다수인을 대상으로 하지 아니하는 비경쟁채용'을 포함하는 용어라고 할 수 있다(「공무원임용령」 제16조).

하지만 다수인을 대상으로 하는 경쟁이든 다수인을 대상으로 하지 않는 비경쟁이든 채용시험은 반드시 실시하도록 규정하고 있다. 즉, 법령에서 정한 경력 등 응시요건에 해당하는 사람만을 대상으로 '경력경쟁 채용시험'을 통해 신규채용하거나, 그러한 경력경쟁 채용시험을 실시하는 것이 적당하지 않은 경우에는 '다수인을 대상으로 하지 아니하는 시험(비경쟁시험)'에 의한 채용이 가능하다.

응시요건 경력경쟁채용 등이 가능한 경우는 공무원의 직종에 적용되는 법령에 따라 차이가 있다. 대표적인 예로서 「국가공무원법 제28조제2항」과 「공무원임용령 제16조제1항」에 규정된 경력경쟁채용 등이 가능한 경우(경력경쟁 채용시험의 응시요건)를 보면 〈표 8-1〉과 같다.

표 8-1 경력경쟁 채용시험의 응시요건

<table>
<tr><th colspan="2">구분</th><th colspan="2">「국가공무원법」 및 「공무원임용령」에서 정한 요건</th></tr>
<tr><td rowspan="2">1호</td><td rowspan="2">퇴직자 재임용</td><td>법</td><td>• 정해진 사유로 퇴직한 경력직공무원의 재임용
• 다른 종류의 공무원이 되기 위해 퇴직한 경력직공무원의 재임용</td></tr>
<tr><td>영</td><td>• 퇴직시 임기제공무원이었던 사람은 제외</td></tr>
<tr><td rowspan="2">2호</td><td rowspan="2">자격증 소지자</td><td>법</td><td>• 공개경쟁 채용시험이 부적당한 경우에 같은 종류의 직무에 관한 자격증 소지자</td></tr>
<tr><td>영</td><td>• 임용예정 직급별 자격증 소지자 및 경력기준 해당자</td></tr>
<tr><td rowspan="2">3호</td><td rowspan="2">근무 · 연구경력 소지자</td><td>법</td><td>㉮ 예정 직급 · 직위와 같은 직급 · 직위의 근무경력자
㉯ 예정 직급 · 직위에 상응 직급 · 직위의 근무 · 연구경력 소지자</td></tr>
<tr><td>영</td><td>㉮ 2년 이상, ㉯ 3년 이상</td></tr>
<tr><td rowspan="2">4호</td><td rowspan="2">특수학교 졸업 및 수습 종료자</td><td>법</td><td>• 임용 예정직 관련 특수목적 학교 졸업자로서 실무수습 마친 자</td></tr>
<tr><td>영</td><td>• 공무원이나 전문 특수분야 인재양성 목적 학교 졸업자</td></tr>
<tr><td>5호</td><td>1급 또는 고위공무원</td><td>법, 영</td><td>• 1급 공무원을 임용하거나 최고 직무등급의 직위에 일반직 고위공무원을 임용</td></tr>
<tr><td rowspan="2">6호</td><td rowspan="2">특수분야 · 지역 근무예정자</td><td>법</td><td>• 특수 직무분야 · 환경이나 섬 · 외딴 곳 등 특수지역 근무예정자</td></tr>
<tr><td>영</td><td>• 일반직 8급 이하로 임용</td></tr>
<tr><td rowspan="2">7호</td><td rowspan="2">국가직으로 전직</td><td>법</td><td>• 지방공무원을 동일 직급 · 직위의 국가공무원으로 임용</td></tr>
<tr><td>영</td><td>• 임기제공무원 제외, 5급 공개경쟁 채용시험 합격자는 2년 경과</td></tr>
</table>

호	구분	근거	내용
8호	외국어 · 국제 전문가	법	• 외국어에 능통하고 국제적 소양과 전문지식 소유자
		영	• 일반직 4급 이하로 임용
9호	전문분야 졸업자	법, 영	• 전문계 · 예능계 · 사학계(史學系)의 고교 · 전문대학 · 대학(원) 졸업자 중 학교장 추천받은 자를 연구 · 기술 직렬에 임용
10호	과학기술 · 특수분야 전공자	법	• 과학기술분야 또는 공개경쟁 채용시험에 의한 결원보충이 곤란한 특수 전문분야의 연구 · 근무경력자
		영	• 박사 및 석사로서 계급별 소요경력연수 경과한 자
11호	수습직원 및 국비장학생	법, 영	• 지역인재추천채용자로서 수습근무를 마친 자 • 공무원 양성 학교 재학 중 장학금을 받고 졸업한 자[1]
12호	한지 채용[2]	법	• 연고지 등 일정지역 거주자를 그 지역 소재 기관에 임용
		영	• 본인이나 직계존속 5년 이상 거주 • 일반직 8급 이하로 임용, 4급 이하 일반직을 장으로 하는 기관
13호	귀화자 및 북한이탈주민	법	• 국적취득자 또는 북한이탈주민 임용
		영	• 국적취득 또는 가족관계 등록 창설 후 3년 경과 • 2호, 3호, 10호의 대상 혹은 특수(직무분야 · 환경 · 지역) 근무로 채용범위 제한 가능

1. 「국가공무원법」 제85조에 따르면, 우수 공무원 확보를 위하여 필요시 재학생에게 장학금을 지급하고 졸업 후 일정한 의무복무 기간을 부과하여 공무원으로 근무하게 할 수 있음. 이와 관련된 규정은 「공무원채용후보자장학규정」, 「소방공무원채용후보자장학규정」, 「군장학생규정」, 「지방공무원임용후보자장학규정」, 「사도장학금에관한규정」, 「공중보건장학을위한 특별법」, 「보건의료요원장학규정」 등임.
2. 연고지 혹은 일정지역 거주자에 한하여 응시자격을 부여하므로 한지(限地: 지역을 제한함)채용이라 함.
* 제1호, 제3호, 제4호, 제5호, 제7호, 제11호: '다수인을 대상으로 하지 않는 시험(비경쟁시험)'으로 채용이 가능함.

'다수인을 대상으로 한 경력경쟁 채용시험'은 총 13가지의 경우에 가능하다. 즉, 퇴직공무원의 재임용, 자격증 소지자 및 경력기준 해당자, 임용예정 직급·직위의 근무기간이나 연구 경력자, 특수 목적 학교의 졸업자로서 실무 수습을 마친 자, 1급 공무원이나 최고 직무등급의 일반직 고위공무원 임용, 특수한 직무분야·환경이나 도서·벽지 등 특수지 근무예정자, 동일 직급·직위의 국가·지방공무원 간의 임용, 외국어 능통자 및 국제전문가, 전문계·예능계·사학계 고등·전문대학·대학·대학원 졸업자로서 해당 학교장의 추천을 받은 자, 과학기술분야 또는 특수 전문의 연구나 근무경력자, 지역인재 수습직원 및 공무원 채용후보자 장학생, 연고지·지역적 특수성, 귀화자 또는 북한이탈주민 등이다.

이들 응시요건 가운데 6가지에 해당하는 경우에는 '다수인을 대상으로 하지 아니하는 시험'에 의해 채용이 가능하다. 즉, 퇴직자 재임용, 근무 · 연구경력자, 특수 목적 학교 졸업자, 1급 또는 가등급 고위공무원, 국가 · 지방공무원 간의 임용, 지역인재 수습직원 및 공무원 채용후보자 장학생 등의 어느 하나에 해당하고, 경력경쟁 채용시험을 실시하는 것이 적당하지 않아 관련 규정으로 정하는 경우에는 비경쟁시험으로 공무원을 채용할 수 있다.

공개경쟁채용과 경력경쟁채용의 비교 경력경쟁채용의 경우에도 공개경쟁채용과 마찬가지로 실적제의 근간을 훼손하지 않기 위해 채용시험은 반드시 거치도록 하고 있다. 하지만 공개경쟁 채용시험과 경력경쟁 채용시험은 그 대상이나 요건 등 여러 측면에서 다음과 같은 차이가 있다(〈표 8-2〉 참고).

표 8-2 공개경쟁 채용시험과 경력경쟁 채용시험의 비교

구분	공개경쟁 채용시험	경력경쟁 채용시험
근거	•「국가공무원법」 제28조, 제31조, 제35조 •「공무원임용령」 제2장 제1절 •「공무원임용시험령」 제21조~제25조	•「국가공무원법」 제28조 •「공무원임용령」 제2장 제2절 •「공무원임용시험령」 제26조~제30조
종류	• 5급 공개경쟁 채용시험 (행정, 기술) • 외교관후보자선발시험 • 7 · 9급 공개경쟁 채용시험	• 자격증, 학위, 근무경력 등 13가지 자격 요건별 경력경쟁 채용시험
자격 제한	• 응시하한연령 외 자격제한 없음 • 거주지 제한 또한 자격증 지정 가능	• 자격증, 경력, 학위 등의 요건 충족 필요
시험 실시 기관	• 주로 인사혁신처가 실시 • 기상청 등	• 주로 각 부처의 장이 실시 • 민간경력자 5 · 7급 일괄채용시험은 인사혁신처 주관으로 실시

자료: www.injae.go.kr 인사혁신처, 국가공무원 채용시험 종합안내서(2015: 16).

(3) 경력경쟁채용의 한계

경력경쟁채용이 인적자원의 확보에 있어서 융통성, 적극성, 적응성을 높일 수 있다는 장점에도 불구하고, 이는 공직임용에의 기회균등 및 능력 중심의 실적주의 원리를 근본적으로 훼손할 수 있다는 비판을 받고 있다. 특히 경력경쟁채용의 과정에 정치적 압력이나 정실이 개입될 가능성이 있으며, 응시자격, 임용예정 직위, 시험 실시 등에 있어서 세부기준의 설정이나 선발절차 · 방식 등에 흠결(欠缺)이 있으면 악용될 소지가 더욱 커지게 된다. 또한 경력경쟁채용을 실제 운영함에 있어서도 유능한 인재를 폭넓게 찾지 못하는 경우가 발생할 수 있어 당초 기대하는 수준의 인재를 확보하는데 오히려 불리할 수 있다.

제2절 모집

1. 모집의 의의

1) 모집의 의미

모집(募集, recruitment)은 공직지원자를 확보하는 활동을 말하며, 선발시험에 응할 잠재적 인적자원을 찾아내어 공직에 지원하도록 유도하는 행위이다(유민봉 · 박성민, 2014: 241). 여기에는 공직희망자에게 임용 및 공직에 대한 정보를 충분히 제공하는 활동이 포함된다.

인사행정의 성공 여부는 채용의 시작단계인 모집에 달려 있다고 해도 과언이 아니다. 아무리 공무원의 능력발전이나 사기앙양을 위한 제도가 잘 정비되어 있다고 하더라도, 처음부터 유능하고 적합한 인재들이 공직의 진입과정에 제대로 유입되지 않는다면 필요한 인적자원을 확보하고 관리해 나가는 인사행정은 성공하기 어렵기 때문이다. 따라서 모집을 통해 얼마나 필요한 인재를 잘 모을 수 있는가하는 것이 성공적인 인사행정의 출발이 된다.

2) 모집에 대한 두 가지 견해

모집에 대하여서는 두 가지의 견해가 있을 수 있다. 하나는 해당분야에서 가장 뛰어난 인재를 유인 · 선발할 수 있도록 해야 한다는 입장이며, 다른 하나는 공직의 대표성 · 민주성 · 개방성이라는 취지에서 각계각층의 보통사람들이 다양하게 충원되도록 해야 한다는 입장이다.

이러한 두 견해는 다소 상충되기도 하며, 이들 중 어느 것에 더 중점을 두어야 하는가는 행정이념 혹은 인사행정이념의 우선순위와 관련된다. 만약 효율성에 중점을 둔다면 전자의 입장이, 민주성에 역점을 둔다면 후자의 입장이 선호된다. 하지만 민주주의국가에서 공직임용의 기회가 모든 국민에게 균등하게 제공되어야 하며, 우수인력을 확보하기 위해서라도 많은 사람들의 공직지원을 유도하여야 한다는 점에서 보면, 후자의 입장이 바람직할 수 있다.

2. 적극적 모집

1) 적극적 모집의 의의

(1) 적극적 모집의 의미

모집은 공직희망자를 모아 그들에게 응시기회를 부여하는데 그치지 않고, 유능한 젊은 인재들이 공직에 지원하도록 노력하는데 그 실질적인 의미가 있다. 따라서 단순히 채용계획을 외부에 알려 지원자가 찾아오도록 기다리는 자세에서 벗어나, 젊고 유능한 인재들이 공직에 매력을 느껴 많이 지원하도록 적극 유도하는 활동이 요구된다. 이처럼 우수인재들이 공직에 지원하도록 다양한 조치를 취하는 것이 적극적 모집(positive recruitment)이며, 여기에는 공직이 민간부문에 비해 상대적인 우위를 차지하고 그것이 유지되도록 지속적으로 관리하는 활동까지 포함된다.

(2) 적극적 모집의 등장

초기 실적제에서는 정실 · 엽관주의의 방지에 주력한 나머지 자격요건의 기준에 얽매여 모집활동은 자연히 소극적 측면에 그칠 수밖에 없었다. 즉, 모집공고를 내고 지원자가 찾아오도록 기다리는 '소극적 모집(negative recruitment)'에 주안점을 두었다고 볼 수 있다. 그 당시 정실 · 엽관주의적 요소를 제거하기 위하여 지나치게 제한적이고 비현실적인 자격요건이 제시됨으로써 많은 지원가능 인력이 사전에 배제되었으며, 모집의 공고도 법원이나 공공건물에 소극적으로 부착하는데 그쳤다.

그러나 제2차 세계대전을 전후하여 서구 선진국에서는 행정국가로의 전환에 따른 행정기능의 확대로 유능한 인력의 수요가 급증하였다. 또한 경제부흥으로 민간부문의 취업기회가 확대되고 민간기업의 인재유인체제가 개선되면서 정부부문의 인력확보에 어려움이 나타났으며, 이에 각국 정부는 공무원의 모집에 보다 적극적 의미를 부여하게 되었다.

우리나라의 경우는 서구 선진국과 다른 관점에서 적극적 모집의 방법이 모색되어 왔다. 과거 관존민비(官尊民卑)의 유교적 전통으로 공직에 대한 사회적 평가가 높았으며, 민간부문의 비(非)활성화로 취업기회가 제한되어 있었기 때문에 소극적 모집으로 충분하였다. 인사행정의 체계가 확립되면서 공고를 통한 공개방식을 채택하였으나, 정부의 입장에서는 모집에 크게 관심을 갖지 않아도 인재확보에 여전히 문제가 없었다. 하지만 민간부문의 급속한 성장에 따라 공직에 대한 사회적 평가가 변화되고 우수인력의 유치경쟁이 심화되면서 적극적 모집에 대한 노력이 강구되기 시작하였다.

(3) 적극적 모집의 필요성

적극적 모집의 배경이나 필요성을 정부조직의 대외적 측면과 대내적 측면에서 살펴보면 다음과 같다.

대외적 측면 민간부문의 성장으로 사기업의 노동시장 점유율이 확대되면서, 정부는 유능한 인재의 확보에 있어서 민간부문과의 치열한 경쟁에 직면하게 된다. 또한 사회가치의 분화로 공직에 대한 사회적 평가가 점차 낮아짐에 따라 우수인력의 공직지원이 감소하는 현상이 발생한다. 이와 같은 외부환경의 다양한 변화로 인해 적극적 모집의 필요성이 나타나게 된다.

대내적 측면 행정기능의 분화에 따라 분야별 전문지식을 갖춘 공무원이 요구되는데, 그러한 인재를 소극적 모집으로는 충분히 확보할 수 없기 때문이다. 또한 민간부문의 성장으로 민간기업의 이미지와 보상수준이 대폭 향상되면서 공직에 대한 사회적 평가와 전통적인 직업관도 변화하고 있다. 이에 젊고 능력 있는 사람이 공직에 들어와 공직을 생애의 직업으로 삼는 공무원집단이 형성되어야만 직업공무원제가 그 취지에 맞게 지속될 수 있기 때문에 적극적 모집이 필요하다.

2) 적극적 모집의 방법

적극적 모집의 방법은 크게 두 가지로 나누어 생각할 수 있다. 하나는 적극적 모집을 위한 여건을 조성하는 것이며, 다른 하나는 실제 모집활동을 확대 · 강화하는 것이다.

(1) 적극적 모집의 여건 조성

공직의 평가 제고 공직에 대한 사회적 평가 혹은 신망을 향상시키는 것이 적극적 모집의 기본적인 전제조건이 된다. 공직에 대한 사회적 평가가 다른 직종에 비해 낮다면 우수한 인재들의 공직 선호도가 떨어져 모집활동은 크게 성과를 거둘 수 없게 된다. 공직에 대한 평가는 관존민비(官尊民卑)의 관점이 아니라 국민과 공익에 봉사하는 보람과 자긍심에 근거하여 내려져야 한다. 이러한 측면에서 공직 신망을 높이기 위해서는 합리적인 신분보장, 능력발휘 기회의 보장, 승진 등 직업적인 성공가능성 제공, 처우 등 고용조건의 향상 등 인사행정 전반에 걸친 개선이 뒷받침되어야 한다.

인적자원계획의 운용 우수인재를 유인하기 위해서는 장기적 시각에서 인적자원의 수급계획을 마련하고, 그에 따라 일관성 있는 모집계획이 수립·운용되어야 한다. 모집계획은 사전에 공고되어 응시자로 하여금 체계적인 준비를 할 수 있도록 하며, 시험은 가능한 한 정기적으로 실시하되 시험의 횟수를 늘려 공개경쟁이 촉진되고 유능한 후보자가 지원할 수 있는 기회가 확대되도록 하여야 한다.

채용절차의 간소화 시험을 준비해서 합격하는데 많은 시간과 노력이 소요되므로 그러한 부담을 줄여줌으로써 공직희망자가 처음부터 수험준비를 포기하는 일이 없도록 해야 한다. 또한 모집절차를 간소화하고, 지원조건이나 자격을 합리화하는 등 누구나 원하면 신속하고 편리하게 공직에 지원할 수 있도록 해야 한다. 예컨대 구비서류를 축소하고, 전국적 모집 공고 및 구체적인 정보를 제공하며, 채용 등 임용과정을 신속히 진행하고, 경력발전경로 등에 대한 정보도 충실히 알려주어야 한다.

채용방법의 다양화 적극적 모집의 효과가 제대로 발휘되려면, 탄력적이고 다양한 방법에 의한 모집이 이루어져야 한다. 예컨대 경력경쟁채용제, 임기제, 시간선택제, 수습직원제, 임용할당제 및 구분모집제, 개방형 직위제, 공모 직위제 등의 방법을 적극 활용할 필요가 있다.

사후평가 및 환류 모집계획을 수립하는 과정에서는 이전 단계에서 실시된 모집활동의 효과를 평가하고 환류하는 활동이 반드시 필요하다. 사후평가에는 지원자·응시자·합격자의 특성, 희망 부처, 공직에 대한 태도뿐만 아니라 과거 모집활동에 대한 효과 등에 대한 분석이 포함되어야 한다.

(2) 모집활동의 확대 · 강화

인력시장의 개척 모집활동은 단순히 취업의 기회를 알리는 것에 그치지 않고 필요한 노동시장을 개척하고 조성하는데 힘써야 한다. 공직분야와 관련된 인력양성기관과 연계를 맺고 장래에 필요한 인력을 발굴 · 육성하는 노력이 필요하다. 예컨대 공무원 지망생에 대한 장학금제도를 확충하고, 대학(원)생들이 정부기관에 실무를 수습하는 기회를 확대하며, 학위 · 자격증 소지자의 공직진출기회를 높이는 방안을 마련하는 것 등이 있을 수 있다.

공고내용의 개선 모집공고의 내용은 선발시험에 관한 기본사항에 그치지 말고, 예컨대 근무예정 지역 · 직위 · 직무, 합격 후 임용절차, 과거 경쟁률 및 합격자 수, 신분보장 및 후생복지, 경력발전의 기회 및 경로 등 지원예정자의 관심을 끌 수 있는 정보들을 포함하는 것이 필요하다. 이처럼 공직에 대한 상세정보를 제공함으로써 공직의 이미지를 개선하고 모집의 경제적 효과도 높일 수 있게 된다.

공고방법의 개선 모집공고는 공직을 희망하는 모든 사람에게 효과적으로 전달될 수 있도록 하여야 한다. 인터넷 · 신문 · 라디오 · 텔레비전 등 동원 가능한 대중매체를 가능한 모두 활용하고, 이러한 대중매체를 활용할 때 유료광고와 일반보도의 형식으로 공직취업의 기회를 알리는 방법도 개발해야 한다.

모집활동의 적극화 공무원 후보자의 모집활동은 대중매체에 단순히 공지하는 것에 그치지 않고, 개인접촉이나 인턴십(internship) 등과 같이 보다 능동적인 전략이 필요하다. 예컨대 공직설명회, 공직안내실, 채용박람회, 인력양성기관이나 직업전문단체 · 직업소개소 방문 등을 통해 모집대상자와 직 · 간접으로 접촉하는 방식을 적극 활용하여야 한다.

3. 모집대상의 자격요건

모집대상의 자격요건이란 공직에 응시하는 후보자에게 요구되는 최저자격(minimum qualifications)을 말한다. 이러한 자격요건은 그것을 충족하는 사람만이 모집에 지원하여 응시할 수 있도록 하므로 결국 모집대상을 제한하는 기준이 된다.

자격요건을 설정하는 이유는 공직에의 응시자격을 모든 사람에게 주는 것이 한편으론 불합리하고 비경제적일 수 있기 때문이다. 따라서 최소한의 기준을 미리 설정 ·

제시함으로써 채용시험에 통과할 수 없을 것으로 예상되는 부적격자를 사전에 배제하는 효과를 거둘 수 있다. 이와 같은 모집의 효율성이라는 현실적인 요구를 반영하여 대부분의 국가는 자격요건 혹은 응시제한기준을 두고 있다.

하지만 자격요건을 설정하는 것은 공직에의 응시기회를 제한하는 것이며, 그로 말미암아 차별이나 특정계층에게 불이익이 발생할 수 있다. 따라서 자격요건의 설정은 공직임용의 기회가 모든 국민에게 균등하게 개방되어야 한다는 민주주의 헌법상 기본원리에 위배된다는 견해가 있다.

이처럼 자격요건의 설정은 우수인재 확보에서의 효율성 제고와 공직에의 기회균등이라는 빈주성 구현이라는 두 가지의 관점에서 논쟁의 대상이 되기도 한다(강성철 외, 2014: 279). 따라서 자격요건의 설정에서는 공직에의 기회균등에 대한 실정법적 요구와 모집활동의 효율성이라는 현실적 요구를 동시에 만족시키는 일반적인 기준에 대한 고려가 필요하게 된다.

우리나라의 경우 「헌법」 제25조는 "모든 국민은 법률이 정하는 바에 의하여 공무담임권을 가진다"라고 하여, 법률에 의한 자격제한이 가능하도록 규정하고 있다. 이에 따라 「국가공무원법」 및 각 직종별 공무원에게 적용되는 개별 법률은 해당 공무원의 채용시험에 있어서 최소한의 응시자격 및 결격사유를 정하고 있다. 현행 「국가공무원법」을 중심으로 공무원의 자격요건, 즉 국적요건, 학력요건, 연령요건, 거주지요건, 성별요건 및 결격사유를 살펴보면 다음과 같다.[2)]

1) 국적요건

국적은 모집대상을 제한하는 자격요건 중에서 가장 기본적인 기준이다. 대부분의 국가에서 내국인과 외국인을 구별하고, 외국인의 공직임용을 제한하거나 금지하고 있다. 특히 국가적 비밀 · 보안 · 외교 등의 업무분야는 내국인에게만 응시자격을 부여하고, 전문직 · 기술직 · 비권력적 업무분야는 외국인에게 대체로 개방하는 것이 일반적이다.

우리나라에서도 원칙적으로 외국인은 공직에 응시할 수 없다. 하지만 국가안보, 보안 · 기밀, 외교 및 국제관계 등의 분야를 제외하고는 일반직공무원(전문경력관 · 임기

2) 이들 외에 「국가공무원법」 제45조의2 및 「공무원임용시험령」 제51조는 임용시험에서 부정행위를 한 사람에 대해서 5년간 응시자격의 정지를 규정하고 있다.

제공무원에 한함) 및 특수경력직공무원으로 임용될 수 있다(「국가공무원법」 제26조의3 및 「공무원임용령」 제4조). 또한 특정직공무원으로의 채용이 가능한 경우도 있는데, 그 대표적인 예가 대학교원이다(「교육공무원법」 제10조의2). 최근 들어 해외투자 유치 및 국제통상, 해외 마케팅 및 국제교류행사, 교육·연구, 문화·예술·관광, 복지·도시계획, 통·번역 및 외국인 관련 민원, 외국어 교육 등 다양한 분야에 외국인의 채용은 점차 늘어나고 있는 추세이다.

복수국적자는 원칙적으로 모든 직종의 공무원에 응시할 수 있지만, 외국인과 마찬가지로 국가안보, 보안·기밀, 외교 및 국제관계 등의 분야에 채용이 제한될 수 있다. 또한 귀화자 및 북한이탈주민은 공개경쟁채용뿐만 아니라 경력경쟁채용 등을 통해 모든 직종의 공무원으로 임용이 가능하다(「국가공무원법」 제28조). 이들에 대해서는 특수한 직무분야나 환경 또는 특수한 지역에 근무하는 것으로 채용 범위를 제한할 수 있으며, 임용 후에도 담당직무의 선정에 있어 국가안보 및 보안·기밀 등의 분야는 제외된다.

2) 학력요건

학력을 포함한 교육요건은 공직뿐만 아니라 민간분야에서도 자격요건의 하나로 중요시되고 있다. 교육요건은 직무수행에 필요한 지식과 기술에 관한 교육훈련 및 경력 등의 수준을 의미하지만, 대체로 최저한의 학력 혹은 학교교육에 관한 자격요건을 지칭한다. 최저 학력의 자격요건은 공직에의 기회균등과 우수인재의 효율적 확보라는 두 가지 상반된 요구에 따라 찬·반의 논의가 이루어진다.

찬성론 학력요건을 모집대상의 자격기준으로 하는 이유는 행정의 전문화·기술화에 따른 고등교육 인력의 필요성 때문이다. 즉, 특정분야의 교육과정을 거쳐 일정한 수준의 지식과 능력을 갖춘 공무원을 확보하기 위해서는 반드시 학력제한이 있어야 한다는 것이다.

학력제한을 통해 부적격자가 미리 배제되기 때문에 비용과 노력을 줄여 선발과정의 복잡화를 방지하고, 지원자 자신의 손실도 막을 수 있다. 특히 단순히 시험만을 통해 적격자를 뽑는다는 것은 그 타당성이 적을 수도 있기 때문에 시험 등 선발방법에 대한 보완장치로서 학력요건이 가장 설득력이 있다. 또한 학력요건을 응시기준으로 설정함으로써 정부와 인재육성기관 간에 호혜적인 관계가 강화되어 필요한 인력을 장기적 · 지속적으로 확충할 수 있으며, 형식적인 학교교육의 부실을 방지하는 효과도 있다.

반대론 학력제한을 반대하는 입장은 공직에의 기회균등이라는 민주적 헌법의 기본원리를 강조한다. 민주주의 사회에서 학교교육을 받지 못했다는 이유로 공직임용의 기회가 박탈되는 것은 학력에 의한 차별이라 할 수 있다. 또한 학력요건을 설정하면 학교교육을 통해 개인의 능력발전을 도모하기보다는 졸업에 따른 형식적 자격 때문에 시간과 노력을 낭비하는 풍토가 조장될 수 있다. 이와 같은 학교교육의 형식화를 방지하기 위해서라도 학력요건이 완화 · 철폐되어야 한다는 것이다.

특히 학력제한의 이유가 유능한 공무원을 확보하기 위한 필요성 때문인데, 학교교육과 공직수행능력 간의 높은 상관관계는 과학적으로 명확히 실증되지 않고 있다. 예컨대 교육기간이 길어 학력요건을 충족하더라도 무능한 사람이 있을 수 있고, 교육기간에 미달하여 학력요건을 충족하지 못하더라도 우수한 사람이 있을 수 있다. 더욱이 학력요건을 설정하더라도 최저자격(필요한 학력의 하한)만을 제시하고 상한을 정하지 않는 것이 보통이기 때문에 과잉학력의 소지가 있어 국가 · 사회적으로 인적자원의 손실이 초래될 수 있다.

실태 및 논의 학력을 응시기준으로 삼는가의 여부는 국가마다 차이가 있다. 계급제와 직업공무원제의 전통을 지닌 국가는 학교교육을 중시하여 계급별로 학력기준을 달리하는 경향이 있는 반면, 직위분류제를 채택하고 직업공무원제적 성격이 약한 국가는 학력제한이 거의 이루어지지 않고 있다. 최근 실질적 평등이념의 확산, 학력차별에 대한 사회적 비판, 교육제도의 개편 등으로 학력제한은 대부분의 국가와 직종에서 완화 · 철폐되는 추세에 있으며, 다만 전문적인 기술 · 연구 등과 같이 학력요건이 필요한 분야나 직위에 대해서는 예외적으로 최저 학력요건이 설정되고 있다.

우리나라는 공무원의 채용시험에 있어서 학력제한은 원칙적으로 금지되어 있으며, 법령에 특별한 규정이 있는 경우에 한하여 학력요건의 설정이 가능하다(「공무원임용시험령」 제17조). 따라서 공개경쟁채용의 경우 원칙적으로 학력이나 경력의 제한이 불가하며, 특히 응시원서에 학력사항의 기재란(記載欄)을 삭제하여 시험위원 등 다른 사람이 응시자의 학력사항을 전혀 알 수 없도록 하고 있다. 하지만 연구직 · 지도직 공무원, 기술직공무원 · 특정직공무원의 일부 및 별정직공무원에 대해서는 특별한 학력이나 경력에 대한 자격요건이 부여될 수 있다. 또한 경력경쟁 채용시험에서는 직무수행상 특히 필요하다고 인정하는 경우 학력이나 경력 등 응시자격의 제한이 이루어질 수 있다(「공무원임용시험령」 제19조).

과잉학력의 문제 학력을 자격요건으로 정하지 않고 완전히 개방함으로써 오히려 그에 따른 과잉학력의 부작용이 나타나고 있다. 가장 문제가 될 수 있는 것은 9급 등 최하위 계급의 공개경쟁 채용시험에서 과잉 학력·경력을 지닌 합격자가 지나치게 많은 비중을 차지하고 있다는 것이다. 9급 등 최하위 계급의 공무원은 단순하고 반복적이며 기능적인 업무를 주로 담당하고 있는데, 과잉 학력·경력자는 그러한 업무수행에 실망하여 공직에 만족과 보람을 느끼지 못하는 경우가 쉽게 나타날 수 있다. 이 경우 자신뿐만 아니라 조직이나 국가·사회적으로 인적자원의 손실을 초래하게 된다.

결국 우리나라에서는 최저 학력요건이 아니라 최고 학력요건의 문제가 대두된다고 할 수 있다. 최고 학력요건을 일률적으로 설정하는 것은 사실상 불가능하기 때문에 수습직원채용제 및 채용시험과목의 개편 등을 통해 고졸자의 공직진출을 확대하려는 조치가 취해졌다. 하지만 고교이수과목 선택제도는 신규채용자의 현장 업무능력을 저하시키는 부작용을 가져왔으며, 이에 일부 직종이나 직렬의 경우, 직무의 전문성을 반영하는 방향으로 채용시험과목의 일부 조정이 필요하다는 의견이 나타나고 있다. 또한 고등교육을 받을 기회가 충분하지 못한 저소득층이나 장애인 등에게 대표관료제적 관점에서 공직임용의 기회를 확대하는 제도적 방안이 마련·시행되고 있다.

3) 연령요건

대부분의 국가들이 연령을 공무원 지원자격의 요건 가운데 하나로 삼고 있다. 경우에 따라서 연령의 하한 혹은 상한을 정하기도 하는데, 이는 너무 어리거나 너무 늙으면 공직을 담당하는데 어려움이 있을 수 있기 때문이다. 하지만 연령하한이 무한정 낮게 정해질 수 없다는 점을 감안한다면, 연령요건에 대한 논의는 상한의 설정이 그 중심이 된다. 이러한 연령상한의 설정이라는 자격요건도 공직기회의 균등한 제공과 유능한 인재의 확보라는 두 가지 상반된 요구에 따라 찬·반의 논의가 이루어진다.

찬성론 상한연령을 낮추어 가능한 젊은 사람에게 공직진출의 기회를 제공하려는 취지에서 연령제한이 주장된다. 학교를 갓 나온 젊은 사람은 직무에 대한 성의와 의욕이 대체로 높은 편이며, 이들에게 장기간 근무기회를 제공하여 전문행정인으로 육성하려면 가능한 한 젊을 때부터 직업공무원의 양성이 시작되는 것이 효과적이다. 또한 너무 어리거나 늙은 사람이 공직에 진출하는 경우 조직운영이 원활하지 못하게 될 우려가 있으며, 연령상한의 설정은 공무원 수험기간의 장기화에 따른 인적자원의 국가적 · 사회적 낭비를 방지하는데 기여할 수 있다.

반대론 연령제한을 반대하는 입장은 공직에의 기회균등이라는 민주적 헌법의 기본원리를 강조한다. 또한 공직사회가 다양한 연령분포에 위해 형성하게 되면, 공무원 집단의 특권화 및 폐쇄성을 극복하여 조직의 활성화를 가져올 수 있다. 경우에 따라서 일정 범위에서 연령상한을 설정함으로써 젊거나 나이 든 사람을 적절히 조절하여 구할 수 있어 인력활용의 융통성을 높일 수 있으며, 사회 전체적으로 노동시장의 안정성을 도모할 수 있게 된다.

실태 및 논의 연령을 응시요건으로 삼는가의 여부는 국가마다 차이가 있다. 계급제와 직업공무원제의 전통을 지닌 국가는 학교교육과 연계하여 최저 연령과 최고 연령의 폭을 비교적 좁게 설정하여 연령제한을 엄격히 시행하는 경향이 있는 반면, 직위분류제를 채택하고 직업공무원제적 성격이 약한 국가는 공직에의 기회균등을 실현하려는 취지에서 연령제한이 거의 이루어지지 않고 있다. 예외적으로 경찰 · 소방공무원, 군인, 항공관제사 등 연령제한이 설정되는 경우가 있지만, 현재의 대부분 국가와 직종에서 연령제한은 대체로 완화 · 철폐되는 추세에 있다.

우리나라도 일부 직종을 제외하고 2009년부터 응시연령 상한을 폐지하였다. 다만 응시연령 하한은 여전히 존재하고 있는데, 일반직공무원의 7급 이상은 20세이며 8급 이하는 18세(교정 · 보호직렬은 20세)이다. 하지만 6급 이하의 채용시험에서 결원의 신속한 보충 등 기타 특별한 사정이 있는 경우 인사혁신처장의 승인을 얻어 응시연령을 따로 정할 수 있으며(「공무원임용시험령」 제16조제2항), 경력경쟁 채용시험에서 직무수행상 특히 필요하다고 인정할 경우 연령, 학력 및 거주요건 등 응시자격 제한이 가능하다(「공무원임용시험령」 제19조제3항). 이와 더불어 특정직공무원의 경우에는 응시연령의 하한뿐만 아니라 상한이 설정된 직종이 적지 않다.

4) 거주지요건

공무원의 자격요건 중에서 거주지제한은 본래 지방자치제에서 유래된 것이다. 즉, 일정한 지역에 연고가 있거나 실제 거주하는 주민이 그 지역을 관할하는 지방정부의 공무원이 될 수 있다는 지역주의에 기반을 둔 요건이 거주지제한이다.

찬성론 주민자치라는 관점에서 보면, 특정한 지방정부에 근무할 지방공무원은 해당 지역의 납세자로서 애향심과 안정된 생활기반이 있는 주민이어야 한다. 따라서 거주지를 자격요건으로 부여함으로써 공무원의 애향심, 생활편의성, 생계비 부담 감소 등의 이점이 있으며, 지역의 실정에 정통한 주민이 공무원이 되어 직무를 담당하기 때문에 지방행정의 능률성과 전문성이 높아 질 수 있다.

반대론 거주지제한은 공직에의 기회균등원칙에 어긋나며, 특히 능력 있는 후보자의 지원기회를 제약하게 된다. 이로 말미암아 공무원의 능력이 전반적으로 낮아지고 지역 간 인재의 불균형이 초래되어 지방행정의 능률성과 전문성을 저하시켜 지역발전에 지장을 줄 수 있다.

실태 및 논의 지방자치제가 발달된 국가의 지방정부는 지역주민에게만 그 공직을 개방하는 것이 일반적이며, 우리나라에서도 지방공무원의 채용시험 응시자에게 거주지요건을 부여하는 것이 허용되고 있다. 다만 거주지제한에서 논란이 될 수 있는 것은 국가공무원의 경우인데, 현재 공개경쟁 채용시험이든 경력경쟁 채용시험이든 거주지요건의 설정이 가능하도록 규정되어 있다.

공개경쟁채용의 경우를 보면, 연고지 임용 및 그 밖에 지역적 특수성을 고려하여 필요하다고 인정할 때에는 일정지역에서 일정기간 동안 거주한 사람으로 응시자격을 제한하여 시험을 실시할 수 있다(「공무원임용시험령」 제19조). 예컨대 5급 공개경쟁 채용시험의 지역별 모집에서 해당연도 1월 1일 현재 주민등록상 해당 응시지역(시·도)에 거주한 기간이 모두 합하여 1년 이상이거나 본인의 출신학교가 소재한 지역(시·도)으로 제한요건이 설정되어 있다. 7급 또는 9급 공채시험의 지역별 구분모집은 해당연도 1월 1일을 포함하여 1월 1일 전 또는 후로 연속하여 3개월 이상 해당 지역에 주민등록이 되어 있어야 응시할 수 있으며, 서울·인천·경기지역의 구분모집에는 주민등록지와 관계없이 누구나 응시할 수 있다.

경력경쟁채용의 경우를 보면, 연고지나 그 밖에 지역적 특수성을 고려하여 일정한 지역에 거주하는 자를 그 지역에 소재하는 기관에 임용하는 경우에 거주지제한이 가능하다(「국가공무원법」 제28조). 이 경우 임용예정 직위의 직무수행상 특히 필요하다고 인정되는 경우에만 연령, 학력 및 거주요건 등 응시자격을 제한하여 시험을 실시할 수 있다(「공무원임용시험령」 제19조).

5) 성별요건

성별에 의한 자격요건은 과거와 달리 오늘날 대부분의 국가에서 공식적으로 그 의미가 크지 않다. 즉, 성별에 따른 자격요건 혹은 차별은 법적으로 거의 폐지되었으며, 오히려 성별의 균형을 도모하기 위한 제도적 조치가 강화되는 추세에 있다.

우리나라의 경우도 일반직공무원의 공개경쟁채용에서 성별을 기준으로 한 차별은 없으나, 기술직공무원 및 특정직공무원의 일부에서는 성별에 따른 응시제한 혹은 구분모집이 시행되기도 한다. 현실적으로 발생하는 성차별 관행을 타파하고 남녀의 평등한 공무원 임용기회를 확대하기 위하여 다양한 균형인사정책이 실시되고 있다. 이러한 균형인사정책의 구체적인 내용은 제2편 제3장 제3절의 대표관료제에서 다룬 사항을 참고하기 바란다.

6) 결격사유

공무원의 모집에 있어서 자격요건 이외에 결격사유(缺格事由)가 따로 설정되기도 한다. 공무원의 결격사유란 공무원으로 임용될 수 없는 사유를 말하며, 법적으로 흠결(欠缺)이 있는 사람의 공직임용을 제한하기 위한 절대적이며 소극적인 요건이다.

우리나라 공무원의 결격사유는 직종에 따라 약간씩 차이가 있지만,[3] 대체로 민사상 능력·자격이 결여된 경우, 형사상 처벌을 받은 경우,[4] 행정상 징계를 받은 경우 등에 해당하는 사항을 포함하고 있다. 공무원의 결격사유로서 가장 기본적이며 대표적인 내용을 보면 〈표 8-3〉과 같다.

이와 같은 결격사유 중 어느 하나에 해당하면 공무원으로 신규임용될 수 없으며, 재직공무원이 어느 하나에 해당하면 당연히 퇴직한다. 공무원으로 신규임용될 당시 결격사유가 있었다면, 비록 국가나 지방자치단체의 과실로 임용결격자임을 밝혀내지 못하였다 하더라도, 그 임용행위는 당연무효이다.[5] 이러한 결격사유의 적용 기준일은

3) 국적요건이 결격사유로 규정되어 있거나(예: 외무공무원, 경찰공무원, 소방공무원, 군인, 군무원, 경호공무원 등), 성폭력범죄·아동청소년대상 성범죄 경력이 결격사유에 포함되어 있는 경우(예: 교육공무원)도 있다.

4) 「형법」 제41조에 의하면, 형의 종류는 사형, 징역, 금고, 자격상실, 자격정지, 벌금, 구류, 과료, 몰수 등 9가지가 있다.

5) 따라서 공무원의 임용상 결격사유가 있는 자에 대하여 결격사유가 있는 것을 알지 못하고 공무원으로 임용하였다가 사후에 결격사유가 있었던 자임을 발견하고 공무원 임용행위를 취소하는 것은 당사자에게 원래의 임용행위가 당초부터 당연무효이었음을 통지하여 확인시켜주는 행위에 지나지 아니한다.

표 8-3 공무원의 임용결격 및 당연퇴직 사유

구분	공무원임용의 결격사유 (「국가공무원법」 제33조)	재직공무원의 당연퇴직사유 (「국가공무원법」 제69조)
민사상 사유	• 피성년후견인 또는 피한정후견인	• 동일
	• 파산선고를 받고 복권되지 아니한 자	• 파산선고를 받은 사람으로서 「채무자 회생 및 파산에 관한 법률」에 따라 신청기한 내에 면책신청을 하지 아니하였거나 면책불허가 결정 또는 면책취소가 확정된 경우만 해당
형사상 사유	• 금고 이상의 실형을 선고받고 그 집행이 종료되거나 집행을 받지 아니하기로 확정된 후 5년이 지나지 아니한 자	• 금고 이상의 형을 선고 받은 경우
	• 금고 이상의 형을 선고받고 그 집행유예 기간이 끝난 날부터 2년이 지나지 아니한 자	
	• 금고 이상의 형의 선고유예를 받은 경우에 그 선고유예 기간 중에 있는 자	• 「형법」 제129조부터 제132조까지, 제303조 또는 「성폭력범죄의 처벌 등에 관한 특례법」 제10조 및 직무와 관련하여 「형법」 제355조 또는 제356조에 규정된 죄를 범한 사람으로서 금고 이상의 형의 선고유예를 받은 경우만 해당[1]
	• 법원의 판결 또는 다른 법률에 따라 자격이 상실되거나 정지된 자[2]	• 동일
	• 공무원으로 재직기간 중 직무와 관련하여 「형법」 제355조 및 제356조에 규정된 죄를 범한 자로서 300만원 이상의 벌금형을 선고받고 그 형이 확정된 후 2년이 지나지 아니한 자	• 직무와 관련하여 「형법」 제355조 및 제356조에 규정된 죄를 범한 자로서 300만원 이상의 벌금형을 선고받고 그 형이 확정된 경우
	• 「형법」 제303조 또는 「성폭력범죄의 처벌 등에 관한 특례법」 제10조에 규정된 죄를 범한 사람으로서 300만원 이상의 벌금형을 선고받고 그 형이 확정된 후 2년이 지나지 아니한 사람[1]	• 동일
행정상 사유	• 징계로 파면처분을 받은 때부터 5년이 지나지 아니한 자	• 징계로 파면처분을 받은 경우
	• 징계로 해임처분을 받은 때부터 3년이 지나지 아니한 자.	• 징계로 해임처분을 받은 경우

1. 「형법」 제129조(수뢰 · 사전수뢰), 제130조(제3자뇌물제공), 제131조(수뢰후부정처사 · 사후수뢰), 제132조(알선수뢰), 제303조(업무상 위력 등에 의한 간음), 제355조(횡령 · 배임), 제356조(업무상의 횡령과 배임) 및 「성폭력범죄의 처벌 등에 관한 특례법」 제10조(업무상 위력 등에 의한 추행)
2. 다른 법률에 의하여 자격이 상실 또는 정지된 자의 예로서, 선거범죄자(「공직선거법」 제266조), 병역의무 불이행자(「병역법」 제76조), 피치료감호자(「치료감호 등에 관한 법률」 제47조) 등이 있다. 여기서 '자격'이란 공무원이 되는 자격, 공법상의 선거권과 피선거권, 법률로 요건을 정한 공법상의 업무에 관한 자격, 법인의 이사·감사 또는 지배인 기타 법인의 업무에 관한 검사역이나 재산관리인이 되는 자격 등을 포함한다(「형법」 제43조제1항).

공개경쟁 채용시험 및 경력경쟁 채용시험의 경우 최종시험의 시행예정일이며, 다수인을 대상으로 하지 아니한 시험은 시험요구일이 된다(「공무원임용시험령」 제15조제2항).

4. 모집대상의 우대조건

모집과정에서 응시기준을 정해주는 자격요건과 달리, 채용시험이나 임용과정에서 특정 모집대상자 혹은 지원자·응시자를 우대하는 경우가 있다. 이러한 우대조건 혹은 특혜의 부여도 대체로 공직임용의 실질적인 기회균등과 유능한 인재의 확보라는 두 가지 상반된 요구에 따라 찬·반의 논의가 이루어진다.

찬성론 공직의 경우 국가적 필요에 의하여 평등의 원칙에 위배되지 아니하는 수준에서 특정한 지원자 혹은 응시자에게 한정적으로 우대조치를 취할 수 있다는 입장이다. 예컨대 국가유공자 및 제대군인의 국가에 대한 봉사나 희생의 대가로 최소한의 우대조건 부여가 당연하다는 것이다. 또한 특정분야의 자격증에 대한 우대는 오히려 해당분야에 필요한 전문가를 확보하기 위한 것이며, 사회적으로 소외된 집단에 대한 우대는 공직임용에서의 실질적인 기회균등을 보장하기 위한 것이라는 입장이다.

반대론 우대조건 부여에 반대하는 주장은 공직에의 기회균등 및 우수인재의 확보를 강조한다. 공무원을 채용할 때는 엄격한 실적주의에 기반을 두어야 하며, 특정인에게 우대조건을 부여하는 것은 공직기회의 균등원칙에 어긋날 뿐만 아니라 유능한 인재 확보를 어렵게 하여 행정의 능률성과 전문성을 저하시킬 수 있다. 국가적 필요에 의하더라도 국가유공자나 제대군인에 대한 보상은 물질적인 혜택을 주는 것으로 그쳐야 한다는 입장이다.

실태 및 논의 우대조건 부여에 대한 반대의 논리에도 불구하고, 우리나라를 비롯한 대부분의 국가에서는 다양한 형태의 우대조건을 두고 있다. 대체로 국가·사회에 공헌한 자, 특별한 자격·능력을 보유한 자, 공직기회의 실질적 균등을 가질 수 없는 소외집단 등을 중심으로 채용시험이나 임용 등에 있어서 일정한 특혜가 부여되고 있다. 우리나라의 우대조건에 관한 구체적인 내용은 제2편 제3장 제3절의 대표관료제에서 다룬 사항을 참고하기 바란다.

제3절 선발

1. 선발의 의의

모집과정을 통해서 지원자를 확보하였다면, 그들 중 정해진 절차에 응한 사람들 가운데 적격자를 선택하는 활동이 이루어지게 된다. 이와 같이 응시자 가운데 적격자를 가려내는 활동이 선발(選拔, selection)이다.

어느 조직에서나 그 조직의 목표달성에 가장 적합한 사람이 필요하다는 점에서 선발은 매우 중요하게 다루어진다. 조직이 필요로 하는 사람을 확보하기 위해서는 우선 모집과정에서 지원자를 선발대상자의 수(數) 이상으로 확보하여야 하고, 다음으로 이들 지원자 중에서 적격자를 정확하게 뽑을 수 있어야 한다(유민봉 · 박성민, 2014: 282). 따라서 선발이 잘못되면, 조직이 필요로 하는 사람을 뽑지 못하는 결과를 초래하여 그 이전 단계인 모집의 효과도 무용지물이 된다.

2. 선발의 방법

선발은 대체로 서류전형과 시험에 의해 이루어진다. 서류전형이란 지원서에 포함된 사항을 기초로 지원자를 심사하는 것을 말하며, 시험은 지원자의 능력이나 특성을 파악하기 위한 별도의 객관적인 평가절차를 의미한다. 시험은 필기시험, 실기시험, 면접시험 등과 같은 여러 형태가 있을 수 있으며, 지능검사, 적성검사, 성격검사, 업적검사, 신체검사, 성취도검사, 흥미검사 등과 같은 다양한 형태의 검사를 포함하기도 한다. 이러한 선발방법은 모든 채용에 동일하게 적용되는 것이 아니라, 경우에 따라서 그 일부만이 활용되거나 순서가 바뀌기도 한다.

1) 서류전형

서류전형이란 직무수행에 관련되는 자격 및 경력 등을 서류로 심사하는 것을 말한다. 어느 조직을 막론하고 사람을 채용할 때에는 지원서류를 요구하게 되는데, 여기에는 지원서, 졸업증명서, 성적증명서, 이력서, 자격증, 추천서, 업적증명서 등이 포함된다. 이러한 서류들은 선발과정에서 가장 기본적인 심사자료로 활용되어 지원자의 학력과 업무 경력, 개인적 자질과 일반 능력 등을 파악할 수 있게 한다.

서류전형은 다른 선발방법을 보충하는 수단인 것이 보통이지만, 이 방법만으로 적격자를 선발하기도 한다. 이 경우 서류전형은 다른 선발방법에 비하여 비용이 적게 들고 편리하며, 지원자들을 한 자리에 모아 장시간 기다리게 할 필요가 없고, 다른 방법으로는 파악하기 힘든 정보를 얻을 수 있다는 이점이 있다. 하지만 서류전형은 평정과정의 표준화가 곤란하여 평정자의 주관적 편견이 개입될 소지가 크며, 불필요한 사항을 기재하거나 많은 서류를 요구하게 되면 지원 자체를 포기하게 만들 가능성이 있다.

우리나라 공무원의 지원서류는 원칙적으로 기본적인 인적사항을 기재한 응시원서이다. 현재 응시원서는 지원자의 연령이나 거주지 등 객관적인 사실의 확인에 필요한 자료만을 포함하고 있다. 응시원서 이외의 부가적인 서류는 별도로 요구하지 않으며, 다만 서류전형을 필수로 하는 선발과정에서는 응시원서 이외에 추천서, 자기소개서, 업적물, 자격증, 증거물 등의 서류가 요구되는 경우도 있다.

2) 시험의 의의

시험이란 사람의 적격성을 일정한 절차에 따라 측정 · 평가하는 활동을 말한다. 시험이야말로 응시자의 우열을 판단하여 적격자를 가려내는데 가장 일반적으로 활용되는 수단이라 할 수 있다. 이는 시험을 통해서 응시자의 일반적 능력이나 적성, 특수한 능력이나 적성, 업적, 건강과 체력, 성격 및 정서 등과 같은 다양한 능력이나 업적을 파악할 수 있기 때문이다(Stahl, 1983: 109~114).

하지만 사람의 적격성을 측정하는 수단으로서 시험은 한계를 지닐 수밖에 없다. 시험 하나만으로 사람의 능력이나 업적 모두를 판단한다는 것은 거의 불가능하며, 특히 창의성 · 도덕성 · 발전가능성 등과 같은 요소는 전통적인 시험방법으로는 제대로 측정하기가 쉽지 않다. 이러한 한계로 인해 시험은 장래에 발전할 공무원보다 실패할 가능성이 높은 비(非)적격자를 가려는데 보다 효과적으로 작용할 뿐이라는 비판이 있다(박연호, 2001: 164). 따라서 현재의 능력이나 특성뿐만 아니라 장래 발전가능성이 있는 잠재적 수준을 파악할 수 있도록 시험의 방법을 다양화하는 노력이 필요하다.

3) 시험의 효용성

시험이 선발도구로서의 효용성이 있는가를 판단하는 기준은 여러 가지가 있을 수 있지만, 일반적으로 타당성, 신뢰성, 객관성, 난이도, 실용성 등이 제시된다. 이러한 판단기준을 활용하여 시험을 실기하기 전에 그 시험의 효용성 정도를 평가하고, 시험의 목적을 성공적으로 달성하기 위해서는 그 효용성을 높이는 노력이 필요하다.

(1) 타당성

타당성(validity)은 '측정하고자 하는 것을 제대로 측정하는가'에 관한 것이다. 시험에서의 타당성이란 시험이 '무엇을' 측정하고 있는가에 관한 것이며, 당초 '측정하고자 하는 것'에 대한 측정의 정확성 정도는 시험의 타당도로 나타난다. 예컨대 한국사람의 지능(IQ)검사를 하면서 영어로 작성된 시험지를 사용하는 경우 타당성의 문제가 제기될 수 있다. 이는 영어로 된 시험지로 측정한 지능검사의 결과가 과연 지능을 제대로 측정한 것인지, 아니면 영어 능력을 측정한 것인지에 의문이 있을 수 있기 때문이다.

타당성은 그 평가방법에 따라 내용타당성(content validity), 기준타당성(criterion validity), 구성타당성(construct validity) 등 세 가지로 나눌 수 있다(김렬, 2013: 229~236). 내용타당성은 측정하고자 하는 것이 내용적으로 시험에 얼마나 반영되고(대표성 있게 포함되고) 있는가이다.[6] 기준타당성은 어떤 척도 혹은 측정도구를 사용하여 측정한 결과와 다른 기준에 의한 측정결과를 비교하여 나타난 관련성의 정도를 의미한다.[7] 구성타당성은 실제 측정한 것이 측정하고자 한 개념들 사이에 만들어진 이론적 틀에 얼마나 부합하는지에 관한 것이다.[8]

6) 예컨대 영어능력을 측정하는 시험에서 단어에 관한 문항만 있다면, 그 영어시험은 독해나 문법에 관한 측정이 이루어지지 않았기 때문에 내용타당성이 없다고 볼 수 있다. 어떤 시험에서 '지엽적인 문제가 나왔다'거나 '중요하지 않은 문제가 나왔다'는 주장이 있듯이, 이는 시험문제가 그 과목의 전반에 걸친 내용을 대표하는 정도를 평가하려는 것이므로 내용타당성에 관한 것이다.

7) 채용시험의 타당성을 평가하는 경우, 채용시험 성적과 임용 후 근무성적 간의 상관관계가 높다면 그 채용시험은 근무성적이라는 기준에 비추어 볼 때 타당성이 높다고 할 수 있다.

8) 예컨대 경찰공무원의 성공적인 직무수행에 필요한 체력으로서 민첩성 · 지구력 · 근력 등이 이론적 구성개념(construct)이라면, 100m달리기 · 제자리멀리뛰기 · 윗몸일으키기 · 좌우악력(握力) 등이 측정지표가 될 수 있다. 이들 지표들을 측정한 결과와 실제 직무수행능력 간에 통계적으로 유의한 인과관계가 있다면, 이들 측정지표들은 직무수행능력의 평가에 대한 구성타당성을 가지고 있다는 하나의 증거가 된다.

제3편 인적자원의 확보

시험의 타당도를 높이기 위해서는 시험을 통해서 알아보고자 하는 것이 그 시험에 충실히 반영되도록 하여야 한다. 예컨대 시험의 내용이 직무의 내용을 대표적으로 포함하도록 하거나, 시험에 의한 측정결과가 채용 이후의 직무수행결과와 높은 상관성이 있도록 하거나, 시험의 내용이 직무수행의 내용이나 요건과 이론적으로 유의하게 연계되도록 구성하는 것이다.

(2) 신뢰성

신뢰성(reliability)은 '측정값들이 얼마나 일정하게 산출되는가'에 관한 것이다. 만약 시험을 반복해서 실시하는 경우 항상 같은 결과를 얻게 된다면, 그 시험 또는 시험결과는 신뢰성이 있다고 볼 수 있다. 예컨대 하나의 체중계로 한 사람을 5번 측정하여 각각 70kg, 71kg, 69kg, 68kg, 72kg으로 나왔다면 그 측정은 신뢰성이 없다고 할 수 있으며, 이와 달리 연속 5번의 측정에서 모두 70kg이 나타났다면 그 측정은 신뢰성이 있다고 판단할 수 있다.

신뢰성을 산출하는데 보통 많이 쓰이는 방법으로는 재검사법, 복수양식법, 반분법, 내적일관성법 등이 있다. 이들 중 가장 많이 사용되는 방법이 내적일관성법(internal consistency method)인데, 이는 가능한 한 모든 반분 신뢰성계수를 구한 후, 그 평균값으로 신뢰성을 추정하는 방법이다. 내적일관성법에 의한 신뢰성계수로서는 크론바하(Cronbach) 알파값(α coefficient)이 가장 널리 활용되고 있으며, 그 값은 0(신뢰성이 전혀 없음)에서 1(완벽한 신뢰성) 사이에 위치하며, 일반적으로 0.6 내지 0.7 이상이면 비교적 만족할 만한 수준으로 간주된다(김렬, 2013: 241).

시험과 관련된 모든 사항들이 시험의 신뢰성에 영향을 미칠 수 있다. 시험의 신뢰도를 높이기 위해서는 질문문항의 수를 적절히 많게 하고, 질문의 내용이 모호하지 않고 명료하게 하며, 난이도는 균등하게 유지하고, 시험시간 및 시험감독 등 시험환경을 적절히 조성해 주는 것이 중요하다.

(3) 객관성

객관성(objectivity)은 측정결과의 일관성 혹은 공정성이며, 신뢰성의 한 조건에 해당한다. 즉, 시험에 의해 측정한 결과가 채점자의 주관적 판단이나 시험의 외적 요인에 의해 차이를 나타내지 않는 정도를 말한다. 만약 채점자의 주관적 편견에 따라 채점결과가 달라지거나 성별 · 지역 · 정치 · 종교 등과 같은 시험의 외적 요인이 채점에 영향을 미치면 시험의 객관성이 낮아진다. 시험의 객관성이 낮으면 시험의 신뢰성이 떨어지게 되며, 이 경우 시험의 타당성마저 기대할 수 없게 된다.

시험의 객관성을 높이는 가장 대표적인 방법은 채점자의 주관적 판단이나 시험의 외적 요인이 개입될 여지가 없는 객관식 문항을 개발·활용하는 것이다. 객관식 시험을 치를 수 없는 경우에는 채점기준을 가능한 표준화하거나 복수의 채점자를 두는 방법이 시험의 객관성을 높이는데 유용하다.

(4) 난이도

난이도(difficulty)란 어려운 정도를 말하며, 이는 변별력, 식별력, 판별력(ability of distinction) 등으로 불리기도 한다. 시험을 실시하는 목적의 하나는 응시자들의 우열을 가리는데 있다. 시험의 내용이 너무 어렵거나 너무 쉬우면 동점자와 유사점의 취득자가 많게 되어 응시자들 간의 차이를 파악하기가 곤란하다. 따라서 시험이 효용성을 갖기 위해서는 응시자들 간의 상대적인 차이를 식별해 줄 수 있을 만큼 적당히 어려워야 한다.

일반적으로 난이도가 적당한 시험이란 응시자들의 성적분포가 상·하 어느 한쪽으로 치우치지 않고 '종(bell) 모양'의 정규분포(normal distribution)를 이루도록 하는 것이다. 하지만 상대적인 비교를 필요로 하지 않고 합격·불합격의 결정만을 목적으로 하는 시험(예: 자격시험)에서는 일정한 수준에서 요구되는 높은 난이도의 문제를 집중적으로 출제하여야 한다.

(5) 실용성

실용성(practicability)은 시험관리의 효율성 정도를 의미한다. 시험의 실시 및 채점 등이 용이하고 시험의 관리비용이 적게 든다면 시험의 실용성이 높다고 할 수 있다.

4) 시험의 종류

선발과정에서 활용할 수 있는 시험의 종류는 매우 다양하다. 시험의 형식(측정방법)을 기준으로 필기시험, 실기시험, 면접시험 등으로 나눌 수 있으며, 시험의 내용(측정대상)을 기준으로 지능검사, 적성검사, 성격검사, 업적검사, 신체검사, 성취도검사, 흥미검사 등으로 구분할 수 있다. 이러한 시험방법들은 각기 장단점을 가지기 때문에 하나의 시험으로 적격자를 완전하게 판단하는 것은 쉽지 않다. 그러므로 복수의 시험들을 필요에 따라 상호 보완적으로 활용하는 것이 바람직하다고 할 수 있다.

(1) 형식(방법)을 기준으로 한 분류

시험은 그 형식에 따라 필기시험, 실기시험, 면접시험 등으로 구분할 수 있다. 이러한 시험의 종류는 응시자의 능력과 특성 등을 측정하는 방법, 즉 어떻게 측정할 것인가를 기준으로 분류한 것이다.

필기시험 필기시험(written test)이란 글이나 부호 등으로 답안을 작성하게 하는 시험을 말한다(오석홍, 2013: 158). 이러한 필기시험은 한꺼번에 많은 응시자를 대상으로 실시할 수 있어 시간과 비용이 절약되고 시험관리가 편리하다. 또한 표준화가 용이하고 객관성이 높아 다른 종류의 시험에 비하여 공정하게 다루어진다는 인상을 준다.

필기시험은 답안의 형식에 따라 객관식 시험과 주관식 시험으로 구분된다. 객관식 시험(objective test)은 정오형, 선다형, 연결형 등과 같이 문제에 대한 답안의 형식이 정해져 있는 시험을 말한다. 반면에 주관식 시험(subjective test)은 문제에 대하여 최선이라고 생각하는 답안을 자유롭게 구상하여 기술하는 방식으로서 논술형, 단답형, 기입형 등이 있다. 객관식 시험과 주관식 시험은 각기 장점과 단점을 지니는데, 이를 요약·정리하면 〈표 8-4〉와 같다.

표 8-4 객관식 시험과 주관식 시험의 장단점

구분	객관식 시험	주관식 시험
장점	• 채점이 용이하고 시간과 노력 절약 • 측정의 신뢰성과 객관성 확보 • 평가대상과 관련 없는 요소의 개입 방지	• 출제가 용이하고 시간과 노력 절약 • 복합적 능력의 측정 가능 • 답안 형식과 응답 표현의 자유
단점	• 출제가 어렵고 시간과 노력 소요 • 복합적 능력의 측정 불가 • 답안 형식과 응답 표현의 제한	• 채점이 어렵고 시간과 노력 소요 • 측정의 신뢰성과 객관성 저하 • 평가대상과 관련 없는 요소의 개입 가능성

객관식 시험은 채점이 용이하여 시간과 노력이 적게 들고, 고도의 객관성이 확보된다. 또한 대체로 문제 수가 많기 때문에 평가하고자 하는 분야를 균형 있게 측정할 수 있고, 평가대상과 관련이 없는 요소의 개입을 막을 수 있다는 장점이 있다. 하지만 객관식 시험은 창의력, 논리적 사고력, 응용력 등과 같은 복합적 능력을 측정하기 곤란하고, 공정성을 확보하기 위해 고도의 출제기술이 요구되므로 출제하기가 어렵고,

답안의 형식과 응답표현의 자유가 제한되어 있으므로 출제의 과오가 응시자에게 영향을 미칠 수 있다는 단점을 지닌다.

주관식 시험은 수험자가 자유롭게 답안을 작성하는 논술식 시험으로서, 출제가 간편하고, 창의력, 논리적 사고력, 응용력 등 고도의 복합적 능력을 평가하는데 효과적이다. 하지만 주관식 시험은 채점이 쉽지 않고 상당한 시간과 노력이 소요되며, 채점에 확실한 기준을 마련하기 어려워 평가자의 주관적 편견이 개입되어 신뢰성과 객관성을 상실할 우려가 있다. 또한 문제 수가 적어 응시자들의 능력을 광범위하게 측정하는데 미흡하다는 단점이 있다.

면접시험 면접시험(interview)은 말로 표현한 내용을 토대로 평가하는 방법이며, 구술시험으로 불리기도 한다. 이러한 면접시험은 필기시험 합격자에게만 그 기회가 부여되거나, 필기시험의 결과와 무관하게 필기시험과 동등한 위치에서 병행하여 실시되기도 한다.

면접시험은 다른 시험으로 알아낼 수 없는 개인의 성격과 행태상의 특성을 파악하는데 유용하다. 외면적으로는 용모, 복장, 태도, 성격, 인품 등을 평가하고, 내면적으로는 국가관, 공직관, 전문지식, 발표력, 지도력, 창의력, 판단력 등을 평가할 수 있어서 필기시험에서 측정이 불가능한 것을 보충할 수 있다. 하지만 면접시험은 면접관의 주관적 견해와 판단이 개입될 가능성이 있으며, 응시자가 많을 경우에는 실시하기가 쉽지 않다. 또한 평가에 있어서 정실이나 외압의 영향에 노출될 가능성이 있다는 점에서 타당성과 신뢰성 · 객관성의 측면에서 문제가 발생할 수 있다.

실기시험 실기시험(performance test)은 실습 및 실기의 방법으로 평가하는 시험이다. 즉, 응시자에게 앞으로 담당할 직무의 표본을 실제로 수행해보게 하여, 직무수행에 필요한 실제 기술과 능력을 평가하는 시험을 말한다. 컴퓨터와 같은 기기를 직접 조작 또는 조정하게 하거나, 설계도면 또는 신문기사를 실제로 작성해보게 하는 것이 그 예이다.

실기시험은 실제 직무내용을 그대로 시험내용으로 삼기 때문에 높은 타당성을 기대할 수 있어, 특히 기능이나 기술을 요하는 직위의 채용시험에 매우 유용하다. 하지만 실기시험은 비용과 시간이 많이 들고, 복합적 능력을 요구하는 직위의 채용시험으로는 부적절하며, 장래의 발전가능성을 평가하는데 한계가 있다. 또한 객관성이 저하될 우려가 있고 한꺼번에 다수의 응시자를 대상으로 평가하기에는 어려운 점이 있다.

(2) 내용(대상)을 기준으로 한 분류

시험은 그 내용에 따라 지능검사, 적성검사, 성격검사, 업적검사, 신체검사, 성취도 검사, 흥미검사 등으로 구분할 수 있다. 이러한 시험의 종류는 시험을 통해 측정하고자 하는 대상요소, 즉 응시자의 무엇을 측정하고자 하는가를 기준으로 분류한 것이다.

지능검사 지능검사(intelligence test)는 일반적인 지적 능력을 측정하는 시험이다. 지능은 직무와 관련된 구체적인 능력이 아니라 모든 직무의 성공적 수행에 기초되는 일반적인 정신적 능력이다. 이러한 일반적인 정신적 능력을 측정한다는 점에서 지능검사는 심리검사의 하나로 간주되며, 대체로 새로운 상황에 대처하는 능력, 학습능력, 사고력 등을 그 내용으로 하고 있다. 지능검사는 일반 지능과 직업적 성공 간의 상관관계가 비교적 높다는 연구결과에 기초하고 있으며, IQ테스트가 그 대표적인 예이다.

적성검사 적성검사(aptitude test)는 특수한 분야의 직무를 수행할 수 있는 잠재적 능력을 측정하는 시험이다. 적성이란 어떤 지식이나 기술을 현재는 가지고 있지 않지만 앞으로 교육훈련과 경험을 통해서 발전시킬 수 있는 소질을 말한다. 따라서 적성검사는 직무수행에 필요한 지식과 기술에 대한 현재의 상태를 측정하는 것이 아니라, 앞으로 교육훈련과 경험을 쌓으면 얼마나 성공적으로 직무를 수행할 수 있을 것인가와 같은 잠재능력을 측정하는 것이다. 현재 우리나라의 5급 공무원 채용시험에서 활용하고 있는 공직적격성테스트(PSAT)가 그 대표적인 예이다.

업적 · 성취도검사 업적검사 혹은 성취도검사(achievement test)는 선천적인 지능이나 적성보다는 후천적인 학습과 경험을 통해서 얻은 지식이나 기술 등을 측정하는 시험이다. 업적검사에는 특정한 주제분야의 일반적 지식을 묻는 학력시험, 회계 · 건축 · 도시계획과 같은 특수한 분야의 전문지식을 묻는 전문직업시험, 그리고 실기시험 등이 포함된다. 이러한 업적검사는 직무수행에 당장 필요한 구체적 지식과 기술을 측정하기 때문에 넓은 안목과 잠재적 능력을 주로 요구하는 중상위 관리직보다 단순한 기능직이나 초급 사무직을 선발하는데 유용하다.

신체 · 체력검사 신체 · 체력검사(physical test)는 직무수행에 적합한 육체적 능력을 측정하는 시험이다. 단순히 건강 정도를 측정하는 것이 아니라, 군인 · 경찰 · 소방공무원과 같이 직무수행에 적합한 체력과 건강 등의 신체적 특성을 가지고 있는지를 평가한다. 신체 · 체력검사는 공무원의 직종에 따라 그 내용을 달리하지만, 대체로 근력, 지구력, 균형성, 민첩성 등을 측정하게 된다. 이러한 신체 · 체력검사는 다른 시험에 비해 측정의 신뢰성과 객관성이 가장 높다는 장점을 지닌다.

성격검사 성격검사(personality test)는 사람의 정서적 · 기질적 특성을 측정하는 시험이다. 이러한 성격검사는 사람의 성격이 그가 담당할 직무의 성격과 잘 맞는가를 살펴봄과 동시에 함께 근무하게 될 동료들과 조화를 이룰 수 있는지 등을 파악하기 위한 것이다. 일반적으로 성격검사는 정서적 안정성, 자신감, 협동성, 사교성, 활동성, 도덕성 등을 측정하며, 질문지 방법이나 면접 · 관찰 등의 방법이 활용된다. 이러한 성격검사는 사람의 가장 내면적인 속성을 측정하기 때문에 객관성이 매우 낮은 편이며, 다른 시험방법에 비하여 타당성과 신뢰성도 낮다는 비판을 받고 있다.

흥미검사 흥미검사(interest test)는 관심 내지 선호도를 측정하는 시험이다. 즉, 응시자가 지니는 흥미 또는 관심의 대상이나 유형을 알아내어 직무와의 연계성이나 적합성의 정도를 파악하려는 시험이다.

제4절 채용후보자 등록 및 추천

선발과정을 통해 합격자가 결정되면, 시험실시기관의 장은 합격자로부터 채용후보자 등록을 받고 그 명부를 작성하며, 임용(제청)권자의 요청에 따라 채용후보자를 추천하게 된다.

1. 채용후보자 등록

공개경쟁 채용시험의 합격자, 즉 채용후보자는 시험실시기관의 장이 정하는 바에 따라 채용후보자 등록을 하여야 한다. 채용후보자 등록시 직급별로 채용시험의 성적순에 따라 근무희망기관이나 지역 등을 선택하게 할 수 있으며, 채용후보자 등록을 하지 아니하면 임용될 의사가 없는 것으로 본다(「공무원임용령」 제11조).

2. 채용후보자명부 작성

채용후보자 등록을 받은 시험실시기관의 장은 직급별로 시험성적순에 따라 채용후보자명부를 작성하는데, 여기에는 훈련성적 및 전공분야와 그 밖에 필요한 사항이 기재된다. 이러한 채용후보자명부의 유효기간은 2년의 범위에서 대통령령 등으로 정하며, 시험실시기관장의 필요에 따라 1년의 범위에서 연장이 가능하다. 다만 병역법에 따른 의무복무기간 및 법령으로 정하는 사유로 임용되지 못한 기간은 채용후보자명부의 유효기간에 넣어 계산하지 않는다.

경력경쟁 채용시험 등의 경우는 원칙적으로 채용후보자명부의 작성을 요하지 않으며 합격의 효력은 1년이지만, 다수인을 대상으로 하지 아니한 시험 합격의 효력은 6개월로 한정된다. 다만 인사혁신처장이 실시하는 경력경쟁 채용시험 등에 있어서 합격의 효력은 2년이며, 이 경우 공개경쟁 채용시험의 합격자에 대한 채용후보자 등록, 채용후보자명부 작성, 임용추천방법, 임용(추천)의 유예, 채용후보자의 자격상실 등의 사항이 준용된다.

이처럼 채용후보자명부의 유효기간 혹은 시험합격의 효력은 채용시험의 종류 및 공무원의 직종에 따라 약간씩 차이가 있는데, 그 대표적인 예를 보면 〈표 8-5〉와 같다.

표 8-5 채용후보자명부 및 합격의 유효기간(예)

구분	공개경쟁 채용시험	경력경쟁 채용시험
일반직공무원, 경찰 · 소방공무원	• 2년 + 1년(연장)	• 1년 원칙 – 다수인을 대상으로 하지 않는 시험: 6개월 – 인사혁신처장 실시 시험: 2년
교육공무원	• 1년 + 2년(연장)	

자료: 「국가공무원법」 제38조 및 「공무원임용령」 제21조, 「경찰공무원법」 제9조, 「소방공무원법」 제11조, 「교육공무원임용령」 제12조

3. 임용 추천 및 통보 등

채용후보자명부가 작성되면, 시험실시기관의 장은 채용후보자를 임용(제청)권자에게 추천하게 된다. 추천된 채용후보자를 임용(제청)권자가 임용한 때에는 그 결과를

시험실시기관의 장에게 지체 없이 알려야 한다.

1) 임용의 추천

채용후보자의 임용추천은 단수추천제, 배수추천제, 집단추천제, 전체추천제, 선택추천제 등의 방법으로 이루어질 수 있다.

(1) 단수추천제

단수추천제는 한 자리의 결원에 대해 한 사람의 후보자를 추천하는 방법으로 동수추천제 혹은 단일추천제라고도 한다. 이 방법은 대체로 채용후보자명부에 등재된 성적순에 따라 결원된 인원의 숫자만큼 추천하기 때문에, 채용시험이 절대적으로 타당성과 신뢰성을 지닌다는 전제에 입각하여 임용권자의 재량권을 배제하기 위한 반(反)엽관주의 인사원칙에 근거를 두고 있다(강성철 외, 2014: 293).

(2) 배수추천제

배수추천제는 결원된 직위에 대해 정해진 배수만큼 추천하는 방법이며, 한 자리의 결원에 대개 3~7배수에 해당하는 후보자를 추천하기 때문에 복수추천제라고도 한다. 이 방법은 채용시험의 타당성이 완전하지 않다는 전제하에 임용권자에게 어느 정도 재량권을 부여하기 위한 것이다(강성철 외, 293). 전통적으로 가장 많이 이용된 방법은 3배수 추천제(rule of three)이며, 우리나라의 교사 신규채용에서 임용후보자명부의 고순위자순으로 채용예정인원의 3배수 범위 안에서 임용(제청)하도록 하고 있다(「교육공무원임용령」 제10조).

(3) 집단추천제

집단추천제는 채용후보자를 성적이나 전공·지역 등에 따라 몇 개의 집단으로 나누고, 이들 집단 가운데 우수 혹은 가장 적합한 집단부터 추천하는 방법이다. 예컨대 전체 채용후보자들을 '수, 우, 미, 양, 가' 등과 같이 몇 개의 집단으로 나눈 후, 각 집단에 소속된 후보자를 덩어리로 한꺼번에 추천하는 방법이다(강성철 외, 2014: 293). 이 방법 역시 채용시험의 타당성이 완전하지 않다는 전제하에 이루어지는 추천제도라고 할 수 있다.

(4) 전체추천제

전체추천제는 채용후보자 전체를 추천하여 임용권자가 자유롭게 선정하도록 하는 방법으로 합동추천제라고도 한다. 특히 채용후보자의 수가 적고 단시일 내에 모두 임용될 가능성이 있다면 단일추천제 혹은 배수추천제는 큰 의미가 없게 된다(강성철 외, 2014: 294). 이 경우 임용권자에게 후보자 선정의 전권을 부여하는 전체추천제의 방식이 유용할 수 있다.

(5) 선택추천제

선택추천제는 임용권자가 특정한 자격 등을 가진 후보자를 추천해 주도록 요구하면 그에 따라 해당 후보자를 추천하는 방법이다. 이 방법은 우리나라의 특별추천제와 유사하며, 지정추천제라고도 불린다. 특히 단수추천제나 배수추천제를 원칙으로 하는 경우, 이를 보완하는 방법으로 선택추천제가 사용될 수 있다(강성철 외, 2014: 293).

(6) 우리나라의 추천제도

우리나라의 경우 과거에는 주로 3배수 추천제를 채택하였다. 현재에도 3배수 추천제를 사용하는 경우가 있으나, 단수추천제가 일반적이며 선택추천제(즉, 특별추천제)가 예외적으로 허용되고 있다. 즉, 임용권자로부터 특별추천의 요구가 없는 한, 시험실시기관의 장은 단수추천제에 의하여 1명의 후보자를 임용(제청)권자에게 추천한다. 이 경우 시험실시기관의 장은 채용후보자의 시험성적, 교육훈련성적, 전공분야, 경력 및 적성 등을 참작하고 각 기관의 결원수 및 예상 결원수를 고려하여 추천한다.

이와 달리 특별추천이 가능한 경우가 있는데, (i) 임용예정 기관에 근무하고 있거나 6개월 이상의 근무경력이 있는 사람 또는 임명예정 직위에 관련된 특별한 자격이 있는 사람, (ii) 임용예정 지역이 특수지역인 경우에 이에 적합한 사람, (iii) 임용예정 기관의 장이 학력, 경력 및 특수자격요건을 정한 경우 이에 해당하는 사람이 그 대상이 된다(「공무원임용령」 제13조).

2) 임용의 통보 및 유예 등

임용(제청)권자가 추천받은 채용후보자를 임용한 때에는 그 결과를 시험실시기관의 장에게 지체 없이 알려야 한다. 하지만 채용후보자가 추천을 받은 기관의 임용(제청)에 따르지 아니한 경우, 시보공무원이 될 자에 대한 교육훈련에 따르지 아니한 경우, 훈련 성적이 나쁘거나 본인의 귀책사유로 교육훈련을 계속 받을 수 없게 되는 등 공무원으로서 직무를 수행하기 곤란하다고 판단되는 경우의 어느 하나에 해당하면 채용후보자로서의 자격을 잃는다(「국가공무원법」 제39조제3항).[9]

그러나 법령에 따라 채용후보자에 대한 임용추천이나 임용의 유예가 가능한 경우가 있다(「공무원임용령」 제13조의2). 즉, 채용후보자가 「병역법」에 따른 병역복무를 위하여 군에 입대하는 경우, 학업을 계속하는 경우, 6개월 이상의 장기요양이 필요한 질병이 있는 경우, 임신하거나 출산한 경우, 그 밖에 부득이한 경우에 채용후보자명부의 유효기간의 범위에서 기간을 정하여 임용(추천)의 유예신청이 가능하다. 이러한 임용(추천)의 유예는 공개경쟁 채용시험의 합격자에게 해당되며, 경력경쟁 채용시험의 합격자에게는 특별한 경우를 제외하고는 원칙적으로 적용되지 않는다(「공무원임용령」 제21조).

제5절 시보임용 및 정규임용 등

1. 시보임용

1) 시보임용의 의의

시보(試補)란 '시험 삼아 맡김'의 뜻을 지니며, 정규공무원으로 임용(제청)되기 전 시보기간 중에 있는 공무원의 신분을 말한다. 이와 같이 시보공무원의 신분을 부여하는 행위를 시보임용이라 한다.

---

9) 채용후보자가 (i) 추천받은 기관의 임용에 응하지 아니한 경우, (ii) 채용후보자로서 받아야 하는 교육훈련에 응하지 아니한 경우, (iii) 채용후보자로서 받은 교육훈련성적이 수료점수에 미달하는 경우, (iv) 채용후보자 교육훈련 중 질병, 병역복무 또는 그 밖에 교육훈련을 계속할 수 없는 불가피한 사정 외의 사유로 퇴학처분을 받은 경우, (v) 채용후보자로서 품위를 크게 손상하는 행위를 함으로써 공무원으로서 직무를 수행하기 곤란하다고 인정되는 경우의 어느 하나에 해당하는 경우에 채용후보자로서의 자격을 잃는다(「공무원임용령」 제14조제1항). 이들 사유 중 (v)에 따라 채용후보자가 직무를 수행하기 곤란하다고 인정하려는 경우에는 심사위원회의 의결을 거쳐야 한다(「공무원임용령」 제14조제2항).

시보제도는 실적제의 도입과 더불어 대부분의 국가에서 채택되고 있다. 채용후보자에게 일정기간에 걸쳐 실제 업무를 수행할 기회를 주고, 이를 통해 그 적격성을 검증하려는데 그 목적이 있다. 이러한 점에서 보면, 시보제도는 공식적인 선발활동을 통해 배제하지 못한 부적격자를 파악하려는 선발절차의 하나라고 할 수 있다.

이처럼 시보제도는 채용후보자의 적격성 검증에 그 기본목적이 있지만, 그를 공직에 적응시키려는 부수적인 목적도 지닌다. 시보공무원의 신분에서는 교육훈련을 받거나 실제로 업무에 종사하면서 실무를 배워 익히는 수습(修習)을 하게 된다. 이러한 과정을 통해 채용후보자는 실무에 필요한 능력을 배양하고, 공직에 대한 이해를 높이며 그에 적응하는 기회를 갖게 된다.

2) 시보임용의 대상 및 기간

시보임용의 목적이 새로 일을 맡을 사람의 적격성을 심사하고 그 일에 대한 적응훈련의 기회를 제공하는 것이므로, 신규채용뿐만 아니라 승진 · 전직 · 전보 등 내부임용에 의해 새로운 보직을 받는 경우에도 활용될 수 있다. 하지만 재직공무원의 경우에 자리가 바뀔 때마다 시보기간을 거치면 공무원의 안정된 지위가 빈번히 중단되며 비용이 많이 들고 인사행정이 복잡해지게 된다. 따라서 시보임용은 주로 신규채용자를 대상으로 이루어지는 것이 일반적이다.

신규채용 공무원 중에서 고위직 공무원은 시보제도의 적용대상이 아니다. 일반직 공무원의 경우는 5급 이하 공무원이 그 대상인데, 5급(연구관 · 지도관 및 전문경력관 가군 포함)은 1년, 6급 이하(연구사 · 지도사 및 전문경력관 나 · 다군 포함)는 6개월의 시보기간을 두고 있다(「국가공무원법」 제29조).[10] 특정직공무원은 각기 해당 법률에 의해 시보제도가 운영되는데, 예컨대 경찰공무원의 신규채용시 경정 이하(경찰대학졸업자 또는 경찰간부후보생을 경위로 임용하는 경우 등 제외)는 1년, 소방공무원의 신규채용시 (지방)소방장 이하는 6개월 그리고 (지방)소방위 이상은 1년의 시보기간이 주어진다.

10) 시보임용기간에는 휴직, 직위해제 및 징계에 따른 정직이나 감봉 처분을 받은 기간이 제외되며, 교육훈련이나 실무수습의 기간만큼 시보임용의 면제 혹은 단축이 가능하다. 또한 승진소요 최저연수를 초과하여 재직하여 승진한 경우, 정규의 일반직공무원이 퇴직 당시의 계급이나 그 이하의 계급으로 임용된 경우, 지역인재 추천채용제에 의한 수습직원이 6급 이하의 공무원으로 임용된 경우, 임기제공무원으로 임용된 경우에는 시보임용이 면제된다(「공무원임용령」 제25조).

3) 시보공무원의 신분

시보공무원은 공무원법상 공무원에서 제외되는 것은 아니며, 실무수습 중인 채용후보자의 경우 그 직무상 행위를 하거나 형법 또는 그 밖의 법률에 따른 벌칙을 적용할 때에는 공무원으로 본다(「국가공무원법」 제39조제4항).

그럼에도 불구하고, 시보공무원은 정규공무원에 해당하는 신분보장 관련 규정을 동일하게 적용받지 않는다. 즉, 임용(제청)권자는 시보공무원의 근무성적 또는 교육훈련성적이 나쁘거나 공무원 관련 법령을 위반하여 공무원으로서의 자질이 부족하다고 판단되는 경우에는 면직시키거나 면직을 제청할 수 있으며,[11] 이 경우 심사위원회를 구성하여 그 의결을 거쳐야 한다(「국가공무원법」 제29조제3항).

시보공무원의 시보임용기간은 승진소요 최저연수 및 경력평정 대상기간에 산입되지만 그 기간 중에 승진임용이 불가하며, 시보공무원도 정규공무원에 해당하는 신분보장에 관한 일부(휴직, 직위해제, 징계) 규정의 적용을 받는다. 예컨대 정규공무원과 마찬가지로 시보공무원에 대하여 징계위원회의 의결을 거쳐 징계가 가능하며, 징계처분이나 직권면직에 대한 불복절차로서 소청심사제도의 적용대상이 된다.

4) 시보제도의 과제

시보제도의 목적은 크게 채용후보자의 적격성 검증 및 그의 실무능력 배양이라 할 수 있다. 이러한 두 가지 목적에 바탕을 두어 현행 시보제도의 효용성을 살펴보고 향후 과제를 모색해 본다.

(1) 선발절차 · 도구로서의 효용성 제고

우리나라 시보제도는 선발절차 내지 선발도구로서의 효용성이 매우 낮은 편이라 할 수 있다. 시보임용기간의 근무성적 · 교육훈련성적과 공무원으로서의 자질이 양호

11) 시보임용기간 중에 있는 공무원이 (i) 교육훈련성적이 수료기준에 미달한 경우, (ii) 교육훈련 중 질병, 병역복무 또는 그 밖에 교육훈련을 계속할 수 없는 불가피한 사정 외의 사유로 퇴학처분을 받은 경우, (iii) 근무성적 또는 교육훈련성적이 매우 불량하여 성실한 근무수행을 기대하기 어렵다고 인정되는 경우, (iv) 법 또는 법에 따른 명령을 위반하여 중징계(파면, 해임, 강등 또는 정직) 사유에 해당하는 비위를 저지른 경우, (v) 법 또는 법에 따른 명령을 위반하여 경징계(감봉 또는 견책) 사유에 해당하는 비위를 2회 이상 저지른 경우의 어느 하나에 해당하여 정규공무원으로 임용하기 부적당하다고 인정되는 경우에는 「국가공무원법」 제29조제3항에 따라 해당 공무원을 면직시키거나 면직 제청할 수 있다(「공무원임용령」 제23조제7항).

하면 정규공무원으로 임용하지만, 그렇지 못한 경우에는 면직(제청)이 가능하다. 그럼에도 불구하고, 그간 적격성 심사에 필요한 수단이 마련되어 있지 않아 부적격 판정이 거의 이루어지지 않는 등 시보제도가 거의 형식적으로 운영되어 왔다. 이러한 비판에 따라 시보공무원의 적격성(면직) 심사수단(예: 사유, 절차, 방법 등)을 마련하는 제도 개선이 최근 이루어졌으며, 이를 통해 선발절차 · 도구로서의 실천적인 내실을 기하게 되었다.

시보제도가 선발도구로서의 기능을 충실히 수행하려면 시보공무원의 적격성 심사에 필요한 실천적 수단이 보다 체계적으로 정비될 필요가 있다. 심사에 필요한 평가항목 · 요소 · 등급 및 평정절차 · 방법 등을 구체화하고, 평가과정을 단계화하여 그 평가결과를 인사행정에 실제 활용하는 방안을 마련해야 한다. 특히 평가 · 심사과정에서 중요한 것은 감독자가 관심과 성의를 가지고 시보공무원의 근무수행상태와 자질 등을 철저히 관찰하고 평가하는 일이다.

(2) 공직 · 실무적응훈련으로서의 효용성 제고

현행 시보제도하에서 시보공무원 또는 시보공무원이 될 후보자는 일정기간 직무수행에 필요한 교육훈련과 실무수습을 받아야 한다. 이러한 점에서 보면, 공직에의 적응을 위한 훈련이라는 부수적인 목적은 어느 정도 실천성을 유지하고 있다고 볼 수 있다. 하지만 단순한 실천성 차원에서 더 나아가 그 효과성 측면에서 보면 다소 회의적인 면이 없지 않다.

시보공무원에 대한 교육훈련은 실무에 필요한 지식의 습득에 나름대로 효과가 있다고 할 수 있으나, 실무수습은 다분히 형식적인 운영에 치우쳐 크게 도움이 되지 못하고 있다는 비판을 받고 있다. 특히 실무수습과정에서 중요한 것은 감독자의 관심과 노력인데, 시보공무원에 대한 실무수습계획을 체계적으로 수립하고, 그 계획에 따라 다양한 방법을 동원하여 시보공무원을 철저히 지도 · 훈련시키는 것이 필요하다.

2. 정규임용 및 보직부여

시보공무원이 시보임용기간을 성공적으로 마치면 정규공무원으로 임용(제청)된다. 정규공무원으로의 임용(제청)에는 시보임용기간의 근무성적 · 교육훈련성적과 공무원으로서의 자질이 고려되며(「국가공무원법」 제29조제1항), 임용(제청)권자별로 심사위원회를 구성하여 그 의결을 거쳐야 한다(「공무원임용령」 제23조제2항). 정규공무원의 신분을 법적으로 부여하는 행위로서 임명장이나 임용장이 교부되며, 이러한 교부행위 자체가 임용의 유효한 요건은 아니지만 그곳에 기재된 일자에 임용의 효력이 발생된다.

보직(補職, placement)은 공무원에게 일정한 직위를 부여하여 해당 직무를 담당하도록 하는 행위를 말한다. 즉, 정규공무원의 신분이 설정된 공무원을 특정한 직위에 배치하는 활동이 보직이며, 이는 공무원과 직위를 조화시키는 작용이라 할 수 있다(오석홍, 2013: 175). 그러므로 보직은 사람의 특성과 직위(직무)의 속성에 바탕을 두어 이루어지는 것이 바람직하며, 우리나라에서도 공무원의 직급과 직류를 고려하여 그 직급에 상응하는 직위를 부여하도록 그 원칙이 정해져 있다(「국가공무원법」 제32조의5). 따라서 직위에 해당하는 직무요건(예: 직무의 종류 및 전문성, 직무에 필요한 능력수준, 직무의 조직상의 비중, 기타 직무에 필요한 조건)과 공무원의 인적 요건(예: 경력, 학력 및 전공분야, 교육훈련 실적, 정책판단능력, 지도력, 성품, 청렴도, 건강 등)을 고려하여 적재적소에 임용하도록 하고 있다(「공무원임용령」 제43조).

| 인사행정의 체계 | 인적자원의 활용

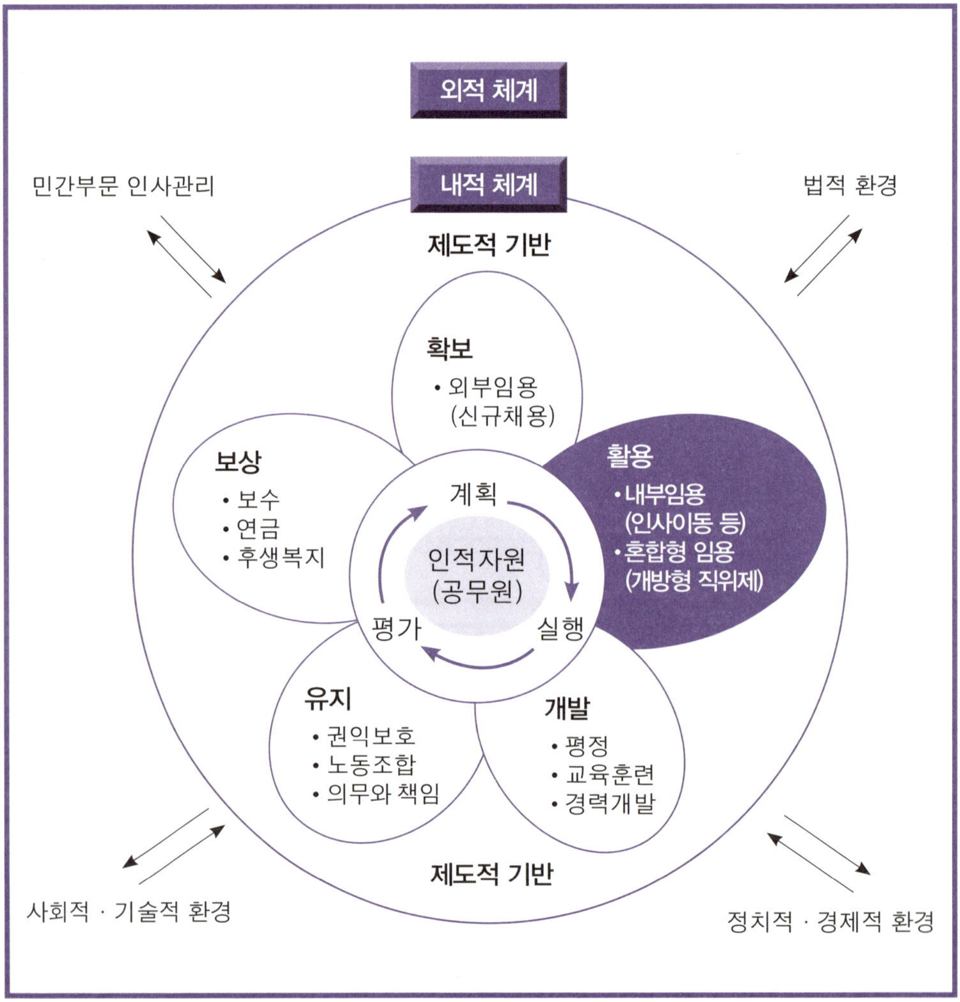

PUBLIC PERSONNEL ADMINISTRATION

제4편

인적자원의 활용

학습내용

'인적자원의 활용'이란 신규채용된 공무원을 정부조직의 내부에서 다양한 형태로 움직여 쓰는 활동을 말한다. 이러한 활동은 내부임용이라 불리며, 이는 수직적 인사이동(승진, 강임, 강등), 수평적 인사이동(전보, 전직, 겸임, 파견, 전입 · 전출, 인사교류 등) 및 휴직, 직위해제, 정직, 면직, 해임 · 파면, 복직 등의 형태를 띤다. 여기서는 승진 · 강임, 수평적 인사이동(배치전환), 휴직 · 직위해제 · 복직, 퇴직(면직), 공모 직위제, 그리고 외부 · 내부임용의 혼합형인 개방형 직위제에 관하여 구체적으로 살펴본다.

학습문제

- 우리나라에서 승진과 강임은 어떻게 이루어지는가?
- 배치전환의 효용은 무엇이며, 우리나라에서 배치전환은 어떻게 이루어지는가?
- 휴직과 직위해제는 어떤 경우에 가능한가?
- 퇴직(면직)에는 어떤 종류가 있으며, 각각의 구체적인 내용은?
- 공모 직위제란 무엇이며, 어떻게 운영되는가?
- 개방형 직위제란 무엇이며, 어떻게 운영되는가?

제9장

내부임용: 인사이동 등

제1절 내부임용의 이해

내부임용은 정부조직의 내부에서 공무원을 다양한 형태로 움직여 쓰는 활동을 의미한다. 이러한 내부임용을 통해 외부임용(신규채용)으로 설정된 공무원관계가 변경·소멸하게 된다. 여기에서 공무원관계의 변경을 가져오는 행위로는 승진, 강임, 강등, 전보, 전직, 겸임, 파견, 전입·전출, 인사교류, 휴직, 직위해제, 정직, 복직 등이 있으며, 공무원관계를 소멸시키는 행위로는 면직(퇴직), 해임, 파면 등이 있다.

이와 같은 내부임용의 형태는 크게 인사이동과 기타사항으로 구분할 수 있다. 인사이동은 수직적 이동과 수평적 이동으로 나눌 수 있는데, 수직적 인사이동은 직급(계급)의 상하 이동이 있는 승진, 강임, 강등 등을 말하며, 수평적 인사이동은 직급(계급)의 상하 이동 없이 동일한 직급(계급)으로 전보, 전직, 겸임, 파견, 전입·전출, 인사교류 등이 이루어지는 배치전환을 의미한다. 이러한 수직적·수평적 인사이동 외에 휴직, 직위해제, 정직, 복직, 면직, 해임 및 파면 등의 기타사항도 내부임용에 해당한다. 이러한 다양한 형태의 내부임용 중 정직·강등·해임·파면은 제6편 제17장 제2절의 징계책임에서 구체적으로 다룬다.

제2절 수직적 인사이동: 승진과 강임

1. 승진

1) 승진의 의미

승진(昇進, promotion)은 수직적 인사이동의 하나로서, 바로 상위의 계급(직급)으로 이동하는 것을 말한다. 즉, 어떤 상위 계급(직급)에 결원이 발생하면, 바로 아래에 있는 하위 계급(직급)의 공무원을 그 계급(직급)에 임용하는 것이 승진이다.[1] 이러한 승진은 일반적으로 직위의 상승, 권한과 책임의 증대, 보수의 증액 등을 수반한다.

강임과의 차이 승진과 강임은 모두 수직적 인사이동의 형태이지만, 강임은 승진과 반대의 방향, 즉 상위 계급(직급)에서 하위 계급(직급)으로 이동한다는 점에서 차이가 있다.

승급과의 차이 승급(昇給, within-grade salary increase)은 동일 계급(직급) 내에서 보수만 증액되는 것을 말한다. 엄밀히 말하면 승급은 직위분류제의 원리에 일치하는 것은 아니며, 대체로 계급제적 보수체계에서 호봉(號俸)이 높아지는 것을 의미한다. 동일한 계급에 있다 하더라도 근무기간이 길어짐에 따라 직무수행능력이 향상되며, 그에 따라 업적도 높아진다는 전제에서 그에 대한 보상의 의미로 주어지는 것이 승급이다.

승급은 보수의 증액을 가져온다는 점에서 승진과 유사한 측면이 있다. 이 경우 계급(직급)의 상승과 더불어 일반적으로 보수의 증액을 수반하는 경우가 대부분이기 때문이다. 그러나 승진이 계급(직급)의 상승을 의미하는 반면, 승급은 동일한 계급(직급)에서 이루어지는 보수액만의 증가를 의미한다. 이처럼 승급은 계급(직급)의 변화를 수반하지 않는다는 점에서 승진과 구분되며, 엄밀한 의미에서 승급은 임용의 한 형태라고 할 수 없다.[2]

---

1) 승진 대신에 승격이란 용어를 사용하는 경우가 있는데, 예컨대 외무공무원이 현재 임용된 직위의 직무등급보다 높은 직무등급의 직위(고위공무원단 직위 제외)에 임용되는 것을 승격이라 한다(「공무원보수규정」 제4조).

2) 하지만 「교육공무원법」 제2조에서와 같이 승급을 임용의 한 형태로 간주하는 경우도 있다.

2) 승진의 기능 및 중요성

승진은 공무원 개인과 조직에 있어서 매우 중요한 의미가 있다. 승진이 갖는 주요 기능을 공무원 개인 차원과 조직 차원에서 살펴보면 다음과 같다(〈표 9-1〉 참고).

표 9-1 승진의 기능 및 중요성

개인 차원	• 유 · 무형적 보상의 증가 • 인정감 및 자기실현욕구 충족 • 능력 실증 및 높은 사회적 평가 형성
조직 차원	• 결원 보충 및 인적자원의 효율적 활용 • 조직의 생동감 및 성과 제고 • 실적제와 직업공무원제 확립에 기여 • 조직의 역량 및 능률 향상

(1) 개인 차원에서의 기능과 중요성

첫째, 승진은 공무원에게 조직 내에서 유·무형적 보상의 증가를 가져다준다. 승진을 하게 되면, 담당하는 직무의 중요성이 커지고 부하의 수가 많아지며 권한이 증대하는 등 조직 내에서 여러 가지 무형의 신분상 상징이 개선되고, 이와 더불어 유형의 금전적 보상인 보수의 증액이 수반된다.

둘째, 승진은 공무원에게 인정감(認定感)을 느끼게 하고 자기실현욕구를 충족시켜 준다. 승진은 조직으로부터의 인정을 받고 있다는 표시가 되며, 공무원이 승진을 하게 되면 심리적으로 성공 내지 성취감을 느끼며 자기성장욕구가 충족되는 계기가 된다.

셋째, 승진은 조직 외부의 사람으로부터 자신의 능력을 인정받는 기회를 제공한다. 대개 사람들은 승진을 능력의 실증이라고 이해하고 있으며, 따라서 승진을 통해 사회관계에서도 인정과 존중을 받아 더 높은 차원에서의 사회적 평가가 형성된다.

(2) 조직 차원에서의 기능과 중요성

첫째, 비용과 시간이 많이 소요되는 신규채용에 의하지 않고 내부에서 승진을 통해 성실하고 유능한 인력을 계속 보유함으로써 조직 전체의 인적자원을 효율적으로 활용할 수 있게 된다. 특히 우수인재의 이직을 방지하고 전문관리자를 내부에서 양성하여 하위직에서 쌓은 경험을 상위직에서 충분히 활용할 수 있게 함으로써 행정능률

향상에 기여한다.

둘째, 승진은 연쇄적 인사이동을 유발하여 조직에 생동감을 부여한다. 승진을 통해 공석이 된 직위에 다른 사람을 배치전환함으로써 연쇄적인 인사이동이 가능하여 조직에 활력을 불어 넣을 수 있다.

셋째, 승진은 실적제와 직업공무원제의 확립에 기여한다. 승진은 공무원에게 경력발전과 자기성장의 확인을 통해 공직에 대한 보람을 갖게 함으로써 직업공무원제의 확립에 기여한다. 공무원으로 재직하면서 승진기회가 있다는 것은 신규채용에서 유인책으로 작용하며, 유능한 재직자의 이직을 방지하여 공직을 생애의 직업으로 삼는데 도움을 준다.

넷째, 승진은 재직자의 동기를 유발하여 공무원의 질적 수준과 조직의 역량을 높이는 계기가 된다. 공무원은 승진을 통해 성공에 대한 기대감을 충족시킬 수 있으므로, 승진은 개인의 직무수행동기를 유발하여 사기를 진작시키고 자기발전노력을 자극하는 수단이 된다. 이처럼 공무원이 자기발전에 관심을 갖고 노력함에 따라 전체 공무원의 질적 수준이 제고되고, 그 결과로 조직의 역량과 능률이 향상될 수 있다.

3) 승진의 범위와 한계

승진의 범위란 승진기회를 어느 대상까지 개방 또는 폐쇄할 것인가에 관한 것이다(유민봉 · 박성민, 2014: 358). 즉, 승진을 위한 경쟁이 허용되는 영역이나 경계가 승진의 범위이며, 그 범위를 벗어난 경우가 승진의 한계이다. 가장 넓은 경쟁의 범위는 민

표 9-2 승진의 범위와 한계

구분	형태 및 내용	
공직 경계	• 폐쇄형	• 승진에 의한 결원보충 원칙
	• 개방형	• 신규채용에 의한 결원보충 원칙
부처 경계	• 폐쇄형	• 부처(기관) 내부에 한정하여 승진 허용
	• 개방형	• 부처(기관) 내부와 외부에 걸쳐 승진 허용
직렬 경계	• 폐쇄형	• 해당 직렬 내에서만 승진 허용
	• 개방형	• 다른 직렬로의 승진 허용
계급(직급) 경계	• 승진 가능한 계급(직급)의 제도적 상한	

간부문을 포함하여 모든 자격 있는 사람에게 경쟁의 기회를 개방하는 것이다. 다음으로 정부 내로 한정하되 부처의 구분 없이 개방하는 것이며, 그 다음의 범위는 해당 부처 내로 한정하지만 직렬 구분 없이 경쟁을 허용하는 것이다. 가장 좁은 경쟁의 범위는 해당 부처 내에서 해당 직렬 내에서만 승진을 허용하는 것이다. 한편으론 승진의 범위와 더불어 실제 승진이 가능한 계급(직급)의 상한이 제도적으로 설정되는 경우가 있을 수 있다(김중양, 2008: 148~149). 이러한 승진의 범위와 한계는 〈표 9-2〉와 같이 그 형태 및 내용을 정리할 수 있다.

(1) 공직경계에서의 승진 범위: 신규채용과의 관계

정부조직에 결원이 발생하면, 그 결원은 외부임용이나 내부임용에 의해 보충될 수 있다. 외부로부터 충원을 한다면 재직자의 승진기회는 그만큼 줄어들 수밖에 없으며, 이와 달리 공직 내부로 한정한다면 재직자의 승진기회는 그만큼 넓어지게 된다. 이처럼 재직자가 승진할 수 있는 범위 내지 한계는 신규채용과의 상대적 입장에서 논의될 수밖에 없다.

폐쇄형 폐쇄형은 공직 내부에서의 승진에 의한 결원보충을 원칙으로 한다. 이 경우 신규채용에서의 복잡한 절차를 거치지 않고 승진을 통해 결원보충이 가능하므로 시간과 경비가 절감될 수 있다. 또한 능력과 적성이 잘 알려진 재직자들 중에서 결원보충이 이루어지므로 신규채용에서 나타날 수 있는 선발의 과오를 줄일 수 있으며, 재직자의 사기를 높이고 직업공무원제의 확립에 기여하는 장점이 있다. 하지만 승진의 비중이 과다한 경우, 외부전문가의 유입이 줄어들어 공무원의 질적 수준이 떨어질 우려가 있으며, 조직의 참신성과 활력이 저하되어 공무원의 보수화·관료주의화가 초래될 수 있다.

개방형 개방형은 외부로부터의 신규채용에 의한 결원보충을 원칙으로 한다. 이 경우 젊고 유능하고 활기찬 인재의 등용 가능성이 높으며, 각 분야의 우수인력이 정부조직의 각 계층에 흡수되어 조직의 활성화가 도모되고 행정의 능률성과 전문성이 향상될 수 있다. 하지만 신규채용의 비중이 과다한 경우, 시간과 비용이 많이 들며, 재직자의 사기가 저하되고 이직률이 높아져 장기적으로 조직의 안정성과 직업공무원제가 훼손될 수 있다.

실태 및 논의 우리나라는 전통적으로 폐쇄형 임용제를 채택하고 있다. 외부로부터의 신규채용은 최하위 계급을 중심으로 하고, 그 외의 계급에 해당하는 직위의 결원은 주로 승진에 의해 보충이 이루어진다. 이러한 폐쇄형 임용제로 인한 문제점을 극복하기 위해 고위공무원단제 및 민간부문 전문경력자 채용제도 등 다양한 개방형 요소를 도입하고 있다. 하지만 그 실질적인 효과에 대해서는 여전히 의문이 제기되기도 하는데, 전체 계급에 걸쳐 개방 가능성을 전제로 하면서 승진에 따른 공직의 안정성과 외부유입에 따른 공직의 참신성 간에 적절한 균형을 찾는 방안이 필요하다.

(2) 부처경계에서의 승진 범위

정부조직에 결원이 발생하여 그 결원의 보충을 공직 내부로 한정한다면, 다음 단계로 공직 내부에서의 승진경쟁을 어느 범위로 할 것인가의 문제가 제기된다. 즉, 승진을 위한 경쟁을 결원이 발생한 부처(기관) 내로 한정할 것인가 또는 다른 부처(기관)에도 개방할 것인가에 관한 것이다.

폐쇄형 부처 내부에 한정하여 승진을 허용하는 폐쇄형은 소속기관장의 인사권을 강화하고, 해당 부처 공무원의 사기와 팀워크를 높여준다. 특히 부처 간에는 조직 문화와 분위기, 업무내용, 직무수행태도 등에서 차이가 존재하기 때문에, 부처 내부 폐쇄형은 다른 부처 공무원의 승진 진입에 따른 부적응 문제와 행정능률의 저하를 방지하는 효과가 있다. 하지만 폐쇄형은 우수인재를 영입하는데 한계가 있으며, 공무원의 승진기회에 있어서 부처 간 불균형이 발생할 수 있다. 또한 부처 내부에 한정된 근무로 말미암아 다양한 경험과 안목을 갖춘 관리자의 육성에 불리하고, 부처 간의 협조 및 조정이 어려울 수 있다.

개방형 부처경계를 넘어서 승진을 허용하는 개방형은 부처 간의 승진경쟁을 통해 보다 유능한 인재를 영입할 수 있으며, 부처 간 공무원의 승진 및 질적 수준에서 불균형 문제를 해소할 수 있다. 또한 부처경계를 넘어 다양한 경험과 안목을 갖춘 관리자를 육성하는데 유리하며, 부처 간의 협조 및 조정을 용이하게 하는 장점이 있다. 하지만 부처 외부 개방형은 소속기관장의 인사권을 약화시키고, 다른 부처 공무원의 승진진입에 따른 내부 저항을 발생시키며, 해당 부처 공무원의 팀워크와 사기를 저해할 수 있다. 또한 부처 간에 조직 문화와 분위기, 업무내용, 직무수행태도 등에서의 차이로 말미암아 승진으로 영입된 공무원의 부적응 문제와 행정능률의 저하가 나타날 수 있다.

실태 및 논의 우리나라는 부처(기관) 간 승진을 원칙적으로 허용하지 않고 승진경쟁의 범위를 해당 부처(기관) 내로 한정하는 폐쇄형을 원칙으로 하고 있다. 이러한 폐쇄형으로 발생되는 문제점을 극복하고자 다양한 노력을 하고 있는데, 그 대표적인 예로서 5급으로의 승진에서 공개경쟁의 허용과 공모 직위제의 도입을 들 수 있다. 5급으로의 공개경쟁승진은 부처 구분 없이 시행되고 있어 바람직한 제도라고 평가되지만, 비정기적으로 실시되어 활성화되지 않고 있는 점은 다소 아쉽다고 할 수 있다. 또한 공모 직위제는 인사행정의 투명성과 공정성을 높이고 우수공무원의 범정부적 활용을 극대화하기 위한 목적에서 시행되고 있는데, 다른 부처 공무원의 지원율이 자체 공무원의 지원율에 비해 상당히 저조한 현실에 비추어 볼 때 그 제도의 실효성에 의문이 있을 수 있다.

(3) 직렬경계에서의 승진 범위

승진에서 직렬경계의 범위는 어느 직렬에 결원이 발생한 경우 다른 직렬에 속한 공무원에게도 승진경쟁의 기회를 어느 정도 줄 것인가의 문제이다. 즉, 승진을 직렬 내부로 한정할 것인가 혹은 직렬을 개방하여 직무의 성격이 다른 직위로의 승진을 허용할 것인가에 관한 것이다.

폐쇄형 직위분류제에서는 직렬경계가 폐쇄적인 것이 원칙이다. 즉, 직위분류제의 근본취지에 의하면 직렬의 경계를 넘은 승진은 직렬구분의 원칙을 훼손하는 것이 된다. 따라서 직렬별로 해당 직무의 종류(내용이나 성질)가 다르기 때문에 직렬경계를 폐쇄하는 것이 공무원의 전문성을 유지·향상하는데 도움이 된다.

개방형 직렬경계 개방형은 직위분류제의 근본취지를 지키되, 소수 직렬이 갖는 승진기회의 불균형 문제를 해결하기 위한 것이다. 예컨대 기술·연구·지도 등 전문성이 높은 직렬의 경우 그 직렬에 포함된 직위의 수가 많지 않아 해당 직렬 내에서만 승진을 허용하면 이들 공무원의 승진기회가 제도적으로 차단될 수 있다. 따라서 직렬 간 승진기회의 형평성을 확보하고 전문지식을 갖춘 공무원을 적극 활용하기 위해서 어느 정도의 상위직까지는 직렬의 구분경계를 없애는 것이 바람직하다.

실태 및 논의 우리나라 일반직공무원의 경우, 중간 계층까지는 직렬의 구분경계를 원칙적으로 유지하면서 상위 계층으로 올라갈수록 직렬 간의 경계를 없애는 승진제도를 채택하고 있다. 즉, 1급 공무원 및 고위공무원단 직위로의 승진은 직군·직렬과 무관하게, 2급 및 3급 공무원으로의 승진은 같은 직군 내에서 직렬과 무관하게, 그 외의 승진은 같은 직렬 내에서 이루어진다(「국가공무원법」 제40조의2).

이러한 직군·직렬 간의 승진제도에서 논란이 되어 온 것은 행정직에 대한 우대로 인한 기술·연구직의 상위직으로 진입의 제한이다. 과학기술이 고도화되어 행정의 전문화 요구가 증대되면서 고위정책과정에서 기술·연구직공무원의 참여확대가 요청되고 있다. 이에 따라 기술·연구직의 고위직 진입을 용이하게 하기 위하여 고위공무원단제를 마련하고 있으나, 기술·연구직 고위공무원의 비율이 여전히 낮은 수준에 머물고 있다는 점은 향후 개선되어야 할 과제라고 할 수 있다.

(4) 계급(직급)경계에서의 승진 한계

승진제도에 있어서 어느 계급(직급)까지 승진이 가능하도록 할 것인가도 쟁점으로 등장한다. 물론 공무원의 승진 자체는 개인의 능력에 달렸지만, 제도적으로 승진을 어느 정도까지 허용할 것인가는 개인의 능력과는 별개의 문제이다. 승진 가능한 계급(직급)이 높으면 공무원의 사기와 능력이 향상되고 직업공무원제의 확립이 용이한 이점이 있다. 하지만 승진의 상한이 높으면, 장기간 근무에 따른 계급(직급) 상승으로 공무원집단이 권력화·관료주의화되면서 민주통제가 어렵게 될 수 있다.

우리나라의 일반직공무원에 대한 승진제도에는 승진 가능한 계급의 상한이 없다. 예컨대 9급으로 신규채용된 공무원도 고위공무원으로 진입하거나 정무직공무원이 될 수 있다. 하지만 군인 등과 같이 특정직공무원의 일부에서는 승진의 계급상한이 설정되어 있는 경우가 있다.

4) 승진의 기준

실적제 하에서 승진의 기준으로 널리 이용되는 것은 '능력(ability)'과 '연공(seniority)'이다. 능력주의는 개인의 능력과 그 결과를 승진의 기준으로 고려하며, 연공주의는 근무기간 내지 경험 등을 승진의 기준으로 삼는다.

(1) 능력

능력의 요소 승진기준으로서 능력은 직무수행능력이나 태도뿐만 아니라 그 결과로 나타난 근무성적, 승진시험성적, 교육훈련성적, 상벌, 인사권자의 판단, 승진심사결과 등을 포함한다. 공무원의 능력은 크게 주관적 능력과 객관적 능력으로 구분될 수 있는데, 주관적 능력에는 근무성적평정, 승진심사위원회의 심사와 결정, 인사권자의 개인적 판단, 교육훈련성적 등이 있으며, 객관적 능력은 승진시험성적, 교육훈련성적, 상벌의 기록 등이 그 예이다. 이러한 능력요소 중에서 승진기준으로 가장 대표적인 것이 근무성적이다.

능력기준의 장단점 능력주의는 직무 중심의 개인주의적·합리주의적 사고에 기반을 두고 있다. 능력에 따라 승진의 대가가 주어지기 때문에 동기부여의 효과가 있으며, 궁극적으로 조직의 생산성 향상에 기여하게 된다. 따라서 능력에 의한 승진은 일에 대한 보상의 측면에서 공정하며, 조직효율성의 관점에서 합리적이고, 적재적소의 원칙에서도 이론적으로 부합한다.

하지만 능력주의에서는 능력에 대한 객관적인 평가가 쉽지 않다는 문제점이 있다. 특히 근무성적 등 주관적 능력을 평가하는 과정에 평가자의 판단이나 평가방법 등이 영향을 미칠 수 있기 때문에 그 공정성과 타당성의 확보가 중요한 과제로 등장한다. 승진시험과 같은 객관적 능력을 활용하면 주관적 판단이 차단되어 공정성과 타당성을 확보할 수 있으나, 시험준비에 따른 정신적·육체적 부담이 발생하고, 근무연한 등과 같은 연공주의적 요소가 무시되어 장기근속자의 사기가 저하되고 직업공무원제가 위협받을 수 있다.

(2) 연공

연공의 요소 승진기준으로서 연공은 근속기간, 학력, 직무경험, 연령 등과 같은 요소를 포함한다. 근속기간은 공직이나 일정 계급(직급)에 계속 머무른 기간으로서 보통 선임순위를 말하며, 학력은 학교교육을 받은 기간이나 수준을 의미하고, 직무경험은 특정 직위에서 해당 직무를 수행한 기간이나 내용·실적 등을 지칭한다. 이러한 연공요소 중에서 승진기준으로 가장 대표적인 것이 근속기간이다.

연공기준의 장단점 연공주의는 공무원의 근속기간이나 경력 등이 늘어남에 따라 공무원의 직무수행능력과 숙련도가 신장되며 조직에 대한 충성심이 높아진다는 사고에 기반을 두고 있다. 여기에서 '연공'은 대체로 객관적이고 쉽게 평가가 이루어질 수 있기 때문에 승진의 공정성과 객관성, 제도운영의 편리성, 조직의 안정성 등의 이점이 있다. 하지만 연공주의에서는 진취적이고 유능한 인재의 발탁이 제한적이고, 공직의 보수화·관료주의화 및 조직의 침체, 공무원의 질적 저하 등이 초래될 수 있다. 또한 승진에 대한 인사권자의 재량권 축소로 부하의 통솔에 어려움이 나타날 수 있다.

(3) 비교 및 종합

능력기준과 연공기준은 각기 특징과 장단점을 지니고 있으며, 이들을 정리하면 〈표 9-3〉과 같다. 예컨대 직무 중심의 능력주의는 과학적이고 합리성을 띠고 있는 반면에, 사람 중심의 연공주의는 그 적용이 용이하고 승진관리의 안정성이 도모되는 장점이 있다.

이처럼 능력기준과 연공기준은 각기 장단점을 지니고 있기 때문에 우리나라를 포함한 대부분의 국가에서는 두 기준을 혼용한 승진제도가 운영되고 있다. 두 기준을 혼용하는 경우에는 각 기준이 갖는 장점들이 적절히 그리고 동시에 반영될 수 있도록 배합하는 것이 중요하다. 즉, 조직의 생산성 향상과 조직의 안정성 유지, 공무원의 능력

표 9-3 능력기준과 연공기준의 비교

<table>
<tr><th colspan="2">구분</th><th>능력기준</th><th>연공기준</th></tr>
<tr><td colspan="2">인사행정의 합리성</td><td>• 높음</td><td>• 낮음</td></tr>
<tr><td rowspan="2">조직관리
외적요인</td><td>이해집단</td><td>• 사용자(정부)</td><td>• 근로자(공무원)</td></tr>
<tr><td>사회
문화적
관점</td><td>• 개인주의 · 합리주의
• 단기고용제
• 능력서열관
• 서구사회
• 이익공동체적 풍토</td><td>• 가족주의 · 집단주의
• 종신고용제
• 장유(長幼)서열관
• 동양사회
• 운명공동체적 풍토</td></tr>
<tr><td rowspan="2">조직관리
내적요인</td><td>계층</td><td>• 상위층</td><td>• 하위층</td></tr>
<tr><td>직종</td><td>• 전문 직종</td><td>• 일반 직종</td></tr>
<tr><td colspan="2">중심변수</td><td>• 직무(능력 중심)</td><td>• 사람(신분 중심)</td></tr>
<tr><td colspan="2">승진요소</td><td>• 자격, 능력, 업적, 성과 등</td><td>• 근속기간, 학력, 경력, 연령 등</td></tr>
<tr><td colspan="2">장점</td><td>• 개인중심의 경쟁질서 형성
• 공무원의 질적 수준 제고
• 조직 생산성 향상
• 보상의 공정성과 합리성 확보</td><td>• 집단중심의 연공질서 형성
• 적용 용이 및 승진관리의 안정성
• 승진기준의 객관성 확보
• 심리적 안정성 제공</td></tr>
<tr><td colspan="2">단점</td><td>• 적용의 어려움
• 승진관리의 불안정
• 능력평가의 객관성 확보 곤란
• 장기근속자 사기 저하 및 직업 공무원제 저해</td><td>• 근무의욕의 상실
• 공무원 수준 및 조직 생산성 저하
• 보상의 불공정성과 불합리성
• 공직의 보수화 · 관료주의화</td></tr>
</table>

자료: 조보상 외(2002: 193)의 내용을 일부 수정함.

향상과 공무원의 사기앙양 등에 관한 요청을 균형 있게 받아들이고, 각 기관의 특성, 직무의 성격이나 내용, 계급(직급) 등도 함께 고려하여 두 기준을 적절히 절충하여 조화시키는 것이 필요하다.

5) 승진의 대상 및 요건 등

(1) 승진의 대상

우리나라에서 승진은 원칙적으로 경력직공무원이 그 대상이 된다. 특수경력직공무원은 실적제의 적용을 받지 않기 때문에 경력직공무원과 동일한 승진의 개념이 적용되지 않는다. 또한 경력직공무원 중에서도 고위공무원단 소속 공무원, 임기제공무원, 전문경력관 등은 직무등급, 보수등급 혹은 직무군의 상승에 그치며 승진의 개념이 적용되지 않는다.

승진의 대상이 되는 일반직공무원의 경우, 1급 공무원 및 고위공무원단 직위로의 승진은 직군·직렬과 관계없이 하급 공무원, 2급 및 3급 공무원으로의 승진은 같은 직군 내에 있는 하급 공무원, 그 외의 승진은 같은 직렬 내에 있는 하급 공무원이 그 대상이 된다(「국가공무원법」 제40조의2). 반면에 특정직공무원의 경우는 해당 공무원에게 적용되는 개별 법령에 따라 승진의 대상, 요건이나 기준, 절차 및 방법 등이 다르다.

(2) 승진의 요건 및 제한

승진의 기준이 어떠하든 승진하기 위해서는 개인이 갖추어야 할 기본적인 요건이 있으며, 그 요건이 충족되어야만 승진후보자가 될 수 있다. 우리나라를 포함한 대부분의 국가에서는 승진에 필요한 최저 근무연수 등이 정해져 있으며, 징계처분 등 승진이 제한되는 경우도 있다.

승진소요 최저연수 승진소요 최저연수란 임용예정 직급(계급) 바로 아래 직급에서 승진에 필요한 최저 근무연수를 말한다(「지방공무원 임용령」 제17조). 따라서 승진소요 최저연수로 정해진 기간 동안 해당 직급에 재직하여야만 상위 직급으로의 승진후보자가 될 수 있다. 일반직공무원의 예를 보면, 3급 이상은 2년 이상, 4급은 3년 이상, 5급은 4년 이상, 6급은 3년 6개월 이상, 7급·8급은 2년 이상, 9급은 1년 6개월 이상으로 정해져 있다(「공무원임용령」 제31조).[3]

3) 특정직공무원의 경우는 해당 개별 법령에 의해 승진소요 최저연수가 정해져 있는데, 예컨대 경찰공

승진소요 최저연수의 계산에는 원칙적으로 휴직, 직위해제, 징계처분기간 및 승진임용 제한기간은 제외되며, 정해진 승진소요 최저연수가 경과하여야만 모든 종류의 승진이 가능하다. 하지만 특별승진 사유에 해당하는 경우, 그 사유에 따라 일정기간 동안 승진소요 최저연수의 단축이 가능하다(「공무원임용령」 제35조의2).

승진의 제한 등 공무원이 승진소요 최저연수에 도달하였다고 하더라도, 특별한 경우에 승진이 제한되며, 그 사유는 공무원의 직종에 적용되는 법령에 따라 약간씩 차이가 있다. 일반직공무원의 경우, 징계처분 요구 또는 징계의결 요구, 징계처분, 직위해제, 휴직 또는 시보임용 기간 중에 있는 경우에는 승진임용이 불가하다(「공무원임용령」 제32조). 또한 징계처분의 집행이 끝난 날부터 강등·정직은 18개월, 감봉은 12개월, 견책은 6개월이 지나지 않은 경우에도 승진임용이 제한되며, 「국가공무원법」 제78조의2제1항 각 호의 어느 하나에 해당하는 사유(징계부가금 부과사유)로 인한 징계처분[4]과 성폭력, 성희롱 및 성매매에 따른 징계처분의 경우에는 각각 3개월을 더한 기간이 지나지 않으면 승진임용이 될 수 없다(「공무원임용령」 제32조).

이러한 승진임용 제한기간은 특별히 정해진 포상을 받은 경우에 단축이 가능하다. 즉, 공무원이 징계처분을 받은 이후 해당 계급에서 훈장, 포장(褒章), 모범공무원 포상, 국무총리 이상 표창 및 제안채택시행에 의한 포상을 받은 경우이다. 이 경우 최근에 받은 가장 무거운 징계처분에 대해서 승진임용 제한기간의 1/2을 단축할

무원(소방공무원)은 총경(소방정)은 4년 이상, 경정(소방령) 및 경감(소방경)은 3년 이상, 경위(소방위) 및 경사(소방장)는 2년 이상, 경장(소방교) 및 순경(소방사)은 1년 이상이다(「경찰공무원 승진임용규정」 제5조 및 「소방공무원 승진임용규정」 제5조).

4) 「국가공무원법」 제78조의2제1항에 규정된 징계부가금 부과사유는 다음과 같다.

<table>
<tr><td colspan="2">1. 금전, 물품, 부동산, 향응 또는 그 밖에 대통령령으로 정하는 재산상 이익을 취득하거나 제공한 경우</td></tr>
<tr><td rowspan="3">• 대통령령으로 정하는 재산상 이익
(「공무원징계령」 제17조의2제1항)</td><td>1. 유가증권, 숙박권, 회원권, 입장권, 할인권, 초대권, 관람권, 부동산 등의 사용권 등 일체의 재산상 이익</td></tr>
<tr><td>2. 골프 등의 접대 또는 교통 · 숙박 등의 편의 제공</td></tr>
<tr><td>3. 채무면제, 취업제공, 이권(利權)부여 등 유형 · 무형의 경제적 이익 등</td></tr>
<tr><td colspan="2">2. 다음 각 목에 해당하는 것을 횡령(橫領), 배임(背任), 절도, 사기 또는 유용(流用)한 경우
가. 「국가재정법」에 따른 예산 및 기금
나. 「지방재정법」에 따른 예산 및 「지방자치단체 기금관리기본법」에 따른 기금
다. 「국고금 관리법」 제2조제1호에 따른 국고금
라. 「보조금 관리에 관한 법률」 제2조제1호에 따른 보조금
마. 「국유재산법」 제2조제1호에 따른 국유재산 및 「물품관리법」 제2조제1항에 따른 물품
바. 「공유재산 및 물품 관리법」 제2조제1호 및 제2호에 따른 공유재산 및 물품
사. 그 밖에 가목부터 바목까지에 준하는 것으로서 대통령령으로 정하는 것</td></tr>
</table>

수 있다.

(3) 승진후보자명부의 작성

승진요건이 충족된 승진후보자는 일정한 기준에 따라 순위가 정해지는데, 이러한 승진후보자의 순위를 기록한 명부가 승진후보자명부이다. 예컨대 일반직공무원의 승진후보자명부는 1월 31일과 7월 31일(혹은 정기평정 기준일 다음달 말일)을 기준으로 승진요건을 갖춘 5급 이하 공무원 등에 대하여 승진임용예정 직급별로 작성된다. 이러한 명부 내의 순위는 근무성적평정점수, 경력평정점수 및 가점평정점수를 합한 총점에 의하며, 여기서 근무성적평정점수의 반영비율은 80%~95%까지 그리고 경력평정점수의 반영비율은 5%~20%까지로 하되, 5%의 범위에서 해당되는 가점을 합산한 점수가 승진후보자명부의 총점이 된다(〈표 9-4〉 참고).

표 9-4 승진후보자명부의 구성요소 및 배점비율

구성요소		배점비율 (만점: 105점+)	
		5급(우정 2급) 이하, 연구사 및 지도사	
근무성적		• 80~95%	만점: 100점
경력		• 5~20%	
가점	직무관련 자격증, 특수지 근무, 특정 직위, 공적사항, 기타	• 각 항목별 1점 범위 내 (예외: 전문직위 가점)	만점: 5점+
교육훈련		• 최저 이수시간 준수	

자료: 「공무원 성과평가 등에 관한 규정」 제29조 · 제30조

6) 승진의 종류

승진의 종류는 공무원의 직종별 개별 법령에 따라 차이가 있다. 가장 대표적인 것으로 일반승진, 특별승진, 근속승진을 들 수 있으며, 이외에 우선승진, 우대승진 및 대우승진 등이 있다.

(1) 일반승진

일반승진은 가장 보편적인 승진방법인데, 승진요건을 갖춘 후보자를 대상으로 심사 혹은 시험에 의해 적격자를 선발하게 된다. 여기서 심사에 의한 승진은 심사승진, 시험에 의한 승진은 시험승진이라 한다. 시험승진의 경우 시험을 치르기 전에 응

시대상자를 제한하여 시험을 치른 후 합격자를 대상으로 심사절차를 거치는 것이 보통이다.

심사승진 심사승진은 거의 모든 경력직공무원의 직종 및 계급(직급)에 걸쳐 활용되는 승진방법이다. 심사승진의 대상 및 절차 등은 직종 및 계급에 따라 차이가 있지만, 일반적으로 심사대상이 되는 승진후보자의 자격은 승진소요 최저연수를 충족하고, 정해진 교육훈련을 이수하여야 하며, 승진후보자명부의 일정한 배수 범위에 포함되어야 한다. 이들에 대해 다수의 내부(혹은 외부) 위원으로 구성된 승진심사위원회(혹은 인사위원회)가 승진후보자를 심사하고 적격자를 선정하여 임용권자에게 승진임용을 제청하는 절차를 거친다.

시험승진 시험승진은 대체로 심사승진과 병행하여 이루어지며, 그 활용정도는 다소 제한적이다. 예컨대 5급(우정2급)으로의 일반직공무원 승진,[5] 경정 이하 계급으로의 경찰공무원 승진, (지방)소방령 이하 계급으로의 소방공무원 승진 등에 시험승진이 가능하다.

일반직공무원 5급으로의 승진시험은 일반승진시험과 공개경쟁승진시험으로 구분된다. 일반승진시험은 승진소요 최저연수를 경과하고 승진임용이 제한되거나 응시자격이 정지 중에 있지 않은 승진후보자명부상 선(先)순위자 순으로 총결원의 일정 배수에 해당하는 6급 공무원이 그 대상이 된다. 이들에 대하여 1차 · 2차로 구분하여 시험을 실시하고, 시험성적과 승진후보자명부상의 평정점수를 일정 비율로 합산하여 최종합격자를 결정한다. 한편 공개경쟁승진시험은 승진소요 최저연수를 경과하고 승진임용이 제한되거나 응시자격이 정지 중에 있지 않은 6급 공무원이 그 대상이 된다. 승진후보자명부와 무관하게 누구나 응시가 가능하며, 1차 · 2차로 구분하여 시험을 실시하고 3차 면접을 통해 최종합격자를 결정한다.

(2) 특별승진

특별승진은 우수공무원에 대하여 일반승진의 조건에 대한 예외를 부여하는 경우이다. 즉, 특별한 요건에 해당하는 공무원을 승진소요 최저연수 또는 승진후보자명부

5) 5급 공무원으로의 승진은 기관에 따라 시험, 심사, 시험과 심사의 병행 등의 세 가지 방법 중에서 하나를 지정하여 운영할 수 있다. 즉, 각 기관은 승진시험만으로 승진하는 방법, 승진심사위원회의 심사만으로 승진하는 방법, 승진시험과 승진심사위원회 심사를 병행하는 방법 중에서 하나를 선택 · 시행할 수 있다(「국가공무원법」 제40조 및 「공무원임용령」 제34조).

의 순위에도 불구하고 특별승진임용하거나 일반승진시험에 우선 응시하게 한다(「국가공무원법」 제40조의4). 예컨대 민원봉사대상수상자, 직무수행능력우수자, 제안채택시행자, 명예퇴직자, 공무사망자 등의 경우이며, 각기 특별승진임용의 구체적인 대상자 및 요건 등이 다르다.

(3) 근속승진

근속승진은 특정 계급(직급)에서 일정기간 계속 근무한 경우 계급(직급)별 정원에 관계없이 승진임용하는 것을 말한다. 이는 근속기간이라는 연공요소를 승진기준으로 활용하는 것이며, 장기간 승진적체로 인한 사기저하 문제를 해소하고 엄격한 정원(定員) 관리를 탄력적으로 운영하는데 유용하다.

근속승진은 공무원의 직종별 적용법규에 따라 그 대상 및 방법 등을 달리한다. 일반직공무원의 근속승진은 6급 · 7급 · 8급 공무원으로 승진하는 경우에 적용되며, 각기 7급 · 8급 · 9급에서 정해진 승진소요 최저연수, 교육훈련시간 및 근속승진기간[6]을 충족한 공무원이 승진후보자가 된다. 근속승진기간에는 휴직기간, 직위해제기간, 징계처분기간 및 승진임용 제한기간은 제외되며, 관련 법령에 따른 인사교류경력이 있는 경우에는 인사교류기간의 1/2에 해당하는 기간을, 그리고 국정과제 등 주요 업무의 추진실적이 우수한 공무원에 대해서는 1년을 근속승진기간에서 단축할 수 있다. 근속승진도 승진후보자명부를 작성하고 승진심사위원회(혹은 인사위원회)의 심사를 거치는 등 일반승진과 동일한 절차와 방법에 의해 이루어진다.

(4) 기타 승진[7]

우선승진 우선승진은 강임된 공무원을 다른 공무원에 우선하여 승진임용하는 것을 말한다. 공무원의 강임은 직제 또는 정원의 변경이나 예산의 감소 등으로 직위

6) 근속승진기간은 7급은 12년 이상, 8급은 7년 6개월 이상, 9급은 6년 이상이다. 6급 공무원으로의 근속승진은 근속승진후보자의 20/100에 해당하는 인원수를 초과하여 이루어질 수 없으며 연 1회 심사가 가능하다(「공무원임용령」 제35조의4).

7) 「국가공무원법」 제26조는 법령으로 정하는 바에 따라 장애인 · 이공계전공자 · 저소득층 등에 대한 채용 · 승진 · 전보 등 인사관리상의 우대와 실질적인 양성 평등을 구현하기 위한 적극적인 정책을 실시할 수 있도록 규정하고 있다. 이에 따라 여성 · 장애인 등 소외집단의 공무원, 세 자녀 이상을 둔 공무원, 소수직렬에 속하는 공무원 등에게 우선 혹은 우대 승진기회를 부여하는 제도가 시행되고 있다. 이는 심사승진의 경우에 정책적인 배려 차원에서 균형인사를 도모하기 위한 것이며, 따라서 승진의 종류로서 우선승진 혹은 우대승진에 해당한다고 볼 수는 없다.

가 폐지되거나 하위의 직위로 변경되어 과원이 된 경우 또는 본인이 동의한 경우에 가능하다(「국가공무원법」 제73조의4). 강임된 공무원은 상위 계급(직급)의 결원발생시 승진시험이 면제되고 강임된 계급(직급)에 속한 다른 공무원에 우선하여 승진임용을 받게 된다(「공무원임용령」 제59조). 다만 본인이 동의하여 강임된 공무원의 경우에는 다른 승진예정자와의 적절한 균형하에 우선 승진임용될 수 있다(「국가공무원법」 제73조의4).

우대승진 우대승진은 「지방자치단체의 행정기구와 정원기준 등에 관한 규정」 제26조에 따라 일반직 8급 · 9급 지방공무원의 정원을 통합 · 운영하는 경우의 승진대상자에게 적용된다(「지방공무원 임용령」 제33조의2). 우대승신의 대상이 되기 위해서는 읍 · 면 · 동에서 6개월 이상 계속 근무하고 있어야 하며, 우대승진기간인 4년 이상 일반직 9급 공무원으로 재직하여야 한다. 이러한 우대승진은 9급 공무원을 대상으로 하며, 승진예정계급(직급)인 8급의 결원 여부와 무관하고, 일반승진과 동일한 절차와 방법에 의해 이루어진다.

대우승진 우리나라의 독특한 승진제도로는 대우공무원제도가 있다. 일반직공무원 중 해당 계급(직급)에서 일정시간(예: 4 · 5급은 7년, 6~9급은 5년) 이상 근무하고 승진임용의 제한 사유가 없으며 근무실적이 우수한 사람을 바로 상위 계급(직급)의 대우공무원으로 선발하는 제도이다(「공무원임용령」 제35조의3). 대우공무원으로 선발된 사람은 상위 계급(직급)에 상응하는 처우(대우공무원수당)를 받지만, 상위 계급(직급)으로의 승진임용은 실제로 이루어지지 않는다. 따라서 이 제도는 엄격한 의미에서 승진제도의 하나로 볼 수 없으며, 만성적인 승진적체 문제를 해결하기 위하여 도입된 제도에 불과하다.

7) 승진제도의 과제

(1) 승진범위의 확대

우리나라 승진제도는 공직 · 부처 · 직렬의 경계측면에서 폐쇄적인 경향을 띠고 있다. 먼저 공직경계의 폐쇄성을 극복하기 위해 고위공무원의 개방형 직위제, 5급 · 7급 공개경쟁 채용시험 및 민간부문 전문경력자 채용 등 다양한 개방형 임용제를 도입하고 있지만, 그 실질적인 효과에 대해서는 의문이 제기되고 있다. 따라서 전체 계급(직급)에 걸쳐 승진에 의한 공직의 안정성과 외부유입에 의한 공직의 참신성이라는 두 가지 관점 간에 적절한 균형을 도모하려는 노력이 필요하다.

승진에 있어서 부처 간 경계의 벽도 여전히 높다고 할 수 있다. 현재 부처 간 승진이 원칙적으로 허용되지 않는 문제점을 인식하고, 5급으로의 승진에서 공개경쟁의 허용과 공모 직위제의 도입을 그 해결대안으로 삼고 있다. 그러나 이들 제도가 당초 기대한 효과를 나타내고 있지 못하는 현실을 감안한다면, 이들을 보다 활성화시키기 위한 개선방안을 모색해야 할 시점이라 할 수 있다.

승진에 있어서 직렬 간 경계는 더욱 심각하다고 볼 수 있다. 제도적으로 고위공무원단을 설치함으로써 정책결정 직위에 기술·연구직의 진입이 용이하게 되었다고 할 수 있다. 그러나 실제 운영상 측면에서 보면, 실제 고위공무원단을 구성하는 기술·연구직의 비율은 상당히 낮은 편이다. 하위직의 경우도 직렬 간에 승진불균형 문제가 여전히 심각한 실정인 바, 소수 기술·연구직공무원의 전문지식을 적극 활용하기 위한 개선책이 마련될 필요가 있다.

(2) 승진기준 및 방법의 합리화

우리나라 승진제도는 직렬별·직급별로 승진범위나 기준에 있어서 상당히 복잡한 규정을 두고 있다. 이것은 직렬·직급 간의 특수성을 가능한 한 고려하여 공정한 승진제도를 만들려는 의지가 반영된 것으로 볼 수 있다. 하지만 그 실상을 자세히 들여다 보면, 직렬·직급과 무관하게 획일적이며 일률적인 승진기준이 수립되어 있다고 할 수 있다. 예컨대 근무성적평정·경력평정·가점평정의 비중은 직렬과 직급, 전문직렬과 일반관리직렬, 상위직과 중·하위직 간에 차이가 없다. 또한 이들 간에 승진임용의 요건, 종류, 절차 및 방법 등도 대동소이하다. 이처럼 획일화된 승진기준이나 방법 등을 각 직렬·직급에 따라 합리적으로 구체화시키는 것이 필요하다. 하위직은 경력과 교육훈련성적에 비중을 두고, 상위직은 능력과 실적 위주의 성과평정에 비중을 높이는 방향으로 승진기준을 달리하는 것이다. 경력평정에서는 경력내용을 세분화하여 평정하며, 직렬·직급에 따라 평정을 다원화하여 전문성에 바탕을 둔 경력관리가 가능하도록 하여야 한다.

(3) 근무성적평정의 객관화 및 대체방식 활용

우리나라 공무원의 승진은 대부분 심사승진에 의해 이루어진다. 심사승진의 공정성 문제는 심사승진의 기준이 되는 근무성적평정에 기인한다. 특히 근무성적평정의 항목·요소가 추상적으로 설정되어 있어 평정자의 주관적 판단이 개입될 여지가 많기 때문이다. 더구나 관행적으로 이루어지는 역산제(逆算制)는 근무성적평정 자체를 무의미하게 하기 때문에 조속히 고쳐져야 한다.[8)]

근무성적평정의 주관성을 줄이기 위하여 객관적인 평정지표의 활용과 그 평가방법의 개선이 필요하다. 이러한 근무성적평정 대신에 승진과제 부여 등 대체방식의 병행을 고려해 볼 수도 있다. 특허청의 업무계획 발표 및 토론면접, 기상청의 승진심사참관제, 관세청의 혁신공무원 특별승진, 농업진흥청의 연구실적우수자 특별승진, 통계청의 논문심사제, 대전광역시의 자격증 의무제 등의 예를 적극 활용하는 것이다.

(4) 승진의 공정성과 투명성 강화

실적제하에서도 여전히 비(非)실적주의적 인사가 만연하고 있다는 비판이 있다. 특정 학교나 지역뿐만 아니라 특정 종교가 승진에 영향을 미치며, 이와 더불어 승진후보자의 인사청탁과 인사권자의 정실적 판단이 아직도 불식되지 않고 있다는 것이다. 예컨대 고위공무원단 직위로의 승진에서 소속장관의 주관성이 강하게 작용할 여지가 충분히 있으며, 특히 지방자치단체의 '줄서기 인사문화'는 더욱 심각한 수준이라 할 수 있다.

승진의 공정성은 투명성에서 찾을 수 있다. 고위공무원단 직위로의 승진결정에 대하여 인사심사를 하도록 한 것은 이런 점에서 의미가 있다. 해당 부처 장관은 고위공무원임용심사위원회의 심사가 있다는 사실만으로도 승진의 공정성을 의식하지 않을 수 없기 때문이다. 최근 제주특별자치도에서 시행하고 있는 승진대상자명단의 인터넷 공개제도는 승진의 투명성을 확보하기 위한 중요한 시도라고 볼 수 있다. 이 경우 개인비방이나 흑색선전 등의 부작용을 방지할 수 있다면, 비(非)실적주의적 요소의 개입을 방지하는데 상당히 효과적일 수 있다.

---

8) 역산제란 실제 근무성적과 관계없이 연공서열, 담당부서, 인사권자의 의중이나 정실 등에 의해 미리 순위를 정해 놓고 그에 맞추어 평점을 부여하는 것을 말한다.

2. 강임

1) 강임의 의미

강임(降任, demotion)이란 수직적 이동의 하나로서, 바로 하위의 계급(직급)으로 이동하는 것을 말한다.[9] 즉, 어떤 하위 계급(직급)에 결원이 발생하면, 바로 상위 계급(직급)의 공무원을 그 계급(직급)에 임용하는 것이 강임이다.

승진과의 차이 강임과 승진은 모두 수직적 인사이동의 형태이지만, 승진은 강임과 반대의 방향, 즉 하위 계급(직급)에서 상위 계급(직급)으로 이동한다는 점에서 차이가 있다.

강등과의 차이 강임이 가능한 사유의 하나로서 징계처분이 있는데, 징계처분에 의해 이루어진 강임이 강등(降等)이다. 따라서 강임과 강등이 계급(직급)의 하락을 수반한다는 점에서는 동일하지만, 강등은 징계처분의 한 종류로서 강임과는 그 성격이 근본적으로 다르다.

2) 강임의 필요성

(1) 인사행정상 필요성

실제 인사행정에서 강임은 극히 드물게 이루어지지만, 반드시 필요한 경우가 있을 수 있기 때문에 제도적으로 인정되고 있다. 예컨대 직제개편이나 예산삭감 등으로 직제가 변경되거나 정원이 조정되었을 경우, 해당 직위를 담당하고 있던 공무원의 퇴직을 면하게 하여 공무원의 신분을 유지할 수 있도록 하기 위하여 강임이 활용될 수 있다. 또한 조직 전체의 효율적인 인적자원관리를 위해서도 강임이 필요한 경우도 있다.[10]

---

9) 강임은 계급(직급)과 무관하게 '같은 종류의 직무 내에서 하위의 직위에 임용하는 것'으로 정의되기도 한다(「소방공무원법」 제1조의2 및 「교육공무원법」 제2조). 이러한 관점에서 보면, 승진은 계급(직급)과 무관하게 단순히 '상위 직위로의 이동'이라 할 수 있다.

10) 경우에 따라서 강임이 징계의 수단으로 활용되기도 하는데, 이는 잘못된 것이다. 징계수단으로는 다른 방법이 여러 가지 존재하며, 또한 징계는 적법한 사유와 절차에 의거하여 이루어져야 하기 때문이다.

(2) 개인적 필요성

인사행정상 필요성과 더불어 공무원의 개인적 필요에 의해 강임이 이루어질 수 있다. 현재의 직위보다 낮은 계급(직급)에 해당하는 직위라 할지라도 자신에게 보람된 업무이고 적성에 맞는 경우 강임을 희망할 수 있다. 강임을 통해 자신에게 적합한 의무·책임이나 직무를 수행하도록 한다면, 개인적인 직무만족뿐만 아니라 조직의 효율성 향상에도 이바지할 수 있다. 특히 공무원 자신의 거주나 가정생활의 편리를 위하여 다른 기관이나 지역으로 이동하는 과정에서 실제 강임이 빈번하게 이루어진다.

3) 강임의 요건 및 우선승진

(1) 강임의 요건

강임은 여러 가지 형태로 이루어질 수 있는데, 같은 직렬 내에서의 하위 계급(직급)에 임명되거나, 같은 직렬 내에 하위 계급(직급)이 없어 다른 직렬의 하위 계급(직급)으로 임명되거나, 고위공무원단에 속하는 일반직공무원이 고위공무원단 직위가 아닌 하위 직위에 임명될 수 있다(「국가공무원법」 제5조).

어떠한 형태이든 강임은 형의 선고, 징계처분 또는 법에서 정하는 사유에 따르지 아니하고는 본인의 의사에 반하여 이루어지지 못하도록 엄격히 제한되고 있다(「국가공무원법」 제68조). 여기서 법에서 정하는 사유란 (i) 직제 또는 정원의 변경이나 예산의 감소 등으로 직위가 폐직되거나 하위 계급(직급)의 직위로 변경되어 과원이 된 경우 및 (ii) 본인이 동의한 경우이다(「국가공무원법」 제73조의4). 이들 두 요건 중 어느 하나에 해당하는 경우에 강임이 가능하며, 별도의 심사 절차 없이 바로 하위 계급(직급)의 직위에 임용된다.

(2) 강임자의 우선승진

강임은 해당 공무원을 낮은 계급(직급)의 직위에 배치하는 것 외에는 그로 인한 불이익은 전혀 없다. 강임된 경우라도 강임 전 봉급액보다 많아질 때까지는 강임 전의 봉급이 지급된다. 강임된 공무원은 상위 계급(직급)의 결원발생시 승진시험이 면제되고 강임된 계급(직급)에 속한 다른 공무원에 우선하여 승진 임용을 받게 된다(「공무원임용령」 제59조). 다만 본인의 동의에 의하여 강임된 경우는 본인의 경력과 해당 기관의 인력사정 등을 고려하여 다른 승진예정 공무원과 적절한 균형을 유지하면서 우선

승진임용하도록 규정하고 있다(「국가공무원법」 제73조의4).

제3절 수평적 인사이동: 배치전환

1. 배치전환의 이해

1) 배치전환의 의미

배치전환(配置轉換, reassignment and transfer)은 말 그대로 '자리에 나누어 두거나 바꿈'을 의미한다. 여기서 '자리'는 직위를 의미하기 때문에 배치전환은 직위의 변경이라 할 수 있다. 직위변경은 보통 인사이동이라 하며, 이는 수직적 또는 수평적으로 이루어질 수 있다. 따라서 배치전환은 수직적·수평적 직위변경으로 넓게 정의될 수 있다.

하지만 배치전환은 수평적인 직위변경만을 지칭하는 좁은 의미로 사용되는 경우가 일반적이다. 즉, 계급(직급)의 변경 없이 수평적으로 이루어지는 직위변경을 배치전환이라 하며, 이는 내부임용의 한 형태로서 수평적 인사이동과 동일하다. 즉, 동일 계급(직급) 내에서의 이동 혹은 현재의 직위에서 담당하고 있는 직무와 그 곤란성과 책임도가 같은 직위로의 이동이 배치전환이다.

2) 배치전환의 유형

수평적 인사이동을 의미하는 배치전환은 여러 가지 유형을 띨 수 있는데, 일반적으로 전보, 전직, 겸임, 파견, 전입·전출, 인사교류 등이 대표적이다(〈표 9-5〉 참고).

3) 배치전환의 기능: 효용과 한계

배치전환은 공무원 개인뿐만 아니라 조직 차원에서 다양한 순기능을 갖지만, 그것이 초래하는 부작용도 적지 않다. 배치전환의 순기능과 역기능을 개인 차원과 조직 차원에서 살펴보면 〈표 9-6〉과 같다.

표 9-5 배치전환의 유형

구분	정의
전보	• 같은 계급(직급) 내에서 보직(직위)을 변경함
전직	• 같은 계급(직급) 내에서 직렬을 변경함
겸임	• 한 공무원에게 둘 이상의 직위(직무)를 부여함
파견	• 소속기관의 변경 없이 다른 기관에서 근무하거나 교육훈련을 수행함
전입	• 임용권자가 상이한 기관으로 이동하여 들어옴
전출	• 임용권자가 상이한 기관으로 이동하여 나감
인사교류	• 임용권자가 상이한 기관들 간에 상호 이동함

표 9-6 배치전환의 기능

구분		개인 차원	조직 차원
순기능(장점)	소극적 기능	• 보직 및 조직의 부적응 개선 • 근무여건상 개인적 불편 해소	• 부정부패 및 조직침체 방지 • 할거주의 타파 • 비공식집단 폐해 시정
	적극적 기능	• 전문능력의 향상 • 경력발전의 기회 제공 • 승진기회의 확대 • 희망 존중으로 직무만족 제고	• 행정 · 조직관리상 변화에 대처 • 조직의 생동감 및 성과 제고 • 근무의 형평성 실현 • 부서 · 직원 간 조정 및 협력 강화
역기능(단점)		• 보직 및 조직에의 부적응 초래 • 전문능력의 저하 • 직무만족 및 경력발전에 지장 • 징계 혹은 사임(辭任)강요의 수단	• 행정의 전문성 및 능률성 저하 • 행정의 일관성 및 안정성 저하 • 특혜 제공 및 특정세력 견제 • 인사행정의 질서 문란

(1) 배치전환의 순기능

개인차원 배치전환이 공무원 개인에게 미치는 긍정적 효과를 살펴보면 다음과 같다.

첫째, 공무원이 담당하는 직무 혹은 조직 내의 인간관계 등에서 어려움이 있는 경우, 배치전환에 의해 보직을 변경하여 그 부적응을 해결해줌으로써 공무원의 사기, 직무만족 및 조직몰입 등을 높일 수 있다.

둘째, 배치전환을 통해 공무원은 다양한 업무에 대한 경험을 축적하고 넓은 안목의 판단력과 통찰력을 배양할 수 있다. 특히 계급제하에서 배치전환은 공무원으로 하여금 광범위한 경험을 갖게 하여 폭넓은 시각과 종합적 능력을 갖춘 관리자를 육성하는데 효과적으로 작용한다. 이러한 점에서 보면, 배치전환은 개인의 능력발전과 경력개발을 위한 교육훈련방법의 하나로서 그 역할을 수행한다고 할 수 있다.

셋째, 직무의 종류나 기관의 특징에 따라 승진기회가 다를 수 있는데, 이러한 불균형 문제를 시정하는 수단으로서 배치전환이 활용될 수 있다. 예컨대 승진기회가 적은 기관이나 부서에서 근무하는 승진후보자를 승진기회가 많은 곳으로 배치전환하면 승진기회가 균등하게 부여될 수 있다. 또한 특정 직위에 장기 근무한 상급자를 다른 부서로 승진 등의 방법으로 배치전환하면 하급자의 승진기회가 확대될 수 있다.

넷째, 배치전환은 개인의 희망을 존중하고 정당한 요구를 충족시켜주는 인사관리의 수단이 될 수 있다. 예컨대, 자신의 능력발전이나 경력개발, 교육훈련기관에서 습득한 지식과 기술의 활용, 가정생활이나 통근거리와 관련된 요구의 충족 등에 있어서 배치전환이 적절히 활용될 수 있다.

조직차원 배치전환은 공무원 개인뿐만 아니라 조직 차원에서도 상당한 효용이 있는데, 그 주요 내용을 살펴보면 다음과 같다.

첫째, 조직의 업무량이나 직무수행기술에 변화가 나타나 인력의 재배치가 필요한 경우에 배치전환이 하나의 해결수단이 된다. 특히 새로운 인력의 충원에 따라 발생하는 비용과 혼란을 줄이고, 긴급사태의 발생으로 인한 인력의 수급에 효과적으로 대처하는데 배치전환이 유용하다.

둘째, 배치전환은 한 직위에서의 장기간 근무를 제한함으로써 부정부패의 발생가능성과 조직의 침체를 방지하는데 도움이 될 수 있다. 또한 주기적인 배치전환은 공무원 개인의 권태를 방지하고 근무의욕을 고취하는 수단이 되며, 특히 인사의 융통성을 높여 적재적소의 배치를 실현함으로써 조직의 성과 향상을 가능하게 한다.

셋째, 근무환경이나 조건 등은 부서 혹은 지역 등에 따라 차이가 있을 수 있는데, 배치전환을 통해 공무원 상호 간에 근무의 형평성을 제고할 수 있다.

넷째, 배치전환은 다양한 직위에 걸쳐 순환근무를 가능하게 하기 때문에, 타 부서와 타 직원에 대한 이해가 증진되어 부서·직원 간 의사전달이 활성화될 수 있다. 이에 따라 부처 간 할거주의가 줄어들고 부서·직원 간의 교류와 협력 및 조정이 용이하게 될 수 있다.

(2) 배치전환의 역기능

배치전환이 잘못 활용되거나 그 자체로서 부작용이 초래될 수 있는데, 그 주요 내용을 살펴보면 다음과 같다.

첫째, 배치전환으로 근무부서 및 담당업무가 바뀜에 따라 공무원은 새로운 부서와 업무에 대한 이해 및 적응에 어려움을 겪을 수 있다. 이로 인해 인간관계가 소원해지고 근무의욕이 저하되며, 직무만족 및 조직몰입 등에 부정적인 결과가 나타날 수 있다.

둘째, 배치전환으로 말미암아 공무원의 직무수행능력이 떨어져 행정의 전문성과 능률성이 저하되고, 업무담당자의 변경으로 행정의 안정성과 일관성이 훼손될 수 있다.

셋째, 배치전환은 사임(辭任)강요, 징계 또는 징계회피의 수단으로 악용될 수 있다. 공무원 개인의 입장에서 도저히 받아들일 수 없는 직위로 이동하여 스스로 물러나지 않을 수 없게 만드는데 배치전환이 이용될 수 있다. 또한 잘못을 무마시키고 징계를 회피하거나 징계를 갈음하는 수단으로 좌천(左遷)시키기 위하여 혹은 특정 세력을 견제 내지 축소하기 위하여 배치전환이 이루어질 수 있다. 이와 반대로 특정한 사람에게'좋은 자리'를 부여하거나 특정 세력을 확장하기 위한 수단으로 배치전환이 활용될 수도 있다. 이러한 현상은 공직 풍토를 흐리게 하고 내부의 부정부패를 조장하는 결과를 초래하게 된다.

넷째, 배치전환은 인사행정의 질서를 해치는 부작용을 가져올 수 있다. 특히 파견의 경우 별도의 정원으로 인정되는 경우가 있어 공무원의 증원(增員) 수단으로 활용되기도 한다.

2. 전보 및 전직

1) 전보와 전직의 의미

전보(轉補)와 전직(轉職)은 동일한 계급(직급) 내에서 직위만 바꾸는 수평적 인사이동이다. 전보는 직무의 종류가 같은 직렬 내에서 이루어지는 근무기관이나 부서의 이동이지만, 전직은 직무의 종류가 서로 다른 직렬 간에 이루어지는 신분변화이다. 이에 우리나라에서는 전보를 '같은 직급 내에서의 보직 변경'이라 하며, 전직은 '직렬을 달리하는 임명'으로 정의하고 있다(「국가공무원법」 제5조).

2) 전보와 전직의 기능: 효용과 한계

전보와 전직은 배치전환의 대표적인 유형으로서 그 기능은 배치전환의 일반적인 기능과 대동소이하다. 그러므로 앞에서 살펴보았던 배치전환의 순기능과 역기능을 참조하면 전보와 전직의 효용과 한계가 이해될 수 있다.

3) 우리나라의 전보 · 전직

(1) 전보 · 전직의 실태

다른 유형의 배치전환과 마찬가지로 전보 · 전직은 경력직공무원을 대상으로 하며, 정무직공무원과 별정직공무원의 전보 · 전직은 원칙적으로 허용되지 않는다. 경력직공무원 중 일반직공무원의 전보 · 전직에 관한 사항은 「국가공무원법」과 「공무원임용령」에 정해져 있으며, 특정직공무원의 전보 · 전직은 직종별 개별 법령에 따라 그 내용이 약간씩 다르다.

전보제도 일반직공무원의 전보는 '같은 직급 내에서의 보직 변경' 혹은 고위공무원의 경우에는 '고위공무원단 직위 간의 보직 변경'으로 정의된다(「국가공무원법」 제5조).[11] 이러한 전보는 해당 공무원이 맡은 직무에 대하여 전문성과 능률을 높이고, 창의적이며 안정적인 직무수행이 가능하도록 실시되어야 한다(「공무원임용령」 제44조).

이와 더불어 전보의 오용과 남용을 방지하기 위하여 전보가 제한되는 기간이나 범위를 두고 있다(「공무원임용령」 제45조 내지 제46조). 신규채용의 경우를 보면, 근무예정지역 또는 근무예정기관을 미리 정해놓은 공개경쟁 채용시험의 합격자, 직류별로 공개경쟁채용한 5급 공무원, 경력경쟁 채용시험 등에 의해 채용된 공무원 등에 대해서 각기 일정기간 동안의 전보 제한기간이 설정되어 있다.

재직공무원은 필수보직기간이 지나야 다른 직위에 전보될 수 있다. 여기서 필수보직기간이란 다른 직위로 전보되기 전까지 현 직위에서 근무하여야 하는 최소기간을

11) 직위분류제와 무관한 특정직공무원의 경우에 전보는 '같은 직위 및 자격 내에서 근무기관이나 부서를 달리하는 임용'으로 정의되기도 한다(「경찰공무원법」 제1조의2,「소방공무원법」 제1조의2 및「교육공무원법」 제2조).

말하는데, 일반직공무원은 3년을 원칙으로 하고 있다(「공무원임용령」 제45조). 또한 전문직위에 임용된 공무원은 다른 직위로는 4년의 범위에서 그리고 다른 전문직위군으로는 8년의 범위에서 별도로 정해진 기간 동안 전보가 제한된다. 한편 임기제공무원은 원칙적으로 전보가 전면 금지되며, 기구 개편 및 직제 · 정원 개폐 또는 '임기제공무원이 아닌 경력직공무원'의 직위로 재(再)전보하는 경우에 한하여 전보가 가능하다.

전직제도 전직이란 '직렬을 달리하는 임명'을 말하며, 이는 직위분류제하에 있지 않는 공무원에게는 적용되지 않는 제도이다.[12] 직위분류제에서는 직무분석을 통한 직렬의 명확한 구분을 기본으로 하기 때문에 직렬 간의 이동은 그 기본취지에 부합하지 않는다. 그러므로 전직은 법령으로 정해진 요건에 해당하는 경우에 한하여 예외적으로 허용되며, 특별히 정한 경우 외에는 원칙적으로 전직시험을 거치도록 규정하고 있다(「공무원임용령」 제29조 · 제30조).

(2) 전보 · 전직의 과제

전보와 전직이 잦으면 직무수행의 전문성과 숙련성이 저하되고, 행정의 안정성과 일관성이 훼손될 수 있다. 하지만 이들을 적절히 잘 활용하면 공무원 개인뿐만 아니라 조직 차원에서 얻을 수 있는 효용이 적지 않다. 전보와 전직의 효용을 높이기 위해서는 다음과 같은 사항이 고려되어야 한다.

원칙과 기준의 설정 및 준수 전보 · 전직이 특정 개인에게 특혜나 불이익을 주는 수단으로 잘못 사용되는 경우가 없지 않다. 이러한 악용을 방지하고 공무원과 조직의 정당한 필요성을 충족하는 수단으로 활용하기 위해서는 전보 · 전직에 대한 일반적인 원칙과 기준이 보다 명확히 그리고 구체적으로 설정되어야 한다. 이러한 원칙과 기준 하에 중앙인사기관은 그 목적과 용도를 정하여 부처(기관) 간의 인사교류계획을 수립하여 시행하고, 각 부처(기관)는 소속공무원의 부서 간 인사이동계획을 세워 전보 · 전직을 합리적으로 실행하여야 한다.

적정 빈도 유지 및 정기적 실시 빈번한 전보 · 전직은 업무수행의 중단 및 혼란으로 전문성과 능률성을 저하시키며, 당사자에게는 새로운 환경에 대한 적응 문제와 심리적인 불안정성을 가져다준다. 따라서 특별한 사정이 없는 한 정기적으로 전보 · 전직을 실시하여 적정한 빈도수준을 유지하는 것이 공무원 개인뿐만 아니라 조직 차원에

12) 경찰공무원의 경우 '경과(警科)'를 변경하는 것을 '전과(轉科)'라고 한다(「경찰공무원임용령」 제2조).

서 혼란을 줄이고 그에 대한 예측 가능성을 높이는데 도움이 된다.

전보 · 전직에 대한 저항 극복 공무원이 전보 · 전직에 대하여 저항하거나 반발하는 경우가 있을 수 있는데, 이는 개인적으로 변화를 싫어하거나 인사상 어떤 불이익이 초래되지 않을까 하는 우려 때문이다. 다른 한편으로는 기관장이나 상관이 유능한 직원의 타 부서로의 이동을 꺼려 전보와 전직에 소극적인 입장을 띨 수도 있다. 하지만 장기적 관점에서 공무원의 능력발전을 도모하고 조직 전체의 입장에서 기관이나 부서 간의 협력 · 조정을 확보하기 위해서는 적절한 전보 · 전직이 필요하다는 인식을 모두가 가져야 한다.

3. 겸임 및 파견

1) 겸임

(1) 겸임의 의미

겸임(兼任)은 한 사람에게 둘 이상의 직위를 부여하는 것이며, 이는 겸무(兼務) 또는 겸보(兼補)라 부르기도 한다(오석홍, 2013: 182). 여기서 둘 이상의 직위는 하나의 기관에 속하거나 서로 다른 기관에 속할 수도 있다. 이러한 직위에의 결원을 잠정적으로 보충하는 방법이 겸임이며, 경우에 따라서는 장기적으로 활용되기도 한다.

겸직과의 차이 겸임은 정부조직 내부의 직위를 겸하는 것이지만, 겸직(兼職)은 정부조직 외부의 직위를 겸하는 것이 보통이다. 또한 겸임은 임용권자의 필요에 따라 공무수행을 위한 것이며(「국가공무원법」 제32조의3 및 「공무원임용령」 제40조), 반면에 겸직은 개인적 필요에 따라 이루어진다(「국가공무원법」 제64조 및 「국가공무원복무규정」 제26조). 따라서 겸임은 원칙적으로 허용된다고 볼 수 있으나, 겸직은 원칙적으로 금지된다고 할 수 있다.

(2) 겸임의 기능: 효용과 한계

겸임은 배치전환의 한 유형으로서 그 효용과 한계는 배치전환의 기능과 유사하다. 다만 겸임은 둘 이상의 직위를 갖기 때문에 다른 유형의 배치전환과는 그 기능이 약간 다른 점이 있다. 예컨대 겸임에서 둘 이상의 직위에 해당하는 직무가 모두 충실히 수행된다면 행정의 능률성과 효율성이 크게 높아질 수 있다. 하지만 둘 이상의 업무를 수행함에 있어서 그 모두에 충실하지 못할 수 있으며, 만약 어느 하나라도 소홀해질 가능성이 있다면, 겸임방법보다는 인력을 더 충원하여 업무를 맡기는 것이 업무의 전문성·능률성을 높이고 책임성도 확보할 수 있게 된다.

(3) 우리나라의 겸임

우리나라에서는 직위와 직무내용이 유사하고 담당직무의 수행에 지장이 없다고 인정되면, 법령이 정하는 바에 따라 겸임이 허용된다. 예컨대 일반직공무원을 대학교원 등 특정직공무원이나 특수 전문분야의 일반직공무원 또는 법령으로 정하는 관련 교육·연구기관, 그 밖의 기관·단체의 임직원과 서로 겸임하게 하는 것이 가능하다(「국가공무원법」 제32조의3).

겸임기간은 2년 이내로 하며, 특히 필요한 경우 2년의 범위에서 연장할 수 있다. 겸임기관의 장은 본직(本職)기관의 장의 동의를 받아 겸임을 임용(제청)하여야 하며, 겸임자에 대하여 본직기관이 보수를 지급하고 복무를 지휘·감독하며, 겸임기관은 본직기관의 보수수준을 감안하여 겸임수당을 지급할 수 있다(「공무원임용령」 제40조).

2) 파견

(1) 파견의 의미

파견(派遣)이란 원래의 소속을 바꾸지 않고 일정기간 동안 다른 기관에서 근무하거나 교육훈련을 받는 것을 말한다. 즉, 신분상 소속기관을 변경하지 않고 보수도 원래의 소속기관에서 받지만, 파견된 기관의 장의 지휘·감독을 받아 근무 혹은 교육훈련에 임하는 임시적인 배치전환이다. 이러한 파견은 긴급한 인적자원수요에 신속히 대응할 수 있는 간편한 내부임용의 한 방법이라 할 수 있다(오석홍, 2013: 190; 강성철 외, 2014: 304).

과거 파견은 정부조직 내에 한정하여 이루어졌으나, 국제화·개방화로 다양한 기관·단체들과의 교류가 활발해짐에 따라 외국기관·국제기구·민간부문과 정부 간의 인사교류도 파견에 포함되고 있다.

(2) 파견의 기능: 효용과 한계

파견은 배치전환의 한 유형으로서 그 효용과 한계가 배치전환의 기능과 일부 유사한 점이 있다. 하지만 파견이 소속 변경 없이 다른 기관에 일시적으로 근무 혹은 교육훈련 등의 목적을 수행한다는 점에서 다른 유형의 배치전환과는 그 기능이 다르다.

파견은 크게 두 가지 기능의 수행, 즉 다양한 형태의 업무지원 및 인사행정상 필요성 충족에 그 효용이 있다. 먼저 업무수행상 지원기능으로는 일시적으로 폭주한 업무에의 대응, 신설 조직의 정착에 필요한 업무의 수행, 인건비 예산이나 인력 부족에 대한 임시적 방편, 특수한 전문·기술적 문제의 해결 등을 그 예로 들 수 있다. 또한 인사행정상 필요성을 충족시키는 기능을 수행하기도 하는데, 예컨대 공무원의 안목과 경험을 넓히는 교육훈련 자체가 목적인 경우, 특정 직위에 항구적(恒久的)인 적격자를 구하기 어려운 경우, 항구적인 배치로 인해 오히려 업무추진에 문제가 발생할 우려가 있는 경우, 각종 인사교류 및 인사행정의 편의를 증진시키려는 경우 등에 파견이 활용될 수 있다.

반면에 파견이 잘못 활용되거나 그 제도 자체에서 초래되는 부작용이 있을 수 있다. 파견으로 인해 공무원은 다른 근무환경·업무에 적응하는데 어려움을 겪을 수 있으며, 동일한 근무지 혹은 사업장에서 파견에 따른 보수의 차이가 존재할 수 있기 때문에 공무원 상호 간에 위화감이 조성될 수 있다. 또한 공무원의 증원(增員) 수단으로 파견이 악용될 소지가 있으며, 이로 말미암아 인사행정의 질서가 교란(攪亂)되는 부작용이 나타날 수 있다.

(3) 우리나라의 파견

우리나라의 파견제도는 소속공무원을 파견하는 경우와 민간 전문가를 파견받는 경우를 포함하고 있으며, 각기 사유와 기간 등은 다양하다(〈표 9-7〉 참고).

소속공무원의 파견은 국가적 사업의 수행 또는 그 업무수행과 관련된 행정지원이나 연수, 그 밖에 능력개발 등을 위하여 다른 국가기관·공공단체·정부투자기관·국내외의 교육기관·연구기관, 그 밖의 기관에 일정기간 근무하게 하는 것이다.

반면에 민간전문가의 파견은 국가적 사업의 공동수행 또는 전문성이 특히 요구되는 특수 업무의 효율적 수행 등을 위하여 필요한 경우 국가기관 외의 기관·단체의 임직원을 파견받아 근무하게 하는 것을 말한다. 이 경우 파견된 민간전문가는 파견받은 국가기관의 장의 지휘·감독을 받으며, 직무상 행위를 하거나 「형법」 및 그 밖의 법률에 따른 벌칙을 적용할 때 공무원으로 간주된다.

표 9-7 파견의 사유 및 기간

구분	파견사유	파견기간
소속공무원 파견	• 국가기관 외의 기관 · 단체에서 국가적 사업 수행	• 2년 이내, 최대 5년
	• 다른 기관의 업무폭주로 인한 행정지원	• 2년 이내, 최대 5년
	• 사무의 소관 불명 또는 특수 업무의 공동 수행	• 2년 이내, 최대 5년
	• 교육훈련	• 필요 기간
	• 공무원교육훈련기관의 교수요원	• 1년 이내, 최대 2년
	• 국제기구, 외국의 정부 · 연구기관에서 업무수행 및 능력개발	• 필요 기간
	• 국내 연구기관, 민간기관 · 단체에서 관련 업무수행, 능력개발, 국가정책수립 자료수집 등	• 2년 이내, 최대 5년
민간전문가 파견	• 국가적 사업의 공동 수행 또는 전문성이 특히 요구되는 특수업무의 효율적 수행	• 2년 이내, 1년 범위 내에서 연장 가능

자료: 「국가공무원법」 제32조의4 및 「공무원임용령」 제41조 · 제41조의2

4. 전입 및 전출

전입(轉入)과 전출(轉出)은 임용권자가 상이한 기관들 간의 수평적 인사이동이며, 이로 인해 해당 공무원은 그 신분상 임용권자(혹은 소속기관)의 항시적(恒時的) 변경이 있게 된다. 전입과 전출은 동시에 발생하는 것으로, 다른 기관으로부터 받아들이는 것은 전입이고, 다른 기관으로 이동하여 가는 것은 전출이 된다. 예컨대 국회와 행정부 간, 행정부 내의 부처 간, 국가공무원과 지방공무원 간, 지방자치단체 상호 간 등 다양한 형태로 전입 · 전출이 이루어질 수 있다. 우리나라에서 공무원의 전입은 원칙적으로 시험에 의하며, 임용자격요건 또는 승진소요 최저연수, 시험과목이 같은 경우에 그 시험의 일부나 전부가 면제될 수 있다(「국가공무원」 제28조의2).

5. 인사교류

1) 인사교류의 의의

인사교류란 직무분야가 유사한 범위 내에서 기관 상호 간에 이동하는 것을 말한다. 이러한 인사교류는 좁게는 정부기관 간의 이동에 한정되지만, 넓게는 민간부문과의 교류도 포함한다.

인사교류는 전보, 휴직, 파견 등 다양한 방식으로 이루어지며, 직무분야가 유사한 공무원들 간에 일정기간 쌍방향 교환근무의 형태를 띠는 것이 보통이다. 경우에 따라서는 공무원의 신분상 임용권자(혹은 소속기관)의 항시적 변경을 가져오는 전입 · 전출의 방식에 의하기도 한다.

2) 인사교류의 기능: 효용과 한계

인사교류는 배치전환의 한 유형으로서 그 유용성은 배치전환의 기능과 유사하다. 다만 인사교류가 정부기관 간의 이동뿐만 아니라 민간부문과의 교류까지 포함한다면, 이는 개인적 · 조직적 차원뿐만 아니라 국가 · 사회적 차원에서도 상당한 효용이 있을 수 있다. 특히 국가 · 사회적 차원에서 볼 때, 인사교류는 교류기관 간에 지식과 정보의 공유 · 활용을 가능하게 함으로써 국가사회 전반에 걸쳐 지식기반이 확대되고 상호 이해의 증진 및 정책적 협력체제의 강화를 도모하는데 기여한다(권경득 · 김덕준, 2009: 148~149).

3) 우리나라의 인사교류

우리나라에서는 행정기관 상호 간, 행정기관과 교육 · 연구기관 또는 공공기관 간에 인사교류가 허용되고 있다(「국가공무원법」 제32조의3). 이러한 인사교류를 포함하여 현재 제도화된 인사교류의 유형과 내용을 보면 〈표 9-8〉과 같다.

(1) 정부기관 상호 간의 인사교류

공무원의 인사교류라 함은 대체로 정부기관 상호 간에 이루어지는 인사교류를 말한다. 정부기관 상호 간의 인사교류는 정부적 · 인사행정상 필요성에 의하거나 공무원 개인의 고충 해소를 위해 이루어질 수 있다. 즉, (i) 인력의 균형 있는 배치와 효율적인 활용, 행정기관 상호 간의 협조체제 증진, 국가정책 수립과 집행의 연계성 확보 및 공무원의 종합적 능력발전 기회 부여 등을 위하여 필요한 경우와 (ii) 맞벌이, 육아, 부모 봉양 또는 가족 간호 등 공무원의 고충해소를 위한 경우의 어느 하나에 해당하면 인사교류계획의 수립 · 실시가 가능하다(「공무원임용령」 제48조).

표 9-8 인사교류의 유형

<table>
<tr><th colspan="3">유형</th><th>내용</th></tr>
<tr><td rowspan="5">정부기관 상호 간 교류</td><td colspan="2">중앙부처 간 교류</td><td>• 중앙부처 간에 이루어지는 인사교류</td></tr>
<tr><td rowspan="3">중앙-지방 간 교류</td><td>국가공무원의 지방순환근무</td><td>• 지방자치단체에 대한 행정지원 차원에서 중앙정부의 인력을 지방자치단체에 근무
• 지방자치단체에 두는 국가공무원제도</td></tr>
<tr><td>중앙-지방 간 상호 교류</td><td>• 중앙정부와 지방자치단체 간에 전출 · 전입의 형식으로 상호 교류</td></tr>
<tr><td>중앙-지방 간 상호 파견</td><td>• 중앙정부와 지방자치단체 간에 1~2년 파견의 형식으로 상호 교류</td></tr>
<tr><td colspan="2">지방자치단체 간 교류</td><td>• 광역-광역, 광역-기초, 기초-기초 간에 이루어지는 교류</td></tr>
<tr><td rowspan="3">정부기관과 비(非)정부 기관 간 교류</td><td colspan="2">정부-공공기관 간 교류</td><td>• 정부기관과 공공기관단체 간에 이루어지는 교류</td></tr>
<tr><td colspan="2">정부-민간부문 간 교류</td><td>• 정부기관과 민간기업 · 교육연구기관 간에 이루어지는 교류</td></tr>
<tr><td colspan="2">정부-국제 · 외국기관 간 교류</td><td>• 정부기관과 국제기구 · 외국기관 간에 이루어지는 교류</td></tr>
</table>

자료: 권경득 · 김득준(2009: 148)의 내용을 일부 수정함.

중앙부처 간 인사교류 중앙부처 간의 인사교류는 기획재정부의 공무원이 교육부로 옮기고 교육부의 공무원이 기획재정부로 옮기는 것과 같이 공무원이 소속부처를 서로 바꾸는 것이다. 이러한 중앙부처 간의 인사교류는 인사혁신처가 담당하며, 경제 · 기술 · 사회 · 문화 및 일반행정 등 행정분야별 또는 업무의 성격이 유사한 전문 직무별로 실시된다.

중앙부처와 지방자치단체 간 인사교류 중앙부처와 지방자치단체 간의 인사교류는 국가공무원의 지방순환근무, 상호 교류, 상호 파견 등의 형태로 이루어진다. 국가공무원의 지방순환근무는 지방자치단체에 대한 행정지원의 차원에서 중앙정부의 공무원을 지방자치단체에 근무시키는 것이며, 「지방자치단체에 두는 국가공무원의 정원에 관한 법률」에 근거한 '지방자치단체에 두는 국가공무원제도'를 의미한다.[13] 중앙-지방 간 상호 교류는 중앙정부와 지방자치단체 간에 필요한 인력을 전출 · 전입의 형식으로 상호 교류하는 것이며, 그 대표적인 예로서 행정자치부와 광역자치단체 간의 교

13) 지방교육행정기관의 경우는 「지방교육자치에 관한 법률」 제33조 및 「지방교육행정기관 및 공립의 각급 학교에 두는 국가공무원의 정원에 관한 규정」에 근거하고 있다.

류 및 교육부와 지방교육행정기관 간의 교류를 들 수 있다. 반면에 중앙-지방 간 상호 파견은 중앙정부와 지방자치단체 간에 동급·동수의 인원을 전출·전입이 아니라 파견의 형식으로 보통 1~2년의 기간을 정하여 상호 교류하는 것을 말한다.

지방자치단체 간 인사교류 지방자치단체 간의 인사교류는 광역자치단체 상호 간, 광역자치단체와 기초자치단체 간, 기초자치단체 상호 간에 이루어질 수 있다. 이러한 인사교류는 (i) 지방자치단체 간 인력의 균형 있는 배치와 지방행정의 균형 있는 발전을 위하여 5급 이상 공무원이나 6급 기술직렬 공무원을 교류하는 경우, (ii) 행정기관 상호 간의 협조체제 증진과 공무원의 종합적 능력 발전을 위하여 이웃한 지방자치단체 간에 교류하는 경우, (iii) 5급 이하 공무원의 연고지 배치를 위하여 필요한 경우의 어느 하나에 해당되면 가능하다(「지방공무원 임용령」 제27조의5).

(2) 정부기관과 비정부기관 간의 인사교류

정부기관과 비(非)정부기관 간의 인사교류는 정부기관과 공공기관 간, 정부기관과 민간부문, 정부기관과 국제기구·외국정부기관 간에 이루어질 수 있다. 이러한 인사교류는 폭 넓은 시야와 능력을 가진 인재를 양성하는데 목적이 있으며, 대체로 일정기간에 걸쳐 휴직이나 파견의 형식을 띤다. 예컨대 민간근무 휴직제, 국제기구·외국기관 고용휴직제, 해외유학휴직제, 교육연구기관 연수휴직, 해외파견근무제, 민간전문가의 공직파견근무제 등이 대표적이다.

제4절 | 휴직, 직위해제 및 복직

1. 휴직

1) 휴직의 의의

휴직(休職)은 '직무를 쉬는 것', 즉 공무원이 그 신분은 그대로 보유하면서 일정기간 직무에 종사하지 않는 것이다. 휴직은 경력직공무원이 그 원칙적인 대상이다. 다만 일반직공무원 중 임기제공무원은 그 적용에 있어서 일부 예외가 있으며(「국가공무원법」 제71조제3항), 특정직공무원은 직종별 개별 법령에 따라 그 대상 및 구체적인 사항이 별도로 정해진다.

특수경력직공무원은 원칙적인 대상이 아니지만(「국가공무원법」 제3조), 경력직공무원에 준용하여 휴직에 관한 사항의 일부가 적용된다(「국가공무원법」 제73조의2). 예컨대 정무직공무원은 병역휴직과 육아휴직이 가능하며, 별정직공무원은 질병휴직, 병역휴직, 행방불명휴직, 육아휴직, 가사휴직이 허용된다.

2) 휴직의 종류: 사유 및 기간

휴직은 크게 직권휴직과 청원휴직으로 구분된다. 직권휴직은 법령에서 정한 사유에 해당하면 본인의 의사와 무관하게 임용권자가 반드시 명해야 하는 휴직이다. 반면에 청원휴직은 본인의 희망에 따라 법령으로 정해진 범위 내에서 이루어지는 휴직인데, 그 허가 여부는 임용권자의 재량에 달려 있다. 다만 청원휴직의 경우에도 법령으로 정하는 특별한 사정이 없으면 본인의 희망에 따라 반드시 휴직을 명하여야 하는 경우(예: 육아휴직)도 있다. 직권휴직과 청원휴직은 사유에 따라 그 종류가 다양하며, 각 종류에 따라 휴직이 가능한 기간도 다르다(「국가공무원법」 제71조 · 제72조).[14)]

3) 휴직의 효력: 신분 및 불이익 등

휴직 중인 공무원은 공무원의 신분은 보유하나 직무에 종사하지 못한다(「국가공

14) 직권휴직의 사유를 보면, (i) 신체 · 정신상의 장애로 장기 요양이 필요할 때(질병휴직), (ii) 병역법에 따른 병역 복무를 마치기 위하여 징집 또는 소집된 때(병역휴직), (iii) 천재지변이나 전시 · 사변, 그 밖의 사유로 생사(生死) 또는 소재(所在)가 불명확하게 된 때(소재불명휴직), (iv) 그 밖에 법률의 규정에 따른 의무를 수행하기 위하여 직무를 이탈하게 된 때(법정의무이행휴직), (v) 「공무원의 노동조합 설립 및 운영에 관한 법률」 제7조에 따라 노동조합 전임자로 종사하게 된 때(노조전임자휴직) 등이다(「국가공무원법」 제71조제1항).

청원휴직의 사유는 (i) 국제기구, 외국 기관, 국내외의 대학 · 연구기관, 다른 국가기관 또는 대통령령으로 정하는 민간기업, 그 밖의 기관에 임시로 채용될 때(고용휴직), (ii) 국외 유학을 하게 된 때(유학휴직), (iii) 중앙인사관장기관의 장이 지정하는 연구기관이나 교육기관 등에서 연수하게 된 때(연수휴직), (iv) 만 8세 이하 또는 초등학교 2학년 이하의 자녀를 양육하기 위하여 필요하거나 여성공무원이 임신 또는 출산하게 된 때(육아휴직), (v) 사고나 질병 등으로 장기간 요양이 필요한 조부모, 부모(배우자의 부모 포함), 배우자, 자녀 또는 손자녀를 간호하기 위하여 필요한 때(가사휴직), (vi) 외국에서 근무 · 유학 또는 연수하게 되는 배우자를 동반할 때(해외동반휴직), (vii) 대통령령 등으로 정하는 기간 동안 재직한 공무원이 직무 관련 연구과제 수행 또는 자기개발을 위하여 학습 · 연구 등을 하게 된 때(자기개발휴직) 등이다(「국가공무원법」 제71조제2항).

무원법」 제73조). 이처럼 공무원의 신분은 유지되므로 공무원의 신분상 의무(예: 비밀엄수, 품위유지, 정치운동금지 등)는 그대로 지게 되는 반면, 직무에 종사하지 않기 때문에 공무원의 직무상 의무(예: 직장이탈금지, 친절 · 공정의무 등)는 면제된다. 또한 휴직 중인 공무원은 직무에 종사하지 않기 때문에 그 기간 동안 보수나 승진 · 경력 등에 있어서 불이익이 주어질 수 있다.

휴직 중인 공무원이 그 휴직사유가 없어지면 30일 이내에 신고하여야 하며, 휴직기간이 끝나거나 휴직사유가 소멸된 후에도 직무에 복귀하지 아니하거나 직무를 감당할 수 없을 때 혹은 병역휴직 중에 있는 자가 군복무 중 군무(軍務)를 이탈하였을 때는 직권면직이 가능하다(「국가공무원법」 제70조제1항).

2. 직위해제

1) 직위해제의 의의

직위해제(職位解除)는 말 그대로 '직위'를 '해제'하는 것이다. 즉, 현재 맡고 있는 직위에서 일시적으로 물러나게 함으로써 직무를 더 이상 수행하지 못하도록 하는 임용행위이다. 직위해제처분을 받은 자는 공무원의 신분은 보유하지만, 해당 기간 동안 직무에 종사하지 못할 뿐만 아니라 보수나 승진 · 경력 등에 있어서 불이익을 받게 된다.

휴직과의 차이 직위해제는 휴직과 같이 공무원의 신분은 유지되므로 공무원의 신분상 의무(예: 비밀엄수, 품위유지, 정치운동금지 등)는 그대로 지는 반면, 직무에 종사하지 않기 때문에 공무원의 직무상 의무(예: 직장이탈금지, 친절 · 공정의무 등)는 지지 않는다. 하지만 휴직과 달리 직위해제는 제재적(制裁的) 의미를 가진 보직의 해제이며, 따라서 복직이 반드시 보장되지는 않는다.

직권면직 · 징계와의 차이 직위해제가 인사상 불리한 처분이라는 점에서 직권면직이나 징계와 그 효과는 동일하다. 하지만 직위해제는 그 자체로서 공무원관계의 소멸을 가져오는 것이 아니라는 점에서 직권면직과 다르며, 직위해제가 임용권자의 판단에 따른 인사상 조치라는 점에서 법적 절차를 거쳐 행해지는 징벌적인 제재인 징계와는 그 성질에서 근본적인 차이가 있다. 특히 징계의 한 종류인 정직은 미리 정해진 기간이 지나면 자동으로 복직이 되는 반면, 직위해제는 그 소멸사유가 발생하면 그에 따라 복직명령이 있어야만 복직이 이루어진다.

2) 직위해제의 사유 등

직위해제는 공무원에게 내려지는 불이익 처분의 하나이기 때문에 그것이 가능한 사유는 엄격히 정해져야 한다. 「국가공무원법」에 규정된 직위해제의 사유 등은 〈표 9-9〉와 같으며, 임용권자는 이들 사유 중 어느 하나에 해당하는 자에게 직위를 부여하

표 9-9 직위해제의 사유 등

<table>
<tr><th>직위해제 사유</th><th colspan="2">관련 사항 및 조치 등</th></tr>
<tr><td>1. 직무수행능력이 부족하거나 근무성적이 극히 나쁜 자</td><td>• 3개월의 범위에서 대기를 명함
• 능력회복이나 근무성적의 향상을 위한 교육훈련 또는 특별한 연구과제의 부여 등 필요한 조치를 하여야 함</td><td rowspan="5">• 사유가 소멸되면 지체 없이 직위를 부여하여야 함</td></tr>
<tr><td>2. 파면 · 해임 · 강등 또는 정직에 해당하는 징계(중징계) 의결이 요구 중인 자</td><td>※ 1과 2의 사유가 경합하면, 2에 따른 직위해제처분을 하여야 함</td></tr>
<tr><td>3. 형사사건으로 기소된 자(약식명령이 청구된 자는 제외)</td><td>※ 1과 3의 사유가 경합하면, 3에 따른 직위해제처분을 하여야 함</td></tr>
<tr><td>4. 고위공무원단에 속하는 일반직공무원으로서 「국가공무원법」 제70조의2제1항제2호부터 제5호까지의 사유로 적격심사를 요구받은 자</td><td>[「국가공무원법」 제70조의2제1항]
2. 근무성적평정에서 최하위 등급의 평정을 총 2년 이상 받은 때
3. 정당한 사유 없는 무보직 기간이 총 1년에 이른 때
4. 근무성적평정에서 최하위 등급의 평정을 1년 이상 받은 사실이 있고 정당한 사유 없는 무보직 기간이 6개월 이상인 경우
5. 조건부 적격자가 교육훈련을 이수하지 아니하거나 연구과제를 수행하지 아니한 때</td></tr>
<tr><td>5. 금품비위, 성범죄 등 대통령령으로 정하는 비위행위로 인하여 감사원 및 검찰 · 경찰 등 수사기관에서 조사나 수사 중인 자로서 비위의 정도가 중대하고 이로 인하여 정상적인 업무수행을 기대하기 현저히 어려운 자</td><td>[금품비위, 성범죄 등 대통령령으로 정하는 비위행위] (「공무원임용령」 제60조)
1. 「국가공무원법」 제78조의2(징계부가금)제1항 각 호의 행위
2. 「성폭력범죄의 처벌 등에 관한 특례법」 제2조에 따른 성폭력범죄
3. 「성매매알선 등 행위의 처벌에 관한 법률」 제4조에 따른 금지행위
※ 1과 5의 사유가 경합하면, 5에 따른 직위해제처분을 하여야 함</td></tr>
</table>

자료: 「국가공무원법」 제73조의3

지 아니할 수 있다.

3) 직위해제의 효력

직위해제 중이라도 공무원의 신분은 보유하므로 공무원의 신분상 의무(예: 비밀엄수의무, 품위유지의무, 정치운동금지 등)는 당연히 지게 된다. 하지만 직위해제를 받으면 직위가 부여되지 않기 때문에 직무에 종사하지 못하게 되며, 따라서 직위해제 기간 중에는 공무원의 직무상 의무(예: 직장이탈금지, 친절·공정의무 등)가 면제되지만 보수 및 승진·경력 등에 있어서 불이익이 따른다. 하지만 직위해제처분 자체가 무효 또는 취소되거나 직위해제처분의 사유가 기각, 무효 또는 취소된 경우에 그 불이익은 모두 원상회복된다.[15)]

(1) 보수상 불이익

직위해제된 공무원은 직무를 수행하지 않기 때문에 보수상 불이익이 따르며, 그 불이익의 정도는 직위해제의 사유에 따라 차이가 있다. 직무수행능력 부족이나 근무성적 불량으로 직위해제된 경우에는 봉급의 80%(연봉월액의 70%)가 지급되지만, 그 외 사유로 직위해제된 공무원에게는 봉급의 70%(연봉월액의 60%)를 지급한다. 다만 직위해제일로부터 3개월이 지나도 직위를 부여받지 못한 때에는 그 3개월이 지난 후의 기간 중에는 봉급의 40%(연봉월액의 30%)가 지급된다(「공무원보수규정」 제29조). 또한 직위해제 중인 공무원은 그 해당 기간 동안 승급이 불가능하다(「공무원보수규정」 제14조). 하지만 직위해제처분 자체가 무효 또는 취소되거나 직위해제처분의 사유가 기각, 무효 또는 취소된 경우 그 기간은 승급기간에 산입된다.

15) 즉, (i) 직무수행능력 부족이나 근무성적 불량으로 직위해제처분을 받은 사람 또는 법령상의 징계사유로 징계처분을 받은 사람이 소청심사위원회 또는 법원의 결정이나 판결로 그 직위해제처분이 무효 또는 취소된 경우, (ii) 징계의결이 요구되어 직위해제처분을 받은 사람이 징계위원회의 의결로 징계의결 요구가 기각되거나 그 직위해제처분의 사유가 된 징계처분이 소청심사위원회 또는 법원의 결정이나 판결에 의하여 무효 또는 취소된 경우, (iii) 형사 사건으로 기소되어 직위해제처분을 받은 사람이 법원의 판결에 의하여 무죄를 선고받은 경우 중의 어느 하나에 해당하면, 원래의 정기승급일을 기준으로 한 당시의 보수 전액 또는 차액을 소급하여 지급되고(「공무원보수규정」 제30조), 그 직위해제 기간은 승급기간, 승진소요 최저연수 및 경력평정 대상기간에 산입된다(「공무원보수규정」 제15조 및 「공무원임용령」 제31조).

(2) 승진 · 경력상 불이익

직위해제 기간 중에는 승진임용이 제한되며, 그 기간은 승진소요 최저연수 및 경력평정 대상기간에서 제외된다. 하지만 직위해제처분 자체가 무효 또는 취소되거나 직위해제처분의 사유가 기각, 무효 또는 취소된 경우에 그 기간은 승진소요 최저연수 및 경력평정 대상기간에 산입된다.

(3) 신분상 불이익

직위해제 그 자체는 공무원의 신분과는 무관하기 때문에 직위해제 중에 있더라도 공무원으로서의 신분은 그대로 보유한다. 다만 직무수행능력 부족이나 근무성적 불량으로 인해 직위해제되어 대기 명령을 받은 자가 그 기간에 능력 또는 근무성적의 향상을 기대하기 어렵다고 인정된 때에는 징계위원회의 동의를 거쳐 직권면직이 가능하다(「국가공무원법」 제70조).

3. 복직

복직(復職)은 넓게 일반적으로 사용되는 경우와 좁게 법령상 사용되는 경우가 있다. 넓은 의미에서의 복직은 어떠한 사유로 인해 그 직(職)을 떠난 공무원이 원래 상태로 돌아오는 것을 포괄적으로 지칭한다. 반면에 공무원법상에서 복직의 의미는 대체로 좁게 사용되는데, 휴직 · 직위해제 · 정직 중이거나 강등으로 직무에 종사하지 못한 공무원이 직위에 복귀하는 것을 말한다(「공무원임용령」 제2조).

휴직 중에 있는 공무원은 그 휴직사유가 없어지면 30일 이내에 신고하여야 하며, 임용권자는 지체 없이 복직을 명하여야 하고, 공무원은 복귀 신고를 하면 당연히 복직된다(「국가공무원법」 제73조). 직위해제 중에 있는 공무원은 그 직위해제사유가 소멸되면 임용권자는 지체 없이 직위를 부여하여야 하며, 이에 따라 해당 공무원은 복직이 된다. 또한 징계처분으로 정직이나 강등을 받아 해당 기간이 종료되면 당연히 복직이 이루어진다.

제5절 퇴직(면직)

1. 퇴직(면직)의 이해

퇴직(退職, retirement)이란 '현직에서 물러남'을 뜻하며, 이는 면직(免職), 사직(辭職), 그 밖의 사망 외의 사유로 인한 모든 해직(解職)을 말한다(「공무원연금법」 제3조제1항제4호). 이와 같은 퇴직으로 인해 공무원의 신분관계가 소멸하게 되며, 그 종류는 자발적인 의사(意思) 여부에 따라 임의퇴직(任意退職)과 강제퇴직(强制退職)으로 크게 구분된다(〈표 9-10〉 참고).

임의퇴직(voluntary retirement)은 공무원이 스스로 원하여 그 신분관계가 소멸되는 자발적인 퇴직이며, 이는 쌍방적 행정행위로서 본인의 자필(自筆)로 작성된 사직원(사직서)과 임용(제청)권자에 의한 면직처분을 필요로 한다.[16] 이러한 희망퇴직 혹은 의원

표 9-10 퇴직(면직)의 종류

구분		정의 및 내용
임의퇴직 (의원면직)	명예퇴직	• 장기근속한 경력직공무원이 정년 전에 별도의 혜택을 받고 스스로 퇴직하는 것
	조기퇴직	• 장기근속하지 않은 경력직공무원이 정년 전에 별도의 혜택을 받고 스스로 퇴직하는 것
	자진퇴직	• 별정직공무원(비서 · 비서관 제외)이 근무상한연령 전에 별도의 혜택을 받고 스스로 퇴직하는 것
강제퇴직 (강제면직)	당연퇴직	• 법적 사유(예: 임기만료, 결격사유 등)에 해당되어 공무원의 신분이 소멸되는 것
	정년퇴직	• 법적으로 정해진 정년에 해당되어 공무원의 신분이 소멸되는 것
	징계면직	• 해임 · 파면의 징계처분에 따라 공무원의 신분이 박탈되는 것
	직권면직	• 임용권자의 직권으로 공무원의 신분이 박탈되는 것
	탄핵면직	• 국회의 탄핵소추와 헌법재판소의 탄핵심판으로 공무원의 신분이 박탈되는 것

16) 이처럼 공무원의 사의(辭意) 표시만으로 공무원관계가 소멸하는 것이 아니기 때문에, 그 사직원이 수리(受理)되기 전까지는 출근 및 직무수행 등 공무원의 의무와 책임이 여전히 존재한다. 「헌법」상 공무담임권은 국민의 권리이지 의무가 아닌 까닭에 공무원은 원칙적으로 사임의 자유가 있고, 임용권자는 그 사직원의 수리의무가 있다.

면직(依願免職)은 공무원 개인의 의사에 따라 이루어지는 것이 원칙이지만, 그 대상이나 요건 및 사유 등이 제도적으로 정해진 경우가 있다. 예컨대 명예퇴직, 조기퇴직, 자진퇴직 등이 그것인데, 이들의 경우 본인의 퇴직의사가 전제되어야 한다는 점에서 임의퇴직에 해당하지만, 각 부처(기관)의 예산 및 인력운영 사정뿐만 아니라 법령에 규정된 요건에 대한 심사행위가 수반된다는 점에서 단순한 형태의 임의퇴직과는 다소 차이가 있다.

강제퇴직(mandatory retirement)은 정년이나 징계 등과 같이 법적 사유나 임용권자의 처분으로 발생하는 비(非)자발적인 퇴직을 말한다. 즉, 공무원 본인의 의사와는 무관하게 이루어지는 모든 종류의 퇴직이 강제퇴직이며, 이는 제도적으로 정해진 대상이나 요건 및 사유에 따라 당연퇴직, 정년퇴직, 징계면직, 직권면직, 탄핵면직 등의 형태를 띤다.

2. 명예퇴직, 조기퇴직 및 자진퇴직

1) 명예퇴직

(1) 명예퇴직의 의의

직업공무원은 정년까지 재직하는 것이 전제되어 있다. 하지만 정년이 되기 전에 본인의 의사로 공무원의 신분관계를 종료하는 공무원에게 별도의 혜택을 부여하여 퇴직을 유도하는 제도가 마련되어 있다. 특히 장기간 근속한 공무원이 경제적·심리적 보상을 받으며 정년 이전에 스스로 퇴직하는 것을 명예퇴직(名譽退職)이라 한다. 명예퇴직을 희망하는 공무원은 정년까지 남아있는 공무담임권과 이를 통한 향후의 보수청구권 및 행복추구권 등을 일정한 금전적 보상 및 특별승진의 혜택 등으로 상계(相計)하는 대가로 자신의 신분상 권리를 포기하는 것이다(김중양, 2008: 373).[17]

명예퇴직은 부처(기관)의 예산 및 인력운영 사정을 고려하고 법령상 요건에 대한 심사행위가 수반된다는 점에서 다른 일반적인 형태의 희망퇴직과 차이가 있으며, 일정한 사유나 요건의 성립으로 당연히 효력이 발생하는 당연퇴직과 구별된다. 또한 본

17) 명예퇴직수당은 거치보수 혹은 후불임금이라기보다 정년 도달 전의 퇴직에 대한 사례금 또는 조기퇴직을 유도하기 위한 장려금적 성격이 농후하다(대판 2007.11.29, 2005다28358).

인의 퇴직의사를 존중한다는 점에서 본인의 의사와 관계없이 이루어지는 강제퇴직과도 다르다.

(2) 명예퇴직의 기능

순기능 명예퇴직은 장기근속자에게 경제적·심리적 보상을 주어 희망퇴직을 유도함으로써 조직의 신진대사를 촉진하고 행정능률을 높이는데 기여한다. 명예퇴직자에게는 새로운 인생을 설계할 수 있는 기회가 되며, 정부조직의 입장에서는 능력 있는 젊은 인재를 충원할 수 있는 여지가 마련될 수 있으며, 이로 인해 보수가 상대적으로 높은 장기근속자 대신 신규 공무원을 충원함으로써 예산절감의 효과도 있다.

역기능 명예퇴직은 임의퇴직의 형식을 취하지만 강제퇴직의 면모를 감추고 있을 수 있기 때문에 공무원의 신분불안과 조직 내 갈등·불신감을 조장할 수 있다. 또한 명예퇴직에 따른 일시적인 인건비 부담의 증가로 재정적 어려움에 직면할 수 있고, 유능하고 숙련된 인재의 유출로 행정능률의 저하가 초래될 수 있다.

(3) 명예퇴직의 대상 및 요건

명예퇴직은 정년을 전제로 이루어지므로 정년제도의 적용을 받는 직업공무원이 원칙적인 대상이다. 즉, 직업공무원제의 적용을 받는 경력직공무원이 그 대상이며, 특수경력직공무원은 명예퇴직의 대상이 아니다. 다만 경력직공무원 중에서도 임기제공무원 및 특정직공무원의 일부는 현행 제도상 명예퇴직의 대상에서 제외된다.[18)]

명예퇴직의 대상이 되는 공무원은 20년 이상 근속하고 정년퇴직일 이전 1년 이상의 기간이 남은 상태에서 명예퇴직 신청이 가능하다. 본인의 의사에 기초하여 명예퇴직을 신청하면, 임용(제청)권자는 별도의 심사·결정과정을 거쳐 명예퇴직과 특별승진임용 등 인사발령을 하고, 실제 퇴직일을 기준으로 정년까지의 잔여기간에 따라 계산된 명예퇴직수당을 예산의 범위에서 지급하게 된다(「국가공무원법」 제74조의2제1항).[19)]

---

18) 과거 교육공무원, 경찰공무원, 소방공무원 등을 대상으로 한 공로퇴직제도는 명예퇴직제도로 통합되었으며, 군인의 경우 명예전역제도를 별도로 운영하고 있다. 현재 특정직공무원 중에서 명예퇴직의 대상은 대검찰청 검사급 이하 검사, 치안정감 이하 경찰공무원, 소방정감 이하 소방공무원, 기간제 교원이 아닌 교육공무원, 군무원, 국가정보원 직원, 14등급 외의 외무공무원 등이다.

19) 다만 징계의결 요구 중인 자 또는 징계처분으로 인하여 승진임용 제한기간 중에 있는 자, 형사사건으로 기소 중인 자, 감사원 등 감사기관과 검찰·경찰 등 수사기관에서 비위조사나 수사 중인 자, 경력직공무원 또는 특수경력직공무원 중 정무직공무원이 되기 위하여 퇴직하기로 예정된 자 등은

2) 조기퇴직 및 자진퇴직

조기퇴직 및 자진퇴직은 인력관리의 효율화과정에서 정년이나 근무상한연령이 되기 전에 스스로 퇴직하는 공무원에게 금전적인 혜택을 부여하는 제도이다. 이러한 점에서 보면 명예퇴직과 같은 취지를 갖지만, 그 요건은 근본적으로 다르다. 즉, 명예퇴직은 공무원 개인의 퇴직의사가 있으면 예산의 범위에서 가능하지만, 조기퇴직과 자진퇴직은 직제와 정원의 개폐 또는 예산의 감소 등에 의하여 폐직 또는 과원이 되었을 때 초과인원을 적극 해소하기 위한 방편으로 이루어진다.

(1) 조기퇴직

조기퇴직은 명예퇴직과 마찬가지로 직업공무원제의 적용을 받는 경력직공무원이 그 원칙적인 대상이다. 즉, 임기제공무원을 제외한 일반직공무원과 일부 특정직공무원 중 20년 이상의 장기근속자는 명예퇴직이 가능하지만, 1년 이상 20년 미만 근속한 공무원은 조기퇴직의 대상이 된다. 이러한 조직퇴직 대상자가 직제와 정원의 개폐 또는 예산의 감소 등에 따라 폐직 또는 과원이 되었을 때 정년 전에 스스로 퇴직하면 예산의 범위에서 조기퇴직수당이 지급된다(「국가공무원법」 제74조의2제2항).

(2) 자진퇴직

자진퇴직은 근무상한연령이 정해진 별정직공무원(비서관 · 비서 제외)이 그 대상이다. 별정직공무원은 신분보장이 되지 않지만, 인력관리의 효율화과정에서 스스로 퇴직하는 자에게 적절한 혜택을 주는 것이 경력직공무원이나 민간근로자와의 형평성에 부합한다는 취지에서 마련된 제도이다. 직제와 정원의 개폐 또는 예산의 감소 등으로 폐직 또는 과원이 되었을 때에 자진퇴직 대상자가 스스로 퇴직하면 예산의 범위에서 자진퇴직수당이 지급된다(「국가공무원법」 제74조의3).

3. 당연퇴직

1) 당연퇴직의 의미

당연퇴직(當然退職)이란 법률에서 정한 사유에 해당하면 공무원의 신분관계가 당

명예퇴직수당 지급에서 제외된다(「국가공무원 명예퇴직수당 등 지급규정」 제3조).

연히 소멸하는 것을 말한다. 예컨대 공무원의 결격사유에 해당하거나 임기·근무기간의 만료 등의 경우에 당연히 이루어지는 퇴직이 그것이다. 이러한 당연퇴직은 임용권자에 의한 별도의 면직처분을 필요로 하지 않으며, 법률에서 정한 사유에 해당하면 공무원관계가 자동적으로 당연히 소멸된다. 경우에 따라서 임용권자의 면직처분이 있더라도 그것은 당연퇴직 사실을 통지하여 확인해 주는 행위에 불과하다.

2) 당연퇴직의 사유

당연퇴직의 사유는 관련 법률에 따라 약간씩 다르지만, 대체로 공무원의 결격사유에 해당되거나 임기·근무기간이 만료된 경우이다(「국가공무원법」 제69조). 이들 외에 사망, 정년 도달,[20] 국적 상실 등이 당연퇴직의 사유로 포함되기도 한다.[21] 사망으로 인한 면직은 사망한 다음날에 면직된 것으로 보며(「공무원임용령」 제6조), 정년 도달에 따른 퇴직은 정년퇴직이다. 국적 상실은 국적이 임용의 자격요건이나 결격사유로 정해진 경우에 한하여 당연퇴직의 사유가 되며, 외국인 임용이 가능한 직위에 있는 공무원은 국적을 상실하여도 당연퇴직되지 않는다.

(1) 임용의 결격사유

공무원의 결격사유는 법적으로 흠결(欠缺)이 있는 사람의 공직임용을 제한하기 위한 요건이므로 그에 해당하는 재직공무원은 해당 사유의 발생시점에 당연퇴직한다. 공무원의 결격사유는 직종에 따라 약간씩 차이가 있지만, 예컨대 「국가공무원법」 제33조에 규정된 결격사유가 당연퇴직의 사유에 해당한다. 다만 일부 예외가 있는데, 구체적인 내용은 제3편 제8장 제2절의 〈표 8-3〉을 참고하기 바란다.

(2) 임용기간의 만료

임기 혹은 임용·근무기간이 정해진 공무원은 그 기간이 만료되면 당연퇴직한다. 예컨대 선거에 의해 취임하거나 임기가 정해진 정무직공무원, 근무기간이 정해진 임

---

20) 외무부 및 그 소속기관의 직위 중 대통령령으로 정하는 직위에 재직 중인 사람은 정년을 초과하여 근무하게 할 수 있으며, 이 경우에도 64세를 초과할 수 없다(「외무공무원법」 제27조).

21) 외무공무원에게만 적용되는 사유도 있는데, 재외공관의 장으로서 합산하여 10년 간 재직한 경우, 법령으로 정하는 직위에 재직한 공무원이 보직을 받지 못한 경우, 정년초과 근무가능 직위에 보직되어 정년을 초과하여 근무하는 사람이 다른 정년초과 근무가능 직위에 보직되지 못하는 경우 등에 해당하면 당연퇴직한다(「외무공무원법」 제26조).

기제공무원, 임용기간이 정해진 기간제 교원 등의 경우에 그 기간이 끝나면 당연히 퇴직하게 된다.

3) 당연퇴직의 효력

공무원으로 임용되기 전에 이미 결격사유가 발생한 경우, 그 임용행위는 당연무효이다. 여기에 해당하는 재직공무원에 대해서는 당초 임용행위를 소급하여 취소하며, 이미 퇴직한 자의 경우에도 당초 임용일자로 소급하여 임용이 취소된다.

공무원으로 임용되어 재직하는 중에 결격사유가 발생한 경우, 그 사유가 발생한 일자로 당연퇴직 발령을 하게 되며, 이미 퇴직한 자에 대해서도 동일하게 당연퇴직 발령조치가 이루어진다.

이와 같이 당연퇴직의 경우에 이루어지는 임용행위 취소 혹은 당연퇴직 발령 등은, 법률상 당연히 발생하는 퇴직의 효과를 공적으로 확인하여 알려주는 사실행위에 불과하며, 파면 등과 같은 형성적 행위가 아니므로 소송의 대상이 되는 행정처분은 아니다.

4. 정년퇴직

1) 정년퇴직의 의미

정년퇴직(停年退職)이란 법령에 정해진 정년의 도달로 인한 퇴직을 의미한다. 여기서 정년이란 일정기간까지 근무할 수 있도록 정한 범위이며, 연령·계급·근속기간 등이 그 예이다. 예컨대 일정한 연령에 도달하거나, 특정 계급에 일정기간 계속하여 머무르거나, 일정한 근속기간에 도달하면 당연히 퇴직하는 것이 정년퇴직이다. 이러한 정년제도는 정해진 시기에 공무원의 신분관계를 소멸시키는 당연퇴직제도의 하나지만, 정년까지 공무원의 신분을 지속할 수 있도록 보장하는 신분보장제도이기도 하다. 따라서 정년퇴직은 직업공무원제하에서 신분보장을 받는 경력직공무원이 그 원칙적인 대상이 된다.[22)]

22) 특수경력직공무원의 경우 법률상 특별한 규정이 없으면 정년제도가 원칙적으로 적용되지 않는다. 다만 별정직공무원은 정년 대신 근무상한연령이 정해지는 경우가 있는데, 60세를 원칙으로 하고 있다.

2) 정년제도의 기능: 효용과 한계

정년퇴직 인사제도가 지니는 순기능과 역기능은 다양한데, 이를 개인 차원, 조직 차원, 사회 차원에서 살펴보면 〈표 9-11〉과 같다.

표 9-11 정년제도의 기능

구분	순기능(장점)	역기능(단점)
개인 차원	• 신분보장	• 사기 저하
조직 차원	• 인건비 및 연금부담 경감 • 젊고 유능한 인재 확보 • 행정의 질적 수준 향상 • 신진대사 촉진, 조직침체 방지 • 관료제 내부의 민주화 촉진	• 숙달된 인력의 손실 초래 • 행정의 질적 수준 저하 • 실적주의 인사행정 위배 • 직업공무원제 저해 가능성
사회 차원	• 고용증대 효과	• 사회적 갈등 초래 가능성 • 사회보장 부담 가중

순기능 정년제도는 정년까지 공무원의 지위를 안정시키는 신분보장의 역할을 하지만, 퇴직제도의 하나로서 여러 가지 필요성에 의해 마련된다. 정년제도를 통해서 상대적으로 싼 노동력을 보유함으로써 인건비와 연금부담이 줄어들며, 특히 과학기술 변화에 적응력이 뛰어난 젊은 인력으로의 대체가 가능하여 근무능률이 높아질 수 있다. 또한 인력교체를 통해 공직사회의 신진대사가 촉진되고 낡은 관료문화의 타파로 조직 내부의 민주화를 이룰 수 있다. 더욱이 국민경제적 입장에서 보면, 정년제도는 매년 신규로 배출되는 젊은 공직희망자를 정부가 흡수하는 수단이 될 수 있다.

역기능 정년제도는 재직공무원의 사기를 떨어뜨리고, 장기근속으로 다져진 숙달된 인력을 인위적으로 배제시킴으로써 행정능률이 저하될 수 있다. 특히 실적과 무관한 정년에 근거하여 퇴직이 이루어진다는 점에서 실적주의 인사원리에 위배되며, 장기근속을 유도하는 직업공무원제의 취지에도 부합하지 않는 측면이 있다. 또한 고령화 사회에서 경제활동인구의 감소를 초래하고, 연령이나 계급 간에 입장이 대립하여 사회적 갈등을 유발하는 요인이 될 수도 있다. 더욱이 개인적으로 경제활동능력이 충분한 사람을 사회보장제도하에 두게 됨으로써 국가·사회적인 부담이 가중되는 문제가 발생한다.

3) 정년퇴직의 종류

우리나라에서 제도적으로 정해진 정년은 연령정년, 계급정년 및 근속정년이 있다. 이들이 각기 적용되는 대상이나 방법 등은 공무원의 종류나 계급 등에 따라 차이가 있다.

(1) 연령정년퇴직

연령정년퇴직은 정년퇴직의 가장 일반적인 형태로서, 정년으로 정해진 연령에 도달하면 퇴직하는 것을 말한다. 이러한 연령정년퇴직은 공무원이 연로(年老)하면 직무수행능력이 저하되고 그들을 지휘 · 감독하는데 지장이 많을 수 있다는 이유에서 우리나라를 포함한 대부분의 국가에서 채택하고 있다.

우리나라 경력직공무원의 연령정년은 60세가 원칙이며, 다른 법률에서 특별한 규정이 있는 경우에는 달리 정할 수 있다(「국가공무원법」 제74조). 임기제공무원을 제외한 일반직공무원은 계급(직급)에 관계없이 60세에 정년퇴직하게 되며, 특정직공무원의 연령정년은 개별 법령에 따라 약간씩 차이가 있다.[23] 이러한 연령정년은 공무원의 출생일을 기준으로 하며, 그것이 1월~6월 사이에 있으면 6월 30일에, 7월~12월 사이에 있으면 12월 31일에 각각 퇴직한다.[24]

연령정년퇴직은 정년제도의 일반적인 기능과 더불어 추가적인 효용과 한계를 지닌다. 공무원 개인에게 미리 정해진 시기에 맞추어 은퇴계획을 수립할 수 있도록 시간적 여유를 주고, 명예퇴직의 기회를 제공하며, 노후에 노동으로부터 해방되어 여가생활을 누릴 수 있게 한다. 한편 정부의 입장에서 보면, 객관적 자료에 기초한 예측가능성을 높여 인적자원계획의 수립 · 운영이 용이하며, 다른 형태의 강제퇴직에 필요한 복잡한 절차 없이 실시하기가 쉽다는 장점이 있다.

반면에, 능력과 무관하게 일정한 연령에 도달한 공무원을 획일적으로 도태시키

23) 경찰공무원과 소방공무원은 60세로 같지만, 초 · 중등학교 교원인 교육공무원은 62세(대학교원인 교육공무원은 65세), 검사는 63세(검찰총장은 65세), 판사와 헌법재판관은 65세(대법원장 · 대법관 및 헌법재판소장은 70세), 군인은 각 계급에 따라 연령정년이 다르다(대장: 63세, 중장: 61세, 소장 59세, 준장: 58세, 대령: 56세, 중령: 53세, 소령: 45세, 대위 · 중위 · 소위: 43세, 준위: 55세, 원사: 55세, 상사: 53세, 중사: 45세, 하사: 40세).

24) 교육공무원의 경우, 그 정년에 이른 날이 3월~8월 사이에 있으면 8월 31일에, 9월에서 다음 해 2월 사이에 있는 경우에는 다음 해 2월 말일에 각각 정년퇴직한다(「교육공무원법」 제47조).

는 것은 비합리적이며 연령에 따른 차별에 해당한다는 비판이 있다. 또한 연령정년을 앞둔 공무원은 직무수행에 무성의하고 무사안일에 빠지기 쉽고, 감독자도 정년퇴직을 앞둔 부하 직원을 관리하고 평가하는데 소홀하게 되는 문제점이 나타날 수 있다.

(2) 계급정년퇴직

계급정년퇴직은 특정 계급에서 일정기간 동안 승진하지 못하면 퇴직하는 것을 말한다. 즉, 공무원이 정해진 기간 내에 승진하지 못하고 동일한 계급에 계속 머물러 있으면 그 기간이 만료된 때에 자동적으로 퇴직하게 된다. 계급정년퇴직의 경우 상위 계급으로의 승진여부가 능력에 대한 객관적인 평가지표로 간주된다는 점에서 '연령'이나 '근속기간' 등을 기준으로 하는 연령정년퇴직 혹은 근속정년퇴직과 차이가 있다.

우리나라에서 계급정년퇴직은 일부 특정직공무원의 상위직을 대상으로 이루어지고 있다. 예컨대 경찰공무원의 치안감~경정, 소방공무원의 소방감~(지방)소방령, 군인의 중장~준장, 국가정보원 특정직직원과 대통령경호실 경호공무원의 2~5급 계급에서 각 계급에 따라 서로 다른 계급정년기간이 설정되어 있다.[25)]

계급정년퇴직은 정년제도의 일반적인 기능과 더불어 추가적인 효용과 한계를 지닌다. 승진여부가 공무원의 능력에 대한 객관적인 평가지표로 간주된다는 점에서 공무원의 능력발전을 유도하는 효과가 있다. 만약 승진하지 못한 공무원을 무능력자라고 추정한다면, 계급정년퇴직은 그러한 무능력자를 실적주의에 따라 도태시키는 수단이 되어 능력 중심의 공직풍토를 조성하는데 기여할 수 있다.

하지만 상위 계급으로의 승진여부가 과연 능력에 대한 객관적인 평가결과인지에 대해서는 의문이 있다. 또한 실제 능력이나 실적을 불문하고 동일 계급에 일정기간 머물러 있으면 퇴직시키므로 실적주의에 부합한다고 볼 수도 없다. 이러한 계급정년퇴직제도로 인하여 한정된 직위로의 승진에 더욱 과도한 경쟁과 갈등이 발생할 수 있으며, 이는 오히려 행정의 계속성·안정성과 능률성을 저하시키는 요인이 될 수 있다. 더구나 정부의 입장에서 계급정년퇴직의 대상이 될 공무원을 사전에 예상하는 것이 불가능하기 때문에 장기적 관점에서 인적자원의 효율적 관리에 어려움을 겪게 된다. 특히 직접적이고 중대한 과오가 없는데도 개인의 의사에 반하여 공직에서 배제시키는

25) 경찰(소방)공무원의 경우를 보면, 치안감(소방감)은 4년, 경무관(소방준감)은 6년, 총경(소방정)은 11년, 경정(소방령)은 14년이다. 군인의 경우 중장은 4년, 소장·준장은 6년으로 정해져 있다.

것이므로 해당 공무원에게 매우 가혹한 결과를 주게 되며, 전체 공무원에게도 신분상 불안을 느끼게 하여 사기가 저하되고 공직사회의 안정성이 훼손될 수 있다.

(3) 근속정년퇴직

근속정년퇴직은 일정한 근속기간에 도달하면 퇴직하는 것을 말한다. 즉, 근속정년퇴직은 해당 계급에 이를 때까지 재직한 기간을 통산하여 일정기간이 되면 자동적으로 퇴직하는 것이다. 우리나라의 근속정년퇴직은 준위~대령의 계급을 지닌 군인에게 적용되는데, 준위는 32년, 소위 · 중위 · 대위는 15년, 소령 24년, 중령 32년, 대령 35년으로 근속정년기간이 설정되어 있다.

근속정년퇴직은 정년제도의 일반적인 기능과 더불어 추가적인 효용과 한계를 지닌다. 다른 종류의 정년퇴직에 비해, 근속정년퇴직은 공직에 근속한 기간을 정년으로 보아 퇴직하기 때문에 공직의 유동성을 높이는데 탁월한 효과가 있다. 하지만 공무원이 된 이후 아무리 승진되고 능력발전이 이루어지더라도 일정기간이 다하면 무조건 퇴직해야 하기 때문에 실적주의와 가장 거리가 먼 획일적인 적용이라 할 수 있다. 또한 장기간 숙련된 공무원이 신규채용자보다 직무수행에 있어서 더 능률적이고 효율적일 수 있다는 점을 간과하고 있다.

5. 징계면직, 직권면직 및 탄핵면직

1) 징계면직

징계면직(懲戒免職)이란 징계처분으로 공무원의 신분관계가 소멸되는 것이며, 우리나라의 현행 제도상 파면 · 해임의 징계처분에 의한 면직이 여기에 해당된다. 이러한 징계면직에 관한 사항은 제6편 제17장 제2절에서 구체적으로 다룬다.

2) 직권면직

(1) 직권면직의 의의

직권면직(職權免職)은 임용권자의 일방적 의사(직권)에 의해 공무원관계가 소멸되는 것을 말한다. 즉, 공무원이 일정한 사유에 해당되면 본인의 의사와 관계없이 임용권자가 그 공무원의 신분을 박탈하여 공직으로부터 배제하는 것이 직권면직이다.

(2) 직권면직의 사유 및 절차

직권면직의 경우 임용권자의 자의적인 판단이 개입될 소지가 있기 때문에 이를 방지하기 위해서는 그 사유가 엄격히 정해져야 한다. 공무원의 직종에 따라 직권면직의 구체적인 사유는 약간씩 다른데, 그 대표적인 사유와 절차를 보면 〈표 9-12〉와 같다.

표 9-12 직권면직의 사유 및 절차

직권면직의 사유	직권면직의 절차
• 직제와 정원의 개폐 또는 예산의 감소 등에 따라 폐직(廢職) 또는 과원(過員)이 되었을 때	• 면직기준 사전 설정 • 심사위원회 구성 및 심의 · 의결 • 징계위원회 의견 청취
• 휴직기간이 끝나거나 휴직사유가 소멸된 후에도 직무에 복귀하지 아니하거나 직무를 감당할 수 없을 때	• 징계위원회 의견 청취
• 제73조의3제3항에 따라 대기 명령을 받은 자가 그 기간에 능력 또는 근무성적의 향상을 기대하기 어렵다고 인정된 때	• 징계위원회 동의
• 전직시험에서 세 번 이상 불합격한 자로서 직무수행능력이 부족하다고 인정된 때	• 징계위원회 의견 청취
• 징병검사 · 입영 또는 소집의 명령을 받고 정당한 사유 없이 이를 기피하거나 군복무를 위하여 휴직 중에 있는 자가 군복무 중 군무(軍務)를 이탈하였을 때	• 징계위원회 의견 청취
• 해당 직급 · 직위에서 직무를 수행하는데 필요한 자격증의 효력이 없어지거나 면허가 취소되어 담당 직무를 수행할 수 없게 된 때	• 징계위원회 의견 청취
• 고위공무원단에 속하는 공무원이 제70조의2에 따른 적격심사 결과 부적격 결정을 받은 때	• 징계위원회 의견 청취

자료: 「국가공무원법」 제70조

(3) 징계면직과의 차이

징계면직과 직권면직은 모두 강제퇴직이라는 점에서 동일하지만, 이들은 사유, 절차 및 효력 등에 있어서 차이가 있다. 징계면직은 징계사유에 해당되어 징계위원회의 심의 · 의결을 거쳐 내려진 파면 · 해임처분에 의한 것이지만, 직권면직은 법률에서 정한 구체적인 사유에 해당하는 공무원에 대하여 주로 임용권자의 재량적 판단으로 행해진다. 또한 징계면직은 공무원의 결격사유로 작용하여 퇴직 이후에 일정기간 공무원으로의 재임용에 제한이 부과되지만, 직권면직은 그 처분에 따른 퇴직 자체로서의 효력에 그친다.

(4) 직위해제와의 차이

직위해제는 공무원이 현재 맡고 있는 직위에서 물러나게 함으로써 직무를 더 이상 수행하지 못하도록 하는 처분이다. 직위해제처분을 받은 자는 공무원의 신분은 보유하지만, 직무에 종사하지 못할 뿐만 아니라 승급이나 보수 등에서 불이익을 받게 된다.

직위해제와 직권면직은 공무원 본인의 의사와는 관계없이 행해지는 인사상 불리

표 9-13 직위해제와 직권면직의 차이

구분	직위해제		직권면직
의미	• 일정기간 동안 직위를 부여하지 않는 처분		• 직권으로 신분을 박탈하는 처분
근거	•「국가공무원법」 제73조의3		•「국가공무원법」 제70조
사유	• 직무수행능력이 부족하거나 근무성적이 극히 나쁜 자	→	• 제73조의3제3항에 따라 대기 명령을 받은 자가 그 기간에 능력 또는 근무성적의 향상을 기대하기 어렵다고 인정된 때
	• 파면 · 해임 · 강등 또는 정직에 해당하는 징계의결이 요구 중인 자 • 형사사건으로 기소된 자 (약식명령이 청구된 자는 제외) • 금품비위, 성범죄 등 대통령령으로 정하는 비위행위로 인하여 감사원 및 검찰 · 경찰 등 수사기관에서 조사나 수사 중인 자로서 비위의 정도가 중대하고 이로 인하여 정상적인 업무수행을 기대하기 현저히 어려운 자		• 직제와 정원의 개폐 또는 예산의 감소 등에 따라 폐직(廢職) 또는 과원(過員)이 되었을 때 • 휴직기간이 끝나거나 휴직사유가 소멸된 후에도 직무에 복귀하지 아니하거나 직무를 감당할 수 없을 때 • 전직시험에서 세 번 이상 불합격한 자로서 직무수행 능력이 부족하다고 인정된 때 • 징병검사 · 입영 또는 소집의 명령을 받고 정당한 사유 없이 이를 기피하거나 군복무를 위하여 휴직 중에 있는 자가 군복무 중 군무(軍務)를 이탈하였을 때 • 해당 직급 · 직위에서 직무를 수행하는데 필요한 자격증의 효력이 없어지거나 면허가 취소되어 담당 직무를 수행할 수 없게 된 때
	• 고위공무원단에 속하는 일반직공무원으로서 제70조의2제1항제2호부터 제5호까지의 사유로 적격심사를 요구받은 자	→	• 고위공무원단에 속하는 공무원이 제70조의2에 따른 적격심사 결과 부적격 결정을 받은 때
효과	• 공무원 신분관계의 유지 • 직무에 종사하지 못함 • 경우에 따라서 직권면직 조치 가능		• 공무원 신분관계의 소멸

한 처분이라는 점에서 동일하다. 하지만 이들은 그 처분의 사유, 절차 및 효과 등에 있어서 근본적인 차이가 있다(〈표 9-13〉 참고).

3) 탄핵면직

탄핵면직(彈劾免職)이란 고위공직자의 직무상 중대한 비위 또는 위법행위에 대하여 탄핵 소추·심판을 통해 그 공직자를 파면시키는 것을 말한다. 우리나라의 경우 대통령, 국무총리, 국무위원, 행정각부의 장, 법관, 헌법재판소 재판관, 중앙선거관리위원회위원, 감사원장 및 감사위원, 기타 법률에 정한 공무원(예: 검찰총장, 합동참모의장, 각군 참모총장, 대사 등)이 그 대상이 된다.

탄핵소추는 국회가 행하는데, 재적의원 1/3 이상의 발의와 재적의원 과반수의 찬성이 있어야 한다. 다만 대통령에 대한 탄핵소추는 재적의원 과반수의 발의와 재적의원 2/3 이상의 찬성이 있어야 한다. 국회에서 탄핵소추가 의결되면, 탄핵심판은 헌법재판소가 행한다. 탄핵소추된 공직자는 헌법재판소에서 탄핵심판이 있을 때까지 그 권한행사가 정지되며 임용권자는 사직원을 접수하거나 해임할 수 없다. 헌법재판소가 탄핵이유가 있다고 인정하여 탄핵결정을 선고하면, 해당 공직자는 신분을 상실하며 향후 5년 동안 공직에 취임할 수 없다.

제6절 공모 직위제

1. 공모 직위제의 의의

1) 공모 직위제의 의미

공모 직위제(公募 職位制)는 말 그대로 '공개모집에 의한 직위제'이다. 즉, 특정 직위에 결원이 발생하면 해당 기관의 내외에 근무하는 공무원의 공모방식으로 적격자를 선발·임용하는 제도이다. 이러한 공모 직위제 역시 정부조직 안에서 공무원을 움직여 쓰는 내부임용의 한 형태이다. 특정 직위가 속한 기관의 공무원에 한정하여 비(非)공모의 방식으로 하는 것이 아니라 그 직위가 속한 기관뿐만 아니라 다른 기관의 공무원에게도 그 직위를 개방하여 공개모집과 상호 경쟁의 방식을 활용한다는 점에 그 특징이 있다.

개방형 직위제와의 차이 개방형 직위제는 특정 직위에 결원이 발생하면 공직 내외를 불문하고 적격자를 선발하여 해당 직위에 임용하는 제도이다. 즉, 특정 직위가 속한 기관의 공무원뿐만 아니라 다른 기관의 공무원 및 공직 외부의 민간인에게도 그 직위를 개방하여 공개모집과 상호 경쟁의 방식을 활용하는 제도이다.

개방형 직위제와 공모 직위제는 폐쇄형 임용제를 탈피하기 위해 공모와 경쟁의 방식을 활용하여 적격자를 선발 · 임용한다는 점에서 동일하다. 하지만 두 제도는 공모와 경쟁의 대상에서 차이가 있는데, 개방형 직위제가 공무원뿐만 아니라 민간인에게도 그 직위를 개방하는 반면, 공모 직위제는 재직공무원을 대상으로 한다. 따라서 개방형 직위제가 정부조직 외부로의 개방을 강조한다면, 공모 직위제는 정부조직 내부에서의 개방에 중점을 둔다. 개방형 직위제와 공모 직위제 간의 차이는 본편 제10장 제2절에서 구체적으로 다룬다.

2) 공모 직위제의 필요성

전통적으로 계급제를 채택하고 있는 우리나라는 연공서열에 의한 순환보직 인사와 부처 간 인사교류의 제한 등의 문제가 있었다. 이러한 문제점을 극복하고 정부 내 우수인력을 효율적으로 재배치 · 활용하고 행정의 전문성과 능률성을 높이기 위하여 공모 직위제가 도입되었다.

「국가공무원법」 제28조의5에 따르면, 임용(제청)권자는 해당 기관의 직위 중 효율적인 정책 수립 또는 관리를 위하여 해당 기관 내부 또는 외부의 공무원 중에서 적격자를 임용할 필요가 있는 직위에 대하여 공모 직위로 지정하여 운영할 수 있다. 지정된 공모 직위에 대하여 직위별로 직무의 내용 · 특성 등을 고려하여 직무수행요건을 설정하고 그 요건을 갖춘 자를 임용(제청)하도록 하고 있다. 이러한 공모 직위제는 폐쇄적인 공직사회 내부에서 인적 교류를 활성화함으로써 기관 간 경쟁과 협조를 강화하여 할거주의의 폐단을 극복하고, 궁극적으로 정부부문의 생산성을 높이는데 그 목적이 있다.

2. 공모 직위의 지정

1) 대상 직위의 지정기준

공모 직위제는 중앙행정기관 및 행정부 각급기관 그리고 지방자치단체 등이 원칙적인 적용대상기관이다.[26] 하지만 기관의 성격상 직위를 공개적으로 밝힐 수 없는 기관, 인사의 특수성이 중시되는 비서·경호업무가 주기능인 기관, 지정비율의 상한선에 의하여 공모 직위를 지정할 수 없는 기관 등은 그 대상에서 제외된다.

공모 직위제의 대상기관 내에 존재하는 직위 중에서 공모 직위가 지정되는데, '효율적인 정책 수립 또는 관리를 위하여 해당기관 내부 또는 외부의 공무원 중에서 적격자를 임용할 필요가 있는 직위'가 일차적인 기준이 된다. 이러한 기본적인 기준하에 각 직위가 지닌 직무공통성, 정책통합성, 변화필요성 등을 고려하여 최종적으로 공모 직위가 선정된다(「개방형 직위 및 공모 직위 운영지침」).

2) 대상 직위의 지정비율

현재 지정·운영되는 공모 직위는 '고위공무원단 직위'와 '과장급 직위'로 구분되며, 이들 모두 일반직공무원으로 보할 수 있는 직위로 한정된다. 고위공무원단 직위는 고위공무원단 내부의 공모 직위를 말하며, 과장급 직위는 중앙행정기관의 실장·국장 밑에 두는 보조기관 또는 이에 상응하는 직위(개방형 직위 제외) 중 기관장이 판단하여 지정한 공모 직위이다.

고위공무원단 공모 직위는 소속장관별로 경력직 고위공무원단 직위 총수의 30% 범위에서 지정하되, 중앙행정기관과 소속기관 간의 균형이 유지되도록 하여야 한다. 한편 과장급 공모 직위는 소속장관장이 경력직공무원으로 임용할 수 있는 과장급 직위 총수의 20% 범위에서 지정하되(지방자치단체는 자율적으로 정함), 그 실시 성과가 크다고 판단되는 기관, 공무원의 종류 또는 직무분야 등을 고려하여야 한다.

---

26) 중앙행정기관 및 행정부 각급기관은 「개방형 직위 및 공모 직위의 운영 등에 관한 규정」, 감사원은 「감사원 개방형 직위 및 공모 직위의 운영 등에 관한 규칙」, 지방자치단체는 「지방자치단체의 개방형 직위 및 공모 직위의 운영 등에 관한 규정」에 따라 개방형 직위제와 공모 직위제를 운영하고 있다.

3. 공모 직위에의 임용

1) 직무수행요건의 설정

특정 직위가 공모 직위로 지정되면 해당 직위의 직무수행요건이 설정되어야 하며, 이는 임용자격요건, 능력요건, 특별요건으로 크게 구분된다(「개방형 직위 및 공모 직위 운영지침」).

첫째, 임용자격요건에는 필수요건 및 경력·실적요건이 포함된다. 필수요건은 공무원의 직종, 계급(직급), 재직기간, 교육훈련, 역량평가 등 신분과 관련된 사항으로서 반드시 충족되어야 하며, 경력·실적요건은 해당 직위의 직무수행과 관련된 경력, 실적, 학력 등 소지자로 정해진다.

둘째, 능력요건은 해당 직위의 업무를 수행하는데 기본적으로 요구되는 능력에 관한 사항인데, 이는 전문가적 능력, 전략적 리더십, 변화관리능력, 조직관리능력, 의사전달 및 협상능력 등 5가지 요건으로 구분·설정되는 것이 원칙이다.

셋째, 특별요건은 해당 직위의 직무를 수행하는 데 직접적인 도움이 되는 자격증이나 외국어, 정보화능력, 특수분야 전문지식 및 탁월한 연구실적 등 기타 특별한 요건을 말한다.

2) 적격자의 선발

공모 직위의 직무수행요건에 적합한 공무원의 선발은 원칙적으로 해당 기관 내외의 공무원을 대상으로 공개 모집에 의한 시험을 통해 이루어진다. 공모 직위의 업무성격 및 방식 등을 고려하여 필요하다고 인정하는 경우에는 일부 행정기관의 소속 공무원 혹은 그 기관 외부의 공무원만을 대상으로 하는 것이 가능하다(「개방형 직위 및 공모 직위의 운영 등에 관한 규정」 제15조제3항).

선발시험은 서류전형과 면접시험의 방법으로 실시하되, 필요한 경우에는 필기시험이나 실기시험을 실시할 수 있다. 5명 이상의 위원(1/2 이상은 타 중앙행정기관 소속 공무원 또는 민간, 지방자치단체는 2/3 이상을 타 지방자치단체 소속 공무원 또는 민간)으로 구성된 선발심사위원회는 시험결과에 따라 직위별로 2~3명의 후보자를 선발하여 성적별 순위와 함께 소속장관에게 추천하고, 소속장관은 추천된 후보자 중에서 적격자를

임용한다.[27)]

3) 임용방법 및 인사관리

공모 직위에의 임용은 전보, 승진, 전직 또는 경력경쟁채용 등의 방법에 의한다. 이 경우 승진심사위원회의 심사와 전직 · 경력경쟁채용 등의 시험은 공모 직위의 선발시험으로 갈음된다. 공모 직위에 임용된 공무원은 임용일로부터 최소한 2년 동안 해당 직위에 보직되어야 하며, 임용기간의 상한은 없다. 이러한 2년의 전보제한은 승진 · 휴직 · 징계 · 직위해제 등 특별한 사유가 있는 경우에는 예외가 된다.

27) 지방자치단체의 경우는 선발심사위원회가 직위별로 2~3명의 후보자를 선정하여 인사위원회에 통보하고, 인사위원회는 우선순위를 정하여 임용권자에게 추천하며, 임용권자는 추천된 후보자 중에서 적격자를 임용한다(「지방자치단체의 개방형 직위 및 공모 직위의 운영 등에 관한 규정」 제17조).

제10장

혼합형 임용: 개방형 직위제

제1절 혼합형 임용의 이해

1. 혼합형 임용과 개방형 임용

1) 혼합형 임용의 의미

정부조직에서 결원 보충은 외부임용이나 내부임용에 의해 이루어진다. 최하위 계층의 직위에 대한 결원은 배치전환 등을 통해 그 일부가 보충될 수 있지만, 그 대부분은 외부로부터의 신규채용을 통해 보충할 수밖에 없다.

한편 최하위 계층 외의 직위에 결원이 발생하면, 계층제하에서 그 결원의 대부분은 내부 재직자의 승진이나 배치전환 등 내부임용의 방법에 의해 보충하는 것이 일반적이다. 하지만 최하위 계층 외의 직위에 대한 결원도 외부로부터의 신규채용을 통해 보충이 이루어질 수 있다. 이와 같이 내부임용과 외부임용의 두 방법을 함께 활용하는 것을 혼합형(混合形) 임용이라 할 수 있다.

2) 개방형 임용의 의미

혼합형 임용제하에서는 최하위 계층을 포함한 모든 계층의 직위에 외부로부터 신규채용이 가능하다. 따라서 혼합형 임용은 모든 계층의 직위에 신규채용이 가능하도록 공직을 외부에 개방한다는 점에서 개방형 임용이라고도 불린다. 이처럼 혼합형 임용과 개방형 임용은 같은 의미를 지니고 있으며, 단지 임용의 방법을 보는 관점에서 차이가 있을 뿐이다. 혼합형 임용은 내부임용과 외부임용의 두 가지 방법을 함께 활용하는 점에 중점을 두고 있지만, 개방형 임용은 내부임용에 그치지 않고 외부에 공직의 문호를 개방하는 점을 강조한다. 특히 최하위 계층 외의 직위에 대한 결원을 보충함에 있어서 내부임용뿐만 아니라 외부임용을 허용한다는 점에서 개방형 임용의 의의가 있다. 이러한 개방형 임용방식을 도입함으로써 모든 계층의 직위에 내부임용과 외부임용의 방법에 의한 혼합형 임용이 이루어지게 된다.

2. 개방형 임용의 주요 특징

개방형 임용은 원칙적으로 공직을 외부에 개방하여 모든 직위에 신규채용이 가능하도록 한다. 즉, 해당 직위의 업무수행에 필요한 자격이나 능력의 요건을 공개하여, 공무원이든 민간인이든 모두에게 동등하게 지원기회를 제공하고, 그 중에서 적격자를 선발한다.

개방형 임용과 대립되는 폐쇄형 임용은 원칙적으로 최하위 계층의 직위에만 신규채용을 허용한다. 최하위 계층 외의 직위에 결원이 발생하면, 외부에 문호를 개방하지 않고 오직 내부의 재직자를 대상으로 내부임용의 방법에 의해 그 결원을 보충한다.

개방형 임용은 주로 직위분류제를 채택하고 있는 미국 등에서 보편화되어 있으

표 10-1 개방형 임용과 폐쇄형 임용의 특징 비교

구분	개방형 임용	폐쇄형 임용
평생근무	• 보장되어 있지 않음	• 보장됨
공직분류	• 직위분류제	• 계급제
신규채용	• 모든 직위	• 최하위 계층의 직위
채용요건	• 전문지식	• 일반소양
보수관리	• 직무급 중심, 단기적 형평성	• 연공급 중심, 장기적 형평성
교육훈련	• 외부의 전문훈련에 초점	• 내부의 직무훈련에 초점
승진임용	• 개방적	• 폐쇄적
승진기준	• 능력 중심	• 연공 중심
보직관리	• 직무수행 위주	• 조직운영 위주

며, 폐쇄형 임용은 직업공무원제를 채택하고 있는 계급제 전통의 국가에서 널리 사용되고 있다. 개방형 임용과 폐쇄형 임용은 여러 측면에서 차이가 있는데, 두 형태가 지닌 상대적인 특징을 비교하면 〈표 10-1〉과 같다.

3. 개방형 임용의 장점과 단점

개방형 임용은 다양한 장점과 단점을 지니는데, 이들은 어디까지나 폐쇄형 임용과 대조되는 상대적인 것이다. 따라서 개방형 임용의 장점은 폐쇄형 임용의 단점이 되기도 하며, 개방형 임용의 단점은 폐쇄형 임용의 장점이 되기도 한다. 두 형태의 장단점을 비교하면 〈표 10-2〉와 같다.

개방형 임용은 유능한 외부 전문가의 임용을 통해 공직에 새로운 지식과 기술을 유입하여 행정 전반의 질적 수준을 향상시킬 수 있다. 또한 공석이 된 직위를 놓고 함

표 10-2 개방형 임용과 폐쇄형 임용의 장단점 비교

구분		개방형 임용	폐쇄형 임용
조직 차원	장점	• 외부 전문가 임용 용이 • 공무원 · 행정의 전문성 향상 • 행정의 질적 수준 향상 • 조직 활력 제고 및 관료주의화 방지 • 관료제에 대한 민주통제 용이 • 능력기준 활용, 인사의 합리성 제고 • 기관장의 리더십 발휘 범위 확대	• 장기 경험 활용으로 능률 향상 • 조직 안정성과 행정 일관성 확보 • 조직 소속감 · 충성심 강화 • 구성원 간 협력 및 조정 용이 • 연공기준 활용, 인사의 객관성 제고 • 직업공무원제 확립에 기여
	단점	• 장기 경험 활용 불가시 행정능률 저하 • 조직 안정성과 행정 일관성 저해 • 조직 소속감 · 충성심 저하 • 재직자와 갈등 및 협조 곤란 • 직업공무원제 확립에 불리	• 외부 전문가 임용 곤란 • 공무원 · 행정의 전문화 저하 • 행정의 질적 수준 향상에 한계 • 조직 침체 및 관료주의화 • 관료제에 대한 민주통제 곤란 • 기관장의 리더십 발휘 범위 축소
개인 차원	장점	• 경쟁 원리에 의한 능력발전	• 재직자의 승진기회 확대 • 한정된 경쟁으로 피로감 약화 • 사기 앙양 및 낮은 이직률
	단점	• 재직자의 승진기회 저하 • 과다 경쟁으로 피로감 상승 • 사기 저하 및 높은 이직률	• 경쟁원리 부재로 능력 저하

께 경쟁해야 하는 재직자의 자기발전과 대응성을 촉진시킴으로써, 공직사회의 활력과 경쟁력을 높이는 긍정적인 효과를 기대할 수 있다. 하지만 개방형 임용은 재직공무원의 승진기회 감소에 따른 사기 저하, 정실 등에 의한 비적격자의 임용, 한시적 임용에 따른 행정의 안정성과 계속성 훼손, 행정의 신속성과 능률성 저하 등 부정적인 효과도 있다.

4. 개방형 임용의 실천방안

개방형 임용은 특히 정부의 입장에서 상당한 장점이 있다. 외부의 전문가 · 경력자의 유입으로 새로운 지식과 기술을 받아들이고, 이에 재직공무원의 자기발전 노력이 더해져 공직사회가 활성화되면서 행정 전반의 질적 수준이 높아질 수 있다.

이러한 긍정적 기대효과로 인해 대부분의 국가에서 개방형 임용이 확대 혹은 강화되는 경향이 있다. 영국과 같이 계급제와 폐쇄형 임용제의 전통을 지닌 국가들마저 실적주의 확립에서 더 나아가 공직의 외부 개방을 대폭 확대하고 있다. 특히 개방형 임용의 대표적인 국가인 미국도 개방형 임용을 더욱 강화하는 조치를 지속적으로 추진하고 있다.

우리나라의 경우도 전통적인 폐쇄형 임용의 폐해를 시정하기 위하여 다양한 노력을 기울이고 있다. 고위공무원단제, 개방형 직위제, 자격증 · 학위소유자의 경력경쟁채용제, 공무원의 민간부문 근무제, 민간전문가의 공직파견근무제, 민간경력자 채용제 등이 그 대표적인 예이다.

1) 고위공무원단제

우리나라의 전통적인 계급제하에서 고위직 공무원은 단기적인 보직이동으로 전문성과 책임성이 부족하고 연공서열 중심의 성과관리로 인해 동기유발이 낮다는 비판이 있었다. 또한 각 부처 출신에 한정된 폐쇄형 임용으로 말미암아 부처이기주의 등 여러 가지 부작용이 나타났다. 이러한 문제점을 극복하고자 2006년 7월 1일부터 고위공무원단제도가 도입 · 시행되었다.

고위공무원단제도는 각 부처의 고위공무원을 범정부적 차원에서 통합하여 하나의 집단으로 형성하고, 이들을 성과와 능력 중심으로 활용 · 관리함으로써 정부의 경쟁력을 높이는 것을 목적으로 하고 있다(「국가공무원법」 제2조의2). 이러한 고위공무원단 제도에 대한 구체적인 사항은 제2편 제5장 제5절을 참고하기 바란다.

2) 개방형 직위제

우리나라의 인사행정체계는 지금까지 계급제에 바탕을 두고 사람 중심으로 운영되어 왔다. 이로 인해 직위별 직무종류와 내용, 업무의 난이도와 책임도, 직무수행에 필요한 경력, 학위 등 자격요건에 대한 분석이 거의 이루어지지 않았다. 그 결과, 채용, 승진, 보직관리, 교육훈련 및 보수 등 인사관리에 있어서 개별 직위의 직무에 대한 고려가 충분하지 못한 실정이었다.

이에 정부는 직무분석을 통하여 전문지식과 그 응용능력이 필요한 분야를 선정하고, 그 분야에 해당하는 직위를 개방형 전문직위로 지정하였다. 개방형으로 지정된 각 직위별로 지식, 학력, 경력, 자격증 등 직무수행요건을 설정하고, 그 자격요건에 부합하는 공무원 및 민간전문가를 대상으로 공개 경쟁을 거쳐 적격자를 선발·임용하도록 하고 있다. 이러한 개방형 직위제에 대해서는 아래 제2절에서 구체적으로 살펴본다.

3) 자격증·학위소유자의 경력경쟁채용제

행정기능이 세분화되고 전문화되어감에 따라 기존의 내부인력만으로는 그 수요를 충족시키는데 어려움이 있다. 특히 과학기술의 발달에 따른 첨단기술 전문가와 기능 인재, 국제화 추세에 부응하기 위한 국제전문가, 문화예술이나 역사 등과 같은 다양한 전공자를 충원하기 위해서는 획일적인 공개경쟁보다 제한된 경쟁의 방법이 효과적일 수 있다. 이에 따라 특정 자격증 및 박사학위 소지자 등의 채용에 있어서 경력경쟁 채용제도가 도입·활용되고 있다. 이에 대한 구체적인 사항은 제3편 제8장 제1절을 참고하기 바란다.

4) 공무원의 민간부문 근무제

공무원의 민간부문 근무제는 개방형 임용을 통한 결원보충제도는 아니다. 이는 정부와 민간부문 간의 인사교류제도이지만, 민간부문의 전문지식과 기술을 도입하여 행정의 질적 향상을 도모한다는 점에서 개방형 임용제의 취지를 지니고 있다. 공무원의 민간부문 근무는 파견 및 휴직의 방식으로 이루어지는데, 이러한 파견 및 휴직에 대한 구체적인 사항은 본편 제9장 제3절 및 제4절을 참고하기 바란다.

5) 민간전문가의 공직파견근무제

민간부문의 전문지식과 기술을 공직에 흡수하기 위한 제도적 장치로서 민간전문가의 공직파견근무제가 도입·시행되고 있다. 이러한 제도는 국가적 사업의 공동 수행 또는 전문성이 특히 요구되는 특수 업무의 효율적 수행 등을 위하여 필요시 국가기관 외의 기관·단체 임직원을 파견받아 근무하게 하는 것을 말한다. 민간전문가의 공직파견제는 공무원의 민간부문 근무제에 상응하는 제도로서 상호 보완적인 관계에 있으며, 이에 대한 구체적인 사항은 본편 제9장 제3절을 참고하기 바란다.

6) 민간경력자 채용제

민간부문의 전문지식과 기술을 공직에 흡수하기 위한 제도적 장치로서 '5·7급 민간경력자 채용제'가 있다. 민간전문가의 공직파견근무제만으로는 개방형 임용제의 취지를 살리는데 한계가 있었기에 다양한 경험을 지닌 민간 우수인력을 공무원으로 일괄 채용하는 제도가 도입·시행되고 있다.

제2절 개방형 직위제

1. 개방형 직위제의 의의

1) 개방형 직위제의 의미

개방형 직위제는 특정 직위에 결원이 발생하면 공직 내외를 불문하고 적격자를 선발하여 해당 직위에 임용하는 제도이다. 일정한 분야의 전문 직위를 개방형 직위로 지정하고, 지정된 직위에 결원이 생기면 공직 내외의 공개모집을 통해 해당 직위에 가장 적합한 사람을 선발·임용한다. 이는 결국 특정 직위의 직무를 가장 훌륭하게 수행할 수 있는 사람이라고 판단될 경우, 그 사람이 해당 기관의 공무원이든, 다른 기관의 공무원이든, 또는 외부 민간인이든 상관없이 그 직위에 임용하는 제도라고 할 수 있다.

2) 개방형 직위제의 필요성

폐쇄형 임용제에서 외부로부터 공직에의 신규 진입은 최하위 계층을 중심으로 이루어지며 중간 계층의 경우는 주로 내부 재직자의 승진이나 배치전환을 통해 결원을 보충한다. 이러한 공직임용의 폐쇄성은 공무원의 신분보장과 직업안정 등 직업공무원 제도의 확립에 도움을 주지만, 공직사회를 침체시키고 개인의 자기발전 노력을 저하시켜 공직의 경쟁력을 떨어뜨리는 요인으로 작용한다. 특히 현대사회의 분화 및 전문화에 따라 공직의 전문성 확보가 중요한 과제로 등장하면서 폐쇄형 임용제에 대한 한계와 비판은 더욱 강하게 나타나고 있다.

우리나라에서도 이러한 폐쇄형 임용제의 문제점을 해소하고 특히 고위직 공무원의 전문적 정책능력을 향상시키기 위해 '개방형 직위제'가 도입되었다. 「국가공무원법」 제28조의4에 따르면, 임용(제청)권자는 해당 기관의 직위 중 전문성이 특히 요구되거나 효율적인 정책 수립을 위하여 필요하다고 판단되어 공직 내부나 외부에서 적격자를 임용할 필요가 있는 직위에 대하여는 개방형 직위로 지정하여 운영할 수 있다. 이러한 개방형 직위제는 폐쇄형 임용제로 인한 관료제의 병폐를 시정하고, 일반행정가보다는 전문행정가 중심의 인사체제를 수립하여 성과지향적이고 경쟁력 있는 공직사회를 구현하는데 그 목표를 두고 있다.

2. 개방형 직위의 지정

1) 대상 직위의 지정기준

개방형 직위제는 중앙행정기관 및 행정부 각급기관 그리고 지방자치단체 등이 원칙적인 적용대상기관이다.[1] 하지만 기관의 성격상 직위를 공개적으로 밝힐 수 없거나 인사의 특수성이 중시되는 비서 · 경호업무가 주기능인 기관은 그 대상에서 제외된다.

개방형 직위제의 대상기관 내에 존재하는 직위 중에서 개방형 직위가 지정되는데, '전문성이 특히 요구되거나 효율적인 정책 수립을 위하여 필요하다고 판단되어 공직 내부나 외부에서 적격자를 임용할 필요가 있는 직위'가 일차적인 기준이 된다. 이

1) 중앙행정기관 및 행정부 각급기관은 「개방형 직위 및 공모 직위의 운영 등에 관한 규정」, 감사원은 「감사원 개방형 직위 및 공모 직위의 운영 등에 관한 규칙」, 지방자치단체는 「지방자치단체의 개방형 직위 및 공모 직위의 운영 등에 관한 규정」에 따라 개방형 직위제와 공모 직위제를 운영하고 있다.

러한 기본적인 기준하에 각 직위가 지닌 전문성, 민주성, 변화필요성, 중요성, 조정성 등을 고려하여 최종적으로 개방형 직위가 선정된다(「개방형 직위 및 공모 직위 운영지침」).

2) 대상 직위의 지정비율

현재 지정·운영되는 개방형 직위는 '고위공무원단 직위'와 '과장급 직위'로 구분되며, 이들 모두 일반직·특정직·별정직·임기제공무원으로 보할 수 있는 직위로 한정된다. 고위공무원단 직위는 고위공무원단 내부의 개방형 직위를 말하며, 과장급 직위는 중앙행정기관의 실장·국장 밑에 두는 보조기관 또는 이에 상응하는 직위 중 기관장이 판단하여 지정한 개방형 직위이다.

고위공무원단 개방형 직위는 소속장관별로 고위공무원단 직위 총수의 20% 범위에서 지정하되, 중앙행정기관과 소속기관 간의 균형이 유지되도록 하여야 한다. 한편 과장급 개방형 직위는 소속장관이 경력직공무원으로 임용할 수 있는 과장급 직위 총수의 20%(지방자치단체는 5급(상당) 이상의 공무원으로 임명할 수 있는 직위 총수의 10%) 범위에서 지정하되, 그 실시 성과가 크다고 판단되는 기관, 공무원의 종류 또는 직무분야 등을 고려하여야 한다.

개방형 직위 중에서 특히 공직 외부의 경험과 전문성을 적극 활용할 필요가 있는 직위를 공직 외부에서만 적격자를 선발하는 개방형 직위로 지정할 수 있는데, 이를 '경력개방형 직위'라 한다.

3. 개방형 직위에의 임용

1) 직무수행요건의 설정

특정 직위가 개방형 직위로 지정되면 해당 직위의 직무수행요건이 설정되어야 하며, 이는 임용자격요건, 능력요건, 특별요건으로 크게 구분된다(「개방형 직위 및 공모 직위 운영지침」).

첫째, 임용자격요건에는 필수요건 및 경력·실적요건이 포함된다. 필수요건은 반드시 설정해야 하는 것은 아니지만, 관계법령에 규정된 임용자격요건과 소속장관이 해당 직위의 직무를 수행하기 위하여 반드시 필요하다고 인정하는 학력, 자격증, 기타 등의 요건을 말한다. 경력·실적요건은 어느 하나의 요건만 구비하면 되며, 경력요건은 해당 직위의 직무를 수행하는데 필요한 최소한의 공무원경력 혹은 민간경력에 대한 기준을 설정하며, 실적요건은 관련분야에서 탁월한 실적이 있어 경력요건을 갈음하고자 하는 경우 그 실적의 내용과 범위를 정한다.

둘째, 능력요건은 해당 직위의 업무를 수행하는데 기본적으로 요구되는 능력에 관한 사항인데, 이는 전문가적 능력, 전략적 리더십, 변화관리능력, 조직관리능력, 의사전달 및 협상능력 등 5가지 요건으로 구분·설정하는 것을 원칙으로 한다.

셋째, 특별요건은 해당 직위의 직무를 수행하는데 직접적인 도움이 되는 자격증이나 외국어, 정보화능력, 특수분야 전문지식 및 탁월한 연구실적 등 기타 특별한 요건을 말한다.

2) 적격자의 선발

개방형 직위의 직무수행요건에 적합한 공무원의 선발은 공직 내외의 공개모집에 의한 시험을 통해 이루어진다. 하지만 경력개방형 직위는 공무원이 아닌 사람을 대상으로 공개 모집을 하며, 개방형 직위에 공무원이 아닌 사람을 선발하여 임기제공무원으로 임용하려는 경우에는 공개 모집을 하지 아니할 수 있다(「개방형 직위 및 공모 직위의 운영 등에 관한 규정」 제5조).

선발시험은 서류전형과 면접시험의 방법으로 실시하되, 필요한 경우에는 필기시험이나 실기시험을 실시할 수 있다. 5명 이상의 위원(전원 민간, 지방자치단체는 2/3 이상 민간)으로 구성된 선발시험위원회는 시험결과에 따라 직위별로 2~3명의 후보자를 선발하여 성적별 순위와 함께 소속장관에게 추천하고, 소속장관은 추천된 후보자 중에서 적격자를 임용한다.[2]

3) 임용방법 및 인사관리

개방형 직위에의 임용은 임기제공무원으로 임용하는 것을 원칙으로 한다. 그러나 임용 당시 경력직공무원이었던 사람은 전보, 승진, 전직 또는 경력경쟁채용 등의 방법에 의해 경력직공무원으로 임용할 수 있다. 따라서 '임기제공무원이 아닌' 경력직공무

2) 지방자치단체의 경우는 선발심사위원회가 직위별로 2~3명의 후보자를 선정하여 인사위원회에 통보하고, 인사위원회는 우선순위를 정하여 임용권자에게 추천하며, 임용권자는 추천된 후보자 중에서 적격자를 임용한다(「지방자치단체의 개방형 직위 및 공모 직위의 운영 등에 관한 규정」 제7조).

원으로 임용할 수 있는 경우 외에는 모두 임기제공무원으로 임용한다.

개방형 직위에 임용되는 공무원의 임용기간은 다른 법령에 특별한 규정이 있는 경우를 제외하고는 5년의 범위에서 소속장관이 정한다. 그러나 일정기간 안정적으로 근무하고 전문성을 최대한 발휘할 수 있도록 최소한 2년(민간인을 임기제 국가공무원으로 임용하는 경우는 특별한 사정이 없는 한 3년) 이상의 기간을 주어야 하며, 성과가 우수하거나 계속 근무하게 하여야 할 특별한 사유가 있는 경우에는 총 임용기간이 5년을 넘지 아니하는 범위(임기제 국가공무원의 성과가 탁월한 경우는 5년 초과 가능)에서 선발시험과 당초 임용절차를 거치지 아니하고 임용기간을 연장할 수 있다.

4. 공모 직위제와 개방형 직위제의 비교

공모 직위제와 개방형 직위제는 그 대상기관 및 공모·선발절차 등에 있어서 유사점이 있지만, 두 제도는 그 목적 및 임용방법 등에 있어서 상당한 차이가 있다(〈표 10-3〉 참고).

표 10-3 공모 직위제와 개방형 직위제의 비교

구분	공모 직위제	개방형 직위제
목적	• 효율적인 정책수립 또는 관리를 위하여 해당 기관 내부 또는 외부의 공무원 중에서 적격자를 임용할 필요가 있는 직위에 대하여 지정 · 운영	• 전문성이 특히 요구되거나 효율적인 정책수립을 위하여 필요하다고 판단되어 공직 내부나 외부에서 적격자를 임용할 필요가 있는 직위를 지정 · 운영
근거	•「국가공무원법」 제28조의5	•「국가공무원법」 제28조의4
대상기관	• 중앙행정기관 및 행정부 각급 기관(국가정보원, 대통령비서실 등 제외) • 감사원 · 지방자치단체는 별도 운영	
지정범위	[고위공무원단 직위] • 소속장관별로 경력직으로 임명 가능한 고위공무원단 직위 총수의 30% 범위	[고위공무원단 직위] • 소속장관별로 고위공무원단 직위 총수의 20% 범위
	[과장급 직위] • 소속장관별로 경력직으로 임명할 수 있는 과장급 직위 총수의 20% 범위	[과장급 직위] • 소속장관별로 과장급 직위 총수의 20% 범위
지정기준	• 직무공통성, 정책통합성, 변화필요성 등	• 전문성, 중요성, 민주성, 혁신성, 조정성 등
선발범위	• 부처(기관) 내외: 공무원에 한함	• 공직 내외: 민간인 포함
선발시험	• 서류전형과 면접시험(필기 · 실기시험 부과 가능)	
선발 위원회	• 선발심사위원회 • 직위별로 5인 이상 (1/2 이상 타 기관 공무원 또는 민간)	• 선발시험위원회 • 직위별로 5인 이상 (전원 민간, 경력개방형은 공무원 2인 이하 가능)
임용절차	• 선발위: 직위별 2~3인 후보자 선발 · 추천 • 임용권자: 추천 후보자 중에서 적격자 임용	
임용방법	• 전보, 승진, 전직 또는 경력경쟁채용 등의 방법	
임용신분	• 경력직	• 임기제 원칙, '임기제 아닌' 경력직 가능
임용기간	• 제한 없음	• 5년 범위(초과 가능), 최소 2(3)년 이상
임용직위	• 공모 직위에 임용된 후 최소 2년 이내에 다른 직위에 임용 불가	• 임용당시 '임기제 아닌' 경력직은 개방형 직위의 임용기간에 다른 직위에 임용 불가

| 인사행정의 체계 | 인적자원의 개발

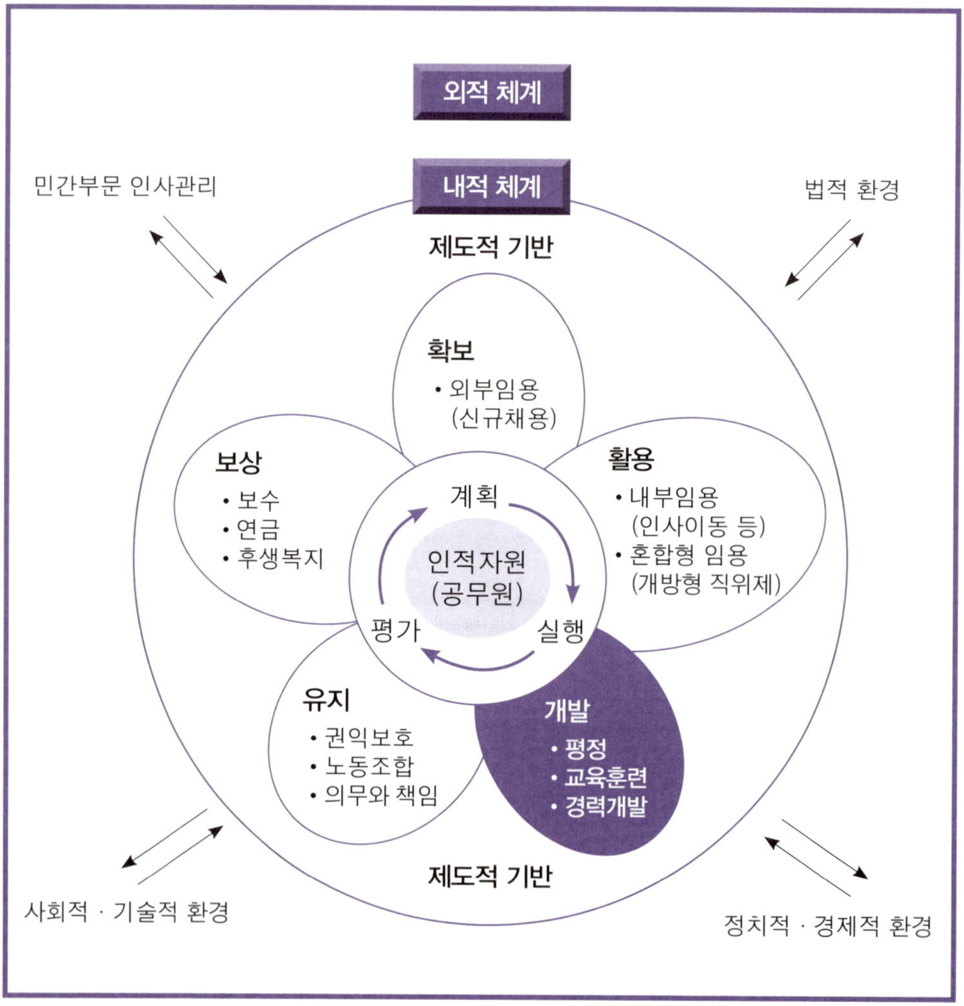

PUBLIC PERSONNEL ADMINISTRATION

제5편

인적자원의 개발

학습내용

'인적자원의 개발'은 공무원의 능력과 실적 등을 평가하고 향상시키는 제반 활동을 말한다. 여기에는 근무성적평정, 경력 · 가점평정, 교육훈련, 경력개발 등이 포함되며, 이러한 활동에 관하여 구체적으로 살펴본다.

학습문제

- 근무성적평정의 구체적인 체계는 어떠한가?
- 우리나라에서 근무성적평정은 어떻게 이루어지는가?
- 우리나라에서 경력평정 및 가점평정은 어떻게 이루어지는가?
- 교육훈련은 왜 필요하며, 우리나라에서는 어떻게 실시되는가?
- 경력개발이란 무엇이며, 어떻게 이루어질 수 있는가?

제11장

근무성적평정

제1절 근무성적평정의 이해

1. 근무성적평정의 의의

근무성적평정이란 '근무'와 관련한 '성적'을 '평가하여 결정'하는 것을 말한다. 여기서 '근무와 관련한 성적'은 능력, 태도, 실적, 성과 등을 포괄하며, 이를 체계적이고 종합적으로 평가하여 결정하는 것이 근무성적평정이다. 이러한 근무성적평정은 성과평정, 업적평정, 실적평정, 인사고과, 직원평정 또는 성취도평정 등으로 불리기도 한다.

모든 조직은 구성원의 공헌을 통해 목적을 추구하고, 구성원은 직무수행을 통해 조직에 이바지하게 된다. 조직이 추구하는 목적의 효과적인 달성은 구성원의 직무수행능력과 그 발휘 정도에 의존하게 되며, 따라서 조직으로서는 구성원의 직무수행능력과 그 발휘 정도 및 성과 등을 정확히 파악하는 것이 필요하게 된다. 구성원의 능력, 태도, 실적, 성과 등을 정확히 평정함으로써 그에 상응한 대우를 공정하게 해줄 수 있으며, 구성원의 근무의욕과 직무수행능력을 향상시켜 조직의 목표달성과 지속적인 발전을 추구할 수 있다.

2. 근무성적평정의 목적 및 용도

공무원의 근무성적평정에 대한 논의는 실적주의의 대두에 따라 객관적 기준에 의한 인사행정의 요청에서 비롯되었다. 초기의 근무성적평정은 행정관리론의 입장에서 능률성과 생산성에 중점을 두어 직무수행능력과 태도를 측정하고, 그 결과는 승진·배치전환·감원·보수·포상·징계 등의 결정과 같은 인사행정의 표준화와 직무수행의 통제를 위한 수단으로 활용되었다.

그러나 행정환경의 변화에 따라 인사행정의 관점이 달라지면서 근무성적평정의 목적과 그 강조점도 변화하였다. 과거의 소극적·통제적·징벌적 목적에서 벗어나 공무원의 능력발전과 동기유발 및 행정제도의 개선 등과 같은 적극적·발전적·임상적(臨床的) 목적을 강조하게 되었다. 특히 성과주의의 도입 및 확산으로 근무성적평정이 성과관리의 수단으로 활용되면서 그 중요성은 더욱 커지고 있다. 이와 같은 근무성적평정의 목적 내지 용도를 조직 차원과 개인 차원으로 구분하여 살펴보면 다음과 같다.

1) 조직 차원에서의 목적 및 용도

(1) 선발도구의 타당성 검증

근무성적평정은 신규채용·승진 등에 활용되는 선발도구의 타당성을 검증하는 수단이 된다. 예컨대 채용시험의 성적을 임용 후의 근무성적과 비교하여 그 채용시험의 타당성을 파악할 수 있으며, 승진시험의 경우에는 그 성적을 승진 후의 근무성적과 비교하여 그 승진시험의 타당성을 검증할 수 있다. 이처럼 채용이나 승진시험에서 우수한 성적을 기록한 사람이 과연 근무성적도 우수하게 나타났는지를 연관시켜 봄으로써 그 시험의 기준타당성 정도를 알 수 있다. 이러한 점에서 근무성적평정은 우수인재의 신규 확보나 직무의 특성에 적합한 재직자의 승진임용에 필요한 선발도구의 구성과 활용에 도움이 된다.

(2) 인사행정의 합리적 기준 제공

근무성적평정을 통해 공무원의 능력이나 성과 등을 객관적이고 공정하게 측정할 수 있기 때문에 그 결과는 객관적이며 공정한 인사행정의 기준으로 활용될 수 있다.

예컨대 공무원의 승진·승급·보직관리·보수·교육훈련·포상·징계 등에 관한 결정에는 객관성과 공정성이 요구되는데, 근무성적평정은 이러한 요구를 충족시킬 수 있는 근거를 제공하여 준다(박연호, 2001: 225).

(3) 조직의 효과성 향상 및 공직풍토 개선

공무원이 그의 감독자·동료·고객 등으로부터 자신의 근무상 장단점을 평가받아 개선할 경우 근무능률의 향상이 이루어질 수 있다. 개인의 근무능률 향상은 조직의 역량을 높이는데 직접적으로 작용하기 때문에, 근무성적평정은 조직 전체의 효과성 향상을 위한 도구로 활용될 수 있다. 또한 근무성적평정의 과정에서 감독자와 부하 간에 솔직한 의견교환이 이루어진다면, 이는 상급자의 지도력과 감독·통솔력을 강화시키고 양자 간의 상호 이해와 협조를 증진시키는 계기가 되어 공직풍토를 개선하는데 도움이 된다(강성철 외, 2014: 358; 박천오 외, 2014: 322).

(4) 직무평가·설계를 위한 정보 제공

근무성적평정은 직무평가나 직무설계에 필요한 정보를 제공해준다. 근무성적평정에서 얻어지는 정보는 효율적인 직무수행을 저해하는 조직운영상 문제점 파악과 향후 조직설계의 개선에 활용될 수 있다. 예컨대 특정 직위의 점직자(占職者)가 능력이 있고 최선을 다하는데도 실적이 계속 낮게 나타나는 경우, 그 평정결과는 직무를 새로이 평가하고 설계하는데 유용한 정보가 될 수 있다(유민봉·박성민, 2014: 567~568).

(5) 각종 인적자원계획의 정보 제공

근무성적평정은 인적자원계획, 교육훈련계획, 경력개발계획의 수립에 필수적인 정보를 제공해준다(오석홍, 2013: 317). 근무성적평정을 통해 부족한 지식, 기술, 능력이 무엇인지를 파악할 수 있기 때문에, 향후 채용분야의 선정, 필요한 인력이나 교육훈련의 수요파악, 공무원의 경력개발 등 전반적인 인적자원계획의 수립에 근무성적평정이 도움을 줄 수 있다.

2) 개인 차원에서의 목적 및 용도

(1) 공무원의 능력·경력발전 촉진

근무성적평정은 공무원의 능력·경력발전을 위한 자료로 활용된다. 공무원이 스스로 알기 힘든 자신의 장단점을 발견하여 환류시켜 줌으로써 개인의 능력과 적성을 발전시켜 나갈 수 있도록 도움을 준다. 또한 근무성적 평정결과에 기초하여 개인의 능력과 적성에 맞는 적재적소 배치 및 개인의 필요에 적합한 교육훈련의 기회가 제공되면, 공무원은 자기실현의 만족감을 갖게 되고 자신의 경력발전을 도모할 수 있다(유민봉 · 박성민, 2014: 568).

(2) 개인의 가치 인정과 사기 진작

근무성적평정은 개인의 가치를 인정하고 사기와 근무능률을 높이는데 활용될 수 있다. 대부분의 사람은 자기실현 및 성취 욕구를 지니고 있기 때문에 근무성적평정을 통해 개인의 목표달성도를 알려줌으로써 직무수행에 대한 동기유발이 가능하다.

3. 근무성적평정의 요건

근무성적평정은 다양한 목적이나 용도를 지니고 있는데, 이를 달성하기 위해서는 기본적으로 갖추어져야 할 요건들이 있다. 근무성적평정도 근무성적을 평가하는 하나의 측정도구이기 때문에 채용시험과 마찬가지로 평정의 타당성(validity), 신뢰성(reliability), 객관성(objectivity), 변별력(ability of distinction) 등이 요청되며, 실제 적용하는 과정에서 수용성(acceptability)과 실용성(practicability)이 확보되어야 한다.

1) 타당성

근무성적평정의 타당성은 '근무성적을 얼마나 제대로 측정하는가'에 관한 것이다. 즉, 근무성적이 우수한 사람을 실제로 우수하게 평정하는가에 관한 것이 근무성적평정의 타당성이라 할 수 있다.

근무성적평정의 타당성을 확보하기 위해서는 평정자, 평정항목 · 요소, 평정방법 등 전반적인 평정체계가 근무성적 자체를 평정하는데 직접적인 관련성이 있어야 한다. 예컨대 평정자가 주어진 역할을 충실히 수행할 능력과 기회를 가져야 하며, 평정항목 · 요소가 근무성적에 관한 사항을 제대로 포함하여야 하고, 복수의 평정자를 두는 등 평정방법의 활용에서도 평정오류를 없애야만 근무성적평정의 타당성이 확보될 수 있다.

2) 신뢰성

근무성적평정의 신뢰성은 '근무성적평정의 결과가 얼마나 일정하게 산출되는가'에 관한 것이다. 만약 둘 이상의 평정자가 동일한 평정대상자의 근무성적에 대해 독립적으로 평정을 실시하여 동일한 평정결과를 얻게 된다면, 그 평정은 신뢰성이 있다고 볼 수 있다.

근무성적평정의 신뢰성을 확보하기 위해서는 평정자, 평정항목 · 요소, 평정방법 등 전반적인 평정체계가 제대로 갖추어져야 한다. 평정자에 대한 교육훈련을 통해 평정역량을 높이고, 평정항목 · 요소의 수를 적절히 많게 하면서 그 내용이 모호하지 않고 명료하도록 해야 한다. 또한 평정등급이나 기준을 표준화하거나 복수의 평정자를 활용하는 방법도 근무성적평정의 신뢰성을 확보하는데 도움이 된다.

3) 객관성

근무성적평정의 객관성은 '근무성적평정의 결과가 얼마나 객관적인가'에 관한 것이다. 평정이 평정자의 주관적 편견에 의해 좌우되거나 성별 · 지역 · 정치 · 종교 등과 같은 외적 요인이 평정에 영향을 미치면 다양한 평정오류가 발생하게 된다. 평정오류로 말미암아 평정의 객관성이 저하되면 평정의 신뢰성도 잃게 되며, 이 경우 평정의 타당성마저 기대할 수 없게 된다.

근무성적평정의 객관성을 확보하기 위해서는 평정자의 주관적 판단과 외적 요인의 영향을 방지하는 것이 가장 중요하다. 평정자에 대한 교육훈련을 통해 객관적인 평정을 위한 역량을 높이고, 평정자의 주관적 판단이 개입될 여지가 없는 객관식 평정문항을 활용하는 것이다. 또한 평정등급이나 기준 및 평정환경을 표준화하거나 복수의 평정자를 두는 방법도 평정의 객관성을 높이는데 유용하다.

4) 변별력

근무성적평정의 변별력은 '근무성적 평정결과의 차이가 얼마나 뚜렷하게 잘 구별되는가'에 관한 것이며, 이는 근무성적평정의 식별력 또는 판별력을 의미한다. 만약 근무성적평정에 의해 탁월한 사람과 무능한 사람이 구별되지 않는다면, 열심히 일하거나 유능한 공무원이 의욕적으로 직무수행을 하려는 동기가 더 이상 유발되지 않게 된다.

근무성적평정의 변별력을 높이기 위해서는 엄격화 · 집중화 · 관대화 평정을 방지하는 것이 가장 중요하다. 이를 위해서는 평정자의 역량을 높이고 평정의 기준과 등급을 명확히 설정하여야 하며, 강제배분의 방법을 활용하는 것이 유용할 수 있다. 하지만 평정결과가 승진이나 상벌의 결정기준이 아니라 개인의 능력발전을 위한 정보제공 목적으로 사용되는 경우, 개인 간의 변별력이 아니라 한 개인에 대한 구체적인 평정항목 · 요소들 간의 변별력이 더 중요하다. 이 경우에는 각 개인에 대하여 우수하게 평정된 항목 · 요소와 그렇지 못한 항목 · 요소가 뚜렷하게 구분될 수 있도록 평정항목 · 요소가 구성되어야 한다.

5) 수용성

근무성적평정의 수용성은 '구성원들(평정자, 평정대상자, 평정결과의 활용자 등)이 근무성적평정에 대하여 얼마나 잘 이해하고 받아들이는가'에 관한 것이다. 근무성적평정의 타당성, 신뢰성, 객관성, 변별력 등과 같은 다른 요건들이 충족되더라도 평정에 너무 많은 시간과 노력이 소요된다면, 평정자나 평정대상자는 이에 거부감을 갖게 될 수 있다.

근무성적평정의 수용성을 충족하기 위해서는 근무성적평정제도를 개발할 때 그 목적과 필요성을 투명하게 구성원에게 알리고 이해를 구하는 것이 필요하다. 경우에 따라서는 그 과정에 구성원의 대표를 참여시켜 합당한 의견을 들어 평정내용이나 방법 등을 보완할 수도 있다. 또한 평정의 타당성과 신뢰성을 최대한 확보할 수 있도록 제도를 구비하고 근무성적평정에 대한 교육훈련을 실시하는 것도 근무성적평정의 수용성 제고에 도움이 된다.

6) 실용성

근무성적평정의 실용성이란 '근무성적평정제도의 도입과 활용이 실제로 얼마나 유용한가'에 관한 것이다. 이는 근무성적평정제도의 개발에서부터 평정결과의 활용에 이르기까지 전반적인 평정체계가 단순성과 경제성 그리고 융통성과 활용성 등의 측면에서 얼마나 효과가 있는가를 의미한다.

근무성적평정의 실용성을 높이기 위해서는 평정체계가 구성원 모두에게 쉽게 이해되도록 단순해야 하며, 그것을 개발하고 운영하는데 비용과 시간이 적게 들어 경제성이 있고, 근무성적평정의 결과가 다양한 용도로 활용될 수 있도록 융통성이 있어야 한다.

제2절 근무성적평정의 체계

근무성적평정에서 고려해야 할 사항은 '누가, 누구의, 무엇을, 언제, 어떻게 평정할 것인가'이다. 이와 같은 평정체계의 각 요소는 서로 밀접하게 연관되면서 상호작용 과정을 통하여 최종적인 평정결과를 도출하게 된다([그림 11-1] 참고). 따라서 평정이 과학적이고 합리적이기 위해서는 각 구성요소에 대하여 세심한 주의를 기울여 종합적인 평정체계를 구축·운영하여야 한다(유민봉·박성민, 2014: 581).

그림 11-1 근무성적평정의 체계

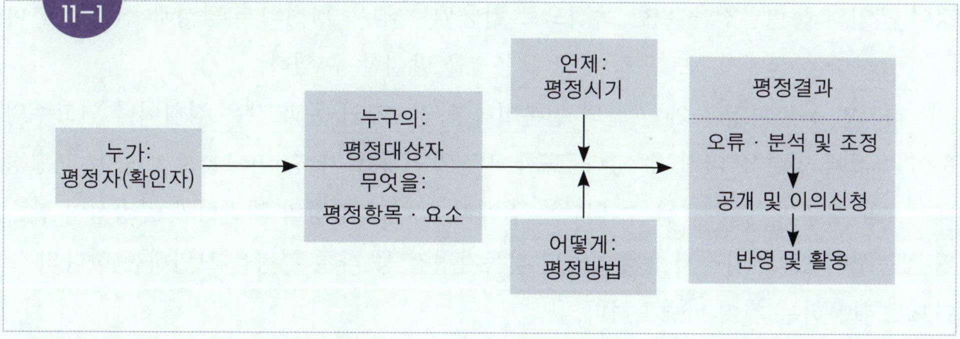

1. 근무성적평정의 평정자

1) 평정자의 유형

근무성적의 평정자는 근무성적평정의 주체를 말한다. 매우 다양한 사람이 평정자가 될 수 있는데, 누구를 평정자로 할 것인가는 평정의 목적과 방법 등에 따라 달라질 수 있다.

(1) 평정대상자 자신: 자기평정

자기평정은 근무성적평정의 대상자가 평정자가 되어 자신의 근무성적을 스스로 평정하거나 자기신고의 형태로 근무성적 평정과정에 참여하는 것을 말한다. 자기평정은 본인에게 자신의 장단점이 무엇인지를 찾아내는 기회를 제공함으로써 향후 능력발전과 목표달성에 대한 동기를 유발할 수 있게 한다.

하지만 자기평정은 자기를 스스로 평정하기 때문에 자신의 주관이 개입될 소지가 있어 평정의 공정성과 객관성이 낮아질 수 있다. 따라서 자기평정은 상벌의 용도에는 적합하지 않지만, 동료평정 등 다른 평정방법과 함께 이용된다면 평정의 공정성과 객관성을 기할 수 있어 개인의 능력발전에 도움을 줄 수 있다.

(2) 평정대상자의 동료: 동료평정

동료평정은 조직 내에서 동등한 위치에 있는 평정대상자들이 서로를 평정하는 것을 말한다. 이는 집단평정의 한 형태로서, 상급자나 감독자가 알 수 없는 부분을 동료들이 잘 파악할 수 있다는 점에서 평정의 공정성과 객관성을 기대할 수 있다. 특히 평정이 개인의 능력발전을 위한 목적으로 활용되는 경우 평정의 타당성과 신뢰성이 더욱 중요하다는 점에서 동료평정이 그 유용성을 발휘할 수 있다.

하지만 동료평정은 개인 간의 친분이나 학연·지연 등과 같은 정실이나 연고주의 등이 평정에 영향을 미칠 수 있다. 또한 평정자인 동료가 승진이나 보직 등에서 평정대상자와 경쟁의 상대가 될 수 있다는 점에서 오히려 평정의 객관성과 공정성이 훼손될 가능성이 있다. 따라서 동료평정도 감독자평정 등 다른 평정을 보완하는 하나의 수단으로 활용하는 것이 바람직하다.

(3) 평정대상자의 감독자: 감독자평정

감독자평정은 평정대상자의 상급·상위 감독자가 평정하는 방법이다. 감독자인 평정자가 부하의 직무수행에 대하여 잘 알고 있으며, 인사관리상의 감독책임을 갖는 상관이 감독대상이 되는 부하를 평정을 하는 것은 타당하다는 논리에서 일반적으로 가장 많이 활용된다.

감독자평정은 수직적 계층구조가 강한 조직에 적합한 방식인데, 1인의 감독자에 의한 평정인 단수평정과 2인 이상의 감독자에 의한 복수평정이 있을 수 있다. 감독자가 평정대상자인 부하의 직무수행을 항상 관찰하는 위치에 있다는 점에서 평정의 타당성을 확보할 수 있다. 반면에 감독자가 인기·이미지 관리 및 원만한 대인관계의 유지에 급급하거나 소신을 잃고 부하의 눈치를 보는 경우가 발생할 수 있다.

(4) 평정대상자의 부하: 부하평정

부하평정은 부하가 상관을 평정하는 것을 말한다. 부하평정은 감독자평정에 따른 조직의 경직성이나 권위적인 지배구조를 개선하는데 상당한 효과가 있다. 또한 평정이 상벌이나 통제가 아니라 능력개발의 목적으로 사용되는 경우 평정의 정확성과 신뢰성이 더욱 중요하다는 점에서 부하평정이 그 유용성을 발휘할 수 있다.

하지만 부하평정이 이루어지는 경우 상관은 부하의 눈치를 봐야하는 상황이 발생할 수 있으며, 이로 말미암아 지휘체계에서 여러 문제가 야기될 수 있으므로 수직적 계층구조가 강한 조직에서는 바람직하지 않은 측면이 있다. 직무수행과정에 지휘·감독의 입장에 있는 상급·상위자로서는 평정상 불쾌감이나 스트레스가 커질 수 있고, 아랫사람에 의한 평정이라는 점에서 전통적인 하향식 행정문화와 마찰이 생길 수 있다.

(5) 평정대상자의 직무관련자: 집단평정

집단평정은 평정대상자의 직무 수행과 관련된 여러 분야의 사람들이 함께 평정하는 것을 말한다. 집단평정에는 상급자·동료·부하·고객 등 여러 사람이 동시에 평정에 참여하게 되며, 이는 복수평정, 다면평정, 360° 평정, 전(全)방위평정 등으로 불린다.

집단평정은 다양한 관점과 상황에서 평정대상자를 평정함으로써 평정의 타당성·신뢰성·객관성·공정성·수용성·신중성을 높이려는 취지에서 대두되었다. 특히 집단평정은 수직적 계층구조에서 구성원의 참여적 의사결정과정을 통해 민주적 리더십과 분권적 조직문화의 창출에 기여할 수 있고, 다양한 의견을 수렴·환류하여 개인의 능력개발과 행정의 발전을 도모할 수 있다는 장점이 있다.

하지만 집단평정은 구성원에 따라 평정기준이 다양하고 평정절차가 복잡하여 시간과 비용이 많이 소모된다는 단점을 지닌다. 특히 평정과정에서 불쾌감이나 스트레스, 담합이나 모략행위 등이 발생하여 오히려 평정의 타당성·신뢰성·객관성·공정성이 저하될 수 있다. 또한 엄격히 서열화된 계층제에서 집단평정이 실시되면, 조직의 안정성이 저하되거나 관리자의 리더십이 약화되는 현상이 발생할 수 있다. 평정대상자의 입장에서도 직무수행이나 능력발전보다는 집단평정을 잘 받기 위해서 인기관리와 원만한 대인관계에 치중하는 현상이 나타날 수 있다.

우리나라의 경우 '다면평가'라는 용어를 사용하여 1998년부터 집단평정제도를 도입하였다. 그러나 초기에 다면평가를 의무적으로 실시하는 과정에서 인기투표 혹은 담합에 의한 평정 등으로 전락했다는 비판을 받았으며, 이에 2010년부터는 공무원의 능력개발 및 인사관리 등을 위한 필요에 따라 재량적으로 실시할 수 있도록 변경되었다(「공무원 성과평가 등에 관한 규정」 제28조).

2) 평정자에 대한 교육훈련

아무리 합리적인 평정제도를 갖추었다고 하더라도 올바른 평정자를 확보하지 못한다면 그 제도는 소기의 목적을 달성할 수 없을 것이다. 특히 평정에서 주관적 · 자의적 요소의 개입을 막고 평정의 타당성 · 신뢰성 · 객관성 · 공정성 등을 높이기 위해서는 평정자에 대한 교육훈련이 반드시 필요하다. 교육훈련을 통해서 평정의 의의와 책임을 충실히 인식하고 평정방법과 평정절차를 올바르게 이해 · 습득하도록 하여야 한다.

2. 근무성적평정의 대상자

근무성적평정의 대상이 되는 공무원의 범위는 매우 다양하며, 그 결정은 크게 두 가지 관점에서 이루어질 수 있다. 하나는 전체 공무원 중에서 평정대상에 포함시킬 공무원의 범위이며, 다른 하나는 동일한 평정체계를 적용할 공무원의 범위이다(유민봉 · 박성민, 2014: 594).

1) 전체 평정대상자의 범위

평정대상이 되는 공무원의 범위는 평정의 목적에 따라 달라질 수 있다. 평정이 인사기준이나 상벌의 목적으로 활용되는 경우 평정대상자는 실적주의가 적용되는 공무원에 한정하는 것이 타당하나, 평정이 공무원의 능력발전을 위해 활용되는 경우에는 그 범위를 구태여 한정할 필요가 없다(유민봉 · 임도빈, 2007: 491). 예컨대 우리나라의 경우 근무성적평정의 대상자는 실적주의가 적용되는 경력직공무원이 원칙이지만, 특수경력직공무원도 법령에 따라 포함되기도 한다.

2) 평정체계상 평정대상자의 범위

근무성적평정의 대상이 되는 공무원이라도 그 직종, 직무분야, 직위, 계급(직급) 등에 따라 적용되는 평정체계 혹은 평정제도가 다를 수 있다. 예컨대 우리나라의 일반직공무원에 대한 근무성적평정은 크게 '성과계약 등 평가'와 '근무성적평가'라는 두 가지의 형태로 구분되며, 이들은 평정대상자, 평정항목 · 요소, 평정방법 및 절차, 평정결과의 활용 등 평정체계의 전반에서 차이가 있다.

3. 근무성적평정의 항목 · 요소

근무성적평정에서 평정대상이 되는 공무원의 범위가 정해지면, 그 대상자의 '무엇'을 평정할 것인가를 정해야 한다. 물론 근무성적평정에서 평정해야 할 것은 평정대상자의 '근무성적'이다. 이러한 근무성적의 내용이나 영역은 어디까지로 하고, 그 근무성적의 내용을 잘 반영하는 세부항목이나 요소들이 무엇이며 어떻게 구성할 것인가를 결정하여야 한다.[1)]

1) 평정요소의 내용

어느 조직에서든 근무성적평정의 대상이 되는 '근무성적'은 매우 다양하며 복합적인 요소들을 포함하고 있다. 근무성적이 '사람'과 '일'의 관계에서 도출되는 것이라는 점에서 보면, 이는 '사람'과 관련된 요소들과 '일'과 관련된 요소들로 크게 구분될 수 있다.

1) 대체로 평정항목은 보다 포괄적인 내용을 지닌 평정지표를 말하며, 평정요소는 각 평정항목의 내용을 세분하여 구체화한 평정지표라 할 수 있다. 이에 따라 우리나라 「공무원 성과평가 등에 관한 규정」 제14조는 '평가항목'과 '평가요소'를 구별하여 사용하고 있는데, '평가항목'은 근무실적, 직무수행능력, 직무수행태도, 부서단위의 운영평가결과 등을 말하며, '평가요소'는 각 평가항목에 해당하는 구체적인 평가내용(예: 근무실적의 평가항목에서 업무난이도, 완성도, 적시성 등)을 의미한다. 그러나 이러한 구분은 일률적이 아니며, 경우에 따라서 어떤 평정요소 내에 세부 평정항목을 설정 · 배열하기도 한다. 여기에서는 평정항목과 평정요소를 구별하지 않고 '평정요소'로 통일하여 사용한다.

(1) 사람 관련 요소

사람 측면의 평정요소는 평정대상자의 직무수행에 있어서 능력, 성격, 적성, 의식, 태도 등에 관한 것이다. 여기서 능력이란 지적·신체적 적응력(예: 판단력, 기획력, 지도력 등)을 중심으로 하며, 성격은 정서적 경향(예: 사교성, 협조성 등)을 의미하고, 적성이란 특정한 직무에 적합한 소질로서 기계적 능력·수리적 능력 등이 그 예이다. 또한 평정대상자의 의식은 공무원으로서 갖추어야 할 청렴과 윤리 등을 말하며, 태도는 개인이 가지는 총체적인 성향·자세·신념 등을 의미한다.

(2) 일 관련 요소

일 측면의 평정요소는 평정대상자가 일정기간에 걸쳐 실제로 달성한 직무수행의 정량적·정성적 성과를 말한다. 이러한 실적은 공무원 개인이 담당한 직무를 수행한 결과이며, 사람 측면의 평정요소에 비하여 보다 객관적이고 공정한 측정이 가능하다.

(3) 비교 및 종합

대부분의 근무성적평정은 하나의 요소에 한정하지 않고 다양한 요소들을 복합적으로 선택·활용하고 있다. 이들 평정요소 선택의 배합이나 비중은 평정의 목적이나 용도(예: 승진, 배치전환, 교육훈련, 승급, 성과급 지급 등)뿐만 아니라 평정대상자의 직무분야(예: 직군, 직렬 등) 및 직급 등에 따라 상이하게 설정될 수 있다.

2) 평정요소의 수

평정요소의 수를 몇 개로 하는 것이 바람직한가에 대한 일반적인 원칙은 없다. 평정요소의 수는 평정의 목적·용도 혹은 평정대상자의 직무분야·직급 등에 따라 달라질 수 있다. 평정요소의 수가 너무 적으면 평정대상자의 가치를 골고루 반영하여 평정하는데 미흡할 수 있으며, 반면에 평정요소의 수가 너무 많으면 평정요소들의 내용이 서로 유사·중복될 가능성이 있어 평정자의 판단에 혼란을 주어 평정이 어렵게 된다. 대개 평정요소의 수가 많으면 평정결과가 더 정확할 것으로 기대하기가 쉽지만, 평정요소의 수와 평정결과의 정확도 사이에는 높은 상관관계가 실제로 존재하지 않는다(박천오 외, 2014: 325).

실제 평정요소들 간에는 서로 연관성이 있을 수 있기 때문에, 3~4개의 중요한 평정요소만으로도 정확도가 높은 평정이 가능하다는 견해가 있다(강성철 외, 2014: 372; 박천오 외, 2014: 325). 또한 평정대상자의 직급이나 담당직무에 따라 평정요소의 수를 약간씩 달리하는 것이 바람직한데, 예컨대 상위직으로 갈수록 평정요소의 수가 많아지도록 하고, 하위 노무직의 경우 8개, 일반사무 · 사무직의 경우 9개, 감독자의 경우 12개가 평균적으로 적정하다(Maher, 1947: 69; 강성철 외, 2014: 372에서 재인용).

3) 평정요소의 비중

평정요소가 선정되면 각 평정요소의 중요성에 대한 검토를 하여야 한다. 이는 각 평정요소의 비중을 균등하게 하지 않고 서로 다른 배점을 부여하는 것을 말하는데, 예컨대 어떤 평정요소는 5점, 다른 평정요소는 8점, 또 다른 평정요소는 10점을 만점으로 하는 것이다. 이처럼 평정요소들 간의 비중에 차이를 두는 이유는 각 평정요소가 조직의 목표달성이나 개인의 성공적 직무수행에 기여하는 정도가 다르기 때문이다.

평정요소 간의 상대적 비중을 결정할 때, 향후 평정결과로 나타나는 평정요소별 평점의 차이를 고려하여야 한다. 어느 평정요소가 얼마나 중요시되느냐 하는 것은 단순히 배점의 차이보다는 평정을 실시한 이후 그 결과인 평점의 차이로 결정된다. 따라서 실제 평가결과인 평점에서 나타날 수 있는 평정요소별 차이를 고려하여 평정요소 간의 비중이 최종적으로 정해져야 한다. 그렇지 않으면 형식적으로 어떤 평정요소에 대하여 많은 비중을 부여하고 있으나 실제 평점 차이는 반대로 나타날 수 있기 때문에 그 평정요소가 오히려 경시되는 결과가 초래될 수 있다.

4) 평정요소의 등급

근무성적평정의 요소가 결정되고, 각 평정요소의 중요도에 따라 그 배점이 부여되면, 각 평정요소의 배점을 몇 개의 수준이나 정도로 나누어 배열할 것인가를 정해야 한다. 예컨대 10점의 배점이 부여된 '성실성'에 대한 평정을 탁월(수), 우수(우), 보통(미), 미흡(양), 불량(가) 등과 같이 5개의 등급으로 배열하여 각기 10점, 8점, 6점, 4점, 2점을 부여하는 것이다.

평정등급의 수를 몇 개로 하는 것이 바람직한가에 대한 일반적인 원칙은 없다. 등급의 수가 너무 많으면, 등급 간의 차이가 모호하여 평정이 힘들고 평정결과에 대한 신뢰도가 낮아지게 된다. 반대로 등급의 수가 너무 적으면, 마땅히 구별되어야 할 사람들이 같은 등급에 평정되어 이들 간의 차이가 나타나지 않게 되며, 그 평정결과는 평정의 변별력을 상실하여 실용성이 없게 된다. 일반적으로 평정등급의 적정한 개수는 3개 내지 5개인 것이 보통이다.

5) 평정요소의 배열

근무성적평정서 또는 근무성적평정표를 작성할 때, 어떤 기준에 따라 평정요소들을 순차적으로 배열해야 하는가에 대한 일반적인 원칙은 없다. 구체적인 평정요소로부터 점차 일반적인 평정요소의 순서로 배열하거나 그 반대의 순서로 할 수 있다. 평정하기 쉬운 요소부터 점차 어려운 요소로 배열하는 방법도 있으며, 불규칙한 배열을 하는 경우가 좋을 수도 있다. 어떤 경우든 평정요소를 배열할 때 가장 유의할 점은 평정요소들 간에 연쇄효과(halo effect)가 발생하지 않도록 하는 것이다.[2)]

4. 근무성적평정의 시기

근무성적평정을 언제, 얼마나 자주, 어떤 주기로 실시할 것인가도 고려해야 할 사항이다. 이러한 평정의 시기는 평정의 목적(예: 승진, 승급, 배치전환, 동기부여, 교육훈련, 능력개발 등)이나 편의 등에 따라 달리하는 것이 바람직하다.

1) 평정시점

평정시점이란 근무성적평정을 언제 실시하는가에 관한 것이며, 공식적으로 근무성적을 평정하는 때를 말한다. 즉, 평정자가 일정기간 비공식적으로 관찰해 온 평정대상자의 근무성적을 어느 한 시점에 종합적으로 판단하여 근무성적평정서 또는 근무성적평정표를 작성하는 시점이다.

평정시점은 평정의 목적이나 용도뿐만 아니라 평정의 실행상 편의를 고려하여 결정되어야 한다(유민봉·박성민, 2014: 591). 평정이 목적이나 용도 측면에서 보면, 가장 최근 자료를 이용하는 것이 타당도가 높다는 점에서 승진·배치전환 결정이나 교육훈련 대상자 선정의 직전(直前)에 평정이 이루어지는 것이 바람직하다. 하지만 평정의

2) 연쇄효과란 어떤 요소에 대한 평정이 다른 요소에 대한 평정에 연쇄적으로 영향을 미치는 효과를 말한다.

실행 측면에서 보면, 평정자가 다른 업무수행에 바쁘지 않아 세심한 평정을 할 수 있는 시점이 적합하다.

2) 평정빈도

평정빈도는 평정을 얼마나 자주할 것인가에 관한 것이다. 동기(動機)이론에 따르면, 환류를 전제로 한 평정은 자주 이루어지는 것이 바람직할 수 있다(유민봉 · 박성민, 2014: 591). 성과에 대한 환류가 빈번히 이루어지고 성과와 보상 간의 관계가 분명할수록 평정대상자의 동기수준이 높아질 수 있기 때문이다. 또한 평정의 횟수가 잦을수록 평정오류가 줄어들고 지시나 감독이 더욱 효과적일 수 있다. 하지만 평정의 실용성 측면에서 보면, 자주 실시하는 경우 그만큼 시간과 비용이 많이 들고 평정에 대한 저항과 그로 인한 피로감이 더 크게 발생할 수 있다. 이와 달리 평정빈도가 지나치게 적으면 평정제도의 효용성이 감소되는 문제점이 있으며, 특히 평정시점 무렵에 노력하는 사람이 높은 평점을 받는 시간적 오류가 발생할 수 있다.

5. 근무성적평정의 방법

근무성적평정의 방법은 매우 다양하며, 이는 여러 가지 기준에 따라 분류될 수 있다. 여기서는 개인들 간의 상대적 비교를 중심으로 하는 상대적 평정방법과 개인별 절대적 수준을 판단하는 절대적 평정방법으로 크게 구분한다(〈표 11-1〉 참고).

표 11-1 근무성적평정의 방법

구분	상대적 평정법	절대적 평정법		
평정방법의 특성	• 비교 평정법	• 서술 평정법	• 실질 평정법	• 행태 평정법
평정방법의 유형	• 직접서열법 • 대안서열법 • 쌍대비교법 • 강제배분법	• 평정척도법 • 서술법 • 사실기록법 • 가감(점수)법 • 체크리스트법 • 중요사건 기록법	• 목표관리법	• 행태기준 평정척도법 • 행태관찰 척도법

1) 상대적 평정방법

상대적 평정방법은 평정대상자의 근무성적을 상호 비교하여 주로 순위를 매기는 방법이다. 이는 순위를 매기는 방식에 따라 직접서열법, 대안서열법, 쌍대비교법, 강제배분법 등으로 구분되기도 한다(최종태, 2008: 442~443).

(1) 직접서열법

직접서열법(straight ranking method)은 평정대상자의 근무성적 평정점수가 가장 높은 사람부터 1위, 2위, 3위, 4위 등의 순차적 서열을 부여하는 방법이다. 이 방법은 매우 간단하며, 그 실시도 다른 방법에 비해 간편하다. 하지만 평정대상자가 많은 경우 평정이 쉽지 않으며, 반대로 평정대상자가 너무 적을 때는 순위를 매겨도 별 의미가 없다. 또한 무리하게 순위를 매기면 왜곡된 결과를 가져올 수 있으며, 부서 간에 상호 비교할 경우 공정성 문제가 야기될 수 있다.

(2) 대안서열법

대안서열법(alternative ranking method)은 최고 혹은 최저 수준을 대표하는 표준인물(평정대상자)을 선정하고, 그를 기준으로 다른 평정대상자를 한 사람씩 비교하여 순위를 부여하는 방법이다. 이 방법은 한사람씩 비교하기 때문에 대인비교법, 교대비교법 또는 인물비교법이라 하며, 구체적인 인물을 활용한다는 점에서 평정의 추상성을 극복할 수 있고 평정의 조정이 용이한 장점을 지닌다. 반면에 실제 활용이 가능한 객관적인 표준인물을 사전에 선정하는 것이 쉽지 않다는 문제점이 있다.

(3) 쌍대비교법

쌍대비교법(paired comparison method)은 두 사람씩 짝을 지어 비교를 되풀이하여 평정하는 방법으로서 2인비교법이라 한다. 즉, 두 사람을 하나의 조(組)로 만들어 비교하는데, 모든 평정대상자를 교대로 하여 조를 편성한다. 하나의 조에 속한 두 사람의 우열을 판단하여, 모든 평정대상자에 걸쳐 한 사람이 다른 사람보다 우수하다고 판정된 횟수를 각자의 점수나 순위로 삼는다. 이러한 쌍대비교법은 평정이 용이하며 평정자의 주관적 조작을 방지하여 평정의 정확성을 높일 수 있는 장점이 있지만, 평정절차가 복잡하여 평정대상자가 많은 경우에 실제 활용하기가 쉽지 않다.

(4) 강제배분법

강제배분법(forced distribution method)은 어떤 분포의 비율을 미리 정하여 그에 따라 순위를 매기거나 배분(할당)되도록 하는 방법으로서 분포제한법이라 한다. 강제배분 혹은 분포제한의 비율을 정하는 방법은 여러 가지가 있으나, 좌우가 대칭인 종형(鐘形, bell-shaped)의 정상분포(正常分布, normal distribution)에 가까운 형태가 나타나도록 하는 것이 일반적이다.

강제배분법은 평정대상자의 수가 많을 때 이들 간의 상대적 우열을 구분하는데 유용하다. 특히 평정자의 편견이나 집중화·관대화·엄격화 경향의 오류를 방지하여 평정의 객관성을 높일 수 있다는 이점이 있다. 하지만 평정대상자의 수가 적을 때에는 전체적인 수준이 낮은데도 일정 비율은 높게 평정해야 하고 반대로 전체 수준이 높은데도 일정 비율은 낮게 평정해야 하는 모순이 있다. 이처럼 강제배분법은 사실에 부합하지 않은 평정을 강제하기 때문에 평정의 타당성이 훼손되는 결과를 가져올 수 있다. 또한 강제배분법을 적용하는 경우 역산식(逆算式) 평정의 가능성이 존재하는데, 강제배분 비율에 따라 평정대상자를 각 등급에 미리 분포시킨 다음에 각 등급에 해당되는 점수를 부여하는 방식이 그것이다.

2) 절대적 평정방법

절대적 평정방법은 평정대상자 개인별로 근무성적의 절대적 수준을 판단하는 방법이며, 이는 구체적인 평정방식이 서술적인가, 실질적인가, 행태적인가에 따라 유형화가 가능하다. 서술적 평정법에는 평정척도법, 서술법, 사실기록법, 가감법, 중요사건기록법, 체크리스트법 등이 있고, 실질적 평정법으로는 목표관리법이 대표적이며, 행태적 평정법에는 행태기준 평정척도법과 행태관찰 척도법이 있다.

(1) 평정척도법

평정척도법(rating scale method)은 평정요소의 수준을 측정하는 눈금체계인 척도를 제시하여 하나의 눈금을 선택하도록 하는 방법이다. 여기서 척도는 '수(1), 우(2), 미(3), 양(4), 가(5)'와 같이 몇 개의 등급이나 점수로 구성되는 것이 일반적이며, 다수의 평정요소를 도표식 혹은 계단식으로 함께 나열한 평정표가 주로 활용된다. 평정자는 평정대상자를 각 평정요소마다 관찰하여 해당되는 등급에 표시를 하게 되며, 표시

표 11-2 도표식 평정척도법의 예(직무수행능력 평정표)

일련번호	평정요소	요소별 배점	평정요소의 내용	평정등급	소계 점수
1	기획력	9점	• 창의적인 시각을 가지고 문제를 예측하고 실행가능한 계획을 만든다. • 효과적인 설명이 가능하도록 일목요연한 계획을 만든다.	① ② ③ ④ ⑤	
2	의사 전달력	6점	• 표현이 간결하면서도 논점이 빠지지 않도록 문서를 만든다. • 논리적이면서 설득력 있는 말로 설명을 한다.	① ② ③ ④ ⑤	
⋮					
8	고객 · 수혜자 지향	6점	• 업무와 관련하여 국민이나 내부 수혜자(다른 공무원)가 원하는 바를 이해하며, 그들의 요구를 충족하도록 배려하는 능력이 있다.	① ② ③ ④ ⑤	
총점					

비고: 평정요소별로 '전혀 그렇지 않다(①)-거의 그렇지 않다(②)-가끔 그렇다(③)-자주 그렇다(④)-항상 그렇다(⑤)'의 5단계로 평정한다.

된 등급의 점수를 모두 합산한 것이 평정대상자에 대한 종합평점이 된다. 우리나라의 5급 이하 공무원 등에 대한 근무성적평정은 도표식 평정척도법을 기본형으로 채택하고 있는데, 그 예는 〈표 11-2〉와 같다.

평정척도법은 평정표의 작성이 간단하며 쉽고 실제 평정의 실행이 용이하다는 장점이 있다. 또한 평정의 결과가 계량적인 점수로 환산되기 때문에 평정대상자에 대한 상대적 비교를 확실히 할 수 있어 상벌의 목적으로 이용하는데 효과적이다.

하지만 평정척도법에서 평정요소를 실제 합리적으로 선정하는 것은 쉽지 않으며, 대부분의 평정요소가 개괄적이고 추상적인 의미를 지니고 있기 때문에 평정자마다 그에 대한 이해가 다를 수 있다. 또한 평정등급 간의 비교 기준이 명백하지 않아 평정자마다 그에 대한 판단에서 차이가 있을 수 있으며, 특히 도표식 평정척도법의 경우 연쇄효과 및 집중화·관대화·엄격화 경향이 나타날 가능성이 크다.

(2) 서술법

서술법(essay method)은 평정대상자의 실적, 능력, 적성, 태도, 장단점 등을 문장으로 직접 기술하는 방법이다. 서술법의 종류로는 기술의 방식을 평정자의 재량에 완전히 맡기는 자유서술법과 정해진 형식에 따르도록 하는 제한서술법이 있다.

서술법은 다른 평정방법에 의한 평정결과에 대하여 특별히 추가 설명을 하거나 종합적으로 요약하는데 유용하다. 특히 평정자가 평정대상자를 잘 알고 있으며 평정이 객관적이고 공정하게 이루어질 경우 그 효과는 매우 크다. 하지만 평정자의 주관적인 의견과 서술방식의 차이로 말미암아 평정의 신뢰성이 결여될 수 있으며, 특히 여러 평정대상자를 상호 비교하는데는 효과적이지 못하다.

(3) 사실기록법

사실기록법은 평정대상자의 근무성적에 관한 사실을 그대로 기록하고 평정하는 방법이다. 실제 작업량이나 근태기록 등을 평정대상으로 삼기 때문에 평정의 객관성이 높은 반면에, 측정하기 어려운 업무나 평정요소에 대해서는 적용하는데 어려움이 있다. 이러한 사실기록법은 평정대상 혹은 평정기준에 따라 산출기록법, 주기적 검사법, 근태기록법 등 여러 가지 형태가 있다.

산출기록법(production records method)은 일정한 시간당 평균작업량을 측정하거나 일정한 작업량을 달성하는데 소요된 평균시간을 계산하는 평정방법이다. 주기적 검사법(periodic tests method)은 작업량이라는 산출지표를 대상으로 하지만, 특정기간 동안의 작업량을 조사하고 그것으로 전체 기간의 근무성적을 추정하여 평정한다. 근태기록법(absenteeism and tardiness records method)은 근무에 있어서 긍정적 사항과 부정적 사항(예: 지각, 결근 등)의 빈도를 기록하고, 이를 점수로 환산하여 평정하는 것으로 가감(점수)법을 주로 활용한다.

(4) 가감(점수)법

가감법 혹은 가감점수법(merit and demerit method)은 표준적인 근무상황을 설정해 놓고 긍정적 요소와 부정적 요소를 점수로 환산하여 가점 또는 감점을 주는 방법이다. 예컨대 모범적인 행동이나 우수한 실적에 대해서는 가점을 주고, 지각 · 조퇴 · 결근 등과 같이 바람직하지 못한 행동이나 실패 · 과오 등에 대해서는 감점을 한다.

가감법이 공무원의 지도 · 감독을 위한 지표로 이용되는 경우에는 매우 유용하지만, 자칫 평정대상자로 하여금 직무수행에 노력하기보다 가점을 받거나 감점을 당하지 않기 위한 형식적인 근무에 집착하게 할 소지가 있다. 또한 가감법의 실제 활용에서 행동이나 실적 등이 모두 계량적인 수치로 표현될 수 있는지도 의문이다.

(5) 체크리스트법

체크리스트법(checklist method)은 각 평정요소에 관한 구체적인 행태의 목록을 미리 나열해 놓고, 이들 가운데 평정대상자의 행동이나 태도에 해당되는 것들을 선택하는 방법이다(〈표 11-3〉 참고).[3]

표 11-3 체크리스트법의 예

OOO 평정요소: 평정대상자의 행태에 해당하는 항목들에 체크하여 주십시오.		
평정항목	체크란	가중치
• 근무시간을 매우 잘 지킨다.		4.5
• 업무가 많을 때에는 기꺼이 야근한다.		5.4
• 책상 위의 문서가 항상 깨끗이 정돈되어 있다.		3.8
• 동료의 조언을 경청하기는 하나 따르지는 않는다.		1.7

체크리스트법은 평정요소가 구체적인 행태로 명확히 기술되어 있고 각 항목마다 유무 또는 가부만을 판단하기 때문에 평정하기가 비교적 쉽다. 또한 평정자는 자신이 확신하는 항목만을 선택·표시하기 때문에 무리한 평정이 없고 그만큼 평정의 신뢰성과 객관성이 높다는 장점이 있다. 하지만 각 평정요소마다 해당되는 구체적인 항목의 목록을 실제로 작성하는 것은 쉬운 일이 아니며, 평정요소가 평정대상자의 행태를 정확하게 나타내지 못하는 경우에는 극히 부분적인 사실의 파악에 그치게 되는 단점이 있다.

(6) 중요사건 기록법

중요사건 기록법(critical incident method)은 일정기간 동안에 발생한 중요사건을 기록해두었다가 이를 평정하는 방법이다(〈표 11-4〉 참고). 경우에 따라서는 미리 중요사건을 열거하여 놓고 그 중에서 해당하는 항목을 선정하도록 하는 방법도 있다(유민

3) 체크리스트법에는 가중치부여식 체크리스트법(weighted checklist)과 이것을 변형시킨 강제선택식 체크리스트법(forced-choice checklist)이 있다. 가중치부여식 체크리스트법은 각 평정요소에 대하여 여러 가지 행태를 기술한 항목들마다 가중치를 부여하는 체크리스트법이며, 강제선택식 체크리스트법은 평정자로 하여금 몇 개의 항목으로 구성된 각 평정요소의 묶음 가운데서 평정대상자의 특성에 가까운 것을 강제적으로 선택·표시하도록 하는 방법이다.

표 11-4 중요사건 기록법의 예

일자, 장소	중요사건
(,)	• 일하면서 불쾌감을 표시하거나 화를 낸다.
(,)	• 동료직원 돕기를 거부한다.
(,)	• 직무수행방법의 개선을 제안한다.
(,)	• 교육훈련에 대한 제안을 거부한다.
(,)	• 동료직원이 상관의 지시를 받아들이도록 설득한다.

봉·박성민, 2014: 577). 여기서 중요사건이란 직무수행이나 근무실적에 있어서 매우 효과적 혹은 비효과적이었던 사례를 말한다.

중요사건 기록법은 평정자와 평정대상자 간의 상담을 촉진하고 사실에 근거한 평정이 가능하다는 장점이 있다. 특히 평정대상자의 행동이나 태도가 기대되었던 것과 다른 경우, 평정자와 평정대상자가 그 사건을 서로 토의하는 과정에서 평정대상자의 행동이나 태도를 개선하도록 유도할 수 있다.

하지만 중요사건 기록법은 독특하거나 이례적인 사건을 지나치게 강조하게 될 위험이 있다. 왜냐하면 평정자로 하여금 특히 훌륭하거나 매우 나쁜 인상을 대표하는 사건만 찾게 하고 평균적이거나 전형적인 사건은 무시하도록 하는 경향이 있기 때문이다. 또한 평정자가 각 평정대상자의 중요사건에 대한 기록을 지속적으로 유지하는데 많은 시간과 노력이 요구되며, 평정대상자들 간의 상호 비교가 곤란하다는 단점이 있다.

(7) 목표관리법

목표관리법(management by objectives method)은 목표관리방식을 근무성적평정에 적용하는 것이다. 평정자와 평정대상자가 협의를 통하여 직무수행목표를 설정하고, 목표달성도를 평정자와 평정대상자가 함께 측정하고 평정하는 방법이다.

목표관리법은 목표달성도를 평정하기 때문에 평정대상자의 직무수행 혹은 근무에서의 과정이나 태도보다는 그 결과를 중시한다. 또한 목표달성도라는 구체적이고 명확한 평정요소를 측정하기 때문에 평정이 용이하고 타당성이 높은 편이다. 특히 평정자와 평정대상자 간의 상호 협의 및 환류 과정은 평정의 수용성을 제고하며, 개인의 능력발전과 직무수행태도 개선에 실질적인 도움을 줄 수 있다.

하지만 공공부문에서 실제 측정 가능한 목표의 설정이 용이하지 않고, 평정자와 평정대상자 간의 상호 협의 및 환류를 통한 평정제도의 개발과 운영에 많은 시간과 비용이 따른다(유민봉·박성민, 2014: 574). 또한 목표 자체가 개인의 특성을 고려하여 설정된 것이기 때문에 평정대상자들 간의 상호 비교를 위한 평정방법으로는 한계가 있다.

(8) 행태기준 평정척도법

행태기준 평정척도법((behaviorally anchored rating scale method)은 행태기준을 제시하여 이를 평정척도로 삼는 방법이다. 즉, 각 평정요소에 대해서 가장 바람직한 행태부터 가장 바람직하지 못한 행태를 기술하여 몇 개의 등급으로 구분·배열하고, 이들 가운데 평정대상자의 행태를 가장 잘 대표할 수 있는 하나를 선택하는 방법이다(〈표 11-5〉 참고).

행태기준 평정척도법은 평정척도법과 중요사건 기록법이 각각 갖는 단점을 각기 다른 방법의 장점으로 보완한 평정방법이다. 즉, 평정척도법에서 평정요소와 등급이 지니는 모호성·주관성을 배제하기 위하여 실제 관찰될 수 있는 중요 행태를 구체적으로 제시하며, 중요사건 기록법에서의 상호 비교의 곤란성을 보완하기 위하여 모든 평정대상자에게 공통적으로 적용 가능한 행태유형을 선정·활용한다.

행태기준 평정척도법은 평정자의 주관적 판단으로 인한 평정오류를 최소화하고 평정을 쉽게 할 수 있다는 장점이 있다. 특히 평정대상자의 행태를 구체적으로 밝혀주기 때문에 평정대상자의 장·단점에 대한 이해가 가능하여 장점의 발전과 문제점에 대한 개선을 도모할 수 있다. 하지만 평정대상자의 직무가 다르면 중요 행태가 달라져야 하므로 별개의 평정표가 필요하며, 평정표의 개발에 시간과 노력이 과다하게 소요되

표 11-5 행태기준 평정척도법의 예

OOO 평정요소: 평정대상자의 행태를 가장 잘 대표할 수 있는 항목에 체크하여 주십시오.	
등급	행태유형
(　) 5	• 여러 사람들과 상의하여 결정한다.
(　) 4	• 전문가로부터 자문을 구한다.
(　) 3	• 독자적으로 결정한다.
(　) 2	• 개인적인 감정을 앞세운다.
(　) 1	• 결정을 자주 회피한다.

는 등 실제 적용상 어려움이 있다.

(9) 행태관찰 척도법

행태관찰 척도법(behavioral observation scale method)은 행태기준 평정척도법과 마찬가지로 행태유형들이 제시되지만, 각 행태유형의 등급에 빈도 또는 정도를 표시하는 척도가 구성된다. 이는 행태기준 평정척도법에 도표식 평정척도법의 척도구성방식을 가미한 방법이라 할 수 있는데, 그 예는 〈표 11-6〉과 같다.

표 11-6 행태관찰 척도법의 예

OOO 평정요소: 각 행태유형에 해당하는 등급을 선택하여 주십시오.	
행태유형	등급 거의 관찰되지 않음 ~ 매우 자주 관찰됨
• 법령이나 정책의 변경을 수시로 게시한다.	1 2 3 4 5
• 주의력을 가지고 대화에 임한다.	1 2 3 4 5
• 지시 사항을 메모하고 확인한다.	1 2 3 4 5
• 보고 방식이 간단하고 명료하다.	1 2 3 4 5
• 즉시 보고하지 않는다.	1 2 3 4 5

행태관찰 척도법은 평정대상자에게 행태 변화에 관한 유용한 정보를 환류시켜 줄 수 있다. 특히 도표식 평정척도법이 갖는 평정요소의 추상성·모호성을 해소하고, 평정등급에서도 막연히 '수, 우, 미, 양, 가' 등으로 평정하는 것이 아니라 실제 행태가 얼마나 자주 관찰되는가를 판단기준으로 하기 때문에 평정자의 주관을 줄이는데 도움이 된다. 하지만 도표식 평정척도법과 마찬가지로, 등급과 등급 간의 구분이 모호하고 연쇄효과가 초래될 우려가 있다.

3) 평정방법의 선택

근무성적평정의 다양한 방법들은 각기 나름대로 장점과 단점을 지니고 있다. 각 평정방법의 장단점에 바탕을 두어 어떤 방법을 선택할 것인가를 판단한다면, 평정의 타당성, 신뢰성, 객관성 등의 수준이 높은 방법이 당연히 선택되어야 할 것이다.

하지만 평정방법의 선택은 단순히 평정방법만을 두고 판단할 수 없으며, 평정의 목적, 평정자, 평정대상자 및 평정내용 등 평정체계의 전반이 함께 고려되어야 한다. 평정목적에 따라 평정방법을 선택하는 경우를 들면, 보상이나 상벌의 결정과 같이 평정대상자들 간의 비교 혹은 구별이 필요할 때는 상대적 평정방법이 효과적일 수 있다. 반면에 적재적소의 배치 등 보직관리 및 교육훈련·능력발전의 수요파악에 사용하려는 때는 평정대상자의 개인적 특성을 파악하는데 유용한 절대적 평정방법이 적합하다.

이처럼 평정목적을 포함한 전반적인 평정체계와 더불어 평정방법의 실제 활용상의 경제성과 편의성 등도 평정방법의 선택에 영향을 준다. 이러한 제반 요인들을 고려하여 조직의 실정에 맞게 복수의 평정방법을 적절히 혼합하여 사용하는 것이 바람직하다.

6. 근무성적평정의 오류

근무성적평정은 사람이 사람을 평정하기 때문에 여러 가지 오류가 발생하기 마련이다. 평정과정에서 흔히 범하기 쉬운 오류를 살펴보면 다음과 같다.

1) 관대화·집중화·엄격화 오류

관대화 오류, 집중화 오류, 엄격화 오류 등은 각기 관대화 경향(leniency tendency), 집중화 경향(central tendency), 엄격화 경향(strictness tendency)으로 인해 발생하는 오류이다.[4] 여기서 관대화·집중화·엄격화 경향이란 평정자가 정규분포 형태로 평정하지 않고 제한된 점수 구간 내에서만 평점을 부여함으로써 그 평점이 각각 평균 이상, 평균, 평균 이하에 치우치게 되는 경향을 말한다.

---

4) 관대화·집중화·엄격화 경향을 방지하기 위해서 평정자는 주관에 사로잡히지 않고 구체적인 사실에 입각하여 객관적으로 평정하여야 한다. 또한 서열법이나 강제배분법 등과 같은 상대적 평정방법을 활용하거나 평정결과를 공개하지 않는 방안도 이러한 경향을 방지하는데 도움이 된다.

관대화 오류는 실제 수준보다 더 높게 평정하는 경향으로 인해 발생하는 오류인데, 예컨대 모든 평정요소와 평정대상자에게 만점에 가까운 평점을 주는 경우이다. 이러한 경향은 평정자가 관대한 마음을 가졌거나, 평정자가 평정대상자와의 관계 때문에 심리적 부담을 느낄 때, 평정자가 평정대상자의 불평이나 비난을 회피하고 자신의 이미지를 관리하고자 하는 경우에 주로 나타난다.

집중화 오류는 평정결과가 중간 등급을 중심으로 집중되는 경향으로 인해 발생하는 오류이다. 예컨대 평정자가 평정대상자를 잘 알지 못하거나 평정에 자신이 없는 경우, 평정자가 평정대상자와의 관계 때문에 심리적 부담을 느끼는 경우, 평정기준이 애매모호한 경우에 주로 나타난다.

엄격화 오류는 실제 수준보다 더 낮게 평정하는 경향으로 인해 발생하는 오류를 말한다. 예컨대 평정자의 기대 수준이 높게 설정되어 있거나, 평정대상자와의 갈등 관계에 있어 일종의 처벌적 성격을 부여하고자 할 경우에 주로 나타난다.

2) 체계적 오류와 무작위 오류

체계적 오류와 무작위 오류는 그것이 발생하는 형태에 따른 구분이다(김렬, 2013: 225~226). 체계적 오류(systematic error)는 일정하게 규칙적으로 나타나는 오류로서 항상적 · 일관적 오류(constant error)라고 하며, 이는 어떤 평정자가 다른 평정자에 비해 항상 높거나 낮게 평정하여 관대화 또는 엄격화의 경향이 일정하게 규칙적으로 나타남으로써 발생한다.

반면에 무작위 오류(random error)는 우연적이며 일시적인 사정에 의해 불규칙적으로 나타나는 오류로서 변동오류(change error), 비체계적 · 불규칙적 오류(unsystematic error), 총계오류(total error) 등으로 불린다. 이는 어떤 평정자가 다른 평정자에 비해 불규칙적으로 높거나 낮게 평정하여 관대화 또는 엄격화의 경향이 일정하지 않게 불규칙적으로 나타남으로써 발생하며, 평정자가 일관성 있는 판단과 평정기준을 갖지 못한데서 비롯된 결과이다.

3) 후광오류

후광오류 혹은 현혹오류(halo error)는 평정자의 심리적 현상에서 발생하는 오류로서, 평정대상자의 어떤 특성에 근거하여 다른 특성을 잘못 평정하는 것을 말한다. 즉,

평정대상자의 어떤 좋은 점에 현혹되어 다른 점들을 좋게 평정하거나, 반대로 어떤 나쁜 점에 현혹되어 다른 점들을 나쁘게 평정함으로써 발생되는 오류이다.

후광오류는 어떤 요소에 대한 평정이 다른 요소에 대한 평정에 연쇄적으로 영향을 미치기 때문에 연쇄오류(linkage error)라고도 한다. 이러한 후광오류 혹은 연쇄오류는 평정자의 판단이 같은 방향으로 나타나는 착오 현상으로서, 그에 따른 효과를 후광효과(halo effect) 혹은 연쇄효과(linkage effect)라고 한다.[5] 예컨대 '기획력'의 평정요소에 대해 탁월하거나 미흡하다는 인상 때문에 '창의력'의 평정요소가 영향을 받아 동일하게 평정되는 경우이다.

4) 논리적 오류

논리적 오류(logical error)란 평정자의 평소 의식에 평정요소들 간의 논리적인 상관관계가 성립되어 발생하는 오류이다. 즉, 어떤 평정요소들 간에 논리적 연관성이 있다고 생각하여, 어느 요소가 우수하거나 미흡하면 다른 요소도 그러할 것이라고 쉽게 판단해 버리는 현상이다. 예컨대 '기획력이 우수한 사람은 창의력도 뛰어나다'라고 생각하는 논리적 판단오류가 그것이다. 이와 같은 논리적 오류는 후광오류와 비슷하나, 후광오류는 한 평정대상자가 지닌 특성들 간에 작용하는 오류인데 반해, 논리적 오류는 개인의 특성과는 무관하게 평정요소들 간에 논리적 일치가 있다고 봄으로써 나타나는 오류이다.[6]

5) 유형화 오류

유형화·집단화 오류 혹은 상동적 오류(stereotyping error)는 하나의 집단이나 범주에 속한 평정대상자를 같은 유(類)로 평정하는 지각(知覺)오류이다. 즉, 사람을 유형

5) 후광효과 혹은 연쇄효과는 평정의 타당성과 객관성을 저하시키는 주요 요인이 된다. 이러한 오류를 방지하기 위해서는 무엇보다도 평정자의 선입관이나 고정관념·편견을 없애고 구체적인 사실에 입각하여 객관적으로 평정하는 것이 가장 중요하며, 평정대상자별로 한꺼번에 전체 평정요소를 평정하지 않고 평정요소별로 전체 평정대상자를 평정하거나, 한 평정대상자에 대하여 복수의 평정자를 두는 다면평정이 유용할 수 있다.

6) 논리적 오류를 방지하기 위해서는 추상적이거나 중복·모호한 평정요소를 제외하고 각 평정요소의 정의를 명확히 하고, 평정자의 주관적인 판단이나 추측에 의하여 평정하지 않도록 하여야 한다. 실제 평정에 있어서 평정대상자별로 한꺼번에 전체 평정요소를 평정하지 않고 평정요소별로 전체 평정대상자를 평정하거나, 한 평정대상자에 대하여 복수의 평정자를 두는 방안이 유용할 수 있다.

화하여 그 범주에 속하면 어떤 공통점이 있다고 생각하고, 그에 따라 평정대상자를 평정함으로써 발생되는 오류이다. 이러한 오류는 성별, 종교, 연령, 교육수준, 출신학교, 거주지 등과 같은 평정대상자의 개인적 특성에 대하여 평정자가 평소에 지닌 고정관념이나 선입견이 작용한 결과이다. 이와 같은 유형화 오류는 평정대상자가 지닌 특성에 대한 평정자의 지각이나 판단에 의해 발생되는 오류라는 점에서 후광오류와 비슷하다. 하지만 후광오류는 한 평정대상자가 지닌 어떤 특성이 다른 특성에 영향을 미쳐 나타나는 것인데 반하여, 유형화 오류는 평정대상자가 속한 집단에 대한 지각이나 판단이 반영되어 나타난 결과이다.[7)]

6) 시간적 오류

시간적 오류란 평정의 대상이 되는 기간 전체보다는 최초 혹은 최근 시점의 근무성적에 크게 영향을 받아 발생되는 오류이다. 예컨대 평정대상기간인 1년 동안의 근무성적을 평정하여야 함에도 불구하고, 전체 기간에 걸쳐 골고루 종합적으로 평정하지 못하고 최초 또는 최근의 근무성적을 중시하여 전체를 평정하는 경향이 있을 수 있다.

이처럼 최초의 근무성적에 대한 평정자의 인식이 전체 기간의 평정에 영향을 미치는 현상을 최초효과(primacy effect) 혹은 첫머리효과라고 하며, 평정시점에 가까운 최근의 근무성적이 평정에 영향을 미치는 현상을 최근효과(recency effect) 혹은 막바지효과라고 한다. 전자는 처음의 인상이나 강력한 사건이 평정자의 뇌리에 각인되면 그 후에 웬만한 노력이 행해지더라도 평정자의 인식을 변화시키는 것이 쉽지 않기 때문이며, 후자는 시간이 지난 것일수록 평정자의 기억에 남아 있지 않거나 최근의 것이 평정자의 인식에 더 크게 영향을 미친 결과로서 근접오류(recency error)라고도 한다.

7) 대비오류

대비오류(contrast error)는 평정대상자를 자신 혹은 다른 평정대상자와 대비하여 평정함으로써 발생되는 오류이다. 먼저 평정자가 자신과 평정대상자를 대비하는 경우인데, 평정자가 자신이 지닌 특성에 근거하여 평정대상자를 평정하는 경향이 있을 수

7) 유형화 오류를 방지하기 위해서는 무엇보다도 평정자의 선입관이나 고정관념·편견 등을 없애는 것이 가장 중요하며, 평정대상자별로 한꺼번에 전체 평정요소를 평정하지 않고 평정요소별로 전체 평정대상자를 평정하거나, 한 평정대상자에 대하여 복수의 평정자를 두는 방안이 유용할 수 있다.

있다. 이러한 오류는 주로 평정자와 평정대상자 간의 지적 수준, 세대, 견해 등의 차이로 말미암아 평정자가 평정대상자를 잘못 평정한 결과이다.

다른 하나는 평정대상자를 상호 대비하는 경우인데, 우수한 사람 다음에 평정되는 보통 수준의 사람은 실제보다 낮게, 그리고 낮은 수준의 사람 다음에 평정되는 보통 수준의 사람은 실제보다 높게 평정되는 경향이 있다. 이러한 오류는 평정대상자들 간의 상호 영향으로 평정자의 판단기준이 변화한데서 비롯된 결과이다.

7. 근무성적 평정결과의 분석 · 조정 및 공개

1) 평정결과의 분석

근무성적평정은 사람이 사람을 평정하는 것이므로 다양한 오류가 있을 수 있다. 따라서 평정이 끝나면 그 결과를 분석하여 평정이 잘 되었는지를 검토할 필요가 있다. 이와 같이 평정이 잘 되었는지를 검토하는 것은 당초 근무성적평정의 목적과 요건에 그 결과가 어느 정도 부합하는가에 대한 판단이다.

근무성적평정도 하나의 측정도구이기 때문에 타당성, 신뢰성, 객관성, 변별력, 수용성 및 실용성의 요건을 갖추어야 한다. 이에 따라 평정결과의 분석도 그러한 관점에서 이루어지게 된다. 즉, 당초 평정하려는 것을 제대로 평정하여 타당성이 있는지, 신뢰성과 객관성을 지니는지, 평정대상자들 간의 차이를 뚜렷이 판별해주고 있는지, 전반적인 평정체계와 평정결과를 구성원들이 잘 이해하고 받아들이는지, 평정결과의 활용이 실제로 가능한지 등에 관하여 분석한다.

2) 평정결과의 조정

평정결과를 분석한 이후 평정결과를 최종적으로 확정하기 전에 그것을 조정하는 활동이 필요하다. 평정결과의 조정은 평정결과의 분석을 통해 발견된 오류나 문제점을 시정하기 위하여 이루어진다.

(1) 조정자

평정결과의 조정자는 평정결과의 타당성을 검토하고, 한 집단 내에 속한 평정대상자들 간의 평점뿐만 아니라 여러 집단들 간의 평점에서 균형을 유지하는데 필요한 조치를 취하게 된다. 이러한 임무 때문에 조정자는 가능한 많은 평정대상자를 관찰할 수 있고 다수의 평정대상자 집단들을 횡적으로 관찰할 수 있는 위치에 있는 사람이 적합하다. 따라서 대체로 평정자의 상급자 가운데 한 사람이 조정자가 되며, 각 평정대상 집단을 대표하는 다수의 상급자로 구성된 조정위원회가 설치·운영되기도 한다.

(2) 조정의 대상 및 범위

평정결과를 조정하고자 하는 경우, 어떤 평정결과를 조정의 대상으로 할 것인가를 결정하여야 한다. 개별 평정대상자의 평정결과를 하나하나 실질적으로 심사·조정하는 것은 많은 어려움이 따르기 때문에, 대체로 조정의 대상이 되는 일반적인 기준을 미리 정해 놓고 한정된 범위 내에서 평정결과를 조정하게 된다. 조정이 필요한 경우의 예를 들면, 한 사람의 평정자가 평정하였던 평정대상자 집단 내에서 평정대상자들 간에 불공평이 있는 경우, 동일 직위·직급의 평정자들이 각기 평정한 평정대상자 집단들 간에 불균형이 있는 경우, 복수평정에서 1차와 2차 평정자들 간에 불일치가 있는 경우 등이다.

조정의 대상이나 필요성이 정해지면, 그 조정을 어느 정도까지 허용할 것인가에 대한 검토가 필요하다. 조정이 평정오류와 평정대상자들 간의 불균형을 시정하는데 목적이 있기 때문에, 그러한 오류와 불균형을 시정할 수 있는 정도가 되어야 함은 당연하다. 또한 조정은 평정자의 평정결과를 존중하는 수준에서 최소한으로 그쳐야 하는데, 이는 조정자가 평정자에 비해 평정대상자를 직접 관찰하는데 있어서 덜 적합한 위치에 있기 때문이다. 만약 조정의 범위를 넓게 하고 자유롭게 한다면 조정자의 임의성이 지나치게 허용되어 평정자의 평정결과가 무시될 수 있다. 이 경우 평정의 잘못을 고치는 것이 아니라 조정자의 자의성과 정실 개입의 여지를 주어 오해가 발생할 수 있고, 평정자는 자신의 평정 역할에 가치를 부여하지 않게 되어 다음부터는 무성의하게 평정에 임할 가능성이 있다. 따라서 평정결과의 조정은 그 대상이나 필요성 및 범위를 명확히 설정하여 남용되지 않고 제한적으로 이루어지도록 하는 것이 바람직하다.

3) 평정결과의 공개

근무성적평정의 결과를 평정대상자 본인에게 알려주어야 하는가에 대해서는 찬성과 반대의 주장이 있다. 평정결과의 공개에 대한 찬반의 이유를 평정대상자, 평정자, 조직의 차원에서 살펴보면 다음과 같다.

(1) 공개를 찬성하는 이유

첫째, 평정결과의 공개는 평정대상자에게 근무성적평정에 대한 신뢰와 자기계발 노력을 제고하는 효과가 있다. 평정결과를 공개함으로써 그 제도에 대한 이해와 지지를 확보할 수 있으며, 동시에 평정에 대한 오해와 고충을 해소시킬 수 있다. 또한 평정결과의 공개를 통해 평정대상자로 하여금 자신의 장단점이나 능력·태도 등을 인지하여, 향후 더욱 좋은 평정을 받도록 노력하는 계기를 갖게 한다.

둘째, 평정결과의 공개는 평정자로 하여금 보다 객관적이고 공정한 평정을 하도록 유도한다. 즉, 평정의 결과가 공개될 것이기 때문에 평정자는 평정에 임하여 보다 신중을 기하게 되고 양심적이고 객관적인 평정을 하도록 더욱 노력하게 된다.

셋째, 평정결과의 공개는 공무원의 사기진작과 조직의 능률증진에 기여한다. 특히 평정자와 평정대상자 간의 의사소통을 통해 평정이 이루어지고 그 결과의 공개과정에서 상호 이해의 장(場)이 마련된다면, 개인의 사기진작과 조직의 능률향상이 동시에 도모될 수 있다.

(2) 공개를 반대하는 이유

첫째, 평정결과의 공개를 찬성하는 입장에서 제시하는 평정대상자의 자기계발효과는 단시일 내에 이루어질 수 없다는 것이다. 실제로 개인의 능력향상은 상당한 시일이 소요되는 만큼, 평정결과의 공개가 평정대상자의 자기계발에 실제로 직접적인 기여를 한다고 볼 수는 없다.

둘째, 평정결과가 공개되면 평정자는 평정대상자로부터 받게 될 비판을 우려하여 공정한 평정을 하지 못할 수 있다. 이에 따라 평정의 관대화·집중화의 경향이 나타날 가능성이 있어 평정의 객관성과 공정성이 저하된다. 또한 평정결과의 공개로 말미암아 평정자는 평정에 심적인 부담을 강하게 느끼게 되며, 평정에 더욱 많은 시간과 노력을 소비하게 된다.

셋째, 평정결과의 공개는 조직의 안정성을 훼손한다. 평정자와 평정대상자 간의 견해 차이로 갈등이나 불신감이 나타나고 감정적 대립이 유발될 수 있다. 또한 자신의 기대에 못 미치는 평정결과를 통보받은 평정대상자는 사기가 저하되고 평정자뿐만 아니라 조직에 대하여 불만을 가질 수 있다.

표 11-7 평정결과의 공개에 대한 장점과 단점

구분	장점(긍정적 효과)	단점(부정적 효과)
평정대상자 차원	• 평정제도에 대한 이해와 지지 확보 • 자기계발의 노력 촉진	• 자기계발의 효과 미흡
평정자 차원	• 객관적이고 공정한 평정 유도	• 관대화 · 집중화 경향 초래 • 심적 부담 및 시간 · 노력 가중
조직 차원	• 구성원 간의 상호 이해 증진 • 조직의 능률성 증진	• 구성원 간의 갈등과 대립 야기 • 조직의 안정성 저하

(3) 비교 및 종합

평정결과의 공개 여부는 각기 장단점을 갖지만(〈표 11-7〉 참고), 평정결과를 공개하는 것이 유용하다는 견해가 지배적이다(강성철 외, 2014: 377). 평정결과의 활용이 공무원의 능력발전이나 동기부여 등을 강조하는 적극적 · 임상적 목적으로 전환되고 있으며, 공개를 통해 평정자와 평정대상자는 평정결과에 대해 솔직한 대화의 기회를 가질 수 있어 조직의 민주적 분위기 형성에 도움을 줄 수 있기 때문이다.

하지만 평정결과의 공개 여부는 평정의 목적과 용도, 평정의 방법, 인사행정의 원리, 공무원의 종류 및 행태, 조직의 분위기 등 여러 가지 사항을 종합적으로 고려하여 판단되어야 한다. 또한 평정결과를 공개할 때 어떤 내용을 어떤 방법으로 공개하는가도 매우 중요하다. 공개의 부작용이나 폐해를 최소화하기 위해서는 종합 평점만을 본인에게 알리거나 본인의 요청이 있을 때만 알리는 방식 등이 있을 수 있다.

4) 평정결과에 대한 이의신청

평정결과에 대한 이의신청이란 평정대상자가 자신의 평정결과에 대하여 이의를 제기하여 구제를 받게 하는 절차를 말한다. 이러한 이의신청은 본인에 대한 평정결과의 공개를 전제로 하고 있으며, 그 이의신청의 허용 여부에 대해서는 찬성과 반대의 입장이 있다.

이의신청을 허용해야 한다는 입장에서는 평정의 자의성을 방지하여 평정의 공정성을 촉구하고 평정대상자의 권익을 보호하기 위해서 이의신청제도가 필요하다고 주장한다. 반면에 이의신청을 반대하는 입장에서는 이의신청이 허용되면 평정자가 낮은 평점으로 문제가 되는 것이 싫어 관대하게 점수를 부여하게 되며, 이의신청 이후 문제

가 원만히 해결되지 못하면 평정자와 평정대상자 간의 갈등이 오히려 격화될 수 있다고 한다.

평정결과에 대해 이의신청이 허용되는 경우라 하더라도 그것이 소청의 대상이 되는가에 대해서는 부정적인 견해가 지배적이다. 근무성적평정이 그 자체로 독립된 처분이 아니고, 승진이나 보직관리 등 인사행정의 기초 자료로 활용하기 위한 내부행위로서 소청대상이 되는 위법한 불이익 처분이 아니기 때문이다. 또한 평정결과에 대해서 이의신청과 같은 별도의 불복절차가 인정되고 있기 때문에 굳이 소청대상으로 할 이유가 없다고 본다.

제3절 우리나라의 근무성적평정

1. 근무성적평정의 실태

우리나라의 공무원에 대한 근무성적평정은 「국가공무원법」을 포함한 관련 법령에 근거하고 있다. 「국가공무원법」 제51조에 의하면, 각 기관의 장은 정기 또는 수시로 소속공무원의 근무성적을 객관적이고 엄정하게 평정하여 인사관리에 반영하여야 하며, 근무성적평정에 관한 구체적인 사항은 대통령령 등으로 정하도록 규정하고 있다.

근무성적평정의 대상자는 실적주의가 적용되는 경력직공무원이 원칙이지만, 특수경력직공무원도 법령에 따라 포함될 수 있다. 즉, 경력직공무원 중 고위공무원단 소속 공무원, 일반직공무원 및 특정직공무원의 대부분이 원칙적인 대상이며, 특수경력직공무원 중 정무직 부기관장은 기관장의 판단에 따라 포함될 수 있고 별정직공무원은 일반직공무원에 준하여 평정을 받을 수 있다.

근무성적평정의 대상이 되는 공무원이라도 그 직종, 직무분야, 직위, 계급(직급) 등에 따라 적용되는 평정제도 혹은 평정체계가 다를 수 있다(〈표 11-8〉 참고). 일반직공무원의 근무성적평정은 크게 '성과계약 등 평가'와 '근무성적평가'라는 두 가지의 형태로 구분되며, 이들은 평정대상자, 평정항목·요소, 평정방법 및 절차, 평정결과의 활용 등 평정체계 전반에서 차이가 있다. 특정직공무원의 경우는 주로 계급이나 직위에

표 11-8 우리나라의 근무성적평정제도

<table>
<tr><th colspan="2">구분</th><th>성과계약 등 평가</th><th>근무성적평가</th></tr>
<tr><td colspan="2">평정자 · 확인자</td><td colspan="2">• 평정자: 평정대상자의 상급 · 상위 감독자 중에서 기관장이 지정한 자
• 확인자: 평정자의 상급 · 상위 감독자 중에서 기관장이 지정한 자</td></tr>
<tr><td rowspan="5">평정대상</td><td rowspan="2">일반직</td><td>• 고위공무원(실 · 국장급)</td><td rowspan="2">• 5급 이하(연구사 · 지도사 포함)
• 그 외 임기제 및 우정직</td></tr>
<tr><td>• 4급 이상(연구관 · 지도관 포함)
• 4급 이상 일반임기제
• 5급 이하 및 우정직 가능</td></tr>
<tr><td>특정직</td><td colspan="2">• 직종별 개별 법령에 의함[1]</td></tr>
<tr><td>정무직</td><td>• 차관 등 부기관장
(기관장의 판단에 따라 가능)</td><td></td></tr>
<tr><td>별정직</td><td>• 일반직 3 · 4급 상당</td><td>• 일반직 5급 상당 이하</td></tr>
<tr><td colspan="2">평정시기</td><td>• 연 1회</td><td>• 연 2회</td></tr>
<tr><td colspan="2">평정항목</td><td>• 성과목표달성도, 부서평가결과, 직무수행능력 중 하나 또는 그 이상</td><td>• 직무수행능력
• 근무실적
• 직무수행태도(필요시)</td></tr>
<tr><td colspan="2">공개 및 이의신청 등</td><td>• 공개 원칙
• 확인자에게 이의신청 가능</td><td>• 공개원칙
• 확인자에게 이의신청 가능
• 근평(소)위에 조정신청 가능</td></tr>
<tr><td colspan="2">평정결과 활용</td><td>• 각종 임용에 활용
• 보수(성과연봉, 성과급) 산정에 활용
• 제재(적격심사, 직권면직, 직위해제 등)에 활용</td><td>• 각종 임용에 활용
• 보수(성과상여금) 산정 및 특별승급 결정에 활용
• 제재(직권면직, 직위해제 등)에 활용</td></tr>
</table>

1. 특정직공무원은 각기 적용법령에 따라 평정제도를 달리하는데, 대체로 '성과계약 등 평가'와 '근무성적평가'의 구분 없이 직종별로 하나의 제도가 운영되고 있다. 대신에 계급이나 직위 등에 따라 평정요소 및 평정방법 등이 상이한 근무성적평정표가 활용되기도 한다(「경찰공무원 승진임용규정 시행규칙」 제5조, 「소방공무원 승진임용규정 시행규칙」 제5조, 「교육공무원 승진규정」 제17조 · 제28조의3).

따라 평정요소 및 평정방법 등의 평정체계를 달리하는 근무성적평정표가 활용된다. 특수경력직공무원 중 정무직공무원은 기관장의 판단에 따라 '성과계약 등 평가'가 가능하며, 별정직공무원은 일반직공무원의 상당 계급(직급)에 준하여 '성과계약 등 평가' 또는 '근무성적평가'의 적용을 받을 수 있다.

1) 성과계약 등 평가

(1) 성과계약 등 평가의 의의

'성과계약 등 평가'제도는 목표관리제(MBO)를 기반으로 한 성과평가제도의 하나이다. 이는 기관의 책임자와 실·국장(일부 과장급)이 성과목표와 지표 등에 관한 합의를 통해 공식적인 성과계약을 체결하며, 성과목표의 달성도 등 성과계약의 이행 정도를 상호 간 협의를 통해 평가하고, 그 결과를 성과급, 승진 등의 인사관리에 반영하는 제도이다.

'성과계약 등 평가'제도는 선진국의 고위공무원에 대한 성과계약제도를 본받은 것이다. 우리나라에서는 1999년에 4급 이상 공무원을 대상으로 목표관리제에 의한 근무성적평정제도가 도입되면서 성과평가제도가 본격적으로 시작되었다. 하지만 목표관리제의 형식적인 운영에 대한 비판이 제기되면서 「공무원 성과평가 등에 관한 규정」을 마련하였으며, 2008년부터는 개인의 성과목표달성도 평가뿐만 아니라, 부서운영평가결과 및 그 밖의 직무수행과 관련된 자질·능력 등에 대한 평가결과 중에서 평가항목을 자율적으로 정할 수 있도록 하였다. 또한 2010년에 들어 고위공무원단 소속 공무원의 성과계약 평가의 실효성 있는 운영을 위하여 성과평가와 성과연봉평가를 통합하는 등 성과평가방법의 개선이 이루어졌다.

(2) 성과계약 등 평가의 체계

평가자 및 확인자 성과계약 등 평가에서 평가자는 평가대상자의 업무수행활동이나 그 성과를 직접적으로 관찰할 수 있는 상급·상위 감독자 중에서 소속기관장이 지정한 자가 되며, 확인자는 평가자의 상급·상위 감독자 중에서 소속기관장이 지정한 자가 된다. 다만 평가항목의 특성에 따라 필요시 일부 평가항목에 대하여 평가자 혹은 확인자를 달리 정할 수 있으며, 외부 고객이나 타 부서 상급자 등을 평가자 혹은 확인자로 지정하거나 평가위원회나 평가단 등의 활용도 가능하다. 또한 평가자의 상급 또는 상위 감독자가 없는 경우에는 확인자를 지정하지 아니하거나, 경우에 따라서 평가자 또는 확인자를 2인 이상 지정할 수 있다.

평가대상자 성과계약 등 평가의 대상은 4급 이상 일반직공무원(고위공무원단, 연구관·지도관, 4급 이상 일반임기제공무원 포함), 기관장의 판단에 의한 차관 등 부기관장의 정무직공무원, 3급·4급 상당의 보수를 받는 별정직공무원 등이 될 수 있다. 또한 5

급(상당) 이하의 공무원이라도 과·팀장 등 부서장 직위를 담당하는 경우 등 소속기관장의 판단에 따라 성과계약 등 평가의 대상이 될 수 있다. 이들 중에서 평가대상기간 중 휴직·직위해제나 그 밖의 사유로 실제 근무한 기간이 2개월 미만인 경우에는 제외가 가능하다.

평가항목 성과계약 등 평가의 항목은 개인의 실적, 부서의 실적, 개인의 자질이나 능력 등을 포함한다. 개인의 실적은 개인의 성과계약에 따른 목표달성도, 부서의 실적은 부서 단위의 운영 평가결과(예: 정책만족도, 전화친절도 등), 개인의 자질이나 능력은 직무수행과 관련된 개인의 자질이나 능력에 대한 평가결과(예: 역량평가, 청렴도 평가 등)를 말한다. 이들 3개 평가항목 중에서 어느 하나 또는 그 이상으로 실제 평가항목을 자율적으로 정할 수 있다.

(3) 성과계약 등 평가의 절차

성과계약 등 평가는 전략계획 수립, 목표설정 및 성과계약 체결, 중간점검, 최종평가의 단계로 진행된다.

전략계획 수립 개인의 성과가 기관의 임무달성에 기여할 수 있도록 성과계약체결 이전에 조직차원에서 전략계획이 수립되어야 한다. 전략계획은 기관의 전략목표달성을 위해 수립하는 중·장기계획이며, 기관의 임무를 명확히 하고 이로부터 중·장기적인 전략목표를 설정하게 된다.

목표설정 및 성과계약 체결 각 기관의 전략계획이 수립되면, 그 전략목표와 유기적으로 연계되도록 개인의 성과목표를 평가자와 협의하여 설정한다. 이와 더불어 그 목표의 달성도를 측정하는데 필요한 평가지표 및 평가등급 등의 평가기준도 함께 결정하게 된다. 이러한 성과목표·성과지표 및 평가결과의 활용 등에 대하여 평가자와 평가대상자 간에 합의가 이루어지면 성과계약을 체결한다. 성과계약은 연초(보통 1월경)에 반드시 양자 간의 성과면담을 거쳐 대체로 1년 단위로 체결된다.

중간점검 평가자는 연초에 체결한 성과계약서를 토대로 평가대상자의 업무추진상황 및 환경변화에 대한 대응수준 등을 확인하기 위해 자체점검을 실시한다. 이는 보통 7~8월경에 실시하므로 중간점검이라 하며, 당초 수립한 성과목표의 정상적인 진행과 환경변화에 대한 적응성 확보, 조직 전체의 성과관리 등을 위해 이루어진다. 중간점검시 조직의 내·외적 요인으로 인하여 성과계약의 내용을 수정할 필요가 있는 경우에는 성과계약 체결당사자 간의 합의로 성과계약의 내용을 변경할 수 있다.

최종평가 최종평가는 평가자의 평가 및 확인자의 확인이라는 두 단계로 이루어진다(〈표 11-9〉 참고). 평가자의 평가는 12월 31일을 기준시점으로 하여 다음 연도 초(보통 1월 말~2월 초)에 매년 1회 실시된다. 평가자는 평가방향에 대해 사전에 확인자와 협의하고, 그 협의한 방향에 따라 실제 평가는 독자적으로 한다. 이 경우 평가자는 평가대상자와 일대일(一對一) 성과면담을 반드시 실시하여야 하며, 성과목표 · 지표별 결과와 주요 실적을 평가 · 기재하고, 업무추진실적 · 조직관리능력 · 기타 등에 대한 종합의견을 기록하며, 성과목표별 평가결과와 함께 개인의 자질 · 태도 등을 종합적으로 고려하여 최종등급을 결정한다. 최종등급은 '매우 우수, 우수, 보통, 미흡, 매우 미흡' 등과 같이 그 수는 3개 이상으로 하여야 한다.

확인자는 평가자가 작성한 최종 평가등급 및 평가의견의 적정성을 검토하고, 평가자의 관대화 및 엄격화 경향이나 평정오류 등을 점검한다. 경우에 따라서는 성과계약 등 평가의 객관성과 공정성 확보를 위하여 위원회를 구성 · 운영할 수 있다.

(4) 성과계약 등 평가의 결과 공개 및 조정

평가결과의 공개 성과계약 등 평가의 결과는 평가대상자 본인에게 공개하는 것이 원칙이지만, 기관별로 내부의 상황이나 직원의 의견수렴결과 등을 고려하여 달리 정할 수 있다. 공개를 원칙으로 정한 기관에서의 공개시점은 성과계약 등 평가가 완료된 이후가 된다. 여기서 성과계약 등 평가의 완료시점은 기관 내 모든 평가단위에서 평가자의 평가 및 확인자의 확인이 종료되어 평가단위별 평가결과가 인사담당부서에 제출된 이후의 시점이다.

평가결과에 대한 이의신청 및 조정 평가결과의 공개에 따라 평가자의 평가결과에 이의가 있는 평가대상자는 확인자(확인자를 지정하지 아니한 경우에는 평가자)에게 이의를 신청할 수 있다.

이의신청을 받은 확인자(또는 평가자)는 반드시 평가자와 협의하여 이의신청에 대한 심사 · 결정을 하여야 한다. 이의신청 내용이 타당하다고 판단하는 경우, 확인자는 평가자로 하여금 심사결과에 따라 해당 공무원의 평가결과(평가등급 · 점수, 평가의견 등)를 조정하도록 하며, 그 결과는 평가자를 거쳐 해당 공무원에게 통보된다. 확인자가 이의신청을 기각하는 경우에는 그 사유를 해당 공무원에게 설명하여야 한다.

표 11-9 최종평가서

□ 평가대상기간: 0000년도

	소속	직위	성명	서명
평가대상자				
평가자				
확인자				

No.	성과목표	평가지표			주요실적
		지표명(측정법)	목표점	결과	
1					
2					
3					
평가자 의견		※ 업무추진실적, 조직관리능력, 기타 등에 대해 기재			

최종등급	

작성일: . . .

※기타 성과목표별 실적

No.	성과목표	주요 실적
1		
2		

〈작성요령〉

※ 주의: 최종평가서는 각 부처 실정에 맞게 변경 가능하나, 공무원 인사 및 성과정보관리의 통일성을 위하여 '성과목표', '평가지표', '주요실적', '평가자 의견', '최종등급'은 반드시 포함되어야 함

1. 성과목표 및 평가지표
   ○ 당초 설정한 성과목표와 평가지표, 목표점을 그대로 기록하고, 지표별 측정결과를 기록
2. 주요실적
   ○ 핵심 성과목표 및 평가지표를 달성하기 위해서 당해 연도에 추진한 핵심활동을 간결하게 기록
   * '주요실적'은 핵심사항 위주(실무적이고 지엽적인 사항 기술 금지)로 3건 이내로 하여 피평가자 본인이 직접 작성
3. 평가자 의견 (평가자 작성)
   ○ 평가대상자의 업무추진실적, 조직관리능력, 기타 등에 대하여 기재
   * 실적과 능력에 대한 평가의견은 구분 작성이 곤란하여 종전의 '실적에 대한 평가의견란', '능력에 대한 평가의견란'을 통합
4. 최종등급 (평가자 작성)
   ○ 평가대상자의 자질과 태도, 성과계약서와 자체 성과기록, 정책평가결과 등을 종합적으로 고려하여 성과계약등 평가 최종등급 결정
5. 기타 성과목표별 실적
   ○ 성과목표를 달성하기 위해서 당해연도에 추진한 핵심활동을 간략히 기록
   * 핵심 성과목표를 제외한 기타 성과목표에 대하여는 평가지표란을 생략

자료: 인사혁신처, 「공무원 성과평가 등에 관한 지침(인사혁신처예규 제1호, 2014.11.19.)」

(5) 성과계약 등 평가의 결과 활용

성과계약 등 평가의 결과는 평가대상자의 성과급·성과연봉 결정을 위한 기초자료가 되며, 개인별 성과관리카드에 기록되어 승진·보직관리·임용추천·개방형 및 공모 직위 심사 등에 활용된다. 특히 고위공무원단 소속 일반직공무원은 성과계약 등 평가에서 (i) 최하위 등급의 평정을 총 2년 이상 받은 때와 (ii) 최하위 등급을 1년 이상 받은 사실이 있고 정당한 사유 없이 6개월 이상 직위를 부여받지 못한 사실이 있는 경우의 어느 하나에 해당하면 적격심사와 직위해제의 대상이 되며(「국가공무원법」 제70조의2·제73조의3), 적격심사 결과 부적격 결정을 받으면 직권면직이 가능하다(「국가공무원법」 제70조).

2) 근무성적평가

(1) 근무성적평가의 의의

성과계약 등 평가가 공무원의 성과목표달성도를 중심으로 하는데 반해, 근무성적평가는 공무원의 근무실적, 직무수행능력이나 태도 등을 종합적으로 평가한다. 여기서는 「공무원 성과평가 등에 관한 규정」에 따른 일반직공무원의 '근무성적평가'를 중심으로 그 실태를 살펴본다.

(2) 근무성적평가의 체계

평가자 및 확인자 근무성적평가에서 평가자는 평가대상자의 업무수행활동이나 그 성과를 직접적으로 관찰할 수 있는 상급·상위 감독자 중에서 소속기관장이 지정한 자가 되며, 확인자는 평가자의 상급·상위 감독자 중 소속기관장이 지정한 자가 된다. 다만 평가항목의 특성에 따라 필요시 일부 평가항목에 대하여 평가자 또는 확인자를 달리 정할 수 있으며, 외부 고객이나 타 부서 상급자 등을 평가자 또는 확인자로 지정하거나 평가위원회나 평가단 등의 활용도 가능하다. 또한 평가자의 상급·상위 감독자가 없는 경우에는 확인자를 지정하지 아니하거나, 평가자 또는 확인자를 2인 이상 지정할 수 있다.

평가대상자 근무성적평가는 성과계약 등 평가의 적용을 받지 않는 공무원, 즉 5급 이하 일반직공무원(연구사·지도사, 4급 이상 일반임기제공무원 외의 임기제공무원, 우정1급 이하 우정직공무원 포함) 및 일반직 5급 이하에 상당하는 보수를 받는 별정직공무원이 그 대상이다. 이들 중에서 평가대상기간 중 휴직 · 직위해제나 그 밖의 사유로 실제 근무기간이 1개월 미만(연 1회 근무성적평가를 실시하는 경우는 실제 근무기간이 2개월 미만)인 경우에는 제외가 가능하다.

평가항목 · 요소 근무성적평가의 항목은 근무실적과 직무수행능력을 기본으로 하되, 필요시 직무수행태도(예: 무단결근, 무단조퇴, 지각, 의무위반, 대민 불친절 및 민원 야기 등) 또는 부서 단위의 운영평가결과(예: 정책만족도, 민원만족도, 전화친절도 등)를 추가할 수 있다. 근무성적평가의 총점은 근무실적과 직무수행능력의 기본항목에 대하여 100점을 만점으로 하며, 근무실적과 직무수행능력 중 어느 하나의 비율이 70%를 넘지 않아야 한다. 또한 직무수행태도 또는 부서단위의 운영평가결과를 추가항목으로 지정한 경우, 직무수행태도는 10% 이내 그리고 부서단위 운영평가는 20% 이내로 한다.

근무실적에 대한 평가는 매년 초에 수립한 성과계획서 및 해당기간 동안의 업무실적 등을 참고하여 성과목표(단위과제)별 또는 세부 평가요소별로 실시되는데, 각 성과목표(단위과제) 또는 평가요소의 평가등급은 '매우 미흡(①)-미흡(②)-보통(③)-우수(④)-매우 우수(⑤)'의 5단계로 구성된다. 또한 직무수행능력에 대한 평가는 주로 세분화된 평가요소별로 이루어지는데, 예를 들면 기획력, 의사전달력, 협상력, 추진력, 신속성, 팀워크, 성실성, 고객 · 수혜자지향 등의 평가요소로 구분되고, 각 평가요소에 대한 평가등급은 '전혀 그렇지않다(①)-거의 그렇지않다(②)-가끔 그렇다(③)-자주 그렇다(④)-항상 그렇다(⑤)'의 5단계로 구성된다.

평가시기 근무성적평가는 정기평가와 수시평가로 나눌 수 있다. 정기평가는 6월 30일과 12월 31일을 기준으로 연 2회 실시함이 원칙이나,[8] 필요한 경우 정기평가 기준일을 달리 정하거나 정기평가를 연 1회 실시할 수 있다. 반면에 수시평가는 승진후보자 명부의 조정 사유가 발생한 경우에 승진후보자 명부 조정일 현재를 기준으로 실시한다.

(3) 근무성적평가의 절차

근무성적평가의 절차는 평가대상자의 성과목표 설정, 평가자의 평가, 평가단위에서의 평가 및 근무성적평가위원회의 평가로 크게 구분된다(「공무원 성과평가 등에 관한

8) 특정직공무원의 정기평정은 직종별 적용법령에 따라 차이가 있다. 예컨대 경찰공무원은 매년 10월 31일을 기준으로 연 1회, 소방공무원은 매년 6월 30일과 12월 31일을 기준으로 연 2회, 교육공무원은 매 학년도 종료일을 기준으로 연 1회 실시한다.

제5편 인적자원의 개발

지침」).

목표설정 및 성과계획서 작성 매년 초 평가대상자는 기관의 목표 등을 기초로 평가자와 확인자와의 면담 및 협의를 거쳐 성과목표 등을 설정한다. 이 경우 성과목표는 상급·상위자의 성과목표를 실현하기 위한 세부과제로 선정하며, 업무의 특성상 성과목표를 설정하기 곤란한 경우에는 단위과제를 선정할 수 있다. 이러한 절차를 거쳐 평가대상자는 평가자와 함께 성과계획서를 작성한다.

평가자의 평가 평가자는 평가대상자의 업무수행상황을 분기별로 점검하여 주기적 성과기록을 작성·관리한다. 또한 평가자는 성과계획서, 주기적 성과기록 등을 참고하여 평가를 실시하기 전에 평가대상자와 성과면담을 실시하고, 그 결과를 기록한다. 이러한 성과면담결과를 참고하여 최종평가시 '종합평가의견란'에 그 내용을 기재한다.

평가자는 평가실시 이전에 평가방향에 대하여 확인자와 협의하고, 그 협의한 방향에 따라 실제 평가는 독자적으로 한다. 평가자는 평가항목·요소별로 평가를 실시하고, 이들 점수를 합산한 종합평가점수와 3개 등급 이상으로 구분·평가한 종합평가등급을 부여하며, 평가대상자의 업무추진실적, 조직관리능력, 기타 등에 대한 종합평가의견을 기재한다(〈표 11-10〉 참고).

평가단위에서의 평가 평가단위는 조직 전체의 평가결과에 따른 조정을 용이하게 하기 위해 직무의 유사성, 직급별 인원수 등을 고려하여 기관장이 정한다. 평가단위에서의 확인자는 평가자가 평가한 평가등급 등을 확인하고, 평가자와 함께 '평가단위별 평가결과'를 작성하여 근무성적평가위원회에 제출한다. 이 경우 평가자가 평가한 동일 평가대상자 집단에 속하는 자의 순위를 바꿀 수 없다. 평가단위에서의 평가등급은 평가자와 확인자가 평가단위 내 순위를 조정하면서 부여한 등급을 기재하되, 평가등급의 수는 3개 이상으로 하며, 최상위등급의 인원은 평가단위별 인원수의 상위 20%, 최하위등급의 인원은 하위 10%의 비율로 분포되도록 한다. 다만 필요한 경우 최상위등급 및 최하위등급의 인원의 비율을 달리 정할 수 있다.

근무성적평가위원회에서의 평가 근무성적평가의 점수를 최종적으로 정하고 근무성적 평가결과의 조정·이의신청 등에 관한 사항을 처리하기 위하여 승진후보자명부 작성 단위기관별로 근무성적평가위원회가 설치·운영된다. 근무성적평가위원회는 평가대상자의 상급·상위 감독자 중에서 임용(제청)권자가 지정하는 5인 이상의 위원으로 구성하되, 평가대상자의 상급·상위 감독자 수가 부족한 경우에는 2인 이상으로 가

표 11-10 성과평가서

□ 평가대상기간:

성 명	소 속	직 위	직 급	현 직급 임용일	현 보직일

1. 담당업무

2. 근무실적 평가(50점)

연번	성과목표 또는 단위과제	업무 비중 (%)	주요 실적	평가결과(예시) 성과산출실적 또는 과제해결정도	소계점수
1				① ② ③ ④ ⑤	
2					
3					
추가업무					
총점					

1) 추가업무는 연초에 성과계획을 수립한 이후에 추가된 업무를 의미
2) 각 평가요소별로 매우 미흡(①)-미흡(②)-보통(③)-우수(④)-매우 우수(⑤)의 5단계로 평가하되, 매우 미흡(①)은 당초 계획을 현저히 미달한 경우, 미흡(②)은 당초계획을 미달한 경우, 보통(③)은 당초 계획을 달성한 경우, 우수(④)는 당초 계획을 초과한 성과를 달성한 경우, 매우 우수(⑤)는 획기적인 성과를 달성한 경우에 부여하도록 함

3. 직무수행능력 평가(50점)

연번	평가 요소	요소별 배점	정의		소계 점수
1	기획력	9점	• 창의적인 시각을 가지고 문제를 예측하고 실행가능한 계획을 만든다. • 효과적인 설명이 가능하도록 일목요연한 계획을 만든다.	① ② ③ ④ ⑤	
2	의사 전달력	6점	• 표현이 간결하면서도 논점이 빠지지 않도록 문서를 만든다. • 논리적이면서 설득력 있는 말로 설명을 한다.	① ② ③ ④ ⑤	
3	협상력	6점	• 상대방의 의도를 적절히 파악하여 자신의 입장을 설득한다. • 서로 상반되는 이해관계에 대하여 효과적으로 조정을 한다.	① ② ③ ④ ⑤	
4	추진력	5점	• 맡은 업무에 책임감을 가지고 목적한 바를 완수한다. • 열정을 가지고 환경적인 불리함을 극복한다.	① ② ③ ④ ⑤	
5	신속성	5점	• 계획된 일정에 따라 지연됨이 없이 일을 처리한다. • 주어진 과제에 대한 집중력을 가지고 예상되는 소요시간보다 빨리 일을 처리한다.	① ② ③ ④ ⑤	
6	팀워크	8점	• 타인을 존중하며 팀원들과 협조적인 분위기를 만든다. • 타인의 적절한 요구와 건설적인 비판을 수용한다.	① ② ③ ④ ⑤	
7	성실성	5점	• 지각 · 조퇴 · 결근 등 조직운영에 장애가 되는 행위를 하지 않는다. • 맡은 업무 및 조직의 발전에 헌신적인 자세를 갖는다.	① ② ③ ④ ⑤	
8	고객 · 수혜자지향	6점	• 업무와 관련하여 국민이나 내부 수혜자(다른 공무원)가 원하는 바를 이해하며, 그들의 요구를 충족하도록 배려하는 능력	① ② ③ ④ ⑤	
총점					

* 평가요소별로 '전혀 그렇지않다(①)-거의 그렇지않다(②)-가끔 그렇다(③)-자주 그렇다(④)-항상 그렇다(⑤)'의 5단계로 평가함

4. 종합평가

평가등급 및 점수	종합평가의견
	※ 업무추진실적, 조직관리능력, 기타 등에 대해 기재

평가자 직위(직급): 성명: 서명:
확인자 직위(직급): 성명: 서명:

자료: 인사혁신처, 「공무원 성과평가 등에 관한 지침(인사혁신처예규 제1호, 2014.11.19.)」

능하다.

근무성적평가위원회는 각 평가단위별 평가결과를 기초로 전체 평가대상자를 상대평가하여 순위를 정하고 등급을 구분하되, 그 등급의 수는 3개 이상으로 한다. 이 경우 동일 평가단위에 속하는 자에 대하여는 그 상호 간의 순위를 변경하여 평가할 수 없다. 근무성적 평가점수를 부여할 때는 동일한 등급 내에서는 평가점수 간 간격과 평가점수별 인원수가 균등하도록 하고, 평가점수가 평가등급별로 규정된 평가가능점수 전체에 고루 분포되도록 한다. 필요한 경우 달리 정할 수 있으나, 최상위 등급의 인원은 평가단위별 인원수의 상위 20%, 최하위 등급의 인원은 하위 10%의 비율로 분포되도록 한다.

(4) 근무성적 평가결과의 공개 및 조정

평가결과의 공개 평가결과의 공개제도는 공무원의 종류에 따라 그 내용이 약간씩 다르다.[9] 일반직공무원의 평가결과는 평가대상자 본인에게 공개하는 것이 원칙이지만, 기관별로 부처 내의 상황이나 직원 의견 수렴결과 등을 고려하여 달리 정할 수 있다. 공개를 원칙으로 정한 기관에서의 공개시점은 근무성적평가가 완료된 이후가 된다. 여기서 근무성적평가의 완료시점은 기관 내 모든 평가단위별 평가자의 평가 및 확인자의 확인이 종료되어 평가단위별 평가결과가 인사담당부서에 제출된 이후의 시점이다.

평가결과에 대한 이의신청 및 조정 본인에게 공개된 평가결과에 대하여 이의가 있는 평가대상자는 이의신청이 가능하다. 평가자의 평가결과에 이의가 있는 공무원은 확인자(확인자를 지정하지 아니한 경우에는 평가자)에게, 평가단위에서의 평가결과에 이의가 있는 공무원은 평가단위 확인자에게 이의를 신청할·수 있다.

확인자가 이의신청에 대한 결정을 할 때는 평가자와 협의하고, 평가단위 확인자가 이의신청에 대한 결정을 할 때에는 확인자 및 평가자와 협의하여야 한다. 이의신청 내용이 타당하다고 판단하는 경우에는 해당 공무원의 평가결과(평가등급 · 점수, 평가의견 등)를 조정할 수 있으며, 이의신청을 받아들이지 아니하는 경우에는 그 사유를 해당 공무원에게 설명하여야 한다. 이의신청 결과에 불복하는 공무원은 근무성적평가위원

9) 교육공무원의 경우는 평정대상자의 요구가 있는 때에 그 결과를 알려주도록 하고 있으며, 경찰공무원과 소방공무원의 경우는 근무성적평정의 결과를 공개하지 않는다.

회(또는 근무성적평가소위원회)에 평정결과의 조정을 신청할 수 있다.

(5) 근무성적 평가결과의 활용

근무성적 평가결과는 다양한 인사관리에 반영 · 활용되는데, 이를 크게 각종 임용에의 활용, 보수에의 활용, 기타 제재(制裁)에의 활용 등으로 나누어 살펴본다.

각종 임용에의 활용 실적제에서 공무원 임용은 시험성적, 근무성적, 그 밖의 능력의 실증에 따라 행해진다(「국가공무원법」 제26조). 따라서 근무성적은 '실적'의 한 지표로서 승진임용, 보직관리 및 배치전환, 수습직원과 시보공무원의 정규임용 등에 있어 중요한 기준이 된다.

보수에의 활용 근무성적은 보수에도 영향을 미치는데, 특히 근무성적이 우수한 자에 대하여는 상여금을 지급하거나 특별승급이 가능하다(「국가공무원법」 제51조제2항).

각종 제재에의 활용 근무성적은 공무원에 대한 각종 제재의 기준으로 활용된다. 시보공무원의 근무성적이 나쁘면 면직(제청)이 가능하며(「국가공무원법」 제29조), 재직자의 경우 근무성적이 불량하면 직위해제의 대상이 될 수 있으며, 직위해제로 대기명령을 받은 자에게는 능력 회복이나 근무성적 향상을 위한 교육훈련 또는 특별한 연구과제의 부여 등 필요한 조치가 취해진다(「국가공무원법」 제73조의3). 또한 직위해제로 대기명령을 받은 자가 그 기간에 능력 또는 근무성적의 향상을 기대하기 어렵다고 인정되면 직권면직이 가능하다(「국가공무원법」 제70조).

2. 근무성적평정의 과제

근무성적평정의 궁극적인 목적을 실현하기 위해서는 평정제도와 그 운영에서 나타나는 문제점이 개선되어야 한다. 여기서는 평정목적 · 용도, 평정체계 및 평정에 대한 의식 · 풍토 등의 측면에서 근무성적평정의 문제점과 개선방안을 살펴본다.

1) 근무성적평정의 문제점

(1) 평정목적 · 용도상 문제점

불명확한 목적 및 용도 우리나라 공무원의 근무성적평정은 「국가공무원법」을 비롯한 여러 법령에 근거하여 실시되고 있으나, 그 어느 규정에도 근무성적평정의 목적이 명확히 제시되지 않고 있다. 이와 같은 목적에 대한 명시적 규정의 부재는 근무성적평정의 기본방향을 모호하게 하여, 평정계획의 수립과 시행 및 결과 활용 등에 이르기까지 전반적인 제도의 운영을 올바르게 인도하지 못할 수 있다.

소극적 · 관리적 목적 및 용도 근무성적평정의 결과는 각종 임용, 교육훈련 및 보수, 제재(制裁) 등 다양한 인사행정의 기준으로 활용이 가능하다. 그럼에도 불구하고, 평정결과가 실제 사용되는 경우는 성과상여금 및 승진의 결정에 불과하다. 이처럼 평정결과가 미래지향적 측면에서 개인의 능력발전이나 조직의 효과성 제고에 활용되지 못함에 따라 '평정을 위한 평정'으로 전락되어 목표왜곡 내지 목표대치 현상이 초래되고 있다.

(2) 평정체계상 문제점

모든 평정제도는 그 자체에 내재된 한계를 지니고 있다. 평정자 및 확인자, 평정대상자, 평정항목 및 요소, 평정방법 등의 평정체계가 지니는 주요 문제점을 살펴보면 다음과 같다.

평정자 · 확인자의 자질과 태도 등 사람이 사람을 평정하기 때문에 평정자와 확인자의 자질 · 능력 · 태도 등이 평정결과에 직접적인 영향을 미친다. 가장 문제시되는 것은 평정자의 평정에 대한 자질과 능력의 부족인데, 이로 인하여 다양한 평정오류가 발생하여 평정의 타당성과 신뢰성 및 객관성뿐만 아니라 평정결과의 수용성마저 떨어뜨리는 결과가 나타나게 된다.

평정자의 자질 · 능력과 더불어 그 태도, 즉 '형식적으로 행하는 평정' 및 '주관이 개입된 평정'이 문제시될 수 있다. 형식적인 평정은 특히 역산제(逆算制) 관행과 관련이 있는데, 이러한 행태는 평정을 무의미하게 만들며 평정제도 자체를 형식화시켜 버린다. 또한 평정자의 주관이 개입된 평정은 평정의 신뢰성 · 객관성 및 공정성뿐만 아니라 평정결과의 수용성을 저하시키고 나아가 평정제도와 조직에 대한 불만과 불신을 초래하게 된다.

평정자뿐만 아니라 확인자(또는 제2차 · 제3차 평정자) 및 근무성적평가위원회도 평정의 타당성과 신뢰성 등에 영향을 준다. 확인자는 평정대상자를 잘 알지 못하고 확인에 자신이 없어서 평정자와 동일한 평점을 형식적으로 부여하거나 관대화 · 집중화 경향을 띠는 평정을 종종 하게 된다. 또한 근무성적평가위원회가 전체 평정대상자들을 잘 알지도 못하면서 상대적인 관점에서 평정결과의 순위, 등급 및 평점을 최종적으로 조정하는 것은 불합리한 면이 없지 않다.

평정대상자의 다양성과 저항 동일 직종이나 기관에 속하는 공무원이라도 담당직무가 다양할 뿐만 아니라 계급(직급)이나 연령 등이 다르기 때문에 모든 평정대상자를 일반적인 기준에 따라 통일적으로 평정하는 것은 바람직하지 않다. 또한 어떤 평정이라도 그 대상자는 평정결과에 대하여 불만이나 불신을 표시하고 비판과 저항을 하는 경우가 있기 마련인데, 특히 평정자와 사이가 좋지 않거나 그를 신뢰하지 않는 평정대상자는 평정의 객관성과 공정성에 더욱 강한 의문을 가질 수 있다.

평정요소 · 기준의 모호성 평정항목 · 요소가 모호하면 평정대상자의 근무성적을 정확히 평정할 수 없는 문제점이 발생한다. 현행 평정항목 · 요소들은 대체로 추상적이고 포괄적인 의미를 지니고 있는데, 그로 말미암아 평정자마다 그것에 대한 이해와 판단이 다를 수 있다. 이러한 평정지표의 모호성은 평정의 타당성에 근본적인 의문을 갖게 하고 평정의 신뢰성과 객관성을 저하시키는 결과를 초래한다.

평정항목 · 요소뿐만 아니라 평정등급의 평정기준도 불명확하다는 문제점이 있다. 각 평정요소에 대한 평가등급은 대체로 5단계로 이루어져 있는데, 각 등급에 해당하는 평정기준이 별도로 정해져 있지 않고 평정자의 주관적인 판단에 따르고 있다. 예컨대 '우수'와 '매우 우수'의 차이 또는 '가끔 그렇다'와 '자주 그렇다'의 차이 등은 평정자의 판단에 의존할 수밖에 없다.

(3) 평정에 대한 의식 · 풍토상 문제점

근무성적평정의 체계를 실제 운영하는 과정에서 공무원의 의식 · 행태 및 조직의 풍토 등이 문제가 될 수 있다. 평정에 대한 불신과 저항은 평정제도 자체보다는 그 운영상 정실 · 온정주의 행정문화와 연공서열 전통에 기인하는 바가 크다. 이는 근무성적보다는 인간관계, 재직기간이나 경력, 계급(직급), 권력부서 등이 평정에 더 큰 영향을 미치는 경우가 적지 않기 때문이다.

또한 공정한 평가와 합리적 차별을 인정하지 않는 잘못된 평등주의 사고로 인해 좋은 평점을 사람이나 부서별로 돌아가며 나누어 갖는 행태가 발생하고 있다. 이러한 부정적 행태는 표면상으로는 평등하지만 그 이면에는 실적이나 능력에 따른 합리적 차별을 인정하지 않는 의식에 기인한 것이다. 이와 같은 잘못된 관행과 행태는 평정을 무의미하게 만들며 평정제도 자체를 무력화(無力化)시키게 된다.

2) 근무성적평정의 개선방안

(1) 평정목적 · 용도상 개선방안

목적 및 용도의 명확화 근무성적평정의 근거가 되는 각종 법령에 평정의 목적과 용도 등을 명확히 제시할 필요가 있다. 평정목적의 명시적 설정은 평정의 기본방향을 분명하게 하여 평정계획의 수립과 시행을 용이하게 하고, 평정결과의 실제 활용도를 높이는데 도움이 된다.

목적 및 용도의 적극화 근무성적평정은 공무원 개인의 동기유발 및 능력 · 경력발전을 촉진하고, 인사행정에 필요한 정보를 제공하며, 궁극적으로 조직의 효과성 향상에 기여할 수 있어야 한다. 따라서 현재 승진후보자명부 작성 외에 실제 활용도가 낮은 평정결과를 개인의 능력발전, 조직의 능률향상 및 행정의 발전이라는 적극적 · 발전적 목적으로 활용하는 방안이 마련될 필요가 있다. 예컨대, 승진뿐만 아니라 교육훈련 수요파악, 적재적소 배치, 능력 · 성과에 따른 보수 결정, 경력발전, 자기계발, 동기부여 및 사기 앙양, 인적자원계획 수립, 조직의 성과 향상, 행정의 효율성 제고 등에 평정결과가 활용될 수 있어야 한다.

(2) 평정체계상 개선방안

평정자 · 확인자의 자질 향상 등 근무성적평정의 타당성, 신뢰성, 객관성 및 공정성을 확보하기 위해서는 평정자와 확인자의 자질 향상이 필요하다. 이들에 대한 교육훈련을 통하여 평정의 목적, 중요성 및 체계 등을 충분히 이해시키고 적합한 능력과 올바른 태도를 갖도록 함으로써 평정에서 발생할 수 있는 각종 오류를 줄여야 한다.

평정오류를 줄이기 위한 다른 방안은 한 사람의 평정자에 의존하는 방식을 보완하는 것이다. 현재 다면평가제가 마련되어 있으나, 인기투표 및 담합평정 등과 같은 폐해로 말미암아 실제 활용은 매우 한정적으로 이루어지고 있다. 하지만 다면평가는 평정의 신뢰성 · 객관성 · 공정성 등의 측면에서 상당한 장점이 있기 때문에 일정 부분만이라도 반영할 수 있도록 그 제도를 보완하여 활용하는 것이 바람직하다.

또한 평정자가 평정한 결과에 대한 확인 · 조정방식을 개선할 필요가 있다. 형식적인 수준에 그치고 있는 확인절차를 실질화하는 방안이 마련되어야 하며, 실제 근무성적과 무관하게 이루어지는 근무성적평가위원회의 조정도 근본적인 개선이 필요하다.

평가대상자의 구분 및 저항 극복 근무성적평정의 대상이 되는 공무원의 다양성을 고려한 평정체계의 구축·운영이 필요하다. 즉, 평정대상자의 실적·능력이나 태도를 일정한 기준에 따라 통일적으로 평정하기보다는 그의 직종뿐만 아니라 담당직무, 직위, 계급(직급) 등에 따라 평정자·확인자, 평정항목·요소, 평정등급 및 기준, 평정방법 등의 평정체계를 달리하여 적용하는 것이 합리적이다.

또한 평정에 대한 저항을 극복하기 위해서는 평정대상자를 평정과정에 실질적으로 참여시키는 방안이 모색될 필요가 있다. 단순히 자기평정서의 작성에 그치지 않고, 평정계획의 수립, 평정항목·요소의 선정, 평정기준의 설정, 평정방법의 결정, 평정결과의 활용 등의 과정에 일정한 참여기회를 부여함으로써 평정에 대한 공감대를 형성하고 평정의 수용성을 높일 수 있다. 특히 평정의 신뢰성과 공정성을 확보하고 평정대상자의 권익을 보호하기 위해서는 평정결과를 보다 적극적으로 공개하고 이의신청제도의 실효성을 높이는 노력이 필요하다.

평정요소·기준의 구체화 현재 추상적이고 포괄적인 평정항목·요소를 객관적이고 구체화하여 평정자의 주관적 판단을 최소화하도록 노력하여야 한다. 평정의 신뢰성과 객관성을 확보하기 위해서는 측정이 가능한 평정항목·요소를 선정하는 것이 좋은데, 특히 직무수행에 대한 평정의 경우 행태지향적인 지표를 활용하는 것이 그 예이다.

또한 평정등급을 명확히 정의·구분하고 각 등급에 대한 평정기준을 객관적으로 설정하여 평정자의 주관적인 판단에 의존하는 정도를 줄여야 한다. 예컨대 평정등급별 실적·능력이나 태도·행태 등의 사례를 제시하여 그에 해당하는 정도나 수준을 평정기준으로 삼는 방안이 그것이다.

(3) 평정에 대한 의식·풍토상 개선방안

근무성적평정은 실적주의에 기반을 둔 인사행정의 하나이기 때문에 무엇보다도 실적주의의 수용에 대한 올바른 문화가 형성되어야 한다. 아무리 완벽한 평정제도라 하더라도 구성원들의 의식과 조직풍토가 공정한 평가와 합리적 차별을 인정하지 않는다면 그 제도는 실효성이 잃게 된다. 따라서 공무원 모두가 정실·온정주의나 연공서열 등과 같은 비(非)합리적인 요소의 개입을 배척하고, 실적주의에 의거한 조직문화가 정착되도록 의식·행태 및 풍토를 바꾸어야 한다.

제12장

경력평정 및 가점평정

제1절 경력평정

1. 경력평정의 이해

경력(經歷)이란 직업상의 경험을 의미하며, 그것을 체계적이고 종합적으로 평가하여 결정하는 것이 경력평정이다. 이러한 경력평정은 경력과 직무수행능력 간에 연관성이 있다는 전제하에 그 효용성이 있다. 즉, 한 사람의 직업상 경험의 종류와 그 수준을 알면 그의 직무수행능력을 예측할 수 있게 된다(이종수, 2000: 20). 이로 인해 경력은 직무수행능력에 대한 평정지표의 하나로 간주되며, 경력평정의 결과는 승진, 승급, 보수 등 인사행정의 중요한 기준으로 활용되고 있다.

경력평정은 계량화된 점수로 산출되기 때문에 주관적 편견이나 정실의 개입 여지가 없어 평정의 객관성이 보장된다. 또한 연공서열 중심의 평정이 이루어지기 때문에 조직의 안정성과 행정의 계속성 · 일관성 확보에 도움을 주며, 직업공무원제의 확립에 기여한다는 순기능이 있다.

하지만 경력평정은 우수인재의 발탁 · 등용을 저해하는 요인으로 작용하며, 선임순위의 중시로 행정의 비능률을 야기할 수 있다. 또한 기관장의 인사권을 제약하여 부하통솔에 어려움을 주고, 공직사회의 침체화 · 보수화 및 관료주의화를 초래할 수 있다.

2. 우리나라의 경력평정

1) 경력평정의 법적 근거

우리나라의 경력평정은 공무원의 직종 및 계급(직급) 등에 따라 그 근거법규를 달리한다. 일반직공무원의 경력평정은 「공무원 성과평가 등에 관한 규정」의 적용을 받으며, 특정직공무원은 각 직종의 적용법령에 구체적인 사항이 명시되어 있다.[1] 여기서는 「공무원 성과평가 등에 관한 규정」 및 「공무원 성과평가 등에 관한 지침」에 따른 일반직공무원의 경력평정에 관한 사항을 살펴본다.

2) 경력평정의 체계

(1) 경력평정의 확인자

경력평정은 소속공무원의 평정업무를 담당하는 실무담당자에 의해 실제 산출되지만, 그 결과에 대해 확인하는 절차를 두고 있다. 경력평정의 확인자는 각급 기관의 인사담당관이 되며, 필요시 달리 지정되기도 한다.

(2) 경력평정의 대상

평정대상자 경력평정은 실적제의 적용을 받는 경력직공무원에게 적용된다. 일반직공무원의 경우, 성과계약 등 평가의 대상이 되는 공무원은 제외되고, 평정기준일 현재 승진소요 최저연수에 도달한 5급 이하 공무원(우정2급 이하 우정직공무원 포함) 및 연구사 · 지도사가 그 대상이다.

평정대상경력 평정대상이 되는 경력은 크게 '공무원 경력'과 '기타 경력'으로 구분된다. 공무원 경력은 공무원의 신분으로 실제 직무에 종사한 경력이며, 이는 갑(甲)경력, 을(乙)경력, 병(丙)경력 및 정(丁)경력으로 나누어진다. 각 경력의 구체적인 내용은 다양하며, 각기 적용되는 환산율에서 차이가 있다.

기타 경력은 공무원 경력 외의 박사학위 소지 경력, 자격증 소지 경력, 정부투자기관 · 민간기업 등의 근무경력을 포함한다. 이들 기타 경력의 각각은 평정대상자의 직

1) 예컨대 외무공무원은 「외무공무원 임용령」, 교육공무원은 「교육공무원승진규정」, 경찰공무원은 「경찰공무원 승진임용 규정」, 소방공무원은 「소방공무원 승진임용 규정」, 군인은 「군인사법」 및 각 군별 규정에 명시되어 있다.

급(계급)에 따라 정해진 비율을 달리 적용하여 환산 · 산입된다.

(3) 경력평정의 시기

경력평정은 근무성적평가의 시기와 동일하게 이루어진다. 즉, 정기평정은 6월 30일과 12월 31일을 기준으로 연 2회 실시함을 원칙으로 하며, 근무성적평가의 기준일이 달리 정해지면 경력평정도 그에 따르고, 근무성적평가에 따라 연 1회 실시도 가능하다. 한편 수시평가는 승진후보자명부의 조정 사유가 발생한 경우에 정기평정 기준일 현재를 기준으로 실시된다.

3) 경력평정의 절차

경력평정의 절차는 경력평정 가능기간의 결정, 경력평정 대상기간의 산정, 환산경력기간의 계산 및 경력평정점수의 산출로 이루어진다.

(1) 경력평정 가능기간의 결정

경력평정 가능기간이란 정기평정 기준일부터 승진소요 최저연수 이상의 범위에서 소속기관장이 정한 기간을 말한다. 예컨대 일반직공무원의 경우, 5급은 4년 이상, 6급은 3년 6개월 이상, 7 · 8급은 2년 이상, 9급은 1년 6개월 이상이다. 이러한 경력평정 가능기간에 속한 공무원이 실제로 평정대상자가 된다.

(2) 경력평정 대상기간의 산정

경력평정 대상기간은 경력평정 가능기간 중 실제로 직무에 종사한 기간을 말한다. 즉, 경력평정 가능기간에 속한 공무원이 휴직, 직위해제, 정직 등으로 직무에 종사하지 아니한 기간은 경력평정에서 제외되며, 이처럼 경력평정 가능기간 중 경력평정 제외기간을 뺀 나머지 기간이 경력평정 대상기간이 된다.

(3) 환산경력기간의 계산

경력평정 대상기간 내에 있는 모든 경력이 일단 평정의 대상이 되지만, 이들 경력을 모두 같은 비중으로 삼아 일률적으로 적용하는 것은 합리적이지 않다. 이는 경력의 종류, 양적 크기, 질적 수준 등 다양한 특성에 따라 그 상대적인 가치가 서로 다를 수 있기 때문이다. 우리나라에서는 '환산율'의 개념을 활용하여 경력의 상대적인 가치에 대한 평정기준을 제시하고 있다.

공무원 경력은 갑·을·병·정으로 구분하고, 갑경력은 10할, 을경력은 8할, 병경력은 6할, 정경력은 3할의 환산율이 적용된다. 박사학위 소지 경력, 자격증 소지 경력 및 정부투자기관·민간기업 등의 근무경력은 평정대상자의 직급(계급)에 따라 각기 다른 환산율이 정해져 있다.[2)]

경력평정 대상기간에 속한 각 경력에 해당되는 환산율을 적용하면 각 환산경력기간이 산정되며, 각 환산경력기간을 월(月)로 계산하면 환산경력월수가 산출된다. 각 경력의 환산경력월수에서 15일 이상은 1월로 계산하며 15일 미만은 계산에 넣지 않고, 이들을 합산하면 총(總)환산경력월수가 도출된다.

(4) 경력평정점수의 산출

총환산경력월수에 해당되는 월경력평정점을 곱하면 경력평정점수가 산출한다. 월경력평정점은 계급(직급)에 따라 조견표로 제시되어 있으며, 경력평정점수의 총점은 30점을 만점으로 한다.

4) 경력평정결과의 제출 및 열람

경력평정점수가 최종적으로 산출되면 경력·가점평정표를 작성하며, 확인자는 경력·가점평정표의 부본(副本)을 승진후보자명부 작성권자에게 제출하여야 한다. 또한 평정대상자의 요구가 있는 때에 본인의 평정표를 열람시켜야 하며, 오류가 있으면 확인자는 지체 없이 정정하여야 한다. 이러한 경력평정의 결과는 근무성적평정의 결과와 마찬가지로 소청의 대상이 아니다.

2) 박사학위 소지 경력의 환산율은 5급 공무원 8할이지만 6급 이하 공무원 10할이다. 자격증 소지 경력의 환산율은 바로 상위 직급의 경력경쟁채용기준을 초과하는 경력은 10할이며 해당 직급의 경력경쟁채용기준을 초과하는 경력은 8할이다. 반면에 정부투자기관·민간기업 등 근무경력의 경우 6할의 환산율을 일률적으로 적용한다.

제2절 가점평정

1. 가점평정의 이해

가점평정이란 추가적인 점수가 부여되는 평정을 말한다. 즉, 일정한 요건 및 각 요건별 점수를 정해 놓고, 그에 해당하는 공무원에 대하여 근무성적평정과 경력평정의 점수와는 별도로 승진평정시 해당 점수를 가산해주는 평정이다. 이러한 가점평정은 주로 우수한 직무능력, 탁월한 근무실적, 업무혁신 등에 대한 포상의 차원에서 이루어진다. 이를 통해 해당 공무원에게 인사상 혜택을 부여함으로써 사기를 진작하고, 전체 공무원의 근무유인을 촉진하려는데 가점평정의 목적이 있다.

2. 우리나라의 가점평정

1) 가점평정의 법적 근거

우리나라의 가점평정은 공무원의 직종 및 계급(직급) 등에 따라 그 근거법규를 달리한다. 일반직공무원의 경우「공무원 성과평가 등에 관한 규정」의 적용을 받으며, 직무 관련 자격증 소지, 특정 직위 및 특수지역에서 근무경력, 업무혁신 등 공적 사항, 그 밖에 직무의 특성 및 공헌도 등을 고려하여 가점을 부여할 수 있도록 규정되어 있다(제27조).[3)]

2) 가점평정의 체계

(1) 가점평정의 대상

평정대상자 경력평정은 실적제의 적용을 받는 경력직공무원에게 적용된다. 가점평정의 구체적인 적용대상과 범위 등은 경력직공무원의 직종에 따라 차이가 있지만,

3) 특정직공무원의 가점평정은 직종별 개별 법령의 적용을 받는다. 예컨대 외무공무원은「외무공무원임용령」, 교육공무원은「교육공무원승진규정」, 경찰공무원은「경찰공무원 승진임용 규정」, 소방공무원은「소방공무원 승진임용 규정」, 군인은「군인사법」및 각 군별 규정에 명시되어 있다.

표 12-1 가점평정의 항목 및 범위 등

가점항목	가점범위 (총 5점+)	부여기준	비고
직무관련 자격증	1점 내	• 해당계급: 0.7점 이내 • 하위계급: 0.3점 이내	• 당해 계급 우선 고려
특수지 근무	1점 내	• 가 · 나급: 월 0.04점 이내 • 다급: 월 0.03점 이내 • 라급: 월 0.02점 이내	
특정직위 근무 (자체감사, 고충처리, 전문직위, 교류 등)	1점 내[1]	• 근무기간: 월 0.03점 이내	• 당해 직위에 1년 이상 근무시
실적우수 (업무혁신 등)	1점 내	• 평정대상기간: 0.25점	• 1회성이 아닌 지속성 유인
기타 (직무특성 등)	1점 내	• 격무 · 기피부서 및 원격근무(스마트워크) 근무자, 인사교류자, 국정과제 등의 실적 우수자, 협업 활성화 기여자 등에 대해 부여	

1.「공무원임용령」 제43조의3제3항에 따른 전문직위에 일정기간 이상 근무한 사람에 대해서는 반드시 가점을 부여하도록 하고 있으며, 이 경우 특정직위 근무 가점의 범위는 1점을 초과할 수 있다(「공무원 성과평가 등에 관한 규정」 제27조제1항).

자료: 인사혁신처,「공무원 성과평가 등에 관한 지침(인사혁신처예규 제1호, 2014.11.19.)」

일반직공무원의 경우 성과계약 등 평가의 대상이 되는 공무원은 제외되고, 평정기준일 현재 승진소요 최저연수에 도달한 5급 이하 공무원(우정2급 이하 우정직공무원 포함) 및 연구사 · 지도사가 그 대상이다.

평정대상항목 가점평정이 가능한 항목 및 각 항목의 범위와 부여기준 등의 예를 보면 〈표 12-1〉과 같다.

가점평정의 항목은 크게 직무와 관련된 자격증의 소지 여부, 특수지역에서의 근무경력, 특정 직위에의 근무경력, 근무성적평가 대상기간 중의 업무혁신 등 실적 우수사항, 그 밖에 직무의 특성 및 공헌도 등이다. 평정항목별 가점의 범위와 부여기준은 해당 기관의 인력운영상황을 고려하여 자율적으로 정할 수 있다. 다만, 특별한 경우를 제외하고는 하나의 기준이 전체 가점의 일정 비율(예: 20%)을 넘지 않도록 하는 등 특정 가점항목에 대하여 반영비율이 지나치게 편중되지 않아야 한다.

(2) 가점평정의 시기

가점평정은 경력평정과 더불어 정기 혹은 수시로 실시된다. 정기평정은 근무성적평가와 마찬가지로 6월 30일과 12월 31일을 기준으로 연 2회 실시함을 원칙으로 하며, 근무성적평가의 기준일이 달리 정해지면 가점평정도 그에 따르고, 근무성적평가에 따라 연 1회 실시도 가능하다. 한편 수시평정은 승진후보자명부의 조정 사유가 발생한 경우에 정기평정 기준일 현재를 기준으로 실시한다.

제13장

교육훈련

제1절 교육훈련의 이해

1. 교육훈련의 의의 및 목적

1) 교육훈련의 의의

교육훈련이란 공무원의 능력이나 자질 및 의식·태도 등을 발전적으로 변화시키는 체계적인 과정이나 활동이다. 교육과 훈련을 엄밀히 구분한다면, 교육은 새롭고 일반적인 지식이나 기술을 습득하도록 하는 것을 의미하며, 훈련은 직무와 관련된 지식이나 기술을 익혀서 사용할 수 있게 하는 것이라 할 수 있다. 이처럼 교육과 훈련은 상호 밀접하게 관련되기 때문에 보통 두 개념을 구별하지 않고 하나로 묶어 교육훈련으로 지칭한다.

2) 교육훈련의 목적 및 효용

교육훈련은 조직구성원의 능력·자질 및 의식·태도 등을 바람직한 방향으로 변화시키는 것을 목적으로 한다. 이러한 개인의 변화를 통해 궁극적으로 조직의 목표달성 및 발전을 도모하고자 하는 것이 교육훈련이다. 따라서 교육훈련의 목적은 일차적으로 공무원 개인의 변화와 발전을 이루고 이를 통해 정부조직의 생산성과 행정능률을 향상시키는데 있다고 할 수 있다. 이러한 관점에서 교육훈련의 필요성이나 효용을 개인 차원과 조직 차원으로 나누어 살펴보면 다음과 같다.

(1) 개인 차원에서의 필요성과 효용

공무원 개인에 대한 교육훈련의 필요성이나 효용은 교육훈련의 내용에 따라 다르지만, 직무수행능력을 배양하여 자기성장욕구를 충족시킬 수 있다는 점은 공통적이다.

공직에의 적응 신규채용(후보)자의 경우 공직에 대한 이해를 높이기 위해 교육훈련이 필요하다. 이 경우 교육훈련은 공직에 관한 일반 정보를 제공함으로써 빠른 시일내에 새로운 환경에 익숙해지는데 도움이 된다. 이처럼 교육훈련은 신규채용(후보)자에게 공직 환경에 신속히 적응하게 함으로써 조직에 대한 친근감과 공직생활의 안정감을 갖도록 한다.

직무에의 적응 신규채용되거나 새로운 직위에 배치된 경우 해당 직무를 곧바로 능숙하게 처리하는 것은 쉬운 일이 아니다. 따라서 새로운 직무에 관한 기본 지식과 기술 등을 습득하는데 도움을 주기 위해 교육훈련이 필요하다. 이처럼 교육훈련을 통해 능력향상에 필요한 지식과 기술을 획득하도록 함으로써 직무수행에서의 만족감과 성취감을 높이고 불평과 불만, 결근 및 이직률 등을 줄일 수 있다.

경력발전 촉진 현재 직무에의 적응에서 더 나아가 승진 등과 같은 장기적인 경력발전을 촉진하기 위해서 교육훈련이 필요하다. 승진이나 직위상승을 통한 만족스러운 공직생활은 교육훈련에 의한 능력발전에서 비롯된다. 따라서 교육훈련은 현재의 능력향상뿐만 아니라 미래지향적인 능력발전까지 도모한다는 점에서 장기적인 경력발전에 기여한다.

사기앙양 및 자기실현 공무원이 교육훈련을 통해 직무수행에 필요한 지식과 기술을 습득하여 일에 자신감을 얻게 되면 근무의욕이 향상될 수 있다. 특히 교육훈련이 경력발전의 기회와 연결될 때 공무원의 사기는 더욱 진작되며, 이로 인해 공무원은 자기발전 및 자기실현의 동기를 얻을 수 있다.

(2) 조직 차원에서의 필요성과 효용

교육훈련은 일차적으로 공무원 개인의 능력을 발전시키고, 이를 통해 조직역량과 행정수준의 향상을 도모한다.

인적관리 개선 교육훈련을 잘 받은 공무원은 자기 스스로 업무를 수행할 능력을 갖추게 되므로 그만큼 통제나 감독의 필요성이 줄어든다. 이처럼 교육훈련은 공무원 개인의 자율성을 배양하는 기회를 제공하며, 정부조직의 입장에서는 통제나 감독에 소요되는 비용을 줄이는 효과가 있다.

조직역량 제고 조직의 안정성과 융통성 및 환경변화에의 대응성 등을 높이기 위하여 교육훈련이 필요하다. 조직의 안정성은 소모된 인력을 보충할 수 있도록 교육훈련을 받은 인력이 얼마나 있는가에 의존하며, 조직의 융통성은 단기적인 업무변동에 따라 옮겨 쓸 수 있도록 교육훈련을 받은 인력이 얼마나 있는가에 달려 있다(오석홍, 2013: 264). 또한 행정환경과 행정기능의 변화에 적극 대비·적응하는 능력을 향상시키는데 교육훈련의 필요성과 효용이 있다.

행정수준 향상 공무원이 교육훈련을 통해 직무에 익숙해지면, 직무수행상 사고나 과오가 줄어들 뿐만 아니라 행정의 낭비와 비효율성이 감소될 수 있다. 또한 적절한 교육훈련은 공무원의 직무수행능력 향상을 가져와 조직 전체의 생산성을 증대시킬 수 있다. 나아가 교육훈련으로 공직사회에 새로운 가치관·태도 및 지식·기술 등이 흡수되어 행정의 개혁과 발전이 이루어질 수 있다.

2. 교육훈련의 종류

공무원의 교육훈련은 다양한 기준에 따라 여러 가지로 구분될 수 있다. 여기서는 교육훈련의 대상 및 장소를 기준으로 그 종류를 살펴본다.

1) 대상에 따른 분류

공무원의 교육훈련은 신규채용(후보)자뿐만 아니라 실무자, 감독자, 관리자, 고위공무원 등에 이르기까지 각 계층의 재직자가 직무를 수행하는데 필요한 지식과 기술 등을 습득하도록 한다.

(1) 신규채용(후보)자 교육훈련

신규채용(후보)자를 대상으로 하는 교육훈련은 그들로 하여금 공직에의 적응능력을 배양하기 위한 적응(適應)교육훈련이다. 이는 공직에 관한 기본정보, 공무원으로서 지녀야 할 기초소양, 담당한 직무에 필요한 지식·기술·태도 등에 중점을 두고 실시된다.

(2) 재직자 교육훈련

재직공무원을 대상으로 하는 교육훈련은 보수(補修)교육훈련이라 하며, 공무원이 현재 담당하고 있거나 장래에 담당할 직무의 수행능력을 향상시키는데 도움을 주기 위한 것이다. 이러한 교육훈련은 새로운 지식 · 기술 및 법령이나 제도의 습득과 이해, 근무태도와 가치관의 개선, 문제해결능력 및 변화대응력의 향상, 공무원 상호 간의 협동심이나 책임감의 함양 등에 중점을 두고 정기 또는 수시로 실시하게 된다.

재직자 교육훈련은 대상 공무원의 계급(직급)에 따라 실무자 교육훈련, 감독자 교육훈련, 관리자 교육훈련, 고위공무원 교육훈련 등으로 구분이 가능하다. 실무자 교육훈련은 실제 현장에서 업무를 수행하는데 필요한 능력을 배양하는데 목적이 있으며, 감독자 교육훈련은 실무자를 감독, 지휘, 통솔을 행하는 담당(계장)이나 과장 등을 대상으로 감독 업무와 책임에 관한 지식, 인간관계, 의사전달, 부하에 대한 지도 및 훈련, 사무관리 및 능률개선 등에 중점을 둔다.

관리자 교육훈련은 특정 부서의 업무를 총괄하는 지위에 있는 실 · 국장급 공무원이 주로 대상이 되는데, 정책집행, 협의 및 조정, 감독 및 통제, 문제해결 등과 관련된 능력의 향상을 도모한다. 한편 고위공무원 교육훈련은 주로 정책결정과 지휘업무를 담당하는 최고관리층의 공무원을 대상으로 하며, 조직 전반에 관한 전문지식뿐만 아니라 정책결정과 관련된 역량을 제고하기 위해 필요한 분석력, 기획력, 조정력 · 통합력, 협상력, 지도력, 통찰력, 창의력 등을 함양하는데 그 목적이 있다.

2) 장소에 따른 분류

교육훈련은 직장 안이나 바깥에서 이루어지는데, 그에 따라 직장 내 교육훈련과 직장 외 교육훈련으로 구분된다. 이들과 함께 자기개발방식의 교육훈련이 있는데, 오늘날 평생교육의 확산에 따라 그 중요성이 크게 부각되고 있다.

(1) 직장 내 교육훈련

직장 내 교육훈련(on-the-job training: OJT)은 직장 내에서 실제 직무에 종사하면서 실시하는 교육훈련이다. 예컨대 상사가 부하에게 일을 시키거나 일을 진행하면서 가르치는 것이라고 할 수 있는데, 이는 일상적인 직무수행과정에서 실무 지식과 기술을 직접 지도하며 습득시키는 개별지도의 한 형태이다.

직장 내 교육훈련은 상사 중심의 개별적·실천적 방식에 의한 교육훈련으로서 별도의 시설이나 비용 부담 없이 실제 직무수행과정에서 간편하게 실시할 수 있다. 또한 직무에 대한 부하의 필요능력과 실제능력을 정확히 파악하여 부하의 직무수행능력을 효율적으로 향상시킬 수 있다. 더욱이 직장 내 교육훈련의 과정을 통하여 상사와 부하 간의 일상적인 인간관계의 개선, 부하의 근로의욕 증대 및 적응력 제고, 조직 내 질서의 유지 및 발전 등이 가능하다.

하지만 직장 내 교육훈련은 상사 중심의 교육훈련이기 때문에 상사의 능력과 기법 등에 따라 그 성과가 크게 달라지는 문제점이 있다. 또한 많은 사람을 동시에 교육훈련의 대상으로 삼기가 곤란하며, 고도의 전문 지식과 기술을 습득하는데 크게 도움이 되지 않는 교육훈련방식이다. 특히 직무수행과 교육훈련을 함께 감당해야 하는 공무원의 입장에서는 두 가지 모두에 소홀해질 가능성이 있다.

(2) 직장 외 교육훈련

직장 외 교육훈련(off-the-job training: Off-JT)이란 직장을 떠나 직무를 담당하지 않고 별도의 교육훈련장소에서 이루어지는 교육훈련을 말한다. 이러한 교육훈련은 주로 공무원인재개발기관에서 실시되지만, 외부의 민간교육훈련기관에 위탁하여 이루어지기도 한다.

직장 외 교육훈련은 주로 집합교육훈련의 성격을 갖기 때문에 다수를 대상으로 동시에 교육훈련이 가능하다. 대체로 현장 실무와 직접적인 관계를 갖지 않는 보편적인 내용, 즉 일반적인 직무수행에 대한 사고방식이나 태도, 인간관계, 의사결정기법 등을 습득하게 하는데 적합하며, 특히 전문 교수요원에 의한 높은 수준의 지식을 제공할 수 있다는 점에서 그 유용성이 있다.

하지만 직장 외 교육훈련은 내용적인 측면에서 형식화를 초래하여 그 결과를 실무에서 활용하는데 한계가 있을 수 있다. 또한 우수한 강사의 초빙 및 교육장소의 확보 등에 있어서 비용과 노력이 소요되며, 실제 직무수행 인력의 축소로 인해 직무수행에 차질이 초래될 우려가 있다.

(3) 자기개발 교육훈련

자기개발(self-development: SD)은 개인이 자기의 책임하에 자주적으로 직무수행능력을 개발하기 위하여 노력하는 것을 말하며, 이는 문제해결을 행함에 있어서 자기성장을 이룩해 가는 과정이라 할 수 있다(이원우, 2005: 185; 조보상 외, 2002: 165). 이러한 개인 중심의 자기개발방식은 오늘날 평생교육의 중요성이 증대됨에 따라 그 필요성이 점차 강조되고 있는 추세에 있다. 정부차원에서 공무원의 자기개발노력을 다방면으로 지원하기 위한 조치로서는 직무수행과 관련된 자격·면허의 취득 지원, 온라인 교육의 활성화, 각종 강좌수강료의 금전적 지원, 발표회·연수대회의 개최, 동아리 활동 지원, 외부 세미나·강연회 참석 지원, 자발적 연수참가비 지원, 해외연수 및 유학 지원, 직무관련 도서의 비치, 자료실 설치·운영 등이 있을 수 있다.

3. 교육훈련의 방법

교육훈련은 누가, 무엇을, 어떻게 실시하는가에 따라 그 방법이 다양한데, 일반적으로 많이 활용되는 방법을 살펴보면 다음과 같다.

1) 강의식 방법

강의(lecture)는 강사가 구두로 지식을 전달하는 방법이다. 이러한 강의법은 교육훈련 시간의 계획과 통제가 용이하여 다수인을 대상으로 한꺼번에 동일한 내용을 전달하는데 유용하며, 간단하고 경제적이기 때문에 쉽게 활용할 수 있다는 이점이 있다.

이러한 강의법은 지식·개념·정보 전달을 위한 교육훈련에는 비교적 효과적이지만, 실제 능력개발이나 행동변화에는 효과적이지 못하다. 또한 강의방식이 대체로 하향적이며 권위주의적이고 피드백을 기대하기 어렵기 때문에 교육훈련의 형식화가 초래될 가능성이 있다. 특히 우수한 강사의 초빙 및 시설의 확보 등에 경제적 부담이 따른다는 문제점도 있다.

2) 회의식 방법

(1) 회의, 토의 및 토론

회의(conference, seminar) 및 토의(discussion)·토론(debate)은 주로 소집단 형태에서 특정 과제에 관한 논의가 진행되는 교육훈련방법이다. 이는 참가자로 하여금 교육훈련과정에 직접 참여하여 자신의 생각을 명백히 전달하고 다른 사람의 의견을 청취함으로써 문제해결방안을 찾도록 한다.

회의 · 토의 · 토론은 그 구조에 따라서 여러 가지 형태를 띠게 되는데, 예컨대 컨퍼런스, 세미나, 워크숍, 심포지엄, 패널 토의, 포럼 등이 있다.[1)] 이들 교육훈련방법은 참가자의 민주적이고 적극적인 사고를 유발할 수 있으며, 참가자들의 지식이나 경험 등을 상호 간에 자유롭게 교환할 수 있게 한다. 하지만 그 진행과정에 많은 참가자들이 동시에 참석할 수 없으며, 사회자 및 참가자들의 능력에 따라 교육훈련의 성과가 크게 좌우되기 쉽다는 단점이 있다.

(2) 분임연구

분임연구 또는 분임토의(syndicate)는 보통 10명 내외의 사람들이 참가하여 집단토의를 통해 과제연구를 수행하는 교육훈련방법이다. 각 분임의 참가자들은 각자의 의견을 제시하고 다른 사람의 의견을 듣고 질의 · 응답의 토의를 통해 연구과제에 대한 해결방안을 모색하는데, 이를 위해서 여러 가지 자료의 수집, 현장시찰 등의 활동도 하게 된다. 분임별로 연구결과가 나오면 이를 교관과 교육훈련 참가자 전원이 참석한 자리에서 발표를 하게 되며, 이어 그 내용에 대한 비판과 토의가 진행된다.

(3) 브레인스토밍

브레인스토밍(brain storming)은 여러 사람들이 모여 하나의 주제에 대해 다양한 아이디어를 자유롭게 제시하고, 이들 아이디어를 평가 · 정리함으로써 일반적인 사고방식으로는 도저히 생각할 수 없는 독창적인 아이디어를 도출하는 방법이다. 이는 자유분방한 분위기에서 창의적인 아이디어를 산출함으로써 현안과제를 해결하려는데

1) 컨퍼런스(conference)는 학회나 기관 · 단체 등이 대규모로 개최하는 공식적인 모임이나 협의를 의미하며, 학술회의, 사업회의, 기자회견, 스포츠연맹 등이 그 예이다. 세미나(seminar)란 발표나 토론을 통한 공동 연구로서, 주로 교관의 지도하에 피교육자들이 모이거나 학회 등에서 회원들이 모여 특정한 연구 결과를 발표하고 이에 대해 상호 간에 토론하는 형식을 띤다. 워크숍(workshop)은 새로운 지식이나 기술 등을 습득하기 위한 소집단 모임을 말하며, 특정 문제나 과제에 대한 연구를 하거나 지식 · 기술을 실제의 상황에 적용해보려는 연구협의회라고 할 수 있다. 심포지엄(symposium)은 소수의 참가자들이 동일 주제에 대하여 각자의 의견을 발표하는 공개강연회의 성격을 띠며, 많은 청중에게 여러 각도에서 다양한 정보와 지식을 제공하는 것을 중시하기 때문에 발표자들 간의 토의 · 토론은 부차적인 것으로 간주된다. 패널토의(panel discussion)는 하나의 주제에 대하여 서로 다른 견해를 지닌 소수의 참가자들이 사회자 진행에 따라 자유롭게 토의하는 것으로서 참가자들이 상반된 입장을 대표하는 배심원의 위치에서 자신의 의견을 제시한다는 점에서 '대표토의' 또는 '배심토의'라고도 한다. 포럼(forum)은 소수 참가자들이 간략한 주제발표를 하고 이해관계자 · 청중과 질의 · 응답 및 토의를 진행하는 공개토론회이며, 주로 공공문제를 해결하기 위한 논의에 유용하다.

그 목적이 있으며, 특히 창의성을 개발시키는데 유용하다. 하지만 시간이 많이 소요되며 기대하는 수준의 아이디어가 실제 도출되는 경우가 많지 않다는 단점이 있다.

3) 실천적 방법

실천적 방법은 주로 문제해결능력의 향상을 목표로 하며, 실제의 사례나 그와 유사한 모형 혹은 실무적 과제를 활용하는 교육훈련방법이다.

(1) 모의연습

모의연습 혹은 모의실험(simulation)은 실제 상황과 유사한 환경을 만들어 놓고, 이를 활용하여 실험 또는 체험을 하는 것을 말한다. 즉, 주어진 과제를 중심으로 교육훈련 참가자들이 앞으로 직면하게 될 어떤 상황을 가상적인 모형으로 꾸며 놓고 실제 체험을 하도록 함으로써 대처능력을 길러주려는 교육훈련방법이다. 하지만 모의연습은 많은 계산과 반복적인 실험이 필요하며, 확률적 분석방법이기 때문에 최적의 대안을 보장하지 못한다. 특히 실제 상황에서는 많은 변수가 존재할 수 있어 모의연습의 결과를 그대로 적용하기도 쉽지 않다.

(2) 사례연구

사례연구(case study)는 실제의 사례를 교육훈련 참가자로 하여금 토의하도록 하여 그로부터 문제인식과 해결책을 찾도록 하는 교육훈련방법이다. 이러한 사례연구는 교육훈련 참가자의 흥미와 학습동기를 유발할 수 있으며 현실적 문제분석과 해결능력 향상에 기여할 수 있는 장점이 있다. 하지만 적합한 사례의 확보가 곤란하며, 실제 학습효과를 측정하기 어렵고, 지식이나 기술의 함양에는 그리 효과적이지 않다는 단점이 있다.

(3) 액션러닝

액션러닝(action learning)은 교육훈련 참가자들을 몇 개의 집단으로 나누어 각 집단별 실무적인 현안과제를 가지고 자율적 또는 전문가의 지원을 받아 협동적으로 학습을 진행하면서 그 과제의 해결책을 도출하는 방법이다. 즉, 소집단 구성원들 간의 실천학습 또는 행동학습(learning by doing)을 통해 문제를 해결하려는 교육훈련방법을 말한다.

액션러닝은 업무와 학습이 상호 밀접하게 연계되어 이루어진다는 장점이 있으며, 다양한 참가자들이 함께 문제해결방안을 모색하게 되므로 자신의 사고와 경험의 한계를 직시하게 되어 변화를 촉진시키는 효과가 있다(김중양, 2008: 264). 하지만 공공부문의 경우 실천학습 또는 행동학습을 경험할 수 있는 여지가 많지 않아 액션러닝의 기법을 도입·활용하는데 한계가 있다.

4) 경험적 방법

경험적 방법은 주로 인간관계능력의 향상을 목표로 하며, 자신이 누구인가를 인식하면서 자신의 역할을 깨우치게 하는 방법이다.

(1) 역할연기

역할연기(role playing)는 주어진 사례나 문제에서 어떠한 역할이나 특성을 실제로 연기해 봄으로써 그의 당면한 문제를 체험해 보는 교육훈련방법이다. 즉, 2인 혹은 그 이상의 교육훈련 참가자들이 자신에게 할당된 역할을 실제 연기하고, 나머지 교육훈련참가자들이 그 연기내용에 대하여 비평·토론하여 옳고 그름 등을 판단하도록 하는 것이다.

역할연기는 심리연극(psychodrama)이라고도 하며, 원래는 정신병 치료법으로 발달하였으나 오늘날에는 관리자의 교육훈련방법으로 많이 활용되고 있다. 이 방법은 교육훈련 참가자의 높은 흥미와 적극적인 참여를 유도할 수 있으며, 교육훈련 참가자 스스로 자신의 약점을 정확히 파악하는데 도움을 줄 수 있다. 하지만 교육훈련 장소의 확보가 어렵고 실제 역할연기의 진행과정에 여러 가지 어려움이 발생할 수 있으며, 사람의 태도나 행동 변화에 비교적 적합하지만 지식이나 기술의 교육에는 그리 효과적이지 못하다.

(2) 감수성훈련

감수성훈련(sensitivity training)은 사전에 주제나 사회자 없이 다수의 교육훈련 참가자들끼리 자유로운 토론을 통해 어떤 문제의 해결방안이나 상대방에 대한 이해를 얻도록 하는 훈련방법이다(이종수, 2000: 13). 대체로 15명 내외의 참가자들을 외부와 격리된 조건하에서 1~2주 동안 집단생활을 하게 함으로써, 자신과 타인 간의 상호작용을 통해 인간관계에 대한 이해와 기술을 향상시키는데 그 목적이 있다.

감수성 훈련은 1946년 미국에서 인종 편견을 없애기 위한 훈련으로 시작되었으나, 현재는 상담원 훈련, 종교훈련, 구성원의 태도 변화를 위한 훈련 등에 다양하게 사용되고 있다. 처음에 강의식 기법, 사회적 기술양성기법, T(training)-집단기법 등을 사용하였던 감수성훈련은 점차 T-집단기법 중심으로 발전되어 이제는 T-집단훈련과 감수성훈련은 거의 동의어로 이해되고 있다.

제2절 우리나라의 교육훈련

1. 교육훈련의 실태

1) 교육훈련의 법적 근거 및 대상

우리나라에서 공무원 교육훈련은 국민 전체에 대한 봉사자로서 공직가치가 확립되고 직무수행의 전문성과 미래지향적 역량을 갖춘 인재로 개발하는 것을 목적으로 하고 있다(「공무원인재개발법」 제1조). 이러한 목적 하에 모든 공무원과 시보공무원이 될 사람은 국민 전체에 대한 봉사자로서 갖추어야 할 공직가치를 확립하고, 담당직무를 효과적으로 수행할 수 있는 미래지향적 역량과 전문성을 배양하기 위하여 법령으로 정하는 바에 따라 교육훈련을 받고 자기개발 학습을 하여야 한다(「국가공무원법」 제50조).

교육훈련의 대상은 경력직공무원은 물론, 다른 법률에 특별한 규정이 없으면 특수경력직공무원도 포함된다. 또한 시보공무원뿐만 아니라 시보공무원이 될 사람도 교육훈련의 대상이 된다. 하지만 개별 법령의 규정이나 교육과정의 성격에 따라 교육훈련이 구체적으로 실제 적용되는 공무원은 다를 수 있다.

2) 교육훈련의 담당기관

공무원에 대한 교육훈련을 직접 담당하는 주체 혹은 장소를 중심으로 공무원교육훈련기관 교육훈련, 직장훈련, 위탁교육훈련 등으로 구분된다(〈표 13-1〉 참고).[2]

2) 이와 유사하게 「경찰공무원 교육훈련규정」 제7조는 경찰공무원 교육훈련의 종류를 학교교육, 위탁교육 및 직장훈련으로 구분하고 있는데, 여기서 학교교육이란 정부가 설치해 놓은 교육훈련기관(예:

표 13-1 교육훈련의 담당기관 및 내용

구분	의미	내용
공무원교육훈련기관 교육훈련	• 국가공무원인재개발원 및 각 중앙행정기관(또는 지방자치단체) 소속 공무원교육원에서 실시하는 교육훈련	• 기본교육훈련 • 전문교육훈련 • 기타교육훈련
직장훈련	• 소속공무원의 정신자세를 확립하고 직무수행능력을 향상시키기 위하여 각 기관별로 실시하는 교육훈련	
위탁교육훈련	• 국내외 기관에 위탁하여 실시하는 교육훈련	

자료: 「공무원인재개발법」 제4조 · 제13조 · 제14조

(1) 공무원교육훈련기관 교육훈련

우리나라의 공무원인재개발기관으로는 국가공무원인재개발원과 각 중앙행정기관(또는 지방자치단체) 소속 공무원교육원이 있다. 이들 기관 모두가 기본교육훈련, 전문교육훈련 및 기타교육훈련을 위한 과정을 운영하고 있다.

국가공무원인재개발원은 인사혁신처장 소속으로 설치되어 있으며, 5급 이상 공무원 및 고위공무원단 소속 공무원과 5급 공개경쟁 채용시험 또는 경력경쟁 채용시험에 합격한 채용후보자의 교육훈련을 관장하고 있다(「공무원인재개발법」 제3조).

각 중앙행정기관에서도 필요한 경우 전문교육훈련기관을 설치할 수 있는데, 해당 분야의 직무를 담당하는 소속공무원의 교육훈련과 직무분야별 전문교육훈련을 담당한다(「공무원인재개발법」 제4조).

또한 지방공무원에 대한 교육훈련을 담당하기 위해서 행정자치부, 교육부 및 각 지방자치단체에 교육훈련기관이 설치되어 있다(「지방공무원법」 제75조). 지방자치단체 소속 공무원의 교육훈련은 행정자치부장관 소속 지방행정연수원 및 시 · 도지사 소속으로 설치된 지방공무원교육원에서 실시하며, 시 · 도 교육감 소속의 지방공무원에 대한 교육훈련은 교육부 소속 중앙교육연수원에서 담당한다(「공무원인재개발법」 제4조제1항 및 「지방공무원 교육훈련법」 제8조).

(2) 직장훈련

직장훈련은 기관별로 소속공무원을 대상으로 실시하는 교육훈련이다. 행정기관

경찰대학, 경찰교육원, 중앙경찰학교)에서 실시되는 교육훈련을 말한다.

의 장은 공무원인재개발에 관한 기본정책 및 일반지침에 따라 소속공무원의 공직가치를 확립하고 미래지향적 역량과 전문성을 향상시키기 위하여 직장훈련계획을 작성하고 이에 따라 훈련을 실시하여야 한다(「공무원인재개발법」 제14조).

직장훈련계획에는 정부시책(施策)에 대한 교육 및 공직가치 교육, 신규채용자 및 보직 변경자에 대한 실무적응 교육훈련, 부서별 · 직무분야별 전문성 강화를 위한 전문교육훈련, 여러 부처에 관련된 전문분야에 대한 주무부처 주관 교육훈련, 그 밖에 필요한 교육훈련에 관한 사항이 포함되며, 이러한 계획에 따라 각급 행정기관의 장은 부서별 또는 직무분야별로 전문성을 강화할 수 있도록 정기적으로 또는 수시로 직장훈련을 실시한다(「공무원인재개발법 시행령」 제28조 · 제29조).

(3) 위탁교육훈련

위탁교육훈련은 중앙행정기관의 장 혹은 인사혁신처장이 정해진 절차를 거쳐 선발한 공무원을 국내외 기관에 위탁하여 일정기간 교육훈련을 받게 하는 것을 말한다(「공무원인재개발법」 제13조). 이는 관련분야에 대한 공무원교육훈련기관이 없는 경우, 공무원교육훈련기관이 교육훈련을 담당하는 것이 적절하지 않은 경우, 비용 · 효과 측면에서 외부기관에 위탁하는 것이 더 나은 경우 등에 주로 이루어진다. 이러한 위탁교육훈련은 국내 또는 국외의 대학(원) 및 민간교육연수기관이나 단체 등에서 단기적 혹은 장기적으로 실시된다(「공무원인재개발법 시행령」 제4장 · 제5장).

3) 교육훈련의 내용

공무원 교육훈련은 그 내용에 따라 기본교육훈련, 전문교육훈련 및 기타교육훈련으로 구분되는데(「공무원인재개발법 시행령」 제7조), 이들 종류별 교육훈련의 내용 및 방법은 〈표 13-2〉와 같다.

(1) 기본교육훈련

기본교육훈련은 신규채용(후보)자 또는 승진임용(예정)자가 공무원으로서 필요한 능력과 자질을 배양할 수 있도록 하기 위한 교육훈련이다. 이러한 기본교육훈련은 새로이 어떠한 직위의 직책을 담당하기 전에 받는 교육훈련이며, 신규채용(후보)자를 대상으로 하는 적응교육훈련과 승진임용(예정)자를 대상으로 이루어지는 재(再)적응교육훈련이 여기에 해당한다.

표 13-2 교육훈련의 내용 및 방법

구분	교육훈련 내용	교육훈련 방법
기본교육훈련	• 신규채용(후보)자 또는 승진임용(예정)자로서 필요한 공직가치를 확립하고 역량을 제고하기 위한 교육훈련	• 공무원교육훈련기관 교육훈련: 국가공무원인재개발원 및 전문교육훈련기관에서 실시 • 교육훈련의 내용이 상응한다고 인정하는 경우: 직장훈련이나 위탁교육훈련으로 대체 가능
전문교육훈련	• 담당(예정) 직무분야에 필요한 전문성을 강화할 수 있도록 하기 위한 교육훈련	• 직장훈련에 의해 실시 • 직장훈련이 곤란한 경우: 교육훈련기관 혹은 위탁교육훈련에 의해 실시
기타교육훈련	• 기본교육훈련 및 전문교육훈련에 속하지 아니하는 교육훈련으로서 기관장의 명에 따른 교육훈련	• 공무원인재개발기관 교육훈련, 직장훈련, 위탁교육훈련에 의해 실시

자료: 「공무원인재개발법 시행령」 제7조 · 제8조

(2) 전문교육훈련

전문교육훈련은 현재 담당하고 있거나 장래에 담당할 직무분야에 필요한 전문적인 지식과 기술을 습득할 수 있도록 하는 교육훈련이다. 이러한 전문교육훈련은 소속기관 내의 직장훈련에 의하는 것을 원칙으로 한다. 하지만 직장훈련에 의하여 실시하기 곤란한 경우에는 교육훈련기관에 의하며, 교육훈련기관에 의해서도 실시하기 곤란한 경우에는 위탁교육훈련에 의한다.

(3) 기타교육훈련

기타교육훈련은 기본교육훈련 및 전문교육훈련에 속하지 아니하는 교육훈련으로서, 소속기관장의 명에 의하여 또는 공무원 스스로 하는 자기개발 학습 · 연구 활동을 포함한 교육훈련이다. 이러한 기타교육훈련의 예로서 각종 정신교육(기관장 훈시, 외래강사 초청 교양교육, 공직윤리교육 등), 시책관련 교육(국정운영방향, 현안 정책과제에 대한 이해 교육 등), 일상적 직무능력배양교육(신규채용자 및 보직변경자에 대한 실무적응교육, 사무처리능력 배양교육 등), 직무관련 학습 · 연구활동(직무관련 독서, 논문작성, 워크숍, 세미나 참여, 현장방문 등)이 있다.

4) 교육훈련결과의 활용

공무원이 받은 교육훈련의 실적이나 성적 등은 여러 분야에 걸쳐 인사관리에 반영되고 있다. 그 반영 내용이나 방법 등은 대체로 유사하지만, 각 공무원의 교육훈련에 관한 사항을 규정하는 해당 법령에 따라 약간씩 차이가 있다. 일반직공무원을 중심으로 교육훈련의 결과가 반영·활용되는 경우를 살펴보면 다음과 같다.

(1) 신규임용에의 활용

채용후보자, 즉 시보공무원 또는 시보공무원이 될 사람은 법령으로 정해진 교육훈련을 받아야 한다. 만약 채용후보자로서 받아야 하는 교육훈련에 응하지 아니한 경우, 채용후보자로서 받은 교육훈련성적이 정해진 기준에 도달하지 못한 경우, 채용후보자 교육훈련 중 질병, 병역 복무 또는 그 밖에 교육훈련을 계속할 수 없는 불가피한 사정 외의 사유로 퇴학처분을 받은 경우에는 채용후보자로서의 자격을 잃게 된다(「국가공무원법」 제39조 및 「공무원임용령」 제14조).

또한 지역(기술)인재 추천채용제에 의한 수습직원으로 선발된 사람은 각급 공무원교육원, 일반교육기관 또는 그 밖의 행정기관에 일정기간 위탁하여 직무수행에 필요한 교육훈련(실무수습 포함)을 받는다. 수습직원의 근무성적 또는 교육훈련 성적이 불량한 경우에는 수습기간이 끝나기 전에 수습근무를 그만두게 할 수 있으며, 수습직원의 근무성적, 교육훈련 성적 및 자질평가 결과에 따라 임용예정 직급 공무원으로의 임용 여부를 결정한다(「공무원임용령」 제22조의3).

(2) 보직부여에의 활용

공무원을 보직할 때는 공무원이 담당할 직위의 직무요건과 공무원의 인적요건을 고려하여 적재적소에 임용하여야 한다(「공무원임용령」 제43조). 여기서 공무원의 인적요건은 공무원의 전공분야·근무경력·전문성·적성뿐만 아니라 교육훈련의 실적을 포함하며, 이들을 충실히 고려하여 그에 적격한 직위에 임용하도록 규정하고 있다(「국가공무원법」 제32조). 특히 6개월 이상의 위탁교육훈련을 실시할 때에는 교육훈련 이수 후에 보직할 직위를 미리 지정하여야 하며(「공무원인재개발법 시행령」 제11조의2), 국내외 위탁교육훈련을 받았거나 6개월 이상의 교육훈련을 받은 공무원은 특별한 사정이 없으면 그 교육훈련 내용과 관련되는 직위에 보직하도록 명시하고 있다(「공무원임용령」 제43조제4항).

(3) 승진임용 · 전보 등에의 활용

공무원이 받은 교육훈련의 실적이나 성적은 승진임용, 파견 및 휴직, 전보 및 전직 등 인사관리에 반영된다. 교육훈련의 결과가 인사관리에 반영되는 내용이나 방법은 공무원의 직종별 교육훈련에 관한 법령에 따라 약간씩 차이가 있다. 예컨대 일반직 공무원의 경우, 승진에 필요한 교육훈련시간을 채우지 못한 공무원은 승진심사 대상 또는 승진시험 응시 대상에서 제외되며, 승진에 필요한 교육훈련시간은 해당 계급(직급)의 근무연수에 연간 교육훈련기준시간(80~100시간 이상)을 곱하여 산출한다(「공무원 인재개발법 시행령」 제11조의3 [별표1]).

2. 교육훈련의 과제

공무원이 정부조직의 자원이라는 점에서 그에 대한 교육훈련은 중요한 인사행정의 기능으로 간주되고 있다. 공무원에 대한 교육훈련은 일차적으로 공무원 개인의 변화를 도모하지만, 궁극적으로 조직과 행정의 바람직한 변화를 촉진하는데 목적이 있다. 이러한 교육훈련의 목적을 충실히 달성하기 위해서는 다음과 같은 개선방안이 필요하다.

1) 교육훈련에 대한 인식의 제고

공무원에 대한 교육훈련이 개인과 조직의 발전을 동시에 도모한다는 인식이 필요하다. 공무원은 교육훈련을 자신의 능력에 대한 불신이나 불리한 인사조치로 간주하여 그에 대하여 불만을 표시하거나 저항을 하는 경우가 종종 있다. 또한 정부는 교육훈련을 자본적 투자보다는 비용적 관점에서 파악하거나 보직관리 또는 인사조치의 하나로 활용하는 경우도 있다. 이와 같은 교육훈련에 대한 잘못된 인식을 긍정적으로 변화시켜야만 교육훈련의 목적을 성공적으로 달성할 수 있다.

2) 교육훈련수요의 정확한 파악

교육훈련의 실효성을 높이려면 먼저 교육훈련의 수요에 대한 분석이 이루어져야 한다. 교육훈련수요는 정부, 조직 · 직무 및 개인 등의 세 가지 차원으로 구분할 수 있는데(Schuler, 1984: 394; 강성철 외, 2014: 327~328에서 재인용), 공무원이 어떤 내용의 교육훈련을 어느 정도 필요로 하는가를 정확히 파악하는 것이 핵심이 된다. 정부차원에서 교육훈련이 필요한 분야와 내용 등을 거시적이고 장기적 관점에서 분석하고, 그 결과를 하위 조직 · 직무차원으로 전환하여 각 조직 · 직무에 필요한 지식과 기술 및 태도 등이 정확히 파악될 수 있도록 하여야 한다. 조직 · 직무차원의 수요는 다시 특정 지식이나 기술 또는 태도 등에 대한 개인의 교육훈련수요로 구체화되어야 한다. 따라서 지식과 기술 및 태도의 측면에서 조직 · 직무의 관점에서 수용이 가능한 최저 수준과 공무원 개개인의 현재 수준 간의 차이를 측정하여 그것을 최종적인 교육훈련수요로 간주한다.

3) 교육훈련의 체계 및 운영 개선

공무원에 대한 교육훈련수요를 적절히 충족시키기 위해서는 교육훈련의 전반적인 체계와 운영방법이 개선되어야 한다. 공무원의 직무와 직위에 따른 교육훈련수요에 맞는 교과내용 및 교육과정을 수립 · 운영하고, 단순한 강의방식에서 벗어나 교과내용뿐만 아니라 교육훈련참가자의 특성을 고려한 다양한 교육훈련방법의 활용을 모색하여야 한다. 특히 공무원 교육훈련의 중추적 역할을 담당하는 공무원교육원이 보다 큰 틀에서 국가인재양성기관으로서의 경쟁력을 확보하기 위해서는 민간의 우수한 전문인력을 교수요원으로 적극 유치하는 것이 필요하다. 또한 외부의 대학(원)과 민간교육훈련기관들과 적극적인 연계체계를 구축함으로서 상호 보완 · 경쟁에 의한 교육훈련의 질적 개선이 이루어져야 한다.

4) 인사행정시스템의 개선

사회의 변화에 따라 공무원의 자기실현에 대한 가치관이 변화되고, 이는 자연스레 인사행정의 제도와 방식을 변화시키는 요인으로 작용하고 있다. 따라서 공무원 개개인이 유능한 인재로 성장하고자 하는 자기개발이나 능력발전의 의욕이 교육훈련을 통해 충족될 수 있도록 인사행정시스템이 변화되어야 한다. 개인의 욕구와 조직의 필요성에 부합하는 교육훈련프로그램을 완벽히 준비하여, 미래지향적이고 합리적으로 교육훈련을 실시하고, 교육훈련을 통해 습득한 지식과 기술이 충분히 발휘될 수 있는 풍토를 조성하는 등 인재육성 · 활용을 중시하는 인사행정시스템이 마련되어야 한다.

제14장 경력개발

제1절 경력개발의 이해

1. 경력개발의 의의 및 목적

1) 경력개발의 의의

사람은 일생을 통하여 다양한 일들을 경험한다. 일과 관련된 경험을 일반적으로 경력(career)이라 하며, 이를 미래지향적으로 적극 발달시키는 것을 경력개발(career development)이라 한다. 각 개인이 경력상 도달하고 싶은 미래의 직위를 경력목표(career goal)로 설정하고, 이를 달성하기 위한 경력경로(career path)를 구체적으로 선택하도록 조직 차원에서 경력계획(career planning)을 수립하며, 그 계획에 따라 개인의 경력을 발전시키는 활동을 전개하게 된다. 이처럼 경력개발은 개인의 경력을 계획적으로 관리 · 발전시킨다는 의미를 갖기 때문에 경력관리(career management)로 불리기도 한다(최종태, 2008: 320; 이학종 · 양혁승, 2012: 436).

2) 경력개발의 목적과 필요성

경력개발은 인적자원의 합리적인 개발을 통해 조직구성원의 경력욕구를 충족시키고, 이를 통해 조직의 효율성 증대 및 목표달성을 도모한다. 이러한 점에서 보면, 경력개발은 개인차원과 조직차원에서의 필요성과 목적을 동시에 지닌다고 할 수 있다

(조보상 외, 2002: 176).

첫째, 경력개발은 공무원 개인의 욕구를 충족시킨다. 경력개발은 공무원 개인의 차원에서 경력상 발전을 통해 일에 대한 만족과 성취, 그리고 삶의 보람을 갖도록 한다. 따라서 개인의 잠재능력을 최대한 개발하여 이것을 승진 등과 같은 경력기회에 적용해 줌으로써 자기실현욕구를 충족시켜주는 것이 개인차원에서 경력개발이 추구하는 목적이라 할 수 있다.

둘째, 경력개발은 조직의 욕구를 충족시킨다. 경력개발은 조직의 차원에서 목표달성에 필요한 역량을 갖춘 인적자원을 개발하고 활용하는데 역점을 둔다. 즉, 개인차원에서 자기개발을 통해 향상된 능력을 조직차원에서 적재적소 활용하여 조직의 유효성을 높이는 것이 조직차원에서 경력개발이 추구하는 목적이라 할 수 있다.

3) 경력개발의 기본원칙

경력개발은 개인과 조직의 욕구를 동시에 충족하도록 이루어져야 하며, 이를 위해서는 다음과 같은 몇 가지 원칙이 준수되어야 한다(조보상 외, 2002: 180~181; 최종태, 2008: 322~323).

첫째, 적재적소의 원칙이다. 경력개발은 공무원의 적성이나 지식 · 경험 등의 능력과 조직의 목표달성에 필요한 직무가 잘 조화될 수 있도록 맞추는 것을 원칙으로 한다. 이를 위해서는 우선적으로 조직 내에 있는 직무의 자격 · 능력요건과 공무원의 적성 · 능력구조에 대한 정보를 충분히 파악할 필요가 있다.

둘째, 승진(보직)경로의 원칙이다. 경력개발은 명확한 승진(보직)경로의 확립을 원칙으로 삼는데, 이는 조직 내의 모든 직위는 계층적인 승진(보직)경로로 형성되고 그에 따라 승진 등 보직관리가 이루어져야 함을 의미한다.

셋째, 인재양성의 원칙이다. 경력개발은 외부보다는 내부에서 자체적으로 인재를 양성 · 확보하는 것을 원칙으로 한다. 경력개발을 통한 내부충원은 재직자에게 동기를 부여하고 조직에의 귀속감을 높이며, 외부충원에 따른 시간과 비용을 절약하게 하고, 조직에 필요한 인재를 지속적으로 그리고 적시에 확보할 수 있게 한다.

넷째, 경력기회 제공의 원칙이다. 모든 공무원은 직업적 안정과 더불어 자기성장의 기회를 갖기를 원하고 있다. 따라서 조직은 공무원에게 복수의 경력경로를 설정하여 경력을 통한 자기발전의 기회가 충실히 제공될 수 있도록 하여야 한다.

2. 경력개발의 모형

경력개발은 개인의 욕구와 조직의 욕구가 경력을 통하여 만나고 궁극적으로 조직의 유효성을 증대시키는 것을 목적으로 한다. 따라서 경력개발의 주도권이 개인에게 있느냐 또는 조직에게 있느냐에 따라 개인차원의 모형 혹은 조직차원의 모형이 있을 수 있다(조보상 외, 2002: 177~180; 이원우, 2005: 200~206).

1) 개인 차원의 경력개발모형

개인차원의 경력개발모형은 개인 스스로의 자기개발 및 관리를 통하여 자신의 경력을 개발할 수 있도록 조직이 각종 제도를 지원하는 것에 중점을 둔다. 이 경우 개인의 성장환경, 능력, 가치관, 일에 대한 태도, 성격 등이 중요한 영향변수가 되며, 여기에서 경력개발의 목표는 자기개발을 통해 심리적인 만족을 얻는데 집중하게 된다. 이러한 개인차원의 경력개발모형으로는 홀(D. T. Hall)의 경력단계모형(career stage model)과 샤인(E. H. Schein)의 경력닻모형(career anchor model) 등이 대표적이다.[1)]

2) 조직 차원의 경력개발모형

조직차원의 경력개발모형은 조직이 구성원의 경력개발을 주도하는 것으로서, 조직의 필요에 맞게 어떻게 인재를 개발하여 그 필요성을 충족시키며 궁극적으로 조직의 욕구와 개인의 욕구를 어떻게 조화시켜 갈 것인가에 대한 방법론적인 내용이 핵심이 된다(이원우, 2005: 200). 이러한 조직차원의 경력개발모형으로는 알핀과 저스터(J.

1) 홀은 레빈슨(Levinson)에 의해 구분된 네 단계의 인생발달과정을 직장생활의 수명주기(life cycle)에 적용하여 개인의 경력단계를 제시하였다(Hall, 1996: 8~16). 즉, 개인은 탐색 · 시도(exploration & trial), 정립 · 전진(establishment & advancement), 유지(maintenance), 쇠퇴(decline)라는 네 단계의 경력패턴을 지니고 있으며, 이러한 개인의 경력단계를 고려하여 경력개발 프로그램을 수립 · 운영하여야 한다는 것이다.

샤인의 경력닻모형에서 경력닻(career anchor)이란 개인이 경력을 선택하고 발전시키는데 영향을 미치는 욕구와 동기의 조합을 의미한다. 이러한 경력닻은 개인에 따라 다른데, 조직이 개인의 욕구 · 동기조합을 지원하게 되면 그 사람은 조직에서 닻을 달게 된다는 것이다. 즉, 기술적 · 기능적 능력(techinical/functional competence: 닻I), 관리적 능력(managerial competence: 닻II), 안정성(secutiry: 닻III), 창의성(creativity: 닻IV), 자율성과 독립성(autonomy and independence: 닻V)이라는 다섯 가지 가운데 개개인의 특성에 맞는 경력닻을 확인하고, 그에게 적합한 경력개발을 할 수 있도록 지원하여야 한다는 것이다(Schein, 1975: 11~24).

C. Alpin and D. K. Gerster)의 모형이 대표적이다.[2)]

3. 경력개발의 과정

경력개발모형에서 보았듯이, 경력개발은 여러 단계의 과정으로 구성되어 있다. 가장 기본적인 과정으로서 계획, 실천, 평가의 세 단계를 들 수 있는데, 각 단계 내에서도 다양한 활동이 복합적으로 이루어진다.

1) 계획단계

계획단계에서는 자료수집 및 분석, 인력수요의 파악, 경력상담의 실시, 경력목표 및 경력경로의 설정 등이 이루어진다. 먼저 공무원 개인의 욕구를 파악하는 과정에서는 공무원의 학력, 자격, 경험, 적성, 능력, 발전가능성 및 근무성적 평정결과 등 다양한 자료를 수집하고 이들을 종합적으로 분석하게 된다. 이와 더불어 직무분석을 통하여 직무의 내용 및 자격요건 등을 명확하게 하고, 이를 기초로 인적자원계획을 수립하여 장·단기적 인적자원수요를 파악한다.

장·단기적 인적자원수요를 중심으로 개인별 경력기회와 선택대안을 마련하여 공무원에게 알리고 경력상담을 실시한다. 경력상담을 거쳐 개인의 경력목표를 수립하고, 이를 달성하기 위하여 개인이 거쳐 나가야 할 직무와 자신의 능력개발프로그램 등과 같은 경력경로를 설정한다.

2) 실천단계

공무원의 경력경로가 설정되면, 이를 실천하기 위한 노력이 필요하다. 실천단계에서는 개인별 경력경로에 따른 능력을 체계적으로 개발하는 것이 중요한데, 직무경험과 교육훈련이 그 핵심이 된다.

경력개발을 위한 직무경험은 수평적인 직무경력개발과 수직적인 직무경력개발로

---

2) 알핀과 저스터는 개인의 바람(경력욕구)과 조직의 필요성(조직욕구)을 충족시키는 것이 경력개발제도에서 가장 중요하다고 주장하면서, 이들을 통합하는 경력개발모형의 개발을 시도하였다(Alpin and Gerster, 1978: 23~29; 강정대·황호영, 1998: 289~299). 이들은 개인의 경력성취 가능성을 높이면서 조직으로서도 적재적소에 적절한 인적자원을 배치하는 것을 경력개발제도의 중요한 강조점으로 제시하고 있다(이원우, 2005: 204; 최종태, 2008: 342).

구분된다(최종태, 2008: 351). 전자는 개인의 경력경로와 관련된 다양한 직무를 포괄적으로 넓게 경험하도록 하는 것이며, 후자는 특정 직무에 대하여 단순한 업무에서부터 계획 · 개발 · 전략적 업무까지 심도 있게 경험하도록 하는 것이다.

경력개발을 위한 교육훈련은 경력경로별로 요구되는 자격 · 능력요건과 개인이 구비한 자격 · 능력요건 사이의 격차를 메우는데 초점을 두어야 한다. 따라서 경력개발을 위한 교육훈련프로그램은 현재의 직책뿐만 아니라 미래의 상위 직책을 충실히 수행하는데 필요한 자격과 능력의 개발이 가능하도록 수립 · 실시되어야 한다.

3) 평가단계

경력개발과정에서 경력개발의 결과에 대한 평가 및 환류(feedback)가 반드시 이루어져야 한다. 경력개발의 궁극적인 목적이 개인의 욕구와 조직의 필요성을 동시에 충족하는데 있는 만큼, 주기적으로 경력경로의 조정, 상담 및 지도, 직무경험 및 교육훈련의 개선, 승진이나 배치전환의 개선 등을 위한 활동이 필요하다.

제2절 우리나라의 경력개발

1. 경력개발의 실태

1) 경력개발제도의 도입

경력개발제도는 미국 연방정부 조직의 비능률을 타개할 목적으로 1955년에 구성된 제2차 후버위원회(Hoover Committee)의 구상에서 시작되었다. 구체적인 경력개발 프로그램은 1957년에 설계된 '미국 육군 문관 경력개발제도'에 의해 처음 실시되었으며, 이후 1960년대 초 IBM 등 대기업을 중심으로 도입이 적극적으로 이루어졌다(김흥국, 2006: 44).

우리나라의 경우 1980년대 민간기업에서 경력개발제도가 논의되기 시작하였으며, 정부차원에서는 2003년 참여정부의 인사개혁 로드맵에 정식으로 포함되면서 도입되었다. 2005년 12월에 「공무원임용령」을 개정하여 "조직목표의 달성에 필요한 효율적인 인적자원 관리를 위하여 소속공무원의 채용·승진·배치 및 경력개발 등이 포함된 인력관리계획을 수립하여야 한다"고 규정하게 되었다(「공무원임용령」 제8조).

2) 분야별 보직관리제

우리나라에서 현재 시행되고 있는 경력개발제도는 '분야별 보직관리제'가 대표적인 예이다. 분야별 보직관리제는 잦은 순환보직에 따른 전문성 부족을 극복하고 조직을 분야별 전문가 중심으로 운영하기 위한 목적에서 도입된 경력개발프로그램이다. 이는 각 부처 혹은 기관의 조직을 업무분야별로 구분하고, 소속공무원을 구분된 업무분야에 지정하며,[3] 지정된 전문분야 내에서 전보 등 인사관리를 실시하게 된다.

(1) 업무분야의 구분

각 부처 혹은 기관은 전체 조직을 전문분야와 공통분야로 구분한다. 전문분야란 각 부처 혹은 기관의 고유기능을 수(數) 개로 대분류한 업무영역으로서 분야별 보직관리를 통해 업무의 계속성과 전문성 축적의 필요성이 높은 업무분야를 말하며, 공통분야는 총무·재정기획·자체감사·홍보 등 전체 부처 혹은 기관의 공통적인 기능 또는 다양한 집행업무나 종합적인 기능을 수행하는 업무로서 하나의 전문분야로 구분하기가 용이하지 아니한 업무분야가 해당된다.

(2) 개인별 전문분야의 지정

전문분야가 구분되면 각 공무원을 1개 또는 필요한 경우 2개까지의 전문분야에 지정한다. 개인별 전문분야의 지정은 경력·자격증·전공분야·훈련실적 및 본인 희망 등을 참고하여 해당 전문분야에서의 직무수행능력과 적격성 및 발전가능성 등을 종합적으로 판단하여 행한다.

(3) 보직관리 및 우대조치

전문분야에 속하는 직위에 대하여는 우선적으로 같은 전문분야에 속하는 자 중에서 적격자를 선정하여 보직하고, 전문분야가 지정된 공무원은 다른 전문분야에 속하

3) 분야별 보직관리제가 적용되는 대상은 원칙적으로 국가공무원은 3급 이하, 광역자치단체 소속 지방공무원은 4급 이하, 기초자치단체 소속 지방공무원은 5급 이하의 공무원이다(「공무원임용령」 제43조의2 및 「지방공무원 임용령」 제7조의2).

는 직위에 보직시킬 수 없으며, 특정 전문분야에 속하는 직위에 결원이 발생하는 경우에는 해당 전문분야 지정자에게 충원상의 우선권을 부여한다. 또한 전문분야 지정 공무원에 대해서는 근무성적평정요소 중 직무수행능력의 평정 및 승진·전보 등의 경우 우대조치가 가능하며, 국내·외 훈련 및 파견대상자 선발시 해당 훈련분야와 관련된 업무를 장기간 담당해 온 공무원을 우선 선발함으로써 전문성 함양기회를 적극 부여한다.

2. 경력개발의 과제

우리나라의 경력개발제도는 그 도입 노력에도 불구하고 실제로 운영되고 있는 곳은 일부 청(廳) 단위 조직이며 대부분 교육훈련체계와 접목한 수준에 그치고 있다(김귀영 외, 2009: 22). 경력개발은 일정한 경력목표 및 경력경로에 따라 개인의 경력을 적극 개발·활용하여 개인과 조직의 통합적 욕구를 충족하기 위한 것이다. 이러한 경력개발의 목적을 성공적으로 달성하기 위한 방안을 제시하면 다음과 같다.

1) 경력개발에 대한 인식 제고

경력개발제도가 소기의 목적을 달성하기 위해서는 경력개발에 대한 공무원 개인의 자기 노력 및 정부와 기관장의 역할이 매우 중요하다. 경력개발제도에서 경력개발의 일차적인 책임은 공무원 개인에게 있으므로 본인이 자신의 경력을 철저히 계획하고 관리하려는 의지와 부단한 노력이 있어야 한다(김홍국, 2006: 298~300). 또한 정부와 기관장은 경력개발의 목적과 의의를 명확히 인식하고 그에 관한 관심과 지원을 강화하여야 한다.

2) 종합체계적 접근에 의한 제도화

경력개발은 개인의 욕구 충족과 조직의 목적 달성을 통합하는 인사행정기능이라고 할 수 있다. 이러한 점에서 경력개발은 인력계획, 직무분석, 배치전환, 승진, 근무평정, 교육훈련 등과 같은 인사행정기능과 밀접한 관련을 맺고 있다. 따라서 경력개발이 다른 인사행정기능과 유기적인 상호 연계관계를 형성하도록 종합적인 인사행정체계 내에서 제도화되도록 하여야 한다.

3) 관리자의 실질적 지원활동 강화

경력개발제도를 효과적으로 운영하려면 정부나 기관장의 물적·심적 지원뿐만 아니라 일선 관리자의 직접적인 상담 및 지도, 제도 운영자의 능력과 노력, 전문 경력상담자의 활동 등이 매우 중요하다. 경력개발계획의 수립, 실천 및 평가 등은 실질적으로 실무 현장에서 이루어져야 하며, 여기에서 가장 중추적인 역할을 담당하는 사람이 일선 관리자들이다(조보상 외, 2002: 182). 따라서 일선 관리자와 구성원 그리고 전문 경력상담자 간의 긴밀한 협조와 의사소통을 가능케 하는 조직분위기 조성이 경력개발제도의 성공적 운영에 중요한 요건이 된다.

| 인사행정의 체계 | 인적자원의 유지

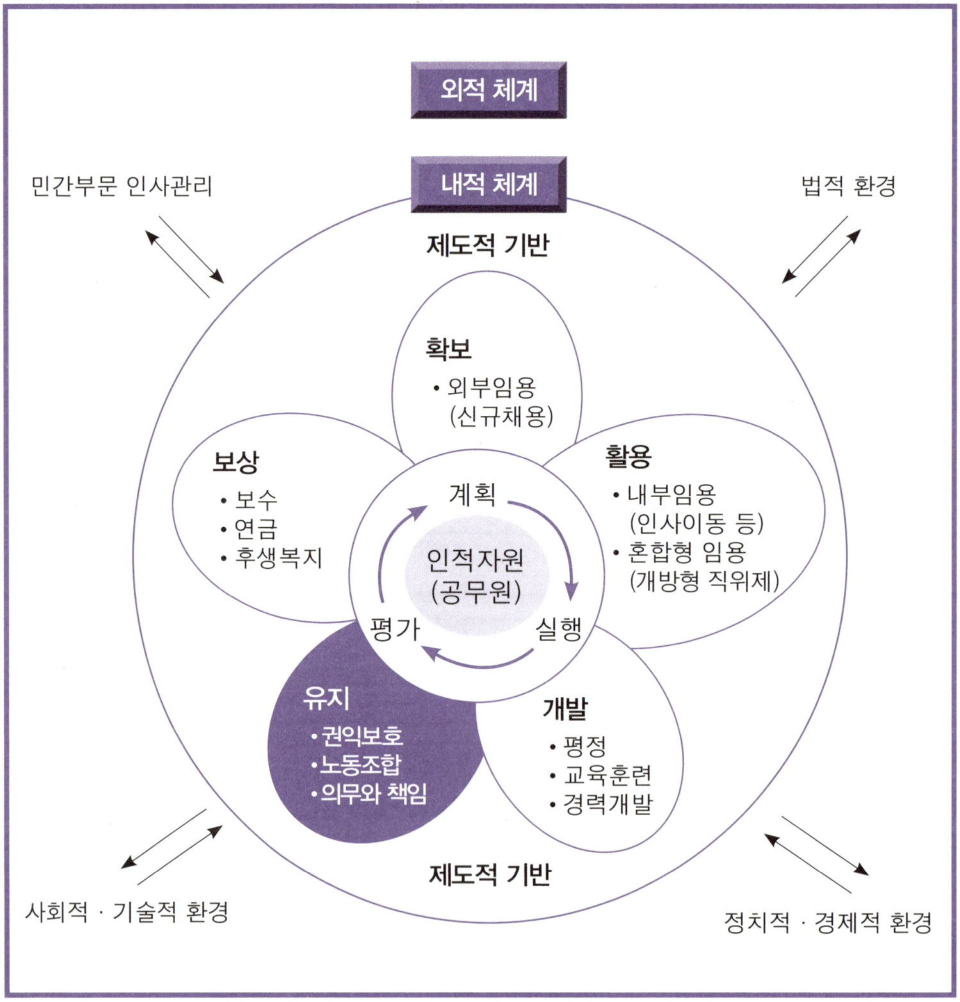

PUBLIC PERSONNEL ADMINISTRATION

제6편

인적자원의 유지

학습내용

'인적자원의 유지'란 공무원을 정부조직 내에 계속 머물게 하여 그들의 직무수행이 정부의 목표달성에 기여할 수 있도록 유도 · 지원하는 활동을 말한다. 여기에는 공무원의 신분보장 및 노동조합 등과 같이 공무원의 권익을 보호하는 활동과, 행동규범의 제도화를 통해 공무원에게 의무와 책임을 부여하는 활동이 포함된다. 이와 같은 공무원의 권익보호와 의무 · 책임에 관하여 구체적으로 살펴본다.

학습문제

- 공무원의 신분보장은 왜 필요하며, 우리나라 신분보장제도의 구체적인 내용은?
- 우리나라의 소청제도에 관한 구체적인 내용은?
- 우리나라의 공무원노동조합에 관한 제도는 어떠한가?
- 공무원의 행동규범은 왜 필요하며, 그 구체적인 내용은?
- 공무원의 의무위반에 대한 제재수단의 구체적인 내용은?

제15장

권익보호

제1절 신분보장

1. 신분보장의 의의

1) 신분보장의 의미

공무원의 신분보장(身分保障)은 크게 두 가지 관점에서 정의될 수 있다. 하나는 신분상의 불이익을 받지 않는다는 소극적 의미로 해석하는 경우이고, 다른 하나는 공무원의 전반적인 삶의 질(質)을 보장한다는 적극적 의미로 보는 경우이다. 전자는 법이 정한 사유와 절차에 의하지 아니하고는 본인의 의사에 반하여 공무원의 신분관계에 있어서 불리한 처분을 당하지 않는다는 방어적 성격을 띠지만, 후자는 공직을 평생의 직업으로 삼아 보람을 갖도록 직장생활의 질을 보장하여야 한다는 진취적 성격을 지닌다.

이처럼 신분보장이 두 가지 의미로 해석될 수 있지만, 소극적 입장에서 신분보장의 개념을 정의하고 그에 대하여 논의하는 것이 일반적이다. 이는 실적주의를 확립하기 위한 요건으로서 공무원의 신분보장이 등장하게 된 역사적 배경을 보면 쉽게 이해될 수 있다. 즉, 정실·엽관주의적 요소의 영향으로부터 공무원을 보호하기 위한 기본적이고 방어적인 장치로서 공무원의 신분보장이 제도화되었기 때문이다. 이에 따라 현재 실적제를 채택하고 있는 많은 국가는 소극적 입장에서 신분보장제도를 수립·운영하고 있다.

2) 신분보장의 원칙

공무원의 신분이 제대로 보장되기 위해서는 그에 대한 제도적 장치가 필요하다. 신분보장을 위한 제도적 장치는 몇 가지 기본원칙에 따라 마련되어야 하는데, 이들은 다음과 같다.

첫째, 법적 사유의 원칙이다. 공무원에게 신분상 불리한 처분을 하려면 법적 사유가 있어야 한다. 즉, 법에서 정한 사유에 의해서만 공무원에게 신분상 불리한 처분이 가능하며, 공무원은 법에 정해진 사유에 해당되지 않는 한 신분상 불이익을 받지 않는다.

둘째, 적법 절차의 준수 원칙이다. 법에서 정한 사유에 의해 불리한 처분을 할 경우, 그 절차는 반드시 법에 따라야 한다. 즉, 신분상 불이익을 주는 처분은 그 처분의 전·후에 걸쳐 법이 정한 정당한 절차(예: 징계위원회 의결 등)에 의해야 하며, 이는 불리한 처분의 대상 공무원에게 자신을 방어하고 사후에 구제를 받을 수 있는 충분한 기회를 부여하기 위한 것이다.

셋째, 자유 의사의 원칙이다. 불이익 처분은 법적 사유에 해당되는 경우를 제외하고는 본인의 의사에 반하여 내려질 수 없다. 본인이 자유로운 의사로 휴직을 원하거나 사의(辭意)를 표시하는 것은 얼마든지 허용된다. 하지만 이러한 의원(依願)면직은 사의 표시만으로 신분관계가 소멸되는 것은 아니며, 임용권자가 면직처분을 내릴 때까지는 공무원의 신분관계가 존속된다.

2. 신분보장의 기능

공무원의 신분보장은 공무원 개인과 정부조직 및 행정에 순기능적으로 작용하여 긍정적 효과를 발생시키기도 하며, 이와 반대로 부정적으로 작용하여 역기능이나 폐해를 초래하기도 한다.

1) 신분보장의 순기능

공무원의 신분보장은 일차적으로 공무원 개인을 포함한 정부조직 내의 전반적인 인적자원관리에 긍정적인 영향을 미치며, 궁극적으로 행정의 전반적인 수준을 높이는데 기여한다.

(1) 관리적 측면

첫째, 신분보장은 젊고 유능한 인재를 공직에 유인하는데 긍정적 요인으로 작용할 수 있다. 특히 보수 측면에서 민간부문보다 불리한 정부의 입장에서는 공무원의 신분보장이 그 불리한 조건을 상쇄할 수 있는 인사정책수단이 될 수 있다. 또한 신분보장은 공무원의 장기근속을 유도하여 실적제와 직업공무원제의 확립에 기여하고, 장기적인 능력발전을 가능하게 하여 공무원의 질적 수준을 높이는데 도움이 된다.

둘째, 부당한 강제퇴직 등과 같은 불이익 처분은 공무원 개인에게 크나큰 손실을 준다는 점에서 신분보장은 공무원의 개인적 권익을 보장하는 수단이 된다. 또한 신분보장은 공무원에게 심리적 안정감과 장래에 대한 직업적 보장감을 제공하여 동기유발과 사기진작에 기여한다.

셋째, 신분이 보장되지 않아 직업적 안정감이 상실되면, 공무원은 윗사람의 눈치만 보고 법적 요건의 형식만 준수하면서 소극적인 태도로 직무수행에 임하게 될 수 있다. 따라서 공무원에게 직업적 안정성을 제공하여 성실하고 능동적·창의적인 직무수행을 가능하게 하기 위해서는 신분보장이 주어져야 한다.

넷째, 신분보장은 공무원으로 하여금 소속감과 일체감을 갖게 하여 조직몰입도를 높이는데 기여한다. 또한 신분보장은 공무원으로 하여금 안심하고 맡은 바 책무를 충실히 이행할 수 있도록 뒷받침해 주는 수단이 된다.

(2) 행정적 측면

첫째, 정실·엽관주의적 요소로부터 공무원을 보호하지 못하면 행정의 중립성과 공정성이 훼손될 수 있다. 신분보장을 통해서 외부의 부당한 압력이나 정치적 영향을 배제하고 인사권자의 자의적인 인사권 행사를 방지함으로써 행정의 중립성과 공정성을 확보할 수 있다.

둘째, 신분보장은 정권교체에도 불구하고 공직의 계속성을 확보함으로써 행정이 일관성 있고 안정적으로 추진되도록 한다.

셋째, 신분보장은 공무원으로 하여금 장기간 실무경험을 갖게 함으로써 전문적이고 능률적인 행정의 수행을 가능하게 한다. 엽관제의 폐단에서 보았듯이, 정치권력으로부터 공무원의 신분보장이 이루어지지 않으면 행정의 전문성을 유지하기 어렵고, 이에 따라 행정은 비능률적이 될 수밖에 없다.

2) 신분보장의 역기능

공무원의 신분보장은 일차적으로 공무원 개인을 포함한 정부조직 내의 전반적인 인적자원관리에 부정적 영향을 미치며, 궁극적으로 행정의 전반적인 수준을 저하시키는 결과를 초래할 수 있다.

(1) 관리적 측면

첫째, 신분보장은 연공서열 중심의 인사행정을 조장(助長)하여 우수인재의 유입 및 활용에 지장을 줄 수 있다. 자기성장 혹은 자기실현의 욕구를 지닌 사람은 근속기간이나 나이보다는 자신의 능력이나 실적을 인정받을 수 있는 민간부문을 선호할 수 있다. 따라서 공무원의 신분보장은 도전적인 우수인재의 유입을 막고 재직자에게는 자신의 능력개발에 무관심한 태도를 갖게 하여 공무원의 질적 수준을 저하시키는 요인이 될 수 있다.

둘째, 신분보장은 자칫 공무원 개인이나 집단의 사익을 보호하는 수단으로 전락될 위험이 있다. 또한 개인의 직업적 안정성에 대한 욕구나 기대가 공직진입과 함께 이미 충족되기 때문에 신분보장으로 인한 동기부여 및 사기앙양의 효과가 공무원이 된 이후 지속되는가에 의문이 있을 수 있다.

셋째, 신분보장은 무사안일과 적당주의를 초래하여 성실하고 능동적인 직무수행을 저해할 수 있다. 특히 새로운 아이디어를 구상하는 창의성과 변화를 주도적으로 이끌어 가는 진취성을 발휘하는데 방해가 될 수 있다.

넷째, 공무원은 신분이 보장되기 때문에 조직의 발전에 무관심하게 되며, 이로 인해 조직의 침체가 나타날 수 있다. 또한 공무원의 신분이 법에 의해 보장되기 때문에 국민에 대한 민주적 책임성을 확보할 수 있는 수단이 없어지며, 그로 말미암아 공무원이 특권 집단화됨으로써 국민에 대한 봉사자가 아닌 국민의 주인이라는 의식이 조장될 수 있다.

(2) 행정적 측면

첫째, 신분보장의 혜택을 받는 공무원은 행정정보의 독점자로서 정치인이나 국민의 통제에 대해 저항하거나, 자신의 이익을 유지 · 확대하기 위해 특정 정치세력과 제휴 내지 결탁할 가능성이 있다. 이 경우 행정의 중립성과 공정성은 더 이상 유지될 수 없게 된다.

둘째, 공무원의 배타적 신분보장으로 인해 특권 집단화되면 공무원과 행정에 대한 민주통제가 어렵게 된다. 또한 무사안일과 적당주의 등을 조장하여 조직의 침체를 가져오며 무능과 부정부패를 야기하는 요인이 될 수 있다.

셋째, 기술과 지식이 급속히 변화하는 현대사회에서 공무원의 신분보장은 그에 적합한 전문인력의 확보와 재직자의 능력개발욕구를 저해하여 행정의 전문성과 능률성 확보에 불리하게 작용할 수 있다.

3) 비교 및 종합

공무원의 신분보장이 관리적 · 행정적 측면에서 지니는 순기능과 역기능은 〈표 15-1〉과 같이 정리될 수 있다. 신분보장의 순기능은 신분보장의 필요성이나 효용으로 논의되면서 신분보장의 유지 · 강화를 주장하는 근거가 되며, 신분보장의 역기능은 신분보장의 한계나 폐해로 이해되면서 신분보장의 완화 · 철폐를 주장하는 근거로 작용한다.

표 15-1 신분보장의 기능

구분	순기능(장점)	역기능(단점)
관리적 측면	• 공무원의 질적 수준 향상 • 공무원의 권익보호 및 사기진작 • 능동적 · 창의적 직무수행 촉진 • 조직몰입 및 책임성 제고	• 공무원의 질적 수준 저하 • 공무원의 집단이익 보호 및 특권화 • 무사안일 등 관료주의화 초래 • 조직침체 및 책임회피 등
행정적 측면	• 행정의 중립성과 공정성 확보 • 행정의 일관성과 안정성 강화 • 행정의 전문성과 능률성 향상	• 행정의 중립성과 공정성 훼손 • 행정에 대한 민주통제 곤란 • 행정의 전문성과 능률성 저하

그럼에도 불구하고, 신분보장의 유지 · 강화론이 무조건적으로 신분보장을 유지 · 강화하여야 한다는 입장이 아니라, 지나친 신분보장은 부작용이나 폐해를 초래하기 때문에 어느 정도의 제한은 불가피하다는 점을 인정한다. 이와 마찬가지로 신분보장의 완화 · 철폐론도 무조건적으로 신분보장을 완화 · 철폐하여야 한다는 입장이 아니

라, 신분보장의 강화로 인해 초래될 수 있는 부작용이나 폐해가 그로 인한 순기능이나 효용보다 크기 때문에 최저한의 수준에서 이루어져야 함을 주장한다.

따라서 공무원의 신분은 개인의 기본적인 권익보호 및 행정의 최저한의 필요성에 따라 인정되어야 하며, 그 수준은 신분보장의 완화·철폐론에서 우려하는 부작용이나 폐해가 나타나지 않도록 하여야 한다. 물론 신분보장의 적정수준은 그 대상이나 분야 등에 따라 달라질 수 밖에 없으며, 그러한 적정수준이 유지·확보되도록 신분보장제도의 수립과 운영이 이루어져야 함은 당연하다.

3. 신분보장제도

1) 주요 외국의 신분보장제도

공무원의 신분보장은 국가에 따라 그 대상, 원칙이나 요건, 내용과 방법 등을 달리하고 있다. 직업공무원제를 채택하고 있는 영국의 경우, 일반적인 노동관계법의 부당해고금지규정 및 고용보호법에 의하여 자의적인 면직이 불가하다. 독일과 프랑스에서는 공무원관계의 소멸을 가져오는 퇴직과 면직 등은 법률에 정해진 사유와 요건에 해당될 때만 인정되고 있다. 일본은 인사원 규칙이 정하는 사유에 의한 경우를 제외하고는 그 의사에 반하여 강임·휴직·면직이 금지되어 있다.

미국은 직업공무원제를 도입하고 있지 않지만, 실적주의를 확립하기 위한 노력의 하나로 공무원의 정치적 중립성 확보와 행정능률성 제고를 도모하고자 공무원의 신분보장이 이루어지고 있다. 특히 1912년에 제정된 「로이드-라폴레트법(Lloyd-La Follette Act)」은 실적주의의 적용을 받는 경쟁직 공무원을 '정당한 사유(just cause)에 의하지 않은 부당하고 자의적인 면직(unwarranted and abusive removal)'으로부터 보호하고 있다.

2) 우리나라의 신분보장제도

우리나라 공무원의 신분은 「헌법」 및 관련 법률에 의해 보장되고 있다. 「헌법」 제7조제2항은 "공무원의 신분과 정치적 중립성은 법률이 정하는 바에 의하여 보장된다"고 규정하고, 그 구체적인 사항은 법률에 위임하고 있다. 이에 따라 「국가공무원법」 제68조는 "형의 선고, 징계처분 또는 이 법에서 정하는 사유에 따르지 아니하고는 본인의 의사에 반하여 휴직·강임 또는 면직을 당하지 아니한다"고 규정하고 있다. 이러한 「국가공무원법」 외에 직종별 개별 법률에서도 신분보장의 대상과 범위 등이 명시되어 있다.

(1) 대상공무원

신분보장은 실적주의의 적용을 받는 공무원이 그 원칙적인 대상이며, 직업공무원제하에서는 그 제도의 적용을 받는 경력직공무원이 신분보장의 대상이 된다. 경력직공무원 중에서도 관련 법령에 따라 신분보장의 대상에서 제외되는 경우가 있는데, 예컨대 1급 공무원, 고위공무원단(가 등급) 소속 공무원, 시보공무원 등이 대표적이다. 또한 경력직공무원이라도 임기제공무원은 자신의 임기 동안에만 '임기제공무원이 아닌 일반직공무원'에 준하는 신분보장을 받으며, 특정직공무원은 직종별 개별 법률에 따라 각기 신분보장의 대상과 범위가 다르다.

특수경력직공무원은 원칙적으로 신분보장의 대상이 아니다. 하지만 정무직공무원인 감사위원(「감사원법」 제8조)과 소청심사위원장(「국가공무원법」 제11조) 등과 같이 일정한 임기 동안 신분보장을 받는 경우가 있다.

(2) 대상처분

신분보장제도가 공무원의 신분관계에서 발생 가능한 불이익을 방지하기 위한 것이기 때문에, 신분관계의 변경과 소멸을 가져오는 임용행위 중에서 신분상 불이익을 유발할 수 있는 처분이 원칙적인 대상이 된다. 공무원에게 불리한 처분이라도 본인의 의사에 따라 이루어진 경우에 그 처분은 신분보장제도의 대상에서 제외됨은 당연하다. 이에 따라 「국가공무원법」 제68조에서도 '형의 선고, 징계처분 또는 이 법에서 정하는 사유에 따르지 아니하고 본인의 의사에 반하여 행해진 휴직, 강임 또는 면직'을 신분보장의 대상처분으로 정하고 있다. 이러한 불이익 처분을 받은 공무원은 소청심사 등과 같은 불복신청을 통해 구제받을 수 있다.

제2절 소청

1. 소청의 이해

1) 소청의 의미

소청(訴請)이란 공무원이 자신의 의사에 반하는 불리한 처분이나 부작위에 대하여 불복하여 이의를 제기하는 것을 말한다. 이 경우 공무원이 권한 있는 기관에 이의를 제기하여 심사해줄 것을 요청하는 것을 소청심사청구라고 하며, 그러한 청구에 대하여 해당 기관은 심사·결정하게 된다.

2) 소청의 목적 및 기능

소청의 궁극적인 목적은 공무원의 권리구제에 있다. 즉, 공무원에게 가해진 인사상의 불이익 처분이나 부작위를 해소하여 줌으로써 공무원의 신분을 보장하고 그 권익을 보호하기 위한 것이다.

이러한 궁극적인 목적 외에 소청은 행정기관의 자기수정(自己修正), 자기통제 또는 자기감독이라는 부차적인 기능을 지닌다. 즉, 소청은 행정심판의 일종으로서 최종적으로 법원에서 심사하기 이전에 행정기관에서 다시 한 번 점검하는 기회를 갖게 한다. 잘못 결정된 불이익 처분은 소청심사과정을 통해 취소 또는 변경될 수 있기 때문에 결정을 내릴 때 보다 신중하고 정확하게 하도록 유도하는 간접적 효과가 있으며, 나아가 사법부의 재판 부담을 덜어주는 효과도 있다.

3) 소청심사의 형태 및 담당기관

공무원이 청구한 소청에 대한 심사는 그것을 담당하는 기관에 따라 크게 세 가지 형태를 띨 수 있다. 즉, 처분이나 부작위의 해당 행정기관 내부에서 재심 또는 구제방법이 강구되는 경우, 해당 행정기관 외의 중앙인사기관에서 재심하는 경우, 해당 행정기관이나 중앙인사기관이 아닌 제3기관에서 행정재판의 방식에 의하는 경우 등이다.

실적제가 확립된 주요 국가에서는 해당 행정기관이나 중앙인사기관으로부터 독립된 제3의 합의제 기관에 의한 방식이 주로 채택되고 있다. 이는 정치적 영향이나 기타 부당한 압력에서 벗어나 중립적인 입장에서 공정한 결정을 도모하기 위한 취지에 따른 것이다. 그 대표적인 예로서 미국의 실적제보호위원회(MSPB), 영국의 소청심사위원회(CSAB), 일본의 공평위원회, 우리나라의 소청심사위원회 등이 있다.

2. 우리나라의 소청

1) 소청의 법적 근거

우리나라의 공무원 소청제도는 「국가공무원법」 및 직종별 개별 법률에 근거하고 있다.[1] 공무원의 종류에 따라 소청의 대상이나 심사기관이 다르지만, 그 요건 및 절차 등은 거의 유사하다고 할 수 있다. 공무원의 소청제도에 관한 대표적인 근거규정인 「국가공무원법」 제9조에서는 “행정기관 소속 공무원의 징계처분, 그 밖에 그 의사에 반하는 불리한 처분이나 부작위에 대한 소청을 심사·결정하기 위하여 인사혁신처에 소청심사위원회를 둔다”고 명시하고 있다.

2) 소청의 적용대상 및 사유

소청심사청구가 가능한 공무원은 신분보장을 받는 직업공무원인 경력직공무원이다. 경력직공무원 중에서도 관련 법률에 따라 소청의 대상에서 제외되는 경우가 있다.[2] 이와 달리 특수경력직공무원에게는 소청제도가 적용되지 않는다.[3]

소청의 대상이 되는 사유는 관련 법규에 따라 약간씩 차이가 있을 수 있다.[4] 「국

1) 예컨대 「국가공무원법」 제9조 내지 제15조, 제76조 및 「소청절차규정」, 「지방공무원법」 제13조 내지 제21조, 제67조 및 「지방공무원 징계 및 소청 규정」, 「경찰공무원법」 제30조, 「소방공무원법」 제21조, 「교원의 지위 향상 및 교육활동 보호를 위한 특별법」 제7조 내지 제10조 및 「교원소청에 관한 규정」 등에 소청에 관한 규정이 있다. 이러한 법령 이외에 소청도 행정불복심사의 하나라는 점에서 「행정심판법」의 일반규정이 적용된다(김중양, 2008: 409).

2) 예컨대 검사는 「검찰청법」 및 「검사징계법」에 근거규정이 없어 소청제도 자체가 없다고 할 수 있으며, 법관은 「법관징계법」 제27조에 따라 전심절차 없이 대법원에 징계처분의 취소 청구가 가능하다. 물론, 이들은 행정소송을 바로 제기할 수 있다.

3) 별정직공무원은 소청심사청구 대신 행정심판을 청구하거나 행정소송을 제기하여야 하며, 특히 대통령이 임용한 별정직 고위공무원은 다른 법률에서 정한 경우 외에는 행정심판청구가 불가하고 행정소송을 제기할 수밖에 없다(「행정심판법」 제3조).

4) 예컨대 군인의 경우 징계처분은 소청의 대상에서 제외되며 항고의 대상이다(「군인사법」 제50조·제

가공무원법」 제9조는 '징계처분, 그 밖에 그 의사에 반하는 불리한 처분이나 부작위'를 소청의 대상사유로 규정하고 있는데, 이를 구체적으로 살펴보면 다음과 같다.

(1) 징계처분 등

징계는 공무원의 의무위반에 대한 조직 내부의 처벌을 의미한다. 징계의 종류는 공무원의 직종에 따라 다소 차이가 있으나, 대체로 파면, 해임, 강등, 정직, 감봉, 견책 등이 있다. 이러한 징계를 부과하는 행정행위가 징계처분이며, 징계처분뿐만 아니라 징계부가금처분도 소청의 대상사유에 포함된다.

(2) 그 밖에 그 의사에 반하는 불리한 처분

징계처분(징계부가금처분 포함) 외에 본인의 의사에 반하는 불리한 처분도 소청의 대상이 된다. 예컨대 강임, 휴직, 직위해제, 면직, 불문경고 등과 같이 불이익을 수반하는 처분을 받은 경우가 여기에 해당하며, 이 때의 불이익은 단순한 사실상의 불이익이 아니라 법적으로 보호되어야 하는 구체적인 신분상 불이익이어야 한다(인사혁신처, 2014: 55).

(3) 부작위

부작위(不作爲)란 행정청이 당사자의 신청에 대하여 상당한 기간 내에 일정한 처분을 하여야 할 법률상 의무가 있는데도 처분을 하지 아니하는 것을 말한다(「행정심판법」 제2조). 예컨대 복직 청구, 봉급 청구 등과 같이 당사자의 신청에 대하여 행정기관이 상당한 기간 내에 일정한 처분을 하여야 할 법률적 의무(기속행위)가 있음에도 처분(인용 또는 거부 처분)을 하지 않은 경우가 이에 해당한다.

(4) 소청의 대상이 되지 않는 사유의 예

소청의 대상이 되는 '처분'은 법적으로 보호되어야 하는 구체적인 신분상 불이익을 수반하여야 하며, '부작위'는 행정기관이 당사자의 신청에 대하여 상당한 기간 내에 일정한 처분을 하여야 할 법률적 의무가 있음에도 그 처분을 하지 않은 경우이다. 따라서 이러한 조건에 해당하지 않는 '처분'이나 '부작위'는 소청의 대상이 아니며, 그 예를 보면 〈표 15-2〉와 같다.

60조).

표 15-2 소청의 대상이 되지 않는 사유의 예

사유	예
• 신분상 변동에 해당하지 않거나 신분상 불이익이 발생하지 않는 처분	• 변상명령, 서면경고
• 일반적이며 추상적인 행정법령의 개정요구에 대한 거부처분 혹은 부작위	• 봉급체계 개선, 수당규정 개정, 근로조건 시정 등에 대한 청구 거절
• 행정기관 내부적 의사결정단계의 행위	• 근무성적평정 조정, 승진후보자명부 탈락
• 행정기관 상호 간의 행위	• 인사교류 신청에 대한 탈락
• 행정기관의 알선, 권고, 해명, 견해 등과 같이 법적 효과가 발생하지 않는 행위	• 질의회신 등 유권해석

자료: 행정안전부 소청심사위원회(2010, 47~56)

3) 소청심사기관

우리나라는 중앙인사관장기관(인사혁신처, 국회사무처, 법원행정처, 헌법재판소사무처, 중앙선거관리위원회사무처) 및 각 광역자치단체 등에 소청심사위원회를 두고 있는데, 그 현황을 보면 〈표 15-3〉과 같다.

소청심사위원회의 구성, 위원의 자격과 임명, 결격사유 및 신분보장 등에 관한 일반적인 사항은 「국가공무원법」 제9조 내지 제11조에 규정되어 있다. 인사혁신처 소청심사위원회는 위원장 1명을 포함한 5명~7명의 상임위원과 상임위원 수의 1/2 이상인 비상임위원으로 구성되며, 국회사무처 · 법원행정처 · 헌법재판소사무처 · 중앙선거관리위원회사무처에 설치된 소청심사위원회는 위원장 1명을 포함한 5명 이상 7명 이내의 비상임위원으로 구성된다.[5] 인사혁신처 소청심사위원회의 경우, 위원장은 정무직 공무원이며 그 외의 상임위원은 고위공무원단에 속하는 임기제공무원으로 보한다. 소청심사위원회 상임위원의 임기는 3년이며 1차에 한하여 연임이 가능하고, 비상임위원의 임기는 2년이며 연임에 제한이 없다. 이들 위원은 금고 이상의 형벌이나 장기(長期)

5) 소청심사위원회의 위원은 법관 · 검사 · 변호사의 직에 5년 이상 근무한 자, 대학에서 행정학 · 정치학 · 법률학을 담당한 부교수 이상의 직에 5년 이상 근무한 자, 3급 이상 공무원 또는 고위공무원단에 속하는 공무원으로 3년 이상 근무한 자 등으로 자격이 정해져 있다. 이들 자격에 해당하고 인사행정에 관한 식견이 풍부한 자 중에서 국회사무총장, 법원행정처장, 헌법재판소사무처장, 중앙선거관리위원회사무총장 또는 인사혁신처장의 제청으로 국회의장, 대법원장, 헌법재판소장, 중앙선거관리위원회위원장 또는 대통령이 임명하며, 인사혁신처장이 위원을 임명제청하는 때에는 국무총리를 거쳐야 한다.

표 15-3 공무원의 종류별 소청심사기관

<table>
<tr><th>소속</th><th colspan="4">공무원의 종류</th><th>소청심사기관</th></tr>
<tr><td rowspan="17">행정부</td><td rowspan="12">국가 공무원</td><td colspan="3">일반직</td><td rowspan="6">• 인사혁신처 소청심사위원회</td></tr>
<tr><td rowspan="10">특정직</td><td colspan="2">외무공무원</td></tr>
<tr><td colspan="2">경찰공무원[1]</td></tr>
<tr><td colspan="2">소방공무원</td></tr>
<tr><td colspan="2">국가정보원직원</td></tr>
<tr><td colspan="2">대통령경호실직원</td></tr>
<tr><td colspan="2">검사</td><td>※ 소청제도 없음</td></tr>
<tr><td colspan="2">교원[2]</td><td>• 교육부 교원소청심사위원회</td></tr>
<tr><td colspan="2">군무원</td><td>• 국방부 군무원인사소청심사위원회(징계처분 외)
• 군무원항고심사위원회(징계처분)</td></tr>
<tr><td rowspan="2">군인</td><td>장교/준사관</td><td>• 국방부 중앙 군인사소청심사위원회(징계처분 외)
• 항고심사위원회(징계처분)</td></tr>
<tr><td>부사관</td><td>• 각군 본부 군인사소청심사위원회(징계처분 외)
• 항고심사위원회(징계처분)</td></tr>
<tr><td colspan="3">특수경력직</td><td>※ 원칙적으로 소청대상이 아님</td></tr>
<tr><td rowspan="5">지방 공무원</td><td rowspan="2">일반직</td><td colspan="2">지방자치단체 소속 공무원</td><td>• (시 · 도) 지방소청심사위원회</td></tr>
<tr><td colspan="2">지방교육청 소속 공무원</td><td>• (시 · 도 교육청) 교육소청심사위원회</td></tr>
<tr><td rowspan="2">특정직</td><td colspan="2">지방소방공무원</td><td>• (시 · 도) 지방소청심사위원회</td></tr>
<tr><td colspan="2">지방교육전문직원</td><td>• 교육부 교원소청심사위원회</td></tr>
<tr><td colspan="3">특수경력직</td><td>※ 원칙적으로 소청대상이 아님</td></tr>
<tr><td colspan="5">국회</td><td>• 국회사무처 소청심사위원회</td></tr>
<tr><td colspan="5">법원</td><td>• 법원행정처 소청심사위원회</td></tr>
<tr><td colspan="5">헌법재판소</td><td>• 헌법재판소사무처 소청심사위원회</td></tr>
<tr><td colspan="5">선거관리위원회</td><td>• 중앙선관위사무처 소청심사위원회</td></tr>
</table>

1. 전투경찰대의 경사, 경장, 순경은 당해 전투경찰대가 소속된 기관에 설치된 경찰공무원 징계위원회에서 관할
2. 교육부 소속 국가직 교육전문직원은 인사혁신처 소청심사위원회에서 관할

자료: 인사혁신처 소청심사위원회, 소청 및 고충심사 업무편람(2014: 8~23)

의 심신 쇠약으로 직무를 수행할 수 없게 된 경우 외에는 본인의 의사에 반하여 면직되지 아니하는 신분보장을 받는다.[6)]

4) 소청의 절차

소청의 절차는 공무원의 심사청구 및 소청심사위원회의 심사·결정의 단계로 구분된다. 「국가공무원법」 및 「소청절차규정」에서 정한 각 단계의 세부사항을 보면 다음과 같다.

(1) 심사청구

공무원이 소청의 사유에 해당하는 불리한 처분을 받아 그에 불복할 때는 그 처분사유 설명서를 받은 날로부터 혹은 그 처분이 있은 것을 안 날로부터 각각 30일 이내에 소청심사위원회에 소청심사청구서를 제출할 수 있다. 특히 파면·해임·직권면직 등 면직처분의 경우에는 공무원의 권익을 보호하기 위하여 그 처분일로부터 40일 이내 후임자의 보충발령을 하지 못하는 후임자 보충유예제도가 마련되어 있다.

(2) 심사 및 결정

공무원의 심사청구가 접수되면 소청심사위원회는 그에 대하여 심사를 하게 된다. 필요하면 검정·감정 등의 사실조사를 하거나 증인을 소환하여 질문하거나 관계 서류를 제출하도록 명할 수 있다. 또한 소청심사 청구인 또는 대리인에게 반드시 진술의 기회를 부여하여야 하며, 그러한 기회가 부여되지 아니한 결정은 무효로 하고 있다.

소청심사위원회는 임시결정의 경우 외에는 심사청구가 접수된 날로부터 60일 이내에 결정을 하여야 하며, 불가피하다고 인정되면 소청심사위원회의 의결로 30일을 연장할 수 있다. 소청사건의 결정은 재적위원 2/3 이상의 출석과 출석위원 과반수의 합의에 의하며, 의견이 나뉠 경우에는 출석위원 과반수에 이를 때까지 소청인에게 가장 불리한 의견에 차례로 유리한 의견을 더하여 그 중 가장 유리한 의견을 합의된 의견으로 본다. 또한 징계·징계부가금처분에 대한 소청심사의 경우에는 원(原)처분보다 무거운 징계·징계부가금을 부과하는 결정을 하지 못한다.

6) 「국가공무원법」 제33조에 규정된 공무원 결격사유의 하나에 해당하는 자, 「정당법」에 따른 정당의 당원, 또는 「공직선거법」에 따라 실시하는 선거에 후보자로 등록한 자는 소청심사위원회의 위원이 될 수 없으며, 이들 중 어느 하나에 해당하게 된 때에는 당연히 퇴직한다(「국가공무원법」 제10조의2).

표 15-4 소청심사결정의 형태

구분	결정 이유 또는 내용
각하	• 심사청구가 관련 법률에 적합하지 아니한 경우 (예: 소청제기기간의 경과, 소청 관할 위반 등)
기각	• 심사청구가 이유가 없다고 인정된 경우
취소 또는 변경	• 처분의 취소 또는 변경을 구하는 심사청구가 이유가 있다고 인정된 경우
효력유무 또는 존재여부 확인	• 처분의 효력 유무 또는 존재 여부에 대한 확인을 구하는 심사청구가 이유가 있다고 인정된 경우
의무이행 명령	• 위법 또는 부당한 거부처분이나 부작위에 대하여 의무 이행을 구하는 심사청구가 이유가 있다고 인정된 경우

자료: 「국가공무원법」 제14조제5항

소청심사위원회의 결정은 각하, 기각, 취소 또는 변경, 효력유무 또는 존재여부 확인, 의무이행명령 등의 형태를 띠며, 각 형태의 결정이 내려지는 이유 혹은 내용은 〈표 15-4〉와 같다.

5) 소청심사위원회 결정의 효력

소청심사위원회의 결정은 처분청에는 기속력(羈束力), 소청인에게는 불가쟁력(不可爭力), 소청심사위원회 자신에게는 불가변력(不可變力)의 효력이 있다. 즉, 소청심사위원회의 결정은 처분청을 기속하는데, 여기서 기속이란 결정된 내용대로 이행하도록 의무를 부과하는 것을 말하며, 이를 위반하면 행정상의 책임이 발생한다. 그러므로 처분청은 소청심사위원회의 결정에 불복하여 다시 심사해줄 것을 요구할 수 없으며, 다만 「감사원법」 제32조제6항에 의한 감사원의 재심요구만 인정된다.

소청심사위원회의 결정에 대하여 소청인은 그에 불복하여 행정소송을 제기할 수 있다. 하지만 소청인이 결정서를 송달받은 날로부터 90일 이내에 행정소송을 제기하지 않을 경우, 소청심사위원회의 결정은 해당 사건에 대하여 더 이상 그 효력을 다툴 수 없는 불가쟁력의 효력이 발생한다.

또한 소청심사위위원회는 동일한 사건에 대하여 그 결정을 번복(취소, 변경, 철회 등)할 수 없다는 불가변력의 효력이 있다.

6) 행정심판 및 행정소송과의 관계

(1) 행정심판과의 관계

소청의 대상이 되는 사건은 행정심판의 대상이 되지 아니한다. 이는 "행정청의 처분 또는 부작위에 대하여는 다른 법률에서 특별한 불복절차를 규정하고 있는 경우에는 행정심판법에 의한 행정심판을 제기할 수 없다"는 「행정심판법」 제3조제1항에 근거한 것이다.

(2) 행정소송과의 관계

소청의 대상이 되는 사건에 대해서는 소청심사 전치주의(前置主義)를 채택하고 있다. 즉, 징계·징계부가금처분, 강임·휴직·직위해제 또는 면직처분, 그 밖에 본인의 의사에 반한 불리한 처분이나 부작위에 관한 행정소송은 소청심사위원회의 심사·결정을 거치지 아니하면 제기할 수 없다(「국가공무원법」 제16조).[7] 그러므로 소청인은 소청심사위원회의 결정에 불복하는 경우에 한하여 행정소송을 제기할 수 있으며, 이 경우 다른 법률에서 특별한 규정이 없는 한 그 처분 혹은 부작위의 해당 행정청을 피고로 한다.

제3절 고충처리

1. 고충처리의 이해

1) 고충처리의 의의

고충(苦衷)이란 개인이 지닌 어려운 심정이나 사정(事情)을 의미하며, 이러한 고충을 적절히 해결해주는 것이 고충처리이다. 공무원이 개인적인 신상(身上)문제나 직

7) 소청을 거치지 않고 바로 행정소송의 제기가 가능한 경우(소청심사 전치주의에 대한 예외의 경우)로서, (i)무효 등 확인소송의 경우(「행정소송법」 제18조·제38조제2항), (ii) 소청제기 후 60일이 경과하여도 재결이 없는 경우 등(「행정소송법」 제18조제2항 각 호의 경우), (iii) 동종 사건에 관하여 이미 소청결정이 있는 경우 등(「행정소송법」 제18조제3항 각 호의 경우)이다.

장생활과 관련된 애로사항이 있는 경우, 권한 있는 기관에 고충심사를 청구하여 이를 적절히 해결하기 위한 제도가 고충처리제도이다.

(1) 소청심사와의 차이

공무원 개인이 청구한 고충은 제3의 중립적인 기관에서 심사를 하게 된다. 이처럼 당사자의 청구 및 제3의 기관에 의한 판단 등의 측면에서 고충심사는 소청심사와 유사하지만, 그 심사의 대상, 법적 성격 및 효력 등에 있어서는 근본적인 차이가 있다(〈표 15-5〉 참고).

먼저 심사의 대상에서 차이점을 보면, 소청심사는 공무원이 받은 신분상 불이익이 대상인 반면, 고충심사는 공무원의 신분사항보다는 근무조건·처우 등과 같은 일상의 문제가 주요 대상이다. 또한 소청심사는 불이익 처분이나 부작위에 대한 사후 구제를 위한 쟁송절차로서 준사법적 기능을 수행하는 반면, 고충심사는 단순히 적절한 행정상 조치 혹은 해결책에 대한 심사기능을 수행한다. 심사결정의 효력에 있어서도 차

표 15-5 소청심사와 고충심사의 비교

구분		소청심사	고충심사
차이점	목적	• 공무원의 권리 구제	• 공무원의 개인적인 애로 및 불만 해결
	적용대상	• 경력직공무원 • 특수경력직공무원은 개별 법률에 따름	• 경력직공무원 • 다른 법률에 특별한 규정이 있는 경우를 제외하고 특수경력직공무원에 대해서도 준용
	대상사유	• 신분상 불이익 처분이나 부작위	• 근무조건 · 처우 · 일상의 신상문제
	심사기관	• 소청심사위원회	• 국가공무원 – 중앙고충심사위원회 (소청심사위원회) – 보통고충심사위원회 • 지방공무원: 인사위원회
	심사의 법적 성격	• 준사법적 기능	• 심사기능
	심사결정의 효력	• 기속력 • 확정력(불가쟁력 · 불가변력)	• 기속력과 확정력 없음
유사점	심사절차	• 심사청구, 심사 및 결정 등	
	심사기관	• 제3의 기관에서 심사 · 결정(심사기관은 상이할 수 있음)	

이가 있는데, 소청심사의 경우 해당 행정청은 소청심사위원회의 결정에 반드시 기속되지만, 고충처리위원회의 결정은 해당 행정청을 기속하지는 않으며 그 행정청이 스스로 판단·시정조치를 하여야만 효력이 발생한다.

(2) 인사상담과의 차이

인사상담은 조직에의 부적응 문제를 가진 공무원이 스스로 문제를 해결하는데 도움을 주기 위한 개인적인 면담활동이다. 이러한 인사상담은 주로 갈등, 욕구불만, 정서적 혼란 등 부적응 문제에 대하여 인사권자 혹은 전문상담자와의 비공개적인 면담을 통해 그러한 문제에 대한 자신의 통제력을 높이는데 목적이 있다. 이와 달리 고충처리는 주로 개인이 스스로 통제할 수 없는 문제에 대한 해결책을 공식적으로 강구하는 절차이며, 단순히 공무원의 고충을 듣는데 그치지 아니하고 제3자적 기관의 판단을 구한다는 점에서 인사상담보다 더 포괄적인 의미를 갖는다고 할 수 있다.

2) 고충처리의 목적 및 기능

고충처리는 공무원이 신상문제나 직장생활에 대하여 불만이 있는 경우에 권한 있는 기관에게 심사를 청구하여 이를 적절히 해결하기 위한 것이다. 단순히 자신의 상관(上官)이나 감독자가 아니라 제3의 기관에 고충심사를 청구하고, 그 중립적인 기관으로 하여금 고충사안이 원만히 해결되도록 조정자적 역할을 수행하도록 한다.

고충처리의 일차적 목적은 공무원의 개인적인 애로사항이나 조직에 대한 불만을 효과적으로 처리해주는데 있다. 이를 통해 공무원 개인의 조직에 대한 적응을 도우며, 하의상달(下意上達)을 촉진하고 사기를 진작시켜 직무능률의 향상을 도모한다.

2. 우리나라의 고충처리

1) 고충처리의 법적 근거

우리나라의 공무원 고충처리제도는 「국가공무원법」 및 각 직종의 개별 법률에 근거하고 있다.[8] 공무원의 종류에 따라 고충처리의 대상이나 심사기관이 다르지만, 그

8) 예컨대 「국가공무원법」 제76조의2·제76조의3 및 「공무원고충처리규정」, 「지방공무원법」 제67조의2·제67조의3 및 「지방공무원 임용령」 제66조 내지 제76조, 「경찰공무원법」 제25조, 「소방공무원법」 제22조, 「교육공무원법」 제49조 등에 고충처리에 관한 규정이 있다.

요건 및 절차 등은 거의 유사하다고 할 수 있다. 고충처리제도에 관한 대표적인 근거 규정인 「국가공무원법」 제76조의2조에서는 "공무원은 누구나 인사 · 조직 · 처우 등 각종 직무 조건과 그 밖에 신상 문제에 대하여 인사상담이나 고충심사를 청구할 수 있으며, 이를 이유로 불이익한 처분이나 대우를 받지 아니한다"고 명시하고 있다.

2) 고충심사의 적용대상 및 사유

고충심사의 청구가 가능한 공무원은 원칙적으로 경력직공무원이다. 하지만 다른 법률에 특별한 규정이 있는 경우를 제외하고 법령이 정하는 바에 따라 특수경력직공무원도 그 대상이 될 수 있다(「국가공무원법」 제76조의3).

고충심사의 청구가 가능한 사유는 근무조건, 인사관리, 기타 신상문제에 관한 사항을 포함한다. 따라서 공무원의 개인적 · 개별적인 고충은 거의 모두가 심사청구의 대상이 된다고 할 수 있으며, 그 예는 〈표 15-6〉과 같다.

이처럼 공무원 개인이 갖는 고충의 대부분이 심사청구의 대상이 될 수 있지만, 다른 법령에 의하여 구제가 가능한 사항(예: 소청심사의 대상이 되는 사항, 감사원의 판정 또는 처분에 대한 재심의 또는 심사 · 청구에 속하는 사항, 공무원 연금급여 심사에 관한 사항 등), 법률의 개폐 및 예산조치의 요구 등 국회의 협력이 필요하거나 전체 공무원의 보수인

표 15-6 고충심사청구의 대상 및 제외사항

구분	세부 내용
근무조건	• 봉급 · 수당 등 보수에 관한 사항 • 근무시간 · 휴식 · 휴가에 관한 사항 • 업무량, 작업도구, 시설안전, 보건위생 등 근무환경에 관한 사항 • 주거 · 교통 및 식사편의 제공 등 후생복지에 관한 사항
인사관리	• 승진 · 전직 · 전보 등 임용에 관한 사항으로서 임용권자의 재량행위에 속하는 사항 • 근무성적평정 · 경력평정 · 교육훈련 · 복무 등 인사행정의 기준에 관한 사항 • 상훈 · 제안 등 업적성취에 관한 사항
신상문제	• 성별 · 종교별 · 연령별 등에 관한 차별 대우 • 기타 개인의 정신적 · 심리적 · 신체적 장애로 인해 발생되는 직무수행 관련사항
※ 제외사항	• 공무원의 공통적 · 집단적 대상이 되는 사항 • 사무의 관리운영에 관한 사항 • 다른 기관의 협력이 필요하거나 해당 행정기관만으로는 조치가 불가능한 사항 • 실정법에서 별도의 심사 · 처리 또는 쟁송절차가 명시되어 있는 사항

자료: 행정안전부(2011, 687~688)

상 요구 등과 같이 해당 행정기관만으로는 시정조치가 불가능한 사항 등은 제외된다.

3) 고충심사기관

우리나라는 중앙인사관장기관(인사혁신처, 국회사무처, 법원행정처, 헌법재판소사무처, 중앙선거관리위원회사무처) 및 각 지방자치단체 등에 고충심사위원회를 두고 있다. 중앙인사관장기관에는 중앙고충심사위원회, 임용(제청)권자 단위에서는 보통고충심사위원회가 운영되고 있다. 지방공무원의 고충청구에 대한 심사는 지방자치단체에 설치된 인사위원회에서 담당한다. 이들 고충심사위원회의 현황을 살펴보면 〈표 15-7〉과 같다.

중앙고충심사위원회의 기능은 현재 인사혁신처 소청심사위원회에서 관장한다. 중앙고충심사위원회는 일반직 고위공무원 및 일반직 5급 이상 공무원(이에 상당하는 공무원, 국가정보원, 대통령경호실 직원 등 포함)의 심사청구, 연구관, 지도관의 심사청구 및 보통고충심사위원회의 심사를 거친 재심청구, 경정 이상 경찰공무원의 심사청구 및 경찰공무원고충심사위원회의 심사를 거친 재심청구, 소방령 이상 국가소방공무원의 심사청구 및 소방공무원고충심사위원회의 심사를 거친 재심청구 사건을 담당한다.

보통고충심사위원회는 임용(제청)권자 단위로 설치되며, 위원장을 포함한 5인 이상 7인 이하의 공무원 위원으로 구성한다. 보통고충심사위원회는 해당 기관에 소속된 6급 이하 공무원, 연구사·지도사, 경감 이하의 경찰공무원, 소방감 이하의 국가소방공무원 등의 고충을 심사·결정한다.

표 15-7 고충심사위원회의 구성 및 관할 등

구분	국가공무원		지방공무원
	중앙고충심사위원회	보통고충심사위원회	광역자치단체/기초자치단체
설치	• 인사혁신처	• 임용권자	• 각 지방자치단체
구성	• 소청심사위원회	• 소속공무원 중 위원장 1인 포함 5~7인 위원	• 인사위원회
관할	• 5급 이상 공무원, 연구관·지도관 등의 심사청구 • 보통고충심사위원회 심사를 거친 재심청구	• 설치기관에 소속된 6급 이하 공무원, 연구사·지도사 등	• 인사위원회의 관할에 따름

자료: 「국가공무원법」 제76조의2 및 「지방공무원법」 제67조의2

4) 고충심사의 절차

고충심사의 절차는 공무원의 심사청구 및 고충심사위원회의 심사결정의 단계로 구분된다. 「국가공무원법」 및 「공무원고충처리규정」에서 정한 각 단계의 세부내용을 보면 다음과 같다.

(1) 심사청구

고충심사청구란 공무원이 자신의 고충을 고충처리위원회에서 심사해줄 것을 요청하는 것을 말한다. 고충심사청구는 기간의 제한이 없이 언제든 가능하며, 다만 재심청구는 그 결정서를 받은 날로부터 30일 이내에 제기하여야 한다.

(2) 심사 및 결정

공무원의 심사청구가 접수되면 고충심사위원회는 30일 이내에 결정을 하여야 하며, 부득이하다고 인정되는 경우에는 30일을 연장할 수 있다. 고충심사위원회는 고충심사에 필요하다고 인정할 때에는 청구인, 설치기관의 장, 청구인이 소속하는 기관의 장 또는 그 대리인을 출석하게 하여 진술하게 하거나 관계기관에 변명서 또는 심사자료의 제출을 요구할 수 있으며, 검정 · 감정을 의뢰하거나 소속직원으로 하여금 사실조사를 하게 할 수 있다. 고충심사위원회의 결정은 재적위원 과반수의 합의에 의하며, 그 종류는 각하, 인용(시정요청), 불인용(기각) 등이 있다.

5) 고충심사위원회 결정의 효력

고충심사위원회의 결정은 기속력이 없으며 단순히 권고의 성격에 불과하다. 즉, 고충심사위원회의 결정을 통보받은 설치기관의 장은 필요하다고 인정되면 해당 행정청이나 관계기관의 장에게 그 시정을 요청할 수 있으며, 요청받은 해당 행정청이나 관계기관의 장은 특별한 사유가 없으면 이를 이행하고 그 처리결과를 알려야 한다. 다만 부득이한 사유로 이행하지 못하면 그 사유를 알려야 한다.

고충심사 청구인은 보통고충심사위원회의 결정에 불복하는 경우 30일 이내에 관할 중앙고충심사위원회에 재심을 청구할 수 있다. 하지만 중앙고충심사위원회의 관할에 속하는 고충심사청구 사건의 경우에는 그 결정에 불복하더라도 재심의 기회가 없다.

제16장

노동조합

제1절 공무원노동조합의 이해

1. 공무원노동조합의 의의

1) 공무원노동조합의 의미

공무원노동조합은 공무원이 근로조건의 유지 · 개선을 위해 자발적으로 조직하는 단체이다. 이를 구체적으로 말하면, 공무원의 자발적 의사에 의해 결성되는 자주적 조직으로서, 근로조건의 유지 · 개선 기타 공무원의 경제적 · 사회적 지위 향상을 목적으로 하며, 영속적 성격의 개별적 단체 또는 그 연합단체라고 할 수 있다.

공무원직장협의회와의 차이 공무원직장협의회는 '노사협의회'와 유사한 성격의 단체라고 할 수 있으며, 이는 근무환경 개선, 업무능률 향상, 공무와 관련된 고충, 기관의 발전 등에 관한 사항을 기관장과 협의하는 기능을 지닌다(「공무원직장협의회의 설립 · 운영에 관한 법률」 제5조). 따라서 공무원노동조합은 그 성격과 기능에 있어서 공무원직장협의회와는 근본적인 차이가 있다고 할 수 있다.

2) 공무원노동조합의 특징

공무원노동조합은 그 구성과 활동 등에 있어서 민간부문의 노동조합과 다른 특징이 있다. 이를 구체적으로 살펴보면 다음과 같다.

(1) 노동조합의 구성상 특징

구성원의 신분 공무원노동조합의 구성원인 공무원이 지니는 신분상 특수성을 들 수 있다. 공무원의 궁극적인 사용자는 주권자인 국민이기 때문에 공무원은 국민 전체에 대하여 봉사하고 책임을 져야 하는 특별한 지위에 있다.

구성원의 직무 공무원노동조합의 구성원인 공무원이 수행하는 직무의 공공성을 들 수 있다. 공무원이 담당하는 직무는 국가 또는 지방자치단체의 공공적인 업무이며, 그 직무를 수행함에 있어서 공공성·공익성·성실성 및 중립성 등이 요구된다. 또한 공무원은 그 직무상 역할이 국민생활의 전반에 절대적인 영향을 미치는 위치에 있다.

(2) 노동조합의 활동상 특징

단체교섭의 상대 공무원노동조합의 활동에 있어서는 단체교섭의 상대를 명확히 확인하기가 쉽지 않다. 공무원의 궁극적인 사용자는 국민이라 할 수 있지만, 국민은 공무원을 직접 지휘·통제하거나 근로계약의 당사자는 아니다. 실제 단체교섭에서 정부측의 대표는 관리층 공무원이 맡게 되는데, 이들 또한 공무원의 신분을 가지고 국민 전체에 대한 봉사자로서의 의무를 지닌다. 이와 같은 노·사의 불명확한 구분으로 인해 공무원노사관계는 민간부문에서와 같은 노사대립적 관계가 형성되기 어려운 특징이 있다.

단체교섭의 범위 공무원노동조합의 활동에 있어서는 단체교섭의 대상이 매우 제한적이다. 단체교섭과정에서 정부측의 대표는 다른 이해관계자들(예: 국회, 상급기관, 국민)의 개입과 영향력 행사 때문에 제한된 재량권을 가지고 참여하게 된다(박천오 외, 2014: 413). 특히 보수 및 연금 등과 같은 근로조건의 대부분은 법령이나 예산에 의해 정해지기 때문에 공무원노동조합이 관리층과 협상을 통해 해결할 수 있는 영역은 매우 제한적이다. 설사 단체협약서가 체결된다 하더라도 그것이 법령이나 예산을 우선할 수 없기 때문에 민간부문에 비해 상대적으로 한정된 효력만을 갖는다.

단체행동의 제한 공무원노동조합의 활동에 있어서 단체행동이 거의 허용되지 않는다. 공무원노동조합이 단체행동(예: 파업)에 돌입하면 인력과 서비스의 대체가 거의 불가능하기 때문에 사용자인 정부에게 미치는 영향력은 매우 강하다(박천오 외, 2014: 413). 이처럼 강력한 단체교섭력을 지닌 공무원노동조합의 단체행동은 공공서비스의 혼란과 불안을 크게 야기할 수 있기 때문에 대부분의 국가에서는 공무원노동조합의 활동을 단체교섭의 수준까지만 허용하는 것이 보통이다.

2. 공무원노동조합의 기능

공무원노동조합은 공무원의 근로조건 유지·개선 및 경제적·사회적 지위 향상을 목적으로 한다. 이러한 목적하에서 공무원노동조합은 공무원 개인뿐만 아니라 정부조직 차원에서 다양한 순기능을 제공하지만, 그것이 초래하는 부작용도 적지 않다. 공무원노동조합의 순기능과 역기능을 공무원 개인 차원과 정부조직 차원에서 살펴보면 〈표 16-1〉과 같다.

표 16-1 공무원노동조합의 기능

구분	순기능	역기능
개인 차원	• 공무원의 권익보호 및 사기앙양 • 공무원의 직업윤리 확립 및 부패 방지	• 사익 추구로 공익 저해 • 심적 · 역할상 갈등
조직 차원	• 조직 내부의 민주화 촉진 • 실적제 및 정치적 중립성 확립 • 행정의 투명성과 효율성 제고	• 조직 내부의 갈등 · 불신 조장 • 실적제 및 정치적 중립성 훼손 • 행정의 계속성 및 효율성 저해

1) 공무원노동조합의 순기능

공무원노동조합의 순기능 혹은 효용을 강조하는 입장은 현대행정에서 인사관리 도구의 하나로서 공무원노동조합의 필요성을 강조한다. 왜냐하면 공무원노동조합이 일차적으로 공무원의 근로조건 향상을 목적으로 하지만, 실적주의의 확립과 공직사회의 민주화 및 행정능률 향상 등에 기여할 수 있기 때문이다.

(1) 개인 차원에서의 순기능

첫째, 공무원 노동조합은 공무원의 집합적 의견을 공식적으로 표시함으로써 공무원의 권익침해를 최소화하고 공무원의 경제적·사회적 지위를 향상시키는데 기여한다.

둘째, 공무원노동조합은 공무원의 후생복지 증진, 정책과정에의 참여, 집합적인 의사표시 및 교류활동 등을 통하여 공무원의 참여의식, 소속감, 성취감, 연대의식 등의 사회적 욕구를 충족시키는 기능을 한다. 이러한 사회적 욕구충족으로 공무원의 사기가 높아지고, 궁극적으로 근무능률이 향상될 수 있다(강성철 외, 2014: 539).

셋째, 공무원노동조합은 공무원들이 직업적인 행동규범으로부터 이탈하는 것을 막는 사회적 견제작용을 함으로써 올바른 공직윤리 확립과 자질향상을 가능하게 한다(오석홍, 2013: 546). 또한 공무원노동조합은 자율통제기능을 수행함으로써 공무원 개인의 부정부패를 억제하는데 도움이 될 수 있다.

(2) 조직 차원에서의 순기능

첫째, 공무원노동조합은 공무원의 집합적 의사를 국민과 관리층 공무원에게 전달하는 공식적인 통로를 열어줄 수 있다. 특히 하위직과 관리층 간에 쌍방적 의사전달을 촉진하여 조직 내의 권위주의 풍토를 개선하고 상호 이해의 증진을 도모하는 등 행정의 민주화 및 행정발전에 기여할 수 있다(강성철 외, 2014: 539).

둘째, 공무원노동조합과 실적주의는 상호 대립되는 측면이 없지 않으나, 공무원노동조합을 인정하고 있는 많은 국가에서 실적제가 약화되기보다는 오히려 강화된 것으로 나타나고 있다. 이는 공무원노동조합이 실적주의의 보호·강화에 노력함으로써 정치적 영향을 배제하고 공무원의 중립성을 확보하여 직업공무원제를 확립하는데 일종의 압력단체로서 영향력을 발휘할 수 있기 때문이다.

셋째, 공무원노동조합은 부당한 정실인사뿐만 아니라 정책결정이나 예산집행 등과 같은 사항에 대해서도 시정을 촉구하거나 개선책을 제시할 수 있다. 또한 공무원노동조합은 밀실행정으로 인한 행정의 부정부패와 비효율성을 방지하는데 기여할 수 있다.

2) 공무원노동조합의 역기능

공무원노동조합의 역기능 혹은 폐해를 강조하는 입장은 공무원의 신분상 지위와 공직의 특수성 등으로 공무원노동조합을 바람직하지 않은 것으로 본다. 공무원노동조합의 활동으로 초래될 수 있는 부작용은 다음과 같다.

(1) 개인 차원에서의 역기능

첫째, 공무원은 특정 개인이나 집단을 위해서가 아니라 국민 전체를 위해 봉사하여야 할 의무가 있는데, 공무원노동조합을 허용하면 공무원의 집단적 사익을 위해 무리한 요구를 할 수 있다. 공익을 추구해야 할 공무원이 사익을 추구한다는 것은 모순이며, 또한 공무원이 자신의 개인적 이익을 위해 노동조합활동을 하는 것도 바람직하지 않다고 할 수 있다.

둘째, 공무원이 노동조합의 구성원으로서 활동과 역할을 수행함에 있어서 조직·직무체계 혹은 인적 관계로 말미암아 심적 부담과 갈등을 겪을 수 있다. 특히 공무원 노동조합이 조직의 의사결정에 배치되거나 반대되는 활동을 전개하는 경우에 그러한 심적 부담과 역할상의 갈등은 더욱 크게 나타나게 된다. 이로 말미암아 공무원의 사기가 저하되고 직무에의 몰입과 조직에의 귀속감이 떨어지는 부작용이 발생할 수 있다.

(2) 조직 차원에서의 역기능

첫째, 공직사회가 공무원노동조합의 결성으로 관리층과 비관리층의 구분이 이루어지게 되면, 서로 상대방을 대할 때 동반자 관계보다는 상호 이해를 달리하는 노·사 관계로 인식하게 된다. 이로 말미암아 집단 간에 불신과 갈등이 야기되고 기존의 위계 질서에 혼란을 가져와 조직 전체의 역량이 약화될 수 있다.

둘째, 공무원노동조합이 공무원의 권익보호와 신분보장만을 강조함으로써 실적주의 인사행정을 저해하고 관리층의 인사권에 제약을 가할 수 있다. 개인의 능력이나 성과보다는 경력이나 연공서열에 의한 보상이나 전보·승진 등을 강하게 요구하게 되면 실적제의 근본이 훼손될 소지가 있다.

셋째, 공무원이 수행하는 직무의 공공성으로 인해 공무원노동조합의 활동은 국민 전체의 이익에 크게 영향을 미칠 수 있다. 특히 공무원이 수행하는 직무는 독점적이거나 국가기능 유지와 국민생활에 필수적인 것이 많은데, 이러한 직무들이 공무원노동조합의 활동에 의해 수행되지 못하면 인력이나 서비스의 대체가 불가능하여 국가기능 유지와 국민생활에 끼치는 피해는 대단히 커지게 된다.

넷째, 정부가 필요에 의해 신규채용의 동결이나 재직자의 감축을 추진하려는 경우, 공무원노동조합은 이러한 정부차원의 행정개혁을 추진하는데 장애가 될 수 있다. 또한 공무원노동조합이 조직의 발전보다는 공무원의 권익에 집착하여 새로운 근무규율이나 근로조건에 반발한다면 관리층의 재량과 신축성이 제약되고 행정능률의 향상이 불가능하게 된다.

3. 공무원노동조합의 활동내용

근로자는 단결권, 단체교섭권, 단체행동권을 지닌다. 이러한 노동3권 혹은 노동기본권은 정부부문의 경우 어떤 형태로든 제한이 가해지고 있으며, 그 제한의 정도와 범위 등은 각국의 실정이나 공무원의 종류와 직급 등에 따라 차이가 있다.

1) 공무원의 단결권

단결권은 단체결성권 혹은 단체형성권을 의미하며, 단체를 구성 내지 결성할 수 있는 권리를 말한다. 여기에는 단체를 구성하거나 결성할 뿐만 아니라 그 단체에 가입하고 단체의 구성원으로 활동할 수 있는 권리까지 포함된다.

공직의 특수성이 강조되고 공무원노동조합의 활동에 대한 여건이 미비(未備)된 국가에서는 대체로 공무원의 단체결성이 원칙적으로 금지되어 있다. 공무원노동조합의 결성이 허용되는 경우에도 민간부문의 근로자와 달리 공무원의 단결권이 부분적으로 제한되는 것이 보통이다. 대부분의 국가에서는 체신(遞信) 혹은 우정(郵政) 직종의 공무원이 가장 먼저 단결권을 보장받아 노동조합을 구성하여 왔다.[1] 그 이후 다른 직종의 공무원이 점차적으로 단결권을 인정받아 왔는데, 이들 공무원의 단결권은 주로 직종(직무)별 · 직급(계급)별로 그 허용범위가 다양화되어 있다.

단결권의 허용범위는 각 직종에서 수행하는 직무의 공공성 내지 행정서비스의 긴요성(緊要性)과 깊은 관련이 있다. 즉, 직무의 공공성이 현저하여 직무수행의 중단이 국민생활이나 국가기능의 유지에 미치는 위협이 중대할수록 단결권의 제한이 크다. 또한 직급(계급)에 따라 단결권의 허용범위가 다르기도 하는데, 직급이 높은 공무원일수록 그 영향 범위가 넓기 때문에 그만큼 국민 전체에 대한 봉사자로서의 책임이 중대하고 그가 수행하는 직무의 공공성도 강하여 단결권 제한의 필요성이 크다고 할 수 있다. 반면에 단순 · 반복적인 기능업무를 수행하거나 직급이 낮을수록 그 업무의 중단으로 초래되는 파장이 약하기 때문에 단결권의 허용범위가 넓은 편이다.

---

1) 공무원의 단결권은 국제노동기구(ILO)의 1948년 제31차 총회에서 채택된 87호 「결사의 자유 및 단결권 보호에 관한 협약(Convention concering Freedom of Association and Protection of the Right to Organise)」 및 1978년 제64차 총회의 151호 「공공부문의 단결권 보호 및 고용조건 결정을 위한 절차에 관한 협약(Convention concerning Protection of the Right to Organise and Procedures for Determining Conditions of Employment in the Public Service)」을 통해 많은 국가에서 인정되고 있다.

2) 공무원의 단체교섭권

단체교섭은 공무원이 노동조합을 통해 관리층과 대등한 입장에서 자주적으로 협의하는 활동을 말한다. 공무원의 단결권이 금지되는 경우에는 노동조합이 결성되지 못하므로 단체교섭권 자체가 존재하지 않는다. 이와 달리 공무원의 단결권을 인정하고 있는 국가의 대부분은 어떤 형태든 최소한의 단체교섭권을 인정하고 있다.[2] 왜냐하면 단체교섭권이 없는 단결권만으로는 공무원노동조합의 기능을 발휘하기가 어렵고, 단체교섭권이 인정되지 않은 경우에는 파업 등과 같은 단체행동으로 나아갈 우려가 있기 때문이다.

공무원 단체교섭의 대상은 보수·후생복지 등과 같은 근무조건이 중심이 되며, 고충처리 및 노동조합의 활동 등에 관한 사항 등도 포함되는 것이 일반적이다. 하지만 신규채용 및 각종 인사정책 등은 대부분의 국가에서 단체교섭의 대상에서 제외되고 있다.

단체교섭의 과정을 통해 단체협약을 체결하는 경우, 정부교섭대표와 노동조합대표가 단체협약서에 서명 날인함으로써 효력이 발생하게 된다. 단체협약은 보통 1~3년의 기간 중 정해진 기간 동안 그 효력을 가지며, 그 이후 별도로 정해진 사항이 없으면 다시 단체협약 체결을 위한 단체교섭이 필요하게 된다.

3) 공무원의 단체행동권

단체교섭과정에서 노사 양측이 합의에 도달하지 못하여 분쟁상태가 생기는 경우가 있다. 이때 노동조합측이 자신의 요구조건을 관철시키기 위하여 행하는 실력행사를 단체행동 혹은 쟁의행위라 하며, 그러한 실력행사를 할 수 있는 권리가 단체행동권이다.

실력행사는 원칙적으로 노사 양측이 모두 감행할 수 있다. 노동조합측은 파업(strike), 태업(sabotage), 피케팅(picketing), 보이콧(boycott) 등의 수단이 있다. 반면에

2) 국제노동기구의 1978년 제64차 총회에 채택된 151호「공공부문의 단결권 보호 및 고용조건 결정을 위한 절차에 관한 협약(Convention concerning Protection of the Right to Organise and Procedures for Determining Conditions of Employment in the Public Service)」은 국가기밀·정보업무 등을 제외한 공공부문 근로자의 단체교섭권을 제한할 수 없도록 규정하고 있다. 이어 1981년의 154호「단체교섭 촉진에 관한 협약(Convention concerning the Promotion of Collective Bargaining)」에 의해 정부의 단체협상 촉진을 위한 조치 의무 및 모든 노동조합의 단체교섭권 보장 등이 추가되었다.

사용자측인 정부도 직장폐쇄의 수단을 활용할 수 있다. 하지만 정부의 직장폐쇄를 통한 행정서비스의 중단은 국민생활에 엄청난 피해를 주기 때문에, 그러한 직장폐쇄의 수단을 실제로 사용하기는 거의 불가능하다. 이와 같은 실력행사에 있어서 노사 간의 비(非) 형평성은 공무원의 단체행동권을 제한하는 주장의 논거로 작용하기도 한다.

공무원의 단체행동권을 과연 허용해야 하는가의 문제에 대해 찬·반의 주장이 있다.[3] 공공부문과 민간부문의 구분은 상대적이며, 따라서 단체행동권도 근로자인 공무원의 기본권이라는 점에서 허용되어야 한다는 입장이 있다. 하지만 민간부문과 다른 공공부문의 특수성과 공무원의 신분상 지위로 인해 단체행동은 불가하다는 반대론이 지배적인 견해로 인정되고 있다. 현재 극소수를 제외한 대부분의 국가에서 공무원의 단체행동권은 인정되지 않고 있는데, 이는 공무원의 단체행동이 국가기능의 유지 및 공익에 미치는 영향이 매우 중대하기 때문이다. 즉, 공무원이 파업을 하는 경우 인력과 서비스의 대체가 거의 불가능하여 국민생활과 국가경제에 엄청난 피해가 발생하고 국가운영에 막대한 장애가 초래하게 된다는 점이다.

제2절 우리나라의 공무원노동조합

1. 공무원노동조합의 실태

1) 공무원노동조합의 법적 근거

우리나라는 공무원의 노동기본권을 「헌법」 및 관련 법률에 의해 보장하고 있다. 「헌법」 제33조제2항은 "공무원인 근로자는 법률이 정하는 자에 한하여 단결권, 단체교섭권 및 단체행동권을 가진다"고 규정하고, 그 구체적인 사항은 법률에 위임하고 있다. 이에 따라 「국가공무원법」, 「교원의 노동조합 설립 및 운영 등에 관한 법률」, 「공

3) 공무원의 단체행동권에 관한 국제노동기구의 협약은 아직 체결되지 못하고 있다. 다만, 국제노동기구 산하의 결사의 자유위원회(Freedom of Association Committee)는 파업권을 규정함에 있어 '"공공 당국의 대리인인 공무원이거나 엄격한 의미에서의 필수적 사업에 종사하는 자에 대해서는 파업권의 제한이 허용될 수 있다"는 입장을 취하고 있다(ILO, 2006: 112).

무원의 노동조합 설립 및 운영 등에 관한 법률」 등이 마련되어 있으며, 관련 법령의 주요 규정과 그 내용은 〈표 16-2〉와 같다.

우리나라 공무원노동조합은 그 종류에 따라 법적 근거가 다르다. 공무원노동조합은 교원노동조합과 교원 외의 공무원노동조합으로 대별되며, 교원 외의 공무원노동조합은 다시 현업기관의 공무원노동조합과 그 외의 일반 공무원노동조합으로 구분할 수 있다.

(1) 교원노동조합

교원노동조합은 「헌법」 제33조제2항 및 「노동조합 및 노동관계조정법」 제5조 단서에 따라 제정된 「교원의 노동조합 설립 및 운영 등에 관한 법률」에 근거하고 있다. 이 법에서 정하지 아니한 사항에 대하여는 노동기본법으로 불리는 「노동조합 및 노동관계조정법」에서 정하는 바에 따른다(「교원의 노동조합 설립 및 운영 등에 관한 법률」 제14조제1항).

(2) 현업 공무원노동조합

현업기관의 공무원, 즉 '사실상 노무에 종사하는 공무원'은 「헌법」 제33조제2항의 위임을 받은 「국가공무원법」 제66조제1항 단서(「지방공무원법」 제58조제1항 단서)에 의거하여 노동기본권을 보장받고 있다. 여기서 '사실상 노무에 종사하는 공무원'의 범위는 「국가공무원 복무규정」 제28조에 정해져 있는데,[4] 미래창조과학부 소속 현업기관의 작업 현장에서 노무에 종사하는 우정직공무원(담당 업무의 성격에 따라 일부는 제외)을 의미하며, 이들은 「노동조합 및 노동관계조정법」의 적용을 받는다.

(3) 일반 공무원노동조합

교원 및 '사실상 노무에 종사하는 공무원' 외의 공무원은 「헌법」 제33조제2항 및 「노동조합 및 노동관계조정법」 제5조 단서에 따라 제정된 「공무원의 노동조합 설립 및 운영 등에 관한 법률」의 적용을 받는다. 이 법에서 정하지 아니한 사항에 대하여는 「노동조합 및 노동관계조정법」에서 정하는 바에 따른다(「공무원의 노동조합 설립 및 운영 등에 관한 법률」 제17조제2항).

---

4) 「지방공무원법」 제58조제1항 단서에 따른 '사실상 노무에 종사하는 공무원'의 범위는 조례로 정하도록 하고 있으나, 현재 그 범위를 정하고 있는 조례는 없다.

표 16-2 공무원노동조합의 관련 법규

「헌법」 제33조
• 근로자는 근로조건의 향상을 위하여 자주적인 단결권, 단체교섭권 및 단체행동권을 가진다. • 공무원인 근로자는 법률이 정하는 자에 한하여 단결권, 단체교섭권 및 단체행동권을 가진다.
「국가공무원법」 제66조 / 「지방공무원법」 제58조
• 공무원은 노동운동이나 그 밖에 공무 이외의 일을 위한 집단 행위를 하여서는 아니 된다. 다만, '사실상의 노무에 종사하는 공무원'은 예외로 한다. • '사실상 노무에 종사하는 공무원'의 범위는 대통령령 등(지방공무원은 조례)으로 정한다.
「국가공무원 복무규정」 제28조
• '사실상 노무에 종사하는 공무원'은 미래창조과학부 소속 현업기관의 작업 현장에서 노무에 종사하는 우정직공무원(우정직공무원의 정원을 대체하여 임용된 일반임기제공무원 및 시간선택제일반임기제공무원 포함)을 말한다. • 다만, 서무 · 인사 및 기밀업무에 종사하는 공무원, 경리 및 물품출납 사무에 종사하는 공무원, 노무자 감독 사무에 종사하는 공무원, 「보안업무규정」에 따른 국가보안시설의 경비업무에 종사하는 공무원, 승용자동차 및 구급차의 운전에 종사하는 공무원은 제외된다.
「노동조합 및 노동관계조정법」 제5조
• 근로자는 자유로이 노동조합을 조직하거나 이에 가입할 수 있다. 다만, 공무원과 교원에 대하여는 따로 법률로 정한다.
「공무원직장협의회의 설립 · 운영에 관한 법률」 제1조
• 이 법은 공무원의 근무환경 개선, 업무능률 향상 및 고충처리 등을 위한 직장협의회의 설립과 운영에 관한 기본적인 사항을 규정함을 목적으로 한다.
「교원의 노동조합 설립 및 운영 등에 관한 법률」 제1조
• 이 법은 「국가공무원법」 제66조제1항(집단행위의 금지) 및 「사립학교법」 제55조(복무)에도 불구하고 「노동조합 및 노동관계조정법」 제5조 단서에 따라 교원의 노동조합 설립에 관한 사항을 정하고 교원에 적용할 「노동조합 및 노동관계조정법」에 대한 특례를 규정함을 목적으로 한다. • 이 법에서 "교원"이란 「초 · 중등교육법」 제19조제1항에서 규정하고 있는 교원을 말한다.
「공무원의 노동조합 설립 및 운영 등에 관한 법률」 제1조 및 제2조
• 이 법은 「대한민국헌법」 제33조제2항에 따른 공무원의 노동기본권을 보장하기 위하여 「노동조합 및 노동관계조정법」 제5조 단서에 따라 공무원의 노동조합 설립 및 운영 등에 관한 사항을 정함을 목적으로 한다. • 이 법에서 "공무원"이란 「국가공무원법」 제2조 및 「지방공무원법」 제2조에서 규정하고 있는 공무원을 말한다. 다만, 「국가공무원법」 제66조제1항 단서 및 「지방공무원법」 제58조제1항 단서에 따른 사실상 노무에 종사하는 공무원과 「교원의 노동조합 설립 및 운영 등에 관한 법률」의 적용을 받는 교원인 공무원은 제외한다.

2) 공무원노동조합의 설립

교원이 아닌 공무원의 노동조합은 현업기관의 공무원노동조합과 그 외의 일반 공무원노동조합으로 구분할 수 있으며, 각기 설립의 근거 및 방법을 달리한다. 현업기관의 공무원 즉, '사실상 노무에 종사하는 공무원'의 노동조합은 「노동조합 및 노동관계조정법」의 적용을 받으며, 현재 우정노동조합이 전국·지방·지역·지부단위로 설립되어 있다.

현업기관의 공무원을 제외한 공무원의 노동조합은 「공무원의 노동조합 설립 및 운영 등에 관한 법률」 제5조에 따라 국회·법원·헌법재판소·선거관리위원회·행정부·특별시·광역시·도·시·군·자치구 및 특별시·광역시·도의 교육청을 최소 단위로 설립된다. 헌법상 독립기관과 지방자치단체는 별도로 독립된 노동조합을 결성할 수 있으나, 행정부 국가공무원노동조합의 경우 전국단위로 설립되고 각 부처는 지부형태로 운영된다.

3) 공무원노동조합의 가입대상

현업기관의 공무원노동조합과 그 외의 공무원노동조합에 가입할 수 있는 공무원의 범위는 각기 「국가공무원 복무규정」 제28조 및 「공무원의 노동조합 설립 및 운영 등에 관한 법률」 제6조에 명시되어 있다. 각 공무원노동조합의 가입대상 공무원의 범위는 〈표 16-3〉과 같다.

일반 공무원노동조합의 경우에는 6급 이하 및 이에 상당하는 공무원이 원칙적인 가입대상이 된다. 이처럼 6급 이하의 공무원으로 제한한 이유는 5급 이상 공무원은 공무원법상 지휘·감독의 직책에 보임되어 있을 뿐만 아니라, 대부분 기관 또는 부서의 장으로 노사 협의의 당사자가 되기 때문이다. 공무원노동조합의 가입이 허용되는 공무원 중에서도 지휘·감독 혹은 인사·보수 등 담당업무의 특성상 가입이 제한되는 범위가 정해져 있다.

4) 공무원노동조합의 활동내용

교원이 아닌 공무원의 노동조합은 각기 다른 법률에 근거함에 따라 그 기능이나 활동의 허용 범위에서 차이가 있다. 즉, '사실상 노무에 종사하는 공무원'의 노동조합

표 16-3 공무원노동조합의 가입대상 범위

구분	허용 대상	제외 대상
사실상 노무에 종사하는 공무원	• 미래창조과학부 소속 현업기관의 작업현장에서 노무에 종사하는 우정직공무원(우정직공무원의 정원을 대체하여 임용된 일반임기제공무원 및 시간선택제 일반임기제공무원 포함)	• 서무 · 인사 및 기밀업무에 종사하는 공무원 • 경리 및 물품출납 사무에 종사하는 공무원 • 노무자 감독 사무에 종사하는 공무원 • 「보안업무규정」에 따른 국가보안시설의 경비업무에 종사하는 공무원 • 승용자동차 및 구급차의 운전에 종사하는 공무원
그 외의 공무원	• 6급 이하 및 이에 상당하는 일반직공무원 • 특정직공무원 중 6급 이하의 일반직공무원에 상당하는 외무행정 · 외교정보관리직 공무원 • 6급 이하 일반직공무원에 상당하는 별정직공무원	• 다른 공무원에 대해 지휘 · 감독권을 행사하거나 다른 공무원의 업무를 총괄하는 업무에 종사하는 공무원 • 인사 · 보수에 관한 업무를 수행하는 공무원 등 노동조합과의 관계에서 행정기관의 입장에서 업무를 수행하는 공무원 • 교정 · 수사 또는 그 밖에 이와 유사한 업무에 종사하는 공무원 • 업무의 주된 내용이 노동관계의 조정 · 감독 등 노동조합의 조합원 지위를 가지고 수행하기에 적절하지 아니하다고 인정되는 업무에 종사하는 공무원

자료: 「국가공무원 복무규정」 제28조 및 「공무원의 노동조합 설립 및 운영 등에 관한 법률」 제6조

은 단체교섭권과 단체행동권이 모두 보장되지만, 그 외 공무원의 노동조합의 경우 단체교섭권은 인정되나 단체행동권은 허용되지 않는다. 하지만 어느 공무원노동조합 및 그 조합원이라도 정치활동은 금지된다.

(1) 현업 공무원노동조합

'사실상 노무에 종사하는 공무원'은 「국가공무원법」 제66조제1항 단서(「지방공무원법」 제58조제1항 단서)에 따라 노동운동이나 그 밖에 공무 외의 일을 위한 집단행위가 가능하기 때문에, 그 공무원노동조합은 민간부문의 노동조합과 마찬가지로 「노동조합 및 노동관계조정법」에 따른 일체의 단체교섭권 및 단체행동권을 가진다고 할 수 있다. 단체교섭이 결렬(決裂)된 경우 노 · 사의 어느 한쪽 또는 양쪽은 조정(調停)을 신청하여 조정에 임할 수 있으며, 양쪽이 함께 중재(仲裁)를 신청한 경우 또는 어느 한쪽이 단체협약에 의하여 중재를 신청한 경우 노동위원회는 중재를 행한다.

(2) 일반 공무원노동조합

'사실상 노무에 종사하는 공무원' 외의 공무원으로 구성된 노동조합의 활동은 「공무원의 노동조합 설립 및 운영 등에 관한 법률」에 의해 그 보장의 범위가 정해져 있다. 노동조합과 관련된 정당한 활동에 대하여는 「국가공무원법」 제66조제1항 본문(또는 「지방공무원법」 제58조제1항 본문)의 '노동운동이나 그 밖에 공무 외의 일을 위한 집단행위의 금지'규정이 적용되지 않지만, 다른 법령에서 규정하고 있는 공무원의 의무에 반하는 행위는 금지된다.

이러한 범위 내에서 공무원노동조합은 정부교섭대표와 교섭하고 단체협약을 체결할 권한을 가진다.[5] 단체교섭에 있어서 (i) 법령 등에 따라 국가나 지방자치단체가 그 권한으로 행하는 정책결정에 관한 사항, (ii) 임용권의 행사 등 그 기관의 관리·운영에 관한 사항으로서 근무조건과 직접 관련되지 아니하는 사항은 그 대상이 되지 않는다. 따라서 단체교섭을 통해 체결된 단체협약의 내용 중 법령·조례 또는 예산에 의하여 규정되는 내용과 법령 또는 조례에 의하여 위임을 받아 규정되는 내용은 단체협약으로서의 효력을 가지지 아니한다.[6] 하지만 정부교섭대표는 법령 등에 따라 스스로 관리하거나 결정할 수 있는 권한을 가진 사항에 대하여 노동조합이 교섭을 요구할 때에는 정당한 사유가 없으면 이에 응하여야 하며, 단체협약으로서의 효력을 가지지 아니하는 내용에 대해서도 그 내용이 이행될 수 있도록 성실하게 노력하여야 한다.

단체교섭이 결렬된 경우에는 당사자의 어느 한쪽 또는 양쪽은 중앙노동위원회(노동관계 조정위원회)에 조정을 신청하여 조정에 임할 수 있다. 또한 단체교섭이 결렬되어 당사자 양쪽이 함께 중재를 신청한 경우 또는 조정이 이루어지지 아니하여 노동관계 조정위원회 전원회의에서 중재 회부를 결정한 경우 중앙조정위원회는 지체 없이 중재를 행한다. 그러나 어떠한 경우에도 공무원노동조합과 그 조합원은 파업, 태업 또는 그 밖에 업무의 정상적인 운영을 방해하는 일체의 행위는 금지된다.

5) 정부교섭대표는 국회사무총장·법원행정처장·헌법재판소사무처장·중앙선거관리위원회사무총장·인사혁신처장(행정부를 대표한다)·특별시장·광역시장·도지사·특별자치도지사·시장·군수·자치구청장 또는 특별시·광역시·도·특별자치도의 교육감 중 어느 하나에 해당하는 사람이 된다(「공무원의 노동조합 설립 및 운영 등에 관한 법률」 제8조).

6) 단체협약의 유효기간은 「공무원의 노동조합 설립 및 운영 등에 관한 법률」 제17조(다른 법률과의 관계)에 따라 「노동조합 및 노동관계조정법」 제32조의 규정을 적용받는다. 즉, 단체협약에는 2년을 초과하는 유효기간을 정할 수 없으며, 단체협약에 그 유효기간을 정하지 아니한 경우 또는 2년을 초과하는 유효기간을 정한 경우에 그 유효기간은 2년으로 한다.

5) 공무원직장협의회와의 관계

공무원노동조합이야말로 실질적으로 「헌법」상 노동기본권을 보장하기 위한 법률에 근거하여 설립된 단체이다. 이와 달리 「공무원직장협의회 설립 및 운영에 관한 법률」에 따라 설립된 공무원직장협의회는 「근로자참여 및 협력증진에 관한 법률」에 따른 '노사협의회'와 유사한 성격의 단체라고 할 수 있다. 따라서 공무원노동조합과 공무원직장협의회는 그 기능과 성격 등을 완전히 달리하는 단체인데, '사실상 노무에 종사하는 공무원'을 제외한 공무원의 노동조합과 직장협의회를 간략히 비교하면 〈표 16-4〉와 같다.

이처럼 공무원노동조합과 공무원직장협의회는 그 기능과 성격 등을 전혀 달리하기 때문에, 이들은 서로 경합하지 않는다. 「공무원의 노동조합 설립 및 운영 등에 관한 법률」 제17조에서도"이 법의 규정은 공무원이 「공무원직장협의회의 설립·운영에 관한 법률」에 따라 직장협의회를 설립·운영하는 것을 방해하지 아니 한다"고 함으로써 공무원직장협의회와 공무원노동조합이 병존할 수 있는 길을 열어두었다. 따라서 공무원은 공무원직장협의회와 공무원노동조합에 동시 가입이 가능하며, 양자는 모두 공무원단체로서 서로 다른 기능을 각기 수행하고 있다고 볼 수 있다.

2. 공무원노동조합의 과제

1) 공무원노동조합의 문제점

과거 공무원의 신분·직무상 특성으로 인해 공무원노동조합에 대한 부정적인 견해가 지배적이었으나, 근래 들어 공무원도 하나의 직업인으로서 노동기본권이 보장되어야 한다는 인식이 확산되는 추세에 있다. 그럼에도 불구하고, 공무원노동조합에 대한 제도와 노사관계는 아직도 성숙된 단계에 접어들지 못한 상태라고 할 수 있다. 현재 시점에서 중요한 쟁점이 되고 있는 문제를 몇 가지 살펴보면 다음과 같다.

(1) 가입대상의 제한

우리나라의 공무원노사관계에서 제기되는 제도적 쟁점은 노동조합의 가입대상과 그 활동에 대한 제한이 중심이 되고 있다. 현재 '사실상 노무에 종사하는 공무원'과 6급 이하 공무원에게 원칙적인 가입자격을 부여하면서도, 공무원의 직종, 직종, 직무에

표 16-4 공무원직장협의회와 공무원노동조합의 비교

	공무원직장협의회	공무원노동조합
법적근거	•「헌법」상 근거 없음 •「공무원직장협의회의 설립 · 운영에 관한 법률」	•「헌법」 제33조 •「공무원의 노동조합 설립 및 운영에 관한 법률」 •「노동조합 및 노동관계조정법」
설립단위	• 기관 단위로 설립 • 2개 이상의 단위에 걸치는 협의회나 그 연합회 금지	• 국회 · 법원 · 헌법재판소 · 선거관리위원회 · 행정부 · 특별시 · 광역시 · 도 · 시 · 군 · 자치구 및 특별시 · 광역시 · 도의 교육청 단위로 설립 • 2개 이상의 단위에 걸치는 노동조합이나 그 연합단체 가능
설립신고	• 해당 기관장에게 신고	• 고용노동부장관에게 신고
가입범위	• 6급 이하 일반직공무원 및 이에 준하는 일반직 · 특정직(재직경력 10년 미만의 외무영사 · 외교정보기술직) · 별정직공무원	• 6급 이하 일반직공무원 및 이에 준하는 일반직 · 특정직(외무행정 · 외교정보관리직) · 별정직공무원
기능범위	• 근무환경 등에 관한 협의만 가능	• 보수, 후생복지 등 근무조건에 관한 단체교섭 및 단체협약 체결
전임자 지위	• 전임 금지	• 전임 가능, 무급휴직

따라 상당수의 공무원을 가입대상에서 제외하고 있다. 이와 같은 과도한 가입제한 규정은 공무원의 단결권과 결사의 자유를 제한하고 공무원노동조합의 활동을 근본적으로 위축시키는 요인으로 작용한다.

(2) 교섭범위의 한정

공무원노동조합의 단체교섭은 '노동조합에 관한 사항 또는 조합원의 보수 · 복지, 그 밖의 근무조건에 관한 사항'을 그 원칙적인 대상으로 하고 있다. 이러한 교섭사항 중에서도 법령 등에 따라 국가나 지방자치단체가 그 권한으로 행하는 정책결정에 관한 사항, 임용권의 행사 등 그 기관의 관리 · 운영에 관한 사항으로서 근무조건과 직접 관련되지 아니하는 사항은 제외되고 있다. 하지만 공무원노동조합의 주요 관심사는 인사와 보수 등 비(非)교섭사항에 집중되는 경향이 있기 때문에 실제 교섭과정에서 상당한 갈등이 발생하고 있다. 이러한 교섭대상의 한정은 공무원노동조합의 활동을 상당부분 제한하고 있으며, 그로 인해 단체교섭제도의 실질적인 의의와 효과는 매우 낮

은 수준에 그치고 있다.

(3) 교섭활동의 미흡

공무원노동조합의 단체교섭권과 단체협약권을 인정하고 있는 현행 제도는 매우 긍정적이다. 하지만 '2006년 단체협약'이 체결된 이후 지금까지 중앙교섭은 이루어지지 않고, 극히 일부 기관교섭에 의한 단체협약만이 체결되고 있는 실정이다. 이러한 점에서 볼 때, 공무원노동조합의 단체교섭은 제도와 달리 현실에서는 제대로 작동되지 않고 있다고 할 수 있다. 이는 공무원노동조합의 과도한 교섭요구 안건에 기인하는 바도 있지만, 사용자인 정부의 단체교섭에 대한 소극적 태도, 교섭사항을 둘러싼 노사 간의 갈등, 근무조건의 법정주의, 재정(財政)민주주의 원칙, 인사제도에 의한 한계 등 그 원인은 여러 가지일 수 있다(김인재, 2010: 80).

(4) 노사문화의 불건전성

우리나라의 공무원노사문화는 대립과 대결, 갈등과 불신의 양태를 보이고 있다고 할 수 있다. 이는 사용자 우위의 수직적 노사관계가 수평적 노사관계로 변화되는 과정에서 초래된 비생산적인 노사문화에 기인하는 바가 크다. 특히 공무원에 대해서 오랫동안 노동기본권을 인정하지 않고 억압해 온 정부의 노동정책도 건전한 공무원노사관계를 구축하는데 걸림돌이 되어 왔다. 이로 말미암아 정부와 공무원노동조합 간에 상호 신뢰와 존중, 자율과 책임, 참여와 협력, 소통과 협의의 노사문화가 형성되지 않고 있는 것이 현실이다.

2) 공무원노동조합의 발전방안

공무원노사관계의 건전한 발전을 위해서는 법제도와 노사문화의 개선이 동시에 이루어져야 한다. 앞에서 제시된 쟁점사항을 중심으로 공무원노사관계의 발전방안을 살펴보면 다음과 같다.

(1) 가입대상의 확대

공무원의 신분·직무상 특성에 비추어 볼 때 단체교섭권과 단체행동권에 대해서는 어느 정도의 제한이 불가피하지만, 공무원의 단결권 자체는 국가안전보장·공공복리·질서유지라는 기본권 제한사유와 헌법상 공무원제도보장에 저촉된다고 보기 어렵다(김인재, 2010: 79). 따라서 공무원노동조합의 가입을 과도하게 제한하고 있는 규정을 개선함으로써 공무원노동조합의 설립과 운영의 자유가 실질적으로 보장될 수 있도록 하여야 한다.

(2) 교섭범위의 확대

현재 법령에서 열거하고 있는 비(非)교섭사항의 범위를 축소하고 그 내용을 구체적으로 명시할 필요가 있다. 예컨대 인사와 보수 등에 관한 사항은 비(비)교섭사항에 그대로 존치하더라도, 이들을 교섭대상이 되는 '관리운영사항'의 일부로 넓게 인정하여 단체교섭에 융통성을 부여하는 노력이 필요하다. 또한 국민의 복리와 공공서비스 향상과 관련된 사항을 교섭대상에 포함하여 공무원노동조합이 기관의 예산집행의 투명성 확보 등 공직사회 혁신과 부정부패 방지에 동참할 수 있는 길을 열어주는 것이 바람직하다(윤영삼, 2010: 231). 특히 비교섭사항의 경우에도 근무조건과 직접 관련되는 경우에는 실제 교섭의 대상이 될 수 있기 때문에 '근무조건' 및 '근무조건과 직접 관련된 사항'에 대하여 명확한 정의를 내리고 구체적인 내용을 제시하는 것이 필요하다.

(3) 교섭활동의 활성화

공무원노사관계의 안정을 위해서는 노동조합의 활동, 특히 단체교섭의 유연화와 중층화(重層化)를 도모하는 방향으로 제도 개선이 이루어져야 한다. 공무원노사관계의 성격상 민간부문과 같은 수준의 단체교섭과 단체협약을 그대로 적용하기는 어렵다. 하지만 단체교섭과정에서 무의미하게 논쟁하면서 단체협약체결에 얽매일 것이 아니라, 우선 공무원직장협의회의 기능을 활성화하거나 '정책협의회'틀을 구성하여 합리적인 교섭 · 협의활동을 충실히 전개하는 방안이 그 대안이 될 수 있다(운영삼, 2010: 233). 이러한 과정을 통해 정부와 공무원노동조합이 실질적인 의견을 조율 · 수렴하고 상호 신뢰를 구축함으로써 향후 단체협약의 수준으로 발전하는 기회를 갖게 될 수 있다.

(4) 노사문화의 개선

바람직한 공무원노사관계가 정착되기 위해서는 정부와 공무원노동조합의 인식과 태도가 변해야 한다. 정부는 공무원관계에 기초한 인사관계법령의 취지를 강조하는 입장에서 벗어나야 하며, 공무원노동조합은 민간부문과 동일한 수준의 노조활동을 요구하는 태도서 탈피하여야 한다(김인재, 2010: 80). 이러한 변화의 필요성은 공무원노사관계에서 공무원은 민간부문과 같은 근로자로서의 성격을 지님과 동시에 국민 전체의 봉사자이며 공익추구자라는 이중적인 지위에 기인한다. 따라서 정부는 법적·정치적 제약이 있더라도 공무원을 근로자로 인식하고 모든 사항을 교섭 또는 협의할 수 있다는 유연한 자세를 취하고, 공무원노동조합은 공무원의 신분·직무상 특성을 염두에 두고 민간부문과 다른 차원에서 노동활동을 추구하여야 한다. 이와 같은 합리적인 노사문화는 신뢰와 존중의 공생적 노사관계, 자율과 책임의 민주적 노사관계, 그리고 참여와 협력의 사회통합적 노사관계를 구축하는 밑거름이 된다.

제17장

의무와 책임

제1절 공무원의 의무

1. 공직윤리와 행동규범의 이해

1) 공직윤리의 의의

윤리란 사람이 지켜야 할 도리를 의미한다. 따라서 공직윤리는 공직에서 요구되는 윤리이며, 이는 공직을 수행하는 공무원이 마땅히 지켜야 할 도리를 말한다. 즉, 공무원이 국민 전체의 봉사자로서의 신분을 가지고 공무를 수행하는 과정에서 준수해야 할 가치가 공직윤리이다. 그러한 윤리적 가치가 공무원에 의해 수행되는 행정에 추구되어야 한다는 점에서 행정윤리로 지칭되기도 하며, 이와 같은 공직윤리 혹은 행정윤리로부터 공무원이 지켜야 할 행동규범이 도출된다.

2) 행동규범의 이해

(1) 행동규범의 의미

공직윤리는 공무원 스스로에 의해 자율적으로 확립되는 것이 가장 이상적이지만, 그렇게 되기란 현실적으로 한계가 있을 수 있다. 따라서 오늘날 대부분의 국가에서는 공무원이 지켜야 할 규범을 자율적으로 설정하도록 함과 동시에 그것을 법제화하여

의무적으로 준수되도록 강제하고 있다.

규범(規範)이란 사람이 행동하거나 판단할 때에 마땅히 따르고 지켜야 할 가치판단의 기준이다. 이러한 규범이 행동과 관련된 것을 행동규범(行動規範)이라 하며, 이는 윤리적 행동의 준거가 된다. 공직윤리가 공무원의 행동과 태도에 대하여 기대되는 가치라면, 그러한 가치를 도모하기 위해 규범적인 행동기준이 정해지는데, 이것이 바로 공무원의 행동규범이다.

(2) 행동규범의 필요성

공무원의 행동규범은 현대에 들어 그 필요성이 더욱 강조되고 있다. 이는 현대행정의 변화와 그에 따른 공무원의 역할 등과 주로 관련되는데, 구체적으로 살펴보면 다음과 같다.

첫째, 공무원의 재량권 확대를 들 수 있다. 오늘날 행정국가에서 정책을 결정하고 집행하는 과정에서 공무원이 그 실질적인 역할을 수행하고 있다는 점에서 공무원의 재량권과 영향력은 매우 크다. 따라서 공무원의 권한이 올바르게 사용될 수 있도록 적절한 행동규범이 설정될 필요가 있다.

둘째, 공무원의 공익적 역할을 들 수 있다. 공무원이 보유하고 있는 자원, 정보, 권한 등이 비윤리적으로 사용되는 것을 방지하고, 공무원이 국민 전체의 봉사자로서의 지위에 부합하는 공익적 직무를 수행하도록 하기 위해서 공무원의 행동규범이 필요하다.

셋째, 공무원의 사회적 이미지와 영향력을 들 수 있다. 일반국민들은 공무원들이 가지고 있는 가치관이나 의사결정, 그리고 행동에 대하여 매우 민감하게 반응한다. 이처럼 공무원의 이미지와 행동이 사회에 미치는 영향력이 매우 크다는 점에서 공무원으로 하여금 바람직한 의식과 행동을 갖게 하기 위하여 행동규범이 요구된다.

넷째, 부정부패의 방지를 들 수 있다. 공직부패가 만연하고 공직윤리가 확립되지 않은 경우, 정부에 대한 국민의 불신감이 커지게 되고, 나아가 건전한 사회규범이 와해되어 사회 전반에 걸쳐 신뢰성의 위기가 초래될 수 있다. 따라서 부정부패를 방지하여 정부와 행정에 대한 국민의 신뢰성을 높이고 정책에 대한 순응을 확보하기 위해서는 올바른 공직윤리관의 확립이 필요하다.

다섯째, 관료제의 폐해 극복을 들 수 있다. 현대 관료제의 복잡화 및 대규모화에 따라 권위주의, 의식주의(儀式主義), 번문욕례(繁文縟禮) 등과 같은 다양한 역기능이 나타나고 있다. 이와 같은 관료제의 부정적 현상을 방지하고 모범적인 공무원상(像)을 정립하기 위해 행동규범의 정립이 필요하다.

(3) 행동규범의 종류

오늘날 대부분의 국가는 공무원의 윤리적 행동을 보장하기 위한 수단을 강구하고 있다. 이러한 수단은 법적 강제력이 있는 경우와 법적 강제력이 없는 경우로 대별할 수 있다.

법적 강제력이 있는 행동규범 공직윤리를 확립하기 위하여 제도화된 공무원의 행동규범은 그 이행이 법적으로 강제되는 경우가 대부분이다. 사회적으로 용인할 수 있는 최소한의 행동기준을 정하고, 이를 위반하는 행동에 대해 법적 제재를 가하는 제도가 그것이다.

우리나라 공무원의 행동규범을 정하고 있는 법률로서는 「국가공무원법」, 「공직자윤리법」, 「부패방지 및 국민권익위원회의 설치와 운영에 관한 법률」, 「공직자 등의 병역사항 신고 및 공개에 관한 법률」, 「공익신고자 보호법」, 「부정청탁 및 금품 등 수수의 금지에 관한 법률」 등이 대표적이며, 이들 외에 각 직종별 공무원의 행동규범에 관한 개별 법률과 그 하위 규정이 다양하게 존재한다.[1] 이와 같이 법제화되어 법적 강제력을 띠는 행동규범의 대표적인 예는 〈표 17-1〉과 같다.

법적 강제력이 없는 행동규범 법적 강제력이 수반되는 행동규범과 달리 그 내용을 선언적으로 제시하여 자율적으로 준수되길 기대하는 행동규범이 있다. 이는 강제적인 수단을 동원하기보다는 공무원에게 기대하는 행동규범을 실질적으로 내면화시키기 위한 것이다. 우리나라의 대표적인 예로서 「공무원헌장(대통령훈령 제352호, 2015.12.31. 전부개정)」과 「공무원헌장 실천강령(국무총리훈령 제660호, 2015.12.31. 전부개정)」을 들 수 있다.

1) 「경찰공무원법」(「경찰공무원 복무규정」), 「소방공무원법」(「소방공무원 복무규정」), 「군인사법」(「군인복무규율」), 「외무공무원법」(「재외공무원 복무규정」), 「교육공무원법」, 「검찰청법」, 「지방공무원법」(「지방공무원 복무규정」), 「지방자치법」 등을 그 예로 들 수 있다. 또한 국회, 대법원, 헌법재판소, 중앙선거관리위원회 등 헌법기관 소속 공무원의 행동규범은 각기 국회규칙, 대법원규칙, 헌법재판소규칙, 중앙선거관리위원회규칙으로 법제화되어 있다.

표 17-1 법적 강제력이 있는 행동규범(예)

<table>
<tr><th>관련 법률</th><th colspan="2">행동규범(예)</th></tr>
<tr><td rowspan="2">국가공무원법
(지방공무원법)</td><td>신분 관련
행동규범</td><td>• (복무)선서 • 영예 · 증여의 제한
• 품위유지의 의무 • 영리업무 · 겸직 금지
• 정치운동의 금지 • 집단행위의 금지</td></tr>
<tr><td>직무 관련
행동규범</td><td>• 성실의 의무 • 복종의 의무
• 직장이탈 금지 • 친절 · 공정의 의무
• 종교중립의 의무 • 비밀엄수의 의무
• 청렴의 의무</td></tr>
<tr><td>공직자윤리법</td><td colspan="2">• 재산 등록 및 공개 • 주식 매각 및 신탁
• 선물 신고 • 퇴직공직자의 취업 · 행위제한 등</td></tr>
<tr><td>부패방지 및 국민권익위원회의
설치와 운영에 관한 법률</td><td colspan="2">• 청렴의무(법령준수, 친절공정, 부패 · 품위손상행위 금지)
• 업무상 비밀이용 금지 • 부패행위 신고의무
• 비위면직자의 취업제한 등</td></tr>
<tr><td>공직자 등의 병역사항 신고 및
공개에 관한 법률</td><td colspan="2">• 병역사항 신고 및 공개 등</td></tr>
<tr><td>공익신고자 보호법</td><td colspan="2">• 공익(침해행위) 신고의 의무 등</td></tr>
<tr><td>부정청탁 및 금품 등 수수의
금지에 관한 법률</td><td colspan="2">• 부정청탁에 따른 직무수행 금지 • 부정청탁의 신고 및 처리
• 금품 등의 수수 금지
• 수수 금지 금품 등의 신고 및 처리
• 외부강의 등의 사례금 수수 제한
• 공무수행 사인의 공무수행과 관련된 행위제한 등</td></tr>
</table>

2. 「국가공무원법」상 행동규범

공무원 행동규범은 공무원의 신분에 관련된 것과 공무원이 수행하는 직무에 관련된 것으로 대별할 수 있다. 신분 관련 행동규범은 공무원이라는 전체국민에 대한 봉사자로서 사회의 모범상을 보여야 하는 신분상의 지위에서 요구되는 규범이며, 직무 관련 행동규범은 공무원이 수행하는 직무의 공공성에서 기대되는 규범이다. 따라서 전자가 사회의 구성원인 일반국민과의 차이에서 오는 공무원의 개인적인 윤리라고 한다면, 후자는 민간부문의 일반 직장인과 다르다는 점을 강조한 공무원의 직업적인 윤리라고 할 수 있다.

1) 공무원의 신분상 의무

공무원의 신분을 보유하는 한 당연히 지게 되는 행동규범에는 (복무)선서의 의무, 영예·증여의 제한, 품위유지의 의무, 영리업무 및 겸직 금지, 정치운동의 금지, 집단행위의 금지 등이 있다. 이들 중 품위유지의 의무가 신분상 행동규범을 대표한다고 볼 수 있다.

(1) 선서의 의무(제55조)

모든 공무원은 취임할 때에 소속기관장 앞에서 국회규칙, 대법원규칙, 헌법재판소규칙, 중앙선거관리위원회규칙 또는 대통령령(지방공무원은 조례)으로 정하는 바에 따라 선서(宣誓)하여야 한다. 선서를 하는 이유는 공무원의 사명과 의무를 확인하고 공직을 수행하는 동안 윤리적인 책임을 지겠다는 다짐을 천명할 필요가 있기 때문이다.

선서의 의무는 법령상 공무원의 신분을 갖는 모든 경력직·특수경력직공무원에게 적용된다. 선서의 시점인 '취임할 때'는 최초로 임용되어 임명장을 수여받을 때(부득이한 사유가 있는 경우에는 임명장을 수여받은 후)를 의미한다. 선서는 '소속기관장 앞에서' 하게 되는데, 소속기관장이란 임용(제청)권자를 말한다(「국가공무원 선서에 관한 규칙」 제2조). 하지만 취임식을 개최하는 정무직공무원의 경우에는 취임식에서 선서하며, 취임식을 개최하지 않는 정무직공무원은 소속기관에서 별도의 선서식을 개최한다.

선서문의 내용은 각 공무원에게 적용되는 법령에 따른다. 예컨대 「국가공무원복무규정」 제2조의 [별표 1]은 "나는 대한민국 공무원으로서 헌법과 법령을 준수하고, 국가를 수호하며, 국민에 대한 봉사자로서의 임무를 성실히 수행할 것을 엄숙히 선서합니다"라는 선서문을 제시하고 있다.

(2) 영예·증여의 제한(제62조)

공무원이 외국 정부로부터 영예나 증여를 받을 경우에는 대통령의 허가를 받아야 한다. 여기서 '영예'란 훈장, 상장, 표창 등을 말하며, 영예·증여의 제한은 법령상 공무원의 신분을 갖는 모든 경력직·특수경력직공무원에게 적용되는데, 이는 「공직자윤리법」에 규정된 선물신고의 의무와는 별개의 것이다.

(3) 품위유지의 의무(제63조)

공무원은 직무의 내외를 불문하고 그 품위가 손상되는 행위를 하여서는 아니 된다. 여기서 '품위'는 주권자인 국민의 수임자로서의 직책을 맡아 수행해 나가기에 손색이 없는 인품을 말하며, 그 내용은 정부조직의 규범과 사회적 통념에 의하여 정해진다고 볼 수 있다. 또한 '직무의 내외'를 불문하므로 공무원의 사적(私的) 행위가 직무수행과 관련된 것이 아니더라도 공무원으로서의 체면이나 위신을 손상한 때에는 품위유지 의무의 위반에 해당한다. 이러한 의무는 공직의 체면이나 위신을 유지함과 동시에 공직에 대한 국민의 신뢰를 확보하기 위한 것이기 때문에 공·사 부문 모두에 있어서 건실한 생활을 할 것을 요구하는 행동규범이라 할 수 있다. 따라서 품위유지의 의무는 법령상 공무원의 신분을 갖는 모든 경력직·특수경력직공무원이 그 대상이 된다.

(4) 영리업무 및 겸직의 금지(제64조)

공무원은 공무 외에 영리를 목적으로 하는 업무에 종사하지 못하며,[2] 소속기관장의 허가 없이 다른 직무를 겸할 수 없다. 이는 공무원이 국민 전체의 봉사자로서 맡은 바 공무에 전념하도록 하여 사익 추구에 따른 공익 피해를 방지하고, 부차적인 업무에 대한 관심으로 초래될 업무능률의 저하와 복무기강의 해이(解弛)를 방지하기 위한 것이다. 만약 공무원이 다른 직무를 겸직하고자 할 때는 담당직무수행에 지장이 없는 경우에 한하여 소속기관장의 사전 허가를 받아야 한다.

영리업무 및 겸직 금지는 법령상 공무원의 신분을 갖는 모든 경력직·특수경려직 공무원에게 적용된다. 다만 대학교원이나 연구원 등에 대해서는 특례가 있는데, 이들은 「교육공무원법」 제19조의2에 따른 사기업체의 사외이사 겸직 또는 「중소기업 인력지원 특별법」 제15조에 따른 중소기업의 대표자·임원·직원의 겸임 또는 겸직이 가능하며, 이 경우에도 소속기관장의 허가는 반드시 필요하다.

---

2) '영리를 목적으로 하는 업무'란 (i) 영리적인 업무를 스스로 경영하여 영리를 추구함이 현저한 업무, (ii) 영리를 목적으로 하는 사기업체의 이사·감사·무한책임사원·지배인·발기인 기타 임원이 되는 것, (iii) 직무와 관련 있는 타인의 기업에 대한 투자, (iv) 그 밖에 계속적으로 재산상 이득을 목적으로 업무 등을 말한다(「국가공무원 복무규정」 제25조). 이러한 업무에 해당된다고 하여 바로 금지되는 것이 아니라, 그 업무에 종사함으로써 직무능률의 저해, 공무에 대한 부당한 영향, 국가의 이익과 상반되는 이익의 취득 또는 정부에 불명예스러운 영향을 끼칠 우려가 있는 경우에 금지된다.

표 17-2 공무원의 정치적 중립에 관한 근거 법규

구분	주요 내용
헌법	제7조 ② 공무원의 신분보장과 정치적 중립성은 법률이 정하는 바에 의하여 보장된다.
국가공무원법	제65조(정치운동의 금지) ① 공무원은 정당이나 그 밖의 정치단체의 결성에 관여하거나 이에 가입할 수 없다. ② 공무원은 선거에서 특정 정당 또는 특정인을 지지 또는 반대하기 위한 다음의 행위를 하여서는 아니 된다. 1. 투표를 하거나 하지 아니하도록 권유 운동을 하는 것 2. 서명 운동을 기도(企圖) · 주재(主宰)하거나 권유하는 것 3. 문서나 도서를 공공시설 등에 게시하거나 게시하게 하는 것 4. 기부금을 모집 또는 모집하게 하거나, 공공자금을 이용 또는 이용하게 하는 것 5. 타인에게 정당이나 그 밖의 정치단체에 가입하게 하거나 가입하지 아니하도록 권유 운동을 하는 것 ③ 공무원은 다른 공무원에게 제1항과 제2항에 위배되는 행위를 하도록 요구하거나, 정치적 행위에 대한 보상 또는 보복으로서 이익 또는 불이익을 약속하여서는 아니 된다. ④ 제3항 외에 정치적 행위의 금지에 관한 한계는 대통령령 등으로 정한다.
공직선거법	제9조(공무원의 중립의무 등) ① 공무원 기타 정치적 중립을 지켜야 하는 자는 선거에 대한 부당한 영향력의 행사 기타 선거결과에 영향을 미치는 행위를 하여서는 아니 된다.
	제60조(선거운동을 할 수 없는 자) ① 다음 각 호의 어느 하나에 해당하는 사람은 선거운동을 할 수 없다. 4.「국가공무원법」 제2조 및「지방공무원법」 제2조에 규정된 공무원. 다만,「정당법」 제22조(발기인과 당원의 자격)제1항제1호 단서의 규정에 의하여 정당의 당원이 될 수 있는 공무원(국회의원과 지방의회의원 외의 정무직공무원을 제외한다)은 그러하지 아니하다.
	제85조(공무원 등의 선거관여 등 금지) ① 공무원 등 법령에 따라 정치적 중립을 지켜야 하는 자는 직무와 관련하여 또는 지위를 이용하여 선거에 부당한 영향력을 행사하는 등 선거에 영향을 미치는 행위를 할 수 없다. ② 공무원은 그 지위를 이용하여 선거운동을 할 수 없다.
	제86조(공무원 등의 선거에 영향을 미치는 행위 금지) ① 공무원(국회의원과 그 보좌관 · 비서관 · 비서 및 지방의회의원을 제외한다)은 다음 각 호의 어느 하나에 해당하는 행위를 하여서는 아니 된다. ②⑤⑥⑦ 지방자치단체의 장 등의 선거에 영향을 미치는 행위 금지
정당법	제22조(발기인 및 당원의 자격) ① 국회의원 선거권이 있는 자는 … 누구든지 정당의 발기인 및 당원이 될 수 있다. 다만, 다음 각 호의 어느 하나에 해당하는 자는 그러하지 아니하다. 1.「국가공무원법」 제2조 및「지방공무원법」 제2조에 규정된 공무원. 다만, 대통령, 국무총리, 국무위원, 국회의원, 지방의회의원, 선거에 의하여 취임하는 지방자치단체의 장, 국회의원의 보좌관 · 비서관 · 비서, 국회 교섭단체의 정책연구위원과「고등교육법」 제14조제1항 · 제2항에 따른 교원은 제외한다. 3. 법령의 규정에 의하여 공무원의 신분을 가진 자

(5) 정치운동의 금지(제65조)

공무원의 정치운동 금지는 공무원의 정치적 중립 의무에 기인하며, 공무원의 정치적 중립은 「헌법」 및 관련 법률에 의해 보장된다. 즉, 「헌법」 제7조제2항은 "공무원의 신분과 정치적 중립성은 법률이 정하는 바에 의하여 보장된다"고 규정하고 있으며, 이에 따라 「국가공무원법」을 포함한 각종 공무원법뿐만 아니라 「공직선거법」 및 「정당법」 등은 공무원의 정치적 중립 혹은 정치활동에 대한 구체적인 사항을 명시하고 있다(〈표 17-2〉 참고).[3]

정치적 중립의 의무를 지는 공무원은 이론적으론 직업공무원인 경력직공무원이지만, 실제 제도상 특수경력직공무원에게도 상당부분 정치적 중립의 의무가 부여되고 있다.[4] 관련 법규에 따른 공무원의 직종별 정치적 중립의 내용은 〈표 17-3〉과 같다.

표 17-3 공무원의 정치적 중립에 관한 내용

구분		정치운동	정당가입	선거운동	선거에 영향 미치는 행위
행정부	• 대통령, 국무총리, 국무위원	○	○	×	×
	• 처의 장, 부 · 처 차관	○	×	×	×
	• 위 공무원의 비서실장 · 비서관, 전(前) 대통령의 비서관	○	×	×	×
	• 기타 공무원(대학교원 제외)	×	×	×	×
국회	• 국회의원 및 그의 보좌관 · 비서관 · 비서	○	○	○	○
	• 교섭단체의 정책연구위원	○	○	○	×
	• 기타 공무원	×	×	×	×
지방자치단체	• 선거에 의하여 취임하는 지방자치단체장	○	○	×	×
	• 지방의회의원	○	○	○	○
	• 기타 공무원	×	×	×	×
기타	• 대학교원	×	○	○	×

○: 허용, ×: 금지

3) 「국가공무원법」 등 공무원법은 일반법적 성격을 띠며, 「공직선거법」 및 「정당법」 등은 각기 해당 영역에서 공무원법에 대한 특별법의 지위를 가지므로 공무원법에 우선하여 적용된다.

4) 「국가공무원법」 제3조는 대통령령으로 정하는 특수경력직공무원에 한하여 「국가공무원법」 제69조(정치운동의 금지)의 적용을 제외하고 있으나, 「공직선거법」 및 「정당법」은 이들에 대해서도 정당가입 및 선거운동이나 선거에 영향을 미치는 행위를 상당부분 제한하고 있다.

(6) 집단행위의 금지(제66조)

'사실상 노무에 종사하는 공무원'을 제외한 공무원은 노동운동이나 그 밖에 공무 외의 일을 위한 집단행위를 하여서는 아니 된다. 이러한 「국가공무원법」의 규정과 동일하게 「공무원의 노동조합 설립 및 운영에 관한 법률」과 「교원의 노동조합 설립 및 운영에 관한 법률」에서도 노동조합과 그 조합원인 공무원의 파업, 태업 또는 그 밖에 업무의 정상적인 운영을 방해하는 일체의 쟁의행위(爭議行爲)를 금지하고 있다. 이에 관한 구체적인 사항은 제6편 제16장 제2절을 참고하기 바란다.

2) 공무원의 직무상 의무

공무원의 직무와 관련된 행동규범에는 성실의 의무, 복종의 의무, 직장이탈 금지, 친절·공정의 의무, 종교중립의 의무, 비밀엄수의 의무, 청렴의 의무 등이 있다. 이들 중 성실의 의무가 직무상 행동규범을 대표한다고 볼 수 있다.

(1) 성실의 의무(제56조)

모든 공무원은 법령을 준수하며 성실히 직무를 수행하여야 한다. 이러한 규범은 공무원에게 부과된 의무 가운데 가장 기본적이며 중대한 의무이며, 이는 공무원이 최대한으로 공공의 이익을 도모하고 그 불이익을 방지하기 위하여 전인격과 양심을 바쳐서 성실히 직무를 수행하여야 하는 것을 그 내용으로 한다(대판 1989. 5. 23, 88누3161).[5)]

성실의무는 공무원법에 따라 공무원의 신분을 지닌 사람뿐만 아니라 직·간접적으로 공무를 위탁받아 수행하는 모든 사람, 즉 최광의의 공무원에게 적용된다. 여기서 '법령의 준수'란 공무원관계 법령뿐만 아니라 직무와 관련된 모든 법령이 정한대로 따라야 한다는 것을 말한다. 또한 '성실히 직무를 수행하여야 한다'는 것은 최대한 공익을 위하여 법령에 규정된 업무, 상관으로부터 지시받은 업무, 사무분장상의 소관업무를 전(全)인격과 양심을 바쳐 성실히 수행하여야 한다는 것이라 할 수 있다.

5) 경찰·소방공무원의 경우, 직무에 관하여 거짓의 보고나 통보를 하여서는 아니 되며, 직무를 태만히 하거나 유기(遺棄)하여서는 아니 된다고 구체적으로 성실의 의무를 규정하기도 한다(「경찰공무원법」 제18조 및 「소방공무원법」 제16조). 또한 감독자의 경우, 부하 직원에 대한 상사로서의 감독의무를 게을리 하지 않음으로써 부하 직원의 의무위반행위를 사전에 방지하는 노력도 성실 의무에 포함된다.

(2) 복종의 의무(제57조)

공무원은 직무를 수행할 때 소속상관의 직무상 명령에 복종하여야 한다.[6] 이는 조직 내의 질서유지와 기강확립을 위한 취지에서 비롯된 것이며, 직무의 성질상 독립이 보장된 공무원(예: 법관, 감사위원, 국회의원, 지방의회의원 등)은 복종의무에서 제외된다.

여기서 '소속상관'이란 해당 공무원의 직무에 관하여 지휘·감독권을 가지는 상급자를 말한다. 소속상관의 '직무상 명령'은 정당한 권한을 가진 자가 발(發)하여야 하고, 직무에 관한 명령이어야 하며, 그 내용이 법률상 실현가능하고 적법한 것이어야 한다. 이러한 요건에 위반한 명령에는 복종의 의무가 없으며, 위법한 명령에 따른 행위를 한 사람은 자신의 책임에서 벗어날 수 없으며 그 책임을 면할 수 없다(대판 1997. 4. 17, 96도3376).

(3) 직장이탈의 금지(제58조)

공무원은 소속상관의 허가 또는 정당한 사유가 없으면 직장을 이탈하지 못한다. 이는 공무원으로 하여금 주어진 직무를 충실히 수행하게 하고 직장 내의 질서를 유지하기 위한 것이며, 근무시간 중에 성립하는 것이 원칙이나 시간 외 근무를 하는 경우에도 성립한다.[7]

수사기관이 공무원을 구속하려는 경우 현행범을 제외하고는 그 소속기관장에게 미리 통보하여야 한다. 여기서 '수사기관'은 수사의 임무를 수행하는 「형사소송법」상 기관으로서 검사와 사법경찰관이 해당한다. '공무원을 구속'하는 것은 구인과 구금을 포함하며(「형사소송법」 제69조), 이 경우 통보해야 할 '소속기관장'은 복무상 지휘·감독권을 갖는 자이면 충분하고 임용권자를 지칭하는 것은 아니다.

---

6) 복종의 의무와 더불어 충성의 의무를 규정하는 경우도 있다. 「군인복무규율」 제6조는 "군인은 국군의 이념과 사명을 자각하여 정치적 중립을 엄정히 지키며 맡은 바 임무를 완수하여 국가와 국민에게 충성을 다하여야 한다"고 규정하고 있다. 이러한 '충성의 의무'는 실정법상 군인에게만 해당하는 의무이다.

7) 공무원이 사직원을 제출한 후 그것이 수리되어 면직되기 전에 무단결근한 경우, 법정연가일수의 범위 내에서 연가신청을 하였으나 기관장의 허가가 있기 전에 근무지를 이탈한 경우 등은 직장이탈 금지의 위반이 될 수 있다. 이와 같은 직장이탈 금지의 위반은 징계사유가 될 뿐만 아니라 「형법」 제122조의 직무유기죄를 구성할 수도 있다.

(4) 친절 · 공정의 의무(제59조)

공무원은 국민 전체의 봉사자로서 친절하고 공정하게 직무를 수행하여야 한다. 여기서 '친절'이란 직무를 수행함에 있어서 개인적인 사정으로 말미암아 국민을 소홀히 대해서는 안된다는 것이며, '공정'이란 직무를 수행함에 있어서 특정인이나 특정단체의 사적 이익을 추구해서는 안된다는 것을 의미한다.

(5) 종교중립의 의무(제59조의2)

공무원은 종교에 따른 차별 없이 직무를 수행하여야 한다. 이는 「헌법」이 보장하는 종교의 자유와 평등권 침해를 예방하고 정교분리(政敎分離)의 원칙을 준수하기 위한 취지에서 비롯된 것이다. 따라서 공무원은 종교 편향 없이 직무를 수행하여야 하며, 만약 소속상관이 이에 위배되는 직무상 명령을 한 경우에는 따르지 않아도 된다.

(6) 비밀엄수의 의무(제60조)

공무원은 재직 중은 물론 퇴직 후에도 직무상 알게 된 비밀을 엄수(嚴守)하여야 한다. 이러한 행동규범은 국민의 알권리와 상충될 수 있다는 점에서 직무상의 기밀로 규정된 비밀을 충실히 지키라는 뜻으로 해석하는 것이 바람직하다.

여기서 '직무상 비밀'은 자신이 처리하는 직무에 관한 비밀뿐만 아니라 직무와 관련하여 알게 된 비밀도 포함된다. 이러한 비밀엄수의 의무에 대한 위반은 징계사유가 될 뿐만 아니라 「형법」 제126조 · 제127조에 따른 범죄를 구성할 수 있다. 공무원이 퇴직한 후에 비밀을 누설할 경우 징계책임은 물을 수는 없으나, 형사책임은 물을 수 있으며 공무원 재임용도 거부할 수 있다.

(7) 청렴의 의무(제61조)

공무원은 직무와 관련하여 직접적이든 간접적이든 사례 · 증여 또는 향응을 주거나 받을 수 없다.[8] 그리고 공무원은 직무상의 관계가 있든 없든 그 소속상관에게 증여

8) '직무와 관련하여'는 공무원이 직무의 결정권을 갖고 있지 않더라도 그 직무행위와 밀접한 관계가 있는 경우 및 사실상 관리하는 직무행위도 포함된다(대판 1992. 11. 27, 92누3366). 여기서 '사례'는 감사의 뜻을 상대에게 나타내는 것으로서 주로 금전적인 것을 말하며, '증여'는 당사자 일방이 무상으로 금품을 상대방에게 수여하는 의사를 표시하고 상대방이 이를 승낙함으로써 성립하는 행위로서 대체로 재산이나 물건에 관한 것이며, '향응'은 주로 음식물을 대접하는 것으로 장소를 불문한 접대행위를 말한다.

하거나 소속공무원으로부터 증여를 받아서는 아니 된다. 이처럼 청렴의무는 두 가지 측면, 즉 대외적으로 국민과의 관계에서 준수해야 할 규범과 대내적으로 공무원들 간의 관계에서 준수해야 할 규범을 포함한다. 이러한 청렴의무의 위반은 징계사유가 될 뿐만 아니라 「형법」 제129조부터 제132조까지의 증·수뢰죄를 구성할 수 있다.

3. 기타 법률상 행동규범

1) 「공직자윤리법」상 행동규범

「공직자윤리법」은 공직자 및 공직후보자의 재산등록, 등록재산 공개 및 재산형성과정 소명과 공직을 이용한 재산취득의 규제, 공직자의 선물신고 및 주식백지신탁, 퇴직공직자의 취업제한 및 행위제한 등을 규정함으로써 공직자의 부정한 재산 증식을 방지하고, 공무집행의 공정성을 확보하는 등 공익과 사익의 이해충돌을 방지하여 국민에 대한 봉사자로서 가져야 할 공직자의 윤리를 확립함을 목적으로 한다(제1조).

(1) 재산 등록 및 공개(제2장)

재산등록과 등록재산의 공개는 공직자의 부정한 재산증식을 방지하고 재산형성의 투명성을 확보하기 위한 취지를 지닌다. 이 제도의 적용대상 공직자는 「국가공무원법」에 의한 공무원뿐만 아니라 「공공기관의 운영에 관한 법률」에 따른 공기업 및 공직유관단체의 임직원을 포함한다(〈표 17-4〉 참고).

재산등록의무자는 본인, 배우자 및 본인의 직계존비속의 재산을 등록하여야 하며,[9] 예외적으로 피부양자가 아닌 직계존비속은 공직자윤리위원회의 허가를 받아 재산신고사항의 고지를 거부할 수 있다.

공직자윤리위원회는 관할 등록의무자 중 법령에 해당하는 공개대상 공직자의 본인과 배우자 및 직계존비속의 재산에 관한 등록사항과 변동사항의 신고내용을 관보 또는 공보에 게재하여 공개하여야 한다. 만약 등록사항의 심사결과 등록대상재산을 거짓으로 기재하거나 중대한 과실로 빠트리거나 잘못 기재하거나 직무상 알게 된 비밀을 이용하여 재물 또는 재산상의 이익을 취득한 사실이 인정되면, 공직자윤리위원

9) 본인의 직계존비속 중에서 혼인한 직계비속인 여성과 외증조부모, 외조부모, 외손자녀 및 외증손자녀는 제외하며, 여기서 재산은 소유 명의와 관계없이 사실상 소유하는 재산, 비영리법인에 출연한 재산과 외국에 있는 재산을 포함한다(제4조).

표 17-4 **재산등록 의무자 및 재산공개 대상자**

구분	재산등록 의무자(제3조)	구분	재산공개 대상자(제10조)
1호	• 국가의 정무직공무원	1호	• 국가의 정무직공무원
2호	• 지방자치단체의 정무직공무원	2호	• 지방자치단체의 정무직공무원
3호	• 4급 이상 일반직 국가공무원(고위공무원 포함) · 지방공무원 및 이에 상당하는 별정직공무원(고위공무원 포함)	3호	• 일반직 1급 국가공무원(가 등급의 고위공무원 포함) · 지방공무원 및 이에 상당하는 별정직공무원(고위공무원 포함)
4호	• 대통령령으로 정하는 외무공무원 • 4급 이상의 국가정보원 직원 및 대통령경호실 경호공무원	4호	• 대통령령으로 정하는 외무공무원과 국가정보원의 기획조정실장
5호	• 법관 및 검사	5호	• 고등법원 부장판사급 이상의 법관과 대검찰청 검사급 이상의 검사
6호	• 헌법재판소 헌법연구관	6호	• 중장 이상의 장관급 장교
7호	• 대령 이상의 장교 및 이에 상당하는 군무원		
8호	• 교육공무원 중 총장 · 부총장 · 대학원장 · 학장(대학교의 학장 포함) 및 전문대학의 장과 대학에 준하는 각종 학교의 장 • 특별시 · 광역시 · 특별자치시 · 도 · 특별자치도의 교육감 및 교육장	7호	• 교육공무원 중 총장 · 부총장 · 학장(대학교의 학장 제외) 및 전문대학의 장과 대학에 준하는 각종 학교의 장 • 특별시 · 광역시 · 특별자치시 · 도 · 특별자치도의 교육감
9호	• 총경(자치총경 포함) 이상의 경찰공무원 • (지방)소방정 이상의 소방공무원	8호	• 치안감 이상의 경찰공무원 및 특별시 · 광역시 · 특별자치시 · 도 · 특별자치도의 지방경찰청장
		8의 2호	• 소방정감 이상의 소방공무원
10호	• 제3호~제7호까지 및 제9호의 공무원으로 임명할 수 있는 직위 또는 이에 상당하는 직위에 임용된 국가 · 지방 임기제공무원	9호	• 지방 국세청장 및 3급 공무원 또는 고위공무원단 소속 공무원인 세관장
		10호	• 제3호~제6호까지, 제8호 및 제9호의 공무원으로 임명할 수 있는 직위 또는 이에 상당 직위에 임용된 국가 · 지방 임기제공무원
11호	• 「공공기관의 운영에 관한 법률」에 따른 공기업의 장 · 부기관장 · 상임이사 및 상임감사, 한국은행의 총재 · 부총재 · 감사 및 금융통화위원회의 추천직 위원, 금융감독원의 원장 · 부원장 · 부원장보 및 감사, 농업협동조합중앙회 · 수산업협동조합중앙회의 회장 및 상임감사	11호	• 공기업의 장 · 부기관장 및 상임감사, 한국은행의 총재 · 부총재 · 감사 및 금융통화위원회의 추천직 위원, 금융감독원의 원장 · 부원장 · 부원장보 및 감사, 농업협동조합중앙회 · 수산업협동조합중앙회의 회장 및 상임감사
12호	• 제3조의2에 따른 공직유관단체의 임원	12호	• 그 밖에 대통령령으로 정하는 정부의 공무원 및 공직유관단체의 임원
13호	• 그 밖에 국회규칙, 대법원규칙, 헌법재판소규칙, 중앙선거관리위원회규칙 및 대통령령으로 정하는 특정분야의 공무원과 공직유관단체의 직원	13호	• 제1호~제12호까지의 직(職)에서 퇴직한 사람(제6조제2항의 경우에만 공개)

자료: 「공직자윤리법」 제3조 및 제10조

회는 경고 및 시정조치, 과태료 부과, 일간신문 광고란을 통한 허위등록사실의 공표, 해임 또는 징계(파면을 포함)의결 요청 등 어느 하나의 조치를 하여야 한다.

(2) 주식의 매각 · 신탁(제2장의2)

주식의 매각 · 신탁제도는 주식보유로 인해 발생할 수 있는 공익과 사익 간의 이해충돌 가능성을 방지하여 직무수행의 공정성을 확보하기 위한 것이다. 「공직자윤리법」상 재산공개 대상자 및 기획재정부 · 금융위원회 소속 공무원 중 대통령령이 정하는 자는 본인 및 그 이해관계자 모두가 보유한 주식의 총 가액이 1천만원 이상 5천만원 이하의 범위에서 대통령령으로 정하는 금액을 초과할 때에는 초과하게 된 날부터 1개월 이내에 해당 주식의 매각 또는 백지신탁에 관한 계약의 체결을 하고 그 사실을 신고하여야 한다.

(3) 선물의 신고(제3장)

공무원(지방의회의원 포함) 또는 공직유관단체의 임직원은 외국으로부터 선물을 받거나 그 직무와 관련하여 외국인(외국단체 포함)에게 선물을 받으면 지체 없이 소속기관 · 단체의 장에게 신고하고 그 선물을 인도하여야 한다. 이들의 가족이 외국으로부터 선물을 받거나 그 공무원이나 공직유관단체 임직원의 직무와 관련하여 외국인에게 선물을 받은 경우에도 같다.

이러한 선물신고제도는 뇌물성 선물이나 고가의 선물을 받은 대가로 국익에 반하는 정보유출이나 협상 및 거래 등을 사전에 방지하고 국민의 한 사람으로서의 품위를 유지하기 위한 것이다. 신고하여야 할 선물은 그 선물을 수령할 당시 증정한 국가 또는 외국인이 속한 국가의 시가로 미국화폐 100달러 이상이거나 국내 시가로 10만원 이상인 경우이다. 이에 해당하는 선물은 소속기관 · 단체의 장에게 신고 후 인도하여야 하며, 인도된 선물은 즉시 국고에 귀속된다.

(4) 퇴직공직자의 취업제한 및 행위제한 등(제4장)

퇴직공직자의 취업제한 등은 공직자가 퇴직 후 유관기업체 취업 등을 목적으로 재직 중 특정업체에 특혜를 주는 행위를 예방하고, 퇴직 후에 자신이 소속된 부서의 업무를 담당하는 재직공무원에게 과거 동료로서 본인 또는 제3자의 이익을 도모하는 영향력을 행사하여 공무집행의 공정성을 훼손하는 행위를 방지하는데 그 취지가 있다.

취업제한 「공직자윤리법」상 재산등록 의무자는 퇴직 전 5년 동안 소속하였던 부서 또는 기관의 업무와 밀접한 관련성이 있는 일정 규모 이상의 사기업체 등의 기관(취업제한기관)에 퇴직 후 3년간 취업이 제한된다.[10] 이처럼 취업이 제한되는 대상자를 취업심사대상자라고 하며, 업무와의 '밀접한 관련성'의 범위는 법령에 구체적으로 제시되어 있다. 만약 취업심사대상자가 취업제한기관에 취업을 하려는 경우에는 공직자윤리위원회에 취업제한 여부의 확인을 요청하여야 하며, 공직자윤리위원회의 승인을 받은 때에는 취업이 가능하다.

업무취급 제한 모든 공무원 및 공직유관단체 임직원은 다른 법률에 특별한 규정이 있는 경우를 제외하고는 재직 중에 직접 처리한 업무를 퇴직 후에 취급할 수 없다. 특히 취업심사대상자는 다른 법률에 특별한 규정이 있는 경우를 제외하고는 퇴직 전 2년부터 퇴직할 때까지 근무한 기관이 취업한 취업제한기관에 대하여 처리하는 업무를 퇴직한 날부터 2년 동안 취급할 수 없다.

행위제한 퇴직한 모든 공무원과 공직유관단체의 임직원은 본인 또는 제3자의 이익을 위하여 퇴직 전 소속기관의 임직원에게 법령을 위반하게 하거나 지위 또는 권한을 남용하게 하는 등 공정한 직무수행을 저해하는 부정한 청탁 또는 알선을 하여서는 안된다.

취업청탁 등 제한 재직 중인 취업심사대상자는 퇴직 전 5년 동안 처리한 업무 중 취업제한 대상 업무와 관련한 취업제한기관을 상대로 하여 재직 중 본인의 취업을 위한 청탁행위를 하여서는 안된다. 또한 국가기관, 지방자치단체 또는 공직유관단체의 장은 해당 기관의 취업심사대상자를 퇴직 전 5년 동안 처리한 업무 중 취업제한 대상 업무와 관련된 취업제한기관으로의 취업을 알선하는 행위를 해서도 안 된다.

2) 「부패방지 및 국민권익위원회의 설치와 운영에 관한 법률」상 행동규범

「부패방지 및 국민권익위원회의 설치와 운영에 관한 법률」은 국민권익위원회를 설치하여 고충민원의 처리와 이에 관련된 불합리한 행정제도를 개선하고, 부패의 발생을 예방하며 부패행위를 효율적으로 규제함으로써 국민의 기본적 권익을 보호하고

10) 취업제한기관에는 일정 규모 이상인 영리를 목적으로 하는 사기업체뿐만 아니라, 법인·단체, 법무법인 등, 회계법인, 세무법인, 외국법자문법률사무소, 시장형 공기업, 공직유관단체, 학교법인과 학교법인이 설립·경영하는 사립학교, 종합병원과 종합병원을 개설한 의료법인·비영리법인, 사회복지법인과 사회복지시설은 운영하는 비영리법인 등의 일부가 포함된다(제17조).

행정의 적정성을 확보하며 청렴한 공직 및 사회풍토의 확립에 이바지함을 목적으로 한다(제1조). 이를 위해 공공기관 및 정당의 책무, 기업과 국민의 의무, 공직자의 청렴의무 및 업무상 비밀이용금지, 공직자 행동강령 제정 및 준수, 국민권익위원회의 설치, 국민감사청구 등에 관한 사항을 규정하고 있다.

이 법의 대상이 되는 공직자는 「국가공무원법」 및 「지방공무원법」에 따른 공무원, 그 밖의 다른 법률에 따라 그 자격 · 임용 · 교육훈련 · 복무 · 보수 · 신분보장 등에 있어서 공무원으로 인정된 자, 「공직자윤리법」 제3조제1항제12호에 따른 공직유관단체의 장 및 그 직원을 말한다.

(1) 공직자의 청렴의무 및 업무상 비밀이용 금지

공직자는 법령을 준수하고 친절하고 공정하게 집무하여야 하며 일체의 부패행위와 품위를 손상하는 행위를 하여서는 안된다(제7조). 또한, 공직자는 업무처리 중 알게 된 비밀을 이용하여 재물 또는 재산상의 이익을 취득하거나 제3자로 하여금 취득하게 하여서는 안 된다(제7조의2). 이러한 공직자의 업무상 비밀이용 금지를 위반한 때에는 7년 이하의 징역 또는 5천만원 이하의 벌금에 처한다(제86조).

(2) 공직자의 비밀누설 금지 및 부패행위 신고의무

위원회의 위원, 전문위원 또는 직원이나 그 직에 있었던 자 및 위원회에 파견되거나 위원회의 위촉에 의하여 위원회의 업무를 수행하거나 수행하였던 자는 업무처리 중 알게 된 비밀을 누설하여서는 아니 된다(제30조). 이에 위반하여 부패방지 업무처리 중 알게 된 비밀을 누설한 자는 5년 이하의 징역 또는 3천만원 이하의 벌금에 처한다(제87조).

또한, 공직자는 그 직무를 행함에 있어 다른 공직자가 부패행위를 한 사실을 알게 되었거나 부패행위를 강요 또는 제의받은 경우에는 지체 없이 이를 수사기관 · 감사원 또는 위원회에 신고하여야 한다(제56조).

(3) 공직자 행동강령의 제정 및 준수

공직자의 청렴의무 규정에 따라 공직자가 준수하여야 할 행동강령을 제정 · 시행하여야 하는데, 이는 대통령령 · 국회규칙 · 대법원규칙 · 헌법재판소규칙 · 중앙선거관리위원회규칙 또는 공직유관단체의 내부규정으로 정한다(제8조).[11] 공직자 행동강령은 직무관련자로부터의 향응·금품 등을 받는 행위의 금지·제한에 관한 사항, 직위를 이용한 인사관여·이권개입·알선·청탁행위의 금지·제한에 관한 사항, 공정한 인사 등 건전한 공직풍토 조성을 위하여 공직자가 지켜야 할 사항, 그 밖에 부패의 방지와 공직자의 직무의 청렴성 및 품위유지 등의 사항을 규정한다. 이러한 행동강령을 위반한 때에는 징계처분이 가능하다.

(4) 비위면직자의 취업제한

공직자가 재직 중 직무와 관련된 부패행위로 당연퇴직, 파면 또는 해임된 경우에는 공공기관, 퇴직 전 3년간 소속하였던 부서의 업무와 밀접한 관련이 있는 일정규모 이상의 영리를 목적으로 하는 사기업체 또는 사기업체의 공동이익과 상호협력 등을 위하여 설립된 법인·단체에 퇴직일부터 5년간 취업할 수 없다(제82조). 이에 위반하여 비위로 면직된 공직자가 공공기관, 영리사기업체 또는 협회에 취업한 때에는 2년 이하의 징역 또는 2천만원 이하의 벌금에 처한다(제89조).

3) 「공직자 등의 병역사항 신고 및 공개에 관한 법률」상 행동규범

「공직자 등의 병역사항 신고 및 공개에 관한 법률」은 공직자 및 공직후보자와 그 직계비속의 병역사항 신고 및 공개를 제도화함으로써 공직을 이용하여 부정하게 병역을 벗어나는 것을 방지하고 병역의무의 자진 이행에 기여함을 목적으로 한다(제1조). 이를 위해 병역사항의 신고의무자, 신고대상자, 신고할 사항, 신고시기와 신고기관, 신고내용 확인, 조사결과 처리, 병역사항의 공개 등에 관한 사항을 규정하고 있다.

신고대상자는 본인과 본인의 18세 이상인 직계비속이며, 신고된 병역사항 및 그 변동내역은 (지방)병무청장의 확인을 거쳐 관보와 병무청의 인터넷 홈페이지에 게재·공개된다. 병역신고의 의무가 부여된 공직자는 정무직공무원, 지방자치단체장 및 지방의회 의원, 4급(상당) 이상의 일반직·별정직공무원(고위공무원, 연구관·지도관, 장학관·교육연구관, 국가정보원직원, 대통령경호실 경호공무원 포함), 직무등급 6등급 이상의 외무공무원, 법관 및 검사, 헌법재판소 헌법연구관, 대령 이상의 장교 및 2급 이상의

11) 예를 들면, 「공무원 행동강령」, 「법관 및 법원공무원 행동강령」, 「헌법재판소 공무원 행동강령」, 「선거관리위원회 공무원 행동강령」 등이 있다.

군무원, 총경 이상의 경찰공무원, (지방)소방정 이상의 소방공무원, 대학의 장·학장·처장·실장, 「공직자윤리법」 제3조제1항제11호 또는 제12호에 해당하는 재산등록의무자 등이다.

4) 「공익신고자 보호법」상 행동규범

「공익신고자 보호법」은 공익을 침해하는 행위를 신고한 사람 등을 보호하고 지원함으로써 국민생활의 안정과 투명하고 깨끗한 사회풍토의 확립에 이바지함을 목적으로 한다(제1조). 이를 위하여 공익신고기관, 공익신고의무, 공익신고의 방법 및 처리, 공익신고자의 보호·보상금 및 구조금 등에 관한 사항을 규정하고 있다.

특히 공직자의 공익신고의무는 「부패방지 및 국민권익위원회의 설치와 운영에 관한 법률」상의 공직자에게 적용되며, 공직자가 그 직무를 하면서 공익침해행위를 알게 된 때에는 이를 조사기관, 수사기관 또는 위원회에 신고하여야 한다(제7조).

5) 「부정청탁 및 금품 등 수수의 금지에 관한 법률」상 행동규범

「부정청탁 및 금품 등 수수의 금지에 관한 법률」은 공직자 등에 대한 부정청탁 및 공직자 등의 금품 등의 수수(收受)를 금지함으로써 공직자 등의 공정한 직무수행을 보장하고 공공기관에 대한 국민의 신뢰를 확보하는 것을 목적으로 한다(제1조). 이를 위해서 공직자 등은 사적 이해관계에 영향을 받지 아니하고 직무를 공정하고 청렴하게 수행하여야 하며, 직무수행과 관련하여 공평무사하게 처신하고 직무관련자를 우대하거나 차별해서는 아니 된다고 규정하고 있다.

공직자 등의 공정한 직무수행을 보장하기 위해서 누구든지 직접 또는 제3자를 통한 부정청탁을 엄격히 금지하고 있다. 만약 공직자 등이 부정청탁을 받았을 때에는 부정청탁을 한 자에게 부정청탁임을 알리고 이를 거절하는 의사를 명확히 표시하여야 하며, 동일한 부정청탁을 다시 받은 경우에는 이를 소속기관장에게 서면(전자문서 포함)으로 신고하도록 규정하고 있다.

공직자 등은 직무 관련 여부 및 기부·후원·증여 등 그 명목에 관계없이 동일인으로부터 1회에 100만원 또는 매 회계연도에 300만원을 초과하는 금품 등을 받거나 요구 또는 약속해서는 아니 된다. 또한 직무와 관련하여 대가성 여부를 불문하고 이들 금액 이하의 금품 등을 받거나 요구 또는 약속해서도 아니 된다. 이러한 금품 등의 수

수 금지와 더불어, 수수 금지 금품 등의 신고 및 처리, 외부강의 등의 사례금 수수 제한, 공무수행 사인의 공무수행과 관련된 행위제한 등, 국민권익위원회의 관련 업무, 위반행위의 신고 등, 신고의 처리, 신고자 등의 보호·보상, 위법한 직무처리에 대한 조치, 부당이득의 환수, 비밀누설 금지 등의 행동규범이 정해져 있다.

4. 「공무원헌장」 및 「공무원헌장 실천강령」상 행동규범

법적 강제력이 있는 행동규범과 달리 행동규범의 내용을 선언적으로 제시하여 자율적으로 준수되길 기대하는 행동규범이 있다. 이러한 행동규범의 대표적인 예로서 「공무원헌장(대통령훈령 제352호, 2015.12.31., 전부개정)」과 「공무원헌장 실천강령(국무총리훈령 제660호, 2015.12.31., 전부개정)」이 있다.

1) 「공무원헌장」상 행동규범

「공무원헌장」은 과거의 「공무원윤리헌장(대통령훈령 제44호, 1980.12.29., 개정)」을 변화된 시대 흐름과 국민 눈높이에 맞도록 정비한 것이며, 미래지향적인 공직가치를 제시하고 국민에 대한 봉사자로서의 공무원의 역할을 강조함으로써 국민에게 신뢰받는 바람직한 공직자상(像)을 구현하려는 취지를 띠고 있다(〈표 17-5〉 참고).

표 17-5 공무원헌장

우리는 자랑스러운 대한민국의 공무원이다.
우리는 헌법이 지향하는 가치를 실현하며 국가에 헌신하고 국민에게 봉사한다.
우리는 국민의 안녕과 행복을 추구하고 조국의 평화 통일과 지속 가능한 발전에 기여한다.

이에 굳은 각오와 다짐으로 다음을 실천한다.

하나, 공익을 우선시하며 투명하고 공정하게 맡은 바 책임을 다한다.
하나, 창의성과 전문성을 바탕으로 업무를 적극적으로 수행한다.
하나, 우리 사회의 다양성을 존중하고 국민과 함께 하는 민주 행정을 구현한다.
하나, 청렴을 생활화하고 규범과 건전한 상식에 따라 행동한다.

2) 「공무원헌장 실천강령」상 행동규범

「공무원헌장 실천강령」은 「공무원헌장」에 나타난 기본적인 사항을 실제 공직생활에서 구체적으로 실천해 나갈 수 있도록 각 개별사항에 대한 세부내용을 정하고 있다. 즉, 실천사항으로 제시된 5개 덕목에 대하여 각기 3개항의 행동기준을 세부적으로 명시함으로써 모든 공무원이 이에 따라 행동할 것을 기대하고 있다(〈표 17-6〉 참고).

표 17-6 공무원헌장 실천강령

하나. 공익을 우선시하며 투명하고 공정하게 맡은 바 책임을 다한다.
- 부당한 압력을 거부하고 사사로운 이익에 얽매이지 않는다.
- 정보를 개방하고 공유하여 업무를 투명하게 처리한다.
- 절차를 성실하게 준수하고 공명정대하게 업무에 임한다.

하나. 창의성과 전문성을 바탕으로 업무를 적극적으로 수행한다.
- 창의적 사고와 도전 정신으로 변화와 혁신을 선도한다.
- 주인 의식을 가지고 능동적인 자세로 업무에 전념한다.
- 끊임없는 자기 계발을 통해 능력과 자질을 높인다.

하나. 우리 사회의 다양성을 존중하고 국민과 함께 하는 민주 행정을 구현한다.
- 서로 다른 입장과 의견이 있음을 인정하고 배려한다.
- 특혜와 차별을 철폐하고 균등한 기회를 보장한다.
- 자유로운 참여를 통해 국민과 소통하고 협력한다.

하나. 청렴을 생활화하고 규범과 건전한 상식에 따라 행동한다.
- 직무의 내외를 불문하고 금품이나 향응을 받지 않는다.
- 나눔과 봉사를 실천하고 타인의 모범이 되도록 한다.
- 공무원으로서의 명예와 품위를 소중히 여기고 지킨다.

5. 공직윤리의 과제

1) 공직윤리의 저해요인

공직윤리를 저해하는 요인은 매우 다양하며, 이들을 인적 요인, 제도적 요인, 환경적 요인으로 나누어 살펴보면 다음과 같다(강성철 외, 2014: 511~512).

(1) 인적 요인

공직윤리를 실현하는 주체는 바로 공무원이기 때문에 무엇보다도 공무원 개개인의 높은 윤리의식이 전제되어야만 공직윤리가 확립될 수 있다. 특히 우리나라의 현실에서 공직윤리를 저해하는 가장 근본적인 요인은 관존민비(官尊民卑)나 관직사유(官職私有)의 사고에 따른 공무원의 권위주의와 전(前)근대적인 행태에서 찾아볼 수 있다. 또한 국가 이익이나 공익보다는 개인이나 조직의 이익을 중시하며, 국민 전체에 대한 공평한 봉사보다는 학연, 혈연, 지연과 같은 1차 집단적 관계를 중시하는 사고와 행태가 건전한 공직윤리의 확립을 저해하는 요인이 된다.

(2) 제도적 요인

공직윤리의 확립에 지장을 주는 요인으로서 공식적인 제도의 미비를 들 수 있다. 특히 강제력을 수반하는 법적 규정의 경우에는 실제 적용상 한계 및 남용 등의 문제점이 초래될 가능성이 있다. 예컨대 행동규범을 대표하는 품위유지의무와 성실의무는 매우 추상적이고 모호하여 공무원에게 구체적인 행동지침을 제공하지 못하고 있으며, 오히려 공무원을 징계하기 위한 법적 장치로 악용될 소지도 없지 않다. 또한 공무원 스스로의 자각에 의한 순응과 헌신을 이끌어 내는데 중점을 두는 비(非)강제적인 규범의 경우, 그것이 전반적으로 선언적이며 당위적인 것들이어서 그 실효성에 한계가 있다.

(3) 환경적 요인

공무원과 공직사회를 둘러싼 환경적 요인도 공직윤리 확보를 저해하는 요인이 될 수 있다. 공무원의 윤리의식이 높고 제도적 장치가 잘 마련되어 있다고 하더라도, 행정조직을 둘러싼 환경적 여건이 개선되지 않으면 바람직한 공직윤리가 뿌리내릴 수 없다. 예컨대 정치발전의 수준이 낮아 외부통제가 미흡하고, 정치·사회적 혼란으로 공무원의 신분이 안정되지 못하며, 국민의식이 사회 변화에 발맞추어 근대화되지 않을 경우 공직윤리의 확보가 어렵게 된다.

2) 공직윤리의 향상방안

공직윤리를 저해하는 요인별로 그 제고방안을 살펴보면 다음과 같다(오석홍, 2013:

579~580; 강성철 외, 2014: 512~515; 박천오 외, 2014: 461~462).

(1) 인적 요인의 개선

공직윤리를 확립하기 위해서는 공직윤리의 실현 주체인 공무원의 윤리의식을 높이는 것이 가장 중요하다. 공무원 개인의 윤리의식은 스스로 자각에 의해 함양되는 것이 가장 바람직하지만, 그러한 방법에 의한 효과는 한계가 있다. 따라서 외부통제를 강화하는 제도의 개선이 우선적으로 이루어지고, 다양한 교육프로그램을 개발·활용하여 공무원을 적극적으로 교화(敎化)하는 것이 필요하다.

(2) 제도적 요인의 개선

공무원의 비윤리적 행동을 억제하기 위해서는 제도적 장치를 개선하는 것이 가장 효과적이다. 부정부패의 방지를 위해 엄격한 규제 장치를 마련하고, 행정정보 공개를 통해 행정의 투명성을 확보하며, 공무원의 보수 등 근무여건을 개선하고, 각종 행정규제를 완화 혹은 과감히 폐지하는 조치가 필요하다. 특히 법적 강제력이 있는 행동규범은 가능한 한 그 의미와 내용을 명확히 제시하고, 비(非)강제적인 행동규범의 경우에도 구체적인 실천지침으로서 그 실효성이 확보될 수 있도록 개선되어야 한다.

(3) 환경적 요인의 개선

공무원의 윤리수준을 제고하기 위해서는 일반국민의 의식 및 가치관이 변화되어야 한다. 국민의 의식수준이 높아지면 국민에 의한 외부통제가 효과성을 발휘할 수 있다. 공무원을 포함한 국민의 의식수준을 변화시키기 위해서는 부정부패 척결에 있어서 정부와 민간부문 간의 긴밀한 협력, 부패감시를 위한 시민단체의 활동 강화, 도덕성 회복을 위한 국민운동의 전개 등이 필요하다.

제2절 공무원의 책임

1. 공무원 책임의 이해

1) 공무원 책임의 의미

사람은 누구나 자신이 속한 사회 혹은 조직의 기준과 법규를 위반하면 그에 대하여 책임을 져야한다. 공무원의 경우도 자신에게 부여된 행동규범을 지켜야 할 의무가 있으며, 그 의무를 위반한 행위와 그러한 행위의 결과에 대하여 책임을 지게 된다.

공무원의 책임은 법적, 정치적, 도의적으로 다양하게 주어질 수 있다. 여기서 다루는 공무원의 책임은 법적 책임에 한정하며, 이는 공무원이 자신의 행위에 대하여 법률상의 불이익 또는 제재(制裁)를 받게 되는 것을 말한다. 이러한 법적 책임은 법적 강제력이 있는 행동규범을 위반한 공무원에게 주어진다.

2) 공무원 책임의 종류

공무원의 법적 책임은 협의와 광의의 의미로 이해될 수 있다. 좁은 의미에서의 책임은 행정조직 내부에서 부과되는 징계책임에 한정되지만, 넓은 의미에서의 책임은 징계책임뿐만 아니라 변상책임과 형사책임까지를 포괄한다. 이들 세 가지 종류의 책임은 각기 그 목적이나 내용 등을 달리하기 때문에 동일한 위반행위에 대하여 동시에 부과될 수 있다.

징계책임은 국가 또는 지방자치단체가 사용자의 입장에서 부과하는 책임이며, 변상책임은 국가 또는 지방자치단체의 재산에 대하여 손해를 끼쳤을 경우에 부과된다.[12] 그리고 형사책임은 단순히 공무원으로서의 의무를 위반함에 그치지 않고 동시

12) 변상(辨償), 배상(賠償), 보상(補償) 등이 '남에게 끼친 손해를 물어 준다'라는 점에서 그 의미가 유사하지만, 실제 법률적으로 사용되는 경우는 약간씩 다르다. 변상은 빚을 갚는 변제(辨濟) 혹은 재물을 내어 지은 죄과를 갚는 판상(辦償) 등으로 사용되기도 하지만, 일반적으로 남에게 입힌 손해를 돈이나 물건 따위로 물어 주는 것을 의미한다. 이러한 의미에서의 변상은 배상과 보상으로 나누어진다. 배상은 법을 어긴 행위로 남에게 끼친 손해를 물어주는 것이며, 보통 귀책사유(불법행위, 채무불이행 등)에 의한 손해를 물어주는 것을 지칭한다. 반면에 보상은 적법한 사실이나 행위로 입은

에 사회법익을 침해하였기 때문에, 일반인과 달리 공무원에게만 부과되거나 공무원의 신분으로 인해 가중되어 지게 되는 책임이다.

2. 징계책임

1) 징계의 의의

(1) 징계의 의미

징계는 공무원의 의무위반에 대한 행정상 제재이다. 공무원은 관련 법규에서 정해진 행동규범을 따라야 하는데, 이를 위반하는 경우 국가 또는 지방자치단체가 해당 공무원에 대한 사용자의 지위에서 부과하는 조직 내부의 처벌이 징계이다. 이러한 징계를 받게 되는 지위가 징계책임이며, 그러한 징계를 부과하는 행위는 징계처분이다.

직위해제와의 차이 직위해제가 인사상 불리한 처분이라는 점에서는 징계와 동일한 효과를 갖지만, 징벌적인 제재인 징계와는 그 성질을 달리한다. 직위해제는 정해진 사유에 해당하는 경우 임용권자의 판단에 따라 행해지는 인사상 조치이지만, 징계는 공무원의 의무위반에 대하여 징계위원회의 의결을 거쳐 행해지는 처벌이다. 이처럼 양자는 서로 다른 성질의 처분이므로 직위해제처분 후에 동일한 사유로 징계처분을 하더라도 일사부재리(一事不再理)의 원칙[13]에 어긋나는 것은 아니다. 만약 징계의결 요구의 사유로 직위해제된 경우 징계의결이 되거나 징계의결이 취소되면 그 직위해제처분은 효력을 상실한다.

직권면직과의 차이 직권면직은 임용권자가 자신의 직권으로 공무원의 신분을 박탈하는 처분이다. 즉, 공무원 본인의 의사와 관계없이 임용권자의 일방적인 의사로 공무원관계를 강제로 소멸시키는 처분이 직권면직이다. 이처럼 공무원의 신분관계를 강제로 소멸시킨다는 점에서 직권면직은 파면·해임의 징계면직과 동일하다. 하지만 직권면직과 징계면직은 그 사유, 절차 및 효과 측면에서 차이가 있는데, 이에 대한 구체적인 내용은 제4편 제9장 제5절을 참고하기 바란다.

손해(즉, 손실)를 금전적으로 보충해주는 것을 말하다. 예컨대 파손된 물건은 변상하고, 물건이 불법적으로 파손됨으로 인한 손해는 배상하며, 물건이 적법하게 파손됨으로 인한 손실은 보상한다.

13) 이미 한번 처리된 사건은 다시 다루지 않는다는 법의 일반원칙을 말한다.

(2) 징계의 필요성 및 목적

징계는 공무원의 의무위반에 대한 조직 내부의 처벌이라는 점에서 사후적 제재수단이다. 이는 공무원의 의무위반에 대해 제재를 가함으로써 잘못된 행태를 교정하여 공직 내부의 질서를 유지하려는데 그 목적이 있다.

이처럼 징계는 교정을 일차적인 목적으로 하지만, 공무원의 의무위반을 사전에 예방하는 목적도 아울러 지닌다. 만약 잘못된 행동을 하면 징계에 의한 불이익 처분을 받을 수 있다는 인식을 줌으로써 그러한 징계사유의 발생을 사전에 억제하려는 것이다. 이러한 점에서 보면, 징계는 잘못된 행태에 대한 처벌이라는 소극적 목적보다는 그러한 행태를 예방하는 적극적 목적을 달성하기 위한 수단으로 이해될 수 있다.

2) 징계의 대상 및 법적 근거

징계는 직업공무원제의 적용을 받는 경력직공무원이 원칙적인 대상이 된다. 일반직공무원에 대한 징계는 기본적으로 「국가공무원법」(감사원 소속 공무원은 「감사원법」, 지방공무원은 「지방공무원법」)에 따르며, 특정직공무원은 해당 공무원을 규율하는 개별 법률을 우선 적용받는다.

특수경력직공무원은 원칙적으로 징계의 대상이 아니지만, 그 일부는 관련 법령에 따라 그 대상이 되기도 한다.[14] 정무직공무원은 일반적으로 징계의 대상이 아니므로 징계절차가 별도로 정해진 것이 없다. 이와 달리, 별정직공무원은 징계사유가 발생하면 직권면직이 가능하며, 일반직공무원의 징계절차에 따라 징계처분을 할 수 있다(「공무원징계령」 제22조제1항).

시보공무원은 정규공무원과 동일하게 징계의 대상이 되며 징계에 의한 정직이나 감봉 처분을 받은 기간은 시보임용기간에 넣어 계산하지 아니한다(「국가공무원법」 제29조제2항).

3) 징계의 사유

징계사유란 공무원이 징계처분을 받게 되는 의무위반행위를 말한다. 각 직종에 따라 해당 공무원이 지켜야 할 의무에서 차이가 있기 때문에 징계사유도 그 대상을 규

14) 다른 법률에 특별한 규정이 있는 경우 외에는 특수경력직공무원에 대하여도 대통령령 등으로 정하는 바에 따라 「국가공무원법」 제10장(징계)을 준용할 수 있다(「국가공무원법」 제83조의3).

율하는 법령에 따라 약간씩 다를 수 있다. 하지만 대부분의 경우 「국가공무원법」 제78조에 규정된 징계사유를 그대로 적용하고 있으며, 개별 법령에서 달리 규정하더라도 대체로 용어상 차이에 불과하고 징계사유의 실제 내용에서는 거의 차이가 없다.

법령에 규정된 징계사유는 고의나 중(重)과실이 있어야만 해당하는 것이 아니라 경(輕)과실만으로도 충분하며, 그러한 행위를 한 공무원뿐만 아니라 그 감독자도 감독의무를 태만히 한 경우에는 징계책임이 면제되지 않는다. 징계의결 요구권자는 소속 공무원이 징계사유에 해당하면 반드시 징계위원회에 징계의결을 요구하여야 하며, 그 징계의결의 결과에 따라 징계처분을 하여야 한다.

(1) 징계사유의 내용

「국가공무원법」 제78조는 (i) 이 법 및 이 법에 따른 명령을 위반한 경우, (ii) 직무상의 의무를 위반하거나 직무를 태만히 한 때, (iii) 직무의 내외를 불문하고 그 체면 또는 위신을 손상하는 행위를 한 때 등을 징계의결요구의 사유로 들고 있다.

공무원 법령 위반 '법령 위반'이란 「국가공무원법」(징계사유를 별도로 규정하는 경우에는 각 개별 법률) 및 그와 관련한 명령을 위반한 것을 말한다. 즉, 「국가공무원법」(또는 개별 법률)의 규정 및 그의 위임에 따라 제정된 일반적 · 추상적 행정명령(대통령령 · 총리령 · 부령 등)과 개별적 · 구체적 집행명령(훈령 · 지침 · 유권해석 등)을 위반한 경우이다. 지방공무원의 경우는 해당 지방자치단체의 조례 및 규칙에 대한 위반행위도 포함된다.

직무상의 의무위반 및 직무 태만 '직무상 의무위반'이란 직무와 관련된 각종 법령에서 부과된 의무를 수행하지 않은 것이며, '직무 태만'은 당연히 해야 할 직무를 성실하게 수행하지 않은 것을 말한다.

직무의 내외를 불문한 체면 또는 위신 손상 '직무의 내외를 불문한 체면 또는 위신 손상'이란 「국가공무원법」 제63조에 규정된 품위유지 의무를 위반한 것을 말한다. 공무원이 국민의 수임자 및 국민 전체의 봉사자로서 그 체면 · 위신을 손상하는데 직접적인 영향을 주는 행위를 함으로써 사회통념상 비난 가능성이 있는 경우 형사책임에 관계없이 징계사유가 된다.

(2) 징계사유의 중복 및 승계

징계사유에 해당하는 행위는 재직 중의 행위임을 원칙으로 하지만, 임용 전의 행위라도 이로 인하여 임용 후 공무원의 체면·위신을 손상하게 된 경우라면 징계사유가 될 수 있다. 또한 여러 개의 징계사유 중 그 일부가 인정되지 않더라도, 인정되는 일부만으로 징계사유가 될 수 있다. 어떤 의무위반행위로 인해 징계처분을 받았음에도 그 의무를 이행하지 않은 경우에 그것을 다시 징계사유에 포함하더라도 일사부재리(一事不再理)의 원칙에 저촉되지 않는다.

징계와 관련된 적용법률이 서로 다른 직종들 간에 전직이나 인사교류 등이 있을 경우, 새로 임용되기 전의 적용법률에 의한 징계사유는 그 사유가 발생한 날로부터 새로 임용된 후의 적용법률에 의한 징계사유가 발생한 것으로 본다. 예컨대 군인이 일반직공무원으로 임용된 경우, 과거 군인의 신분에서 「군인사법」에 의한 징계사유가 있었다면, 이를 「국가공무원법」에 의한 징계사유로 보고 그에 따라 징계의결을 요구하여야 한다.

(3) 징계사유의 시효

징계사유에 해당하더라도 그에 따른 징계의결요구가 가능한 유효기간이 있다. 「국가공무원법」 제83조의2제1항에 규정된 징계시효제도에 따르면, 징계(징계부가금 포함)사유가 발생한 날부터 3년이 지나면 징계의결의 요구를 하지 못한다. 다만 「국가공무원법」 제78조의2제1항 각 호의 어느 하나(징계부가금 부과사유)에 해당하는 경우에 징계시효기간은 5년이며, 이러한 비위행위를 행한 공무원의 상급자에게 그 감독소홀(성실의무 위반)을 이유로 책임을 물어 징계하는 경우 그 상급자에 대한 징계시효기간은 3년이다.[15)]

4) 징계의 종류 및 효력

(1) 징계의 종류

징계의 종류는 공무원의 직종에 따라 약간씩 차이가 있는데, 그 예를 보면 〈표

15) 징계시효에 대한 예외가 있을 수 있는데, 이는 징계절차가 진행되지 못한 경우와 징계절차가 진행된 경우에 인정되는 특례로 구분할 수 있다. 전자는 감사원의 조사, 검찰·경찰 등 수사기관의 수사, 자체감사 중인 사유로 징계절차가 진행되지 못한 경우이며, 후자는 징계위원회의 구성·징계의결 등, 그 밖에 절차상의 흠이나 징계양정 및 징계부가금의 과다(過多)를 이유로 소청심사위원회 또는 법원에서 징계처분 등의 무효 또는 취소의 결정이나 판결을 한 경우이다(「국가공무원 복무·징계 관련 예규(인사혁신처예규, 제17호, 2016.1.19.)」.

표 17-7 징계의 종류

<table>
<tr><th>구분</th><th>일반직 · 경찰 · 소방 · 교원 등</th><th>군인 (장교 · 준사관 · 부사관)</th><th>법관</th><th>검사</th><th colspan="2">* 분류</th></tr>
<tr><td>파면</td><td>○</td><td>○</td><td>×</td><td>×</td><td rowspan="3">배제(排除) 징계</td><td rowspan="5">중(重) 징계</td></tr>
<tr><td rowspan="2">해임</td><td rowspan="2">○</td><td rowspan="2">○</td><td rowspan="2">×</td><td>해임</td></tr>
<tr><td>면직</td></tr>
<tr><td>강등</td><td>○</td><td>○</td><td>×</td><td>×</td><td rowspan="5">교정(矯正) 징계</td></tr>
<tr><td>정직</td><td>○
(1~3개월)</td><td>○
(1~3개월)</td><td>○
(1개월~1년)</td><td>○
(1~6개월)</td></tr>
<tr><td>감봉</td><td>○
(1~3개월)</td><td>○
(1~3개월)</td><td>○
(1개월~1년)</td><td>○
(1개월~1년)</td><td rowspan="3">경(輕) 징계</td></tr>
<tr><td rowspan="2">견책</td><td rowspan="2">○</td><td>근신
(10일 이내)</td><td rowspan="2">○</td><td rowspan="2">○</td></tr>
<tr><td>견책 ○</td></tr>
</table>

○: 해당함, ×: 해당하지 않음

17-7〉과 같다.

이러한 징계의 종류 중 파면 · 해임 · 강등 · 정직은 중징계, 감봉 · (근신) · 견책은 경징계로 구분하는 것이 일반적이다. 파면 · 해임은 공무원 신분의 완전한 박탈을 내용으로 하는 배제징계이며, 강등 · 정직 · 감봉 · (근신) · 견책은 공무원의 신분을 보유하면서 신분상 · 보수상 이익의 일부 제한을 내용으로 하는 교정징계이다.

(2) 징계의 종류별 효력

징계의 종류에 따라 공무원이 받는 불이익은 차이가 있는데, 여기서는 「국가공무원법」에 따른 여섯 가지 징계의 종류별 효력에 대해 살펴본다.

파면 파면(罷免)은 공무원을 강제로 퇴직시키는 처분으로 가장 중한 처벌이다. 파면처분을 받은 공무원은 강제퇴직되어 공무원관계로부터 배제되며, 앞으로 5년간 공무원에 임용될 수 없고, 퇴직급여의 1/2(5년 미만 재직자는 1/4) 및 퇴직수당의 1/2이 감액된다(「공무원연금법 시행령」 제55조).

해임 해임(解任)도 공무원을 강제로 퇴직시키는 처분이라는 점에서 파면과 같다. 그러나 해임처분을 받은 공무원은 향후 3년간 공무원에 재임용될 수 없다는 점에서 파면과 차이가 있다. 해임의 경우 퇴직급여의 전액 지급이 원칙이지만, 금품 및 향응 수

수, 공금의 횡령 · 유용으로 해임된 때는 퇴직급여의 1/4(5년 미만 재직자는 1/8) 및 퇴직수당의 1/4이 감액된다(「공무원연금법 시행령」 제55조).

강등 강등(降等)은 공무원의 직급(계급)을 한 단계 아래로 내리는 징계처분이다.[16] 고위공무원단 소속 공무원은 3급으로 임용하고, 연구관 · 지도관은 연구사 · 지도사로 하며, 외무공무원은 직무등급을 1등급 아래로 내리고,[17] 교육공무원은 동종의 직무 내에서 하위의 직위에 임명한다. 그러나 계급을 구분하지 아니하는 공무원, 임기제 공무원 및 대학교의 교원 · 조교에 대해서는 강등이 적용되지 않는다.

강등처분을 받으면 공무원 신분은 유지되지만, 3개월간 직무에 종사하지 못하며 그 기간 중 보수는 전액 삭감되고 각종 수당의 지급이 제한된다. 또한 직무에 종사하지 못하는 3개월이 끝난 날부터 18개월(「국가공무원법」 제78조의2제1항 각 호의 어느 하나에 해당하는 사유(징계부가금 부과사유)로 인한 징계처분과 성폭력, 성희롱 및 성매매에 따른 징계처분의 경우에는 각각 3개월을 더한 기간) 동안 승진 · 승급이 제한되며, 이 기간은 승진소요 최저연수에서 제외된다.

정직 정직(停職)은 1개월 이상 3개월 이하의 기간을 정하여 직무를 정지시키는 처분이며, 그 기간이 지나면 자동으로 복직된다. 정직처분을 받으면 공무원의 신분은 유지되지만, 정해진 정직기간 동안 직무에 종사하지 못하며 그 기간 중 보수는 전액 삭감되고 각종 수당의 지급이 제한된다. 또한 그 정직기간이 끝난 날부터 18개월(「국가공무원법」 제78조의2제1항 각 호의 어느 하나에 해당하는 사유(징계부가금 부과사유)로 인한 징계처분과 성폭력, 성희롱 및 성매매에 따른 징계처분의 경우에는 각각 3개월을 더한 기간) 동안 승진 · 승급이 제한되며, 이 기간은 승진소요 최저연수에서 제외된다.

감봉 감봉(減俸)은 1개월 이상 3개월 이하의 기간을 정하여 보수의 1/3을 삭감하는 처분이다. 감봉처분을 받으면 공무원의 신분은 유지되지만, 정해진 감봉기간 동안 보수의 3분의 1(연봉월액의 4할)이 삭감되고 각종 수당의 지급이 제한된다. 또한 그 감

16) 최하위 직급(계급)의 경우에는 한 계급 아래로 내릴 직급이 없어 법령상 강등의 효력이 완전하게 발생할 수 없다. 하지만 강등처분이 있은 후 징계처분의 기록 말소 및 승급기간의 특례 등에 있어서 정직과는 다른 규정이 적용되기 때문에 강등처분의 실익이 있다고 볼 것이므로 최하위 계급의 공무원이라도 강등의 징계처분 대상에서 제외되지는 않는다(법제처 11-0033, 2011.3.3).

17) 14등급 외무공무원은 고위공무원단 직위로 임용하고, 고위공무원단에 속하는 외무공무원은 9등급으로 임용하며, 8등급부터 6등급까지의 외무공무원은 5등급으로 임용한다(「국가공무원법」 제80조 제2항제1호).

봉기간이 끝난 날부터 12개월(「국가공무원법」 제78조의2제1항 각 호의 어느 하나에 해당하는 사유(징계부가금 부과사유)로 인한 징계처분과 성폭력, 성희롱 및 성매매에 따른 징계처분의 경우에는 각각 3개월을 더한 기간) 동안 승진·승급이 제한되며, 이 기간은 승진소요 최저연수에서 제외된다.

견책 견책(譴責)은 잘못된 행동에 대하여 훈계하고 회개하게 함에 그치는 처분이다. 견책처분을 받으면 공무원의 신분은 유지되고 보수의 감액은 없으나, 일부 수당이 미지급 또는 감액·제한된다. 또한 6개월(「국가공무원법」 제78조의2제1항 각 호의 어느 하나에 해당하는 사유(징계부가금 부과사유)로 인한 징계처분과 성폭력, 성희롱 및 성매매에 따른 징계처분의 경우에는 각각 3개월을 더한 기간) 동안 승진·승급이 제한되며, 이 기간은 승진소요 최저연수에서 제외된다.

(3) 징계의 효력과 관련된 기타 사항

기타 불이익 징계의결 요구 중인 자는 승진임용될 수 없고, 타 기관으로의 전보는 징계절차가 종료된 후에 이루어지며, 본인의 의사에 의한 면직이 신청되더라도 임용(제청)권자는 그 의원면직을 허용해서는 안 되는 경우가 있다. 징계의결이 요구 중이거나 징계처분을 받은 자는 명예퇴직수당 지급대상에서 제외되며, 교육훈련 및 훈장·포장·표창·모범공무원 선발 등의 추천에서 제한을 받을 수 있다.

징계효력의 승계 징계와 관련된 적용 법률이 서로 다른 직종 간에 전직이나 인사교류 등이 있을 경우, 새로 임용되기 전의 적용 법률에 의한 징계처분은 그 처분일로부터 새로 임용된 후의 적용 법률에 의한 징계처분을 받은 것으로 본다. 예컨대 군인이 일반직공무원으로 임용된 경우 과거 군인의 신분에서 「군인사법」에 의한 징계처분을 받았다면, 이를 「국가공무원법」에 의한 징계처분을 받은 것으로 간주한다.

5) 징계부가금

징계부가금이란 금품과 관련된 비위에 대하여 부과하는 금전적 행정벌이다. 특히 형사상 책임이 수반되지 않는 소액의 금품 관련 비위는 대체로 가벼운 징계로 그치는 경우가 많기 때문에, 그러한 징계만으로는 적절한 제재가 될 수 없는 문제점이 발생하였다. 이러한 문제점을 해소하기 위한 조치로서 신분상 제제 외에 금전적 제제를 병과(竝科)하여 징계의 실효성을 높이고자 징계부가금제도가 도입되었다.

징계사유가 금품 관련 비위인 경우에 해당 징계 외에 징계부가금이 부과될 수 있으며,[18] 이 경우 직무와의 관련성 여부는 고려되지 않는다. 징계부가금은 그러한 비위행위로 취득하거나 제공한 금전 또는 재산상 이득의 5배 내에서 징계위원회가 조정하여 부과 의결하며, 징계위원회의 의결 후에도 일정한 사유에 해당하면 감면 등의 조치가 이루어질 수 있다. 징계부가금 부과처분을 받은 공무원이 납부기간 내에 그 부가금을 납부하지 아니하면 국세 체납처분의 예에 따라 징수하게 된다.

6) 징계의 절차

징계사유의 발생에 따라 징계(징계부가금 포함)의결 요구권자가 관할 징계위원회에 징계의결을 요구함으로써 징계절차는 시작된다. 징계의결 요구를 받은 징계위원회는 징계를 결정하며, 그 결정된 내용에 따라 징계처분권자는 징계를 집행한다.

(1) 의무위반행위의 적발

공무원에 대한 징계절차는 해당 공무원의 의무위반행위가 적발됨으로써 시작된다. 이는 주로 자체 감사부서, 감사원, 수사기관 및 사정기관 등에 의해 이루어진다.

(2) 징계의결의 요구

공무원의 비위가 징계사유에 해당하면 반드시 징계의결이 요구되어야 하는데, 징

18) 「국가공무원법」제78조의2제1항에 따르면, 다음 각 호의 어느 하나에 해당하는 경우에 징계부가금 부과 의결을 징계위원회에 요구하여야 한다.

<table>
<tr><td colspan="2">1. 금전, 물품, 부동산, 향응 또는 그 밖에 대통령령으로 정하는 재산상 이익을 취득하거나 제공한 경우</td></tr>
<tr><td rowspan="3">• 대통령령으로 정하는 재산상 이익
(「공무원징계령」 제17조의2제1항)</td><td>1. 유가증권, 숙박권, 회원권, 입장권, 할인권, 초대권, 관람권, 부동산 등의 사용권 등 일체의 재산상 이익</td></tr>
<tr><td>2. 골프 등의 접대 또는 교통 · 숙박 등의 편의 제공</td></tr>
<tr><td>3. 채무면제, 취업제공, 이권(利權)부여 등 유형 · 무형의 경제적 이익 등</td></tr>
<tr><td colspan="2">2. 다음 각 목에 해당하는 것을 횡령(橫領), 배임(背任), 절도, 사기 또는 유용(流用)한 경우
가. 「국가재정법」에 따른 예산 및 기금
나. 「지방재정법」에 따른 예산 및 「지방자치단체 기금관리기본법」에 따른 기금
다. 「국고금 관리법」 제2조제1호에 따른 국고금
라. 「보조금 관리에 관한 법률」 제2조제1호에 따른 보조금
마. 「국유재산법」 제2조제1호에 따른 국유재산 및 「물품관리법」 제2조제1항에 따른 물품
바. 「공유재산 및 물품 관리법」 제2조제1호 및 제2호에 따른 공유재산 및 물품
사. 그 밖에 가목부터 바목까지에 준하는 것으로서 대통령령으로 정하는 것</td></tr>
</table>

계의결 요구는 해당 공무원의 임용권자가 행하는 것이 원칙이다.[19] 5급 이상(고위공무원 포함) 일반직 국가공무원은 소속장관이, 6급 이하의 일반직 국가공무원은 소속기관장 또는 상급기관장이 징계의결을 요구한다. 특정직공무원의 경우는 직종별 개별 법률에 따라 징계의결 요구권자가 다를 수 있다. 예컨대 경찰공무원은 각 소속 경찰기관의 장이 되며, 군인은 계급 및 중징계·경징계 등에 따라 국방부장관과 각급 소속 부대 또는 기관장이 징계의결 요구권을 가진다.

이러한 징계의결 요구는 특정직공무원의 일부를 제외하고는 대체로 중징계 또는 경징계로 구분하여 이루어지며, 「감사원법」 제32조 등에 따라 징계의 종류가 구체적으로 지정되어 요구되는 경우도 있다. 파면·해임·강등 또는 정직에 해당하는 징계의결이 요구되어 직위해제된 사람에 대해서는 봉급의 70%(연봉월액의 60%)가 지급된다.

(3) 관할 징계위원회

공무원의 징계 및 징계부가금 의결은 징계위원회가 행한다. 징계위원회는 「국가공무원법」 및 각 직종별 개별 법률에 의해 설치·운영되며,[20] 징계위원회의 설치기관 및 종류·관할·구성·권한·심의 절차 등에 관한 구체적인 사항은 대통령령 등으로 정하고 있다(「국가공무원법」 제81조). 「국가공무원법」과 「지방공무원법」에 따른 징계위원회의 구성현황은 〈표 17-8〉과 같다.

(4) 징계의결 및 결과 통보

징계위원회가 징계의결 요구권자로부터 징계의결 요구서를 접수하면, 징계혐의자의 출석 및 진술, 혐의 내용에 관한 심문, 필요시 관계인의 출석 및 심문 등의 절차를 거쳐 징계의결을 한다. 징계위원회는 징계혐의자에게 구두 또는 서면에 의해 진술하거나 증거를 제출할 수 있는 기회를 충분히 제공하여야 한다.

징계위원회는 일종의 준독립적 행정기관이므로 징계의결 요구권자의 경징계·중

19) 해당 사건을 관할하는 징계위원회가 상급 행정기관에 설치된 경우(해당 사건이 상급 행정기관에 설치된 징계위원회의 관할에 속한 경우)에는 그 상급기관의 장에게 징계의결의 요구를 신청하여야 한다(「공무원징계령」 제7조).

20) 별도의 개별 법령을 적용받는 공무원의 경우에는 각 해당하는 법령에 징계위원회에 관한 사항이 명시되어 있다. 예컨대 「경찰공무원법」과 「경찰공무원징계령」, 「소방공무원법」과 「소방공무원징계령」, 「군인사법」과 「군인징계령」, 「교육공무원법」과 「교육공무원징계령」, 「검사징계법」, 「법관징계법」 등이 있다.

표 17-8 징계위원회의 종류 및 구성 등

구분	국가공무원		지방공무원	
종류	중앙징계위원회	보통징계위원회	시 · 도 인사위원회	시 · 군 · 구 인사위원회
관할	• 고위공무원단 공무원 • 5급(상당) 이상 • 전문경력관 가군 • 연구관 및 지도관 • 우정2급 이상 • 나급 이상 전문임기제 • 타 법령에 따른 특정직 • 6급(상당) 이하 중징계 등	• 중앙징계위원회 관할 공무원(사건) 이외	• 시 · 도 공무원 • 시 · 군 · 구 5급(상당) 이상 • 시 · 군 · 구 6급(상당) 이하 중징계 등	• 시 · 도 인사위원회 관할 공무원(사건) 이외
설치	• 국무총리 소속	• 중앙행정기관 • 필요시 소속기관	• 각 시 · 도	• 각 시 · 군 · 구
위원 구성	• 위원장 1명 • 전체 17~33명	• 위원장 1명 • 전체 9~15명	• 위원장 1명 • 부위원장 1명 • 전체 16~20명 (인구 10만 이하: 전체 7~9명)	
위원장	• 인사혁신처장	• 기관장의 차순위자	• 부단체장	• 부단체장
민간 위원	• 위원장 제외 위원 수의 1/2 이상		• 전체 위원 수의 1/2 이상	
	• 임기 3년, 1회 연임			
회의 구성	• 위원장과 위원장이 회의마다 지정하는 8명(민간 5명 이상)	• 위원장과 위원장이 회의마다 지정하는 6명(민간 4명 이상)	• 위원장과 위원장이 회의마다 지정하는 8명(민간 1/2 이상) • 7~9명의 위원회는 위원 전원	
의결	• 5명 이상 출석, 출석위원 과반수 찬성		• 2/3 출석, 출석위원 과반수 찬성	
근거 법령	「국가공무원법」, 「공무원징계령」		「지방공무원법」, 「지방공무원 임용령」 「지방공무원 징계 및 소청 규정」	

징계의결 요구에 기속을 받지 않고 징계의결을 할 수 있다. 징계의 양정(量定)에 있어서는 정해진 양정기준 외에 징계혐의자의 비위의 유형과 정도, 과실의 경중, 평소 행실, 근무성적, 공적, 규제개혁 및 국정과제 등 관련 업무처리의 적극성, 뉘우치는 정도 또는 그 밖의 정상 등이 종합적으로 고려되어야 한다.[21] 최종적으로 징계종류를 결정

21) 징계양정이란 징계의 대상이 되는 위반사실에 대하여 징계의 종류 중 어느 것을 적용시킬 것인가 하는 의미이다.

할 때 징계혐의자의 과거 공적을 고려하거나 성실·능동적 업무 처리 과정에서 과실로 인해 발생한 비위로 인정될 경우 징계의 감경(減輕)이 가능하다. 하지만, 징계사유의 시효가 5년인 비위, 성폭력, 성매매, 성희롱, 음주운전, 재산등록 및 주식매각·신탁 관련 의무 위반 등의 사유로 징계의결이 요구된 사건은 감경대상에서 제외된다.

징계의결의 방식은 관련 규정에 따라 약간씩 차이가 있으나, 중앙·보통징계위원회의 경우 위원 5명 이상의 출석과 출석위원 과반수의 찬성으로 의결한다. 징계의결이 이루어지면 징계의결서를 작성하여 이를 징계의결 요구권자 및 필요시 징계처분권자, 감사원, 관계기관 등에 통보하여야 한다.

(5) 징계의 집행

징계위원회의 징계의결에 따라 징계를 집행하게 되는데, 징계의 집행은 해당 공무원의 임용권자가 행하는 것이 원칙이다. 대체로 징계위원회가 설치된 기관의 장이 징계를 집행하지만, 국무총리 소속 중앙징계위원회에서 행한 징계의결에 대하여는 중앙행정기관의 장이 행하며, 파면과 해임은 각 임용권자 또는 임용권을 위임한 상급 감독기관의 장이 한다.

(6) 불복 신청

징계의결 요구권자 및 징계처분을 받은 공무원이 징계위원회의 징계·징계부가금 의결에 대하여 불복하는 경우, 이에 관한 제도적 절차가 마련되어 있다. 징계의결 요구권자는 징계처분을 집행하기 전에 직근(直近) 상급기관에 설치된 징계위원회(직근 상급기관이 없는 징계위원회의 의결에 대하여는 그 징계위원회)에 심사나 재심사를 청구할 수 있다. 징계처분을 받은 공무원이 그 처분에 대하여 불복하는 경우에 소청심사를 청구할 수 있으며, 소청심사위원회의 결정에 대하여 불복하는 경우에는 행정소송을 제기할 수 있다.

7) 징계의 과제

징계가 꼭 필요함에도 이를 방임하거나 징계권을 함부로 남용하는 것으로는 징계 본래의 목적을 달성할 수 없다. 따라서 근무규율을 확립하고 행정의 능률성을 확보하기 위해서는 징계제도가 올바르게 운영되어야 하며, 이에 대한 방안을 살펴보면 다음과 같다(유민봉·임도빈, 2007: 392~394).

(1) 처벌위주의 징계 지양

공무원의 잘못된 행동에 대해서는 반드시 처벌이 따라야 한다. 하지만 적발과 처벌만을 강조하다 보면, 공무원의 직무수행은 법규만능주의와 선례답습에 빠지고 상관의 지시만을 피동적으로 따르는 책임회피의 부작용이 발생할 수 있다. 따라서 잘못된 행동을 교정하기 위한 노력이 선행된 후 징계는 마지막 수단으로 강구하되(강성철 외, 2014: 557), 과거의 잘못을 중심으로 하는 처벌방식에서 벗어나 적극적 직무수행을 촉진하기 위한 미래지향적인 장려방식으로 징계방향이 전환되어야 한다.

(2) 징계의 원칙 준수

일을 잘하려다 발생한 고의성이 없는 잘못에 대하여는 상담과 훈계 등과 같은 방식을 써야 하지만, 공직사회에서 수용할 수 없는 잘못에 대하여는 필히 처벌이 따른다는 학습이 이루어져야 한다. 이와 같이 징계는 예측가능성을 지녀야 할 뿐만 아니라 그 처분 또한 일관성과 형평성을 유지하여야 한다. 징계처분이 징계사유 외의 요인에 영향을 받아 일관성과 형평성을 잃게 되면, 법적 분쟁을 야기하고 나아가 징계제도 자체를 부정하는 결과를 초래할 수 있다. 따라서 징계의 절차와 결정이 확고하고 엄격하게 그리고 일관되고 형평하게 이루어져야 징계제도의 실효성이 확보될 수 있다.

(3) '감싸주기' 풍토의 개선

우리나라 공무원 징계의 가장 큰 문제점은 온정주의적 처벌 관행으로 공무원 비위행위가 되풀이되고 있다는 점이다. 정해진 양정기준보다 낮은 수위의 처벌, 봐주기식 처리, 형사 미고발 등의 사례가 빈번할 뿐 아니라, 소청제도를 통해서 상당 부분 감경이 이루어지고 있는 현실이다. 이러한 '솜방망이 처벌'이나 '눈감아주기' 관행은 조직의 규율을 근본적으로 무너뜨릴 수 있기 때문에 반드시 개선되어야 할 사항이다.

(4) 종합적 · 체계적 접근

징계사유 및 그에 따른 처벌은 보다 종합적이고 체계적인 관점에서 다루어질 필요가 있다. 공무원의 비위행위는 개인의 지식 부족이나 직위 · 직무의 부적합, 욕망 추구 및 정서적인 요인 등이 일차적인 원인이 되겠지만, 감독자의 감독 소홀과 조직의 부당한 정책도 그러한 징계사유의 발생을 조장할 수 있다. 뿐만 아니라 공무원의 윤리의식, 행동규범, 내부고발, 징계 풍토, 법규의 현실성, 재량권의 범위, 직무의 성격 및 만족도, 감사기관의 역할, 금전적 · 비금전적 보상, 상관의 리더십 등 여러 요소가 복합적으로 작용하게 된다. 따라서 공무원의 비위행위가 어떤 요인들과 얼마나 상관되는지를 과학적으로 분석하고, 그 비위행위를 교정하는 방안으로 징계 이외의 무엇이 있는지를 종합적이고 체계적으로 검토하여야 한다.

3. 변상책임

1) 변상책임의 의의

변상(辨償)이란 남에게 끼친 손해를 물어주는 것을 의미한다. 공무원의 변상책임은 공무원이 자신의 의무위반행위로 인해 국가나 지방자치단체에게 재산상 손해를 끼친 경우에 지게 되는 재산상 책임이다. 이는 행정상 책임이므로 일반 개인의 지위에서 지는 민사상 손해배상책임과는 엄연히 구별되며, 여기에는 직무상 불법행위로 인한 변상책임과 회계관계직원 등의 변상책임이 있다.

2) 변상책임의 종류

(1) 직무상 불법행위로 인한 변상책임

「헌법」 제29조제1항에 의하면, 공무원의 직무상 불법행위로 인해 손해를 입은 국민은 법률이 정하는 바에 의하여 국가 또는 공공단체에 정당한 보상을 청구할 수 있으며(국가 또는 공공단체의 배상책임), 이 경우 공무원 자신의 책임은 면제되지 아니한다(공무원의 변상책임). 이러한 책임에 관한 사항은 일반적으로 「국가배상법」의 적용을 받으며, 특수한 경우에는 별도로 마련된 개별 법률이 우선 적용되고, 「국가배상법」 및 개별 법률에 규정되어 있는 사항 이외에는 「민법」의 규정에 따른다.[22] 어떤 규정에 의하든 공무원의 직무상 불법행위로 국민에게 끼친 손해를 국가나 지방자치단체가 배상한 경

22) 「국가배상법」 제9조는 “국가 또는 지방자치단체의 손해배상의 책임에 관하여는 이 법의 규정에 의한 것을 제외하고는 「민법」의 규정에 의한다. 다만 「민법」 이외의 법률에 다른 규정이 있을 때에는 그 규정에 의한다”고 규정하고 있다. 특수한 경우에 별도로 마련된 법률의 예로서 「자동차손해배상보장법」, 「원자력손해배상법」, 「공무원연금법」, 「우편법」, 「전기통신사업법」, 「철도법」 등이 있다. 예컨대 공무원의 자동차 운행으로 인한 손해배상책임의 경우를 보면, 「자동차손해배상보장법」은 자동차의 운행이 사적인 용무를 위한 것이든 공무를 위한 것이건 구별하지 아니하고 「국가배상법」이나 「민법」에 우선하여 적용된다(대판 1996. 3. 8, 94다23876).

우, 국가나 지방자치단체는 해당 공무원에게 구상(求償)할 수 있으며, 국가나 지방자치단체의 구상권 행사에 따라 해당 공무원은 구상책임 혹은 변상책임을 지게 된다.

(2) 회계관계직원 등의 변상책임

「국가회계법」, 「물품관리법」, 「군수품관리법」 등에 규정된 관련 직원의 책임에 관하여 제정된 법률이 「회계관계직원 등의 책임에 관한 법률」이다. 이 법률에 의하면, 회계관계직원 등은 법령이나 그 밖의 관계 규정 및 예산에 정하여진 바에 따라 성실하게 직무를 수행하여야 할 의무가 있다(제3조). 따라서 (i) 회계관계직원이 고의 또는 중과실로 법령이나 그 밖의 관계 규정 및 예산에 정하여진 바를 위반하여 국가, 지방자치단체, 그 밖에 감사원의 감사를 받는 단체 등의 재산에 손해를 끼친 경우 변상할 책임이 있으며, (ii) 현금 또는 물품을 출납 · 보관하는 회계관계직원이 선량한 관리자로서의 주의를 게을리 하여 현금 또는 물품이 망실(亡失)되거나 훼손된 경우 변상할 책임이 있다(제4조). 한편 「지방재정법」도 지방자치단체의 회계관계직원 등의 책임에 관하여 특별한 규정을 두고 있다(제94조).

4. 형사책임

공무원의 일정한 행위가 행정상의 의무위반에 그치지 아니하고, 동시에 「형법」상의 범죄를 구성하는 경우에는 그 공무원은 일반법익의 보호를 위하여 형사상 책임을 지게 된다. 공무원도 일반 개인으로서 당연히 「형법」의 적용을 받지만, 공무원의 직무에 관해 「형법」은 별도의 규정(제7장)을 마련하여 그 위반에 대한 책임을 부과하고 있다. 이러한 형사책임이 부과되는 공무원의 범죄는 직무위배에 관한 죄, 직권남용에 관한 죄, 뇌물에 관한 죄 등이며, 이들 중 일부는 「특정범죄가중처벌 등에 관한 법률」에 따라 가중 처벌된다.

| 인사행정의 체계 | 인적자원의 보상

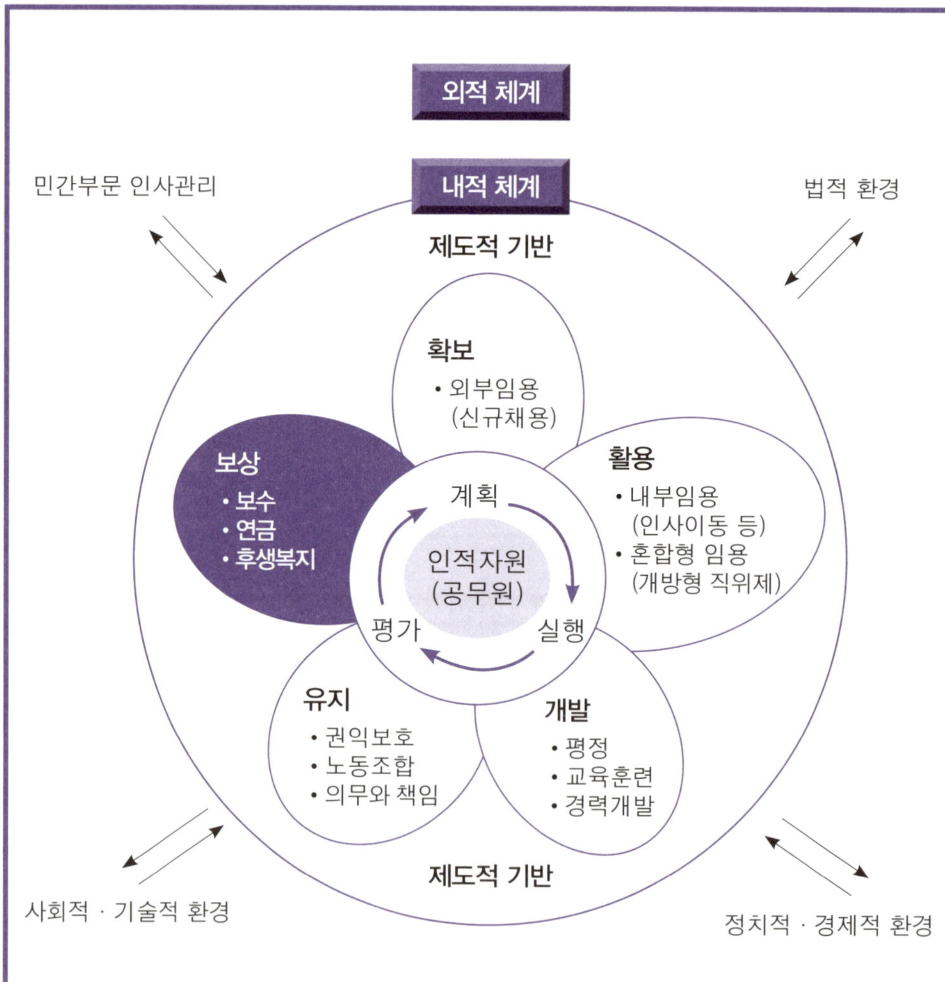

PUBLIC PERSONNEL ADMINISTRATION

제7편

인적자원의 보상

학습내용

‘인적자원의 보상’은 공무원의 근무에 대한 직접적인 보상으로서의 보수, 간접적인 보상으로서의 연금 및 기타 후생복지 등을 제공하는 활동을 말한다. 여기에는 보수 수준 및 보수제도, 연금제도, 맞춤형 복지제도 등 다양한 후생복지에 관한 사항이 포함되며, 이에 관하여 구체적으로 살펴본다.

학습문제

- 공무원 보수의 특징 및 그 결정요인은 무엇인가?
- 공무원 보수체계는 어떻게 수립 · 관리되는가?
- 호봉제의 적용대상 및 그 체계는 어떠한가?
- 연봉제의 적용대상 및 그 체계는 어떠한가?
- 공무원연금의 적용대상은 누구이며, 그 제도는 어떻게 운영되는가?
- 맞춤형 복지제도는 어떻게 운영되는가?

제18장

보수

제1절 보수의 이해

1. 보수의 의의

1) 보상과 보수의 의미

어느 조직에서든 그 구성원은 조직에 기여한 공헌에 대한 대가를 받는데, 이를 넓은 의미에서 보상(報償, reward)이라 한다. 보상은 경제적 보상과 비경제적 보상으로 구분할 수 있다. 경제적 보상은 보수 등과 같은 직접적인 보상과 더불어 연금이나 각종 후생복지 등 간접적인 보상을 포함하며, 비경제적 보상은 직장안정과 경력개발 등 경력상 혜택 및 지위안정과 신분보장 등 사회 · 심리적 보상 등을 말한다.

노동경제학적 관점에서 보수(報酬, compensation)는 노동력의 대가(代價)이지만, 근로자와 사용자의 입장에 따라 보수에 대한 시각이 다르다. 근로자의 입장에서는 현금이나 현물의 형태로 직접 사용자로부터 받는 대가를 뜻하며, 여기에는 세금, 의료보험료, 연금기여금 등 각종 공제액을 제외하고 받는 것을 보수로 생각하는 경우가 많다. 반면에 사용자의 입장에서는 근로자를 고용하여 제반 활동을 하는데 관련하여 발생하는 일체의 비용, 즉 보수, 상여금, 연금부담금, 후생복지비, 교육훈련비, 여비 · 교통비 등을 포함한 총인건비의 개념으로 이해하고 있다.

2) 공무원 보수의 특성

공무원 보수는 근로의 대가라는 점에서 민간기업의 임금과 본질적으로 동일하다.[1] 즉, 정부나 민간기업 모두 사용자 혹은 고용주 입장에서 근로자에게 근로에 대한 대가로서 금전적 보상을 지급한다. 이러한 점에서 보면, 정부와 민간기업에서의 보수관리는 공통적인 요소를 포함하고 있기 때문에 그 방법이나 기법 등에 있어서 양자 사이에 상호 공유할 분야가 적지 않게 존재한다.

그러나 정부와 민간기업 간에는 조직체계, 목적이나 활동, 구성원 등이 크게 다르기 때문에 보수에 대한 접근에 있어서 양자는 근본적인 차이가 있다. 일반적으로 정부조직이 갖는 특성이 민간조직의 특성보다 복잡하고 다양하므로 정부부문의 보수관리가 더욱 어렵고 복잡한 편이다. 또한 각기 조직을 구성하는 인적자원의 성격에도 차이가 있기 때문에 공무원 보수는 민간기업의 임금과는 여러 측면에서 다른 특성을 지닌다. 공무원 보수의 특성을 구체적으로 살펴보면 다음과 같다.

(1) 경직성

민간부문의 임금은 경영실적, 단체교섭, 노동시장의 수급 혹은 경쟁기업의 보상수준 등에 따라 신축적이고 탄력적인 변동이 가능하다. 하지만 공무원 보수는 국민의 세금으로 충당되고 국민경제와 사회의 제반에 미치는 영향이 크기 때문에 국가정책적인 입장에서 법적·정치적 통제를 받는다. 또한 오늘날 행정기능의 확대로 공무원의 수가 많아짐에 따라 인건비가 국가재정에서 차지하는 비중은 더욱 커졌으며, 그로 인해 공무원 보수는 상황과 여건의 변화에 따라 신축적이고 탄력적인 변동이 어려워지게 되었다.

(2) 이율배반성

공무원 보수는 국민의 세금을 재원으로 한다. 납세자인 국민의 입장에서는 당연히 '최소 경비로 최대 봉사'를 기대하고 있다. 즉, 국민은 인건비 지출을 최소화하기 위해 공무원 보수에 대하여 감시와 통제를 하면서, 공무원에 의해 수행되는 대민서비스의 양적·질적 향상을 지속적으로 요구하는 이율배반적인 입장에 있다.

---

1) 엄격히 말하면 보수와 임금은 서로 다른 개념이다. 일반적으로 보수는 소득세법상 근로소득에서 대통령령으로 정하는 비과세금품을 예외한 금액을 말하며, 임금은 근로기준법 등 노동관계법상 사용자가 근로자에게 지급하는 일체의 금품을 지칭한다.

(3) 비(非)시장성

공무원 보수가 근로의 대가라는 점에서는 민간부문의 임금과 동일하지만, 공무원의 근로에 대한 경제적 가치를 합리적으로 판단하는 시장(市場)이 존재하지 않는다는 점에서 민간부문과 차이가 있다. 이는 공무원에 의해 수행되는 공공서비스가 시장에서 거래·교환되는 것이 아니기 때문이며, 그로 인해 공무원의 근로에 대한 평가기준이 모호하여 합리적인 보수준을 결정하는데 상당한 어려움이 따른다.

(4) 직종의 다양성과 분산

정부조직 내의 공무원 간에도 담당하는 직무의 종류가 다양하고 복잡하며, 근무지역이나 근무조건 등도 매우 상이하다. 따라서 일률적인 기준을 적용하여 공무원 보수를 결정하는 것은 거의 불가능하다고 할 수 있다. 특히 직무의 다양성과 복잡성으로 말미암아 합리적 보수체계의 근간이 되는 '동일 직무에 대한 동일 보수'의 원칙을 엄격히 적용하기가 쉽지 않다. 더욱이 정부조직 내에는 민간부문에서 찾아보기 힘든 고유성이 강한 직종(예: 경찰, 소방, 식품검사 등)이 존재하기 때문에 민간부문의 임금결정기준을 그대로 활용하는 것 또한 곤란하다.

(5) 노동기본권의 제약

민간부문에서는 노동3권이 보장되어 있어 임금이 노사 간의 협의를 통해 이루어지지만, 공무원 보수는 공무원의 노동기본권 제약으로 말미암아 대체로 정부에 의해 일방적으로 결정된다. 특히 우리나라와 같이 보수법정주의(報酬法定主義)를 채택하는 경우, 보수결정과정에 공무원의 의견이 반영될 여지는 거의 없다고 할 수 있다. 또한 공무원에게 단체교섭권이 부여되더라도 공무원 보수는 단체교섭의 대상에서 제외되는 경우가 보통이며, 설령 정부대표와 공무원노동조합 간에 보수에 대한 합의가 이루어지더라도 그 효력은 인정되지 않는다.

(6) 사회경제적·윤리적 성격

정부는 국민경제 내에서 가장 대규모의 근로자를 지닌 모범적 고용주이며, 국민의 일부인 공무원의 생계보장과 품위유지를 위한 보수의 지급의무를 지닌다. 더구나 공무원 보수는 그 규모가 방대하여 국민경제, 물가, 민간부문의 임금 등 사회 전반에 미치는 영향이 크기 때문에 사회·경제정책적인 입장에서 거시적으로 엄격히 관리되는 경향이 있다.

보수는 경제적으로만 보면 '근로에 대한 대가'이지만, 공무원 보수는 이러한 경제적인 성격보다는 공공봉사적인 성격을 많이 띠고 있다. 즉, 민간부문의 임금은 근로에 대한 반대급부라는 관점에서 경제적 합리성을 중시하지만, 공무원 보수는 공무원의 국민에 대한 봉사적 입장으로 인해 윤리적 성격이 강하다. 이러한 윤리적 성격으로 인해 공무원 보수는 민간부문의 임금에 비하여 대체로 낮은 수준을 띠는 것이 일반적이다.

2. 보수의 기능 및 중요성

공무원 보수는 단순히 '근로에 대한 대가' 차원을 넘어 인적자원의 확보·활용·개발·유지 등과 밀접한 연관성을 가지면서 인적자원관리에 매우 중요한 역할을 수행한다. 공무원 보수가 지니는 기능 및 그 중요성은 개인 차원, 조직 차원 및 정부 차원에서 각각 논의될 수 있다.

1) 개인 차원에서의 기능과 중요성

공무원 개인의 입장에서 보면, 보수는 공무원의 근로와 그 대가를 교환하는 일종의 경제적 거래기능을 수행한다. 하지만 보수는 소득의 원천으로서 생활을 영위하도록 하는 경제적 수단기능으로서 그 중요성이 가장 크다고 볼 수 있다. 나아가 보수는 조직 내외에 걸쳐 사회적 신분이나 지위를 나타내거나 동기부여 및 직장생활의 질 향상과 자기실현을 위한 수단으로서의 기능도 수행한다.

2) 조직 차원에서의 기능과 중요성

공무원 보수는 조직 차원에서 다양한 기능을 지닌다. 우선 공무원 보수는 외부로부터 유능한 인재를 흡수하는 유인기능을 갖는데, 과거 권력과 명예의 상징이었던 공직의 매력이 민간부문의 성장에 따라 점차 줄어드는 상황에서 우수인력을 유인하는 주요 수단이 되고 있다.

또한 공무원 보수가 직무수행동기를 유발하는 매체가 된다는 점에서 공무원의 사기앙양과 동기부여를 통해 업무능률을 향상시키는 기능을 수행한다. 특히 적정한 수준의 보수는 공무원의 물질적 만족감과 공직 자긍심을 높이고 장기근속을 유도함으로써 직업공무원제의 확립에 기여한다.

최근 성과주의의 확산에 따라 생산성 향상을 유도하는 수단으로서 보수의 중요성이 더욱 부각되고 있다. 연공서열과 같은 인적 기준보다는 성과급이나 연봉제와 같은 실적 기준의 보상체계는 국민에 대한 봉사와 책임성을 강조하는 수단으로서의 기능을 수행한다.

3) 정부 차원에서의 기능과 중요성

정부의 입장에서 공무원 보수도 하나의 비용이기 때문에 공무원의 요구를 수용하는데 한계가 있다. 공무원 보수는 국민의 세금으로 충당되고 국가재정에서 차지하는 비중이 크기 때문에 다른 국가사업의 예산에 미치는 영향이 적지 않다. 이러한 점에서 공무원 보수는 국민뿐만 아니라 국가정책과 관련된 이해관계자들 간의 협상·타협 등 정치적 거래의 대상이 되기도 한다.

또한 공무원 보수는 민간부문의 임금뿐만 아니라 물가수준과 상호 영향을 주고받는다. 국민경제의 최대 고용주로서 정부가 지출하는 공무원 보수는 저축과 소비 등 국민경제 전반에 중요한 영향을 미친다.

3. 보수의 관리

1) 보수관리의 기준 및 원칙

공무원 보수가 지니는 기능과 중요성을 인식하고 그것을 적절히 관리하는 것이 필요한데, 이를 보수관리라고 한다. 보수관리는 그 대상에 따라 각기 추구하는 목적이 다르기 때문에 그 기준도 다양하다. 여기서는 공무원의 보수를 관리하는데 마땅히 따르고 지켜야 할 기준에 대하여 살펴보고, 우리나라에서 제도적으로 규정된 보수관리의 기본원칙을 설명한다.

(1) 보수관리의 규범적 기준

적정성 공무원 보수는 공무원의 최소한의 생계를 보장하여 근무에 전념할 수 있도록 적정한 수준을 유지하여야 한다. 특히 국민에 대한 봉사자로서 영리업무·겸직을 금지하고 오직 공무에만 전념할 것을 의무화하고 있는 상황에서는 더욱 그러하다. 보수수준이 기본생계를 비롯한 자녀교육·주택·문화생활 등의 욕구를 충족시키지 못할 때, 이에 따른 불만이 커지면서 근무태만이나 생산성 저하, 이직률 증대, 나아가 부정부패의 확산 등 심각한 부작용이 초래될 수 있다.

대외적 형평성 공무원 보수는 유사한 직종의 민간부문과 형평성을 유지해야 한다. 이러한 대외적 형평성은 우수인력의 유치에 있어서 대외적 경쟁력을 확보하는데 중요한 역할을 하며, 특히 민간부문의 성장에 따라 공직에 대한 선호가 줄어드는 상황에서 공무원에 대한 경제적 보상을 민간부문과 균형을 맞추는 것은 유능한 인재의 확보뿐만 아니라 재직자의 이직률 저하에도 상당한 도움이 된다.

대내적 공정성 공무원 보수는 정부조직 내부의 공무원들 간에 상대적 입장에서 공정한 차등이 주어져야 한다. 이러한 대내적 공정성을 확보하기 위해서는 먼저 조직 전체 입장에서 개인의 근로에 대한 가치를 합리적으로 판단하기 위한 보수체계를 수립하고, 다음으로 조직 전체 입장에서 다루지 못한 개인 간의 상대적 가치를 고려하여야 한다. 이처럼 보수의 대내적 공정성은 조직 전체적인 차원에서의 공정성과 구성원 개인적인 차원에서의 공정성을 포함한다.

조직차원에서의 공정성은 조직 내에 있는 일의 가치에 따른 보수의 차등화를 의미한다. 조직 내에는 어렵고 책임이 중한 일과 상대적으로 그러하지 않은 일이 있을 수 있다. 일의 가치에서 차이가 있으면 그 차이만큼 보수를 차별화하고, 일의 가치에서 차이가 없으면 동일한 보수를 보장하여야 한다. 이처럼 일의 가치에 따라 보수를 차등화하는 것, 즉 '동일 직무에 대한 동일 보수'의 원칙을 준수함으로써 조직차원에서 보수의 공정성이 달성될 수 있다.

조직차원에서 '동일 직무에 대한 동일 보수'의 원칙을 적용하여 대내적 공정성이 달성된다 하더라도, 구성원 개인 간에 근속기간, 경력, 자격이나 능력, 근무성적, 연령, 근무조건 등이 다르기 때문에 보수의 차이를 두지 않을 수 없다. 이는 동일한 수준의 직무를 수행하더라도 개인의 경력이나 능력에 따라 업무능률이나 성과가 다를 수 있기 때문이다. 따라서 공무원의 개인적 특성이나 격차요인을 충실히 반영하여 보수의 대내적 공정성을 확보하는 것이 필요하다.

(2) 보수관리의 실제적 원칙

보수관리의 규범적 기준에 따라 우리나라「국가공무원법」제5장은 보수관리에 관한 몇 가지 원칙을 제시하고 있다. 이러한 원칙은 선언적인 의미에 그치는 경우도 있지만, 대체로 공무원 보수의 결정 및 관리에서 실제로 지켜져야 할 기본사항을 제시하고 있다.

보수법정주의 원칙 공무원 보수는 법령에 의해 그 수준 및 지급방법 등이 정해진다. 즉, 공무원의 봉급·호봉 및 승급에 관한 사항, 수당에 관한 사항, 보수의 지급방법, 보수의 계산, 그 밖의 보수에 관한 사항은 모두 법령으로 정하도록 하고 있다.[2] 이러한 보수법정주의 원칙은 공무원 간의 보수 균형, 공무원 보수에 대한 예산편성의 효율성, 국가재정의 합리적 운영 등을 고려한 취지라고 볼 수 있다.

직무·계급 중심의 원칙 공무원 보수는 직무의 곤란성과 책임의 정도에 맞도록 계급별·직위별 또는 직무등급별로 정하여야 한다. 여기서 '직무의 곤란성과 책임의 정도에 맞도록' 정함은 '동일 직무에 대한 동일 보수'의 원칙을 적용한 직무급 중심의 보수체계를 의미하며, '계급별·직위별 또는 직무등급별'로 정함은 계급제의 특성 및 직위·직무등급을 고려하여 보수체계를 수립하도록 하는 것이다.

사정(事情)고려의 원칙 공무원 보수는 일반의 표준생계비, 물가수준, 그 밖의 사정을 고려하여 정하여야 한다. 여기서 '일반의 표준생계비'는 대개 통계청의 가계동향조사에 의한 도시근로자의 평균가계비를 참고하여 산출되며, '그 밖의 사정'에는 국민경제, 국가재정능력, 민간부문의 임금 등이 포함될 수 있다.

비교·균형의 원칙 공무원 보수는 대외적으로 민간부문의 임금수준과 적절한 균형을 유지하여야 한다. 현재 민간부문의 임금실태 조사는 매년 12월 31일을 기준으로 주요 공·사기업체의 직급별·학력별·근속연수별 임금뿐만 아니라 각종 수당·후생복지비·상여금 등에 대하여 이루어지고 있다. 이러한 조사결과에 비추어 공무원 보수가 적정한 수준이 되도록 결정·유지하여야 한다는 것이다.

또한 공무원 보수는 대내적으로 공무원의 직종이나 직무에 따라 적절한 균형이 유지되어야 한다. 이는 모든 공무원에게 계량적으로 동일한 보수를 책정하여야 한다는 것이 아니라, 직무의 특성 등을 종합적으로 고려하여 통념상 용납되는 수준을 벗어

2) 군인, 법관, 검사 등 일부 특정직공무원 보수에 관한 사항은 「국가공무원법」 외에 별도의 법률이 마련되어 있으나, 각 개별 법령에서는 대체로 봉급표나 봉급기준표만 제시하고 구체적인 사항은 「공무원보수규정」에 의하도록 하고 있다. 따라서 특별히 다른 법령에서 정해진 경우를 제외한 거의 모든 공무원 보수에 관한 사항은 「국가공무원법」과 「공무원보수규정」에 의해 통합·관리되고 있다고 할 수 있다.

나는 불균형이 존재하지 말아야 한다는 의미이다.

중복금지의 원칙 공무원이 둘 이상의 직위를 겸임하는 경우에 보수의 지급은 이들 중 보수액이 높은 직위에 해당하는 것만으로 이루어져야 한다. 이 경우 업무의 특수성 및 본직(本職) 기관의 보수수준을 감안하여 겸임수당을 지급하는 것은 가능하다.

2) 보수관리의 대상 및 내용

보수관리에서 다루어지는 사항은 보수수준과 보수제도로 크게 구분할 수 있다. 보수수준은 공무원에게 지급하는 보수의 계량적 평균수준이라 할 수 있다. 한편 보수제도는 보수체계와 보수형태로 구분되는데, 보수체계는 보수의 구성내용과 결정기준 등 보수의 구조를 말하며, 보수형태는 보수의 산정·지급방법이나 지급형태를 의미한다. 이러한 보수수준, 보수체계 및 보수형태는 서로 밀접한 관계를 지니며, 합리적인 보수관리를 위해서는 이들 간에 상호 유기적인 조화와 균형이 이루어져야 한다(김석현, 1999: 315; 최종태, 2008: 192).

보수수준 관리 보수수준 관리는 공무원에게 보수를 얼마나 줄 것인가에 관한 결정이 중심이 되며, 그 결정은 다양한 내·외적 요인에 의해 영향을 받는다. 예컨대 생계비·물가수준 등 사회경제적 여건뿐만 아니라 민간기업의 임금수준이나 정부의 지불능력 등 여러 사항들을 고려하여 보수수준의 적정화를 실현하는 것이 보수수준 관리의 과제이다. 특히 대외적 형평성의 관점에서 적정한 보수수준을 결정·유지하는 것이 보수수준 관리의 핵심이 된다.

보수체계 관리 보수체계 관리는 보수의 구성내용과 결정기준 등 보수의 구조에 관한 것이다. 보수체계에 따라 공무원의 개별 보수수준의 격차가 실제로 형성되기 때문에, 이는 공무원에게 매우 민감한 관심사항이 된다. 따라서 어떠한 방식으로 공무원들 간에 보수를 공정하게 배분하느냐가 보수체계 관리의 가장 중요한 과제이며, 조직 내부의 수직적·수평적 관점에서 대내적 공정성을 갖도록 보수체계를 수립하는 것이 보수체계 관리의 핵심이 된다.

보수형태 관리 보수형태 관리는 적정한 보수수준과 확립된 보수체계에 따라 보수를 실제로 산정·지급하는 방법이나 형태에 관한 것이다. 따라서 보수형태 관리에서는 정해진 보수수준과 보수체계에 따라 보수를 어떻게 산정·지급하는 것이 합리적인가에 중점을 둔다. 특히 공무원이 근로에 상응하는 적정한 보수를 받을 수 있도록 자신의 근무능률이나 성과 등이 적절히 반영된 보수의 산정 · 지급기준을 마련하는 것이 보수형태 관리의 핵심이 된다.

제2절 보수수준의 관리

1. 보수수준의 의의

보수수준(wage level)이란 보수액의 크기를 말한다. 이는 정부의 전체 보수총액이나 각 공무원의 개별 보수액을 지칭하기도 하지만, 일정기간 지급된 공무원 1인당 평균보수액을 나타내는 일반보수수준(general wage level) 혹은 평균보수수준(average wage level)을 의미하는 것이 보통이다. 이러한 보수수준은 주로 대외적 비교 혹은 균형관계를 파악하는 관점에서 학력별 · 성별 · 직종별 · 직위별로 다양하게 구분 · 사용된다. 이와 같은 관점에서 보면, 보수수준 관리는 대외적 관계에서 나타날 수 있는 격차 해소 혹은 균형관계 유지를 핵심과제로 삼는다.

2. 보수수준의 결정

1) 보수수준의 결정요인

민간기업의 임금은 노동수요적 측면, 노동공급적 측면, 노동시장적 측면에 근거하여 그 수준이 결정된다(최종태, 2008: 197). 그러나 공무원 보수는 민간기업의 임금과는 상당히 다른 요인에 의해 결정된다. 이는 정부와 민간기업 간에는 조직체계, 목적이나 활동, 구성원 등의 특성이 크게 다르기 때문이며, 일반적으로 공무원 보수수준을 결정하는데 고려되는 사항들은 다음과 같다.

(1) 윤리적 요인: 최저생활의 보장

공무원 보수는 공무원 및 그 가족의 최저생활수준을 고려하여 결정되어야 한다. 정부가 고용주로서 공무원의 생계유지를 보장해 주어야 하는 것은 윤리적 책임에 해당한다. 생계비의 적정수준에 대해서는 빈곤수준, 최저생존수준, 건강과 품위유지수준, 안락수준, 문화수준 등 여러 가지가 고려될 수 있으나, 적어도 건강과 품위를 유지할 수 있는 정도의 보수수준이 기본적으로 보장되어야 한다.

2) 경제적 요인: 국민소득 및 물가수준

공무원 보수는 민간부문의 임금수준, 국민소득 수준 및 물가수준 등에 맞추어 결정되어야 한다. 특히 물가수준을 중요하게 고려해야 하는 이유는 보수가 명목상의 금액보다는 실질 구매력을 반영하여야 하기 때문이다. 또한 공무원 보수수준이 민간부문의 임금 인상에 영향을 미쳐 물가상승의 요인이 될 수 있기 때문에 그것이 물가수준에 미치는 영향도 함께 고려하여야 한다.

(3) 재정적 요인: 정부의 지불능력

공무원 보수수준은 정부의 지불능력에 의존하게 된다. 정부의 지불능력은 정부의 재정상태에 의해 제약을 받고, 정부의 재정상태는 국민이 납부하는 세금에 달려 있으며, 국민의 담세능력은 국민의 소득수준에 좌우된다. 결국 공무원 보수수준은 국민경제 일반의 수준에 따른 국가의 재정능력에 의해 결정된다고 할 수 있다.

(4) 사회적 요인: 공무원의 신분 · 직무상 특성

공무원의 보수에 대해서는 그 최고수준이나 인상을 제한하려는 사회적 · 정치적 압력이 작용할 수 있다. 예컨대 정부는 비영리기관이며 공무원은 공익을 추구하는 봉사자이기 때문에 공무원은 검소하고 절약적인 생활을 솔선수범해야 한다는 주장이 있을 수 있다. 이러한 사회적 분위기가 공무원 보수의 상한이나 인상을 제한하는데 강하게 작용하기도 한다.

(5) 대내적 요인: 인사정책적 요인

공무원 보수를 결정함에 있어서 공직 내부의 사정을 참고하여야 한다. 기본적으로는 직종, 근속기간, 자격이나 능력, 계급(직급), 근무조건, 연령, 부양가족 등을 고려하여야 하며, 특히 직종(직무) · 계급 · 근무조건 등에 있어서 보수의 형평이 이루어지지 않으면 불평과 불만이 초래될 수 있다. 따라서 승진기회가 적거나 모집이 곤란한 직종, 비(非)선호 직위나 직무, 열심히 일하거나 근무성적이 탁월한 공무원 등에게는 보수측면에서 정책적인 고려가 있어야 하며, 공무원의 근무의욕 및 업무능률이나 성과를 제고시키는 수단으로 적절히 활용될 수 있도록 보수수준이 결정되어야 한다.

(6) 부수적 요인: 보수 외의 편익

부수적 요인이란 공무원이 보수 외에 받는 편익을 말하며, 공무원 보수수준을 결정할 때 이들을 적절히 고려하여야 한다. 예컨대 연금, 신분보장, 휴가, 근무조건, 승진, 기타 후생복지뿐만 아니라 공직에 대한 사회적 평가 등에 있어서 공무원이 민간기업보다 유리한 입장에 있다면 공무원 보수가 민간기업보다 낮더라도 그 차이는 상쇄(相殺)될 수 있다.

2) 보수수준의 허용범위

앞에서 보았듯이, 공무원 보수수준의 결정에는 매우 다양한 요인들이 관련된다. 실제 공무원 보수는 일반의 표준생계비(윤리적 요인)와 민간부문의 임금이나 물가수준 등(경제적 요인)을 고려하고, 정부의 인건비 지불능력(재정적 요인) 및 기타 요인들을 감안하여 그 수준이 결정된다. 여기서 일반 표준생계비는 보수수준의 하한선이 되며, 정부의 인건비 지불능력이 그 상한선이 된다. 따라서 정부의 인건비 지불능력(상한선)과 일반 표준생계비(하한선) 사이가 보수수준의 허용범위가 되며, 이 범위 내에서 다른 요인을 고려하여 실제 보수수준이 결정된다([그림 18-1] 참고).

그림 18-1 보수수준의 허용범위

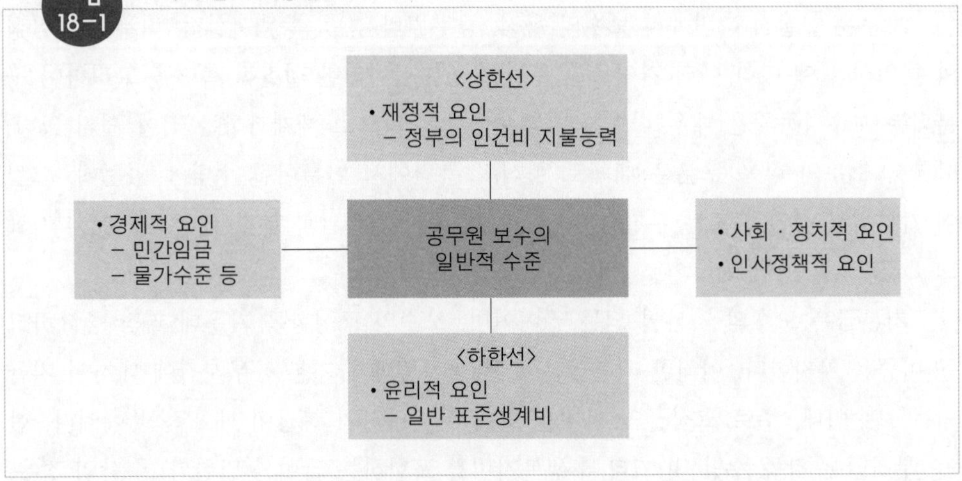

제3절 보수체계의 관리

1. 보수체계의 이해

1) 보수체계의 의의

보수체계란 보수의 구조, 즉 보수의 구성내용과 결정기준을 의미한다. 보수의 구성내용은 보수를 구성하는 항목이나 요소를 말하며, 보수를 크게 기본급과 부가급으로 구성하는 것이 그 예이다. 한편 보수의 결정기준은 보수(주로 기본급)를 결정하는기준을 말하며, 예컨대 생계비, 능력이나 자격, 경력, 직무, 성과 등이 그것이다.

보수의 구성내용과 결정기준에 의해 공무원의 개별적인 보수수준이 실제로 형성되기 때문에 어느 면에서 보면 보수체계 관리가 보수수준 관리보다 더 중요한 것일 수 있다. 보수수준이 높게 유지되는 경우라도 보수체계가 불합리하다면, 그 보수는 공무원 개인 및 조직 차원에서 주어진 기능을 제대로 수행할 수 없게 된다. 따라서 공무원 개인 및 조직 차원에서 대내적 형평성이 충분히 확보될 수 있도록 보수체계를 수립·관리하여야 한다.

2) 보수체계의 구성

보수는 실질적 측면에서 보수의 목적, 공무원의 경력·능력·실적, 직무의 곤란성과 책임성 등에 따라 여러 가지로 구분될 수 있다. 이러한 실질적 측면을 고려하여 구분되는 보수항목들은 매우 다양하기 때문에 일률적으로 체계화하는 것이 쉽지 않다. 따라서 보수의 항목 구분은 대체로 형식적 측면에서 이루어질 수밖에 없는데, 그것이 기본적인 것인가 또는 부가적인 것인가에 따라 기본급과 부가급으로 구분한다(〈표 18-1〉 참고).

기본급은 보수의 기본이 되는 급여이며, 보수의 구성항목 가운데 가장 중요하고 큰 비중을 차지한다. 이러한 기본급은 모든 공무원에게 기본 근무시간에 대하여 지급되는 보수인데, 주로 고정급의 형태를 띠며 우리나라의 봉급이 대표적인 예이다. 한편, 부가급은 각종 수당 및 기타 후생복지비를 포함하는 급여를 말한다. 수당의 경우,

표 18-1 **보수의 구성항목**

<table>
<tr><td>기본급</td><td>• 봉급</td><td colspan="2">• 보수표: 봉급표, 연봉표 등</td><td rowspan="2">• 연봉</td></tr>
<tr><td rowspan="3">부가급</td><td rowspan="2">• 수당</td><td>• 정상근무수당</td><td>• 정근수당 등</td></tr>
<tr><td>• 정상외 근무수당</td><td>• 시간외 근무수당 등</td><td rowspan="2">• 연봉외 급여</td></tr>
<tr><td colspan="2">• 후생복지비(실비변상 등)</td><td>• 정액급식비 등</td></tr>
</table>

정상적 근무와 관련한 부분은 정상근무수당이라 하며, 정상근무 외의 특별한 근무와 관련한 부분은 정상외 근무수당이라 한다.

2. 기본급

1) 기본급의 의미

기본급이란 보수의 기본이 되는 급여이며, 모든 공무원에게 기본 근무시간에 대하여 지급되는 고정급(固定給)을 말한다. 이는 보수총액의 많은 부분을 차지하며, 대체로 각종 부가급이나 연금 등을 산정하는데 기준이 된다.

2) 기본급의 유형

기본급은 그 결정기준을 어디에 두느냐에 따라 다양한 형태를 띤다. 기본급을 결정하는 기준에는 생계비, 연령, 연공, 근속기간, 직무, 능력이나 자격, 업적이나 실적 등이 있을 수 있다. 이와 같은 기준에 따라 기본급은 생활급, 연령급, 연공급, 근속급, 직무급, 직능급(능력급), 자격급, 업적급(실적급) 등으로 불린다(〈표 18-2〉 참고). 이들 가운데 생활급, 연령급, 연공급, 근속급은 '사람'을 중심으로 하는 속인적(屬人的) 기본급이며, 직무급과 업적급(실적급)은 '일'을 중심으로 하는 속직적(屬職的) 기본급에 해당하며, 직능급(능력급)과 자격급은 '사람'과 '일'을 절충한 형태의 기본급이라 할 수 있다.

(1) 생활급

생활급(生活給)은 공무원과 그 가족의 생활을 보장하려는 목적을 지닌 속인적 급여이며, 경우에 따라서 연령급(年齡給)과 연공급(年功給)을 포함하기도 한다. 생활급은

표 18-2 **기본급의 유형**

<table>
<tr><th colspan="3">구분</th><th colspan="2">기준 및 원칙</th></tr>
<tr><td rowspan="3">속인급
(사람 중심)</td><td colspan="2">생활급</td><td>• 생계비</td><td rowspan="2">• 생활보장의 원칙</td></tr>
<tr><td rowspan="2">연공급</td><td>연령급</td><td>• 연령</td></tr>
<tr><td>근속급</td><td>• 근속기간의 가치</td><td rowspan="5">• 노동대가의 원칙</td></tr>
<tr><td rowspan="2">속인 · 속직급
(사람+일)</td><td colspan="2">직능급(능력급)</td><td>• 수행능력의 가치</td></tr>
<tr><td colspan="2">자격급</td><td>• 수행자격의 가치</td></tr>
<tr><td rowspan="2">속직급
(일 중심)</td><td colspan="2">직무급</td><td>• 수행직무의 가치</td></tr>
<tr><td colspan="2">실적급(업적급)</td><td>• 수행결과의 가치</td></tr>
</table>

생계비를 기본급의 결정기준으로 하는 보수이며, 그 결정기준은 연령, 가족상황, 자녀교육비 등과 같은 개인적 특성을 중심으로 한다. 또한 공무원이 근무하는 지역의 특성도 추가적인 결정기준으로 고려될 수 있는데, 외교관이 외국에 부임할 때 그 나라의 생계비 또는 물가상승률에 연동하여 보수를 조정하는 것이 그 예이다.

생활급은 주로 계급제를 채택하고 있는 국가나 후진국에서 보수체계의 기초로 활용되고 있다. 보수가 공무원 개인에게는 생활을 영위하는 수단이 된다는 점에서 생활급은 보수에 대한 불만을 예방하기 위해서 반드시 충족되어야 할 부분이다. 그러나 생활급은 직무의 특성이나 개인의 능력 · 실적 등과는 무관하기 때문에 조직의 생산성 향상에는 크게 기여하지 못한다. 따라서 생계지출 관련요소인 연령이나 자녀수는 생계유지에 필요한 최소수준까지만 기본급에 반영하고, 나머지는 노동의 대가를 보상할 수 있도록 기본급체계를 설계하는 것이 합리적이다.

(2) 연공급

연공급(年功給)은 연령, 근속기간, 학력, 경력, 자격 등과 같은 개인적인 연공(seniority)을 기준으로 기본급을 결정하는 보수체계이다. 이러한 연공급에는 연령을 기준으로 하는 연령급(年齡給), 근무기간을 기준으로 하는 근속급(勤續給), 경우에 따라서 자격급(資格給) 등이 포함되기도 한다.

연공급은 공무원의 나이가 늘어남에 따라 생활비가 증가하고 근속기간 · 학력 · 경력 등에 따라 직무수행능력이나 숙련도 및 업적이 향상된다는 논리에 의한 것이다. 여기서 유의할 점은 연공급이 모든 보수가 연공에 의해서만 결정되는 것이 아니라, 단지 기본급의 일부 혹은 전부를 결정하거나 인상할 때 이러한 인적 요소를 고려하는 보수 체계라는 것이다.

장점 연공급은 우리나라를 비롯한 계급제 중심의 국가에서 보수체계의 중심이 되고 있다. 이는 직업공무원제하에서 공무원의 근무의욕을 증대시켜 장기근속을 장려함으로써 공직의 안정성과 계속성을 보장할 수 있다는 장점 때문이다. 특히 연령이나 근속기간의 증가에 따른 생계비증액을 보전해주기 때문에 조직에 대한 귀속의식과 충성심이 높아지고, 연공서열 존중의 동양적 풍토에서 조직 내 계층적 질서 확립과 사기 유지에 도움이 된다. 인사행정적 측면에서도 보수체계의 수립이 용이하며, 폐쇄적 노동시장에서 일정한 노동력을 확보하는데 유용한 제도로 간주된다.

단점 연공급은 공무원의 능력이나 실적 등을 반영하지 못하기 때문에 능력·실적과 보수 간의 불공정성을 야기하여 능력개발이나 생산성 향상에 도움이 되지 않는다는 견해가 일반적이다. 즉, 연공급하에서는 '동일 직무에 대한 동일 보수'가 곤란하며, 유능한 전문인력의 확보에 어려움이 있고, 서열중심적 조직문화를 초래하여 젊은층의 사기를 저하시키며, 실적 향상 동기를 자극하지 못하고 소극적·종속적인 근무태도를 유발하여 변화에 대한 탄력적 대응력을 약화시킬 수 있다. 또한 장기근속자의 비중이 높아져 인건비 부담이 가중되는 현상이 나타나게 된다.

(3) 직무급

직무급(職務給)은 직무의 상대적 가치를 기준으로 기본급을 결정하는 보수체계이다. 즉, 공무원이 담당하는 직무의 양과 질에 대한 상대적 가치를 평가하고, 그 결과에 의거하여 기본급을 결정하는 보수체계이다.

장점 직무급은 주로 직위분류제를 채택하고 있는 미국 등에서 보수체계의 근간이 되고 있다. 순수한 형태의 직무급은 인적 요소를 배제하고 직무의 객관적 가치만을 보수에 반영하기 때문에 다른 유형의 보수체계에 비해 합리적이고 과학적이라 할 수 있다. 특히 '동일 직무에 대한 동일 보수'의 원칙에 충실하여 보수의 공정성을 높일 수 있기 때문에 개인별 보수의 차등에 대한 불만을 해소할 수 있다. 또한 직무에 상응하는 급여의 지급으로 인건비의 효율성이 증대되고, 직무 중심의 공직풍토를 조성하여 젊고 유능한 인재를 확보하는데 유리한 장점이 있다.

단점 직무급은 사전에 분류된 직무의 등급에 따른 보수이므로 그 직무의 수행을 통해 실현된 결과, 즉 실적이나 성과를 고려하지 않는다. 또한 직무급체계를 수립하기 위한 직무분석 및 직무평가 등의 절차가 복잡하고 그 운영이 쉽지 않다는 단점이 있다. 더욱이 '사람'보다 '일'만을 고려하기 때문에 인사관리에 융통성이 부족하게 되며, 학력과 연공 중심의 풍토에서의 저항감이 강하여 노동조합의 반대가 유발될 가능성이 크다. 특히 일정수준 이상의 생활급 보장 없이 직무급의 비중을 높이는 경우, 장기근속자의 보수 저하를 초래하고 노후생활의 불안감을 증대시킬 수 있다.

(4) 직능급

직능급(職能給)은 직무수행능력(직능)을 기준으로 기본급을 결정하는 보수체계이다. 이는 직무수행능력의 가치에 상응하는 보수체계를 설정하는 것이므로 넓은 의미에서 능력급(能力給)의 한 종류라고 할 수 있다. 직능급의 기준이 되는 직무수행능력은 주로 근무성적평정에 의해 판단되지만, 직무수행능력별로 자격기준을 정해 놓고 그 자격기준의 충족정도에 따라 기본급의 차이를 두기도 하기 때문에 자격급(資格給)을 포함하는 의미로 사용되기도 한다. 역사적으로 보면, 직능급은 일본에서 동양의 연공서열적 · 속인적(屬人的) 보수체계(연공급)의 단점을 보완하기 위하여 서구의 합리적 · 속직적(屬職的) 보수체계(직무급)의 장점을 도입하여 양자를 절충시킨 제도이다.

장점 직능급은 보수를 직무수행능력과 연관시키기 때문에 개인들의 능력발전에 대한 동기를 자극하고, 공무원의 현재 능력과 직무수행에 필요한 능력 간의 차이, 즉 교육훈련수요를 정확히 파악하는데 도움이 된다. 또한 직능급이 사람 중심의 능력주의를 강조하기 때문에 급변하는 기술환경에 대응하여 인사관리의 유연성을 발휘하여 적재적소의 인력배치를 가능하게 한다. 특히 연공주의 문화에서 직무급의 도입이 곤란한 경우에 연공급과 직무급을 혼합한 형태인 직능급이 구성원의 입장에서 적합한 보수체계로 받아들여질 수 있다. 직능급의 기준이 되는 직무수행능력이 객관적으로 평가만 될 수 있다면 보수의 공정성 실현과 우수인재의 확보는 물론 장래의 보수액을 예상할 수 있게 함으로써 근무의욕의 향상도 가능하다.

단점 직능급을 잘못 실시하게 되면 직무급과 연공급의 장점을 모두 상실하고 이들의 단점만이 대두되어 무원칙적이며 형식지향적인 보수결정이 이루어질 수 있다.

즉, 직무수행능력에 대한 분류와 평가가 제대로 이루어지지 않으면 연공급으로 변질될 수 있으며, 형식적인 자격기준이나 근무성적 평정결과에 치우쳐 실제 직무수행에 필요한 능력이 소홀히 다루어질 수 있다. 또한 공무원의 지나친 경쟁의식에 기인한 불화와 갈등을 유발할 가능성이 있으며, 현재의 직무와 관계없이 단순히 직무수행능력에 따라 보수를 지급하는 경우 인건비 부담을 증가시키는 요인이 되기도 한다.

(5) 실적급

실적급(實績給)은 근무실적을 기준으로 기본급을 결정하는 보수체계이며, 업적급(業績給)이라고도 한다. 이처럼 실적급이 개인의 직무수행으로 나타난 결과를 기준으로 삼는다는 점에서는 성과급(成果給)과 동일한 개념으로 사용되기도 하지만, 엄밀한 의미에서 양자는 차이가 있다.[3)]

장점 실적급은 실적에 따라 보수가 차등 지급되기 때문에 실적이 우수한 공무원의 사기를 높이고 동기유발이 가능하여 조직 전체의 생산성 향상에 도움을 준다. 또한 실적과 보수를 연계시킴으로써 연공주의에 따른 무사안일이나 복지부동을 극복하고, 외부의 우수인력 영입을 용이하게 한다.

단점 실적급의 산정기준이 되는 '실적'에 대한 측정이 쉽지 않은 문제점이 있다. 특히 정부부문에서 직무수행의 결과를 계량적으로 평가하는 것은 거의 불가능한 경우가 많으며, 근무성적을 기준으로 삼더라도 평정의 객관성과 신뢰성에 불만이 있을 수 있다. 또한 실적급이 적용되어 기본급 인상이 일단 이루어지면, 다음 해의 실적이나 근무성적이 떨어지더라도 그 이전 상태로 환원되지 않고 그대로 유지될 수 있다. 이 경우 보수수준이 실제 능력이나 직무의 가치 이상으로 상향 조정되어 인건비 부담이 가중되는 결과가 초래된다.

---

3) 실적급과 성과급의 차이를 구체적으로 살펴보면 다음과 같다(유민봉 · 박성민, 2014: 667). 첫째, 실적급은 '개인 차원'의 '근무성적'을 '기본급'에 반영하는 보수체계이지만, 성과급은 '개인뿐만 아니라 집단 차원'의 '직무성과'를 '기본급뿐만 아니라 수당 · 상여금' 형식으로 반영 · 지급될 수 있다. 둘째, 실적급은 1년 단위로 조정되고 그 조정액이 기본급에 반영되어 지속적으로 보수에 영향을 주지만, 성과급은 1년 내지 그보다 짧은 주기로 해당 기간에만 효력을 지닌다. 셋째, 실적급은 조직구성원의 전체에 걸쳐 광범위한 보수조정을 꾀하는 효과가 있으나, 성과급은 일정 수준의 성과를 보인 소수의 개인이나 집단에게 한정적으로 혜택을 부여하는 것이 일반적이다.

(6) 비교 및 종합

앞에서 보았듯이 기본급의 결정기준 혹은 형태는 매우 다양하다. 각 결정기준 혹은 그에 따른 기본급의 유형은 나름대로 장점과 단점을 지니고 있는데, 이들을 간략히 정리하면 〈표 18-3〉과 같다.

기본급의 결정기준 혹은 유형의 장단점은 어디까지나 상대적이고 대조적인 것이

표 18-3 기본급의 유형별 장점과 단점

구분	장점	단점
생활급	• 생활 보장 및 안정감 부여	• 무사안일주의 근무태도 초래
	• 폐쇄적 노동시장에서 인력확보 용이	• 유능한 전문인력 확보에 불리
	• 귀속감과 충성심 강화	• 능력개발이나 생산성 향상에 기여 미흡
	• 실시 용이 및 수용성 제고	• 보수의 공정성 확보 곤란
연공급	• 생활 보장 및 안정감 부여	• 초임자 불리
	• 연장자 우대	• 무사안일주의 근무태도 초래
	• 폐쇄적 노동시장에서 인력확보 용이	• 유능한 전문인력 확보에 불리
	• 인사관리의 융통성	• 보수의 공정성 확보 곤란
	• 귀속감과 충성심 강화	• 능력개발이나 생산성 향상에 기여 미흡
	• 조직 내 질서 확립과 사기 앙양	• 젊은층의 사기 저하
	• 실시 용이 및 수용성 제고	• 인건비 부담 가중
직무급	• 젊고 유능한 인재 확보 용이	• 장기근속자에게 불리
	• 보수에 대한 불만 해소	• 노후 생활의 불안감 증대
	• 보수의 공정성 달성	• 복잡한 절차와 운영상 어려움
	• 인건비의 효율성 증대	• 실적이나 성과의 미(未)고려
	• '일' 중심의 풍토 조성	• 연공 중심의 풍토에서의 저항감
직능급	• 젊고 유능한 인재 확보 용이	• 경쟁의식 과다로 조직분위기 손상
	• 자기개발과 동기부여 수단	• 직무보다 형식적 능력 · 자격에 집착
	• 보수의 공정성 실현	• 직능의 공정한 평가에 어려움
	• 인사관리의 융통성 제고	• 인건비 부담의 증가
	• 교육훈련의 수요 파악	• 직무성격상 부적절한 직종 존재 (예: 의사, 간호사, 운전기사 등)
실적급	• 우수인력의 확보 용이	• 경쟁의식 과다로 조직분위기 손상
	• 실적 향상에의 동기부여	• 직무수행과정보다 계량적 산출에 집착
	• 보수의 공정성 실현	• 실적의 공정한 평가에 어려움
	• 조직의 생산성 향상	• 인건비 부담의 증가

기 때문에 어느 하나의 결정기준에 의한 기본급의 유형만이 타당하다고 말할 수 없다. 따라서 실제 기본급의 체계를 수립하는 과정에서는 어느 하나의 결정기준을 근간으로 하면서 다른 결정기준들을 부분적으로 혼합하는 것이 일반적이다.

3) 기본급의 체계

기본급체계의 수립은 먼저 기본급으로 지급하는 보수의 범위, 즉 기본급의 최소 금액부터 최대 금액까지의 수준을 정하는 것에서 시작된다. 이러한 보수의 범위는 앞에서 보았듯이 생계비, 민간부문의 임금, 정부의 지불능력 등 다양한 요인들을 고려하여 결정하게 되며, 주로 직종에 따라 달리 정해진다.

각 직종별 기본급의 범위가 정해지면, 그 범위 내에서 어떤 기준을 적용하여 보수를 체계화할 것인지를 검토하게 된다. 기본급의 결정기준이 되는 모든 요소(예: 생계비, 연공, 직무, 직능, 실적)를 동시에 적용할 수 없기 때문에 가장 근간이 되는 요소를 중심으로 기본적인 체계를 마련하고, 그 기본적인 체계하에서 다른 요소들을 추가로 고려하게 된다. 예컨대 계급(직급)이나 직무의 가치에 따라 보수수준을 몇 개의 단계(보수등급)로 구분하여 단계별로 보수액을 차등적으로 배열한 후, 하나의 보수등급 내에서도 다른 요인에 따른 차등을 주기 위하여 각 보수등급을 다시 몇 개의 세부단계(호봉)로 구분하여 세부단계별로 보수액을 차등적으로 배열한다.

(1) 보수곡선

기본급의 체계를 수립하는 것은 기본급의 보수범위, 단계(보수등급) 구분, 각 보수등급별 보수액, 보수등급 내의 세부단계(호봉) 구분, 각 호봉별 보수액 등을 설정하는 것이라 할 수 있다. 이러한 기본급의 전반적인 체계는 하나의 연속선으로 제시될 수 있는데, 이를 보수곡선이라 한다.

보수곡선은 대체로 직선형, 오목형, 볼록형, S자형 등의 형태를 띨 수 있다.[4)] 가장 일반적인 보수곡선은 [그림 18-2]와 같이 오목형의 J자형인데, 이는 하위 보수등급

4) 직선형은 보수등급이 높아짐에 따라 보수액이 비례적으로 상승하는 형태이다. 오목형은 보수등급이 높아질수록 보수액이 급격히 상승하는 형태이며, 반대로 볼록형은 보수등급이 높아질수록 보수액이 증가하지만, 일정한 수준 이후에는 그 증가폭이 점차 약해지는 형태이다. 그리고 S자형은 오목형과 볼록형을 혼합한 포물선형인데, 중간계층의 보수등급까지는 오목형을 유지하다가 그 후는 볼록형의 형태를 유지하는 것을 말한다.

그림 18-2 보수곡선

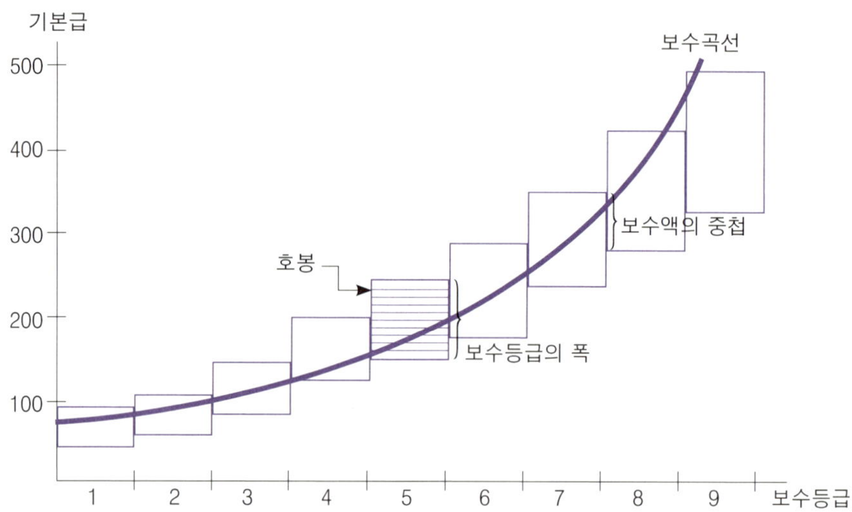

에서는 완만히 증가하다가 상위 보수등급으로 갈수록 급격히 증가하는 형태이다. J자형의 보수곡선을 일반적으로 채택하는 이유는 고위직일수록 조직에의 기여도나 직무의 곤란성과 책임도가 높으므로 이를 보수에 반영할 수 있고, 하위직의 자기개발과 승진을 유도함으로써 유능한 고위직을 양성할 수 있어 직업공무원제의 취지에 적합하기 때문이다. 우리나라 공무원 보수곡선도 J자형을 띠지만, 민간기업의 임금곡선이나 선진국 공무원 보수곡선에 비해 상대적으로 완만한 형태를 지닌다고 할 수 있다.

(2) 보수등급

보수등급이란 보수의 최저치와 최고치 간의 범위를 몇 개로 구분한 단계를 말한다. 구분된 단계별로 보수액이 차등적으로 배열되며, 이러한 보수등급 구분은 주로 직급(계급) 혹은 직무의 가치를 기준으로 이루어진다. 따라서 동일한 직종에 속하는 공무원이라도 자신의 보수등급에 따라 기본급이 달라지기 때문에 보수등급은 공무원 간 보수액의 차이를 결정해주는 중요한 요소가 된다.[5]

5) 보수등급을 구분하지 않고(하나의 보수등급만을 설정하여) 호봉별로만 보수액의 차등을 두는 경우가 있다. 우리나라 교원이나 법관·검사의 '단일호봉제(單一號俸制)'가 그 예인데, 여기서 단일호봉제는 '단일의 보수등급을 가진 호봉제'를 의미한다. 단일호봉제는 보수등급 구분의 기준이 되는 직급

보수등급의 수 일반적으로 계급제하에서는 계급을 보수등급으로 삼기 때문에 보수등급의 수가 적고, 직위분류제하에서는 직무의 가치에 따라 보수액의 단계를 구분하기 때문에 보수등급이 상대적으로 많은 편이다.

보수등급의 수가 많으면 보수액의 차이를 세밀히 하여 직급(계급)이나 직무의 차등성을 충분히 반영할 수 있지만, 보수등급 간의 차액이 극히 미미하여 보수등급 상승의 의미가 상실될 수 있고 보수의 차등에 대한 불만이 야기될 수 있다. 반면에 보수등급의 수가 적으면 보수등급 간의 차액에 따른 불만을 줄일 수 있지만, 하나의 보수등급에 오래 머물게 되어 보수등급의 상승에 대한 동기부여가 낮고, 직급(계급·직무등급)이나 직무의 차등성을 충분히 반영하지 못하는 문제점이 있다. 따라서 보수등급의 수는 직급(계급)이나 직무의 차등성과 보수등급 상승의 의미를 충분히 고려하여 적절하게 결정되어야 한다.

보수등급의 폭 각 보수등급에 해당하는 기본급은 단일액 혹은 일정한 범위에 걸친 보수액을 가질 수 있다. 각 보수등급마다 하나의 보수액을 갖는 단일보수액제도가 존재할 수 있지만, 각 보수등급 내에서 일정한 범위에 걸쳐 보수액의 격차를 두는 것이 일반적이다. 이처럼 각 보수등급 내에서 보수액의 격차를 둘 때, 그 범위(최저액과 최고액 간의 차이)를 보수등급의 폭이라 한다.

보수등급의 폭은 전체 보수등급에 걸쳐 동일하게 할 수 있지만, 대체로 직급(계급)이나 직무의 가치에 따라 각 보수등급의 폭을 달리한다. 보수곡선의 일반적인 형태인 J자형에서는 보통 높은 보수등급으로 올라갈수록 보수등급의 폭이 넓게 설정된다. 왜냐하면 하위직에 해당하는 직무는 주로 일상적이고 반복적인 반면에, 중간 이상 고위직으로 올라갈수록 직무의 곤란성과 책임도가 크기 때문이다. 또한 보수등급의 폭은 보수등급의 수와 반비례하여 나타날 수 있는데, 예컨대 보수등급의 수를 세분하여 많게 하면 보수등급의 폭은 그만큼 좁아지게 된다.

(3) 호봉 및 승급

호봉 보수등급의 폭(각 보수등급 내에서 최저액과 최고액 간의 차이)는 몇 개의 세부단계로 구분될 수 있는데, 이렇게 나눈 하나하나가 호봉(號俸)이다. 하나의 보수등급

(계급)이나 직무의 차등성에 큰 의미를 부여하지 않기 때문에 보수등급을 구분하지 아니한다. 이와 달리 '단일호봉'은 말 그대로 '하나의 호봉'을 의미하기도 하는데, 예컨대 「군인보수법」 제8조 [별표 2]의 호봉승급기준에서 중장·대상·원수의 경우는 '단일호봉으로 함'이라 명시하고 있다.

에 속한 공무원들 간에도 근속기간, 경력, 자격이나 능력, 실적 등에서 차이가 있을 수 있으며, 이러한 차이를 보수에 반영하기 위하여 각 보수등급의 폭을 다시 호봉으로 나누는 것이다. 보수등급이 직급(계급)이나 직무의 가치를 반영한 구분 단계라면, 호봉은 보수등급의 구분에서 반영하지 못한 근속기간, 경력, 자격이나 능력, 근무성적이나 실적 등의 요소를 반영하기 위한 것이다. 이러한 점에서 호봉은 주로 개인적인 경험이나 실적에 대한 보상이라 할 수 있으며, 이를 통해 근무의욕을 자극하고 장기근속을 유도하는 효과가 있을 수 있다.

호봉의 수를 결정하는데 있어서는 보수등급의 수와 폭, 능력발전, 승진소요기간, 동기부여, 직업공무원제, 정년제도 등 여러 요인들이 종합적으로 고려될 수 있다. 예컨대 보수등급의 수가 많을수록 호봉의 수는 적어지며, 능력발전이 장기간에 걸쳐 이루어지면 호봉의 수는 많아지고, 평균 승진소요기간이 길면 호봉의 수가 많아지는 경향이 있다(김재기 외, 2013: 376).

한편 호봉 간의 금액 차이를 결정하는데 있어서는 조직성격, 보수정책, 공무원과 직무의 특성 등이 종합적으로 고려될 수 있다. 호봉 간의 격차는 승급기준선(昇給基準線)으로 설명될 수 있는데, 승급기준선이란 호봉의 상승(승급)에 따른 보수액의 증가를 연속적으로 표시한 선을 말한다. 승급기준선은 보수곡선과 마찬가지로 직선형, 오목형, 볼록형, S자형 등의 형태를 띨 수 있다.

승급 승급(昇給)이란 하나의 보수등급 내에서 호봉이 상승하는 것을 의미한다. 승급은 직급(계급)이나 직책의 변경 없이 단순히 보수만 상승하는 것이며, 따라서 직급(계급)이 올라가는 승진과는 전혀 다른 개념이다.

호봉이 보수등급 구분에서 충실히 반영되지 못한 근속기간, 경력, 능력, 근무성적, 실적 등을 고려하기 위한 것이라는 점에서 보면, 승급은 공무원의 근무기간이나 경력이 증가할수록 능력이나 실적의 향상이 이루어짐을 인정하고 이를 보상하기 위한 취지를 지닌다. 이러한 승급은 연령이나 근속기간의 증가에 따른 생계비 증액을 보전하여 생활안정에 도움을 주며, 공무원의 근무의욕을 자극하여 근무실적의 향상을 도모하고 장기근속을 유인하여 직업공무원제의 확립에 기여한다.

승급은 승진의 경우와 마찬가지로 연공과 능력을 일반적인 기준으로 삼는다. 연공에는 근속기간, 학력, 경력, 연령 등이 포함되지만, 승급기준으로서 연공은 일반적으로 근속기간을 의미한다. 또한 능력·자격이나 실적이 승급기준으로 사용되기도 하는데, 그 대표적인 것이 근무성적이다. 이와 같은 연공주의나 능력주의는 각기 특징과 장단점이 있는데, 이에 대해서는 제4편 제9장 제2절 승진에서의 연공기준과 능력기준에 관한 설명을 참고하기 바란다.

승급의 기준으로서 연공과 실적 중 어느 것을 활용하는 것이 더 유용한가는 승급제도의 목적에 따라 달라질 수밖에 없다. 예컨대 승급의 취지가 공무원의 생활보장과 조직의 안정성 확보에 있다면 근속기간이 우선되고, 공무원의 능력과 조직의 생산성 향상에 있다면 근무성적이 중시될 수 있다. 하지만 승급제도의 목적이 어느 한편에 치우칠 수 없다는 점에서 두 기준을 적절히 절충하여 조화를 이루도록 하는 것이 바람직하다.

(4) 보수등급 간 보수액의 중첩

각 보수등급마다 하나의 보수액을 갖는 단일보수액제도의 경우에는 보수등급 간에 보수액의 중첩이 존재하지 않는다.[6] 하지만 대부분의 보수체계는 각 보수등급마다 일정한 범위(보수등급의 폭)에 걸친 보수액을 갖기 때문에, 어떤 보수등급의 보수액은 바로 위 혹은 아래 보수등급의 보수액과 일부가 중첩되는 현상이 나타난다. 그 중첩의 정도는 직위분류제와 계급제 간에 차이가 있는데, 직위분류제에서는 보수등급의 수가 대체로 많기 때문에 보수액의 중첩이 약하지만, 계급제에서는 보수등급의 수가 상대적으로 적기 때문에 보수액의 중첩이 심한 편이다.

보수등급 간에 보수액의 중첩을 두는 이유는 동일 보수등급에 장기간 머물러 있는 공무원을 보수에서 배려하기 위한 것이다. 즉, 하나의 보수등급 내에서 쌓아 온 경력에 대한 가치를 인정하고, 상위 보수등급으로 상승(예: 승진)하지 못한 장기근속자를 호봉의 상승(승급)을 통해 보수에서 혜택을 주려는 것이다. 이와 같은 보수등급 간의 보수액 중첩을 통해 승진에 대한 과다 집착과 경쟁을 방지하고, 승진이 갖는 예산상 부담을 완화시키며, 보수등급의 수를 적정하게 축소할 수 있게 된다.

하지만 보수등급 간에 보수액의 중첩을 두면, 일시적으로나마 상급자보다 높은

6) 보수액의 중첩이 없으면 보수등급 간의 구별이 매우 뚜렷해지기 때문에 보수등급 구분의 기준이 되는 직급(계급)이나 직무의 가치를 잘 반영할 수 있다. 하지만 보수액의 중첩이 없으면 각 보수등급의 보수액이 그 아래 보수등급의 보수액보다 항상 높은 보수를 받기 때문에 보수등급의 상승(예: 승진)에 대한 경쟁과 집착이 그만큼 강할 수 있다. 또한 하나의 보수등급 내에서 세부 단계인 호봉의 구분이 없기 때문에 직급(계급)이나 직무의 가치 외의 다른 요소들을 보수에 반영하는데 한계가 있다.

보수를 받은 하급자가 있을 수 있기 때문에 조직관리상 문제가 발생할 수 있다. 또한 중첩이 지나치면 보수등급 구분의 의미가 감소되어 보수등급 상승의 동기부여 효과가 낮아질 수 있다. 그리고 보수액의 중첩으로 인해 보수등급의 수가 줄어들면, 보수등급의 상승기회가 적어지며 당연히 구별해야 할 직무의 가치가 동일한 보수등급에 속하게 되는 문제점이 있다.

(5) 보수표

보수표란 기본급의 체계를 하나의 표로 만들어 놓은 것이다. 즉, 기본급의 보수등급, 각 보수등급 내의 호봉, 각 호봉별 보수액 등을 체계화하여 구체적인 금액으로 수표화(數表化)한 것이 보수표이다. 보수표는 보통 한 축에 보수등급을, 다른 한 축에 호봉을 표시하여 각각의 보수등급과 호봉에 해당하는 보수액을 배열 · 제시하고 있다(〈표 18-4〉 참고).

표 18-4 일반직공무원과 일반직에 준하는 특정직 및 별정직 공무원 등의 봉급표(월지급액, 단위: 원)

계급 · 직무등급 / 호봉	1급	2급	3급	4급 · 6등급	5급 · 5등급	6급 · 4등급	7급 · 3등급	8급 · 2등급	9급 · 1등급
1	3,361,700	3,026,400	2,730,300	2,340,100	2,091,300	1,725,200	1,548,100	1,380,400	1,227,600
2	3,479,500	3,138,700	2,831,400	2,435,700	2,175,800	1,805,400	1,618,800	1,447,400	1,290,500
3	3,600,400	3,252,300	2,935,400	2,532,800	2,263,400	1,888,200	1,693,500	1,518,100	1,357,200
⋮									
23	5,776,800	5,229,600	4,742,000	4,191,600	3,816,300	3,300,500	2,996,000	2,700,900	2,468,700
24		5,271,800	4,788,700	4,236,100	3,859,200	3,341,800	3,035,700	2,738,500	2,504,500
25		5,312,200	4,827,300	4,277,000	3,899,800	3,381,100	3,073,200	2,774,100	2,538,600
26			4,863,800	4,311,600	3,938,100	3,418,100	3,109,200	2,808,800	2,569,400
27			4,898,000	4,343,600	3,969,900	3,453,300	3,139,700	2,837,600	2,596,000
28				4,374,100	4,000,400	3,482,800	3,168,100	2,865,500	2,621,600
29					4,028,400	3,510,400	3,195,700	2,891,700	2,646,300
30					4,055,600	3,537,700	3,221,700	2,917,200	2,670,200
31						3,562,900	3,246,500	2,941,900	2,693,800
32						3,586,800			

자료: 「공무원보수규정」 제5조 [별표 3]〈개정 2014.1.8〉

보수표를 작성하는 이유는 보수수준과 보수체계의 표준화를 통해 보수행정의 효율성을 높이기 위한 것이다. 즉, 보수표가 기본급의 전체 규모와 격차 등을 체계적으로 보여주기 때문에, 모든 공무원의 보수에 대한 결정이나 변경 등을 간편하고 통일적으로 행하고 인건비 예산의 편성을 용이하게 한다. 또한 보수표를 통하여 공무원 간에 보수의 균형 또는 격차가 적정한지를 판단하고, 대외적 형평성 측면에서 민간부문의 임금과의 비교가 가능하다. 공무원 개인의 입장에서도 현재와 장래의 보수를 명확히 파악하는데 유용하기 때문에 보수에 대한 혼란과 심리적 불안감을 방지하는데 도움이 된다.

보수표는 정부조직 전체에 걸쳐 하나만이 존재하는 것이 아니라 대체로 직무의 성격을 반영하여 직종별로 만들어진다. 과거에는 직종보다 계급에 기초하여 보수표가 주로 작성되었으나, 사회구조의 변화로 직종의 분화가 더욱 촉진됨에 따라 직종별 보수표의 수도 점차 늘어나는 경향이 있다.

3. 부가급

1) 부가급의 의의

부가급(附加給)은 기본급을 보충하는 형식으로 지급되는 보수이다. 개인에 따라 담당직무의 내용, 근무여건, 생활환경 등이 다를 수 있는데, 기본급으로는 이러한 개인적 특수성을 충분히 반영하는데 한계가 있을 수 있다. 이처럼 기본급으로 해결할 수 없는 점들을 보완·조정하는 수단으로서 부가급이 활용된다. 하지만 경우에 따라서는 전체 보수수준을 조정하기 위한 목적에서 모든 공무원에게 일률적으로 지급되는 부가급도 있다.

2) 부가급의 종류

부가급은 넓은 의미에서 각종 수당 및 기타 후생복지비 등을 포함하지만, 좁게는 수당만을 의미하기도 한다. 수당은 그 명칭, 지급목적 및 내용 등이 다양하지만, 지급목적에 따라 직무관련 수당, 생활보조 수당, 업무능률 수당, 후생복지 수당 등으로 분류될 수 있다.

직무관련 수당 직무와 관련된 수당은 개인이 담당하는 직무의 특성에 따라 지급되며, 이는 직무의 특수성에 비하여 기본급만으로 조정이 불충분한 경우에 주로 활용된다. 예컨대 직무의 성격이나 직무상 요구되는 자격요건이 특수한 경우(예: 직책수당, 직무수당), 근무시간·근무형태 등이 특수한 경우(예: 외근수당, 교대근무수당), 근무환경이 위험하여 건강에 해롭거나 안정이 위협받는 경우(예: 위험근무수당, 특수작업수당)에 지급된다.

생활보조 수당 생활보조 수당은 공무원 및 그 가족의 생활비를 보조해주기 위해 지급된다. 이러한 수당으로는 가족수당, 자녀학비보조수당, 주택수당, 통근수당, 지역수당, 물가수당, 육아휴직수당 등이 있다.

업무능률 수당 업무능률 수당은 직무능률의 향상을 위해 지급되며, 예컨대 정근수당, 개근수당, 모범근속수당, 상여수당 등이 여기에 해당한다. 특히 상여수당은 탁월한 직무수행에 대한 공로보상으로서 근무능률을 자극·촉진시키기 위한 목적을 지니고 있으나, 그것이 정례화되어 예산에 정기적으로 계상하게 되고 공무원도 기대보수의 일부로 간주함으로써 생활보조적 성격으로 변화되고 있다.

후생복지 수당 후생복지 수당은 급식이나 피복 등 개인의 후생복지를 증진하기 위하여 지급되는 수당이다. 예컨대 정액급식비, 명절휴가비, 연가보상비 등을 들 수 있는데, 이들은 실비변상비로 불리기도 한다.

기타 수당 공무원 보수와 민간부문 임금 간의 균형을 맞추기 위하여 지급하는 처우개선수당 혹은 조정수당, 표준근무시간 외에 초과로 근무하는 공무원에게 지급하는 초과근무수당(시간외근무수당, 야간근무수당, 휴일근무수당), 일직수당, 숙직수당 등 다양하다.

제4절 보수형태의 관리

1. 보수형태의 의의

보수형태란 보수를 산정·지급하는 방식을 의미한다. 즉, 정해진 보수수준과 수립된 보수체계에 따라 보수를 실제로 어떻게 산정·지급하여야 하는가에 관한 것을 말한다. 즉, 공무원 개인 차원에서 근로에 상응하는 적정한 보수가 지급되도록 산정방법을 체계화하고, 조직 차원에서 공무원의 근무능률과 성과가 향상될 수 있도록 적절한 지급방법을 채택하는 것이다. 또한 보수의 운영적 측면에서도 보수의 산정·지급방법이 모든 공무원에게 쉽게 이해되고 간편하게 운영될 수 있도록 보수형태가 관리되어야 한다.

2. 보수형태의 종류

보수를 산정·지급하는 형태는 크게 고정급과 변동급으로 나눌 수 있다. 고정급이 조직 차원에서 모든 공무원에게 적용되는 산정·지급형태라면, 변동급은 공무원 개인별로 차등 적용되는 산정·지급형태라고 할 수 있다.

1) 고정급

고정급은 시간에 대해서 지급되는 급여로서 정액급이라고도 한다. 즉, 일정한 근로시간을 기준으로 미리 정해진 보수가 고정급이며, 이는 공무원의 실적이나 성과의 양 또는 질에 관계없이 근무시간에 따라 지급된다. 고정급은 시간, 일, 주, 월 등의 단위를 산정·지급기간으로 사용함에 따라 시간급, 일급, 주급, 월급 등의 형태를 띨 수 있다.

2) 변동급

변동급은 공무원의 실적이나 성과를 측정하여 그 결과에 따라 차등적으로 산정·지급되는 급여이다. 이러한 변동급의 대표적인 형태로서 성과급을 들 수 있는데, 이는 크게 개인성과급, 집단성과급, 조직성과급 등으로 구분할 수 있다. 개인성과급은 구성원 개인의 성과에 따라 지급되는 개인별 성과급을 말하며, 집단성과급은 제한된 인원으로 구성된 집단(예: 팀, 과, 부서 등)을 단위로 그 성과에 따라 지급되는 성과급이다. 그리고 조직성과급은 조직 전체의 성과향상이나 비용절감의 기여도에 따라 지급되는 성과급인데, 정부부문의 기관평가 성과급이나 민간부문의 이윤배분 성과급이 여기에 해당한다.

제5절 우리나라의 보수관리

1. 보수제도의 개요

우리나라의 공무원 보수제도는 호봉제와 연봉제로 크게 구분된다. 전통적으로는 호봉제를 채택하여 왔으나, 현재 주로 상위직 공무원을 중심으로 연봉제를 도입·시행하고 있다. 공무원의 직종·직급(계급)·직위 등에 따라 호봉제와 연봉제의 적용대상이 다른데, 이는 〈표 18-5〉와 같다.

호봉제는 호봉에 따라 기본급(봉급)이 지급되는 제도이며, 승급을 통하여 호봉이 올라가도록 설계된 연공급 성격의 보수제도이다. 이러한 호봉제는 5급(상당) 이하(과장급 제외)의 일반직·별정직공무원, 경찰·소방공무원, 연구·지도직공무원, 교원, 군인, 국가정보원 직원, 경호공무원 등에게 적용된다.

반면에 연봉제는 개인의 능력이나 실적 등의 평가결과에 따라 연간 보수총액이

표 18-5 우리나라의 공무원 보수제도

구분		적용대상(예)
호봉제	계급별 호봉제	• 5급(상당) 이하의 일반직 · 별정직공무원 (과장급 직위의 5급(상당) 제외) • 경정 이하 경찰공무원, (지방)소방령 이하 소방공무원 • 군인, 6등급 이하의 외무공무원
	2계급 호봉제 (2단계 단일호봉제)	• 연구직, 지도직
	단일호봉제	• 초중고 교원, 법관, 검사
연봉제	고정급적 연봉제	• 정무직공무원, 국공립대학의 장
	직무성과급적 연봉제	• 고위공무원단 소속 공무원(호봉제 대상 제외)
	성과급적 연봉제	• 고위공무원단 소속이 아닌 1~5급(상당)의 일반직 · 별정직 (5급(상당)은 과장급 직위만 해당) • 치안정감~(자치)총경, (지방)소방정감~(지방)소방정 • 국공립대학 교원(대학의 장 제외) • 임기제공무원(한시임기제 제외) • 고위공무원단 소속이 아닌 7등급 이상의 외무공무원

결정되는 제도이다. 이러한 연봉제는 정무직공무원, 고위공무원단 소속 공무원, 5급(상당) 과장급 이상의 일반직 · 별정직공무원 등에게 적용된다.

2. 호봉제

1) 호봉제의 의의

호봉제는 개인의 특성에 따라 정해진 호봉에 의하여 기본급(봉급)이 지급되는 보수제도이다. 그 형태는 계급별 호봉제, 근속호봉제, 단일호봉제 등으로 다양하지만, 대체로 매년 정기승급을 통하여 자동적으로 호봉이 올라가도록 설계되어 있다. 호봉제하에서 보수표는 직종별로 다르게 설계되어 있으며, 보수표에 의한 봉급 외에 여러 종류의 수당 및 후생복지비가 추가로 지급된다.

2) 호봉제의 장점과 단점

호봉제는 공무원에게 직장생활의 안정감을 부여하여 사기를 높여주고 과도한 경쟁심이나 위화감을 조성하지 않는 장점이 있다. 또한 호봉제가 평생직장을 전제로 한다는 점에서 조직의 안정성과 나아가 직업공무원제의 확립에 기여하는 보수제도라고 할 수 있다.

하지만 호봉제는 연공급을 근간으로 삼기 때문에 직무와 보수 간의 형평성 및 능력 · 실적과 보수 간의 연계성이 낮아 우수인재의 유인에 도움을 주지 못한다. 또한 선임자 우대원칙으로 인건비의 상승부담이 가중되고 관료사회의 침체와 보수화 경향이 나타날 수 있으며, 보수구조의 복잡화로 보수행정의 비효율성이 초래되는 단점이 있다.

3) 호봉제의 보수체계

호봉제에서 공무원의 보수는 기본급인 봉급과 부가급인 각종 수당 등으로 구성되는데,[7)] 그 내용을 요약하면 〈표 18-6〉과 같다.

7) 일부 직종의 경우 보수의 구성내용을 달리 하기도 한다. 예컨대 군인의 보수는 기본급여와 특별급여로 구분되고, 여기서 기본급여는 봉급과 가족수당 · 주택수당을 포함하며, 특별급여는 특수근무수당 · 전투근무수당 · 상여금 및 그 밖의 수당을 의미한다(「군인보수법」 제6조). 또한 법관이나 검사의

표 18-6 호봉제의 보수체계

<table>
<tr><th colspan="2">구분</th><th colspan="3">구성 항목</th></tr>
<tr><td rowspan="10">보수</td><td>봉급
(기본급)</td><td colspan="2">직종별 11개 봉급표</td><td>① 일반, 외무, 일반 · 별정군무원, 별정직 ② 전문경력관 ③ 교정, 감사원 감사직, 경호공무원, 국정원직원, 법원사무직 등 ④ 연구직, 국정원전문관 ⑤ 지도직 ⑥ 우정직, 기능군무원 ⑦ 경찰, 소방 ⑧ 초중고 교원, 교육전문직원, 교육장 ⑨ 대학 · 교육훈련기관 교원 ⑩ 군인, 사관생도 · 후보생 ⑪ 헌법연구관(보)</td></tr>
<tr><td rowspan="9">수당 등
(부가급)</td><td rowspan="5">수당</td><td>상여수당</td><td>• 대우공무원수당
• 정근수당(가산금 및 추가 가산금)
• 성과상여금</td></tr>
<tr><td>가계보전수당</td><td>• 가족수당(부양가족)
• 자녀학비보조수당(고등학생 자녀의 학비)
• 주택수당(장기하사~중령, 재외공무원)
• 육아휴직수당</td></tr>
<tr><td>특수지근무수당</td><td>• 도서 · 벽지 · 접적지 및 특수기관 근무자
(가산금 지급 가능)</td></tr>
<tr><td>특수근무수당</td><td>• 위험근무수당(위험직무종사자)
• 특수업무수당(기술 · 교육 등 특수분야 종사자)
• 업무대행수당(육아휴직자 등 업무대행자)
• 군법무관수당</td></tr>
<tr><td>초과근무수당 등</td><td>• 시간외근무수당, 야간근무수당, 휴일근무수당
• 관리업무수당(4급(상당) 이상 등 관리감독직)</td></tr>
<tr><td colspan="2" rowspan="4">실비변상 등</td><td>• 정액급식비(전체 공무원)</td></tr>
<tr><td>• 명절휴가비(설날 및 추석날)</td></tr>
<tr><td>• 연가보상비(1급 이하, 20일 이내)</td></tr>
<tr><td>• 직급보조비</td></tr>
</table>

자료: 「공무원보수규정」 및 「공무원 수당 등에 관한 규정」

(1) 봉급

봉급이란 보수의 구성내용 중에서 기본급을 의미한다. 즉, 직무의 곤란성과 책임도에 따라 직책별로 지급되는 기본급여 또는 직무의 곤란성, 책임도, 재직기간 등에 따라 계급(직무등급이나 직위 포함)별 및 호봉별로 지급되는 기본급여를 말한다(「공무원

보수는 봉급과 '그 밖의 보수'로 구성되어 있다(「법관의 보수에 관한 법률」 제2조 및 「검사의 보수에 관한 법률」 제2조).

보수규정」 제4조).

봉급표 기본급의 보수체계로서 보수표가 만들어지는데, 우리나라에서는 봉급표라고 한다. 봉급표는 봉급의 구체적인 금액을 공무원의 직급 · 계급별로 배열하여 표시한 것이다. 이러한 봉급표는 정부조직 전체에 걸쳐 하나만이 존재하는 것이 아니라 직무의 특성을 고려하여 직종별로 만들어져 있으며, 현재 총 11개의 봉급표가 있다(「공무원보수규정」 제5조).[8)]

승급 승급은 각 보수등급 내에서 호봉이 상승하는 것을 의미한다. 우리나라 공무원의 승급기준은 재직기간을 원칙으로 하며, 승급에 필요한 기간(대체로 1년)이 충족되면 자동적으로 1단계 정기승급이 이루어진다(「공무원보수규정」 제13조). 하지만 징계처분, 직위해제, 휴직 중에 있거나 근무성적의 불량 등 법령에 정한 사유에 해당하면 승급이 제한된다(「공무원보수규정」 제14조).

정기승급 외에 특별승급이 이루어질 수 있는데, 업무실적이 탁월하거나 제안의 채택 · 시행 등 공적이 있는 경우이다(「공무원보수규정」 제16조). 이러한 특별승급은 승급기간과 승급되는 호봉 수 등에 관한 일반적 사항의 적용을 받지 않는 것이 보통이다.

(2) 수당 등

수당 등은 봉급 이외에 지급하는 부가급이며, 각종 수당과 실비변상 등을 포함한다. 여기서 수당이란 직무여건이나 생활여건 등에 따라 지급되는 부가급을 말하며(「공무원보수규정」 제4조),[9)] 실비변상 등은 직무수행에 필요한 실비(實費)를 변상하는 목적에서 지급하는 급여를 통칭한다.

공무원의 수당 등은 공무원의 직종에 따라 그 종류, 지급범위, 지급액 또는 지급방법 등이 다르며, 동일 직종 내에서도 근무지역이나 기관, 담당 직위나 직무 등에 따라 지급되는 수당 등이 매우 다양하다. 공무원의 수당 등은 예산의 범위에서 지급되며, 「공무원 수당 등에 관한 규정」은 그 종류를 상여수당, 가계보전수당, 특수지근무수당, 특수근무수당, 초과근무수당, 실비변상 등으로 크게 구분하고 있다.

---

8) 「공무원보수규정」상 11개의 직종별 봉급표 외에 「검사의 보수에 관한 법률」에서 검찰총장 · 검찰총장 외의 검사의 봉급표, 「법관의 보수에 관한 법률」에서 대법원장 · 대법관 · 일반법관의 봉급표, 그리고「헌법재판소장 등의 보수에 관한 규칙」에서 헌법재판소장 및 헌법재판소재판관의 봉급액이 각각 제시되어 있다.

9) 이와 다른 의미에서 '수당'이라는 명칭으로 지급되는 보수도 있는데, 예컨대 명예퇴직수당, 자진퇴직수당, 조기퇴직수당, 봉급조정수당, 겸임수당 등을 들 수 있다.

3. 연봉제

1) 연봉제의 의의

연봉제는 개인이 담당하는 직무나 능력·실적 등의 평가결과에 따라 연간 보수총액이 결정되는 보수제도이다. 연봉제는 시간급제, 일급제, 주급제, 월급제 등과 같이 보수지급의 한 형태로 간주될 수 있지만, 이들과는 보수의 구성내용과 결정기준, 즉 보수체계를 근본적으로 달리하는 제도이다. 즉, 개인의 직무나 능력·실적 등을 바탕으로 계약에 의하여 연간(年間) 보수액이 정해지며, 봉급과 수당 등의 세분화된 항목 없이 1년 동안의 보수총액을 결정하여 이를 분할하여 지급하는 보수제도가 연봉제이다.

2) 연봉제의 장점과 단점

연봉제에서는 개인의 능력이나 실적이 보수결정의 기준이 되기 때문에 능력·실적과 보수 간의 연계성이 높다. 따라서 연봉제는 우수인력의 유인 및 재직자의 동기부여에 유용하며, 조직 내에 성과지향적인 분위기를 형성하여 조직의 활성화와 생산성 향상에 도움을 줄 수 있다. 또한 인사행정 측면에서 보면, 호봉제의 복잡한 보수체계를 단순화시켜 보수관리의 용이성과 효율성을 증대시키는 장점이 있다.

하지만 연봉제는 공무원에게 직장생활의 안정감을 저하시키고 과도한 경쟁심이나 위화감을 조성하는 요인이 될 수 있다. 특히 연봉의 기초가 되는 평가결과의 객관성과 공정성에 대한 시비(是非)가 나타날 수 있으며, 한 연도의 실적을 중시하므로 장기적인 관점에서 구성원의 배려와 조직의 목표달성에 소홀할 가능성이 있다.

3) 연봉제의 보수체계

우리나라의 공무원 연봉제는 고정급적 연봉제, 직무성과급적 연봉제, 성과급적 연봉제의 세 가지 형태가 있다. 이들은 모두 세분화된 보수항목 없이 크게 연봉과 연봉외 급여로 보수가 구성된다. 여기서 연봉은 기본연봉과 성과연봉으로 구분되는데, 기본연봉은 개인의 경력, 누적성과, 계급 또는 직무의 곤란성과 책임의 정도를 반영·지급하는 급여의 연간 금액이며, 성과연봉은 전년도 업무실적의 평가결과를 반영·지급하는 급여의 연간 금액을 말한다(「공무원보수규정」 제4조). 한편 연봉외 급여는 일부 수당 및 실비변상 등을 포함한다.

표 18-7　연봉제의 보수체계

구분	연봉		연봉외 급여
	기본연봉	성과연봉	수당 등
고정급적 연봉제	• 기본연봉: 대상별 연봉금액 설정	–	• 가족수당, 자녀학비보조수당, 정액급식비, 직급보조비 등
직무성과급적 연봉제	• 기준급: 연간한계(상한, 하한)액 설정	• 평가등급별 차등	
	• 직무급: 직무등급(가, 나)별 연간금액		
성과급적 연봉제	• 총연봉: 직급 · 직무등급 · 연봉등급별 한계(상한, 하한)액 설정		• 법령에 따라 별도 지급
	• 봉급 및 수당 등	• 평가등급별 차등	

이처럼 세 가지 형태의 연봉제가 갖는 기본구조는 동일하지만, 그 구성내용은 각 형태마다 약간씩 차이가 있는데, 〈표 18-7〉과 같다.

(1) 고정급적 연봉제

고정급적 연봉제는 연봉이 고정된 보수체계로서 정무직공무원에게 적용된다. 정무직공무원은 일반직공무원과 달리 성과평가가 극히 어렵기 때문에 개별 직위마다 직무의 곤란성과 책임도에 부합하는 일정액의 기본연봉만이 정해진다.

기본연봉 외에 가족수당, 자녀학비보조수당, 정액급식비, 직급보조비 등과 같은 수당 및 실비변상 등이 관련 법령에 따라 연봉외 급여로 지급된다.

(2) 직무성과급적 연봉제

직무성과급적 연봉제는 고위공무원단에 속하는 일반직 · 별정직공무원(일부 제외)에게 적용된다. 직무성과급적 연봉제에서 연봉은 기본연봉과 성과연봉으로 구성되며, 기본연봉은 다시 '기준급'과 '직무급'으로 구분된다.

기준급은 개인의 경력 및 누적성과를 반영하여 책정되는 기본급여를 의미하며, 그 한계액(하한액, 상한액)이 정해져 있다. 한편 직무급은 직무분석 결과로 도출된 각 직위의 직무값(직무의 곤란성과 책임도)에 따른 급여인데, 자신이 보임된 직위의 직무등급(가, 나)에 해당하는 직무급을 지급받는다. 반면에 성과연봉은 전년도 '성과계약 등 평가'결과에 따라 등급별로 차등 지급되는 성과급이다.

이러한 기본연봉과 성과연봉 외에 가족수당, 자녀학비보조수당, 정액급식비, 직급보조비 등과 같은 수당 및 실비변상 등이 관련 법령에 따라 연봉외 급여로 지급된다.

(3) 성과급적 연봉제

성과급적 연봉제는 성과급적연봉제는 고위공무원단에 속하지 않는 1~5급(상당)의 일반직·별정직공무원(5급은 과장급 직위만 해당) 및 7등급 이상의 외무공무원, 치안정감~(자치)총경 경찰공무원, (지방)소방정감~(지방)소방정 소방공무원, 국·공립대학 교원, 임기제공무원(한시임기제공무원 제외)에게 적용된다. 성과급적 연봉제에서 연봉은 기본연봉과 성과연봉으로 구성되지만, 기본연봉와 성과연봉을 합산한 전체 연봉의 한계액(하한액, 상한액)이 일반직·별정직·외무공무원의 직급(계급, 직무등급)별, 대학교원, 임기제공무원의 연봉등급·구분별로 설정되어 있다.

성과급적 연봉제의 기본연봉에는 직급(계급) 등에 의해 정해지는 봉급, 정근수당, 관리업무수당, 명절휴가비 등의 연간 금액이 포함된다. 이러한 기본연봉의 결정방식은 직무성과급적 연봉제에서의 기본연봉이 기준급과 담당 직무의 곤란성과 책임도에 의해 정해지는 것과 차이가 있다. 반면에 성과연봉은 직무성과급 연봉제에서와 마찬가지로 전년도 업무실적에 따라 등급별로 차등 지급되는데, 다만 직무성과급적 연봉제에 비하여 각 평가등급별 지급률의 차등폭을 다소 작게 하고 있다.

이러한 기본연봉과 성과연봉 외에 가족수당, 자녀학비보조수당, 특수지근무수당, 특수근무수당, 시간외근무수당, 정액급식비, 연가보상비, 직급보조비 등과 같은 수당 및 실비변상 등이 관련 법령에 따라 연봉외 급여로 지급된다.

4. 보수관리의 과제

우리나라의 공무원 보수관리에서 나타나는 문제점 및 발전방안을 보수수준, 보수체계 및 보수형태 측면에서 살펴보면 다음과 같다.

1) 보수관리의 문제점

(1) 보수수준 측면에서의 문제점

비현실적인 보수수준 공무원 보수는 공무원 본인과 그 가족의 생활을 보장하는 최소한의 수단이다. 그간 공무원 보수수준이 상당히 높아졌으나, 그 절대적인 수준은 여전히 낮은 편이라 할 수 있다. 이러한 박봉(薄俸)으로 인하여 부정부패, 직권남용, 근로의욕과 사기 저하, 국민에 대한 봉사정신 결여, 행정능률과 서비스의 질 저하, 이직(離職) 등과 같은 부정적인 현상이 적지 않게 나타나고 있다.

대외적 형평성의 결여 공무원 보수는 민간기업이나 공공기관의 임금과 비교하면 그 수준은 상대적으로 낮은 편이다. 전통적인 유교사상에서 연유된 공무원의 청렴성 강조는 공무원의 박봉을 자연스럽고 도덕적인 것처럼 인식하도록 하였다. 또한 공무원의 신분보장 등 여러 부가적인 혜택이 과대평가되는 사회적 분위기로 인하여 공무원 보수를 대외적으로 형평한 수준으로 인상하는 것에 대한 국민적 동의가 쉽지 않은 것이 현실이다.

보수결정의 비합리성 공무원 보수결정에서 지켜야 할 다양한 원칙들이 법령에 명확히 제시되어 있음에도 불구하고, 이러한 원칙보다는 국가정책, 재정상황, 민간분야에 대한 파급효과 등을 고려하여 정치적으로 결정되어 온 경향이 있다. 예컨대 공무원 수의 증가에 따라 인건비의 부담이 늘어나는 상황에서 국방비 및 사회복지비의 증가 등으로 공무원 보수예산이 국가정책상 우선순위에서 뒤지고 있으며, 공무원 보수인상이 민간부문의 임금인상과 물가상승을 유발할 수 있다는 우려 때문에 그것이 실현되지 못하는 경우가 종종 발생한다.

(2) 보수체계 측면에서의 문제점

연공급 중심의 보수체계 공무원 보수의 중심이 되는 기본급은 대내적 형평성을 제고하는데 매우 중요한 역할을 한다. 하지만 연공급 위주의 보수체계로 인하여 직무의 가치에 따른 차등이 이루어지지 못하고 있으며, 이는 우수인력의 확보 및 공무원의 능력발전에 장애요인으로 작용하고 있다. 이처럼 '동일 직무에 대한 동일 보수'의 원칙에 따른 직무급 위주의 보수체계가 수립되지 못한 것은 그동안 공직에 대한 직무분석이 철저히 이루어지지 못하였기 때문이다.

수당 중심의 보수체계 그간 공무원 보수수준의 비현실성을 극복하기 위하여 많은 노력이 있었으나, 기본급 인상보다는 각종 수당의 신설 혹은 조정에 치중하는 경향이 있었다. 이로 인하여 기본급은 보수의 대표성 측면에서 본래의 의미와 기능을 상실하게 되었으며, 부가급인 수당이 지나치게 비대화되어 실제 보수에서 차지하는 비중은 상당한 수준에 이르고 있다.

이처럼 수당의 규모가 과다할 뿐만 아니라 그것이 직종별로 다양하고 복잡한 형태로 분화·지급되고 있다는 점도 문제시된다. 각 수당이 본래의 목적과 달리 임시방편(臨時方便)식으로 활용되고 있어 합리적인 지급기준과 통합적인 관리운영이 절실한 상황이다.

(3) 보수형태 측면에서의 문제점

실적제하에서 보수는 개인의 능력이나 실적에 따라 차등적으로 산정되어야 함에도 불구하고, 현재 공무원 보수는 대체로 직종, 직급(계급), 호봉 등을 기준으로 거의 일률적으로 정해져 있다. 즉, 개인의 직무·능력·실적별 차등화가 아니라 직종·직급(계급)·호봉별 차등화가 이루어지고 있다는 것이다.

특히 직급(계급)·호봉별 차등화로 인해 상·하 공무원 간의 보수수준은 상당한 차이를 보이고 있다. 기본급인 봉급뿐만 아니라 직급보조비 등을 고려한다면, 그 차이는 더욱 크게 나타난다. 이러한 문제를 개선하려는 노력의 일환으로 연봉제와 성과상여금제를 도입하고 있으나, 성과평가의 객관성과 공정성 확보가 미흡하여 이들 제도의 실효성에 여전히 의문이 제기되고 있다.

2) 보수관리의 개선방안

(1) 보수수준 측면에서의 개선방안

보수수준의 현실화 공무원 보수가 공무원의 기본적 생활을 보장하는 수단이라는 점에서 우리나라도 일반의 표준생계비를 고려하여 보수를 결정하도록 규정하고 있다. 이러한 원칙에 맞게 보수의 절대수준을 표준생계비 이상으로 확충함으로써 공무원 본인과 그 가족의 건강과 품위를 충족시켜주어야 한다. 이처럼 보수수준을 현실화함으로써 박봉으로 파생될 수 있는 부정부패를 방지하고 공무원의 근로의욕과 사기를 높여 행정능률과 서비스의 향상을 도모할 수 있다.

대외적 형평성의 제고 공무원 보수수준이 지속적으로 개선되면서 민간임금과 격차도 점차 줄어드는 추세에 있다. 하지만 공무원 보수가 다른 직종에 비해 상대적으로 여전히 낮은 수준이라는 점은 부인할 수 없다. 민간임금의 상승에 따라가지 못하여 그 격차가 심화된다면 민간부문과의 인력유치경쟁에서 어려움을 겪게 되며 재직자의 사기 저하와 부정부패의 원인이 될 수 있다. 따라서 공무원 보수가 대외적으로 실질적인 형평성을 갖도록 그 수준을 높이는 노력이 지속적으로 전개될 필요가 있다.

보수결정방식의 합리화 공무원 보수를 결정하는 과정에 국가정책이나 재정상황이 고려되지 않을 수는 없지만, 정치적 요인보다는 최대한 객관적인 기준을 활용하도록 노력하여야 한다. 현재 관련 법령에 명시되어 있는 보수결정원칙의 타당성 여부를 근본적으로 재검토하여 보다 합리적인 결정원칙을 설정하고, 그 원칙이 준수될 수 있도록 보수결정의 절차와 방법을 실질적으로 제도화하는 것이 필요하다. 경우에 따라서는 공무원 노동조합을 보수결정과정에 참여하도록 하여 일정한 조건하에서 제한적인 단체협약이 가능하도록 하는 방안을 고려해 볼 수 있다.

(2) 보수체계 측면에서의 개선방안

직무급 중심의 기본급체계 수립 계급제의 오랜 전통으로 인해 직무급 중심의 보수체계를 수립하는 것은 쉽지 않은 일이다. 하지만 보수가 근로의 대가라는 점에서 '동일 직무에 대한 동일 보수'의 원칙을 실현하기 위한 근본적인 대책이 필요하다. 이를 위해서는 직무분석을 전면적으로 실시하여, 공무원이 실제 담당하는 직무의 가치, 즉 직무의 곤란성과 책임도를 기준으로 하는 기본급체계가 수립되도록 하여야 한다.

기본급 중심의 보수체계 수립 현행 보수체계는 형식적으로는 기본급 중심이나, 실질적으로는 수당을 중심으로 하고 있다고 볼 수 있다. 전체 보수의 구성에서 과다한 비중을 차지하고 있는 각종 수당을 그 성격에 따라 재분류하는 것이 필요하다. 이들 가운데 기본급과 같은 성격의 수당은 기본급에 합산시켜 보수체계를 기본급 중심으로 단순화시키는 것이 바람직하다.

(3) 보수형태 측면에서의 개선전방안

보수의 대내적 형평성은 실적주의에 따른 보수의 공정성을 확보하는 것을 의미한다. 특히 공무원 개인 간의 형평성을 확보하기 위해서는 개인의 능력과 실적을 기준으로 하는 보수제도가 수립·운영되어야 한다. 현재 직종, 직급(계급), 호봉 등에 따른 기본급체계를 개인의 능력과 실적 중심으로 변화시켜야 한다. 이러한 제도 변화는 직급(계급) 간의 보수 차이를 축소시켜 상급자와 하급자 간의 보수상 위화감을 줄이는데도 도움이 된다.

특히 연공급의 오랜 전통으로 인해 실제 운영에서 수용도가 낮은 연봉제와 성과상여금제에 관한 개선이 절실한 상황이다. 연봉제와 성과상여금제는 연공이나 직급(계급)과 무관하게 개인의 성과에 대한 보상 차원에서 채택된 제도이다. 따라서 제도 본연의 취지에 따라 그 운영이 이루어질 수 있도록 성과평가의 공정성과 객관성을 높이는 방안이 마련되어야 한다. 또한 성과만을 강조하다보면 공무원 상호 간에 과도한 경쟁심이나 불화가 유발될 수 있기 때문에, 일률적인 적용보다는 조직과 구성원의 특성이나 직무의 성격 등을 고려하여 보수의 실질적인 형평성이 제고되도록 하는 것이 중요하다.

제19장

연금

제1절 연금의 이해

1. 연금의 의의

1) 연금의 의미

연금(年金)이란 사전적 의미로 '매년 또는 어떤 규칙적인 간격을 두고 개인에게 주는 돈'을 말한다. 이러한 연금의 의미에는 '매년 일정액의 지급'이라는 연간 급여(annuity)와 '생활보조를 위한 은급'이라는 부조금(扶助金, pension)의 뜻이 복합적으로 함축되어 있다.[1] 따라서 연금은 정해진 사유로 인하여 매년 또는 일정기간마다 개인에게 행해지는 지불이라 정의할 수 있다.

2) 연금의 목적과 성격

(1) 연금의 목적과 기능

연금의 목적 및 기능은 크게 세 가지로 구분하여 설명할 수 있다(World Bank,

1) 연금은 영어로 annuity와 pension이라 표현되는데, annuity는 향후 소득의 상실이나 상당한 저하에 대비하여 자신의 돈을 맡겨놓고 나중에 일정한 금액을 받는 것과 같이 투자에 대한 배당금의 성격을 띠는 연금을 말하며, pension은 퇴직자나 생활보호대상자 등과 같이 소득이 없어 생활이 어려운 사람에게 주는 연금을 의미한다.

1994: 223~224).

첫째, 노년생활의 보장이다. 이는 연금의 가장 기본적인 목적이나 기능으로 볼 수 있으며, 근로 가능한 시기의 소득을 퇴직 이후 혹은 노년으로 이전(移轉)시켜 소득보장을 돕는 '저축과 임금대체의 기능'을 말한다.

둘째, 기초소득의 보장이다. 이는 전체 소득이 일정 수준 이하인 사람의 소득을 지원하는 것을 말하며, '소득재분배와 빈곤경감의 기능'으로 볼 수 있다.

셋째, 위험으로부터의 보호이다. 이는 퇴직 후 또는 노년에 발생할 수 있는 각종 위험으로부터 보호하는 '보험의 기능'을 말한다. 위험에는 인플레이션으로 인한 실질가치의 저하, 시장실패, 세대 간 부담의 비형평성, 장수(長壽, longevity) 등이 있을 수 있다.

(2) 연금의 일반적 성격

연금은 퇴직·노령 혹은 예상하지 못한 상황이 발생한 경우에 주로 소득이나 생활을 보장하기 위한 목적에서 이루어진다. 이러한 연금의 목적에 비추어 볼 때, 그 일반적인 성격은 다음과 같다.

사회보험적 성격 연금은 퇴직 후 혹은 노후의 생활에 필요한 적절한 급부를 보장함으로써 개인 및 그 가족(유족)의 경제적 생활안정과 복지향상을 도모한다. 이러한 급부에 필요한 비용이 대체로 보험의 원리에 의해 확충된다는 점에서 사회보험적 성격을 지닌다.

공공부조적 성격 연금은 생활능력이 없거나 생활이 어려운 사람의 최저생활을 보장하고 자립을 지원하는 공공부조적 성격을 띠기도 한다.

산업재해 보상적 성격 연금은 질병·부상·폐질·사망 등에 대하여 일정한 보상을 행하기도 한다는 점에서 산업재해 보상적 성격을 지닌다.

공제조합적 성격 연금급여의 책임이 일차적으로 국가에 있지만, 그 재원의 일부를 개인이 기여하고 그 기여금에 비례하여 급여가 이루어지기도 한다. 이 경우 연금은 개인의 생활능력이 충분하더라도 지급되기 때문에 공제조합적 성격을 띤다고 볼 수 있다.

세대 간 부양구조적 성격 연금은 세대 간의 부양을 기초로 한다. 즉, 현재 세대가 퇴직 혹은 노후 세대에게 연금을 지급하고, 현재 세대가 퇴직하거나 노령화되면 미래 세대가 그 현재 세대에게 연금을 지급하는 방식을 갖는다.

(2) 퇴직연금의 이론적 성격

연금 중에서 가장 중요한 부분을 차지하고 있는 것은 퇴직연금인데, 그 성격에 관하여 다양한 견해가 제시되고 있다(강성철 외, 2014: 483; 박연호, 2001: 307~308).

공로보상설(功勞報償說) 피고용자의 장기간 근무에 대하여 감사하기 위하여 지급하는 것이 퇴직연금이라는 견해이다. 이는 봉건·군주시대에 영주나 군주가 오랫동안 자기에게 충성을 다한 관료가 퇴직할 즈음에 그 은혜로서 토지나 재물을 부여하던 관습에서 그 유래를 찾고 있다.

생활보장설(生活保障說) 피고용자가 재직기간 동안 받는 보수로는 퇴직 후 생계를 위한 저축이 현실적으로 어렵기 때문에 고용주는 퇴직 후의 생계를 보장해야 할 의무가 있다는 견해이다. 이에 따라 고용주가 피고용자에게 지급하는 것이 퇴직연금이라는 것이다.

위자료설(慰藉料說) 고용주의 사정으로 발생하는 피고용자의 퇴직이나 직업상 사망에 대한 위자료의 의미로 지급되는 것이 퇴직연금이라는 견해이다. 이는 피고용자의 퇴직이나 직업상 사망을 고용주의 귀책사유로 보고, 그러한 피고용자의 손해에 대한 배상금으로 지급되는 것이 퇴직연금이라는 것이다.

보수후불설(報酬後拂說) 혹은 거치보수설(据置報酬說) 피고용자의 보수 일부가 재직 중에 지급되지 않고 적립되었다가 퇴직 후에 지급되는 것이 퇴직연금이라는 견해이다. 즉, 피고용자가 근로의 대가로 당연히 받아야 할 보수를 일정기간 유예(猶豫) 또는 거치(据置)시켜 놓았다가 퇴직 후에 되돌려 받는 것이 퇴직연금이라는 것이다.

비교 및 종합 국가마다 고유한 전통이 있기 때문에 퇴직연금은 어느 한 가지만으로 단정하기 어려운 복합적인 성격을 지니고 있다. 따라서 퇴직연금은 피고용자의 공로에 대한 보상, 퇴직 후의 생활보장, 고용주의 조직운영상 사정에 따른 손해에 대한 배상, 일부 보수의 거치 후 수령 등의 성격을 모두 부분적으로 포함하고 있다고 할 수 있다.

하지만 현대 민주국가에서 지급하는 퇴직연금은 '거치된 보수(또는 유예된 보수)'로 이해되어야 한다는 견해가 일반적이다.[2] 즉, 퇴직연금은 재직 중에 받아야 할 보수

2) 우리나라와 같이 기여제(寄與制)를 채택하는 경우에 보수후불설은 퇴직연금에 관한 지배적인 견해

의 일부가 퇴직 후에 지급되는 것이며, 이는 정부나 고용주가 베푸는 은전이 아니라 공무원이나 피고용자의 당연한 권리라는 입장이다.

2. 연금의 종류

연금은 각 국가의 제도뿐만 아니라 개별 연금마다 특성이 다양하여, 일률적인 기준에 의해 그 종류를 구분하기가 쉽지 않다. 그러나 일반적으로 운영주체에 따라 공적연금(public pension)과 사적연금(private pension)으로 구분이 이루어진다.

1) 공적연금

공적연금은 국가나 공공기관이 관장하는 연금을 말한다. 국가가 주도하는 사회보장체계의 근간을 이루고 있는 소득보장제도의 하나이며, 개별법률에 따라 그 대상이 강제적으로 의무화되는 특징이 있다. 우리나라의 공적연금은 공무원연금, 군인연금, 사립학교교직원연금, 별정우체국연금, 국민연금, 장애인연금, 기초연금 등이 있으며, 이들 중 공공부조적 성격의 연금을 제외한 공적연금은 〈표 19-1〉과 같다.

공무원연금 · 군인연금 · 사립학교교직원연금 · 별정우체국연금은 특별한 자격에 의해 연금수급권이 발생하는 직역(職域)연금이며, 국민연금은 전(全)국민에게 보편적으로 제공된다. 이들 5대 공적연금은 「국민연금과 직역연금의 연계에 관한 법률」에 따라 상호 연계되어, 그 연계기간이 20년 이상이고 65세 이상이면 공적연금의 대상이 된다.

(1) 공무원연금

우리나라는 1960년 「공무원연금법」이 공포 · 시행됨으로써 최초의 공적연금제도가 마련되었다. 그 이후 군인연금을 분리하는 등 지속적인 제도 개선이 추진되었으며, 특히 2010년에 들어 대대적인 개혁이 이루어지기도 하였다. 공무원연금제도는 인사혁신처에서 관장하며, 인사혁신처장의 위탁을 받아 공무원연금공단에서 관련 업무를 수

로서 더욱 강한 지지를 받고 있다. 퇴직연금 재원의 일부를 공무원이 부담하는 제도하에서는 공무원 보수의 일부가 퇴직 후로 유보되었다고 볼 수 있기 때문이다. 이러한 견해는 공무원이 퇴직 후 생활을 걱정하지 않고 직무에 충실하도록 함으로써 직업공무원제도를 정착시킬 수 있다는 취지와도 부합된다(강성철 외, 2014: 484).

표 19-1 우리나라의 공적연금

구분	공무원연금	군인연금	사립학교 교직원연금	별정우체국연금	국민연금
근거법률	공무원연금법	군인연금법	사립학교 교직원연금법	별정우체국법	국민연금법
시행일	1960. 1. 1	1963. 1. 1	1975. 1. 1	1982. 7. 1	1988. 1. 1
적용대상	공무원 등	장기복무 하사관 및 장교	사립학교 교원 및 직원 등	별정우체국 직원	국내 거주 18~59세 국민
비용부담	본인 및 국가 (지방자치단체)	본인 및 국가	본인 · 법인 및 국가	본인 · 피지정인 및 국가	개인 및 사용자
관장기관	인사혁신처	국방부	교육부	미래창조과학부	보건복지부
집행기관	공무원 연금공단	국방부(군인연금과) 및 국군재정관리단(퇴직연금과)	사립학교 교직원연금공단	별정우체국 연금관리단	국민연금공단

행하고 있다.

(2) 군인연금

군인은 당초「공무원연금법」의 적용을 받았으나, 1963년 1월에 제정 · 공포된「군인연금법」에 의해 별도의 연금제도를 갖게 되었다. 초기 군인연금은 공무원연금과 상당한 차이가 있었으나, 이후「공무원연금법」의 개정과 맞춰 유사하게 제도 변경이 이루어져 왔다. 군인연금제도는 국방부에서 관장하며, 국방부 군인연금과 및 국군재정관리단 퇴직연금과에서 관련 업무를 수행하고 있다.

(3) 사립학교교직원연금

우리나라 공적연금은 공무원연금과 군인연금만으로 계속되어오다가, 사립학교교원을 대상으로 한 별도의「사립학교교원연금법」이 1973년 12월 제정 · 공포되었다. 이 법은 1975년부터 시행되었으며, 1978년에 사립학교의 사무직원이 적용대상으로 추가됨에 따라「사립학교교직원연금법」으로 개칭되었다. 이후 연구기관의 교수요원 등을 포함하는 등 그 대상 범위가 더욱 확대되었으며, 국 · 공립학교 교직원과의 형평성을 고려하여 공무원연금에 맞춰 개선이 이루어져 왔다. 사학연금제도는 교육부에서 관장하며, 교육부장관의 위탁을 받아 사립학교교직원연금공단에서 관련 업무를 수행하고 있다.

(4) 별정우체국연금

별정우체국연금은 1991년 12월 「별정우체국법」이 개정되어 과거 퇴직급여제도가 1992. 4. 15부터 연금제도로 확대됨으로써 가능하게 되었다. 이 제도는 별정우체국의 국장 및 직원을 대상으로 하며, 미래창조과학부의 관장하에 별정우체국연금관리단에서 관련 업무를 수행하고 있다.

(5) 국민연금

국민연금은 1986년 12월 「국민연금법」이 제정·공포됨으로써 가능하게 되었다. 이후 2년 간의 준비기간을 거쳐 1988. 1. 1부터 10인 이상 사업장에 적용한 이래, 그 대상이 점차 확대되어 현재 전(全) 국민에게 적용되고 있다. 이로써 국내 거주 18세 이상 60세 미만의 국민 중 소득활동을 하지 않는 배우자, 직역연금의 가입자와 수급자, 27세 미만의 학생 등을 제외한 국민 모두가 원칙적인 가입대상이 되었다. 국민연금제도는 보건복지부에서 관장하며, 보건복지부장관의 위탁을 받아 국민연금공단에서 관련 업무를 수행하고 있다.

2) 사적연금

사적연금은 기업이나 개인이 운영주체가 되고 가입과 탈퇴가 비교적 자유로운 특징을 지니며, 이는 크게 기업연금, 협약연금, 개인연금으로 구분된다. 기업연금은 종업원을 대상으로 실시되는 연금을 말하며, 독자적으로 또는 종업원과 함께 연금급여의 재원을 마련하여 제도를 운영한다. 협약연금은 노사 간의 단체교섭에 의하여 다수의 노동조합과 다수의 사용자 간에 성립되는 연금이다. 한편 개인연금은 개인이 자신의 자유의사로 생명보험회사 등 금융보험기관의 연금상품에 개별적으로 가입하며, 그 대표적인 예로서 '개인연금저축'과 '연금저축'이 있다.

3. 공무원연금의 기능

공무원연금제도는 공무원과 그 가족을 위한 사회보장제도로서 근본적인 필요성과 효용성을 지닐 뿐만 아니라 재직공무원에 대한 인사관리 차원에서 여러 가지 부수적인 기능을 수행한다.

1) 사회보장 측면에서의 기능

국가는 공무원의 모범적인 고용주로서 연금을 통해 공무원에 대한 사회보장의 책무를 이행하고 있다. 이러한 점에서 공무원연금은 공무원에 대한 사회보장의 본질적인 기능을 지닌다고 볼 수 있다.

첫째, 공무원연금은 생활보장기능을 수행한다. 공무원연금은 사회보장체계 가운데 하나인 사회보험의 일종으로 연금가입자인 공무원과 그 가족의 장기적인 소득보장을 도모하는데 그 중요성이 있다. 즉, 노령·퇴직·사망과 부상·질병·폐질 등의 사유가 발생하였을 때 적절한 급여를 행함으로써 공무원과 그 가족의 생활안정에 이바지한다.

둘째, 공무원연금은 후생복지기능을 수행한다. 공무원연금은 연금급여 외에 다양한 후생복지사업을 통해 공무원 및 그 가족의 복지향상에 기여한다.

2) 인사행정 측면에서의 기능

공무원연금이 사회보장정책의 구체적인 실천이라는 점에서 근본적인 중요성이 있으나, 인사행정 측면에서도 상당한 기여를 한다.

첫째, 공무원연금은 공무원의 사기진작과 직무전념에 도움을 준다. 공무원연금은 공무원의 현재 및 장래 생활에 대한 불안감을 해소시켜 줌으로써 근무의욕과 사기 향상에 기여한다. 특히 본인의 폐질이나 사망에도 생활보장의 혜택을 부여하기 때문에 재직 중 영리목적의 부업이나 겸업 또는 퇴직 후 취업 등에 대한 관심에서 벗어나 직무에 전념할 수 있도록 한다.

둘째, 공무원연금은 우수인재 확보 및 직업공무원제 정착에 기여한다. 공무원연금은 민간부문과 인력경쟁에 있어서 유능한 인재를 공직으로 흡수하는데 탁월한 유인책이 될 수 있다. 특히 장기재직자를 대상으로 하는 퇴직연금은 공무원의 이직을 방지하고 장기근속을 유도함으로써 직업공무원제의 확립을 가능하게 한다.

셋째, 공무원연금은 조직 활성화 및 행정능률 향상을 도모한다. 공무원연금은 장기근속자가 안심하고 은퇴할 수 있는 길을 열어 줌으로써 젊고 유능한 인재를 새로 충원할 수 있을 뿐만 아니라 연쇄적인 승진 내지 인사이동을 가능하게 하여 조직에 활력을 불러일으키고 행정능률의 향상에 이바지한다.

넷째, 공무원연금은 인건비 효율성을 제고한다. 공무원연금제도하에서 퇴직연금의 대상자는 주로 중간 내지 그 이상의 직급에 해당하는 장기근속자이다. 이들은 대체로 고령에 해당되어 생산성 저하가 나타날 수 있기 때문에 재직 중 보수의 전액 지급보다는 퇴직 후 연금지급이 경제적이며 합리적일 수 있다.

제2절 우리나라의 공무원연금

1. 공무원연금의 개요

1) 공무원연금의 법적 근거 및 적용대상

우리나라의 공무원연금제도는 「공무원연금법」에 근거하고 있다. 공무원연금제도는 공무원의 퇴직 또는 사망과 공무(公務)로 인한 부상 · 질병 · 장애에 대하여 적절한 급여를 지급함으로써, 공무원 및 그 유족의 생활안정과 복리 향상에 이바지함을 목적으로 한다(제1조). 이러한 점에서 보면, 공무원연금제도는 퇴직급여뿐만 아니라 기타 후생복지적 급여까지도 포괄하는 종합복지프로그램의 성격을 띠고 있다.

공무원연금의 적용대상이 되는 '공무원'은 상시 공무에 종사하는 사람을 의미하며, 여기에는 정규공무원뿐만 아니라 정규공무원 외의 직원이 포함된다(〈표 19-2〉 참고). 정규공무원은 「국가공무원법」과 「지방공무원법」에 의한 공무원 및 그 밖의 법률에 따른 공무원을 말하며,[3] 다만 군인과 선거에 의해서 취임하는 공무원은 제외된다.[4]

3) 시간선택제 채용공무원은 '상시 공무에 종사하는 사람'으로 볼 수 없어 공무원연금의 대상이 아니지만, 시간선택제 전환공무원은 그 대상에 포함된다(「시간선택제공무원 인사운영 매뉴얼(인사혁신처, 2014. 5)」). 또한 임기제공무원은 비(非)임기제공무원과 마찬가지로 「공무원연금법」의 적용대상이지만, 시간선택제 임기제공무원과 한시임기제공무원은 그 대상에서 제외된다.

4) 군인은 「군인연금법」의 적용대상이며, 대통령은 「전직 대통령 예우에 관한 법률」에 의하여 별도의 연금 혜택이 주어진다. 국회의원의 경우 「대한민국헌정회 육성법」 제2조의2에 따라 만65세 이상의 연로회원(2012년 5월 29일 이전에 국회의원으로 재직한 연로회원에 한정)에게 매달 일정 금액의 지원금이 지급된다. 기타 선거에 의해 취임하는 공무원은 일반국민처럼 국민연금 혹은 사적연금에 의할 수밖에 없다.

표 19-2 **공무원연금의 적용대상**

구분	대상	비고
공무원	•「국가공무원법」상 공무원	• 군인과 선거에 의해 취임하는 공무원 제외
	•「지방공무원법」상 공무원	
	•「농어촌 보건의료를 위한 특별조치법」상 공중보건의사 · 보건진료원	
	•「공익법무관에 관한 법률」상 공익법무관	
	•「병역법」상 징병전담의사	
	•「법원조직법」상 사법연수원생	
공무원 외 직원	•「청원경찰법」상 청원경찰	• 국가 또는 지방자치단체 근무자
	•「청원산림보호직원 배치에 관한 법률」상 청원산림보호직원	
	• 위원회 등의 상임위원과 전임직원으로서 매월 정액의 보수 또는 이에 준하는 급여를 받는 사람	
	• 그 밖에 인사혁신처장이 인정하는 사람	

자료:「공무원연금법」 제3조제1항 및「공무원연금법 시행령」 제2조

또한 정규공무원은 아니지만 대통령령으로 정하는 국가나 지방자치단체의 직원도 공무원연금제도의 적용대상이 된다. 예컨대「청원경찰법」에 따라 국가 · 지방자치단체에 근무하는 청원경찰,「청원산림보호직원 배치에 관한 법률」에 따라 국가 · 지방자치단체에 근무하는 청원산림보호직원, 국가 · 지방자치단체의 위원회 등의 상임위원과 전임직원으로서 매월 정액의 보수 또는 이에 준하는 급여를 받는 사람(한시적인 자문위원회와 법령에 의하지 아니한 위원회 등의 상임위원과 전임직원 제외), 그 밖에 국가 · 지방자치단체의 정규공무원 이외의 직원으로서 수행 업무의 계속성과 매월 정액의 보수 지급여부 등을 고려하여 인사혁신처장이 인정하는 사람 등이다.

2) 공무원연금의 관리운영체계

공무원연금제도의 체계는 크게 재원체계와 급여체계로 나누어 볼 수 있다. 공무원연금의 재원체계는 수입에 관한 것인데, 연금급여에 필요한 재원을 어떻게 마련하는가에 관한 것이다. 한편 공무원연금의 급여체계는 지출에 관한 것인데, 마련된 연금재원을 누구에게 어떻게 지급할 것인가에 관한 것을 말한다. 우리나라는 연금기금을 적립 · 운용 · 배분하는 방식을 채택하고 있는데, 이러한 관점에서 공무원연금의 관리운영체계를 보면 [그림 19-1]과 같다.

그림 19-1 공무원연금의 관리운영체계

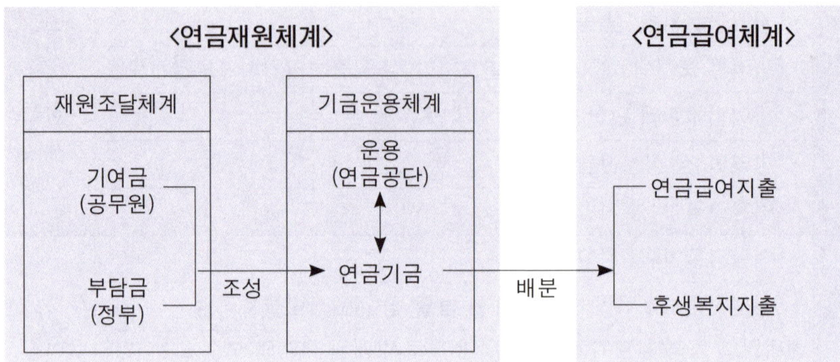

2. 공무원연금의 재원체계

공무원연금의 재원체계는 수입에 관한 것인데, 연금급여에 필요한 재원을 어떻게 마련하는가에 관한 것이다. 연금재원을 어떠한 방식으로 마련하며, 누구로부터 조달하고, 조달된 재원을 어떻게 운영하는가를 구체적으로 살펴보면 다음과 같다.

1) 연금재원의 형성

연금재원의 형성방식은 크게 적립방식과 부과방식으로 구분할 수 있다. 적립방식은 자금을 조금씩 모아서 장기간 쌓아 두는 기금제((基金制)의 방식이며, 부과방식은 적립금 없이 필요시 급여재원을 부담하게 하는 비(非)기금제의 방식이다.

(1) 적립방식: 기금제

적립방식(capital funding system)은 장래의 연금급여에 필요한 비용을 미리 기금으로 적립하는 방식이다. 즉, 가입자로부터 징수한 자금을 장기에 걸쳐 적립하여 이를 기금으로 설치하고, 그 기금과 기금의 운용수익을 장래에 지급하게 될 연금급여의 재원에 충당하는 방식이다. 이러한 적립방식은 장래에 대비하여 미리 기금(적립금)을 조성하기 때문에 기금제 혹은 보험적립제라고 하며, 우리나라와 미국 등에서 채택하고 있다.

적립방식은 장기적인 연금지급에 대비하여 미리 기금을 조성하는 것이므로 비용과 지출의 평준화를 기할 수 있다. 또한 기금으로부터 이자와 수익을 얻을 수 있어 시간이 지날수록 비용 부담이 줄어들 수 있으며, 적립된 기금이 있기 때문에 비교적 한결같은 연금급여가 장기적으로 보장될 수 있다.

하지만 적립방식은 연금제도의 개시(開始)비용이 많이 들며, 인플레이션이 심하면 기금의 가치가 하락하여 연금급여의 실질 수준이 낮아 질 수 있다. 또한 연금제도의 전반적인 관리 · 운영이 복잡하고 비용이 많이 들며, 기금을 적절히 투자하고 운용하는데 어려움이 있을 수 있다.

(2) 부과방식: 비기금제

부과방식(pay-as-you-go system)은 적립된 기금 없이 연금급여가 발생할 때마다 필요한 비용을 조달하여 지급하는 방식이다. 예컨대 각 연도의 연금급여에 소요되는 비용을 해당연도 가입자의 기여금이나 국가의 세출예산으로 충당하는 방식이다. 이러한 부과방식은 적립금(기금)을 보유하지 않기 때문에 비(非)기금제 혹은 현금지출제로 불리며,[5] 영국 · 독일 · 프랑스 등 유럽의 여러 국가에서 채택하고 있다.

부과방식은 매년 연금지급에 필요한 재원만 마련하면 되기 때문에 개시(開始)비용이 적게 들어 연금제도의 초기 시행이 용이하다. 또한 인플레이션에도 불구하고 연금급여의 실질가치가 유지될 수 있으며, 제도의 운영이 간편하고 관리비용도 적게 드는 장점이 있다.

하지만 부과방식은 시간이 흐를수록 더 많은 재원을 필요로 하게 되어 미래 세대에 더욱 과중한 비용부담을 전가(轉嫁)시키는 문제가 있다. 이것은 지급해야 할 연금급여는 매년 증가하는데도 불구하고 별도의 기금에서 나오는 수익이 없기 때문이다. 특히 경제 사정이나 정부의 재정상황에 따라 연금예산이 매년 달라질 수 있기 때문에 장기적인 연금급여의 충분하고 안정된 보장이 어려운 경우가 발생할 수 있다(박연호, 2001: 310; 강성철 외, 2014: 489).

(3) 비교 및 종합

연금재원의 형성방식으로서 적립방식과 부과방식은 각기 나름대로 장점과 단점

5) 경우에 따라서 적립금을 보유하더라도 그 적립금은 연금급여의 일시적 과다지출에 대비한 위험준비금의 역할만 한다.

표 19-3 적립방식(기금제)과 부과방식(비기금제)의 장단점

구분	장점	단점
적립방식 (기금제)	• 인구구조변화 및 경기변동에 강함 • 연금재정 및 급여의 안정성 • 제도의 안정적 운영 가능	• 인플레이션에 취약 • 연금기금의 감소 · 고갈 가능성 • 관리운영 복잡 및 비용 과다 • 장기간 재원 부담 필요
부과방식 (비기금제)	• 인플레이션 대응력 강함 • 경제성장시 연금가치 상승 • 관리운영 간편 및 비용 절감	• 인구구조변화 및 경기변동에 민감 • 연금재정 및 급여의 안정성 미흡 • 기금수익 부재로 장기 비용 부담 • 미래 세대의 부담 과중

을 지닌다. 이들 장점과 단점은 주로 적립금(기금)의 조성 여부에 기인하며, 그 내용은 〈표 19-3〉과 같다.

적립방식과 부과방식 중 어느 것을 선택하는가는 개별 국가의 상황에 따라 달라질 수밖에 없다. 하지만 순수한 의미의 완전 적립방식이나 완전 부과방식을 채택하고 있는 국가는 극히 일부에 불과하며, 대부분 자신의 상황에 따라 두 방식을 절충·수정한 방식을 채택하고 있다. 예컨대 처음 연금제도를 채택하면서 거의 전적으로 부과방식에 의존하였던 프랑스·이탈리아 등은 조세 인센티브의 강화를 통해 적립방식을 추가·확대하였다. 반면에 처음 적립방식을 채택하였으나 연금제도가 성숙되면서 고령화에 따른 적립금 고갈이 발생하여 부과방식을 도입·절충한 국가들도 있다. 우리나라는 기존의 적립방식을 근간으로 하면서 2001년부터 부과방식을 도입하여 연금급여의 재원을 보충하고 있다. 즉, 연금급여에 드는 비용을 기여금과 부담금으로 충당할 수 없는 경우, 그 부족한 금액은 국가나 지방자치단체의 보전금으로 충당하도록 하고 있다(「공무원연금법」 제69조제1항 단서 및 「공무원연금법 시행령」 제65조의3제2항).

2) 연금재원의 조달

연금급여를 위해서는 누군가가 그 재원을 부담해야 한다. 연금재원의 조달방식은 공무원 본인의 부담 여부에 따라 기여제(寄與制)와 비(非)기여제로 구분할 수 있다.

(1) 기여제

기여제(contributory system)는 연금급여에 필요한 비용을 정부뿐만 아니라 공무원

본인이 일정 부분을 부담하는 제도이다. 이러한 기여제는 부과방식의 비기금제에서도 채택되고 있지만, 기금을 조성하여 운영하는 적립방식의 기금제에서 주로 활용되고 있다.

(2) 비(非)기여제

비기여제(non-contributory system)는 연금급여에 필요한 비용을 공무원에게 부담시키지 않고 정부가 전액 부담하는 제도이다. 이러한 비기여제는 적립방식의 기금제에서도 채택되고 있지만, 부과방식의 비기금제에서 주로 활용되고 있다.

(3) 비교 및 종합

연금재원의 조달방식으로서 기여제 혹은 비기여제는 경제적인 측면에서는 별 차이가 없을 수 있다. 예컨대 비기여제에 의하더라도 기여제에서의 공무원 기여금만큼 공무원 보수를 줄여 연금예산에 반영하면 기여제와 같은 결과가 될 수 있기 때문이다(박연호, 2001: 310). 따라서 기여제 혹은 비기여제의 선택은 경제적인 것이라기보다는 심리적인 것이라 할 수 있다(Stahl, 1983: 362).

공무원연금제도가 보험의 원리를 기반으로 한 사회보장제도라는 점에서 보면, 혜택을 받는 정부와 공무원이 그 비용을 부담하는 기여제가 바람직하다. 우리나라에서도 퇴직급여 및 유족급여(일부 제외)에 드는 비용은 공무원과 정부가 공동으로 부담하는 기여제의 방식에 의하고 있다(「공무원연금법」 제65조제1항). 여기서 공무원이 부담하는 금액을 기여금이라 하고, 국가나 지방자치단체가 부담하는 것을 부담금이라 한다. 기여금과 부담금은 모두 공무원의 기준소득월액의 일정 비율로 산정되는데, 기준소득월액이란 공무원 개인의 소득에서 비과세소득을 제외한 금액(과세소득)의 연(年)지급 합계액을 12개월로 평균한 금액이다. 현재 공무원은 기준소득월액의 8~9%를 기여금으로 납부하며, 국가 또는 지방자치단체도 매 회계연도 보수예산의 8~9%에 상당하는 금액을 부담하고 있다.

하지만 보험의 성격보다는 사용자 책임이나 부조적(扶助的) 성격이 강한 연금급여는 정부가 전액 부담하는 비기여제의 방식에 의하는 것이 타당하다. 이에 따라 우리나라에서는 퇴직급여 및 유족급여(일부 제외)에 드는 비용은 기여제에 의하지만, 사용자 책임으로 간주되는 재해보상급여 및 퇴직수당, 부조적 성격의 급여인 재해부조금 및 사망조위금 등에 소요되는 비용은 국가나 지방자치단체가 전액을 매년 부담하고 있다(「공무원연금법」 제65조제2항 · 제3항).

3) 연금기금의 운용

적립방식으로 연금재원을 마련하게 되면 적립금이 형성된다. 즉, 공무원의 기여금과 정부의 부담금으로 만들어진 적립금 및 그 적립금의 운용에 따른 수익금 등으로 연금기금이 조성된다. 이러한 연금기금은 연금급여에 충당하기 위한 책임준비금의 성격을 띤다.[6)]

공무원연금기금은 공무원연금공단이 관리 · 운용하며, 그 운용은 여러 가지 방식으로 이루어질 수 있다. 예컨대 기금증식과 공무원의 후생복지를 위한 재산취득, 금융기관에 예입, 재정자금에 예탁, 국가 · 지방자치단체 또는 금융기관이 직접 발행하거나 채무이행을 보증하는 유가증권의 매입, 공무원 또는 공무원연금을 받을 권리가 있는 자에 대한 대부, 그 밖에 「공무원연금법 시행령」으로 정하는 기금증식사업 또는 공무원후생복지사업 등의 방법으로 기금이 운용될 수 있다(「공무원연금법」 제74조). 또한 공무원후생복지사업을 위하여 기금을 출연하거나 공무원후생복지사업 중 체육시설업, 관광숙박업 및 유원(遊園)시설업, 장사(葬事)시설의 설치 · 운영사업에 기금을 출자하는 것도 가능하다(「공무원연금법」 제74조의2).

3. 공무원연금의 급여체계

1) 연금급여의 종류

공무원연금급여의 종류는 국가에 따라 차이가 있으나, 대체로 퇴직급여와 유족급여가 중심이 된다. 우리나라의 경우 퇴직급여와 유족급여 외에 재해보상급여와 부조급여 등이 포함되며,[7)] 이들 연금급여의 종류 및 요건 등은 〈표 19-4〉와 같다.

---

6) 공무원연금제도의 회계는 연금회계와 기금회계로 구분되어 있다. 연금회계는 공무원의 기여금과 정부의 부담금 등을 수입으로 하고, 연금급여 등 제반 급여를 지출로 하는 회계이다. 그리고 기금회계는 연금회계에 적립된 기금을 관리 · 운용하는 회계를 말한다. 연금회계와 기금회계 간의 상호 관계를 보면, 연금회계에서 수지 흑자가 발생하면 그 흑자분이 기금회계에 전입처리 되고, 적자가 발생하면 그 부족분을 기금회계로부터 이입(移入) 충당한다.

7) 연금급여의 직접적인 지급은 아니지만, 학자금대부, 연금대출, 주택지원, 복지시설운영 등 각종 후생복지사업에도 공무원연금이 활용되고 있다(「공무원연금법」 제74조제2항).

표 19-4 공무원연금급여의 종류 및 요건

종류			요건
장기급여	퇴직급여	퇴직연금	• 10년 이상 재직 후 퇴직 연금지급 개시연령(시점)에 도달시
		조기퇴직연금	• 퇴직연금 대상자 연금지급 개시연령(시점) 전에 지급 선택시
		퇴직연금일시금	• 퇴직연금 대상자 전액 일시금 선택시
		퇴직연금공제 일시금	• 퇴직연금 대상자 10년 초과 재직기간 중 일부기간 일시금 선택시 (나머지 기간분은 퇴직연금 또는 조기퇴직연금 지급)
		퇴직일시금	• 10년 미만 재직 후 퇴직
	퇴직수당		• 1년 이상 재직 후 퇴직 또는 사망
	장해급여	장해연금	• (비)공무상 질병 · 부상으로 장애상태로 퇴직 또는 퇴직 후 그 질병 · 부상으로 장애상태
		장해보상금	• 장해연금 대신 일시금 선택시
	유족급여	유족연금	• (조기)퇴직연금/장해연금 대상자 사망 또는 순직공무원
		유족연금부가금	• 10년 이상 재직 중 사망 (유족연금에 추가하여 일시금으로 지급)
		유족연금 특별부가금	• 퇴직 후 연금지급 개시 전 사망 또는 (조기)퇴직연금수급권자가 3년 이내 사망 (유족연금에 추가하여 일시금으로 지급)
		유족연금일시금	• 유족연금부가금 대상자 일시금 선택시
		유족일시금	• 10년 미만 재직 중 사망
		순직유족보상금	• 순직공무원의 유족에게 지급 (유족연금에 추가하여 일시금으로 지급)
		위험직무순직 유족연금	• 위험직무순직공무원의 유족에게 지급
		위험직무순직 유족보상금	• 위험직무순직공무원의 유족에게 지급 (위험직무순직연금에 추가하여 일시금으로 지급)
단기급여	요양급여	공무상 요양비	• 공무상 질병 · 부상으로 요양
	부조급여	사망조위금	• 본인 · 배우자 · 부모(배우자 부모 포함) · 자녀 사망
		재해부조금	• 자연적 · 인위적 재해로 인한 재산상 손해

연금급여의 종류는 그 급여가 지급되는 기간을 기준으로 장기급여와 단기급여로 크게 구분할 수 있다. 장기급여는 공무원의 퇴직·장해 및 사망을 대상으로 하며, 이는 장기간에 걸친 소득보장을 목적으로 지급된다. 반면에 단기급여는 공무상 질병·부상·사망과 재해를 대상으로 하며, 주로 재직 중에 발생되는 사유에 대해 단기적인 소득지원이나 보상 등을 실시하는 급여이다.

(1) 장기급여

장기급여에는 퇴직급여, 장해급여 및 유족급여가 있으며, 각기 지급요건 등에서 차이가 있다.

퇴직급여 퇴직급여는 공무원이 퇴직하였을 때 지급되며, 그 종류로는 (조기)퇴직연금, 퇴직연금일시금, 퇴직연금공제일시금 및 퇴직일시금이 있다. 공무원이 10년 이상 재직하고 퇴직한 경우에 (조기)퇴직연금·퇴직연금일시금·퇴직연금공제일시금의 대상이 되며, 퇴직연금은 예외가 있지만 65세가 되었을 때부터 사망할 때까지 지급된다.[8] 하지만 10년 미만 재직하고 퇴직한 경우에는 퇴직일시금이 지급된다.

장해급여 장해급여는 재직공무원이 공무상 질병이나 부상으로 인하여 장애 상태가 되어 퇴직한 때 혹은 퇴직 후에 그 질병 또는 부상으로 인하여 장애 상태가 된 때에 장애의 정도에 따라 지급된다. 이러한 장해급여는 본인의 희망에 따라 장해연금 또는 장해보상금 중에 하나로 지급되며, 장해보상금은 장해연금에 갈음하여 일시불의 형태로 지급되는 급여이다.

유족급여 유족급여는 공무원이 사망하였을 때 그 유족의 생활안정을 위해 지급된다. 유족급여에는 유족연금, 유족연금부가금, 유족연금일시금, 유족연금특별부가금, 유족일시금이 있으며, 순직공무원의 유족에게는 (순직)유족연금 외에 순직유족보상금, 그리고 위험직무순직공무원의 유족에게는 위험직무순직유족연금과 위험직무순직유족보상금이 지급된다.[9]

---

8) 퇴직연금 지급이 시작되는 시점은 (i) 65세가 되었을 때, (ii) 공무원임용 관계 법령 등에서 정년 또는 근무상한연령을 60세 미만으로 정한 경우에는 그 정년 또는 근무상한 연령이 되었을 때부터 5년이 경과한 때, (iii) 공무원임용 관계 법령 등에서 정한 계급정년이 되어 퇴직한 때부터 5년이 경과한 때, (iv) 직제와 정원의 개정과 폐지 또는 예산의 감소 등으로 인하여 직위가 없어지거나 정원을 초과하는 인원이 생겨 퇴직한 때부터 5년이 경과한 때, (v) 대통령령으로 정하는 장애 상태가 된 때의 어느 하나에 해당하는 때이다(「공무원연금법」 제46조제1항).

9) 순직공무원은 '재직 중 공무로 사망한 경우 또는 재직 중 공무상 질병 또는 부상으로 사망하거나 퇴

(2) 단기급여

단기급여에는 공무상 요양비, 사망조위금 및 재해부조금이 있다. 공무상 요양비는 공무원이 공무상 질병 또는 부상으로 인하여 진단, 약제 · 치료재(治療材) · 보철구 지급, 처치 · 수술이나 그 밖의 치료, 병원이나 요양소에 수용되어 하는 요양, 간호, 이송 등의 경우에 지급된다. 사망조위금은 공무원 본인이 사망하거나, 공무원의 배우자나 부모(배우자의 부모 포함) 또는 자녀가 사망한 경우에 지급된다. 또한 재해부조금은 공무원이 수재(水災)나 화재, 그 밖의 재해로 재산에 손해를 입었을 때 지급된다.

2) 연금급여의 정지 및 제한

연금급여의 요건에 해당하면 지급이 이루어져야 하지만, 일부 연금급여의 지급이 정지되거나 제한되는 경우가 있다(「공무원연금법」 제47조 · 제55조 및 제64조).

(1) 연금의 지급정지

연금의 지급정지란 (조기)퇴직연금이나 장해연금의 전부 또는 일부에 대한 지급이 정지되는 것을 말한다. 이러한 제도는 과도한 연금의 수령을 방지하려는데 그 목적이 있으며, 이들 연금의 전부가 정지되는 경우와 일부가 정지되는 경우가 있다.

(조기)퇴직연금이나 장해연금의 수급자가 (i) 「공무원연금법」이나 「군인연금법」 또는 「사립학교교직원연금법」의 적용을 받는 공무원 · 군인 또는 사립학교교직원으로 임용된 경우, (ii) 선거에 의한 선출직 공무원에 취임한 경우, (iii) 「공공기관의 운영에 관한 법률」 제4조에 따른 공공기관 중 국가가 전액 출자 · 출연한 기관에 임직원으로 채용된 경우, (iv) 「지방공기업법」 제2조에 따른 지방직영기업 · 지방공사 및 지방공단 중 지방자치단체가 전액 출자 · 출연한 기관에 임직원으로 채용된 경우, (v) 「지방자치단체 출자 · 출연 기관의 운영에 관한 법률」 제2조제1항에 따른 기관 중 지방자치단체가 전액 출자 · 출연한 기관에 임직원으로 채용된 경우의 하나에 해당하면 그 재직기간 중 해당 연금 전부의 지급이 정지된다.

이와 달리 (조기)퇴직연금이나 장해연금의 수급자가 연금 외의 「소득세법」에 의

직 후 그 질병 또는 부상으로 사망한 공무원'이며, 위험직무순직공무원이란 '공무원으로서 생명과 신체에 대한 고도의 위험한 직무를 수행하다가 입은 위해가 직접적인 원인이 되어 사망한 공무원'을 말한다(「공무원연금법」 제3조).

한 사업소득이나 근로소득이 있고 각 소득금액 또는 이를 합산한 소득금액의 월평균 금액이 전년도 평균연금월액을 초과한 경우에는 해당 연금의 일부가 지급정지된다. 이 경우 지급이 정지되는 금액은 (조기)퇴직연금이나 장해연금의 1/2을 초과할 수 없다.

(2) 연금급여의 제한

공무원의 재직 중 범죄 발생을 억제하고 행동규범을 준수하도록 유도하기 위하여 퇴직급여 및 퇴직수당의 일부를 감액하여 지급하는 제도가 있다. 공무원 또는 공무원이었던 사람이 일정한 사유에 해당하면 퇴직급여 및 퇴직수당의 일부가 감액 지급되며, 경우에 따라서 그 일부만이 우선 지급되고 향후 수사·재판결과에 따라 잔여금이 지급될 수도 있다(〈표 19-5〉 참고).

표 19-5 공무원연금급여의 제한

제한 사유	대상 급여	제한 규모
• 재직 중 사유로 금고 이상의 형을 받은 경우 • 탄핵 또는 징계에 의하여 파면된 경우	퇴직급여	• 5년 이상 재직: 1/2 감액 • 5년 미만 재직: 1/4 감액
	퇴직수당	• 1/2 감액
• 금품 · 향응 수수, 공금 횡령 · 유용으로 징계 해임된 경우	퇴직급여	• 5년 이상 재직: 1/4 감액 • 5년 미만 재직: 1/8 감액
	퇴직수당	• 1/4 감액
• 재직 중의 사유로 금고 이상의 형에 처할 범죄 행위로 인하여 수사가 진행 중이거나 형사재판이 계속 중일 때	퇴직급여 (연금형태의 급여 제외)	• 5년 이상 재직: 1/2 지급 정지 • 5년 미만 재직: 1/4 지급 정지
	퇴직수당	• 1/2 지급 정지

자료: 「공무원연금법 시행령」 제55조

4. 공무원연금의 과제

어느 국가에서나 연금제도의 가장 큰 고민은 바로 연금재정의 건전성과 관련된 것이다. 우리나라에서도 공무원연금을 포함한 공적연금의 적자 등 재정건전성에 대한 논란이 끊임없이 제기되고 있다. 특히 공무원연금제도의 성숙에 따라 연금수급자의 수가 증대되고 평균수명이 늘어남에 따라 연금수급기간 역시 증가하고 있어 연금재정의 장기적 수지불균형은 더욱 악화될 가능성이 있다. 이와 같은 연금재정의 건전성 측면을 중심으로 우리나라 공무원연금제도의 문제점과 발전방안을 살펴보면 다음과 같다.

1) 공무원연금의 문제점

(1) 연금재원체계상 문제점

재원형성상 문제점 우리나라의 공무원연금제도는 초기에는 적립방식으로 출발했으나 연금기금의 고갈이 발생하여 2001년부터 부과방식을 보완적으로 활용하고 있다. 이러한 부과방식의 도입으로 인해 2013년에 투입된 정부보전금은 1조 9,000억원에 이르고 있으며, 향후 연금제도의 성숙도가 높아짐에 따라 그 규모는 2020년에 7조원 이상, 2025년에 11조원 이상, 2030년에 16조원 이상 등으로 급증할 것으로 예상된다(김춘순, 2010: 80). 이처럼 기하급수적으로 늘어날 것으로 추산되는 정부보전금이 과연 항구적으로 투입될 수 있을 것인가에 대해 상당한 우려가 있다.

재원조달상 문제점 최근 공무원연금제도의 전면적인 개혁을 통해 연금산정기준을 변경하고 기여금과 부담금을 인상하는 조치가 있었다. 이로 인해 낮은 비용부담률의 문제를 어느 정도 완화하게 되었으나, 향후 공무원연금제도의 재정불안정을 완전히 해소할 수 있을지는 여전히 의문이다. 특히 미래 세대와 정부가 장기간에 걸쳐 추가 부담해야 하는 규모가 상당한 수준이 될 것으로 예상되는 점도 심각한 문제로 등장한다.

기금운용상 문제점 연금기금의 운용상 문제점으로서 기금의 목적 외 사용과 기금의 비효율적인 운용을 들 수 있다. 기금의 다양한 운용은 각기 나름대로 이유가 있을 수 있지만, 예컨대 연금회관 · 호텔 · 물품판매사업 · 임대주택 등과 같은 후생복지시설사업은 영리성이 강해 연금제도에 의한 사업으로 인정하기가 곤란한 점이 있다. 이들 사업은 부동산 가치상승으로 자산가치가 올라가더라도 급여의 재원으로 사용할 수 없기 때문에 연금의 고유목적에 전혀 부합되지 않는다고 할 수 있다.

기금의 목적 외 사용은 그 자체로서 문제가 있을 뿐만 아니라 기금운용의 비효율을 초래하여 연금재정을 악화시키는 원인이 되기도 한다. 특히 후생복지시설에 대한 투자는 부동산가격의 변동에 따른 수익의 변화로 연금재정의 안정성을 저해하는 경우가 종종 발생하고 있다. 또한 기금의 일정액은 「공무원연금법」 및 「공공자금관리기금법」에 따라 정부의 재정투융자특별회계에 예탁하도록 되어 있는데, 이러한 기금의 예탁수익률이 민간시장에 비해 현저히 낮은 문제점이 있다. 낮은 수익률로 연금재정이 악화되어 국가재정으로 다시 보충하는 것은 비합리적이며 오히려 비용이 더 많이 소요될 수도 있다.

(2) 연금급여체계상 문제점

연금급여체계에서 가장 논란이 되는 것은 급여의 형평성 문제이다. 급여의 형평성 문제는 공무원연금의 수급자들 간에 나타날 수 있을 뿐만 아니라 공무원연금의 수급자와 다른 공적연금의 수급자 간에도 제기될 수 있다. 특히 직역연금과 국민연금 간의 수익률이나 지급률에서 차이가 나타나고 있는 점은 공무원연금의 재정안정화를 위해 상당한 제도개선이 필요함을 보여준다.

2) 공무원연금의 발전방안

(1) 연금재원체계상 발전방안

재원형성방식의 개선 공무원연금재정의 적자를 메우기 위한 정부보전금의 급증은 향후 정부재정의 부담을 더욱 가중시키게 될 것이다. 따라서 고령화에 따른 장기복지지출의 증가 및 그에 따른 정부예산수요의 증대가 예상되는 상황에서 빠른 기간 내에 정부의 추가부담을 통해 정부부담금 규모를 장기적으로 균등하게 배분하는 노력이 이루어져야 한다(윤석명 외, 2011: 82).

국제기구들은 향후 연금정책의 방향으로 적립방식의 확대를 제시하고 있다(강강원, 2008: 279). 이러한 적립방식의 확대는 다층 구조적인 연금제도의 개발을 통해 추진이 가능하다. 즉, 국가는 기초적인 소득만을 보장하고, 민간부문에서 연금제도의 다른 기능을 수행하도록 하는 것이다. 이는 부과방식의 공적연금을 대폭 축소하고 적립방식의 사적연금을 확대하는 것을 의미한다. 적립방식의 사적연금 확대는 조세인센티브의 강화를 통해 이루어질 수 있는데, 공무원연금의 경우에도 적립방식의 확대를 위해 다양한 인센티브를 적극 제공하는 방안이 마련될 필요가 있다.

재원조달방식의 개선 적립방식의 확대와 같은 맥락에서 공무원의 부담수준을 높여 연금재정의 악화를 방지하여야 한다. 지금까지 공무원연금제도의 개선과정에서 공무원의 기여금 인상은 가장 손쉽게 수시로 이루어져 왔다. 이러한 기여금 인상은 공무원의 반발을 초래하고 연금제도에 대한 신뢰를 근본적으로 훼손하는 결과를 초래하였다.

그럼에도 불구하고 연금급여의 안정적 지급을 위해서는 향후 기여금의 추가 인상이 불가피하다는 점을 공무원은 받아들여야 한다. 다만 이 경우 연금재정수지의 장기적인 예측하에 기여금의 인상에 대한 예측이 가능하도록 하는 것이 필요하다. 물가수준과 보수의 상승 등에 연동하여 일정기간(예: 5년 주기)마다 재조정하는 방안이 그 예이다.

기금운영방식의 개선 연금기금의 목적 외 사용은 연금제도의 목적에 부합하지 않으며 재정의 악화를 초래할 수 있다. 공무원의 후생복지는 고용주인 국가 · 지방자치단체의 차원에서 이루어져야 하므로 기금사업과는 별도로 분리 · 추진되어야 한다. 따라서 기금사업의 목표를 수익성 증대에 두고, 연금재정의 안정화를 위한 기금의 역할이 보다 강화되도록 노력하여야 한다.

기금의 정부예탁은 공적자금의 공공성과 안정성 차원에서 불가피하다고 하더라도, 연금재정의 안정화를 위해서는 예탁수익률을 높일 필요가 있다. 기금의 정부예탁은 그 수익률이 개선된다면 매우 안전성 있는 투자수단이 될 수 있다. 따라서 시장금리 수준의 수익이 보장되는 방향으로 정부예탁제도가 개선되어야 한다.

(2) 연금급여체계상 발전방안

공무원연금급여의 형평성을 높이기 위해서는 연금제도 본래의 목적에 맞도록 선심성 급여를 먼저 정리할 필요가 있다. 대부분의 서구 복지국가가 지난 수년간 단행한 연금개혁의 초점은 무엇보다도 급여수준을 낮추기 위한 것이었다(강강원, 2008: 278). 급여지출의 감축 또는 억제 대책으로 여러 가지가 있을 수 있지만, 사적연금처럼 공무원과 그 가족의 선호에 따라 급여의 형태를 선택할 수 있도록 하는 방안이 하나의 대안이 될 수 있다.

연금제도의 목적은 풍족한 삶을 보장하는 것이 아니라 최소한의 생활보장에 있다. 충분한 생활을 보장받기 위해서는 사적연금이나 개인저축 등의 다른 소득원천이 필요하다. 따라서 공무원연금의 수익률이나 지급률이 다른 공적연금, 특히 국민연금과의 형평성 차원에서 상호 균형을 이루도록 하는 것이 바람직하다. 만일 수익률이나 지급률을 낮추기 어렵다면, 공무원의 기여율을 높여서 '적정부담 · 적정급여의 원칙'이 수립되도록 하여야 한다.

제20장

후생복지

제1절 후생복지의 이해

1. 후생복지의 의의

1) 후생복지의 의미

후생복지(厚生福祉)란 공무원의 경제적인 안정을 도모하고 생활의 질을 향상시키기 위한 간접적인 보상을 말한다. 과거 후생복지는 부가급부(附加給付, fringe benefit) 또는 보충급부(補充給付, supplementary benefit)로서 금전적인 보수에 더하여 부여되는 추가혜택으로 간주되어 왔다. 하지만, 근래에 들어 후생복지가 전체 보상에서 차지하는 비중이 점차 커짐에 따라 그 의미 또한 단순히 부가적·소극적인 관점에서 벗어나 보다 포괄적·적극적인 관점으로 변하고 있다.

2) 후생복지의 중요성

공무원의 경제적인 안정을 위해서는 금전적인 보수는 물론, 그들의 일상생활에 필요한 경비의 일부를 지급하거나 비금전적인 혜택을 부여해주는 것도 매우 중요하다. 예컨대 의료·재해보험이나 출퇴근, 주택, 운동·여가활동 등과 같은 공무원의 일상생활에 필요한 경비는 자신의 보수에서 지불되어야 하지만, 정부가 단체 차원에서 일괄 부담하면 규모의 경제에 의하여 그러한 경비를 보다 효율적으로 감당할 수 있게 된다. 그러한 정부부담에 따라 공무원은 간접적인 보상혜택을 받게 되고, 동시에 정부는 공무원의 욕구충족을 통해 생산성 향상을 도모할 수 있다.

2. 후생복지의 종류

공무원에 대한 간접적 보상인 후생복지는 크게 법정 후생복지와 법정 외 후생복지로 구분할 수 있다.

1) 법정 후생복지

국가의 사회보장 차원에서 법률로 명시하여 그 실시가 강제되어 있는 공무원 후생복지를 말한다. 법정 후생복지는 공무원의 기본적인 생활에 필요한 최소한의 사회보장 수준을 유지할 수 있도록 지원하는데 그 목적이 있다. 우리나라 공무원의 법정 후생복지로는 각종 보험료 지원, 후생복지시설, 휴양 · 요양급여, 휴가제도 등을 들 수 있다.

2) 법정 외 후생복지

국가의 사회보장 차원에서 강제적으로 적용되는 법정 후생복지와 달리, 법정 외 후생복지는 정부의 임의적 결정에 의하여 공무원과 그 가족에게 제공되는 각종 후생복지제도나 시설 등을 말한다. 이러한 법정 외 후생복지는 생활지원, 서비스시설 제공, 공제활동 등과 같이 매우 다양한 형태를 띤다.

3. 후생복지의 한계

사회가 다양하게 발전하고 산업이 고도화됨에 따라서 공무원의 후생복지에 대한 요구는 더욱 급증하고 있다. 이에 따라 후생복지는 모범 고용주로서 정부가 맡아야 할 사회적 책임의 하나로 간주되기에 이르렀다. 후생복지가 공무원의 경제적인 안정과 사기앙양에 기여하는 것은 분명하지만, 공무원이 원한다고 해서 정부는 후생복지를 무조건 확대해 나갈 수 없는 입장이다. 지나친 후생복지는 정부에게 과대한 부담을 줄 뿐만 아니라, 공무원으로 하여금 정부에 의존하게 하여 그들의 자립성을 제한함으로써 공무원과 정부 간의 관계가 불건전해질 수도 있다. 따라서 공무원의 후생복지는 그 필요성과 효과성 관점에서 적절한 한계와 범위가 설정되어져야 한다.

제2절 | 우리나라의 공무원 후생복지

1. 후생복지제도의 개요

우리나라에서는 후생복지제도를 공무원의 근무능률을 높이기 위한 수단으로 간주하고, 각 기관의 장에게 공무원의 보건, 휴양, 안전, 후생, 그 밖에 필요한 사항에 대한 기준을 설정하고 이를 실시하도록 의무화하고 있다(「국가공무원법」 제52조). 이에 따라 「공무원 후생복지에 관한 규정」이 제정되어 맞춤형 복지제도를 채택·실시하고, 공무원의 문예활동, 체육·취미·여가활동, 나눔활동 등에 대하여 다양한 지원을 행하고 있다. 이러한 후생복지제도는 공무원의 다양한 복지수요를 효과적으로 충족시키고, 공무원이 건강하고 활기차게 근무할 수 있는 여건을 조성하여 정부의 생산성을 높이는 것을 목적으로 한다(「공무원 후생복지에 관한 규정」 제1조).

2. 맞춤형 복지제도

1) 맞춤형 복지제도의 개요

(1) 선택적 복지제도의 의의

선택적 복지제도(flexible benefit plan)는 선택 가능한 복지혜택의 대안들을 미리 다양하게 준비해 놓고 그 가운데서 자신의 기호와 여건, 삶의 양식에 따라 각자 필요한 것을 고를 수 있게 하는 제도이다. 즉, 식당 메뉴에서 원하는 음식을 선택하는 것과 같이, 구성원이 그에게 할당된 후생복지 비용의 범위 내에서 주어진 복지혜택의 대안들 가운데 자신에게 가장 적합한 것을 선택하게 하는 카페테리아식 복지제도(cafeteria-style benefit plan)이다.

이처럼 선택적 복지제도는 조직구성원이 지니는 고유한 욕구를 반영 · 선택하도록 하는데 그 특징이 있다. 과거의 복지제도는 개인의 선호에 따른 선택의 자율성과 무관하게 조직 전체에 걸쳐 일률적 · 획일적으로 실시되어 왔다. 이러한 표준적 복지제도(standard benefit package plan)는 구성원의 욕구충족과 동기부여에 실질적인 효과를 주지 못한다는 비판을 받았다. 이에 복지제도의 실효성을 높이기 위하여 그 근본방향을 '개인의 선호에 따른 선택'으로 전환하게 되었다. 즉, 복지에 대한 선호가 개인마다 차이가 있는 것을 감안하여 그에 대한 선택권을 각자에게 돌려주는 것을 후생복지제도의 기본 취지로 삼게 되었다. 이러한 취지로 마련된 선택적 복지제도는 현재 많은 국가의 민간부문뿐만 아니라 공공부문에서 채택 · 시행되고 있다.

(2) 맞춤형 복지제도의 의의

과거 우리나라 공무원에 대한 후생복지는 주거안정 지원, 학자금 대부, 교육비 지원, 동호인 활성화 사업 등 다양하게 이루어져 왔으나, 예산의 사용규모에 비하여 개인의 기대와 필요를 충족하는데 미흡하였다는 비판이 있었다. 또한 복지재정의 한계와 각 부처별로 상이한 후생복지프로그램으로 인해 복지혜택이 골고루 제공되지 못하여 공무원들의 불만이 있었다. 특히 공무원 개인이 원하는 복지수요와 관계없는 일률적 · 획일적인 후생복지서비스로 인해 후생복지제도의 실효성에 근본적인 의문이 제기되기도 하였다.

이에 따라 정부는 「공무원 후생복지에 관한 규정」을 제정하여 2005. 6. 1부터 '맞춤형 복지제도'라는 명칭으로 선택적 복지제도를 도입하였다. 맞춤형 복지제도란 사전에 설계되어 제공되는 복지혜택 중에서 공무원이 본인의 선호와 필요에 따라 개별적으로 부여된 복지점수를 사용하여 자신에게 적합한 복지혜택을 선택하는 제도를 말한다(「공무원 후생복지에 관한 규정」 제2조).

맞춤형 복지제도하에서 정부는 공무원 개인이 처한 가족상황, 경력, 성과 등 복지수요를 감안하여 개인별 점수를 산정 · 부여하고, 공무원은 그 점수를 자신의 선호에 맞게 활용한다. 이러한 제도의 도입으로 복지비용의 증가를 억제하면서 복지서비스의 만족도를 제고하는 등 복지예산의 체계적이고 효율적인 운영이 가능할 것으로 기대하고 있다. 특히 공무원들에게 복지선택의 폭을 넓혀주고 실질적인 혜택을 받을 수 있도록 한다는 점에서 과거의 제도와 근본적인 차이가 있다.

2) 맞춤형 복지제도의 체계

(1) 관리운영체계

맞춤형 복지제도는 공무원 개인별로 복지점수를 배정하고, 그 점수 내에서 공무원이 자신의 필요에 따라 복지항목을 선택·사용하도록 하는 제도이다. 즉, 정부가 공무원에게 매년 일정한 금액에 해당하는 복지점수를 배정하면, 공무원은 각자 배정된 점수를 활용하여 자신이 원하는 복지항목을 선택하여 서비스를 받도록 하는 체계이다.

(2) 관리운영기관

맞춤형 복지제도의 관리운영은 인사혁신처, 해당 부처(기관), 공무원연금공단에서 맡고 있다. 인사혁신처는 맞춤형 복지제도의 전반을 관장하고, 제도의 운영 실태에 관한 조사 및 분석 등을 수행한다. 맞춤형 복지제도의 실질적인 운영은 원칙적으로 부처(기관)의 장이 담당하며, 공무원연금공단은 맞춤형 복지제도의 통합시스템 및 복지포털 등을 관리하고 부처(기관)의 장에게 운영에 관련된 사항을 지원하는 활동을 한다.

(3) 법적 근거 및 적용대상

맞춤형 복지제도는 「공무원 후생복지에 관한 규정」 제2장에 근거하고 있는데, 이는 "사전에 설계되어 제공되는 복지혜택 중에서 공무원이 본인의 선호와 필요에 따라 개별적으로 부여된 복지점수를 사용하여 자신에게 적합한 복지혜택을 선택하는 제도"라고 정의된다(제2조).

맞춤형 복지제도의 적용대상은 행정부 소속 공무원을 원칙으로 하며, 지방자치단체 소속 공무원도 포함한다. 다만 휴직·시보근무·국외파견 중인 공무원 등의 경우에는 적용이 배제 또는 제한될 수 있다. 하지만 별정우체국 직원, 청원경찰, 수습직원 및 비정규직 등과 같이 공무원이 아닌 경우라도 적용대상이 될 수 있다.

3) 맞춤형 복지제도의 내용

맞춤형 복지제도는 복지점수의 부여 및 복지항목의 구성에 관한 사항을 그 내용으로 한다. 복지점수의 부여에 관한 사항은 정부가 공무원 개인 단위로 복지점수를 배정하는 방식과 기준에 관한 것이며, 복지항목의 구성에 관한 사항은 공무원이 각자 배정된 복지점수를 통해 지출이나 구매가 가능한 복지혜택의 항목에 관한 것을 말한다.

(1) 복지점수의 부여

복지점수란 맞춤형 복지제도의 설계·운영에 사용되는 계산단위를 말하며, 복지점수 1점은 금액으로 환산하면 1천원에 상당한다. 이러한 복지점수는 운영기관의 장이 매년 1월 1일을 기준으로 연도별로 부여하며, 그 점수는 해당연도 내에 사용하여야 하며 사용 후 남은 복지점수는 다음 연도로 이월하거나 금전으로 청구하지 못한다.

복지점수는 기본복지점수와 변동복지점수로 구분된다. 기본복지점수는 운영기관별로 소속공무원에게 일률적으로 부여되며, 변동복지점수는 근무연수, 가족상황, 업무성과, 징계여부 등을 고려하여 운영기관의 장이 소속공무원 개인별로 차등적으로 부여한다. 이들 복지점수의 구성 및 배정기준 등은 〈표 20-1〉과 같다.

표 20-1 **복지점수의 부여**

<table>
<tr><th colspan="2">구분</th><th>부여방식</th><th>부여기준의 예</th></tr>
<tr><td colspan="2">기본복지점수</td><td>• 운영기관별로 소속공무원에게 일률적으로 부여</td><td>• 기관의 예산에 따라
• 대체로 300~500점</td></tr>
<tr><td rowspan="3">변동복지점수</td><td>근속복지점수</td><td>• 근속기간에 따라 차등적으로 부여</td><td>• 1년 근속당 10점
• 최고 30년까지 300점 한도</td></tr>
<tr><td>가족복지점수</td><td>• 가족상황에 따라 차등적으로 부여</td><td>• 배우자: 100점
• 직계존비속: 1인당 50점
–둘째 자녀: 100점
–셋째 이후 자녀: 1인당 200점</td></tr>
<tr><td>추가복지점수</td><td>• 추가 재배정</td><td>• 예산절감액, 성과상여금 등 제도의 운영수익에 따라</td></tr>
</table>

자료: 「공무원 후생복지에 관한 규정」 및 맞춤형 복지포털 www.gwp.or.kr

(2) 복지항목의 구성

공무원 개인별 복지점수는 맞춤형 복지포털시스템(www.gwp.or.kr)을 통해 사용이 가능하다. 복지점수를 통해 지출이나 구매가 가능한 복지혜택은 매우 다양하며, 그러한 복지혜택은 〈표 20-2〉와 같이 기본항목과 자율항목으로 구성된다.

기본항목 기본항목은 공무원에게 기본적으로 요청되는 복지혜택을 말하며, 이는

표 20-2 복지항목의 구성

구분		구성	사례
기본 항목	필수 기본항목	• 공무원과 그 가족의 복지 및 생활안정을 보장하기 위하여 정부에서 그 필요성을 판단하여 설정 • 전체 공무원이 의무적으로 선택하는 항목	• 생명보험, 상해보험 등
	선택 기본항목	• 운영기관의 장이 정책적 필요에 따라 설정 • 소속공무원이 의무적으로 선택하거나 일정요건에 해당되면 자동적으로 적용받게 하는 항목	• 의료비보장보험, 건강검진 등
자율항목		• 공무원의 능력발전 및 삶의 질 향상에 기여할 수 있도록 운영기관별로 설계 · 운영 • 소속공무원이 자율적으로 선택하는 항목	• 건강관리, 자기계발, 여가활동, 가정친화 등

자료: 「공무원 후생복지에 관한 규정」 및 맞춤형 복지포털 www.gwp.or.kr

필수기본항목과 선택기본항목으로 구분된다. 필수기본항목은 정부 차원에서 필요성을 판단하여 설정하고 전체 공무원 누구든지 의무적으로 선택하여야 하는 항목이며, 그 예로는 생명보험과 상해보험을 들 수 있다.

기본항목 중 선택기본항목은 운영기관의 장이 조직운영의 목적이나 기타 정책적 필요에 따라 설정하는 항목이며, 소속공무원이 모두 의무적으로 선택하게 하거나 일정 요건에 해당하는 경우 자동적으로 선택한 것으로 처리하는 복지혜택을 말한다. 이러한 선택기본항목의 예로서 본인 및 가족의 의료비보장보험, 건강검진, 임대주택지원 등이 있다.

자율항목 자율항목은 운영기관의 장이 필요에 따라 설정하여 소속공무원이 자율적으로 선택할 수 있도록 하는 항목이다. 즉, 공무원 개인의 욕구와 선호 혹은 필요성에 따라 자유롭게 선택하여 복지혜택을 받을 수 있도록 하는 항목을 말한다. 이러한 자율항목의 예로서 건강관리(병의원 외래진료, 약·안경 구입, 운동시설 이용 등), 자기계발(학원수강, 도서구입, 세미나 연수 등), 여가활용(숙박시설·레저시설 이용, 영화·연극관람 등), 가정친화(출산 축하금, 산후조리원 이용, 출산용품 구입, 보육시설·노인복지시설 이용, 기념일 꽃 배달 등) 등에 관한 항목들이 있다.

4) 맞춤형 복지제도의 효용

맞춤형 복지제도는 과거의 표준적 후생복지프로그램과 달리 수요자 중심의 후생복지프로그램을 운영하는 것이다. 따라서 제도의 수요자인 공무원에게 일차적인 효용이 있지만, 그러한 제도를 운영하는 정부의 입장에서도 상당한 이점이 있다.

(1) 개인 차원에서의 효용

맞춤형 복지제도가 수요자 중심의 후생복지제도라는 점에서 그 제도의 가장 큰 효용은 바로 공무원에게 주어진다. 공무원의 입장에서 보면, 각자 자신의 후생복지설계에 직접 참여할 수 있어서 후생복지제도에 대한 관심과 이해도가 높아지고, 특히 자신의 필요에 따라 복지혜택의 선택이 가능하여 개인의 다양한 욕구가 충족될 수 있다. 이러한 제도의 활용을 통해 공무원은 본인과 그 가족의 미래 수요에 대비하여 사전 예측과 준비를 할 수 있다.

(2) 정부 차원에서의 효용

맞춤형 복지제도가 그 수요자인 공무원에게 일차적인 효용이 있지만, 정부 입장에서도 과거의 표준적 후생복지제도에 비해 여러 가지 장점이 있다. 공무원에게 선택권을 부여함으로써 자율적인 조직분위기가 조성될 수 있으며, 공무원의 개인적 욕구와 선호를 충족시켜 직업생활의 만족도와 조직생산성을 향상시킬 수 있다. 또한 후생복지제도의 관리운영적 측면에서 보면, 개인별 후생복지 한도를 설정해줌으로써 전체 후생복지에 소요되는 경비를 예측하고 후생복지예산의 합리적 배분과 효과적 운용이 가능하다. 이러한 제도의 운영을 통해 후생복지프로그램에 대한 효과 파악이 용이하여 향후 후생복지계획의 수립에 도움을 얻을 수 있다.

5) 맞춤형 복지제도의 과제

(1) 맞춤형 복지제도의 문제점

맞춤형 복지제도는 개인과 정부 차원에서 다양한 효용을 지니고 있다. 그럼에도 불구하고, 그 제도 자체뿐만 아니라 제도의 관리·운영에 있어서 몇 가지 문제점이 나타나고 있다.

제도상 문제점 우리나라의 공무원에 대한 후생복지는 맞춤형 복지제도의 하나로 통합·운영하는 것을 지향하고 있다(「공무원 후생복지에 관한 규정」 제5조). 하지만 현행 맞춤형 복지제도가 종합적인 후생복지프로그램으로서의 기능을 충실히 지니고 있는가에 의문이 없지 않다. 예컨대 후생복지 전반에 관한 예산계획의 수립이 이루어지지 못하고 있으며, 공무원 개인별 복지점수의 부여 및 관리에서 합리성과 형평성이 결여되고 선택 가능한 복지항목도 다양하지 못하다는 비판이 있다.

운영상 문제점 맞춤형 복지제도는 전문가가 아닌 공무원 스스로의 판단에 기초한 제도이므로 공무원이 정작 필요한 복지를 선택하지 못할 수 있다. 공무원의 선택이 잘못되었을 경우 정부가 추구하는 후생복지의 효과는 그만큼 줄어들 수밖에 없다. 또한 선택의 역기능이 나타날 수 있는데, 특정 후생복지프로그램에 선택이 과다하게 집중되는 경우나 어떤 후생복지프로그램의 혜택 수준을 높일 경우 정부의 비용 부담이 증가하여 그 프로그램의 공급이 제한될 수 있다. 더욱이 현행 제도의 관리운영이 복잡하여 담당 부서의 업무 부담이 가중되고 비용이 많이 발생한다는 문제점이 있다.

(2) 맞춤형 복지제도의 발전방안

맞춤형 복지제도가 지니는 문제점에도 불구하고, 그 제도에 대한 긍정적인 평가가 지배적이므로 공무원 후생복지의 수단으로 지속되어야 함은 분명하다. 따라서 정부의 후생복지 비용을 크게 증가시키지 않으면서 공무원으로 하여금 자신의 욕구에 가장 알맞은 복지혜택을 받을 수 있도록 제도적·운영적 측면에서 발전방안이 마련될 필요가 있다.

제도상 발전방안 맞춤형 복지제도가 성공을 거두기 위해서는 먼저 공무원에 대한 종합적인 보상체계의 하나로 통합 관리·운영되기 위한 제도화가 필요하다. 즉, 공무원 보수와 연금을 포함한 종합적인 보상정책하에서 그 대상이 되는 공무원의 수와 범위 등을 예상하고, 이에 따라 공무원의 후생복지에 필요한 예산을 통합 책정하여야 한다. 이러한 과정에서 공무원의 욕구·선호를 예측하여 복지항목을 개발·확대하거나 변화시키는 노력이 함께 이루어져야 한다.

또한 맞춤형 복지제도의 실효성을 높이기 위해서는 기본항목과 자율항목이 상호 균형을 이룰 수 있도록 설계되어야 한다. 특히 자율항목의 경우 전체 공무원의 광범위한 선택 욕구를 충분히 포용하고 공평한 기회가 부여될 수 있도록 다양하게 확대 개설하는 것이 필요하다. 뿐만 아니라 정부 부담과 본인 부담의 비율 면에서도 균형성과 형평성을 잃지 않도록 제도가 마련되어야 한다.

운영상 발전방안 맞춤형 복지제도의 실효성을 높이기 위해서는 많은 선택과 변경 그리고 복잡한 욕구를 효율적으로 관리·운영할 수 있는 시스템이 구축되어야 한다. 즉, 정확한 회계제도 및 욕구 조사, 웹 기반의 정보전산시스템, 담당자의 전문성과 서비스 강화 등과 같은 제반 관리운영체계가 필수적으로 뒷받침되어야 한다(최종태, 2008: 110).

맞춤형 복지제도의 성공은 공무원의 적극적인 활용을 전제로 한다. 공무원의 활용을 유도하기 위해서는 공무원의 선호에 부합하는 복지항목을 개발하여야 한다. 이를 위해서는 복지항목의 설계에서부터 실행 및 평가까지 공무원의 참여를 유도하고 공무원과의 적극적인 의사소통을 가능하게 하는 운영체계가 확립되어야 한다(최종태, 2008: 111). 예컨대 공무원노동조합과 공동으로 복지항목을 설계하거나, 카운슬링(counseling)을 활용한 의사소통제도를 구축하는 방안이 있을 수 있다.

참고문헌

국내문헌

강강원(2008), 『한국의 복지법제와 연금정책론』, 보명Books.

강성철 · 김판석 · 이종수 · 진재구 · 최근열(2014), 『새인사행정론』, 대영문화사.

강정대 · 황호영(1998), 『현대인적자원관리』, 박영사.

권경득 · 김득준(2009), 지방정부 인사교류의 운영실태와 발전방안, 『한국인사행정학회보』, 18(1): 145~168.

김귀영 · 이주현(2009), 『서울시 공무원 경력개발제도 도입방안』, 서울시정개발연구원.

김도창(1992), 『일반행정법론(하)』, 청운사.

김두식 · 김춘식 · 배상진 · 오필환(2006), 『행정학원론』, 대영문화사.

김렬(2007, 2009, 2011, 2012, 2013), 『연구조사방법론』, 박영사.

김렬 · 권영주 · 유근환 · 이정훈(2004), 경찰공무원 승진제도의 개선방안, 『한국사회와 행정연구』, 14(4): 370~399.

김렬 · 박은미 · 권택숙(2004), 경찰공무원 승진제도의 개선과제, 『한국치안행정논집』, 1(1): 43~67.

김렬 · 배병돌(2002), 지방공무원 근무평가시스템의 비교분석. 『한국정책과학학회보』, 6(2): 139~160.

김명식(2014), 『행정조직법』, 법우사.

김석현(1999), 『인사관리론』, 무역경영사.

김성숙 · 권문일 · 배준호 · 이용하 · 김순옥 · 박태영 · 정해식(2008),『공적연금의 이해』, 국민연금공단 국민연금연구원.

김인재(2010), 최근 공무원 노사관계의 법적 쟁점과 과제, 『노동법학』, 36: 59~83.

김재기 · 고숙희 · 김병규 · 김성준 · 송건섭 · 정우열 · 이상철 · 정재명(2013), 『한국인사행정론』, 형설출판사.

김재기 · 김렬 · 김병규 · 송건섭 · 이상철 · 정우열 · 정재명(2013), 『현대행정학』, 법문사.

김중양(2008), 『한국인사행정론』, 법문사.

김중량 · 김명식(1996), 『주해 국가공무원법』, 언약.

김춘순(2010), 4대 공적연금 재정수지의 전망과 대책, 한국보건사회연구원, 『보건복지 포럼』, 168: 79-88.

김흥국(2006), 『경력개발의 이론과 실제』, 다산출판사.

박경규(2004), 『신인사관리』, 홍문사.

박연호(2001), 『인사행정신론』, 법문사.

박영원(2008), 고위공무원단제도의 평가와 개선방안, 『한국인사행정학회보』, 7(1): 147~177.

박천오(2007), 우리나라의 공무원 징계와 퇴출, 『한국행정학보』, 41(3): 221~241.

박천오 · 강제상 · 권경등 · 조경호 · 조성한 · 배귀희 · 박홍엽(2014), 『현대인사행정론』, 법문사.

안전행정부(2013), 『2013 지방공무원 인사실무』.

안전행정부(2014), 『지방공무원 인사관계 법령집』.

안전행정부(2014), 『2014년도 지방공무원 인사관련 지침』.

오석홍(2013), 『인사행정론』, 박영사.

유민봉 · 박성민(2014), 『한국인사행정론』, 박영사.

유민봉 · 임도빈(2007), 『인사행정론』, 박영사.

윤석명 · 신화연 · 김병률 · 문채봉 · 최미선 · Mika Vidlund · Kasimir Kalive(2011), 『공적연금 재정평가 및 정책현안 분석』, 한국보건사회연구원.

윤영삼(2010), 공무원 단체교섭의 경험과 과제: 일반직공무원의 경우, 『인적자원관리 연구』, 17(2): 219~236.

이원우(2005), 『신인사관리론』, 삼영사.

이종수(2000), 『행정학사전』, 대영문화사.

이종수 · 윤영진 외(2012), 『새행정학』, 대영문화사.

이학종 · 양혁승(2012), 『전략적 인적자원관리』, 도서출판 오래.

인사혁신처(2014), 『소청 및 고충심사 업무편람』.

정재명(2006), 『주요국의 공무원 인사제도에 관한 연구』, 한국행정연구원.

조보상 · 정연현 · 박민생 · 허갑수 · 변상우(2002), 『현대인적자원관리』, 무역경영사.

중앙인사위원회(2004), 『고위공무원단제도 공청회 자료』.

채한수(2009), 『인사행정론: 이론과 실제』, 삼영사.

최병대 · 김상묵(1999), 공직사회 경쟁력 제고를 위한 실적주의 인사행정기능의 강화, 『한국행정학보』, 33(4): 77~94.

최종태(2008), 『현대인사관리론』, 박영사.

하태권(1990), 한국인사행정의 변천: 가치갈등적 관점에서의 고찰, 『한국행정학보』, 24(1): 89-116.

한영수 · 강인호(2009), 『인사행정론』, 형설출판사.

한인근(2010), 영 · 미 고위공무원단 설립의 역사적 배경에 관한 연구, 『한국인사행정학회보』, 9(1): 59~82.

행정안전부(2011), 『2011 공무원 인사실무』.

행정안전부(2012), 『2012 성과관리실무』.

행정안전부(2012), 『2012 공무원 연금복지 이해』.

행정안전부(2012), 『2012년도 징계업무 편람』.

행정안전부 소청심사위원회(2010), 『소청 및 고충심사 업무편람』.

국외문헌

Alpin, J. C. and D. K. Gerster(1978), Career Development: An Integration of Individual and Organizational Needs, *Personnel*, 55: 23-29.

Berman, E. M., J. S. Bowman, J. P. West and M. R. Van Wart(2013), *Human Resource Management in Public Service: Paradoxes, Processes, and Problems*, Thousand Oaks, CA: Sage Publications, Inc.

Carter, L. F.(1989), Five Great Issues in Public Personnel Administration and Labor Relations, in Jack Rabin, W. Bartley Hildreth, and Gerald J. Miller (eds.), *Handbook of Public Administration*, NY: Marcel Dekker, Inc.

Cayer, N. J.(2003), *Public Personnel Administration*, Wadsworth Publishing.

Hall, Douglas T.(1996), Protean Careers of the 21st Century, *Academy of Management Executive*, 10(4): 8-16.

Hays, S. W., R. C. Kearn and J. D. Coggburn(2009), *Public Human Resource Management: Problems and Prospects*, NY: Prentice Hall.

Ingraham, P. W. and S. Kim(2012), *Public Sector Human Resource Management*,

Volume 1-4, Sage Publications.

Kingsley, Donald J.(1944), *Representative Bureaucracy: An Interpretation of the British Civil Service*, Yellow Springs: The Antioch Press.

Klingner, D. E. & J. Nalbandian(2003), *Public Personnel Management: Contexts and Strategies*, Upper Saddle River, NJ: Prentice Hall.

Kranz, Harry(1976), *The Participatory Bureaucracy*, Lexington, MA: Lexington Books.

Lee, Robert D.(1993), *Public Personnel Systems*, Gaithersburg, Maryland: Aspen Publishers, Inc.

Levinson, Daniel J.(1986), A Concept of Adult Development, *American Psychologist*, 41(1): 3-13.

Massey, Andrew(2011), *International Handbook on Civil Service Systems*, Cheltenham, UK: Edward Elgar.

Mosher, Frederick C.(1968), *Democracy and the Public Service*, NY: Oxford University Press.

Nigro, L. G., F. A. Nigro and J. E. Kellough(2014), *The New Public Personnel Administration*, Boston: Wadsworth, Cengage Learning.

Procter, A.(2010), *Principles of Public Personnel Administration*, Nabu Press.

Riccucci, N. M.(2012), *Public Personnel Management: Current Concerns, Future Challenges*, Boston: Longman, Inc.

Riccucci, N. M. & K. C. Naff(2008), *Personnel Management in Government: Politics and Process*, Boca Raton, FL: CRS Press.

Schein, E. H.(1975), How Career Anchors Hold Executives to Their Career Paths? *Personel*, May-June: 11-24.

Stahl, O. Glenn(1983), *Public Personnel Administration*, NY: Harper & Row, Publishers.

Van Riper, Paul P.(1958), *History of the United States Civil Service*, NY: Harper & Row, Publishers.

World Bank(1994), *Averting the Old Age Crisis: Policies to Protect the Old and Promote Growth*, NY: Oxford Univ. Press.

찾아보기

저자약력

영남대학교 행정학과 졸업(행정학 학사)
서울대학교 행정대학원 졸업(행정학 석사)
미국 University of Akron 대학원 졸업(행정학 석사)
미국 Ohio State University 대학원 졸업(행정학 박사)
제23회 행정고등고시 합격(총무처 · 내무부 · 경상북도 근무)
영남대학교 국제협력실장 · 기획처장 · 행정대학원장 · 정치행정대학장
대통령 자문 정책기획위원, 국무총리실 자체평가위원(국책사업분과위원장)
기획재정부 공공기관 경영평가위원, 행정자치부 지방공기업 경영평가위원
경상북도 출자 · 출연기관 경영평가단장, 각종 국가 · 지방공공기관 자문 · 평가위원
대구경북과학기술원(DGIST) 이사, 한국산업단지공단 비상임이사
지방자치단체(경상북도, 경산시, 영천시 등) 인사위원, 한국정부학회 회장
행정 · 입법고등고시 및 각종 국가 · 지방공무원임용시험 출제 · 검증 · 선정위원 등
현 영남대학교 행정학과 및 행정대학원 교수

제 2 판

인사행정론

초판발행 2014년 8월 30일
제2판발행 2016년 6월 10일
중판발행 2021년 3월 25일

지은이 김렬
펴낸이 안종만 · 안상준

편 집 전채린
기획/마케팅 박세기
표지디자인 조아라
제 작 고철민 · 조영환

펴낸곳 (주) 박영사
서울특별시 금천구 가산디지털2로 53, 210호(가산동, 한라시그마밸리)
등록 1959. 3. 11. 제300-1959-1호(倫)
전 화 02)733-6771
f a x 02)736-4818
e-mail pys@pybook.co.kr
homepage www.pybook.co.kr
ISBN 979-11-303-0318-5 93350

정 가 28,000원